WILLI WINKLER

LUTHER

EIN DEUTSCHER REBELL

ROWOHLT · BERLIN

1. Auflage September 2016
Copyright © 2016 by Rowohlt · Berlin Verlag GmbH, Berlin
Buchinnengestaltung Joachim Düster
Satz aus der Minion PostScript, InDesign
Gesamtherstellung CPI books GmbH, Leck, Germany
ISBN 978 3 87134 723 8

INHALT

Prolog 9

Erstes Kapitel **Der Kaiser will auch noch Papst werden** 15

Zweites Kapitel **Martin Luther reist nach Rom** 23

Drittes Kapitel **Die doppelte Anna** 37

Viertes Kapitel **Die Geißel Gottes** 65

Fünftes Kapitel **Erlösungskapitalismus** 83

Sechstes Kapitel **Das Geld des lieben Gottes** 109

Siebtes Kapitel **Der Pakt mit dem Teufel** 137

Achtes Kapitel **Der Thesenanschlag – Luther geht an die Öffentlichkeit** 161

Neuntes Kapitel **Der Kaiser sucht einen Nachfolger, Luther findet einen Gegner** 201

Zehntes Kapitel **Der Mönch wird zum Ketzer** 249

Elftes Kapitel **Exkurs: Die Juden von Regensburg** 299

Zwölftes Kapitel **Deutschland braucht einen Kaiser** 315

Dreizehntes Kapitel **Luther kommt ins Bild** 331

Vierzehntes Kapitel **Die Luft der Freiheit weht** 353

Fünfzehntes Kapitel **Im Gewissen gefangen** 381

Sechzehntes Kapitel **Auf der Wartburg** 415

Siebzehntes Kapitel **Bauernkrieg und Eheschließung** 455

Achtzehntes Kapitel **Der unbewaffnete Prophet** 509

Neunzehntes Kapitel **Luthers letzte Tage** 541

Zwanzigstes Kapitel **Eine Begebenheit aus dem Schmalkaldischen Kriege** 553

Nachwort 559

Anmerkungen 563

Literaturhinweise 609

Zeittafel 623

Personenregister 631

Bildnachweis 640

«Wir sind alle nur zufällig. Wir machen weder Geschichte noch die Kultur. Wir haben keinen Einfluss, sondern tauchen einfach auf.»

SAUL BELLOW

«Hette ich die sache so weit gesehen, als sie Gott lob kommen ist, so hette ich das maul gehalten.»

MARTIN LUTHER

Albrecht Dürer erreicht die Nachricht am 17. Mai in Antwerpen. Da ist Luther bereits zwei Wochen wie vom Erdboden verschwunden. Niemand weiß Genaueres über seinen Verbleib, es gibt nur Gerüchte. «Als bald waren 10 pferd do, die fürten verrätherlich den verkaufften frommen, mit dem heyligen geist erleuchteten mahn hinweg, der do war ein nachfolger Christj vnd deß wahren christlichen glaubens. Und lebt er noch oder haben sie jn gemördert, das ich nit weiß»[1], klagt sein Anhänger Dürer verzweifelt. Einen Monat zuvor war Martin Luther auf dem Reichstag in Worms erschienen. Karl V. hatte ihn vorgeladen und verlangt, dass der Mönch, der ihm so hager und eiferglühend gegenüberstand, seine Schriften widerrufe, aber Luther wollte nicht gehorchen. Er widerrief nicht, weil er sich im Recht glaubte. «Es sey dann das ich durch gezeugnus der geschrifft oder aber durch schynlich vrsach (dann ich glaub weder dem Bapst / noch dem Concilio allein / wyl es am tag ligt / das die selben zů mermalen geirret vnd wider sich selbs geredt haben) überwunden würd. Ich bin überwunden durch schrifft / so von mir gefürt vnnd gefangen im gewissen / in dem wort gottes / derhalben ich nit mag noch will widerrüffen / dwyl wider gewissen beschwaerl ich zů handeln vnheilsam vnnd vnfridlich ist.»[2] Solange er nicht durch das Zeugnis der Schrift überzeugt werde oder aber durch stichhaltige Gründe, werde er nicht widerrufen; er glaube weder dem Papst noch den Konzilien allein, es sei hinlänglich erwiesen, dass beide mehrfach geirrt und sich widersprochen hätten. Für ihn gebe es nichts zu widerrufen, erklärte er, er habe nur geschrieben, was ihm sein Gewissen eingegeben hätte.

Unverschämter, selbstbewusster, moderner geht es im mittelalterlichen Jahr 1521 nicht. Mit dem Gewissen hatte in Worms niemand gerechnet, nicht damit, dass ein Mönchlein sich mit diesem windelweichen Argument gegen den mächtigsten Mann der Welt auflehnen würde, der ihn und die *Causa Lutheri* insgesamt nur als überaus lästige Station auf dem Weg zur Konsolidierung seiner monarchischen Ansprüche betrachtete. Der Papst gönnt ihm die Bestellung zum Kaiser nicht, Frankreich macht ihm seine Rechte streitig, die Türken bedrohen wie immer das Reich, die spanischen Stände zu Hause revoltieren und lassen sich nur mit Hilfe der Heiligen Inquisition niederhalten. Karl V. will dieses schrecklich aufsässige Deutschland so schnell wie möglich wieder verlassen, will aufbrechen zu neuen Taten und neuen Kriegen. Er herrscht über ein Weltreich, das sich von Ungarn bis Südamerika spannt, in dem die Sonne fast nie untergeht, und hat vor sich die deutschen Fürsten, die jeden finanziellen Beitrag für seinen Unterhalt verweigern. Gegen diese weltliche Macht stellt sich der eine einzige Luther als jemand, der nicht von dieser Welt ist, vor der er sich doch verantworten soll und es auf keinen Fall tun wird, schließlich sei er «gefangen im gewissen in dem wort gottes». Widerrufen mag er nicht, «Got helff mir. Amen.»[3]

Der Auftritt auf dem Reichstag in Worms wird ein Weltaugenblick der Rebellion und begründet den Protestantismus. Der siebenunddreißigjährige Dr. Martin Luther (der akademische Titel bleibt ihm sein Leben lang wichtig) zeigt einen bis dahin unerhörten Mannesmut vor Königsthronen, und es ist diese Unerschrockenheit, die ihn zum Stifter einer neuen Religion werden lässt. Bestimmt hat er nicht die Donnerworte gesprochen, die ihm die Überlieferung gern zuschreibt: «Hier stehe ich. Ich kann nicht anders. Gott helfe mir. Amen.» Aber so wie er hatte noch niemand mit der Majestät zu reden gewagt, die deshalb verfügte, was fällig und unausweichlich wurde. Wie vom Papst gewünscht, erklärte Karl den Bettelmönch aus Wittenberg zum

Ketzer. Seine Schriften wurden verboten, Verleger, die sie trotzdem herausbrachten, bestraft (noch im selben Jahr wurde Luthers wegen in Leipzig ein Drucker hingerichtet), umlaufende Exemplare waren einzusammeln und zu vernichten, ihr Autor galt fortan als vogelfrei.

Doch der Kaiser, eine ganze Generation jünger als sein Widersacher, keineswegs ungebildet, durch seine burgundisch-flandrisch-spanisch-deutsche Herkunft sogar ungleich weltläufiger, unterschätzt die Revolution, die in Deutschland ausgebrochen ist. Nur vier Jahre nach seiner ersten Veröffentlichung ist Martin Luther bereits zum erfolgreichsten Autor in der Geschichte des Buchhandels aufgestiegen. Ende 1519 hat er mit fünfundvierzig Einzelpublikationen eine Auflage von zweihundertfünfzigtausend Stück erreicht. Seine überwiegend lateinisch geschriebenen Texte erscheinen nicht nur in Deutschland, sondern auch in Venedig und Rom.[4] Europas führender Intellektueller, Erasmus von Rotterdam, hat Luthers Thesen, mit denen seine Rebellion begann, nach London an Thomas Morus weitergeleitet, den Berater des englischen Königs. In Briefen, Vorreden, Pamphleten, Schmähschriften und Drucken entwickelt sich schnell eine ungeheure Sekundärliteratur.

Im Kupferstich hat ihn Lucas Cranach als halben Heiligen gezeichnet, ein Bild, das in unendlichen Variationen hinaus in die Welt geht. Hans Holbein der Jüngere huldigt ihm in einer Karikatur als «Hercules Germanicus», die Leichen seiner erschlagenen Feinde vor sich; von der Nase baumelt ihm ein gefesselter Papst. Ulrich von Hutten, der von Maximilian, Karls Vorgänger als Kaiser, zum *poeta laureatus* gekrönt wurde, appelliert an den Kurfürsten Friedrich den Weisen, sich des «Doctor Martinus Luther, von allen menschen verlassen», anzunehmen. Er empfiehlt zugleich, sich im Kampf gegen das verkommene Rom, das von seinem Rachefeldzug gegen Luther nicht lassen will, der «allerhefftigsten artzneyen» zu bedienen.[5] Der Nürnberger Ratsherr Lazarus Spengler schreibt 1519 eine anonyme «Schutzrede» für Luther, in der es heißt, dass der Leser Luthers ebenso wie jener, der Predigten seiner Anhänger gehört hat, durch die Suche nach Wahrheit frei werde von Gewissensnöten, «vil tzwefliger irsal vnd scrupel verwickelter conscientz entledigt ist»[6]. Und ein Buchhändler in Basel jubelt, nachdem er im Oktober 1518 einen Luther-Sammelband herausgebracht hat, dass er noch kein Buch besser verkauft habe. «Noch niemals hatte ein Autor seine Sache derart rasch, derart umfassend und derart genau dem lesenden Publikum vermitteln können.»[7]

Nach dem Bannspruch, während die Reichsstände noch über ihn beraten und der Kaiser an seinem Verdikt formuliert, verlässt der Ketzer Worms. Der Rückweg und freies Geleit sind garantiert für einundzwanzig Tage, nicht länger. Trotzdem schickt Luther den kaiserlichen Herold, der ihn begleitet, bald zurück, er reist weiter ohne Schutz, vogelfrei. Auch davon hat Albrecht Dürer erfahren und fürchtet das Schlimmste: «O Gott, ist Luther todt, wer wird uns hinfürt das heilig evangelium so clar fürtragen! […] O ihr alle fromme christen menschen, helfft mir fleissig bewainen diesen gott geistigen menschen.»[8]

Luther wusste aber sehr wohl, wie ihm geschah, meldete er doch sein vorläufiges Schicksal rechtzeitig «dem fursichtigen Meister Lucas Cranach» in Wittenberg, dem er einen nicht geringen Teil seines Ruhms verdankte. Der solle sich nicht sorgen, wenn der Mönch nicht nach Wittenberg zurückkomme. «Ich laß mich eintun und verbergen, weiß selbst noch nicht wo.»[9] Ihr gemeinsamer Schutzherr und Arbeitgeber, Kurfürst Friedrich von Sachsen, hatte sich zwei Tage zuvor mit seinen Räten über das weitere Schicksal Luthers besprochen. Es wird also zu einem Überfall kommen, Berittene werden Luther festnehmen und entführen, damit er vor den kaiserlichen Häschern wie den frommen Eiferern verborgen ist und sein Kurfürst sich nicht rechtfertigen muss für ihn.

Wohl ist dem Schutzhäftling dabei nicht, doch er hat keine andere Wahl. Unweigerlich kommt ihm Christus in den Sinn, der zu seinen Jüngern spricht: «Uber ein kleines / so werdet ir mich nicht sehn.» Er sagt es bei Joh 16,16, ehe er in Jerusalem einzieht, wo ihm bald der Prozess gemacht und er hingerichtet wird.

Luther aber wird kein Leid geschehen. Hingerichtet wurde gut hundert Jahre vorher der böhmische Prediger Jan Hus, weil er sich dem Papst widersetzt hatte. Luther betrachtet Hus als Märtyrer und bedauert fast, dass die Vorladung auf den Reichstag für ihn so glimpflich ausgegangen ist; dem großen Auftritt hätte, wie er etwas selbstgefällig klagt, ein noch größerer Abgang folgen können. Lieber hätte er von Tyrannenhand den Tod erlitten, schreibt er Cranach, doch müsse er «guter Leut Rat nicht verachten, bis zu seiner Zeit»[10]. Er hat auf dem Höhepunkt seines Ruhms zu verschwinden, was ihn erst recht berühmt machen wird.

Dem Kaiser und den Reichsständen schickt er noch mal ein Protokoll seines Auftritts und wiederholt, was er gesagt hat oder sagen wollte: «So ich verweiset wurd, das ich solt geirret haben, wolte ich alle irtumb widerruffen und der erst sein, der meine bücher in das fewr wolt werfen und mit den füssen darauf tretten.»[11] Wenn sich erweisen sollte, dass ich geirrt habe, dann, bitte, dann könnt Ihr meine Bücher ins Feuer werfen oder sie mit Füßen treten – er würde es ihnen gleichtun. Aber es gibt ja keinen Grund, seine Bücher ins Feuer zu werfen. Sie sind ohne Irrtum, weil sie aus der Schrift kommen, und er nur das geschrieben hat, was ihm sein Gewissen befahl. Frech vergleicht Luther sich auch in diesem Abschiedsbrief an seine weltlichen Herren mit Christus, «mein herr und got», der «fur seine feind am Creuz gebetten hat»[12]. Wie Christus will er für seine Widersacher beten.

Für den «lieben gevattern und Freunde» Cranach setzt er noch hinzu, was seinen theologischen Ruf künftig wie Donnerhall begleiten wird – das antirömische, das deutsche Sentiment. Es mag einen deutschen Kaiser geben, eine Art deutscher Sprache, doch gibt es noch längst kein Deutschland. Luther aber macht sich zu dessen Botschafter und Rechtsvertreter: Wir gegen Rom. Er ist ganz überrascht davon, wie leicht ihm der Auftritt fiel in Worms, wie rasch sich dieser verordnete Bußgang – niemand hat in Deutschland die erzwungene Wallfahrt vergessen, die Heinrich IV. nach Canossa unternehmen musste – zu einem beispiellosen Triumphzug entwickeln konnte. «O wir blinden Deutschen», schreibt er, «wie kindisch handeln wir und lassen uns so jämmerlich die Romanisten äffen und narren!»[13]

Heinrich Heine, der vor diesem Deutschland nach Frankreich fliehen musste, kann ihn gar nicht genug preisen: «Ruhm dem Luther! Ewiger Ruhm dem theuren Manne, dem wir die Rettung unserer edelsten Güter verdanken, und von dessen Wohlthaten wir heute noch leben! [...] Die Feinheit des Erasmus und die Milde des Melanchthon hätten uns nimmer so weit gebracht wie manchmal die göttliche Brutalität des Bruder Martin.»[14] Also fangen wir an.

ERSTES KAPITEL

Der Kaiser will auch noch Papst werden

Am 17. August 1511 erkrankte Julius II. aus heiterem Himmel. Ein heftiges Fieber hatte den Papst befallen, er geriet in Atemnot und hörte auf zu essen. Seine Berater, seine Ärzte fürchteten um das Leben des Heiligen Vaters. Den deutschen Kaiser erreichte die Nachricht am 26. August in Trient. Maximilian I., der sich so gern als «den letzten Ritter» inszenierte und sich dafür bewundern und von den Humanisten feiern ließ, war der frömmste Mann im ganzen Reich. Jeden Morgen, auch wenn es früh zur Jagd ging, besuchte er die Messe. Eine Zeitlang plante er sogar, seinen glaubensschwächeren Untertanen einen Katechismus zu schenken. Ohne Geld ging es aber nicht. Als Maximilian 1512 in Trier vom «Heiligen Rock» hörte, ließ er ihn aus dem Altar heben, in dem er über Jahrhunderte verborgen gewesen war, und zur Verehrung ausstellen. Der Kaiser kniete wie alle anderen vor dem unzertrennten Rock Christi. Frömmigkeit, Propaganda und das liebe Geld sind hier nicht zu trennen. Dem gemeinen Volk fiel die Entrichtung der Gebühren für Ablässe aller Art leichter als den Reichsständen die Zustimmung zu den Steuern, auf die der Kaiser angewiesen war.

Der Habsburger war zwar 1486 von den Kurfürsten zum deutschen König gewählt und anschließend gekrönt worden, noch immer aber fehlte ihm der Segen des Papstes, den ihm Alexander VI. hartnäckig verweigert hatte. Dabei wäre es so einfach gewesen: Seit die gottlosen Türken 1453 Konstantinopel erobert hatten, war auch der oströmische Teil des einstigen Imperiums untergegangen. Die Türken versuchten, ihre Eroberungen nicht nur zu festigen, sondern unternahmen immer wieder Angriffe auf das Kernland. 1480 konnten sie die apulische Hafenstadt Otranto in Besitz nehmen. Der Papst plante einen Kreuzzug gegen die Türken und schickte Raimund Peraudi als seinen Legaten und obersten Ablassprediger nach Deutschland. Maximilian unterstützte ihn nach Kräften, denn der Kreuzzug hätte ihm Gelegenheit geboten, mit seinem Heer durch Italien zu ziehen und sich beiläufig in Rom vom Papst zum Nachfolger der römischen Kaiser krönen zu lassen. Doch Alexander fürchtete nichts mehr als einen Habsburger als Kaiser, und so kam es ihm zupass, dass die Venezianer Maximilian den Durchzug durch ihr Gebiet verweigerten. 1508 gelang in Trient, der südlichen Residenz des Kaisers, wenigstens eine kleindeutsche Lösung: Im Einvernehmen mit dem neuen Papst Julius II. durfte Maximilian fortan den Titel «Erwählter Römischer Kaiser» führen.

Der Türkenablass war Steuer und ein gutes Werk zugleich, und er war erschwinglich. Für den Lebensunterhalt von nur einer Woche würde er die zu erwartenden Jenseitsstrafen lindern. Peraudi war es allerdings 1476 gelungen, die Bemessungsgrundlage gewaltig zu verbreitern, indem er die Ablassmöglichkeiten ins Unendliche erweiterte: Mit der päpstlichen Bulle «Summaria declaratio bullae indulgentiarum» dehnte er den Ablass bis ins Totenreich. Martin Luther erklärte später, dass es ihm «dazumal schier leid» tat, «das mein vater und mutter noch lebeten, Denn ich hette sie gern aus dem fegfeur erlöset mit meinen Messen und ander mehr trefflichen wercken und gebeten.»[1]

Der Türkenablass war aber auch ein Geschäft zwischen der römischen Kurie, den deutschen Landesherren und ihrem ehrgeizigen und ruhmsüchtigen Kaiser. In Deutschland war das Misstrauen gegen die römische Kurie groß, zu viel ging an Gebühren und Zahlungen über die Alpen; man fühlte sich zunehmend ausgeplündert. Deshalb sollte das gesammelte Kreuzzugsgeld auch fürs Erste im Land bleiben. Peraudi hatte erfolgreich vor den bösartigen muslimischen Reitern gewarnt, die gute Christen verschleppen würden. So kamen in einem

Jahr zweihundert- bis vierhunderttausend Gulden zusammen,[2] gesichert in eisenbeschlagenen Kisten mit vier Schlössern für die weltliche und geistliche Obrigkeit, für den päpstlichen Legaten und das Reichsregiment.

Der Kreuzzug fand dennoch nicht statt. Inzwischen war Frieden mit den Türken geschlossen worden. Als er in Augsburg wieder einmal seine Gemahlin als Pfand hatte hinterlassen müssen, weil er nicht in der Lage war, die aufgelaufenen Kosten für sich und seine Entourage zu begleichen, ließ Maximilian einige der im Handelshaus Fugger verwahrten Truhen aufsprengen und konfiszierte vierzigtausend Gulden mit der Behauptung, Peraudi und der Papst wollten sich das Geld unrechtmäßig aneignen. Nach Alexanders Tod behauptete Maximilian sogar, der Papst habe ihm das gesammelte Geld übereignet. «Gottesraub» warfen ihm seine Feinde vor, aber sein zeitweiliger Kanzler Melchior von Meckau – Alexander hatte ihn noch kurz vor seinem Tod zum Kardinal erhoben – war ihm gutachterlich behilflich.[3]

Was sollte Maximilian auch tun? Der «letzte Ritter» war ein besonders armer Ritter, weil er seine Position wie seinen Ruhm nur mit viel Geld behaupten konnte und das viele Geld nie wieder hereinholte, sondern zum Hauptschuldner der Fugger geworden war. Gewählter Kaiser war er zwar, aber nur die Krönung durch den Papst würde ihm seinen Rang als erster unter den europäischen Fürsten bestätigen. Dafür brauchte er nicht nur die elenden Kurfürsten, die sich auf ihn verständigt hatten, sondern auch den Papst. Mit jedem musste er aufs Neue verhandeln. In Rom wechselten sich in munterer Reihe die Borgia, die Della Rovere und die Medici ab, fast alle ins Amt gekommen, weil sie in der Lage waren, das ehrwürdige Kardinalskollegium zu bestechen. Sie starben hintereinanderweg und waren nicht bereit, auch nicht gegen immer größere Summen, dem Kaiser die ihm zustehende Krone aufs Haupt zu drücken.

Nun, als es Julius, der seit 1503 auf dem Papstthron saß, so schlecht ging, sah Maximilian die Gelegenheit, sogar noch mehr als die Kaiserkrone zu gewinnen: Er wollte Papst werden. Bei aller Frömmigkeit war sein religiöses Interesse an dem Amt gering, es ging um den Einfluss in Europa und unweigerlich um die mit dem kirchlichen Amt verbundenen Einnahmen. Dafür suchte er sogar eine Allianz mit den Franzosen, die Spanier hatte er ohnehin auf seiner Seite. Die Kardinäle schließlich waren bereits zum großen Teil vom regierenden Papst abgefallen, hatten, schon bevor die Nachricht von der Krankheit des Papstes beim Kaiser ankam, in ewiger Rivalität für den Herbst ein schismatisches Konzil in Pisa einberufen.

Die Heirat mit Bianca 1494 hatte Maximilian vorübergehend von der Schuldenlast befreit; ihr Onkel Ludovico hatte sie im Tausch gegen den Mailänder Herzogtitel mit einer Mitgift von vierhunderttausend Dukaten ausgestattet. Das Geld war aber längst verbraucht. Seiner Tochter Margarethe, Statthalterin der Niederlande, die ihn nach dem Tod der Bianca Maria Sforza im Dezember 1510 fürsorglich aufgefordert hatte, sich doch wieder eine Frau zu suchen, schrieb er am 18. September 1511 aus Brixen, dass er keine Lust habe, sich noch mal zu vermählen. Vielmehr habe er «den Beschluss und Willen gefasst, nie wieder einer nackten Frau nachzustellen». Das hieß aber keineswegs, dass er keine Pläne hatte. Der ehelose Stand war so ziemlich die einzige formale Voraussetzung für das Amt, das er anstrebte. «Und wir schicken morgen den Herrn von Gurk, den Bischof, nach Rom zum Papst, um einen Weg zu einer Einigung mit ihm zu finden, dass er uns als Koadjutor annimmt, damit wir sicher sein können, nach seinem Tod die Papstwürde zu erhalten, Priester und später heilig zu werden und» – der Satz hört überhaupt nicht mehr auf – «Ihr notwendigerweise nach dem Tod gezwungen sein werdet, mich anzubeten, was mich sehr stolz machen würde.»[4]

Die ironische Wendung, die der Satz zuletzt nimmt, hat manche am Ernst des Vorhabens zweifeln lassen, wenn sie nicht gleich, wie der Haushistoriker der Fugger, von «hellem Wahn»[5] sprechen. Aber ist es so einfach, nur Wahn? Zu jener Zeit, Anfang des 16. Jahrhunderts, gab es, den Theoretiker Niccolò Machiavelli vielleicht ausgenommen, keinen weitsichtigeren Strategen, keinen umtriebigeren Plänemacher als diesen Maximilian. Der Historiker Ferdinand Gregorovius gönnt ihm den bewährten Titel des letzten Ritters, sieht ihn aber auch als «einen der ersten Politiker»[6]. Sein neuester Plan war nicht ganz abwegig und keineswegs ohne Präzedenzfall: Amadeus VIII., Herzog von Savoyen, hat es 1439 als Felix V. immerhin zum Gegenpapst gebracht. Ein Schisma, eine Kirchenspaltung mit Papst und Gegenpäpsten, war durchaus wieder vorstellbar. Maximilian erwog auch die Option, sich zum Papst der nördlichen Länder aufzuwerfen, mit Habsburg als der besten denkbaren Hausmacht, gegen die ein regulärer Nachfolger des Della Rovere drunten in Rom nichts hätte ausrichten können.

Das Papsttum, der Bischof von Rom als Stellvertreter Gottes auf Erden, eingesetzt von Christus persönlich, war nie irdischer als in dieser Zeitenwende. Die meisten Renaissance-Päpste waren zunächst gar keine Priester, sie wurden bei Bedarf erst in letzter Minute von einem willfährigen Bischof geweiht, dann rasch befördert, weiter nach oben, weil sich die eine oder andere Familie durchgesetzt hatte. Im Zweifel war immer ein Zweitgeborener da, der einerseits versorgt werden musste und andererseits die Garantie bot, dass die Familie an der Macht blieb, sie im göttlichen Amt vielleicht sogar noch vermehrte.

Luthers deutsche «Los von Rom»-Theokratie hatte einen bedeutenden Vordenker, den deutschen König Maximilian, der so gern gekrönter Kaiser des Heiligen Römischen Reiches geworden wäre. Die über die Jahrhunderte in langwierigen Auseinandersetzungen erkämpfte Vormachtstellung des Papstes verleitete Maximilian dazu, seinerseits nach diesem Amt zu streben, «kein romantischer Traum», wie der Historiker Hermann Wiesflecker schreibt, «sondern eine ernsthafte und gefährliche Versuchung, die deutsche Kirche von Rom loszulösen und an sich zu bringen, ein Gedanke, mit dem Maximilian zeitlebens gespielt hatte»[7]. Bisher, so hatte der deutsche Kaiser in einem anderen Brief, zwei Tage zuvor, an Paul von Liechtenstein geschrieben, den Marschall des Tiroler Regiments, habe er wohl Bedenken gehabt, sich nach dem Amte zu strecken: «Nun finden wir in uns selbs, auch in grund also ist, uns nichts billichers [ehrlicheres] höhers

oder pessers zusteen, als berüert [das erwähnte] bapstumb zu über-
khomen.»[8]

Maximilians Idee ist alles andere als heller Wahn, sondern überlegte Politik, nur ein Beispiel für sein universalmonarchistisches
Denken. Allerdings war Kaiser Maximilian nicht der Einzige, der von
einer Universalmonarchie träumte, auf der Gottes Segen ruhen sollte.
Davon träumten in dieser Zeit auch Süleyman der Prächtige, Iwan
der Schreckliche und erst recht die schnell wechselnden Herrscher
in Rom, die die wiedererstarkte päpstliche Autorität zum Inkasso bei
den weltlichen Fürsten wie beim gemeinen Kirchvolk nutzten, um die
Universalität ihrer Kirche, also Roms, zu festigen.

Jetzt, genau jetzt, in diesem historischen Augenblick, sei die Gelegenheit da, schreibt Maximilian an seine Tochter, und sie müsse
ergriffen werden. Die Spanier seien auf seiner Seite, die Stadt Rom
auch. Volk und Adel von Rom wollten ihn als Papst und auf keinen
Fall, dass die Kaiserkrone an einen Spanier, einen Franzosen oder gar
an einen Venezianer falle. Es komme jetzt darauf an, sich die Tiara zu
sichern und dann die Kaiserkrone an Karl, «an unser aller Sohn», weiterzureichen. Die Kaiser- und die Papstkrone – die Medici machten
vor, wie Macht zu erobern sei – in einer Familie! Wenn der Papst zu
schnell sterbe, gelange er, nach wie vor ohne offizielle Krönung durch
das nicht nur geistliche Oberhaupt des Abendlandes, nicht rechtzeitig
nach Rom, um sich schon einmal einzuwohnen und mit der reich
remunerierten Bearbeitung des künftigen Kardinalskollegiums zu beginnen. Die Gelegenheit sei jetzt, im Sommer 1511, günstig wie nie.

Das war nicht bloß ein tollkühner Plan, sondern ein Staatsstreich
von oben: nämlich ein klarer Verstoß gegen die Goldene Bulle von
1356, wonach es allein die Kurfürsten sind, die über den deutschen
Kaiser zu bestimmen haben. «Ich beginne auch die Kardinäle zu be-
arbeiten, wofür mir bei der Zerstrittenheit, die unter ihnen herrscht,
zweihundert- oder dreihunderttausend Dukaten sehr von Nutzen
wären.» Maximilian bittet seine Tochter, die heikle Angelegenheit
vorderhand noch geheim zu halten, und setzt seine Unterschrift als

«Vater MAXIMILIANUS, künftiger Papst» darunter. Ein kleines Postskriptum schickt er hinterdrein, damit Margarethe begreift, wie ernst und glücklich zugleich die Lage ist: «Beim Papst steigt das Fieber, er kann nicht mehr lange leben.» Nett war das nicht, aber es ging ja auch um ein gutes Geschäft. Als solches trug der Kaiser die Angelegenheit seiner Geschäftsbank in Augsburg an, dem Handelshaus der Fugger, denn mit Gebeten allein ist es nicht getan. Er bot ein Drittel aus den zu erwartenden Einnahmen aus dem Papstamt, wenn sie mitziehen würde; als Vorschuss erwartete er fünfhundertdreiunddreißigtausend Fl. (Rheinische Gulden) oder vierhunderttausend Dukaten.[9] Über den Geheimen Rat Liechtenstein, der sich praktischerweise gerade in Augsburg aufhielt, bot Maximilian zudem vier mit Kleinodien gefüllte Truhen als Pfand. Fugger zögerte und verzichtete damit wohlberaten auf den ohne Zweifel – aber eben nur auf den ersten Blick – lukrativen Handel.

Das hatte nichts mit Gottesfurcht oder gar einem plötzlich wiedererwachten Respekt vor dem Amt des Papstes zu tun; ein Bankier, ein Finanzier, der auf Expansion und Stabilisierung gleichzeitig aus ist, kann es sich nicht ohne weiteres mit einer wichtigen Partei verderben. Fugger hielt die vatikanische Münze, lebte also weniger in der Sonne der Kurie als der des amtierenden Papstes. Er schaffte nicht nur deutsches Geld nach Rom, sondern zog die Annaten, die Gebühren für Ämtererwerbungen, aus mehreren nordfranzösischen Bistümern ein, das hieß, dass er deswegen nichts hätte unternehmen können, was der französische König als offenen Affront empfunden hätte.

Der Einfachheit halber erholte sich der Papst aber, das tückische Fieber verließ ihn, sein Appetit kehrte zurück. Es war nur ein Anfall gewesen, und zu dem Zeitpunkt, da Maximilian noch auf den Tod hoffte, war Julius auch schon wieder gesund. Seine Autorität allerdings war nach wie vor gefährdet. Maximilian ließ nicht ab von seinen großmonarchischen Plänen, verhandelte mit den abtrünnigen Kardinälen, mit Frankreich, mit Spanien. Die Franzosen wollten ihm die Krönung als Kaiser gewähren, aber nichts von einem Papst Maximilian wissen.

Diplomatisch geschickt schlugen sie den für alle käuflichen und auch von den Spaniern umworbenen Bischof von Gurk, Matthäus Lang, als möglichen Nachfolger von Julius II. vor. Die Spanier gewannen Lang für sich, der bremste seinen Kaiser, und auch Melchior von Meckau riet seinem Herrn vom Schisma ab. Julius II. verbündete sich mit Venedig, Aragonien, dem englischen König, versöhnte sich am Ende sogar mit dem Habsburger und verband sich mit ihm in der «Heiligen Liga» gegen Frankreich, und fürs Erste war alles vergessen. Nur die chronische Geldnot des Kaisers war damit nicht behoben.

ZWEITES KAPITEL

Martin Luther reist nach Rom

Seinem Förderer Johann von Staupitz, dem Generalvikar der deutschen Reformkongregation der Augustinereremiten, soll in Rom geträumt haben, ein Eremit werde aufstehen und das Papsttum angreifen. «Das haben wir zu Rom nicht können erkennen», wird Luther später dem Kanzler seines Kurfürsten erklären und auf seine bewährte drastische Art hinzusetzen: «Wir sahen dem Papst ins Angesicht, jtzung sehen wir ihm in Ars [Arsch], außer der Majestät. Und ich Doctor Martinus Luther hab nicht damals gedacht, daß ich derselbe Eremit seyn sollte.»¹

Es ist zu unwahrscheinlich, aber genau so kam's.

Rom war die Hauptstadt der Welt und sollte noch bedeutender werden, ein Ort, an dem fromme Touristen der fromme Schauder packte. Die Ewige Stadt, das dekadente Rom, das Rom der Riesenbaustellen und der klerikalen Verschwendungssucht, müsste ihn völlig erschüttert haben, aber es gibt, abgesehen von seinen eigenen späten Erzählungen, keinen noch so bescheidenen Hinweis darauf, dass Luther überhaupt je in Rom war. Bis heute ist keine Urkunde, kein Brief, keine noch so kleine Abrechnung aus diesem zettelsüchtigen Zeitalter aufgetaucht, mit der sich seine Dienstreise, die auch eine Pilgerfahrt war, dokumentieren ließe. Jahrzehnte später, in den Tischreden, geht es häufig um Rom und den Papst, da schimpft er auf die «Hauptstadt der Laster» und weiß genau, dass dort der Teufel seinen Sitz hat, aber zu dem Zeitpunkt hat er – «ich, Doctor Martinus Luther!» – längst gewonnen. Der Mann aus der nebelhaften Provinz irgendwo in

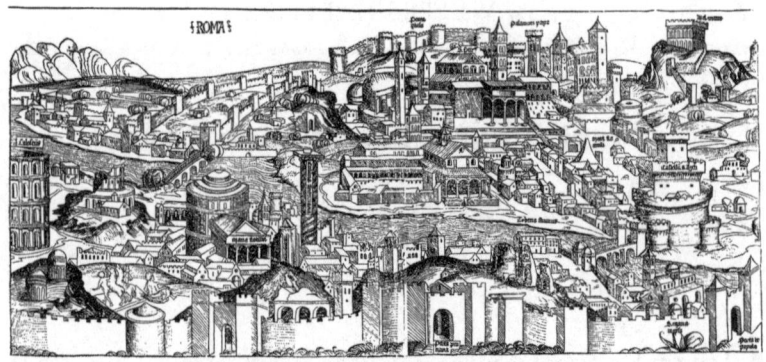

Eine Ansicht der Stadt Rom aus der Schedel'schen Weltchronik. Martin Luther kommt 1511 nicht in die Hauptstadt der spirituellen Welt, sondern in ein gottvergessenes Geschäftszentrum.

Deutschland hat über das Zentrum der Welt und dessen ganze Verkommenheit gesiegt.

Dennoch betont er mehrfach, dass er unter keinen Umständen auf den Augenschein hätte verzichten wollen. Im Rückblick spielt die Reise eine große Rolle, und sie wird größer mit dem Abstand der Jahre. «Sey mir gegrüßt, du heiliges Rom!»[2] will er beim Anblick der Ewigen Stadt ausgerufen und sich auf den Boden geworfen haben. Das war sicher auch die Erschöpfung nach der fast zweimonatigen Fußreise, aber vor allem die Reaktion eines tiefgläubigen Mannes, der sich dem Göttlichen und damit der Erlösung in Rom viel näher glaubte als irgendwo sonst auf Erden.

In jenem Frühherbst 1511, in dem Maximilian wieder einmal nach der Kaiserkrone griff und außerdem Papst werden wollte, pilgerte Martin Luther zusammen mit Johann von Mecheln nach Rom, dorthin, wo Maximilian trotz aller Anstrengung nie ankommen sollte. In der Leitung des Augustinerordens war ein heftiger Streit ausgebrochen zwischen den strengen Observanten und jenen, die sich dieser Reformkongregation, in der der Generalvikar Johann von Staupitz die deutschen Augustinerklöster zusammenschließen wollte, verweigerten. Die Gruppe der Renitenten, jener Klöster, die sich nicht anschließen wollten (und dabei von der Stadt Nürnberg unterstützt wurden), ließ der Generalprior Aegidius von Viterbo am 1. Oktober 1511 exkommunizieren. Eine Einigung schien nicht mehr möglich, deshalb wurden Luther und Mecheln von Staupitz nach Rom geschickt mit der Bitte, den Streit zu klären.

Der Kirchenhistoriker Hans Schneider hat überzeugend dargelegt, dass Luthers Romreise auf den Herbst 1511 datiert werden muss, also ein Jahr später als bisher angenommen.[3] Als Eckdaten nennt Schneider den 4. Oktober, an dem Johann von Mecheln in den Senat der Theologischen Fakultät zu Wittenberg aufgenommen wurde, und den 26. November, der letztmögliche Tag, an dem sie ihre Petition überhaupt dem Augustiner-Ordensgeneral in Rom übergeben konnten, da dieser hernach die Stadt verließ.

So plausibel Schneider seine These vorträgt, die Reise selber ist nach wie vor ein nicht ganz kleines Wunder. Auch wenn Luther, wie bislang vermutet, nicht im Dezember über den vermutlich tief verschneiten Gotthard musste, bleibt immer noch eine bald eintausendsechshundert Kilometer lange Strecke. Nach der Darlegung Schneiders beginnt die Romreise nämlich nicht, wie ebenfalls bislang vermutet, in Erfurt, sondern noch mal einhundertachtzig Kilometer oder sechs Tage weiter nordöstlich in Wittenberg, wo Luther an der Universität lehrte. Eintausendsechshundert Kilometer in weniger als acht Wochen, das ist bei durchschnittlich dreißig Kilometern pro Tag eine ungeheure Leistung, zumal Luther unterwegs auch noch krank wurde und ein Hospital aufsuchen musste.

Selbstverständlich führen alle Wege nach Rom, aber über die Alpen empfehlen sich nur zwei Routen, die östliche und die westliche. Luther wählte die westliche über die Schweiz und scheint auf dem Rückweg die Alpen sogar noch weiter umgangen zu haben, indem er über das Rhônetal nach Deutschland zurückkehrte. In einem atemberaubenden Tempo muss Luther mit Mecheln von Wittenberg südwärts über Nürnberg nach Augsburg, Ulm und Chur gezogen sein, überquerte dann den Septimerpass, gelangte nach Chiavenna, Mailand, Bologna, Florenz und Siena, bevor er schließlich Rom erreichte. Sie folgten einer bewährten Pilgerroute, die es sogar als Karte mit recht genauen Entfernungsangaben von dem Erfurter «Kompassbauer» Erhard Etzlaub gedruckt gab, erschienen zum Jahr 1500, um den Pilgern in jenem Jubeljahr den Weg in die Heilige Stadt zu weisen. Dennoch war die Reise gefährlich, immerhin herrschte in beinah jeder Stadt irgendwann die Pest, es gab fast kein Jahr, in dem es nicht irgendwo zu kriegerischen Auseinandersetzungen kam, und überall drohten Wegelagerer. Die Reise zu Fuß, die Fortbewegungsform der Armen, also der großen Mehrheit der Bevölkerung, war auch für die Bettelmönche vorgeschrieben; eine Erleichterung, etwa dass sie ein Fuhrwerk benutzt hätten, war nirgends vorgesehen.

Ein anderer Reformator, der Hl. Franziskus, war viele Jahre vor ihnen nach Rom gezogen, um sich vom Papst die Regel für den von ihm gegründeten Orden bestätigen zu lassen. Damals ging es um die Erneuerung der Kirche. Für Luther und die deutschen Augustiner in Erfurt und Wittenberg ging es um eine bürokratische Angelegenheit, die wenig bedeutend war und allein für den Orden der Augustiner von Belang, aber offenbar nur in Rom entschieden werden konnte. Vom Ordensgeneral oder einem seiner Vertreter ist zu dem Fall nichts überliefert. Ganz unbedeutend kann die Angelegenheit dennoch nicht gewesen sein, schließlich war Deutschland die wichtigste außeritalienische Provinz. Wie sich erwies, wollte man von Rom aus dann doch nicht eingreifen und überließ alles Weitere den zerstrittenen Parteien und dem Geschick von Staupitz. Die Reise war also vollkommen vergeblich – oder sie wäre es gewesen, wenn sich Luther nicht einen eigenen Bildungssinn abgezwackt hätte.

Noch vier Wochen blieb er in der Stadt, bis zur Jahreswende 1511/12. Da er damit einerseits den italienischen Ordensbrüdern Kosten verursachte und ihn zu Hause in Wittenberg Lehrverpflichtungen erwarteten, darf man annehmen, dass ihm die Augustiner den längeren Aufenthalt nur ungern gewährt haben. Er musste aber bleiben: In Italien herrschte zwar ständig Krieg, doch so bedrohlich wie im Herbst 1511 war die Situation lange nicht gewesen. 1499 hatte Frankreich das Herzogtum Mailand erobern können, mit dem Maximilian den Condottiere Ludovico Sforza beliehen hatte. Nun aber war Julius II. entschlossen, die Macht in der Kirche zurückzugewinnen und zugleich als weltlicher Herrscher über Italien zu regieren. Frankreich sollte aus Oberitalien vertrieben werden, der Papst und niemand sonst in Italien herrschen. Für ihn marschierten zwanzigtausend Schweizer Söldner, finanziert von den allzeit liquiden Fuggern. Im Dezember griff Julius persönlich in den Kampf ein. Luther wird von dieser Europapolitik recht wenig mitbekommen oder gar verstanden haben. Er wusste nicht, dass Maximilian auf die Papstwürde spekulierte und dass die Kardinäle bereits von Julius abgefallen waren. Er wusste nicht, dass der wiedererstandene Julius am 5. Oktober 1511 in der Augustinerkirche Santa Maria del Popolo, in deren Konvent die beiden Deutschen wahrscheinlich untergekommen waren, den Zusammenschluss zur «Heiligen Liga» bekannt gegeben hatte, mit der die Franzosen aus Italien hinausgedrängt werden sollten. Luther wird von dem Konzil gehört haben, das am 5. November im Dom von Pisa eröffnet und später nach Mailand verlegt wurde, aber ob er überhaupt ahnte, dass es sich dabei keineswegs um eine innerreligiöse Revolte, sondern um einen Machtkampf der Kardinäle mit dem Papst handelte, ist zweifelhaft.

Er war doch nichts als ein Pilger, einer unter Tausenden, die jedes Jahr nach Rom strebten im sicheren Bewusstsein, dort Vergebung zu erlangen, eine Linderung der allzeit drohenden Strafen im Jenseits. Zwar hatte Luther in Erfurt die Generalbeichte bereits zweimal abgelegt, erzählte er viel später in den Tischreden, aber es war noch immer nicht genug, wieder musste er beichten, so «das ich wolde eyne gantze beychte von jugent auf geschehen thuen vnd from werden»[4]. Fromm war er schon, er wollte noch frömmer werden. Kein Ort, der besser dafür geeignet gewesen wäre als Rom, wo, wie er sich erinnert, die Märtyrer ihr Blut für den Glauben vergossen haben.

Doch es sollte anders kommen. Im Rückblick erkennt er, was ihm die Pilgerschaft zur «Hure Babylon» verdorben hat: «Sie ist nu zerrissen, und der Teufel hat den Papst, seinen Dreck, darauf geschissen.»[5] Den Tischgenossen in seinem bürgerlichen Haushalt in Wittenberg wird er später ausgiebig die Prachtentfaltung des Papstes schildern. Der Bettelmönch Martinus ist darüber empört, dass der Papst sich die Füße küssen lässt, während Christus den Jüngern die Füße gewaschen hat. Der regierende Papst liebte die Macht ebenso sehr wie den Prunk. Am 26. November 1511 feierte Julius II. den Beginn seines neunten Pontifikatsjahres und wohnte einem aus diesem Anlass gehaltenen Hochamt in St. Peter bei; er feierte wohl auch seine glückhafte Gesundung. Womöglich bezieht sich Luther auf dieses nicht ganz und gar kirchliche Fest, wenn er beklagt, dass der Papst «das sacrament [die Monstranz also] in der procession umbtregt, yhn musz man tragen, aber das sacrament stet fur yhm wie ein kandel weynsz auff dem tisch»[6]; er will getragen werden, aber die Monstranz steht auf dem Tisch, als wär's ein Krug Wein. Nichts weiß Luther von der Renaissance, nichts davon, dass Julius sich wie seine Vorgänger und Nachfolger zwar als kirchlicher Würdenträger, aber in erster Linie als Fürst verstand. Wenn der Papst ausreitet, geht die Klage weiter, dann begleiten ihn «bey drey oder vier tausent maul reytter»[7]. Das heißt allerdings noch lange nicht, dass er das alles gesehen hat, es könnte sich um antiklerikale Fabeln handeln (viertausend Reiter!).

Und wie sollte der fromme Eremit in seinem Bedürfnis, womöglich noch frömmer zu werden, auch nur ahnen, dass der nämliche Julius, den er durch dessen pompösen Lebensstil am heiligen Sakrament freveln sieht, ernsthaft daran denkt, den Bußprediger Savonarola, den sein Vorgänger Alexander VI. 1498 erhängen und verbrennen ließ, heiligzusprechen? Raffael hatte diesen Erzketzer 1509 in Julius' Auftrag in den Stanzen des Vatikans unter die Gelehrten und Heiligen gemalt, die mit Christus über das Sakrament diskutieren. Er hat auch seinen Patron gemalt, als biblisch alten Mann, als Patriarchen würdigster Gestalt; doch Julius II. war ein eifriger Kriegsherr, den ein unberechenbares Schicksal in die Kirche verschlagen hatte. Luther wird in seiner ersten deutschnationalen Schrift «An den Christlichen Adel teutscher Nation» (1520) die Frage stellen, was den zu jeder kriegerischen Tat bereiten «blutseuffer» Julius so hoch erhoben hat.[8]

Das ganze Rom blieb ihm fremd, und wird ihm immer noch fremder im Abstand der Jahre. Die Renaissance erreichte ihn nicht, allenfalls in den drastischen Darstellungen von Kardinälen, die mit ihren Kurtisanen tafelten und tranken, wenn sie nicht, für ihn noch weit schlimmer, die Worte der Liturgie nur mehr im Spott gebrauchten. Dass Rom ein gigantisches Kunstprojekt war, sah er auch in den vier oder sechs Wochen dort nicht. Während des Pontifikats von Nikolaus V. (1447 bis 1455) war die Antike hoffähig geworden. Dieser Papst, meint Gregorovius, habe Rom «in eine päpstliche Festung verwandelt»[9]; vor allem ist Rom unter seiner Herrschaft zur Kunststadt geworden, die es auch in der römischen Kaiserzeit nie war. Nikolaus war ein Gelehrter, den es selber nicht nach Reichtum verlangte, nur Bücher sammelte er unersättlich. Bis in die baltischen Städte schickte er seine Gesandten, damit sie ihm kostbare Handschriften besorgten. Es wurde Mode, gebildete Männer *more classico* über die Antike und die Gegenwart Gedichte schreiben zu lassen oder sie dafür zu bezahlen, dass sie bei Reden und Bullen aushalfen. An der Kurie ging es liberaler zu als in der ganzen fünfzehnhundertjährigen Geschichte davor. Nikolaus V. holt Lorenzo Valla an seinen Hof, obwohl der doch die Konstantinische Schenkung, mit der das Papsttum seinen irdischen Machtanspruch begründete, als Fälschung entlarvt hatte. Er hatte auch begonnen, eine Umgestaltung des Petersdoms zu planen, der die Christenheit und ihren Glauben aufs prächtigste symbolisieren sollte – und am Ende die Kirchenspaltung brachte.

Nikolaus gilt als erster Renaissance-Papst. An seiner Frömmigkeit wird keiner zweifeln, doch wusste er, dass der Glaube nicht allein von der Angst vor der Hölle lebt. Als er seine letzte Stunde nahen fühlte, versammelte er die Kardinäle um sich und hielt eine programmatische Ansprache, die mit höchsttönender Bescheidenheit an die Nachwelt gerichtet war und seinen Nachfolgern in der päpstlichen Verschwendungskunst als Rechtfertigung dienen konnte. Das Volk in seinem schwachen Glauben, sagte er, füge sich der Autorität erst durch den Anblick monumentaler Bauwerke. «Große Werke der Architektur, welche geschmackvolle Schönheit mit imponierender Größe vereinigten, sollten mit dazu beitragen, die Autorität des Heiligen Stuhles zu erhöhen.»[10] Das Volk will die Verschwendung, verkündete der Papst, das Volk muss überwältigt werden zum Glauben: «Also nicht aus Ehrgeiz, aus Prachtliebe, aus leerer Ruhmsucht und Begier, unsern Namen zu verewigen, haben wir dieses große Ganze von Gebäuden angefangen, sondern zur Erhöhung des Ansehens des Apostolischen Stuhles bei der ganzen Christenheit, und damit künftig die Päpste nicht mehr vertrieben, gefangen genommen, belagert oder sonst bedrängt werden möchten.»[11]

Was wusste er, der kleine Mönch aus Mitteldeutschland, von dem großen Ganzen, das dem Papst und bald noch mehr seinen Nachfolgern vorschwebte? Luther konnte doch nicht ahnen, dass das Papsttum, an das er 1511 noch unverbrüchlich glaubte, auf dem Höhepunkt seiner weltlichen Macht stand und gleichzeitig wankte wie nie zuvor. «Als ein toller heiliger» sei er «durch alle kirchen und klufften» gepilgert, sagt Luther später,[12] und von der Politik wird er so wenig mitbekommen haben wie von der Rechtfertigungslehre des Nikolaus, der alle weiteren Päpste folgten. 1506 hatte Papst Julius II. persönlich den Grundstein für den neuen Petersdom gelegt, der nicht nur die größte Kirche der Christenheit werden, sondern mit seiner Kuppel aufragen sollte über dem künftigen Grab des Bauherrn. Seit Konstantinischer Zeit galt der vatikanische Hügel als der Ort, an dem der Apostel Petrus nach seiner Hinrichtung während der Verfolgung unter Kaiser Nero 67 nach Christus bestattet wurde. Selbstverständlich war es ein frommes Werk, dem ersten Papst und Statthalter Christi auf Erden dieses Monument zu errichten, doch ungleich wichtiger war es dem machtbewussten Nachfolger, mit der Monumentalkirche auf sich und seine eigenen Taten verweisen zu können. Die wiederentdeckte Antike interessierte Luther nicht, erst recht blieb ihm die Bauwut fremd, die schiere Veräußerlichung des Glaubens. In der Schule in Magdeburg und Eisenach, auf der Universität in Erfurt wird er das eine oder andere von den klassischen Autoren zu lesen bekommen haben, aber in seinen Reiseberichten reagiert er wie ein Banause: «Denn da jtzt Häuser stehen, sind zuvor die Dächer gewest; so tief liegt der Schutt; wie man bei der Tiber wol siehet, da sie zween Landsknechts-Spieß hoch Schutt hat.»[13] Er war doch nicht in die Welthauptstadt gezogen, in die Machtzentrale von Augustus und Vespasian, von denen die schäbigsten Ruinen zeugten, sondern ins heilige Rom. Was sollten ihm die Trümmer der Römer?

Luthers Erzählungen vom verkommenen Rom können auch Wandersagen gewesen sein, wie sie in der traditionell antiklerikalen Stadt entstanden waren und wie sie als bereitwillig geglaubte Folklore auch von frommen Pilgern mit nach Hause genommen wurden. Eine Sage hatte allerdings den Vorzug, auch noch wahr zu sein: die wundersame und höchst lehrreiche Geschichte um den Bischof von Brixen, der zweieinhalb Jahre zuvor, im Frühjahr 1509, in Rom verstorben war. Kardinal war er auch gewesen, «und sehr reich, und als er war todt gewesen, hatte man bei ihm kein Geld gefunden, denn allein ein Zeddelin eines Finger lang, das in seinem Aermel gesteckt war. Als nu Papst Julius denselbigen Zeddel bekommen, hat er balde gedacht, es würde ein Geldzeddel sein, schickt bald nach der Fugger Factor in Rom und fraget ihn, ob er die Schrift nicht kenne? Der selbige spricht ja, es sei die Schuld, so der Fugger und seine Gesellschaft dem Cardinal schuldig wären und machte dreimal hunderttausend Gülden.»[14]

Der Bischof von Brixen, Melchior von Meckau, hatte mit allerhöchstem Segen einige der lukrativsten Pfründe des Abendlandes in seine Hand gebracht. Er stammte aus Sachsen, aus dem Bistum Meißen, wo er als Dompropst angefangen hatte, aber schon bald konnte er seine kirchliche Laufbahn in Rom fortsetzen. Außerdem hatte er als

Kanzler für Sigismund den Münzreichen, Erzherzog von Österreich, und für den Kaiser persönlich gewirkt, unter anderem als Brautwerber um Bianca Maria Sforza. In weltlichen wie in geistlichen Belangen zu Hause, befolgte er wie kein anderer das Prinzip der hohlen Hand: Es geschah auf seinem Territorium nichts, ohne dass er beteiligt gewesen wäre. Wenn er als Gesandter Maximilians nach Venedig reiste, wurde er vom Senat mit hundert Dukaten bedacht. Später, in Rom, beklagte er sich beim venezianischen Gesandten, dass er schlecht behandelt worden sei, und die Stadt machte ihm ein weiteres Mal Geschenke im Wert von zweihundert Dukaten.[15] Zeitweilig war Meckau des Kaisers Statthalter in Tirol, wo Kupfer und Silber abgebaut wurden, und natürlich finanzierte er dessen Kriege. Bei einer seiner Charaden erwog der unberechenbare Maximilian vorübergehend auch, seinen Berater zum Papst wählen zu lassen. Meckau musste dem Kaiser ständig Geld leihen, aber er war auch einer der reichsten Männer Europas, Humanist außerdem, ein geschätzter Bauherr und Auftraggeber der Künstler. Freigebig ließ er malen, formen, bauen, doch längst nicht alles, was ihm aus Stadt und Land an Revenuen zufloss, war damit zu verbrauchen. Wohin mit dem Geld, wenn es nach kirchenamtlicher Lehre keinen Zinsertrag bringen durfte? So wurde Meckau als Bischof von Brixen stiller Teilhaber im Handelshaus Fugger, im frommen Wissen, dass es den deutschen Kaiser und Tiroler Landesherrn nach den Zuwendungen aus Augsburg verlangte wie den Verdurstenden in der Wüste nach Wasser. Meckaus Einlage war also mündel- und auch sonst sicher. Die Nähe zur Edelmetallförderung in Tirol, die auch den Bischof nährte, wird ihn davon überzeugt haben, dass Fuggers Investitionen vernünftig und sogar lukrativ waren. In Schwaz wurden vierundfünfzig Prozent des europäischen Silbers gefördert. Zwischen 1487 und 1494, in nur sieben Jahren, sollen die Fugger allein hier vierhunderttausend Gulden Gewinn gemacht haben.[16]

Die Verbindung zum Bischof von Brixen war besser als jedes Bankgeheimnis: Da der Prälat das Zinsverbot umging, also nicht gegen weltliche, aber gegen kirchliche, aus der Heiligen Schrift begründete Gebote verstieß, wird er sein finanzielles Engagement an keine noch so kleine Kirchenglocke gehängt haben. Das Bankhaus konnte deshalb recht frei darüber verfügen. Meckaus Teilhaberschaft begann am 30. April 1496 mit einer ersten Einlage, die allerdings aus den Schulden stammte, die Kaiser Maximilian bei ihm gehabt hatte. Zunächst waren es nur zwanzigtausend Gulden, doch ermöglichte diese Kapitalerhöhung den Fuggern, in den ungarischen Unternehmensteil zu investieren, der ebenfalls auf den Abbau von Kupfer und Silber setzte. In einer weiteren Einlage schoss der Bischof 1505 108 931 Gulden nach.[17] 1506 zog er endgültig nach Rom, nicht ohne sein Kapital und auch weidlich kirchliches Gerät mitzunehmen, das er als sein Eigentum deklarierte. Beim Domkapitel fürchtete man bereits um sein Vermächtnis. In Rom wurde Meckau krank. Er verfasste ein Testament, wonach sein Haupterbe Santa Maria dell'Anima werden sollte, die deutsche Nationalkirche.

Zuletzt kamen so, die Zinsen nicht mitgerechnet, 152 931 Gulden zusammen, eine ungeheure Summe für diese chronisch unterkapitalisierte Zeit. Das entsprach drei Viertel des Einlagekapitals der Fugger. Als Melchior von Meckau 1509 starb, fanden die frommen Männer der Anima in seinen Kleidern die Quittungen,[18] von denen Luther hörte, ausgestellt von Jakob Fugger persönlich und lautend auf phantastische Summen. Sogleich erhob sich Streit um diese Einlagen, die aus der stillen Teilhabe ein politisches Problem machten: Die Kurie beanspruchte das Vermögen ebenso wie der Kaiser, wie das Bistum Brixen, wie die leiblichen Verwandten in Sachsen. Peinlich war die Geschichte in jedem Fall und sollte deshalb auch geheim bleiben. Dass der ehrwürdige Bischof noch ein Deputat von zwanzigtausend Dukaten unterschlagen hatte, das er für seinen Bruder an die Anima weiterleiten sollte, tarnt die offizielle Monographie der Kirche als «Formfehler im Testament» und übergeht schamhaft sogar den Namen des Dukatenhorters.[19]

Das war der «Vorteil» Fuggers, wie er den Zins bezeichnete. Hier gestaltet sich sein Vorteil ganz und gar immateriell. Da an der höchsten Autorität des Papstes nicht zu zweifeln war und auch nicht an seiner Absicht, das gehortete Vermögen seines Spekulantenkardinals Meckau dem Kirchen- oder dem Julius-Schatz zuzuschlagen, konnte Jakob Fugger nichts ausrichten. Doch die Firma wäre sofort zahlungsunfähig gewesen, wenn ihr auf einen Schlag drei Viertel ihres Einlagekapitals entzogen worden wäre, ein Argument, das beim Kaiser und König verfing. Maximilian hatte bei seinem letzten Feldzug in Italien, es ging wieder einmal gegen Venedig, eine Niederlage hinnehmen müssen, weil die finanzielle Unterstützung aus Augsburg für den chronischen Schuldenmacher diesmal ausgeblieben war. Über Jahre wurde nun hin und her verhandelt. In dieser «finanziellen ménage à trois»[20] verfügte Maximilian, dass das Kapital nicht ausgezahlt werden dürfe. Am Ende siegte tatsächlich der Kaiser, der auf seinen älteren Ansprüchen bestand. Maximilian teilte sich die Beute mit dem Papst, dem gefällig zu sein Fugger auch bei dieser Gelegenheit nicht unterließ, während er den Kaiser mit Warenlieferungen zufriedenstellen konnte. Luther ist hier wieder mit einer Anekdote zur Stelle, mit der er die Sensationsgier seiner atemlos staunenden Zuhörer stillt: Drei Tonnen Goldes habe Fugger in Rom vorweisen können[21] und damit Julius II. von seiner Validität überzeugt. Der Papst musste an dem ungeliebten Handelspartner Fugger festhalten, denn so viel konnte der französische König nicht aufbieten und auch der englische nicht.

Das war die römische Wirtschaft, wie Luther sie am Rande erlebte. Es war nicht seine Welt, die durchrationalisierte und für die Organisatoren äußerst lukrative Frömmigkeitsindustrie. «Da ich auch so ein toller heilige[r] war, lieff [ich] durch alle kirchen und klufften, gleubt alles, was daselbs erlogen und erstuncken ist.»[22] Luther übte sein Priesteramt weiter aus, das hieß, er feierte, wann immer es ging, die Messe und ärgerte sich, wenn die einheimischen Kleriker ihn – «Passa, passa!» – vom Altar wegdrängten, weil er ihnen in seiner norddeutschen Frömmigkeit zu lang brauchte. Er besuchte die heiligen Stätten mit ihren kostbaren Reliquien. In Rom wurde das Schweißtuch der

Hl. Veronika ausgestellt, das das einzig wahre Abbild des leidenden Christus zeigt. Es gab auch verschiedene Marterwerkzeuge, die ebenfalls mit dem Erlöser in Berührung gekommen waren, oder auch die Köpfe der Stammväter Petrus und Paulus (was zumindest bei Petrus seltsam ist, weil er nicht enthauptet, sondern gekreuzigt wurde).

Luther besuchte fleißig die sieben Hauptkirchen Roms – die Lateranbasilika, den Petersdom, San Paolo fuori le mura, Santa Maria Maggiore, San Lorenzo, Santa Croce in Gerusalemme, San Sebastiano –, er besuchte auch die Scala Santa, die heilige Treppe, die sich angeblich im Palast des Pontius Pilatus befunden hatte und über die der leidende Christus geführt worden sein soll. Wer alle achtundzwanzig Stufen kniend bewältigt und auf jeder ein Vaterunser gebetet hatte, erwarb einen vollkommenen Ablass, den Luther seinem Großvater Heine Luder widmete. «Sed in fastigium veniens cogitabam: quis scit, an sit verum»; als er aber oben angekommen war, dachte er: «Wer weiß, ob es wahr ist!»[23] Eine Einsicht post festum.

Seine späteren Zuhörer unterhielt Luther gern mit antirömischen Schauergeschichten. Doch auch ohne Einblick in die Geschäfte der Kurie, in das Machtstreben von Papst Julius, die finanziellen Transaktionen zwischen den Fuggern und geldsüchtigen Kirchen- und weltlichen Fürsten – dieses sagenhafte Rom konnte dem Fundamentalisten aus dem Norden nur fremd vorkommen.

DRITTES KAPITEL

Die doppelte Anna

Der fromme Pilger war nicht immer fromm, sondern zu Höherem bestimmt. Sein Vater hatte für Martin Luther die juristische Laufbahn vorgesehen, neben dem Arztberuf die beste Wahl für Akademiker, die ohne den Schutz der Kirche auskommen wollten. An den vielen neuen Universitäten sammelten sich um die Halbjahrtausendwende begabte Landeskinder. Georg Spalatin, der später zwischen dem Kurfürsten und Luther vermitteln sollte, Johannes Eck, der die päpstliche Bulle gegen ihn erwirkte, auch der Ablasslegat Raimund Peraudi erlangten ihre einflussreiche Stellung in der diplomatischen Welt durch die akademische Bildung, die ihren Vätern und Großvätern noch nicht zugänglich gewesen war. In dieser Zeit, lange als Frühkapitalismus charakterisiert, lösten sich zum ersten Mal die bis dahin so streng bewachten Klassengrenzen auf.

Luther hat seinen ungewöhnlichen Aufstieg als noch größer, noch unwahrscheinlicher dargestellt, als er es ohnehin gewesen war. Trotz seiner bescheidenen Herkunft habe er es zum «Doctor der heiligen Schriefft», zum «adversarius papae»[1] gebracht, vom Bauernsohn zum Widerpart des Papstes. Aber Martin Luther, Sohn des Hans Luder, ist nicht nur der Reformator und der, der beim Bibel-Übersetzen den Leuten aufs Maul geschaut hat, er ist auch der Autor der Luther-Legende. Nachdem er es versäumt hatte, seinen Namen nach Humanistenart zu latinisieren, änderte er den väterlichen Luder wenigstens in den schneidigeren Luther. Gewagt ist die Etymologie, die er dazu entwickelte: Es sei eine Ableitung des griechischen *eleutheros* beziehungsweise *eleutherius* – der Befreier wollte er also sein und der Befreite. Namen sind bekanntlich Schicksal; beide Formen trafen somit auf den Mönch zu, der sich 1517 mit seinen Ablassthesen zur Fundamentalkritik an Kirche und Finanzwirtschaft entschloss. Sein zunächst nur theologisch gemeinter Beitrag innerhalb einer akademischen Diskussion wies von Anfang an weit darüber hinaus. Der erste Brief, den er mit dem Namen Luther verschickte, ging an seinen Gegner Albrecht von Brandenburg, den Kurerzbischof von Mainz.

Wie im Bildungsroman musste Luther sein Leben ganz tief unten beginnen, ehe es sich so weit oben erfüllen konnte. Ein «armer hewr» (Hauer) sei sein Vater gewesen, behauptete er mit dem evangelischen Feuer des nimmermüden Geschichtenerzählers. «Die mutter hatt al yhr holtz auff den rucken eingetragen»[2], sagte er einmal, oder noch einprägsamer: «Ich bin der Sohn eines Bauern, meine Vorfahrn, mein Vater sind rechte Bauern gewest. Also haben sie vns erzogen.»[3] Aber im thüringischen Möhra, wo sie herkommt, gehörte die Familie Luder bereits zur Oberschicht. Weil Hans Luder als Erstgeborener nach dem geltenden Erbrecht vom Hof gehen musste, wenn er dort nicht als unverheirateter Knecht dienen wollte, vor allem aber weil sich im Bergbau bessere Verdienstmöglichkeiten boten, verließ er Möhra und arbeitete zunächst in den Kupferschiefergruben im benachbarten Kupfersuhl. Bald ging er auch da weg und zog einhundertfünfzig Kilometer weiter nach Norden.

Die Bergwerke in der Grafschaft Mansfeld am Ostharz nahmen zum Ende des 15. Jahrhunderts einen solchen Aufschwung, dass alle Zuwanderer gebraucht wurden. Ein Onkel von Hans Luders Frau wirkte als oberster Bergverwalter. Eine Erbschaft Margarethe Luders wird geholfen haben, sich dort einzukaufen. Der Bergbau wurde seit Mitte des 15. Jahrhunderts, als es erst wenige und kaum größere Städte gab, zu einer regelrechten Industrie im ländlichen Raum, vor allem versprach er einen erheblich höheren Ertrag als die unberechenbare Dreifelderwirtschaft. «Denn der jährliche Gewinn eines Bleibergwerks ist, wenn man ihn mit den Früchten des besten Feldes vergleicht, der dreifache von diesem oder wenigstens der doppelte. Um wie viel also übertrifft die nämlichen Feldfrüchte der Gewinn eines Silber- oder Goldbergwerks!», schwärmt Georg Agricola in seinem Lehrbuch «De re metallica Libri XII».[4] Die Gegend um Mansfeld entwickelte sich Anfang des 16. Jahrhunderts zum Gebiet mit der größten Silberproduktion Europas. In schmalen Flözen, in günstigen Fällen drei übereinander, fand sich unter Tage Kupfer. Beim Einschmelzen ließ sich im Saigerverfahren außerdem eine geringe Menge Silber gewinnen, genug allerdings, um die Grafen von Mansfeld reich und die Hüttenmeister wohlhabend zu machen. Die Arbeit unter Tage war so hart, dass die Schicht nur sechs bis acht Stunden dauerte; in der Landwirtschaft konnten es im Sommer leicht zwölf bis vierzehn Stunden werden. Der Wochenlohn betrug kaum mehr als dreizehn Groschen (einundzwanzig Groschen ergaben einen Gulden).[5]

Der Bedarf an Kupfer stieg unaufhörlich. Nach den Pest-Pandemien, in denen die Bevölkerung dezimiert worden war, begann sie nun wieder erstaunlich schnell zu wachsen. Die gesamte Wirtschaft erlebte einen – weitgehend kreditfinanzierten – Boom. Überall wurden Brücken gebaut, Klöster gegründet, Kirchen instand gesetzt, neue Wege angelegt. 1491 entdeckte man am Schreckenberg im Erzgebirge reiche Silbervorkommen; die dort wenige Jahre später gegründete Stadt wurde nach der Patronin der Bergleute benannt, der in der Heiligen Schrift nirgends erwähnten legendenhaften Großmutter Jesu: Annaberg. Die Hl. Anna genoss in Mitteldeutschland eine solche Verehrung, dass der Kurfürst von Sachsen, Friedrich der Weise, 1493 von seiner Pilgerreise ins Heilige Land einen ihrer Daumen mitbrachte und in seine Reliquiensammlung aufnahm. (Merkwürdigerweise heißt es auch von seinem Konkurrenten Albrecht, dass er einen echten Anna-Daumen besessen habe.)

Die allmähliche Umstellung der Kriegführung auf den Halbdistanzkampf brachte nicht nur das Ende des Rittertums, sondern erforderte vor allem erhebliche Investitionen, von denen wiederum

Das Gemälde von Hans Hesse ziert den 1521 geweihten Bergaltar der Stadtkirche St. Annen in Annaberg. Nirgendwo in Europa wurde im 16. Jahrhundert mehr Silber produziert.

jene Fürsten profitierten, denen das Schürfrecht zugefallen war. Die beständig weiter aufrüstenden deutschen Herrscher verlangte es nach den jeweils neuesten Feuerwaffen. Für die Kanonen brauchte es ebenso wie für den exponentiell wachsenden Buchdruck große Mengen an Kupfer. Mit der ostentativen Frömmigkeit wuchs auch der Silberbedarf: Es wurde für die immer filigraneren Kunstwerke benötigt, die in den Werkstätten in Nürnberg und Augsburg entstanden. In Silber gefasst waren zudem die abertausend Reliquien, die deutsche Fürsten in ihren Wunderkammern anhäuften und bei besonderen Gelegenheiten gegen Gebühr für einen Ablass feilhielten. So profitierte auch der Vater Luthers von der Fiskalisierung der Religion, gegen die sein Sohn eines Tages aufstehen sollte.

Für den Biographen ist traurig wenig bekannt über die frühen Jahre des späteren Reformators. Alle Angaben, die dem Historiker, dem Psychologen, dem gemeinen Luther-Versteher helfen würden, fehlen einfach. Nicht einmal sein Geburtsjahr steht fest. War er ein gutartiges Kind, das sich einen Hasen hielt und dem das Herz brach, als er geschlachtet wurde? Wollte er den Mädchen auf der anderen Straßenseite gefallen? War er ein guter Schüler, weil ihn – das immerhin dürfte als sicher gelten – die Eltern zeitüblich mit Schlägen erzogen? Nichts weiß man, abgesehen von dem, was Luther selber erzählte. «Mein mutter steupet mich vmb einer eingen [einzigen] nuß willen *usque ad effusionem sanguinis*»[6], bis Blut floss, und auch der Vater habe ihn gelegentlich richtig verhauen, sogar so, dass ihn, den Vater, die Tat reute. Alles nicht besonders überraschend.

Wer hätte auch etwas über seine Jugend festhalten sollen? Es ist ein noch weitgehend illiterates Zeitalter, neunzig Prozent der Deutschen können überhaupt nicht lesen und schreiben. Die Kirchenbücher verzeichnen bestenfalls schlichte Daten: Taufe, Eheschließung, Tod. Nichts Ungewöhnliches also und vor allem nichts, was auf die weltbewegende Rolle Luthers vorausdeuten würde.

Martin Luther wird – so will es sein Freund und Hagiograph Philipp Melanchthon – am 10. November 1483 in Eisleben geboren und am nächsten Tag auf den Namen des Tagesheiligen getauft. Luther selber hielt 1484 für sein Geburtsjahr. «Nullus est certus de navitatis tempore», die Zeit seiner Geburt sei alles andere als sicher, erklärt er in den Tischreden, «denn Philippus et ego [Melanchthon und ich] sein der sachen vmb ein jar nicht eins.»[7] Der sterngläubige Melanchthon schwankte lange und hatte zunächst 1484 und einen Termin zweieinhalb Wochen früher im Oktober favorisiert, weil da die Planeten Saturn und Jupiter angeblich beinahe in einer Linie zur Sonne standen und damit die großen Dinge schon ankündigten, die sich mit der scheinbar niedrigen Geburt im Mansfelder Land andeuteten; ein Horoskop, das aber erst für den bereits berühmten Luther erstellt wurde, sollte die reformatorische Revolution nicht unter einen unglücklichen Stern bringen. Dafür sorgten später die Luther-Gegner: Der Vater sei ein *homicida*, ein Totschläger, gewesen und habe deshalb aus seiner Heimat in Möhra fliehen müssen; die Mutter nichts Besseres als eine Badmagd, eine Hure; Luthers Geburt daher unehelich, wenn er nicht gleich die Frucht des Verkehrs war, den die Mutter mit einem Incubus, also praktisch mit dem Satan persönlich pflog.[8] Vor allem sein Widersacher Johannes Cochläus tat sich mit solchen Schmähungen hervor. «Wenn der Teufel der Lere nichts kan anhaben, so legt er sich wider die Person, Leuget schmehet, flucht und tobet wider die selbigen», klagt Luther am Ende seines Lebens. «Gleich wie der Papisten Beelzebub mir thet, da er meinem Euangelio nicht kund widerstehen, schreib er, Ich hette den Teufel, were ein Wechselbalck, Meine liebe Mutter eine Hure und Bademagd.»[9] Er führt die Klage allerdings in der Schrift «Von den Juden und ihren Lügen», in der er seinerseits an Schmähungen nicht spart.

Martin Luther war das zweite von mutmaßlich neun Kindern. Die Familie zog ein halbes Jahr nach seiner Geburt um. Der Vater arbeitete sich bald zum wohlhabenden Hüttenmeister hoch, 1507 besaß er in der Stadt Mansfeld bereits ein großes Haus, das sich über zwei Grundstücke ausdehnte. Vorn an der Hauptstraße befand sich das Wohnhaus, dahinter der Hof, die Wirtschaftsgebäude und der Garten. Bei Grabungen kamen in den vergangenen Jahren Überreste von Küchenabfällen zum Vorschein, die belegen, dass der Luder'sche Haushalt gut ausgestattet war und man abwechslungsreich aß. Süß- und Salzwasserfisch gab es, sogar Weintrauben und Feigen, die sich ein armer Hauer niemals hätte leisten können. In der Bürgerschaft stieg Hans Luder auf und waltete zeitweise als «Schauherr» (Geschworener). Die hart erarbeiteten Einnahmen aus dem Bergwerks- und Hüttenbetrieb wurden ergänzt durch Diäten in Höhe von jährlich achtzig Gulden, die sich unter anderem aus Strafgeldern ergaben. Außerdem verlieh er Geld und kaufte zur Absicherung eine kleine Landwirtschaft. Es war ein Vermögen auf Pump, denn nicht anders als die höchsten Herren im Land verschuldete er sich, um überhaupt investieren und kaufen zu können. Luder blieb sein Leben lang Schuldner.

Für seinen Sohn war ein Platz in der Verwaltung vorgesehen. Das Kind zeigte keinerlei Neigung, sich dem väterlichen Plan zu widersetzen. Vom fünften Lebensjahr an besuchte Luther die Mansfelder Lateinschule, dann zusammen mit dem Hüttenmeistersohn Hans Reinicke die der «Brüder vom gemeinsamen Leben» in Magdeburg, schließlich die städtische Pfarrschule Sankt Georg in Eisenach, wo er zu den Kurrende-Sängern gehörte, die vor allem in der Adventszeit durch die Straßen zogen. Dieses zwar erbauliche, aber demütigende Ritual hielt sich, ungeachtet jeder Reformation, bis ins 19. Jahrhundert. Die Schüler sangen fromme Lieder und hofften auf großzügige Spenden von Bürgern, die sich der frierenden Kinder erbarmten. Die Musik wurde ihm trotzdem nicht verleidet: Er übte sich auf der Laute; später werden ihm die Protestanten eine Reihe großer Lieder zu verdanken haben. Im Lateinischen erwarb er die von einem Schüler erwartete Geläufigkeit; schriftlich war es ihm bald näher als das Deutsche. Die Komödiendichter Plautus und Terenz waren ihm am liebsten, den Vergil studierte er auch.

Als «Martinus Ludher ex Mansfeldt» im April 1501 mit siebzehn die Erfurter Universität bezog, verdiente sein Vater schon so viel, dass dem Sohn kein Nachlass gewährt werden konnte; die vollen Studiengebühren wurden fällig. Es lief weiter alles nach Plan: In kürzester Zeit erlangte der junge Luther den *baccalaureus* und den Grad eines *magister*. Das *studium generale*, bei dem die sogenannten sieben freien Künste gelehrt wurden, also Grammatik, Rhetorik, Dialektik, Geometrie, Arithmetik, Musik und Astronomie, schloss er Anfang 1505 ab. Jetzt stand eine Entscheidung an, und selbstverständlich fügte sich

Luther dem Wunsch seines Vaters und schrieb sich an der Juristischen Fakultät ein.

Erfurt zählte damals keine dreißigtausend Einwohner und war damit bereits eine der größten Städte des Reiches; Leipzig war kaum halb so groß. Verglichen mit Bologna, Paris oder Leipzig zeigte sich die Erfurter Universität aber eher konservativ. Durch seinen eifrigen Schüler Thomas von Aquin galt Aristoteles nach wie vor als philosophischer Lehr- und Zuchtmeister. Doch hatte der Humanismus erste Anhänger versammelt, Männer, die nach den Texten der anderen römischen und griechischen Klassiker suchten, weil sie die Glasperlenspiele der Scholastik nicht mehr allein seligmachend fanden. Anders als beispielsweise die Kölner folgten die Erfurter Professoren der *via moderna*, der nominalistischen Schule; Luther selber nannte später den Philosophen Wilhelm von Ockham als seinen Lehrer. Im Unterschied zu den Realisten hatten Allgemein- oder Gattungsbegriffe für die Nominalisten keine reale Existenz, sie waren nur Abstrakta, nur Namen. Wichtiger für Luther wurde Ockhams Ansicht, dass der Einzelmensch, auch ohne Teil einer Gemeinschaft zu sein, von Gott angenommen werden kann, dass er also einer Glaubensgemeinschaft wie der Kirche letztlich gar nicht bedürfe.

Theologisch war Erfurt aber noch auf der Höhe der apokalyptischen Religiosität, die krampfhaft am Heilserwerb durch Geld festhielt: Zu Luthers Mitbrüdern im Erfurter Konvent gehörte kurz auch Johannes von Paltz, der als Unterkommissar Raimund Peraudis in ganz Mittel- und Norddeutschland bis hinauf nach Bremen für den Ablass geworben hatte. In seinen vielfach aufgelegten Schriften betont Paltz die besondere Gnadenhaftigkeit der durch den Papst beglaubigten Ablassangebote. Zeigt er sich reumütig, erklärte Paltz, kann dem Sünder sogar noch in seiner letzten Stunde ein besonders «heilvolles Kaufgeschäft» gelingen, wenn er den eigenen Tod als Zahlungsmittel einsetzt, um die Reichtümer des Himmels zu erwerben.[10] Auch Luthers Vater war nicht nur in seinem Hüttenunternehmen an diesem elaborierten Kaufgeschäft zwischen Himmel und Erde beteiligt: Als

Magistratsmitglied in Mansfeld erwarb er einen Ablass für die Pfarrkirche und wirkte auch selber beim Ablassverkauf mit.

Für die wichtigste heimische Erwerbsquelle wählt Paltz das einzig angemessene Bild, «Das heilig leiden Cristi ist ein goltgrub und
mer dan ein goltgrub.» Friedrich der Weise, der ebenso fromme wie
reiche Kurfürst von Sachsen, Mitbesitzer der Silberstadt Annaberg,
war von Paltz' Predigten so begeistert, dass er 1490 dessen Broschüre
«Die himmlische Fundgrube» drucken ließ, in der Paltz die mystische
Annäherung an den Leib Christi mit dem Abteufen von Stollen im
Bergwerk vergleicht. «Diß buchelein», schreibt Paltz in seiner Vorrede an den Mäzen, «wirt genant die hymlische funt grub darumb das
man hymlisch ertz darin mag vinden oder graben das ist die genade
gotes.»[11] Erz, also auch Kupfer und Silber, stehen für Gottes Gnade,
erst recht in Mitteldeutschland, das mit der Metallgewinnung so reich
geworden ist, und nichts war den Gläubigen wichtiger, als nach dieser
Gnade zu schürfen. Wieso sollte der Sohn des Hüttenmeisters daran
nicht seinen gerechten Anteil haben?

Und dann wurde er fromm.

Auch für die plötzliche Konversion vom aussichtsreichen Jurastudium zur Armut des Bettelmönchs, später in die doch eher knapp be-
mittelte Theologie, fehlt jeder Beleg, der das Ereignis mit Datum und
ordentlicher Begründung bestätigen würde. Es fehlt jedes zeitgenössische Zeugnis von einem Freund, dem er sich gleich danach über dieses grundstürzende Bekehrungserlebnis offenbart hätte. Stattdessen
gibt es die unglaublichsten Vermutungen darüber, wie es dazu kam.

Aus der gegenreformatorischen Propaganda stammt die noch
heute von amerikanischen Internetnarren gern weiterverbreitete Mär,
Luther habe sich mit dem Kommilitonen Hieronimus Buntz duelliert,
seinen Kontrahenten dabei tödlich verletzt, und sei deshalb, um der
durch den Kaiser verfügten Strafe für derlei scheinritterliche Händel
zu entgehen, nicht etwa ins Kloster eingetreten, sondern habe sich
dorthin vor der weltlichen Obrigkeit wie in ein Kirchenasyl geflüchtet.
Der Papst-Widersacher auch noch ein Mörder! Unter Maximilian war

1495 der «Ewige Landfrieden» verkündet worden, wonach jede Form privater gewaltsamer Auseinandersetzung untersagt wurde. Wer sich duellierte, erst recht, wenn er so weit entfernt vom Adel und dem von jenem Kaiser verklärten und verherrlichten Rittertum war wie der bürgerliche Luther, kriminalisierte sich für die Halsgerichtsordnung. Aber der Mörder Luther gehört in die Folklore der Katholiken seit Anbeginn.

Fest steht, dass Luther Anfang Juli 1505 das eben begonnene Jurastudium abbrach und ins Erfurter Augustinerkloster eintrat. Anlass oder sogar Ursache soll ein Blitz gewesen sein, der ihn so erschreckt hat, dass er bis heute jedem Luther-Biographen als theatralischer Wendepunkt im Leben des Reformators dient. Doch war das alles umstürzende Zeichen des Himmels nicht einmal für Luther einmalig, denn einige Jahre später erschien es ihm ein weiteres Mal. 1515 war es wieder ein Blitz, der den da bereits halbwegs in die Welt zurückgekehrten, aber hoffnungslos überlasteten Professor Luther daran erinnerte, dass er trotz seiner Gremien- und seelsorgerischen Verpflichtungen nicht sein Mönchsein vergessen durfte und deshalb regelmäßig seine Gebete zu sprechen hatte.[12] Ein Schrecken durchfuhr ihn, wie es in einer Predigt heißt, wenn er Christus am Kreuz sah: «Wen ich ihnen anblickte am Creutz, so dunckt mich, ehr wahr mir als ein blitz.»[13]

Noch aber war Luther weder Mönch noch Professor, sondern nur jung, einundzwanzig Jahre alt und den zeitüblichen Schreckens- und Todesvorstellungen ausgeliefert. Das Wetter war nicht nur das Wetter, sondern eine von Gott gesandte Prüfung, ein Vorzeichen, eine Warnung. Auf der Rückreise von einem Elternbesuch in Mansfeld, nur wenige Kilometer vor seinem Studienort Erfurt, so besagt es die für die Reformationsgeschichte unerlässliche Erzählung, sei er bei Stotternheim in ein Unwetter geraten und fast vom Blitz erschlagen worden, und das habe seine Lebenswende eingeleitet. Im 19., also im großen Luther-Feier-Jahrhundert, wusste ein Zeichner sogar von einem sonst nicht bekannten Reisegefährten, den der Blitz, dem

Luther mit knapper Not entkommen sei, statt seiner getötet habe. In weiterer Ausgestaltung dieser Erzählung bekam der Arme sogar einen Namen, er heißt dann Alexius, aber das ist auch der Tagesheilige vom 17. Juli, dem Datum, an dem der dem Tode so knapp Entronnene ins Kloster eintrat. In einer ähnlichen Geschichte und auf einer ähnlichen Reise stößt sich Luther aus Versehen seinen Paradedegen (das Duell!) in die Hauptschlagader und wäre beinah verblutet, wenn er nicht die Hl. Maria angerufen hätte. Anna und Maria, der Blitz und die tödliche Verwundung – der alte Luther wusste jedenfalls vom Einundzwanzigjährigen zu erzählen, dass er der Hl. Anna, der Schutzpatronin der Bergleute, gelobt habe, ins Kloster zu gehen, wenn er überleben sollte: «Hilff du, S. Anna, ich wil ein monch werden!»[14]

So wollte es Luther erlebt haben, so wollte es die Legende, und an der war so gut wie nichts wahr, viel zeittypische Folklore.[15] Die Bekehrungsgeschichte von Stotternheim erzählte Luther mit den Jahren immer lieber und immer bunter, aber auch immer zerknirschter. Es war ein Lehrstück, denn er beging, jedenfalls in seiner Rückschau, auf dem Weg in die Frömmigkeit einen gewaltigen Fehler. Da er an alles glaubte, was die alte Kirche einem Sünder wie ihm anbot, glaubte der junge Luther auch bedingungslos an Erlösungsmöglichkeiten, die dem alten nur mehr als abgefeimter Betrug vorkommen konnten. «Es war mir recht ernst, habe auch den Herrn Christum recht gecreuziget, bin nicht neben hin mit gelauffen, sondern habe ihn helffen furen und durchboxen, Gott vergebe mirs!»[16]

Die blitzhafte Erkenntnis gehört seit je zur protestantischen Umkehr, die sich in der daraus entstehenden Literatur als Innewerden der eigenen Person äußert. Am schönsten hat sie der Pfarrerssohn Jean Paul in seiner «Selberlebensbeschreibung» (1819) geschildert: «Nie vergeß' ich die noch keinem Menschen erzählte Erscheinung in mir, wo ich bei der Geburt meines Selbbewußtseins stand, von der ich Ort und Zeit anzugeben weiß. An einem Vormittag stand ich als ein sehr junges Kind unter der Haustüre und sah links nach der Holzlege, als auf einmal das innere Gesicht ‹ich bin ein Ich› wie ein Blitzstrahl vom

Himmel vor mich fuhr und seitdem leuchtend stehen blieb: da hatte mein Ich zum ersten Male sich selber gesehen und auf ewig.»[17]

Mit diesem «sich selber» beginnt die extreme Subjektivierung des religiösen Erlebnisses, wie es die Mystiker Meister Eckhart und Jakob Böhme bereits für sich gepflegt haben, ins Protestantisch-Offene zu drängen. Die blitzhafte Erleuchtung und vor allem die Gotteserkenntnis ist aber viel älter und Teil eines jeden frommen Werdegangs, seit Saulus nach Damaskus aufbrach, um dort Christen aufzuspüren, damit «er sie gebunden fürete gen Jerusalem» (Apg 9,2). Ein «Liecht vom Himel» habe ihn plötzlich umstrahlt, berichtet die Apostelgeschichte weiter, eine Stimme habe zu ihm gesprochen und ihm empfohlen, sich in die Stadt zu begeben, wo man ihm sagen werde, was er zu tun habe. Saulus, aus dem Paulus wird, sei «ohne eigene Werke berufen» worden, notiert Luther als Glosse in seiner Bibelübersetzung von 1545. Paulus war also ein Vorläufer Luthers, ein vorzeitlicher Beweis dafür, dass seine Rechtfertigungslehre zutraf.

Auch der Jurastudent aus Mansfeld war 1505 noch ohne Werke und vermutlich dem üblichen Studentenallotria mit Trinken und Hurerei ergeben, aber wie Paulus suchte er seine Zuflucht in der Stadt – bei ihm war es Erfurt, nicht Damaskus –, wo er die ersehnte Weisung im Kloster der Augustiner erhielt. Bei Stotternheim hatte er zwar eine religiöse Bekehrung erlebt und sich zur Umkehr entschlossen, er musste diese Bekehrung aber später als falsch, als schlimmen Irrtum erkennen und entsprechend darstellen. In der Folge wird er sie daher vollständig umdeuten und als «Beginn eines gottgewollten Irrweges»[18] beschreiben.

Vierunddreißig Jahre nach dem Ereignis, als er längst kein Mönch mehr war, das Zölibat als unnatürlich und Teil der korrupten Papstkirche entlarvt und deshalb größte Mühe hatte, seinen damaligen Abschied von der Welt zu rechtfertigen, mehr als ein halbes Leben danach entwickelte Luther vor seinen aufmerksamen Zuhörern eine außerordentlich spitzfindige, geradezu scholastische Begründung für seinen Eintritt ins Kloster: Zwar habe er die Hl. Anna angerufen in der Not, «sed Deus tum Hebraice meum votum intellexit: Anna, id est, sub gratia, non legaliter»[19]. Aber Gott, der offensichtlich als guter Humanist kein Deutsch versteht, erklärte Luther 1539, habe sein Gelübde damals «hebräisch verstanden», und am Ende war es dann gar keins mehr. Anna, so übersetzte der sprachkundige Theologe seine Anrufung der Heiligen, das bedeute «aus Gnade, nicht nach dem Gesetz». Der Jurastudent, dem tiefergehende theologische Kenntnisse und Begriffe noch ganz und gar fehlten, hatte demnach bereits 1505 das alles entscheidende Argument zur Hand, das den Gottsucher Luther viele Jahre später aus dem Kloster treiben und zu einem der größten Umstürzler machen sollte, den die Welt je gesehen hatte: nämlich dass es keinen Anspruch auf Erlösung nach erkennbaren Gesetzen, überhaupt keine Sicherheit außerhalb des Glaubens gibt, sondern es allein von der Gnade Gottes abhängt, ob der Sünder am Jüngsten Tag gerettet wird oder eben nicht.

Er hatte sich also keineswegs hilfesuchend an eine Schutzheilige gewandt, sondern um Gnade gefleht: Das war die beste Ex-post-Erklärung, die Luther geben konnte, wenn er seinen Weg als Christ und Sünder als einen musterhaften Irrweg darstellen wollte, der am Ende doch nach einem göttlichen Heilsplan erfolgt sei. Das schließt natürlich nicht aus, dass ihn im Laufe des Jahres 1505, in dem den Akten zufolge tatsächlich ein Mitstudent namens Hieronimus Buntz starb (wenn auch keineswegs im Duell oder in einer anderen bewaffneten Auseinandersetzung, sondern an der wieder einmal grassierenden Pest), die Angst vor einem plötzlichen Ende gepackt und ihn, nach einigem Nachdenken, zu einer radikalen Lebenswende gezwungen hat. Der unerwartete Tod war eine alltägliche Erscheinung – zwei von Luthers Geschwistern starben ebenfalls an der Pest –, und in dieser heilshysterischen Zeit graute es jedem davor, den Tod zu finden, ohne ausreichend Vorsorge getroffen zu haben. Der Weg ins Kloster, das einen theoretisch vor den Versuchungen der Welt bewahrte und damit das Sündenregister von vornherein begrenzte, bot in jedem Fall eine größere Sicherheit.

Und damit noch einmal zurück nach Stotternheim: Er habe sich,
erzählt Luther, auf der Rückreise von einem Besuch bei seinen Eltern
befunden. Für eine mindestens einwöchige Unterbrechung des streng
geregelten Lernstudiums mitten im Semester muss er einen wichtigen Grund gehabt haben. Luther nennt ihn 1521 in seinem «Brief
an den Vater» ganz offen: «Deine Absicht war es sogar, mich durch
eine ehrenvolle und reiche Heirat zu fesseln.»[20] Auffällig ist, dass er
seine Rechtfertigung für den Eintritt ins Kloster wie für den Abschied
vom Klosterleben in der fiktiven Auseinandersetzung mit dem Vater
gewonnen hat. Er schrieb ihm einen Offenen Brief, mit dem er die
Schrift «De votis monasticis iudicium» (Urteil über die Mönchsgelübde) einleitete. Im Herbst 1521 verließen die ersten Mönche das Kloster,
und Luther als Verursacher oder doch Rechtfertiger dieser Flucht sah
sich zu einer grundsätzlichen Stellungnahme veranlasst. Nach dem
Auftritt auf dem Reichstag in Worms befand er sich in Schutzhaft
auf der Wartburg und fühlte sich mönchischer denn je; seinen Vater
grüßte er «ex eremo», aus der Einsiedelei. Luthers Vater konnte womöglich gar nicht lesen, und ganz bestimmt hat er das formvollendete
Latein des Offenen Briefes nicht verstanden, in dem ihm sein Sohn
ausführlich erläuterte, wie und warum er «gegen Deinen Willen und
ohne Dein Wissen Mönch geworden»[21] ist. Trotzdem scheint es Luther im Herbst des Jahres 1521, als sich die von ihm so entschieden
vertretene Lehre in der Praxis bewähren musste, besonders wichtig
gewesen zu sein, noch einmal zu erklären, und zwar ausdrücklich seinem Vater, was es mit dem Eintritt ins Kloster sechzehn Jahre zuvor
auf sich gehabt hatte.

Wenig gibt es, das über Luthers Verhältnis zu seinem Vater bekannt ist,
und alles stammt aus den Äußerungen des Sohnes. Hans Luder führte,
was niemanden überraschen wird, als Erzieher eine harte Hand. Als
Aufsteiger, der seinem Sohn einen noch weiteren Aufstieg ermöglicht
hatte, ging es über seinen Verstand, dass dem Sohn so wenig am Erfolg in der Welt zu liegen schien. Luther hat selber von Hurerei und

ANNO · 13 30 · AM · 29 · TAG · IVNII · IST · HANS · LVTHER
D · MARTINVS · · VATER · INN · GOTT
VERSCHIE DENN &c

Hans Luder, hier auf einem Gemälde von Lucas Cranach (1527), hatte es zum wohlhabenden Grubenunternehmer gebracht und erwartete von seinem Sohn einen weiteren Aufstieg in der Welt.

Trinkerei gesprochen, der er gefrönt habe wie alle seine Kommilitonen. Sein Vater, der so stolz auf den Sohn war, der sich die Hände
nicht mehr schmutzig machen sollte, hatte ihn seit dem Magister mit
dem respektvollen «Ihr» angesprochen und bereits bei Hofe gesehen.
Luther hingegen beschloss 1505 aus scheinbar heiterem Himmel, ohne
den Segen des Vaters auszukommen, ihn in seinem Aufsteigerehrgeiz
zu kränken und um den Stolz auf den erfolgreichen Sohn zu bringen.
Dafür brauchte es etwas so Gewaltiges wie die Bekehrung im Blitz.

Aus Gründen, die er nicht anführt, wollte Luther 1505 nicht heiraten und auf keinen Fall verheiratet werden. Eine Heirat hätte ihn
nicht bloß im Ehestand gefesselt, sondern in der Welt und damit in
der Gewalt des Vaters festgehalten. Dem Vater den Gehorsam zu verweigern war nur zu rechtfertigen durch höhere Gewalt, und so stellt
es Luther seinem Vater gegenüber auch dar: «Ego de coelo terroribus
me uocatum assererem»[22]; er habe dem Vater versichert, dass er vom
Himmel durch Schrecken, durch Einschüchterung berufen worden, er
also keineswegs «freiwillig oder auf eigenen Wunsch Mönch geworden»[23] sei. Nicht er hat sich für den radikalen Wechsel entschieden –
«ein gezwungenes und erdrungenes Gelübde»[24] sei es gewesen, «in
glühender Jugendhitze»[25] abgelegt, wie er 1521 an seinen Vater schreibt.
Erzwungen von wem? Zwang wollte doch der Vater ausüben, einen
ganz anderen Zwang, den Sohn nämlich durch eine Heirat binden.

Selbst nach den strengen kirchlichen und überhaupt religiösen
Regeln des weiterwirkenden Mittelalters war ein Gelübde, das in To-
desgefahr und größter Not abgelegt wurde, keineswegs bindend. Der
achtunddreißigjährige Luther, der nicht mehr junge, aber wie ein Junger eifernde Luther, hat die in seiner Denkwelt immer bereitliegende
Erklärung: Niemand anderes als der Teufel war's, der ihn ins Kloster
lockte. «Anscheinend hat der Satan an mir seit meiner Kindheit etwas
von dem vorausgeahnt, was er jetzt leidet. Deshalb», weil der Teufel
schon immer wusste, was durch Luther, das da noch recht ahnungslo-
se Werkzeug des gerechten Gottes, auf ihn zukommen würde, «war er
mit unglaublichen Mitteln darauf aus, mich umzubringen und mich

zu fesseln, so dass ich mich öfters gewundert habe, ob ich der einzige Sterbliche sei, auf den er es abgesehen hatte.»[26]

Als Luther diese Zeilen schreibt, im Spätherbst 1521, halten ihn viele für tot, ermordet, erschlagen, die Leiche verborgen; aber tot oder lebendig – er gilt bereits als Prophet. Papst und Kaiser haben ihn mit Bann, Acht und Exkommunikation belegt, seine Schriften sind an vielen Orten verbrannt worden. Sein Kurfürst bewahrt ihn davor, dass er nach Rom ausgeliefert oder unterwegs umgebracht wird. Der eingesperrte Mönch betrachtet sich da bereits als Werkzeug der Geschichte, notfalls auch des Teufels. Der Satan, anders ist diese Umschuldung der eigenen Verantwortung nicht zu verstehen, hatte große Dinge vor mit dem Jurastudenten aus Mansfeld. Einmal muss es nämlich gesagt werden: Luther ist, und nicht erst auf der Wartburg, wo sie immer gern den Fleck von dem Tintenfass zeigen, das er dort angeblich nach dem Versucher geworfen hat, vom Teufel regelrecht besessen. Der Teufel ist sein täglicher Umgang als Versucher, als Satan, als Antichrist; seit zwei Jahren ist der Papst so gut, die Stelle als sein Stellvertreter auf Erden einzunehmen. Bei nächster Gelegenheit kann es aber auch der Theologe Thomas Müntzer sein. Weil sie sich nicht den von Luther neu festgelegten Riten einer an Haupt und Gliedern reformierten Christenheit beugen wollen, werden die Wiedertäufer selbstverständlich ebenfalls des Teufels sein, und die Juden zuletzt auch. Luther beginnt, aus tiefstem Herzen zu hassen, und nichts hasst er mehr als den Teufel, den er so sehr fürchtet, dass er ihm fortan neben dem strafenden, unerreichbaren Gott die wichtigste Stelle in seinem Sünderleben einräumt. Bei allem Bemühen, sich von Rom zu trennen, wird Luther sein Leben lang doch nicht vom katholischen Teufel loskommen. Der Kunsthistoriker Aby Warburg erkennt sogar eine wahre «Teufelsfürchtigkeit Luthers»[27]. Es ist deshalb nicht nur kokett, wenn Luther einmal schreibt, «daß ich schier gläube und mich fast dünkt, ich sei des Teufels Ursache, daß er solchs zuricht in der Welt, damit Gott die Welt plage»[28]. Ohne Luther, das ist gewiss, wäre weniger Teufel in der Welt gewesen.

Luther hat sich getäuscht, als er glaubte, ins Kloster gehen zu müssen, aber da Gott keinen Fehler machen kann, muss es der Teufel gewesen sein, der da sein Spiel mit ihm treiben durfte, nicht anders als seinerzeit mit dem Dulder Hiob.

Der Teufel hat trotzdem verloren, weil Luther sich schon in Stotternheim, ohne es zu ahnen, in der Hand Gottes befand und gewissermaßen als sein Geheimagent in die Institutionen des Satans, wozu die Klöster und die Universitäten gehören, hineingeschmuggelt wurde. Um mehr über den Feind zu erfahren, so erklärt er seinem Vater, musste er erst ins Kloster. «Der Herr aber (das sehe ich jetzt) hat gewollt, dass ich die gesammelte Weisheit der Universitäten und die ganze Heiligkeit der Klöster aus eigener, sicherer Erfahrung also an vielen Sünden und Gottlosigkeiten kennenlernen sollte. Die gottlosen Menschen sollten keine Gelegenheit erhalten, sich von mir als ihrem zukünftigen Gegner damit groß zu tun, ich würde Dinge verdammen, die ich nicht kenne. Ich habe also als Mönch gelebt», schließt er diese Unheilsgeschichte, «zwar nicht ohne Sünde, aber doch ohne Schuld.»[29]

Aber wer hatte dann Schuld? Die eine Möglichkeit, die sich dem jungen Luther, der die Heirat und damit dem Vater den Gehorsam verweigert hatte, als Rechtfertigung bot, bestand in einer anderen Heirat, und deshalb verlobte er sich in jener dramatischen Gewitternacht ersatzweise mit der Hl. Anna.

Als es ihm widerfuhr, sei es ihm, dem Sohn, schwergefallen, dem Vater sein Blitzerlebnis begreiflich zu machen. «Da versicherte ich Dir, dass ich vom Himmel durch Schrecken gerufen, nicht etwa freiwillig oder auf eigenen Wunsch Mönch geworden sei. Noch viel weniger wurde ich es um des Bauches willen, sondern von Schrecken und der Furcht vor einem plötzlichen Tode umwallt legte ich ein gezwungenes und erdrungenes Gelübde ab.»[30] Der Vater mit seinem gesunden Hausverstand habe es gleich besser gewusst, gibt der zerknirschte Sohn zu. Er habe ihn zu Recht an den Gehorsam erinnert, den ein Sohn schuldig sei, habe ihn auch zu Recht vor dem Gaukeltum des Teufels gewarnt. «Möchte es nur nicht eine Täuschung oder ein Blendwerk gewesen sein!», soll der skeptische Hans Luder zu ihm gesagt haben. Der Vater wird durch die ihm zugeschriebene Weitsicht geadelt und dieses Vaterbild Teil der Luther-Legende – der ungehorsame und dann verlorene Sohn kehrt zum Vater heim. Im «Brief an den Vater» zeigt Luther sich reumütig: «Denn mein Gelübde war keinen Heller wert, weil ich mich dadurch der väterlichen Gewalt und dem Willen des göttlichen Gebots entzog. Ja, es war sogar gottlos. Dass es nicht aus Gott sein konnte, erwies sich nicht nur daran, dass es gegen Deine Autorität sündigte, sondern auch daran, dass es nicht frei und willig gegeben war.»[31] Diese Logik kann er aber erst später begreifen. Zunächst folgt Luther noch einem anderen Heilsplan, und der erlaubt ihm sogar, seinen Vater für den verweigerten Gehorsam ein wenig zu entschädigen. Im Kloster kann er nicht nur für sein eigenes Heil, sondern auch für das des Vaters beten.

Als Biograph der eigenen Geschichte, also in seiner Verantwortung weniger für sich als für die neue Lehre und ihre immer noch bedrängten Anhänger, muss Luther selber den inzwischen als falsch erkannten Eintritt ins Kloster als Schritt in die richtige Richtung, zum Heil, zur Erlösung umdeuten. Es muss sich alles zum Guten wenden, es folgt alles einem Plan. Schließlich wurde ihm doch bereits als Kind versichert, dass aus ihm einmal ein ganz Großer werden würde.[32]

Luthers Brief ist ebenso wenig wie der Franz Kafkas an den Vater gerichtet, sondern eine Rechtfertigungsschrift *ad me ipsum*, eine Selbstvergewisserung an einem weiteren Wendepunkt seines Lebens. Er ist auf der Wartburg eingeschlossen, verwandelt sich gerade in einen weltlichen Ritter, die Ordensleute verlassen die Klöster und heiraten (etwas, das Luther offensichtlich für sich immer gefürchtet hat). Er kann nichts tun, außer zu schreiben, schreibt womöglich noch fiebriger als in den Monaten zuvor und wird, den eigenen Berichten zufolge, vom Satan noch mehr verfolgt denn je.

Die Umdeutung der Bekehrungsszene von Stotternheim, dieser angeblich lebensentscheidenden Episode, ist ein Meisterwerk an Selbststilisierung. Erst im Vergehen der Jahre, in denen er die reformierte Lehre durchsetzen kann, findet Luther die passende Erklärung für seine Entscheidung von 1505. Dabei wird ihm der Vater 1521 zum «Maß aller Dinge», was er sechzehn Jahre zuvor offensichtlich nicht war. Hans Luder habe es doch gleich gewusst, und hätte er, der Sohn, auf ihn gehört beziehungsweise, noch künstlicher, hätte der Vater gewusst, «dass ich damals noch ganz in Deiner Hand war, hättest Du mich nicht kraft Deiner väterlichen Autorität ganz aus der Mönchskutte herausgerissen?»[33]. Dann wäre ihm der Fehleintritt und all das Mönchsunglück mit seinen Zweifeln und Versuchungen erspart geblieben. Der Autobiograph vergisst hier die weit schlichtere Erklärung für seinen Gang ins Kloster, die er aber in den Tischreden schon preisgegeben hat. Die Schläge, die er als Kind von seinen Eltern verabreicht bekam, wirken nach: «Et ita stricta disciplina me tandem ad monasterium adegerunt», durch diese strenge Zucht trieben sie mich ins Kloster, «wiewol», aber das kennt man ja, «sie es hertzlich gut gemeinet haben.»[34]

Doch mit einem Mal ist Hans Luder für den Sohn von Gottvater kaum mehr zu unterscheiden, nicht für den einundzwanzigjährigen Studenten und nicht für den achtunddreißigjährigen Übersetzer der Bibel, der dem Kaiser widerstanden hat. Er ist ein guter, ein gerechter, ein wohlmeinender Vater – wie man es Gott nachsagt, nur dass Gott bei aller Liebe nie so sein wird. Da Luther hier seinen Vater mit dem rechthabenden Gott gleichsetzt, verdeckt er das entscheidende Motiv für seinen Eintritt ins Kloster: dass es eine Flucht vor allem war, nicht bloß vor den Karriereplänen des Vaters, sondern insgesamt vor dessen Autorität. (Er wird sich als Professor der Heiligen Schrift noch öfter auf die Geschichte von Jonas Flucht und der Rettung durch den Wal beziehen.[35]) Die Flucht ins Kloster rettete ihn vor der Welt, er würde, selbst wenn er dann das Gehorsamsgelübde ablegen müsste, frei sein, frei jedenfalls von dem Zwang, den der Vater auf ihn ausübte. Der eine Zwang musste durch den anderen abgelöst werden, statt der Heirat das Gelübde, arm, keusch und gehorsam zu sein.

Es gibt einen ähnlichen Fall, mehr als drei Jahrhunderte später, an

den man hier denken darf. Gustave Flaubert erlitt 1844, mit zweiundzwanzig Jahren, in Pont-l'Évêque einen epileptischen Anfall, um dem
für ihn vorgesehenen Jurastudium auszuweichen und Berufsschrift-
steller werden zu können. «1844 tötet sich das Kind, *damit* der Greis
geboren werde; es hört auf zu leiden und verwandelt sein Leben in
Erinnerung, um es zum Reservoir der Erinnerung zu machen»[36], behauptet Jean-Paul Sartre in seiner Studie über den «Idiot der Familie». Die Idee einer Lebensumkehr jedenfalls muss für den bis dahin
seinem Vater so gehorsamen Studenten Luther reizvoll gewesen sein.
Flaubert wie Luther verschafften sich durch die Verweigerung eine
andere Position in der Gesellschaft, ohne auf standesgemäße Privilegien verzichten zu müssen, weil sie – als Schriftsteller wie als Mönch –
Teil der bestehenden Verhältnisse blieben.

Der Klostereintritt war also keine durch Furcht und Schrecken
erzwungene Entscheidung, sondern vollkommen logisch für einen
jungen Menschen, der sich die Freiheit zutraute; nach der Bekehrung durch Blitz und Donner war der Eintritt in dieser religiös so
exaltierten Zeit kein Anfall von jugendlichem Leichtsinn, sondern
eine für Akademiker höchst vernünftige Versorgungsmöglichkeit.
Nicht jedem wurde eine Stelle als Kanzler am kurfürstlichen Hofe
oder als Kameralist beim Landgrafen freigehalten. Das Klosterleben
bedeutete tatsächlich die Abkehr von der Welt und ihrem Treiben, es
bot aber auch Gelegenheit, seine Studien im Schutz der Kirche, also
satt und mit einem Dach über dem Kopf fortzusetzen. Für einen
Mystiker wie Luther war das eine weitsichtige und sicherlich wohl-
überlegte Entscheidung, und das Gewittererlebnis lieferte den Thea-
terdonner dazu.

Die zweite *conversio*, der Abschied vom Mönchsgelübde, war weit
weniger logisch. Luther suchte den Rechtfertigungsrahmen, indem er
die Umkehr als Heimkehr dachte. Er fand heim zum Vater, der nur ein
Platzhalter für den hoffentlich gnädigen Gott war. 1505 in Stotternheim
war es um die Flucht vor dem realen Vater gegangen. 1521 fand er zum
himmlischen Vater, auf den er im Kloster vergeblich gehofft hatte.

Am 17. Juli 1505 war Luther noch längst nicht so weit. Er trat ins Augustinerkloster in Erfurt ein und verabschiedete sich mit Worten, die für die in der Schrift Aufgewachsenen ohne weiteres als halbes Zitat erkennbar waren: «Heute sehet ihr mich vnd nimermehr!»[37] Das erinnerte an Jesu Abschied von den Jüngern, ehe er zu seinem Martyrium aufbrach.[38] Fast um dieselbe Zeit verließ Ulrich von Hutten, dessen Eltern ihn als Mönch versorgt hofften, das schützende Kloster und ging zum Studium nach Mainz und anschließend nach Köln. Dass er Mönch gewesen war, sollte er sein Leben lang bestreiten.

«Ich war der welt reine abgestorben», erzählte Luther später seinen Gästen, «bis das es Gott zeit dauchte vnd mich juncker Tetzel treib et Doctor Staupitius me incitabat contra papam»[39], bis der Junker Tetzel mit seinem Unwesen anfing und Johann von Staupitz, der früh gemerkt hatte, welches Potenzial in diesem leidenschaftlichen Geist steckte, ihn gegen den Papst aufstachelte. Doch auch das war im Rückblick vieler Jahre gesprochen, und der Traum, den sein Förderer Staupitz träumte, lag noch in weiter Ferne, ebenso wie der Auftrag, den sein Schüler nachträglich daraus ableitete: der Kampf gegen den Papst.

Martin Luther, dieser fromme Mann, rief nicht nur die Hl. Anna an. Vierzehn Nothelfer habe er in seiner frühen, noch grundkatholischen Zeit gehabt,[40] sagt er, zu zweien oder dreien von ihnen habe er jeden Tag gebetet und konnte es im Nachhinein gar nicht fassen. Aber diese hilflose Vielgötterei unterschied ihn nicht von seinen Zeitgenossen. Luther war nicht nur in der Blitzangst und der beständigen Furcht vor dem Jüngsten Strafgericht ein ganz normaler Christenmensch. Die Welt um 1500 war voller Wunder und unerklärlicher Phänomene, überall gab es Todes- und Endzeitzeichen. Unberechenbare Dürren verdarben die Ernte, die Pest suchte fast jedes Jahr eine Stadt heim, die Preise stiegen im wirtschaftlichen Aufschwung, der Zehnt, den die abgabenpflichtigen Bauern zu entrichten hatten, wurde schier unerträglich, und von Süden und Osten her bedrohten die Türken das noch immer Heilige Römische Reich. In seiner Adventspostille von

1522 klingt Luther selber wie ein Untergangsprophet: «Es kompt alle
auff eynen hauffen. Szo haben wyr auch daneben Cometen gesehen,
unnd newlich sind viel creutz vom hymel gefallen, und ist mit unter
auch auffkomen die new unerhörete krangkeyt der frantzosen.»[41] Luther zweifelte an vielem, aber eins hielt er sein Leben lang für gewiss:
dass das Ende nahe war, und dass es furchtbar sein würde.

Die Erkenntnis, dass er in einem allgemeinen Wahnsystem lebte,
ohne dass ihn je der Zweifel angefallen hätte, kam ihm ziemlich spät.
«In tanta coecitate, blasphemiis und ludibriis Diaboli»[42], in großer Ver-
blendung, mit Gotteslästerung und teuflischem Gaukelspiel habe man
unterm Papsttum leben müssen, klagt Luther in den Tischreden und
führt ein Beispiel dafür an, wie wundergläubig er selber war. Auf dem
Rückweg aus Rom erschien ihm wieder einmal der Versucher, diesmal
in Gestalt einer Frau. In der Rückschau vieler Jahre konnte es nichts
anderes gewesen sein als ein «Ludibrium diaboli», aber 1512 trat ihm
eine Heilige entgegen. Die Jungfer Anna Laminit in Augsburg stand
im Ruf der Heiligkeit, weil sie schon seit mehr als zehn Jahren außer
der sonntäglichen Hostie keine Nahrung mehr zu sich genommen
haben wollte. Hans Burgkmair malte sie; der ältere Holbein zeichnete
sie; das Volk verehrte sie – ihr Ruhm nahm täglich zu. Sie wohnte bei
der Kirche Heilig Kreuz, wo ihr ein eigener Kirchstuhl, abgeschirmt
von den anderen Gläubigen, reserviert war. Die Jungfer Anna hatte
Visionen, an denen sie andere gern teilhaben ließ; manchmal gab sie
sich als die wiedergeborene Hl. Anna persönlich aus. Sogar Kaiser
Maximilian war von ihr eingenommen, sprach von «eine[r] jungfraw
eines heiligen lebens, die in sechs Jaren kein natürlich Speiß genoßen
hat»[43] und wusste ihre Prophezeiungen sowie die «göttlichen Wunder-
zaichen mit plutigen und todfarben Creutzen»[44] zum Geldeintreiben
für seinen Feldzug gegen die ungläubigen Türken zu nutzen. Über
seine Hausbank ließ er der wunderbaren Frau kostbares schwarzes
Tuch zukommen. Seine Gemahlin Bianca, die selber an Essstörungen
litt, glaubte der vermeintlichen Heiligen aufs Wort, als die verkündete,
es drohe der Stadt Augsburg großes Unheil, das nur durch eine Bitt-

prozession abzuwenden sei. Folgsam veranstaltete sie einen Umzug durch die Stadt: die Kaiserin barfuß und mit brennender Kerze voran, ihre Gefährtinnen hinterher, der gesamte Klerus der Freien Reichsstadt, unwahrscheinliche sechzigtausend Menschen, alle im Büßergewand, sollen mitgezogen sein. Das Unheil ward zusammen mit dem göttlichen Zorn von der Stadt Augsburg ferngehalten.

Die Wiedergängerin der Hl. Anna war eine geheilte Hure. Mit sechzehn war sie schon wegen «buebereyen» an den Pranger gestellt, ausgepeitscht und aus der Stadt vertrieben worden. Ganz und gar jungfräulich war sie auch nicht. Zumindest bei den Welsern, dem neben den Fuggern einflussreichsten Handelshaus in Augsburg, wusste man es genauer: Anton Welser hatte einen Buben mit ihr gezeugt und zahlte Alimente für ihn. Trotzdem gelang es ihr, als *intacta* in die Stadt zurückzukehren und über Nacht heilig zu werden. Erst 1513, im Jahr nach der Begegnung mit Luther, wurde sie als Betrügerin entlarvt. Es war Herzogin Kunigunde, Maximilians Schwester, die sie beim heimlichen Essen beobachten konnte. Trotzdem wurde sie weiterhin geschont. Der Rat verwies sie zwar Anfang 1514 aus der Stadt; ihr Vermögen von eintausendsechshundert Gulden, ehrlich erworben durch Spenden von Gläubigen und zwischendurch gegen Zins verliehen und vermehrt, durfte sie aber mit sich nehmen. In Kempten tat sie sich mit einem Armbrustmacher zusammen und zog mit ihm in die Schweiz.

Anna sei alles andere als schön gewesen, meint Wilhelm Rem in seiner Chronik der Stadt Augsburg, aber offenbar war sie zaubermächtig. Alle wollten ihr glauben, die frommen Augsburger ebenso wie der Kaiser, und hatte sie nicht durch ihr Hungern und ihre Fürbitten von der Stadt Schlimmstes abgewendet? Es musste wieder der Teufel gewesen sein. «Der teüffel betrog in wol»[45], schreibt Rem entschuldigend über Anton Welser. Es ging aber auch um Politik. Der Stadtschreiber Konrad Peutinger sorgte dafür, dass die seinen Schwiegervater Welser betreffenden Akten verlorengingen. Wegen «irs betrugs und hůrerey»[46] haben sie die endgültig Entehrte dann in der Schweiz bald nach herkömmlicher Art in einen Sack getan und ertränkt.

Die Welt war voller Zeichen und Wunder. Selbst die
Gattin des Kaisers fiel auf die Augsburger Betrügerin
Anna Laminit herein. Auch Luther hat sie aufgesucht.
Gemälde von Hans Burgkmair um 1502.

1518, als Luther ein weiteres Mal und längst auf dem Weg zum «adversarius papae» nach Augsburg kam, wird man ihm die Geschichte
als rausgesuchte Büberei erzählt haben, als hätte man «diese Vettel»[47]
nicht fast zwanzig Jahre lang als Mittlerin zur unberechenbaren
Himmelsmacht verehrt. Am liebsten würde Luther sich nachträglich
geißeln für seine Leichtgläubigkeit, aber für seine Zuhörer begnügt er
sich damit, es gleich gewusst zu haben. Im Nachhinein nennt er sie
Ursula, weil sie Anna nicht mehr heißen durfte, mit «Gnade» nämlich

nichts zu schaffen hatte. «Ursel, schau nur, daß recht zugehe», will er zur frommen Jungfer gesagt haben. «O», sprach sie, «behüte mich Gott.»[48] In den Tischgesprächen berichtet der mittlerweile ganz vom alten Glauben abgefallene Luther auch, welche heidnische Voodoo-Hölle er bei ihr erlebt habe: «Da hatte sie zween Altar stehen, und drauf zwey Crucifix, die waren mit Harz und Blut also gemacht, in Wunden, Händen und Füßen, als tröffe Blut heraus. Aber es war mit ihr lauter Bescheißerey.»[49] Doch 1512 hat er es geglaubt, oder zumindest glauben wollen.

Das alles habe ihn schlimm vor den Kopf gestoßen, referieren die Jünger, die die rhetorischen Brosamen später vom Tische des Kirchenlehrers aufsammelten. Unweigerlich kommt er auch hier wieder auf den Teufel: «Magna est vis Diaboli, et potest fascinare nostros oculos et mentes», groß sei die Macht des Teufels, der unsere Augen zu fesseln verstehe. Er verweist außerdem auf den Heiligen Rock und dergleichen Reliquien mehr, alles Teufelszeug, oder wie er noch sagen wird: «kuedreck» wie Ursula-Anna. Nein, die «Lamenittel, jungkfraw Ursell zu Augsburgk» sei keine Betrogene gewesen, die habe die Leute schon selber hinters Licht geführt.

So eine wie sie, für die kein Sicherheitsnetz vorgesehen war, konnte Luther nicht verstehen. Als er die Hungerkünstlerin fragte, ob sie bei all dem Leiden, das sie auf sich nahm, nicht doch lieber tot und damit aus diesem Jammertal erlöst sein wolle, hatte sie keck und recht vernünftig geantwortet: «Traun nein! Wie es dort zugeht, das weiß ich nicht; aber wie es hie zugeht, das weiß ich.»[50] Dass jemand seine Hoffnung nicht aufs Jenseits setzte, sondern das Beste aus der hiesigen Welt machen wollte, nein, das verstand Luther nicht, weil er nie, als Mönch nicht und auch nicht als Papstfeind und Ketzer, aus der Gesellschaft fiel.

Die seltsame Heilige in Augsburg ist nur ein winziger Teil der Frömmigkeitsindustrie, die um 1500 in Deutschland erblüht. Die Angst vor einem unbekannten Jenseits, das noch niemand gesehen hatte, die

Maler aber mit großer Liebe zum Detail darstellen, wurde in dieser geldbesessenen Zeit mit Geld bekämpft. So stiftet der Kaufmann Jakob Fugger 1509 eine Kapelle in der Augsburger St.-Anna-Kirche, die ihm und seinen Brüdern als Grablege dienen und auch der Nachwelt noch vom Reichtum der Familie künden soll. Er will nicht allein als der europaweit operierende Geldmann gelten, sondern sich auch als Stifter zu erkennen geben. Also lässt er eine Kapelle errichten, die einen Großteil der Kirche einnimmt und selbst den Chor beansprucht. Nicht nur der Stil ist italienisch, eines der frühesten Beispiele der Renaissance nördlich der Alpen, auch im Selbstbewusstsein bleibt Jakob Fugger nicht hinter den Medici in Florenz zurück. Albrecht Dürer hat die Epitaphien für die bei der Einweihung 1521 bereits verstorbenen Brüder Ulrich und Georg entworfen, an der Ausgestaltung sind Hans Burgkmair und Jörg Breu beteiligt. Vor allem werden die Karmeliter düpiert, zu deren Kloster die Annakirche gehört: Der jenseitsfromme Fugger macht sich in ihrer Kirche so breit, wie es seiner politischen Bedeutung inzwischen entspricht. Dafür sorgt nicht nur die Stiftung, die erst gar nicht aus der Hand gegeben, sondern weiter von den Fuggern verwaltet wird, das stellen auch die Totenmessen sicher, die vor der Darstellung von Christi Fahrt ins Fegefeuer, seiner Auferstehung und dem Einzug Mariens in den Himmel gelesen werden. Offensichtlich müssen sie als Wegbereiter für die Auferstehung der Fugger am Jüngsten Tag sorgen.[51] Die Kapelle, über deren italienische Dimensionen und hohe Kosten sich nicht nur die Augsburger das Maul zerreißen – Ulrich von Hutten nennt sie eine «Grablege in königlicher Art» –, dient nach altkatholischer Art dazu, die Erlösung zu sichern.

Aber so war die Welt, zutiefst fromm, voller Angst und immer auf den eigenen Vorteil bedacht. Und wer weiß schon, was einen drüben erwartet, hatte die Jungfer Anna gesagt. Was für den Mailänder Herzog Sforza gut war, musste erst recht dem beständigsten Geldgeber Maximilians taugen: Fugger wurde 1511 geadelt und 1514 als erster deutscher Kaufmann zum Reichsgrafen ernannt.

VIERTES KAPITEL

Die Geißel Gottes

In der Weltchronik von Hartmann Schedel, 1493 in Nürnberg auf Lateinisch und dann auch gleich auf Deutsch herausgekommen, findet sich ein kolorierter Holzschnitt, das Weltgericht.[1] In der Mitte blasen die Engel und wecken die Toten auf. Unten links ist ein Bote Gottes, der, überwacht von Petrus, die Gerechten und Geretteten ins Paradies begleitet, rechts führt sie der Teufel geradewegs in die Hölle. Über dem Ganzen thront der Weltenrichter: Es ist Christus, dem links ein Schwert vom Kopf absteht und rechts eine Lilie. Links kniet eine Frau, vermutlich ist es Maria, der Herr rechts dürfte Johannes der Täufer sein.

Der humanistisch gebildete Nürnberger Arzt Schedel diagnostiziert in seiner Geschichtserzählung den Beginn des achten und letzten Weltalters, «Von dem iungsten gericht vnnd ende der werlt». Je näher die zweifellos heilige, aber auch ungeheuer bedrohliche Jahreszahl 1500 rückte, desto verängstigter erwartete die Christenheit das Ende der Welt mit dem unabwendbaren Strafgericht. Für Menschen, die jeden Augenblick damit rechnen, in eine andere, eine jenseitige Welt einzutreten und in ihr bestehen zu müssen, kann es auf Erden keine Sicherheit mehr geben. Weder Luthers Geschichte der eigenen Umkehr noch der Kult um die richtigen und falschen Heiligen wird verständlich, wenn man diese radikale Wendung nicht begreift: Die Welt, diese Welt galt nichts im Heilsplan Gottes. Sie war Feindesland, allenfalls eine große Prüfung für das Eigentliche. Und es war Gott in seiner Güte, der immerhin Zeichen sandte.

Das Strafgericht am Jüngsten Tag war unausweichlich, und niemand konnte sich darauf verlassen, dass
er der göttlichen Gnade teilhaftig würde. Holzschnitt
aus der Schedel'schen Weltchronik.

«Wenn nw sich das ende diser werlt herzu nahnen wirdt so werden
sich vil wundergestalte ding an allen elementen der werlt erewgen zu
anzaigung vnd verstentnus des alßdenn gegen wurtigen ends aller
volcker», wenn das Ende der Welt sich nähert, wird es sich durch allerlei Wundergestalten zeigen, wie der vorwissenschaftliche Prophet
Hartmann Schedel verkündet. Wenn Kälber mit zwei Köpfen geboren

wurden oder ein bis dahin nicht gekannter «Kreuzregen» vom Himmel fiel, musste das etwas zu bedeuten haben, und im Zweifel war es nichts Gutes. Ständig erschienen irgendwo weiß gekleidete Jungfrauen, bluteten Hostien, gaben Hirten oder in härene Gewänder gekleidete Seher Einblicke in das göttliche Strafgericht, das zu erwarten war, wenn nicht auf der Stelle eine Kirche gebaut oder wenigstens eine Prozession zur Abwehr des Unheils veranstaltet wurde. Es fehlte nicht an Wanderpredigern, die eindrucksvoll das Ende der Welt beschwören konnten, es fehlte an jeder Kenntnis der hiesigen. Noch war die Erde eine Scheibe und am Rand von schrecklichen Ungeheuern bewohnt. Niemand wäre auf den Gedanken gekommen, diese äußersten Enden aufzusuchen, aber die Kartierung der jenseitigen Welt, die gleichfalls unbekannt war, machte seit dem 13. Jahrhundert ungeheure Fortschritte. In der «Divina Commedia» malte Dante das Bild einer dreigeteilten Welt: Die dichotomische alte Welt aus Himmel und Hölle wurde erweitert um den Läuterungsberg, das *purgatorio*, das Fegefeuer. Beim Kirchenlehrer Bernhard von Clairvaux heißt es: «Tertia regio est regio expiationis. Tria sunt loca, quae mortuorum animae pro diversis meritis sortiuntur: infernus, purgatorium, caelum ... in purgatorio purgandi ... Qui in purgatorio sunt, expectant redemptionem»[2], drei Bereiche gebe es, die Hölle, das Fegefeuer und den Himmel. Das Fegefeuer ist der Ort der Reinigung. Wer sich dort befindet, leidet zwar Qualen, darf aber auf die Erlösung hoffen.

Religion wurde innerlich und gleichzeitig ganz und gar äußerlich. Das Jenseits mit seinen übernatürlichen Phänomenen wirkte ohne Zweifel ins Diesseits hinein, und als einzige Hilfe gab es Gebete und Rosenkränze und immer neue Wallfahrten. 1493, als Schedels Weltchronik herauskam, konnte der Arzt noch nicht ahnen, dass genau in diesem Jahr eine neue Seuche ausbrechen würde, die sich nur als weiterer Beweis für das göttliche Strafgericht verstehen ließ. Die «Franzosenkrankheit» oder, wie sie später heißen wird, die Syphilis wurde mit einiger Wahrscheinlichkeit durch die Seeleute, die mit Kolumbus Westindien entdeckt hatten, aus der unbekannten Neuen Welt in die

Häfen am Mittelmeer eingeschleppt. Aus heiterem Himmel wurden innerhalb weniger Monate Tausende in ganz Westeuropa von den «bösen Blattern» oder «wylden wärtzen» befallen, aber ein Mittel dagegen gab es nicht. Gegen die Pest wurden allerlei verzweifelte Kuren versucht, einmal sollte sogar ein lebendiges Huhn helfen, das dem Kranken auf den Leib zu binden war – bei dieser neumodischen Seuche half gar nichts mehr.

Der «Schwarze Tod», die verheerende Pandemie von 1348, kostete womöglich ein Drittel der europäischen Bevölkerung das Leben, und die Erinnerung daran ist nie ganz verschwunden. Die Ärzte rätseln über diese neue Krankheit und halten sie naturgemäß erst für eine Sonderform der unausrottbaren Geißel, die Europa in kleineren Wellen immer wieder heimsucht. Doch wer sie geschickt hat und warum, weiß jeder. Um die Zeitenwende zweifelt niemand daran, dass es die Strafe Gottes für ein sündhaftes Leben ist. Die Katastrophe, die der «Schwarze Tod» gebracht hatte, konnte sich jederzeit wiederholen. Sie schwebte als Dauerdrohung über den Häuptern der Christen. Schließlich gehörte die Pest bereits im Alten Testament zum Strafregister, über das Gott nach Gutdünken, aber völlig unberechenbar gebot. Je nach Laune lässt der Herr dort die «Pestilentz in Jsrael komen / das siebenzig tausent Man fielen aus Jsrael». Er schlägt damit auch die Ägypter; die Gefahr ist immer da, und immer droht der Tag des Gerichts. Als der Herr doch ablässt vom Morden, sieht David in Luthers Übersetzung den «Engel des HERRN stehen zwischen Himel vnd Erden / vnd ein blos Schwert in seiner hand ausgereckt vber Jerusalem»[3].

Der strafende Richter ist die negative Totemfigur der Zeit: unausweichlich, alles beherrschend, unnahbar. Gott sendet Zeichen und markiert nicht nur die Sünde, sondern auch diesmal wieder den Sünder. Die Syphilis ist für jeden sichtbar wegen der großen Blasen und Geschwüre, die aufplatzen und bestialisch stinken. Die Befallenen sehen aus wie Aussätzige, niemand möchte sie in der Nähe wissen. Bereits am 25. August 1496 beruft der Rat der Stadt Nürnberg eine Versammlung ein, um über diese rätselhafte Krankheit zu diskutie-

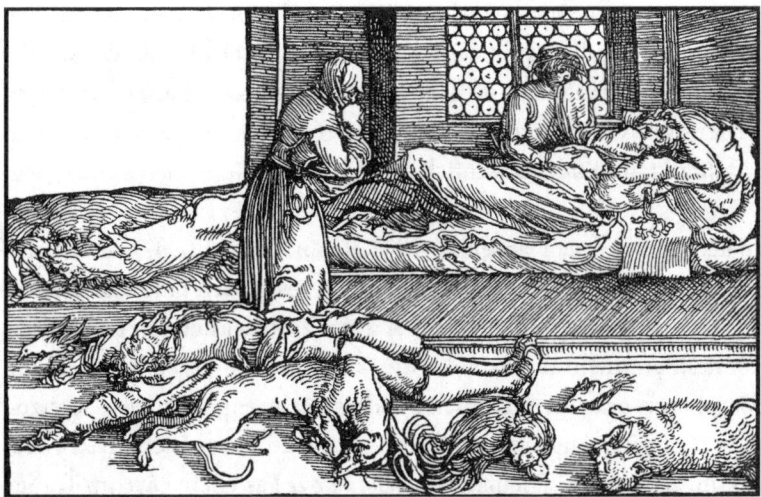

Seit der «Schwarze Tod» Mitte des 14. Jahrhunderts gewütet und fast ein Drittel der Bevölkerung ausgerottet hatte, kehrten die Pest und die Angst vor Seuchen immer wieder zurück.

ren, von der man nur weiß, dass es so etwas vorher nicht gegeben hat. Die Badehäuser werden geschlossen, aber das hilft wenig. Die hygienischen Zustände sind fatal, eine geordnete Versorgung gibt es nicht, weil jeder Schicksalsschlag ohnehin von Gott kommt. Eine Großstadt wie Augsburg mit fünfundzwanzigtausend Einwohnern verfügte über fünf Ärzte und drei Bader.[4] Jakob Fuggers Neffe Anton gründet immerhin ein eigenes Blatternhaus zur Bekämpfung der Franzosenkrankheit.[5] Bei der mangelnden Hygiene, bei der Promiskuität vor allem des Adels, der unbändigen Reiselust auch der bürgerlichen Stände und nicht zuletzt der Bewegung großer Soldatenverbände ist die weitere Ausbreitung fast unvermeidlich.

Übers Rhônetal ist die Franzosenkrankheit nach Norden gedrungen und hat bald Straßburg erreicht, wo die erste Bittprozession gegen das neuartige Leiden stattfindet. Der Stadtsyndikus, der bereits berühmte Schriftsteller Sebastian Brant, schreibt 1495 das erste Traktat über die «pestilentia scorra siue mala de Franzos». Ihm folgt Joseph

Grünpeck, Professor der Rhetorik in Ingolstadt, später Kaiserlicher Rat bei Maximilian, sein Historiograph und Sterndeuter, der die Syphilis ausdrücklich zur Geißel Gottes erklärt. Der Kaiser hat Angst, selber von der gallischen Krankheit befallen zu werden, und sie erwischt ihn am Ende tatsächlich.

In der Panik werden lächerlichste Maßnahmen ergriffen. In einem auf den 7. August 1495 rückdatierten Edikt belegt der Lindauer Reichstag 1497 unter kaiserlichem Vorsitz das Gotteslästern mit schweren Sanktionen, denn die Syphilis wird als von Gott gesandte Strafe für Blasphemie erkannt. Der Eifer, mit dem der strenge Arm des Gesetzes Gottes Strafgericht vorausgreift, ist nicht neu. Dem Viehhirten Hans Böhm, genannt der Pfeiferhannes, ist in der Fastnacht 1476 im Traum die Jungfrau Maria erschienen. Böhm wird zum Buß- und Heilsprediger, ruft die Menschen zur Wallfahrt nach Niklashausen im Taubertal auf und verspricht dafür im Namen der Jungfrau den vollkommenen Ablass, der sonst nur mit einer Pilgerfahrt nach Rom zu erlangen ist. Auch redet er von der Verderbtheit der Bischöfe, der Verweltlichung der Kirche im Allgemeinen und vom harten Los der Bauern. Buße und Umkehr fordert der Pfeifer von den Pilgern, aber er verlangt auch Reformen. Er lässt einen Scheiterhaufen mit Plunder und Weiberkram errichten und verbrennt alles. Der Untergang ist nahe, wer braucht da noch irdischen Tand? Die regierenden Bischöfe sind entsetzt: Woher kommt der Mann, in welchem Auftrag predigt er? Ohne ein Gelehrter zu sein, nicht einmal lesen und schreiben kann er, redet er nämlich wie ein Buch, berichtet von Drohungen und Weissagungen, verlangt Einkehr und Reue, er macht Hoffnung. Doch vor allem macht er den Kirchen ihre Gläubigen abspenstig, weil er vom Unheil kündet und gleichzeitig Rettung verspricht. Ein Aufstand der Frommen liegt in der Luft. Da er bald allzu viel Zulauf hat bei seinen Reden, lässt ihn der Würzburger Bischof ergreifen und foltern. Damit er sieht, wer die Zügel in der Hand hat, werden vor seinen Augen noch schnell zwei Bauern geköpft, dann wird er der Einheit der Kirche und der Macht des alten Regimes zum Brandopfer gebracht und stirbt in Würzburg auf dem Scheiterhaufen. Ein Außenseiter, einer von vielen, die voll sind des heiligen Eifers, weil sie sich für ein Werkzeug der Vorsehung und damit für heilsgeschichtlich notwendig halten.

Wider Erwarten vergeht das Schwellenjahr 1500, ohne dass die Welt unterginge, doch im folgenden Jahr kommt es im August an der Donau und an der Elbe tatsächlich zu einer großen Überschwemmung, der schlimmsten seit Jahrhunderten. Wegen des Feiertags Maria Himmelfahrt wird sie als «Himmelfahrtsgieß» bekannt. An der Hochwassermarke in Linz stehen Verse, deren lateinische Fassung lange dem Humanisten Konrad Celtis zugeschrieben wurde: «Hiermit disen stain beczaichene stat / wie hoch die Dunaw geraichet hat / Das ist beschehen im Monet Augusti / bey Regirung Römischen Künig Maximiliani / Da von Cristi gepurde erganngen war / Tawsennt Funfhundert und ain Jar».

Niemand weiß im Jahr 1500, dass er im Mittelalter lebt oder dass es sich gerade dem Ende zuneigt, doch das Bewusstsein, eine Endzeit zu erleben, ist weitverbreitet. Der Angsttaumel geht deshalb weiter, und die Syphilis ist immer noch da. Allerlei Ursachen werden neben der vermeintlichen Blasphemie vermutet; die schlechte Luft soll schuld sein an der Krankheit, die Gestirne werden auch gern verantwortlich gemacht – besondere Konstellationen der Planeten können, das glaubte man schon lange zu wissen, schlimme Folgen zeitigen. Albrecht Dürer hat bereits 1497 einen Einblattdruck mit einer Weissagung herausgebracht, die auf irgendeine Weise mit dem schlimmen Jahr 1484 und einer ungünstigen Konjunktion der Planeten zusammenhängt. (So wenig sicher sich Philipp Melanchthon und die anderen Biographen über Martin Luthers tatsächliches Geburtsjahr sind, 1484 kann heikel, aber auch segensreich sein.) Der Holzschnitt dazu zeigt einen mit Schwären bedeckten Syphilitiker. Als selbständiger Unternehmer prophezeit Dürer damit erfolgreich für einen leicht zu erschreckenden Markt. Angst verkauft sich gut, aber es ist auch seine eigene. Von Venedig aus schreibt er an seinen Freund Pirckheimer:

«Sagett mir vnserem prior mein willig dinst, sprecht, dz er gott vur mich pit, dz ich phüt werd vnd sundelich vor den franczosen. Wan ich weis nix, dz ich itz vbeller fürcht, wan schir ider man hat sy, vill lewtt fressen sy gar hin weg, dz sy also sterbn»[6], seid so gut, redet mit unserm Prior, damit er für mich betet und ich beschützt werde, vor allem vor den Franzosen. Ich wüsste nicht, was ich jetzt, da beinah jeder sie kriegt, mehr fürchte. Manche sind so befallen von der Syphilis, dass sie gleich sterben.

Die Angst vor der ungewissen Zukunft hielt die Astrologen im Brot. Auch wenn Martin Luther gern über sie spottete, waren sie als Fachleute hochgeschätzt, Esoteriker, weil sie über ein Geheimwissen verfügten, an dem sie andere gegen Geld und ehrfürchtige Schauder gern teilhaben ließen. Ihre astronomischen Kenntnisse und Fertigkeiten erlaubten ihnen Vorhersagen für das Erscheinen von Kometen, von Sonnenfinsternissen, von Hochwasser und Dürre, doch ließen sich diese Kenntnisse auch dazu nutzen, die Wiederkehr des Herrn oder wahlweise das Auftauchen des Antichrist zu prophezeien, der, wie die Offenbarung des Johannes unzweifelhaft ankündigte, vor dem Weltuntergang erscheinen und die Frommen in die Irre führen würde. Wenn nichts gewiss war in dieser Welt, musste die Scheinwissenschaft helfen. Sowohl bei der Gründung der Universität von Wittenberg (1502) wie beim Baubeginn des Petersdoms (1506) wurde der Rat der Astrologen gesucht.[7]

Dennoch ist es nicht nur die Zeit apokalyptischer Wahnideen und der heillosen Strafangst, sondern auch der Renaissance. Selbst wenn die Heilkunde noch herzlich wenig zu bieten hat, beschränkt sich das Forschungsinteresse der Ärzte nicht auf die Beschwörung des nahenden Weltuntergangs. Sie wissen bloß nicht, was sie tun sollen. Das Penizillin wird erst viele hundert Jahre später entdeckt. Die zeitübliche Behandlung besteht im Beten und regelmäßigen Schwitzbädern, die erstaunlicherweise zu helfen scheinen. Die Syphilis ist auch deshalb die ideale Projektionsfläche für die Angst vor Gottes Strafen, weil sie unberechenbar ist. Die Symptome können über Monate, auch Jahre

Die Syphilis kam wahrscheinlich aus der eben entdeckten Neuen Welt, und von dort wurde auch ein mögliches Heilmittel importiert, eine medizinische Kur mit Guajakholz.

kommen und gehen. Dass hier Beten allein nicht hilft, begreift auch der fromme Kaiser. Forschung ist vonnöten. Maximilians wichtigster Berater Matthäus Lang, der Bischof von Gurk, schickt im Auftrag des Kaisers eine Ärztekommission nach Spanien, um die Wirkung des Guajakholzes zu überprüfen. Damit, so heißt es, sei eine Heilung möglich. Die Fugger, aber auch andere importieren es aus Südamerika, und bald wirft man ihnen vor, sie besäßen das Monopol und sorgten dafür, dass diese Medizin fast unerschwinglich ist. Während Martin Luther sich vor dem päpstlichen Legaten Cajetan verantworten muss, unterzieht sich der Humanist Ulrich von Hutten nur wenige Häuser weiter einer vierzigtägigen Guajakkur.

Ulrich von Hutten ist ein lebenslanger Pubertant. Wie Luther auf seinem Doktortitel beharrt, muss Hutten immer seinen Rang als *eques* anzeigen, als Ritter eines nicht existenten Reiches. Tatsächlich führt er nicht selten kindische Ritterspiele auf, fordert mindestens das

Jahrhundert in seine Schranken, träumt von edlen Römern, hasst die Italiener, lebt in Gottesfurcht, rühmt sich seines Freischärlertums, ist Fürstenknecht und nebenbei der bedeutendste lateinische Schriftsteller in einem noch gar nicht erfundenen Deutschland. Dabei ist er von schwächlicher Konstitution, hat kein Geld, ist deshalb von Mäzenen abhängig und zum Schluss als Ketzer auch noch vogelfrei. 1508 steckt er sich in Leipzig an. Die Krankheit macht ihn zum Außenseiter, seine Heiratsprojekte zerschlagen sich eines nach dem andern, aber er wird zum Schriftsteller. Die Syphilis gilt noch keineswegs als ehrenrührig, oder wie der Hutten-Biograph David Friedrich Strauß schreibt: «Gerade in diesen Bildungskreisen», jenen der Humanisten, galt die Syphilis «am wenigsten als ein Schandfleck, den man zu verstecken, sondern als ein Unfall, über den man so laut wie über jeden andern zu klagen das Recht hätte.»[8] Zumal es eher Höhergestellte sind, die davon befallen werden: Alexander VI., seine beiden Kinder Cesare und Lucretia Borgia, sein Nachfolger Julius II. und Albrecht von Brandenburg. Huttens seinerzeit fast weltweit verbreitete Schrift über eine mögliche Kur, «De Gvaiaci medicina et morbo gallico liber vnvs» (Die Guajakkur gegen die Franzosenkrankheit), erscheint 1519 nicht zufällig in Mainz. Sie ist sogar dem «illustrissimum principem ac dominum D. Albertum»[9] gewidmet, seinem berühmten Fürsten und Herrn Albrecht von Brandenburg, dessen Wappen sie auch auf der Titelseite trägt. Am Schluss der Schrift folgt die Erklärung, dass der Autor seine Beobachtungen und Erfahrungen mit der Krankheit und ihrer Heilung aufgeschrieben habe, dabei aber hoffe, dass Seine Hoheit nie Gebrauch davon machen müsse. Doch vielleicht sei das Büchlein ja von Nutzen an seinem Hofe, denn es sei alles Nötige dargelegt, «omnium necessitati exposita». Das Buch wird allerdings vielen nützlich, ein Bestseller, der Hutten berühmt macht. Noch im selben Jahr kommt es in Straßburg in deutscher Übersetzung heraus. Eine weitere Ausgabe erscheint 1521 in der Humanistenstadt Bologna und trägt sogar das Wappen Leos X.

Die Krankheit habe nun auch Deutschland erreicht, schreibt Hutten in der Einleitung, und schuld daran sei, streng moralisierend ist er, «intemperentia nostra», unsere Unbeherrschtheit. Auch die Wissenschaft kann in der Erwartung der Endzeit nur zur Sündhaftigkeit zurückführen. Das luxuriöse Leben, gefördert und ausgenutzt von den Fuggern, diesen «uoluptatis nostrae ministri», den Dienern unsrer Lüste, habe die Deutschen anfällig gemacht und geschwächt. Diese Botschaft verbindet Hutten mit den anderen Humanisten, die eben den römischen Geschichtsschreiber Tacitus entdecken und dessen Monographie «Germania» als Waffe gegen Rom und für ein entstehendes Deutschland ansehen: Der Wohlstand schwächt die Deutschen und hindert sie daran, eine selbständige Nation zu werden. Das ist erste Kulturkritik, wie es einem Mann aus einem alten Adelsgeschlecht, der nichts mehr hat außer diesem Namen, wohl ansteht: Safran, Seide und Pfeffer sollen untergehen, und wer glaubt, ohne den Pfeffer nicht mehr leben zu können, dem wünscht er die Gicht oder gleich die Franzosenkrankheit an den Hals (und er weiß, wie gemein das ist).

Die Lizenz zum Reden und zur Klage gibt Hutten Gelegenheit, im Detail den Krankheits- und den Kurverlauf darzustellen. Mit seiner Überlegung, dass nur ein Mittel aus der Neuen Welt, die man als Ursprungs- und Herkunftsort der neuen Krankheit vermutete, gegen diese helfe, wird er schulbildend für die Homöopathie. Das unbekannte Leiden, weiß Hutten, greift das Skelett an, verursacht also durch die schmerzenden Knochen Schlaflosigkeit und nachfolgend Trägheit. Die Beschwerden nehmen während der Behandlung zu, die Geschwüre brechen auf. Das teure Holz wird tagelang gekocht und dann als Brei verabreicht. Elfmal unterzieht sich Hutten einer Schmierkur, bei der sich sogar die Zähne lockern. Nach dieser Radikalkur stellt sich – und wie Hutten meint: anders als bei Quecksilber, das drastischer wirkt – eine Besserung ein.

Das Rezept habe er von einem italienischen Arzt, berichtet er Willibald Pirckheimer nach Nürnberg, und er sei gern bereit, es dem umtriebigen Freund weiterzuleiten. «Über meinen Gesundheitszustand vernimm Folgendes: Sehr wirksam ist die Medizin aus einem Holz, von dem wir noch nicht wissen, wie es heißt; in vielem ist es dem Ebenholz ähnlich, in manchem dem Buchsbaum. Doch ist es kein Ebenholz, das wissen wir genau. Wunderbarerweise genese ich – zuerst danke ich es der Hilfe Christi, sodann den Fuggern oder wer immer die waren, durch deren Vermittlung wir dieses Heilmittel gegen eine so verheerende und schon so viele Jahre den Ärzten spottende Krankheit bekommen haben.»[10]

Mit einem ungeheuren Selbstbewusstsein zitiert Hutten in der Einleitung seiner Krankengeschichte einen Vers von Vergil aus der Aeneis I, 463, «Feret haec aliquam tibi fama salutem», und verzichtet darauf, auch den vorhergehenden Vers «Sunt lacrimae rerum, et mentem mortalia tangunt. / Solve metus» anzuführen. Die Dinge haben ihre Tränen oder vielmehr: Es ist ein Jammer, was geschehen ist, und das menschliche Schicksal ergreift einen. Hab keine Furcht – und dann setzt Hutten ein –, dieser Ruhm wird dir zum Heil gereichen. Den Sinn für diese Anspielung kann er vielleicht nicht bei seinem *illustrissimus princeps ac dominus* voraussetzen, wohl aber bei den Humanisten, für die er schreibt und bei denen das Buch bald von Hand zu Hand geht. Hutten zelebriert sein verwundetes Ich, sein Bericht ist eine einzige Selbstentblößung, aber damit gelingt ihm auch die Selbstfindung. In dem Buch fehlt es nicht an Kritik an den Fuggern, deren weltweite Verbindungen ihm die Radikalkur ermöglichen, es fehlt nicht an nationaldeutschen Aufmunterungen, nicht am Verbalradikalismus des zur Untätigkeit verdammten Ritters, doch vor allem handelt es sich um einen Verständigungstext. Der Autor begnügt sich nicht mit dem bewährten Geraune von der Geißel Gottes und der Strafe für unsere Sünden, sondern geht, soweit es ihm möglich ist, auf die Suche nach den Ursachen seiner Erkrankung. Anders als bis dahin üblich, versucht Hutten, halbwegs wissenschaftlich zu argumentieren. Hutten ist sich sicher, dass die Krankheit «in concubitu maxime» übertragen werde, vorwiegend durch das Beilager. Da er nicht deutsch schreibt, kann er sogar den medizinischen Fachausdruck *coitus* gebrauchen. Dass es sich um eine Geschlechtskrankheit handeln könnte, schien bis dahin im wissenschaftsfernen Deutschland niemandem in den Sinn gekommen zu sein.

Hutten macht sich mit diesem Buch zu seinem eigenen Untersuchungsgegenstand, den er mit mindestens halbwissenschaftlicher Objektivität vorführt. In einer sündenseligen Zeit gelingt es ihm, nicht irgendwelcher überirdischen Mächte, auch nicht des Leidens Christi, sondern des eigenen Leibes innezuwerden. So findet er zu einem irdischen Heil und macht sich gleichzeitig als Schriftsteller bekannt. Die Krankheit schändet ihn nicht, sie lässt ihn vielmehr berühmt werden. «De Gvaiaci medicina et morbo gallico» wird das erste Buch einer Mystik, die ohne Hinwendung zu Gott, die Leiden Christi und die Martyrien, die die Heiligen erdulden mussten, auskommt. Nicht nur ein Bekenntnisbuch also, sondern eine irdische Passionsgeschichte des Lebens und Leidens, die auch noch gut ausgeht. Dass Hutten mit der Guajakkur die Syphilis keineswegs besiegen konnte, dass ihm allenfalls eine Erholungsphase vergönnt war und er nur wenige Jahre später an den Folgen der Krankheit stirbt, ist dabei nicht von Belang. Hutten war es gelungen, sich und sein Schicksal zur Sprache zu bringen.

Ärzte können in dieser Zeit ohnehin nicht bieten, was nur die Angst vor dem nächsten Leben bieten kann, denn noch im größten Wahn bleibt die Christenheit doch vor allem eines: katholisch. Noch die fürchterlichste Höllenphantasie ist Teil der festgefügten Ordnung, die Vertrautheit schafft, wo nacktes Elend herrscht. Die einen schlottern vor Angst vor dem Strafgericht, die anderen, Luther darunter, sehnen sich dem «lieben Jüngsten Tag»[11] entgegen, weil sie das Warten in der Ungewissheit nicht mehr aushalten. Die Apokalypse, und dass sie möglichst bald eintreffen werde, wird Luthers Lebens- und Sterbenszweck: «Ich hoffe, der liebe Gott wird ein Ende machen.»[12] Er teilt den Erlösungshunger seiner Mitmenschen, er ist nur viel radikaler dabei. Sein Reich ist nicht von dieser Welt.

Luther rechnet nicht bloß mit dem Weltuntergang, er hofft, fleht, betet ihn herbei. «Mein wundsch und hoffnung ist, das der Jungst tag sey.»[13] Mit dieser weltuntergangssüchtigen Katastrophilie unterscheidet er sich nicht von seinen Mitbürgern, seinen christlichen Brüdern und Freunden. Er weiß von einem Christus, «wie er auf dem Regenbogen sitzt und Richter ist», und fürchtet ihn. Man solle ihn sich aber «bei Leib und Leben» gar nicht vorstellen, «sonst wirst du erschrecken und verzweifeln müssen»[14]. Er geht noch weiter und macht keinen Unterschied mehr zwischen Gott und dem Teufel: «Das kam nun dohehr, das wir Christum als den teuffel selbst flohen, dan man lerete, das ein iglicher fur dem gerichtstuel Christi wurde gestellet werden mit seinen wercken und orden.»[15] Womöglich kennt Luther den strafenden Richtergott aus der Schedel'schen Weltchronik, vielleicht stammt sein Schreckensbild auch aus dem Traktat «Klage und Betrübnis der verdammten Seele», das Ende des 15. Jahrhunderts in Magdeburg, wo Luther zur Schule ging, herauskam und auf dem Titel genau das zeigt. «Hier thront Christus auf dem Regenbogen. Die Füße ruhen auf der Weltkugel, die von einem zweiten Regenbogen getragen wird. Zur Rechten und Linken sieht man einen Engel mit der Posaune des Gerichts; darunter Maria und Johannes. Die Schrift beginnt mit den Worten: ‹Hyr claget de arme vordamede seele vor deme gestrengen richter Christo ouer öre missedaet›.»[16] Die arme, verdammte Seele, der in ihrer ganzen Sündhaftigkeit keine andere Erlösungsmöglichkeit bleibt als die unsichere Gnade Gottes, der hoffentlich kein strenger Richter sein wird – das wird das Lebensrettungsthema für Luther.

Die Irrationalität kennt kein Gebot, der Frömmigkeitstaumel erfasst Hoch und Nieder. Die Geldgier ist allgemein, aber noch größer der Erlösungshunger. Mag Luther auch lästern über den «meisterlichen beschiss mit unsers Herrn Rock zu Trier»[17], Kaiser Maximilian kniet 1512 tief ergriffen vor dieser Reliquie, die von Christus trotz seiner Himmelfahrt zurückgeblieben ist. Von Trier reist Maximilian weiter in die Kaiserstadt Aachen, in der sein erlauchter Vorgänger ruht. Nur alle sieben Jahre zeigt man dort die schönsten Reliquien, die Karl der Große zusammengetragen hat: das Kleid Mariens, eine Windel des Jesukindleins, das Leichentuch von Johannes dem Täufer und den Lendenschurz, den Jesus am Kreuz trug. Für den Kaiser machte man eine Ausnahme beim siebenjährigen Turnus und zeigte ihm die besten Sachen. Bei der Prozession wurde auch das Haupt Karls des Großen mitgetragen, eine gegenseitige Aufwertung und Weihe. Unter Friedrich Barbarossa war Karl der Große vorsorglich heiliggesprochen worden, Maximilian befand sich also in frömmster Gesellschaft.

Das rotseidene Tuch, in dem die vier Reliquien, die «fier kosperlichen [kostbaren] stuck gewickelt und gepunden sein gewest»[18], erhält er zum Andenken, und einen Fetzen davon reicht er großzügig weiter an den nicht weniger frommen Sammler und Kurfürsten Friedrich.

Damit haben sie beide teil an der blühenden Frömmigkeitsindustrie, mit der das erwartete Unheil abgewehrt oder wenigstens gelindert werden soll. Folgt man der zeitgenössischen Kunst, ist die weltliche Ordnung nur ein weiterer Versuch, es der göttlichen recht zu machen, denn auch die irdische Gerichtsbarkeit bezieht ihre Rechtfertigung aus der anderen Welt. Die Rechtsprechung über Tod und Leben gehörte zur Halsgerichtsbarkeit, die die Stadt Wittenberg ausüben durfte. Die Möglichkeit einer drastischen körperlichen Strafe wirkte dennoch abschreckend, zumal sie einem am Beispiel der Blutzeugen ständig vor Augen stand. Das weltliche Regime konnte seine Macht durch den Terror ausüben, den die Heiligen auf dem Weg zum Himmel erlitten und der in der Malerei (und nicht nur dort) eifrig verbreitet wurde.

Die Todesstrafe war für schwere Vergehen vorgesehen, aber sie wurde nach 1500 nicht mehr so häufig verhängt wie in den Jahrhunderten zuvor. Cranach brauchte gar nicht die eigene Anschauung, in seinen Bildern wurde auch ohne Vorbild phantasievoll gefoltert und gestorben. Seine «Schottenkreuzigung» ist ein Muster dieser spätmittelalterlichen Grausamkeitslust: Die beiden Schächer hängen in übertriebener Körperlichkeit völlig unproportioniert an ihren Kreuzen und verweisen damit auf das Andachtsbild des bluttriefenden Christus in ihrer Mitte. Eine buntscheckige Soldateska steht gegenüber der frommen, Jesus betrauernden Gruppe, ein Hund nagt an den Knochen der Verbrecher, die bei früheren Gelegenheiten auf dem Berg Golgotha, «das ist verdolmetscht / Scheddelstet» (Mk 15,22), hingerichtet wurden. Bald nach seiner Berufung an den kurfürstlichen Hof in Wittenberg hat Cranach in einem Zyklus von Holzschnitten die Tötungsarten der Apostel und einiger weiterer Heiliger dargestellt. Von Paulus ist, wie sonst beim Täufer Johannes, nur mehr der Rumpf übrig, und aus dem Hals läuft ihm Blut wie ein reicher Quell. Erasmus werden mit einer Wickelmaschine die Gedärme aus der geöffneten Bauchdecke geholt, während er mit gespreizten Gliedern am Boden festgebunden ist. In der Bildmitte sind zwei Pferde einander stirnseitig zugewandt, als würden sie innigste Zwiesprache halten. Die Hl. Barbara kniet, dem Betrachter zugewandt, und erwartet den Hieb des Henkers. Ihr Gesicht leuchtet keineswegs im Bewusstsein der erwarteten Märtyrergloriole, sondern zeigt nackte Angst, die Todesangst, wie sie dem Sünder in Erwartung der Folterqualen im Fegefeuer oder gleich in der Hölle bevorsteht.

Am grausamsten ergeht es in diesem Zyklus der Qualen Simon dem Zeloten: An den bloßen geöffneten Beinen ist der Märtyrer wie ein Schwein aufgehängt. Er wird aber nicht geschlachtet, sondern entzweigesägt. Simon sollte der Schutzpatron der Holzfäller werden. Was wie eine Machtanmaßung aus niederen Beweggründen aussieht, wie reine Lust an der Gewalt, wird durch die Feierlichkeit konterkariert, mit der die Henkersknechte zu Werk gehen: Es sind nicht die schiefen, knotigen, verzerrten Gesichter, die die Maler der Renaissance als Schinder um das Kreuz versammeln, sondern brave Handwerker, womöglich im Weinberg des Herrn, in jedem Fall ein Teil des göttlichen Heilsplans. Die mittelalterliche *ordo* ist so peinlich genau beachtet, dass dieses grausame Sterben ebenso natürlich erscheint wie die Art der Hinrichtung. Die allseits drohenden geistlichen Strafen bestätigen und rechtfertigen das weltliche Strafsystem.

Bei aller Leidenschaft fürs Bestrafen und Töten sah die Halsgerichtsbarkeit eine solche Strafe auch nicht für die schlimmsten

**Immer grausamer, immer lebensnäher musste das Leiden Christi dargestellt
werden, wie hier in der «Schottenkreuzigung» von Lucas Cranach (um 1500).**

Verbrechen vor. Es handelt sich also um ein frommes Bild, eine Einladung, sich in das unfassbare Leid des Märtyrers einzufühlen, der für
die Sünden der Gläubigen gestorben war. Simon wird zwar in Bild
und Plastik immer mit der Säge als Attribut dargestellt, doch wird

der eigentliche Vorgang, das Entzweisägen, nur selten gezeigt, und nie so naturalistisch wie bei Cranach. (Ein schlechter Abzug davon wird sich vierhundert Jahre später in der Sammlung des Todesmystikers Georges Bataille finden.) Zudem ziert er seine Darstellung über dem Holzgerüst mit dem kursächsischen Wappen. Der Hofmaler bestätigt mit dieser grausamen Andachtsübung nicht bloß die Religion, sondern die Staatsräson. Es gibt nur ein Gesetz, und es wird dadurch bekräftigt, dass niemand unvorbereitet vor den «gerichtstuel Christi wurde gestellet».

Die christliche Leidensmystik zeigt sich hier im Doppelbild mit der weltlichen Schändungsjustiz in bisher unbekannter Grausamkeit. Zum Ende hin hat sich das Mittelalter immer rasender zu einer Leidensgemeinschaft entwickelt. Aus dem Christus, der in den byzantinischen Mosaiken ein König ist und die Krone auch noch am Kreuz trägt, ist ein hingebungsvoll gemarterter Mensch geworden: immer zerquälter der Körper am Kreuz, immer schmerzhafter das Leiden Christi, immer realistischer das Martyrium der Heiligen.

Das späte Mittelalter litt unter einer massenhysterischen Angstneurose. Es gab keinen Sigmund Freud, der den frommen Christen hätte erklären können, warum sie in ihrer Gewissensqual verstummten. Es war Martin Luther, der erkannte, dass ein Mensch in dieser Seelenpein nicht weniger Kirche, sondern mehr geistliche Freiheit braucht. Weil er verzweifelt war wie sie, wurde er der Heiler, der dieses Zeitalter mit ungeahnten Folgen kurieren sollte. Es brauchte einen Arzt wie Martin Luther, der mit seiner eigenen Neurose zu kämpfen hatte, aber genau deshalb in der Lage war, wenigstens seine Gläubigen aus dem Elend in die Freiheit der göttlichen Gnade zu führen. Doch zuerst musste auch dieser Messias den Leidensweg gehen. Luther wollte Mönch werden, und er wurde es mit extremer Buße, Kasteiung und Frömmigkeit bis zur Selbstaufgabe.

FÜNFTES KAPITEL

Erlösungskapitalismus

Nichts liegt diesem frommen Mönch ferner, als sich mit weltlichen Dingen zu befassen. Seine Gedanken sind auf das Jenseits gerichtet, seine Sorge gilt einem gnädigen Gott. Damit, genau mit dieser Weltfremdheit, wird der frühe Luther, ohne dass er es weiß, ohne dass er es überhaupt will, die gewaltigste Bedrohung, die über das noch junge europäische Finanz- und Wirtschaftssystem hereinbricht. Um sein eigenes Auskommen muss er sich keinen Augenblick sorgen: Er lebt im Kloster und gehört einem Bettelorden an; Existenznot, überhaupt wirtschaftliche Nöte kennt er nicht. Er sät nicht, und er erntet nicht, aber sein Orden erhält ihn, wie es sein Vater vorher getan hat, sein Kurfürst finanziert ihm den Lehrstuhl, später bekommt er sogar das aufgelöste Kloster in Wittenberg zum Geschenk. Sein Vater war noch so beflissen Teil der Erwerbswelt, dass er sich verschuldet hat, ein hart arbeitender Konjunkturritter, aber eben auch ein Nutznießer der Geld- und Kreditverhältnisse. Seinen Sohn, bedürfnislos, wie er ist, verlangt es nach nichts in dieser Welt.

Die Welt außerhalb der Klostermauern ist auch in diesen Jahren größter Endzeitangst eine andere als die Luthers. Diese Welt, deren Untergang doch bevorstehen soll, ist höchst beständig. Das Essen wird anspruchsvoller und wichtiger Teil der gesellschaftlichen Präsentation. Tischsitten kommen plötzlich auf, die Fleischsucht wird kultiviert. In der ungarischen Tiefebene werden Tausende von Ochsen aufgezogen, die man dann in Trecks donauaufwärts nach Süddeutschland treibt, um sie zu schlachten. Erst durch das Vordringen der Türken wird diese Fleischzufuhr aus Ungarn unterbrochen. Die Reichsstädte Augsburg, Nürnberg, Regensburg und Ulm tun sich zusammen, um gemeinsam den Mangel an Fleisch zu beheben. Zu den beschlossenen Maßnahmen gehört die Empfehlung, nur mehr an drei oder vier Tagen in der Woche Fleisch zu essen.

Die irdische Welt lebt vom Handel, sie lebt davon, dass die einen die anderen übervorteilen, dass es Reiche gibt und Arme, und dass das immer so bleiben soll, weil es ja göttlicher Ratschluss war, der genau für diese Welt und ihre Ordnung gesorgt hat. Was gekauft werden kann, wird gekauft, was sich zählen lässt, wird gezählt. Der Kaiser? Auch er ist für Geld zu haben. Die deutschen Kurfürsten, würdige Männer, Auserwählte mit einem über Jahrhunderte verbrieften Wahlrecht, lassen sich nur gegen Bargeld herbei, es für jenen auszuüben, den die dynastische Folge ohnehin auf den Kaiserthron geführt hätte. Wen die Welt als Papst anbeten darf, wird ebenfalls durch Bestechung entschieden. Selbstverständlich ist auch jedes niedrigere Amt in der Hierarchie käuflich und allenfalls gegen eine Gebühr zu haben.

Unvermeidlich wird der materiell so anspruchslose Luther damit zum Gegenspieler des einflussreichsten Mannes seiner Zeit: Jakob Fugger. Nicht Kardinal Albrecht, auch nicht der römische Papst, sondern der Augsburger Handelsherr wird sein wichtigster Gegner. Im Jahr 1367 ist der Weber Hans Fugger von Graben dreißig Kilometer weiter nach Norden in die Bischofsstadt Augsburg gezogen. Graben ist auch heute noch ein Dorf, aber inzwischen steht dort eines der größten Lagerhäuser des Unternehmens Amazon, das zumindest für diese Region die Abwanderung in die Stadt hemmt. Im 14. Jahrhundert erinnerte man sich in Graben noch an die glorreiche Schlacht auf dem Lechfeld, die 955 geschlagen wurde. Otto der Große ritt an der Spitze eines fränkischen Reiterheeres und vertrieb mit Unterstützung des Augsburger Bischofs Ulrich durch seinen vernichtenden Sieg die Ungarn für immer aus dem Reichsgebiet. Der *deus teutonicus* hatte triumphiert, die *hostes antiqui Christi*, die altbösen Christusfeinde, trauten sich nicht mehr in den Westen und ließen sich taufen. Für

Die Schlacht auf dem Lechfeld im Jahr 955 wurde der Triumph des Christentums über die Ungläubigen. Buchmalerei von Hektor Mülich, 1457.

manche Schwärmer beginnt mit dem später zum Kaiser gekrönten Otto und dem Gemetzel auf dem Lechfeld die deutsche Geschichte.

Im Augsburger Steuerbuch wird der Neubürger mit «Fucker advenit», Fugger ist angekommen, eingetragen. Der Zuwanderer ist in der Lage, vierundvierzig Pfennig Steuern zu bezahlen, was auf ein nicht ganz kleines Vermögen von zweiundzwanzig Pfund hinweist. Der «Schwarze Tod», die Pest, war eben vorbei; das Unglück, das die oberitalienischen Städte traf, wurde zum Glück für die Augsburger, die verschont geblieben waren: Die Textilherstellung verlagerte sich über die Alpen nach Norden mit Augsburg als Zentrum. Der Kleinunternehmer Hans Fugger heiratete sich hoch, betrieb Webstühle, wurde Weberzunftmeister, vermehrte sein Kapital, erwarb Häuser in der Stadt und außerhalb Liegenschaften. Von der reinen Produktion und vom Handel verabschiedete sich sein Sohn, erst recht sein Enkel: Jakob Fugger wird einem Unternehmen vorstehen, das mit seinen Kapitalgeschäften die Politik in ganz Europa beeinflussen kann.

Zunächst war der 1459 geborene Jakob für den geistlichen Stand bestimmt, während seine älteren Brüder die Firma führten. Mit zwölf Jahren erhielt er die niederen Weihen, war zumindest nominell Kanonikus, wurde aber bereits mit vierzehn nach Venedig zur Ausbildung an den Fondaco dei Tedeschi geschickt, das genossenschaftliche deutsche Handelshaus in Venedig. Dort erlernt er die doppelte Buchführung und erwirbt sich nützliche Kenntnisse nicht nur über den Handel in Venedig, sondern in ganz Italien und im östlichen Mittelmeerraum. Vom Textilgeschäft expandiert die Firma in die Montanindustrie in Tirol, lässt in Oberungarn, der heutigen Slowakei, Kupfer und Silber abbauen; betreibt Gruben sogar in Spanien. Von 1510 bis 1513 beherrscht die Fugger'sche Handelsgesellschaft neunzig Prozent des europäischen Kupfermarktes. Der Erzherzog von Österreich, Sigismund der Münzreiche, wird in Tirol sein wichtigster Schuldner, Fugger lässt sich das Münzrecht übertragen. Zum Ausgleich für das vorgestreckte Kapital kann Fugger das bei ihm abgebaute Silber zu Sonderpreisen erstehen und zum Marktpreis weiterverkaufen.

Fugger wird der Bankier des Habsburger Kaisers Maximilian, der bald nicht mehr ohne ihn regieren kann. Dem Papst wirbt er eine kleine Armee an – die Schweizergarde. Das Handelshaus besorgt auch die Weiterleitung der in Deutschland und Nordeuropa fälligen Gebühren, der Annaten und Servitien, von denen die Kurie lebt. Dazu kommt das Ablassgeschäft: In einer gigantischen Dauertransaktion leihen sich die römische Kurie, der deutsche Kaiser und etliche Fürsten Geld in Augsburg, das mit Kreditbriefen und Schuldverschreibungen garantiert wird. Auch die Modernisierungs- und Repräsentationswut hat ihren Preis. Und wenn Rom Kupfer und Zinn braucht für neue Geschütze und neue Kriege gegen Frankreich oder die oberitalienischen Städte, ist Fugger ebenfalls zur Stelle. Er bürgt für die Subsidien, die von der Kurie nach Ungarn gehen, damit dort das Abendland gegen den Ansturm der Türken verteidigt werden kann. Der neue Papst ist allerdings so unfein, die Pacht der vatikanischen Münze, die den Fuggern von Julius II. übertragen worden war, sofort zu kündigen. Aber schließlich entstammt er selber einem Handelshaus, das, nicht anders als das Fugger'sche, am besten mit Mitgliedern der eigenen Familie arbeitet, die Kompagnons gebunden durch den Schwur aufs Evangelium. Als Papst Leo X. 1521 stirbt, sind die Fugger wieder Münzpächter im Vatikan; als gewiefter Kaufmann hinterlässt der Papst den Augsburgern jedoch gewaltige Außenstände.

Mit minimalen Personalkosten und einem effizienten Nachrichtensystem, mit größter Sparsamkeit, gewissenhafter Buchführung und Diskretion baut Jakob Fugger, dieser «Condottiere eines modernen, noch nicht näher durchgeformten, doch im Detail schon unbarmherzigen Wirtschaftsstiles»[1], einen Weltkonzern auf, größer und mächtiger, aber trotz aller frommen Absicherung verwundbarer als alle Konglomerate heute. Wie der Prächtige Lorenzo in Florenz erwirbt sich der Fugger dabei einen Zunamen: «der Reiche». Wahrscheinlich war er tatsächlich der reichste Mann der damaligen Welt, wenn dieser Reichtum auch überwiegend auf Schuldverschreibungen und Abtretungen beruhte. Es war ein hochriskantes Geschäftsmodell, und die Fugger reizten es mit ihrer Preispolitik und ihrer Strategie, dem Schuldner immer neues Geld nachzuschießen, bis zum Äußersten aus, notfalls bis zum jederzeit möglichen Untergang. «Gemeinsam stiegen die Sterne Karls V. und der Fugger, gemeinsam sanken sie wieder. Die Fugger hatten ihre Aktivitäten auf die neuen Handelsmöglichkeiten im Reich des Kaisers abgestimmt, dessen Grenzen letztlich auch die ihren waren. Sie verdienten, solange Karl zahlte.»[2] Das ist der Grund, warum dieses Reich, in dem die Sonne so unglaublich schnell aufging, noch schneller unterzugehen drohte: Die Gefahr, dass Verbindlichkeiten zu hoch wurden und die Schuldner ihre Kredite nicht mehr bedienen konnten, war stets gegenwärtig.

Von seiner Goldenen Schreibstube in Augsburg aus regierte der Kaufmann Jakob Fugger über Kaiser, Könige und Päpste. Zeichnung von 1518.

Bereits in diesem Frühkapitalismus gibt es Kritik am Monopol, sichtbar zum Beispiel an der Auseinandersetzung der Fugger mit der Hanse, die in der Ostsee ein Schiff der Fugger gekapert hatte. Die Hanse betrachtete das Baltikum und Skandinavien als ihren Wirtschaftsraum, Fugger dachte an eine weitere Expansion. Der Streit wird 1512 vor den Kölner Reichstag gebracht. Der Humanist Konrad Peutinger, Berater von Kaiser Maximilian wie von Jakob Fugger, dazu verschwägert mit der zweiten großen Augsburger Handelsfirma, den Welsern, fertigt für Fugger hier und öfter gegen Geld ein Gutachten, wonach dieses Monopol für die Konkurrenz keineswegs schädlich sei. Der Reichtum der Kaufleute sorge dafür, dass auch die Handwerker mehr verdienen, was wiederum zur Wahrung von Ruhe und Frieden beitrage.[3] Fugger siegt zwar nicht bei dieser Monopolklage, doch stattet der Kaiser seinen Dank ab, indem er der Gesellschaft, von deren Zuwendungen er mittlerweile abhängig ist wie ein Vampir von regelmäßiger Blutzufuhr, in einem Freibrief eine «besondere Gnade von Gott» zuerkennen lässt: Ihr Tun und Handeln müsse «für göttlich, billig und redlich und nicht für Monopolium» gelten.[4] Wie das Zinsverbot ist alles eine Frage des Nutzens, und zur Rechtfertigung lässt sich immer ein tapferer Intellektueller finden.

Denn selbstverständlich ist auch die Wissenschaft käuflich, wenn es einem höheren Zweck dient. 1519 erscheint anonym eine lateinische Satire mit dem Titel «Eccius dedolatus» (Eck ent-eckt). Der Verfasser nennt sich Joannes Franciscus Cottalambergius und gibt sich als *poeta laureatus* aus. Als Druckort ist «Utopia» genannt, jener Nicht-Ort, dem Thomas Morus' 1516 erschienenes Buch «Utopia» (deutsch: «Vom besten Zustand des Staates und der neuen Insel Utopia») seinen Namen gab. Dahinter versteckt sich der Nürnberger Humanist Willibald Pirckheimer. Er muss seine Urheberschaft aber leugnen, weil Ziel und Gegenstand seiner Satire, der Ingolstädter Professor Johannes Eck, eben dabei ist, sich als erbitterter Gegner Martin Luthers zu profilieren, und, wie ihm vorgehalten wird, die Protektion eines «reichen Kaufmanns» genießt. In Augsburg gebe es eine Reihe sehr reicher Kaufleute, erklärt der nicht ganz frei erfundene Eck in dieser Komödie seinen Freunden, wen sie denn meinten? «Natürlich den, dem du einst deine Zunge vermietet und, vom Golde verlockt, gestattet hast, uneingeschränkt Wucher zu treiben, und dem du mit theologischen Abhandlungen den Nachweis geliefert hast, daß dies zulässig sei.»[5]

Johannes Eck, nur drei Jahre jünger als Luther, doch aus bescheideneren und auch noch schwäbischen Verhältnissen, dafür aber weit weniger von Zweifeln angekränkelt, wuchs mit Hilfe eines Onkels, der Pfarrer war, in die neue Bildungsschicht hinein, die die Reformationszeit prägt. Eck wurde in Freiburg promoviert und nach Ingolstadt an die Universität berufen. Konrad Peutinger tat das Seine dazu. Eck wiederum zeigte sich nicht undankbar, sondern rechtfertigte mit scholastischer Brillanz, was zwar längst handelsüblich war, aber durch kanonisches Recht verboten: den Zins, der den Bankier Fugger jedes Jahr reicher machte.

Die Frage, ob das Zinsnehmen legal, also auch theologisch gebilligt werden soll, kommt auf zu einer Zeit, als der Kapitalbedarf sprunghaft steigt, sie ist also kontraproduktiv und sofort ein brennendes Problem, nicht nur für das Handelshaus der Fugger. Das Geld, erst recht ein damit zu erzielender Mehrwert, verträgt sich schlecht mit dem Gebot der Nächstenliebe. In seinem «Sermon von dem Wucher», gedruckt «zu Wittenberg nach Christi gepurt 1519», macht sich Luther bei Fugger als Feind bekannt, er folgt auch dem zeitgenössischen Ressentiment gegen die Juden, denen traditionell das Leihen und Verleihen überlassen war. In manchen Ausgaben zeigt der Titel einen Schuldeneintreiber, dessen Bart und Nase dem mittelalterlichen Klischee vom Juden folgen. Außerdem wächst ihm eine Banderole mit den Worten aus dem Mund: «Betzal odder gib tzinsz.» In der dritten Auflage von 1522 ist dort ein Lehrer zu sehen, der wahrscheinlich Eck sein soll, vier andächtige Zuhörer vor sich, darunter zwei bärtige Juden.

Luther spricht gleich vom «schlechten unvolkommen volck der Juden»[6], er raunt von «Juddische stucklein unnd tucklein», doch sind

Ein Sermon von dem wucher. Doctoris Martini Luther Augustiner zu Wittenbergk.

Bezal odder sib.czunß

Ich heyß Rabin vnd begere alle tzeyt gewin

**Das Zinsnehmen widersprach apostolischem Recht
und war doch unerlässlich für die Finanzierung der
weltlichen und geistlichen Herrschaftsansprüche. Luther und seine Zeitgenossen warfen den Kaufleuten
und insbesondere den Juden Wucher vor.**

seine Gegner nicht die Juden, sondern ganz allgemein jene, die Geld
gegen Geld verleihen, dieses «unchristenlich furnehmen widder das
heylig Evangelium Christi»[7]. Der Sermon ist teilweise dialogisch aufgebaut und seiner Natur nach didaktisch. Er lässt darin in schulmäßi-
ger Dialektik den Einwand erheben, dass niemand mehr herleihen
würde, wenn es auf das Kapital keine Zinsen mehr gebe. Darauf Luther: «Du magst thun wie du wilt, ßo wirstu das gepott Christi nit

umbstossen, da er dir gepeut, du solt leyhen an [ohne] allen auffsatz [Aufschlag] deinem nehsten, Dartzu, ßo ers darff, auch geben gantz umbsunst. Thustu es nit, ßo bistu auch keyn Christen mensch, und wirst deynen hymell hie auff erden empfangenn haben.»[8]

Das ist eine so weltfremde Drohung, dass sie schon wieder revolutionär ist: Wer sich weigert, dem Nächsten Geld zu überlassen, sei es als Almosen oder als Leihgabe, der ist kein Christ und hat seinen Anspruch auf Erlösung, auf den ganzen Himmel bereits verwirkt und soll sehen, wie er auf Erden selig wird, wo ihn natürlich der Teufel holt. Der stationäre Wanderprediger Martin Luther hat vom göttlichen Richter gelernt und urteilt mit aller Schärfe: Wer es anders als nach christlichem Gebot tut, nämlich Zins nimmt, «ßo thut ers nit der Kirchen noch dem geystlichen gutt, sondern seynem Judischen wuchersuchtigen geytz zu besserung, er sey geleret odder ungeleret, geystlich odder weltlich»[9].

Die jüdische wuchersüchtige Geldgier also. Noch ist Luther nicht der wütende, schäumende, rasende Judenfeind der späten Jahre, es empört ihn nur die Geldwirtschaft, deren Notwendigkeit er nicht versteht, deren Feinheiten sich ihm nie erschließen werden. Der Frühkapitalismus war längst mit der kirchlichen Schatzverwaltung ein Geschäft eingegangen, bei dem nicht nur die beiden Geschäftsparteien profitierten, sondern jeder: Eine kleine Sühne, eine Vorauszahlung, der Kauf eines Ablasszettels konnte dem armen Christenmenschen nicht wenig von der Angst und Unsicherheit nehmen, die in immer drastischer werdenden Darstellungen beständig gefördert wurden. Eine Erlösung war möglich, und da sich der Alltag zunehmend mit Geld regeln ließ, warum nicht auch das Leben nach dem Tod und hin zum Jüngsten Tag?

Der Handel Ablass gegen Gnade war eine abgemachte Sache, bei der alle gewinnen konnten. Nichts, überhaupt nichts sprach dafür, dass mit einem Mal eine theologische Revolution ausbrechen würde, begonnen von jemandem, der bei dem Handel nicht mitmachen wollte, weil er ihn gar nicht verstand.

Luther lebte in der Bibel, mit der Bibel und von der Bibel. Die Bibel wurde seine Schutzwehr gegen die moderne Welt. Bereits die Apostelgeschichte betrachtet die Simonie, den Ämterkauf, als schweres Verbrechen; Christen war der Zinshandel seit je verwehrt. Doch die Entwicklung war über dieses Verbot hinweggegangen. Die lombardischen Kaufleute hielten sich schon lange nicht mehr daran, warum sollten es also die deutschen? Bisher ist der Zinshandel auch von weltlicher Seite untersagt, doch kollidiert das Verbot mit den Erfordernissen des Marktes. Es ist einfach nicht mehr zeitgemäß, es lässt sich aber auch nicht ohne weiteres aufheben, was seit alters als Sünde gilt. Papst Innozenz III. hatte das Zinsnehmen noch 1215 ausdrücklich gegeißelt. Thomas von Aquin hatte die besten Gründe dafür angeführt, nämlich dass Geld nur symbolisch für Waren steht: Es sei ungerecht, erläuterte der maßgebliche Kirchenlehrer in der «Summa Theologiae» seinen Schülern, zu denen noch der Erfurter Student Luther gehörte, Zins für geliehenes Geld zu nehmen, weil damit etwas verkauft werde, was gar nicht existiere. Damit entstehe eine offensichtliche Ungleichheit, die dem Wesen der Gerechtigkeit widerstrebe.

Doch die Erfordernisse der Gegenwart entsprechen nicht mehr der archaischen Welt der Bibel. Der Aufbruch in die Neue Welt, die Entdeckung neuer Seewege durch Kolumbus, Vasco da Gama und Magellan, die Schmelzöfen im Bergbau: All das geht Hand in Hand mit einem nie gekannten Kapitaleinsatz und verspricht – sonst hätte niemand investiert – ungeheuren Gewinn. Kleinkriege müssen finanziert werden, Städte bauen ihre Wehranlagen aus, neue Geschütze werden beschafft, Rüstungen müssen geschmiedet und nicht zuletzt die Abgaben nach Rom entrichtet werden.

So wird der bewegliche Johannes Eck zum natürlichen Gegner des Modernitätsverweigerers Luther. Der Scholastiker Eck ist nicht bloß Gelehrter, er ist auch Dominikaner, und im Zweifel kann er sehr erfolgreich predigen. Bereits um die Jahreswende 1513/14 ist er für die Fugger als Ablasskommissar im Bistum Konstanz tätig. Dann verfasst er ein Gutachten – verschämt mit «De contractu V de C» überschrieben –, wonach ein Zinssatz von fünf Prozent auf das Kapital zulässig sei. Es folgt, von Peutinger organisiert und von Fugger gefördert, eine öffentliche Disputation in jenem Karmeliterkloster in Augsburg, in dem vier Jahre später Martin Luther unterkommen wird, als er wegen seiner Thesen zum Ablass verhört werden soll. Fugger hat dort seine Grablege in Auftrag gegeben, die Mönche sind ihm zu Dank verpflichtet; es ist also eine günstige Wendung des Streitgesprächs zu erwarten.[10] In Tübingen, wo ebenfalls verhandelt wird, leitet der württembergische Kanzler Gregor Lamparter, der praktischerweise mit einer illegitimen Tochter des reichen Fugger verheiratet ist, die Disputation über den Zins.

Nach dem erfolgreichen Auftritt in Augsburg wollen die Fugger Eck ein größeres Podium an dessen Heimatuniversität in Ingolstadt antragen. Doch der Bischof, der auch der Hochschule vorsteht, unterbindet die Veranstaltung, da nach seiner überlieferten Anschauung das Zinsnehmen Unrecht und sogar ein Verbrechen bleibt. Italien bietet sich als nächste und bedeutendere Station an, näher an Papst Leo, der die Fugger aus seinen Finanzgeschäften hinausdrängen will, aber weiß, dass ohne sie in Deutschland nichts auszurichten ist.

Bologna besitzt nicht nur die neben Paris angesehenste europäische Universität, sie liegt auch in nächster Nähe zu den oberitalienischen Handelshäusern, die das Zinsgeschäft schon länger und mit weniger Skrupeln betreiben. Eck reist «unter Fuggers Betreuung»[11] im Juli 1515 nach Bologna und setzt sich für den maßvollen Satz von fünf Prozent ein, während die Fugger von säumigen Darlehensnehmern längst weit höhere Sätze verlangen. Auch hier ist für einen günstigen Verlauf gesorgt: Ecks Gegner ist ein weiterer Dominikaner, Johannes Faber, Prior des Augsburger Ordenskonvents. Es trifft sich gut, dass Fugger den Ablass für den Neubau des Augsburger Klosters eintreibt; am Ende stiftet er auch noch eine Kreuzigungsgruppe. Hinterher schickt Eck seinem Gönner einen gedruckten Bericht von der Disputation mit handschriftlicher Widmung.[12] «Auf diese hintergründige Weise», schreibt der Fugger-Historiker Pölnitz, «stand der erste Teil

der Bologneser Disputation mittelbar unter dem Schutze des Augsburger Großkapitals.»[13] Anschließend wurde Eck «von den Fuggern
am römischen Hof eingeführt»[14], was sich für alle Beteiligten als nützliche Investition erweisen wird.

In der Komödie um den zurechtgehobelten Eck wird auch die Disputation in Bologna verhandelt:

«Chirurg: Ging es denn auch dort um die Sache des Glaubens?

Eck: Allerdings, denn ich legte dar, daß es den Reicheren erlaubt sei,
    Geld gegen Zinsen auszuleihen, den Ärmeren aber nicht, es sei
    denn unter gewissen Bedingungen.

Chirurg: Die vielleicht in der Natur der Dinge nicht gegeben sind.
    Übrigens wußte ich gar nicht, daß Zinsen etwas mit dem Glauben
    zu tun haben.

Eck: Wie ich sehe, warst du nie in Rom.»[15]

Rom nämlich bestimmt über alle Glaubensdinge, besonders da, wo
sie weltliche Interessen betreffen. Der Zins ist eine Überlebensfrage.
Weil der Zins einen üblen Leumund hat, wird er aber nur sehr ver-
schämt erhoben. Der Papst – und in der Zeit hat niemand einen
größeren Kapitalbedarf – spricht nicht von Zinsen, sondern macht
Geschenke, wenn er die Gebühren für die ihm auf Erden gewährten
Darlehen begleicht. An der Kurie wirkt als Fugger-Vertreter Johannes
Zink, dem Namen nach ein Theologe, doch vor allem ein gerissener
Geschäftsmann, der es im Lauf seines Wirkens sowohl für die Kurie
wie für die Fugger auf insgesamt sechzig Pfründen bringt. «Er wurde
Kleriker, um bequemer dem Pfründenhandel, der an der Kurie getrie-
ben wurde, nachgehen zu können»[16], fasst der katholische Historiker
Aloys Schulte diese typische Kirchenlaufbahn nüchtern zusammen.
So konnte Zink beiden dienen, «dem letzten Haupte der ungeteilten
abendländischen Christenheit und dem vornehmsten Bankier seiner
Zeit»[17], oder vielmehr den beiden mächtigsten Finanzchefs, die zu Anfang des 16. Jahrhunderts gegeneinander und noch öfter zusammen

die Geldströme in Europa regulierten: Leo X. und Jakob Fugger. Am
31. Oktober 1517, diesem bald historisch gewordenen Datum, beantragt
der päpstliche Sekretär Willem van Enckenvoirt als weitere Pfründe
für Zink das Kanonikat von St. Moritz in Augsburg, am nächsten Tag
genehmigt es Leo X. per «Decretem dirigitur contra capitulum eccl.
Augustan»[18]. Es ist nur ein Geschäft unter vielen.

Die Frage, ob auch der rauflustige Theologe Eck käuflich war, erüb-
rigt sich in dieser durchökonomisierten Zeit. Peutinger kann seinen
humanistischen Studien frönen, weil er von Maximilian ein «dienst-
gelt», also ein Gehalt bezieht. Sein Schützling Eck verhält sich nicht
anders als ein heutiger Professor, dem neben der faden Lehrstuhl-
arbeit und der Gremienpolitik eine Tätigkeit als Gutachter winkt: Er
nimmt es mit und wird dabei die Interessen seiner Auftraggeber nicht
vergessen.

In Pirckheimers Satire erkrankt Eck wegen seiner Sauferei und
wird von einem Bader regelrecht gefoltert, der eigentlich den Auftrag
hatte, Luther zu verbrennen. Eck wird gehobelt, geschunden, geputzt,
sogar kastriert. Martin Luther, gesteht Eck endlich, habe er nur aus
Ruhmsucht angegriffen, und gegen seine Lehren habe er nichts einzuwenden, die seien christlich.

«Sei so gut und sage mir: Ist Luther in eurer Gewalt?», fragt die
Hexe Candida.

«O wenn er es wäre, dann würde er noch in dieser Stunde den hus-
sischen Weg gehen, den er bereits betreten hat. Da er aber nicht da ist,
beraten sie jetzt, durch welche List und durch welchen Betrug ihm
das Verderben bereitet werden kann. Denn da sie es mit offener Gewalt nicht können, bemühen sie sich eifrig, ihm heimlich eine Falle zu
stellen oder, wenn sich eine Gelegenheit bietet, ihn sogar mit einem
Gifttrank aus dem Weg zu räumen.»[19]

Luther kommt hier noch einmal heil davon, die Anschläge auf sein
Leben sind Legende. Sein Ruhm macht ihn nicht bloß literaturfähig,
bald steht er so weit in der Öffentlichkeit, dass sie ihn vor solchen
direkten Nachstellungen bewahrt und ihm nichts mehr geschehen

kann. Aber die Zinsfrage wird für die Disputationsgemeinschaft der Humanisten, die eben begonnen haben, sich von der Scholastik zu lösen, zur Gewissensfrage.

Für den Nürnberger Humanisten Christoph Scheurl, der eine Zeitlang versuchen wird, eine Humanistenfreundschaft zwischen Luther und Eck zu stiften, hat sich der Ingolstädter Theologe dem Zinsverbot «nicht in edler Absicht» gewidmet, «sondern von den Augsburger Kaufleuten durch Versprechungen und Geld bestochen». Ich wünschte, du würdest dich nicht mit dieser Materie beflecken, schreibt auch Pirckheimer freundschaftlich an Eck.[20] Pirckheimer hat leicht reden; er muss sich nicht um Gelderwerb sorgen, denn er lebt bequem von den Einkünften aus seinen ererbten Liegenschaften. Nebenbei handelt es sich bei dieser Kontroverse unter den Humanisten um einen Städtekrieg: Die Nürnberger müssen mit ansehen, wie Augsburg binnen weniger Jahrzehnte zur wirtschaftsstärksten deutschen Stadt aufsteigt, während sie zurückbleiben. Auf Drängen seines Augsburger Freundes Bernhard Adelmann von Adelmannsfelden, dem Fugger das Bischofsamt verwehrt hat, beginnt Pirckheimer die Schrift «De vitanda usura» (Über das Wucherverbot)[21] zu übersetzen, in der der griechische Historiker Plutarch die finanzielle Ausbeutung Griechenlands durch die Römer beklagt; ein Werk, das auch gegen seinen Humanistenfreund Peutinger gerichtet ist, der den Zins und damit die Fugger-Praxis hartnäckig verteidigt.

Pirckheimer muss im Auftrag des Nürnberger Rates zum Kaiser reisen und Klage gegen das Treiben der Raubritter führen, aber der Wucherer kommt ihm nicht weniger schlimm vor. Es sei kaum zu unterscheiden, wer von ihnen verderblicher oder verabscheuenswerter ist.[22] «Jener bemüht sich mit List und insgeheim, dieser greift mit Gewalt und offen an; jener nötigt nur Willige, dieser streckt auch Widerstrebende nieder; jener saugt das Blut aus, dieser nimmt außer dem Blut auch noch das Leben.» Und seufzt dann ganz klassisch: «O tempora, o mores!» Der Blutsauger wird in der Zeit als Bild sowohl für die katholische Kirche wie für die Kaufleute verwendet, die Geld verleihen. Traditionell werden so die Juden bezeichnet, deren Dienste man braucht und denen man gleichzeitig verübelt, dass sie vom Geschäft mit dem Geld leben wollen.

Der Bibelprofessor Martin Luther kennt die Schrift, er kennt die Gleichnisse, mit denen Jesus den Jüngern seine Lehre erläutert. Sie stammen aus der Lebenswelt seiner Jünger, die Fischer, Handwerker und Nebenerwerbsbauern waren, müssen aber mittlerweile in Metaphern aus dem Geschäfts- und Handelsleben übersetzt werden. Die «goltgrub» des Johannes von Paltz wird abstrahiert zum reinen Geldtransfer. 1499 hat Konrad Peutinger ein Gutachten über das Augsburger Kupfersyndikat erstellt, das einer der Beteiligten, Jakob Fugger, gesprengt hat, indem er die anderen mit Dumpingpreisen unterbot. Peutinger sucht die Klassiker auf, um das Idealbild eines ehrbaren Kaufmanns zu konstruieren und gleichzeitig moderne Wirtschaftsformen unter Maßgabe der «Billichait», des angemessenen Preises, zu rechtfertigen. Seiner Darlegung nach seien es die Kaufleute, «die ain gmain ampt verwalten, das officium publicum genent wird», die «underainander mit lieb und treu mainen und halten sollen wie geprieder»[23]. Wie Brüder miteinander umzugehen, das wäre dann doch zu viel verlangt, vor allem ist auch das längst nicht mehr zeitgemäß. Der Handel verlangt ganz andere Umgangsformen. Jakob Fugger führt es vor, wenn er Konkurrenten aus dem Markt drängt.

Der große Handelsherr ist dennoch nicht vor dem Tod gefeit, aber selbst dem begegnet er als Kaufmann. Die Hölle droht der aufstrebenden Schicht, der er angehört, nicht weniger, sondern eher mehr als den anderen, und wenn er auch nicht gleich die ewige Verdammnis zu gewärtigen hat, so doch das Fegefeuer, in dem er, wie in abenteuerlich detailliert und sogar liebevoll ausgemalten Bildern angekündigt, für seine Sünden auf unendlich lange Zeit unmenschliche Qualen zu erleiden hat.

Jakob Fugger ist ein frommer Mann und deshalb berechnend. Was sich berechnen lässt, ist kalkulierbar, was sich zählen lässt, wird damit bezahlbar. In seinem Testament vom 27. August 1521 kümmert sich Fugger mit der gebotenen Gründlichkeit um sein Seelenheil. Die Angstneurose der Zeit hält ihn umklammert wie jeden anderen. Er ist katholisch geblieben und kann daher nicht von Luthers radikal unökonomischem Erlösungsangebot profitieren, sondern glaubt ganz traditionell an die Rettung durch Gebete, Stiftungen und gute Werke. Den Hl. Ulrich, der 955 die Stadt zusammen mit Kaiser Otto verteidigt hat, bestimmt Jakob Fugger zum Namenspatron und Vorsitzenden einer Stiftung, die mit zehntausend Gulden ausgestattet wird. «Wenn aber der mensch nichts costlichers noch höhers hat, dann sein arme seel»[24], so beginnt der entscheidende Absatz in diesem Vermächtnis, das den Kaufmann nie verleugnet. Wenigstens am Ende seines Lebens muss der Mensch sich um das Wohlergehen seiner Seele kümmern. Damit die armen Seelen «von stund an erlößt und zu ewiger rue, auch fröden, darzu vom kercker des fegfeurs erlößt werden», verfügt der Erblasser, dass «auch mein begrebnus, besingknus, mit sibenden, dreyßigist, jartägen, meßlesen, almusen geben unnd andern sachen, wie mein und meinsgleichen stand zugehört, begangen und gehalten» werde.[25] Sein Begräbnis soll so feierlich gehalten werden, wie es seinem Stand entspricht; auch für die Gedächtnismessen will Fugger gesorgt wissen. Die Armen sollen dann je einen Kreuzer erhalten, und für die Pfarrer in allen Augsburger Kirchen spendiert er Prämien, dass sie überall das Seelenamt für ihn halten, «auch mit meßlesen unnd in annder weg mit irem gebet gegen Got meiner seel zu hilff gedenncken sollen»[26]. Die Patres sollen sogar neue Kutten bekommen. Jakob Fugger, der gelernt hat, mit allem zu handeln, und damit unermesslich reich geworden ist, kauft sich in seinem «pomphaften Geltungsbedürfnis»[27] als Grablege nicht nur die prächtigste Kapelle der deutschen Renaissance, sondern auch die täglichen Gebete der Bewohner seiner Fuggerei. In der Tourismuswerbung der Stadt Augsburg gilt diese Stiftung nur als «die älteste Sozialsiedlung der Welt» und nicht als das, was der Stifter damit beabsichtigt hat: Geld gegen Seelenheil. Die «Fromen Armen taglönern vnd handtwerckern Bürgern vnd Inwohnern dieser stat» sollten für einen Gulden im Jahr dort wohnen dürfen, mussten

sich aber schriftlich verpflichten, täglich ein Vaterunser, ein Gegrü-
ßet-seist-du-Maria und ein Glaubensbekenntnis für Jakob und seine
Brüder samt Verwandtschaft zu sprechen.[28] Auf den bescheidenen
Mietzins war Jakob Fugger nicht angewiesen, er wollte, dass die Be-
günstigten für ihn und sein Seelenheil beteten. So wie er alles kaufen
konnte und als Kaufmann bei allem nach dem Preis fragte, kaufte er
sich auch Arbeitslose und ihre Gebete. Seit bald fünfhundert Jahren
steigt deshalb täglich hundertfach je ein Vaterunser, ein Gegrüßet-
seist-du-Maria und ein Glaubensbekenntnis zum Himmel auf.

Nur was sich zählen lässt, ist real, und viel hilft auch hier viel. Das
ist eine Praxis, die als Teil der religiösen Erneuerungsbewegung, zu
der auch die *devotio moderna* gehörte, in den Klöstern des 15. Jahrhunderts aufgekommen war. Es geht nicht nur um das Gebet und die
Fürbitte an sich, es geht wie im Kontor um möglichst viel davon und
um die exakte Buchführung des Geleisteten. Die Dominikanerinnen
im Elsass sorgten sich beispielsweise um die Wiedergutmachung für
die Flüche, die gegen Gott ausgestoßen worden waren. Während sich
die Welt draußen im Karneval amüsierte, wurde drinnen geschwie-
gen, bei Tisch nur maßvoll gegessen, statt der bacchantischen Gesän-
ge gab es fromme Lieder. «Den Empfehlungen der Heiligen Mechthild folgend, wiederholten sie zur Hochzeit des Karnevals 3517 Mal:
*Tibi laus, tibi gloria, tibi gratiarum actio, o beata Trinitas, miserere
nobis.*»[29] Das buchhalterische Zählen und Wägen weicht auch nicht
der Frage aus, wie viele Wunden Christus im Lauf seiner Leidensgeschichte empfangen habe: Es waren exakt 5490. Wenn ein Jahr lang
jeden Tag fünfzehnmal das Vaterunser gebetet wurde, kamen (allerdings nur in Schaltjahren) genau 5490 Gebete zusammen, womit
dann jede einzelne Wunde bedacht war. Im Kloster leben die Schwes-
tern zurückgezogen von der Welt, aber Arbeit machen sie sich wie
draußen, Frauenarbeit. «In der Adventszeit fertigten die Nonnen ein
Hemd, in das sie den kleinen Jesus in der Krippe kleiden wollten. 1000
Vaterunser, 1000 Ave-Maria, 1 Psalter, 1000 *Benedictio et claritas*, 1000
O vera summa bildeten diese ‹spirituelle Babywäsche›.»[30]

Es geht aber noch besser in dieser rekordsüchtigen Frömmigkeit. Das Beten ist nicht nur Leiern, sondern bietet in der Versenkung eine Rettung vor der Langeweile wie vor den alltäglichen religiösen Riten, es erlaubt private, mystische Feste, wie sie schon Hildegard von Bingen erlebt hatte. In den Klöstern im Rheinischen ging es besonders streng zu. Der Mystiker Johannes Tauler stammte aus Straßburg, auch Meister Eckhart hatte im dortigen Dominikanerkloster als Prediger gewirkt. Der Dominikanerin Elisabeth Grissin, einer Frau, die bereits in ihrer Jugend durch ihre Neigung zu extremen Askesepraktiken aufgefallen war,[31] gelang es im elsässischen Kloster Schönensteinbach, dem Hl. Antonius, der sein Leben als Einsiedler in der ägyptischen Wüste zugebracht hatte, allein durch ihre Gebete ein neues Gewand zu schaffen. Fünfundzwanzigtausend Vaterunser brauchte sie für einen Rock, tausend *Te deum laudamus* für ein Halsband, achtundzwanzigtausend Ave-Maria für ein Futter und zuletzt, sehr fürsorglich, tausendmal die Antiphon zur Beichte für Nähzeug. Das Versenken in die Leidensgeschichte Christi führte bei Frauen gern dazu, dass sie «verzuckt werden» und «die gestalt Cristi vor ir augen an dem creutz gespannen sehen vnd si dunckt, wie er mit in red ab dem creutz», wie der (männliche) Visitator, der das fromme Treiben untersuchen soll, schon nicht mehr amüsiert, sondern erschreckt notiert. Sie haben sich, im besten Glauben, der Kirche und dem Zugriff der Obrigkeit entzogen. Das visionäre Erlebnis beschränkt sich nicht darauf, dass sie glauben, der Herr rede sie von seinem Kreuz aus an, «empfintlich süssigkeit, guten smal vnd roch» spürten sie «in irem mund, in ir nasen vnd in irm leib, das in vnaußprechlich ist»[32]. Der Hl. Antonius, dem sie immer näher kommen wollte, erschien der fleißigen Elisabeth Grissin erst beim Sterben: «Die siech swöster sprach: ‹Der gross Anthonius ist hie›, und also naygt yr hobt da mit waz sy verschaiden.»[33] Sie kann es nicht wissen, aber mit ihrem manischen Beten und Zählen gehört die fromme und dann kranke Schwester auch zu denen, die wie Martin Luther gegen die kirchlich betreute, verordnete durchökonomisierte Religionsausübung rebellieren.

Die Buchhaltung über abgeleistete Bet-Arbeit ist besonders in den
Frauenklöstern beliebt, doch die Männer können auch zählen. Die
Franziskaner wollten sich verpflichten, ein Jahr lang täglich fünfzehnmal das Vaterunser und fünfzehnmal das Ave-Maria zu beten.
Fünfzehnmal dreihundertfünfundsechzig macht pro Jahr 5475, und
um ebenso viele Jahre wurde das Fegefeuer verkürzt. Der fromme
Eifer war mit der schönen Gratifikation versehen, dass damit gleichzeitig fünfzehn Verwandte aus dem Fegefeuer zu erlösen waren, fünfzehn Sünder zum besseren Leben bekehrt und fünfzehn Gerechte in
der weiteren Verwandtschaft mit der Gnade der Beharrlichkeit ausgezeichnet wurden.[34] Die Zahl war noch zu steigern, wenn man sich
verpflichtete, für jeden einzelnen der Blutstropfen, die Jesus während
seiner Passion vergossen hat – die Angaben schwanken zwischen
36 500 und 54 600 –, jeden Tag hundert Vaterunser zu verrichten.
Außerdem gab es Regeln, nach denen sämtliche zerschlagene Glied-
maßen von Kopf bis Fuß abzubeten waren.[35]

Luther, ein halbes Jahrhundert später, ist keineswegs frei von dieser Zahlenmystik. Aus einer seiner Tischreden ist die folgende hoch-
merkwürdige Rechenaufgabe überliefert: «Dein Philippus Melanchthon *dixit 80 iubilaeos a condito mundo usque ad Christum fuisse, a
cuius nativitate nunc sunt 1532: Ita mundus duravit 5648 fere annos, et
multi senserunt mundum 6000 annos duraturum; restant adhuc (Math.
L. (12)[36] 400 anni. Sed Deus abbreviabit dies propter electos*; dan die
welt eilet dauon, *quia per hoc decennium fere novum saeculum fuit.*»[37]
Von der Erschaffung der Welt bis zu Christi Geburt habe es achtzig
Jubeljahre (das Jubeljahr zu fünfzig Jahren gerechnet) oder viertausend Jahre gebraucht. Die Welt ist demnach mittlerweile 5648 Jahre
alt. Wenn, wie eine gängige Rechnung lautete, die Welt insgesamt nur
sechstausend Jahre bestehen sollte, blieben noch knapp vierhundert
Jahre. «Vmb der Ausserweleten willen / werden die tage verkürtzt»,
heißt die Stelle bei Matthäus. Und zwar so verkürzt, dass – die Re-
duzierung wegen der nicht ganz vollendeten drei Tage, die Christus
nach dem Tod am Kreuz bis zur Auferstehung verbrachte, ebenso ein-

gerechnet wie die Verzögerung, bis ums Jahr 40 das Gesetz des Neuen
Testaments tatsächlich in Kraft trat – schon morgen, aber übermor-
gen ganz bestimmt mit dem Weltenende zu rechnen war.[38]
Denn die Welt eilet davon – und tut es eben nicht. In den Klöstern
der Vorreformation herrscht der absolute Stillstand. Die Zeit in Erwartung des Jüngsten Tages vergeht nicht, Christus kehrt nicht wieder, und nur in Ausnahmefällen lässt er sich durch Rosenkränze, Vaterunser und rücksichtsloses Kasteien des Leibes herbeibeten. Dieser
Bet- und Zählwahn, der die neue Innerlichkeit formalisiert, erscheint
zwar rätselhaft, ist aber Ausdruck der größten Seelenpein. Nur fünfunddreißig Kilometer vom Kloster Schönensteinbach entfernt lag
das Antoniterkloster Issenheim, in dem die Mönche Pest- und Sy-
philiskranke und Sterbende aufnahmen. In den Jahren, als Luther
die Weltlichkeit in Rom erlebt und selber um einen höchstpersönlichen Ausweg aus dem Heilsirrsinn ringt, zeigt Matthias Grünewald die absolute Verzweiflung, dargestellt am körperlichen Leiden
des Herrn. Grünewald malte den sogenannten Isenheimer Altar, die
grausamsten Bilder, die die spätmittelalterliche Kunst hervorgebracht
hat. Christus ist ans Kreuzholz genagelt, sein Körper wie ein Werk-
stück aufgeraut, voller Schwären und Wunden und steckengebliebe-
ner Dornen. Blut tropft noch vom toten Leib zur Erde, der Mund ist
geöffnet, die Zähne sind zu sehen, unter den Lidern die gebrochenen
Augen, und das Leid darf überhaupt nicht mehr aufhören, worauf die
riesengroße stachlige Dornenkrone und die überlangen ausgerenkten
Glieder verweisen.

Wie schon bei den drastischen Leidensdarstellungen Cranachs
ermöglicht es dieser Blick auf einen sadistischen Exzess, das eigene
Leiden besser zu ertragen, verbunden mit der Hoffnung auf Heilung
und schließlich auf Erlösung, die der Auferstandene auf dem anderen Altarbild bietet. Zum Gekreuzigten gehört auch seine Mutter, die
in fürchterlichem Schmerz zusammensinkt. Der Altar ist in seiner
ganzen nackten Entsetzlichkeit der Höhepunkt der deutschen Mystik und damit eine eigene Rebellion. Die Bereitschaft, Jesu Leiden so

Die mystische Drastik, wie sie der Isenheimer Altar präsentiert, wird selbst dem Vatikan zu viel. Gemälde von Matthias Grünewald um 1513/15.

hemmungslos nachzuempfinden, bedeutet bereits einen vorreformatorischen Verstoß gegen die herrschende römische Theologie. Wer nämlich beim Mitleiden mit dem Gekreuzigten und seinen Heiligen dem Göttlichen auf eigene Rechnung nahe kommt, braucht die Hilfe der Kirche nicht mehr und kann sich selber aus der erlösungskapitalistischen Zwangsgemeinschaft entlassen. Die Kurie ist sich dieser Gefahr bald bewusst. Im Auftrag von Papst Julius II. hat der gelehrte Dominikaner Cajetan zu prüfen, ob ein neues Fest zu Ehren der Leiden der gebenedeiten Jungfrau Maria eingeführt werden müsse. Für Cajetan, der aus der strengen Schule des Thomas von Aquin kam, konnte Maria unter dem Kreuz aber nicht ohnmächtig geworden sein. Ohnmacht sei ein «krankhafter Zustand», lautet sein kirchentreues

Gutachten, und Maria als Himmelskönigin könne keine körperliche Schwäche erlitten haben.[39] Die Flucht aus der mittelalterlichen Allüberwachung war dennoch nicht mehr zu verhindern.

In der Weltchronik aus Nürnberg endet das siebente Weltalter mit einem irren Totentanz, es ist das, was jedem bevorsteht, und wer wüsste es besser als der Arzt Hartmann Schedel: «Wir glawben alle fetigclich das got nach seiner pildnus den menschen gemacht hab. was mag vns nw leichtlicher begegnen denn disen kötigen irdischen leichnam den sundensack zelassen vnd zu dem wider zekeren der nicht verschmaht hat vns nach seiner gleichnis zemachen das der gaist des menschen mit dem gaist gottes erfüllet als taylhaftig der gotheit vnnd irer seligkeit zwischen den engelnn vnnd chören der heiligen ewiglich leben söll.»[40]

Als wenn es einem leichtfiele, den dreckigen irdischen Leib zu verlassen, und sei er tausendmal nichts weiter als der Sündensack! Nicht einmal der sündigste Sündensack will sterben. Vor dem unbekannten Jenseits graut ihm und auch davor, dass er auf Erden vergessen werden könnte. Der Horror des Sterbens und noch mehr womöglich der des Aufwachens in einem rätselhaften, unbegreiflichen Jenseits hat den Kaiser nicht weniger beschäftigt als den armen Teufel, der für ihn auf einer seiner Burgen arbeitete oder in der Metallgewinnung in Tirol. Der Ablass bot die Möglichkeit, die Fegefeuerqualen im Jenseits, die wegen des sündhaften Lebenswandels unvermeidlich schienen, wenigstens abzukürzen oder zu lindern. Kaiser Maximilian ist die *memoria*, das *gedechtnus*, daher fast ebenso wichtig wie die Rettung seiner Seele.

In seiner selbsterfundenen Autobiographie vom «Weisskunig» erläutert Maximilian seine Vorstellung von einer Jenseitssicherung. Ein «mächtiger Herr» habe dem jungen König (Maximilian) vorgehalten, dass er viel zu viel Geld in sein Angedenken investiere. Der junge König weiß ihm aber gleich die rechte Antwort zu geben, nämlich dass alles Geld vor der Erinnerung an den Verstorbenen zunichte werde. «Sag mir ains», fragt der junge König zurück, «was beleibt dem

menschen lenger, das guet oder die gedächtnus?»⁴¹ Nur seine Werke
blieben ihm nach seinem Tod, muss der Tadler zugeben. «Wer ime in
seinem leben kain gedachtnus macht», führt der König diesen Gedanken fort, den er mit dem Besucher so schön sokratisch entwickelt hat,
«der hat nach seinem tod kain gedächtnus und desselben menschen
wird mit dem glockendon vergessen, und darumb so wird das gelt, so
ich auf die gedechtnus ausgib, nit verloren.»⁴²

Deshalb will Maximilian sein Leben in beide Richtungen ver-
längern: aus der ewig ungenügenden Gegenwart, in der er so wenig
von seinen hehren Zielen erreichen kann, in die Vergangenheit und
zugleich in die Zukunft. In ganz Europa müssen seine Hofleute in Bibliotheken und Archiven forschen, um einen habsburgischen Stammbaum bis in die Antike, ja bis zu Adam und Eva zu rekonstruieren.
Unterwegs werden die Römer und Griechen rekrutiert, die Trojaner,
die Ägypter und selbstverständlich auch die heilige Familie – mit
allen wollte Maximilian verwandt sein und damit seine Herrschaft
legitimieren. Ähnliches unternehmen zu der Zeit die Herrscher in
Sachsen, Thüringen und Meißen, die sich wie der französische König
eine Herkunft aus der hochberühmten Stadt Troja zusammenfabulie-
ren lassen. Alle greifbaren Historiker und Humanisten werden beige-
zogen, sie sollen eine (schein-)wissenschaftliche Grundlage für diese
sterbensängstliche und zugleich todessüchtige Genealogie erstellen.
Konrad Celtis verspricht ihm sogar eine seine Regierung feiernde
«Maximilianeis» für die Schulen, so wie einst Vergil für Kaiser Augustus die «Aeneis» geschrieben hatte.

Maximilian lässt an einer Ehrenpforte arbeiten. Sie ist den antiken Triumphbögen nachempfunden, soll aber nicht in Stein gehauen
oder aus Marmor gemeißelt werden, sondern in der neuesten, der
modernsten Technik entstehen: ein gigantischer Prospekt, hergestellt
mit einhundertzweiundneunzig einzelnen Druckstöcken, für die zum
Teil Albrecht Dürer die Vorlagen lieferte. Auch hier braucht es die
Herleitung wenigstens von Julius Cäsar, dem ersten Kaiser und Na-
mensgeber. Der Kaiser steht eindeutig über dem Papst, aber wie Ma-

ximilian öfter klagt, ein jeder habe ihn enttäuscht, sich nämlich nicht seinen Vorstellungen von einer christlichen Universalmonarchie fügen wollen. Die Bilderchronik seines Wirkens trägt die apodiktische Inschrift: «Quod in coelis Sol, hoc in terra Caesar», über uns die Sonne, hier auf Erden Cäsar.

Die Vorsorge fürs unbekannte Jenseits betreibt der Kaiser nicht anders als sein wichtigster Gläubiger: mit Geld. Maximilian war ein chronischer Verschwender. Er musste auf Feldzüge verzichten oder sie abbrechen, weil ihm das Geld ausging, dafür paradierte er auf Reichstagen in Rüstungen, die von den Zeitgenossen auf hunderttausend bis zweihunderttausend Gulden taxiert wurden. Doch wie jeder Christ fürchtet Maximilian die Abrechnung, die ihm nach dem Tod bevorsteht, aber vielleicht ebenso sehr die Aussicht, es könnte ungeachtet all seiner kaiserlichen Macht und Würde mit einem Schlag alles aus und vergessen sein. Mehrere seiner *memoria*-Vorhaben scheitern: Es wird nichts mit dem Reiterstandbild vor der Augsburger Basilika St. Ulrich und Afra am Ende der heutigen Maximilianstraße, es wird nichts mit dem Denkmal in der Kaisergruft in Speyer, und auch sein riesenhaftes Grabmal, das er geplant und in Zusammenarbeit mit den ersten Künstlern seiner Zeit, von Albrecht Dürer bis Veit Stoß und Peter Vischer, selber entworfen hatte, kann wegen seiner drückenden Finanznot erst viele Jahre nach seinem Tod vollendet werden.

Für seine Grabeskirche in Innsbruck wünscht sich der Kaiser hundert Statuen von Heiligen, die als Fürbitter an seinem Grab zu stehen gekommen wären. Er stellte sich eine fromme Stiftung vor, monumentaler, geschichtsbewusster als die der Fugger, aber ähnlich unvergänglich wie deren Doppellegat von Grabkapelle und Fuggerei: ein Spital, ein Kloster, eine Wallfahrt dabei. Immerhin sind es in der Innsbrucker Hofkirche achtundzwanzig übermanns- und überfrauhohe Standbilder aus Erz geworden. Maximilian liegt zwar nicht in seinem Grab, aber er umgibt sich mit den Vorfahren seiner Wahl, mit Sagengestalten, mit Königen und Königinnen aus Spanien, Böhmen, Ungarn und Burgund, die ursprünglich von Büsten römischer Kaiser gesäumt werden sollten.

Sie alle geben ihm das letzte Geleit und sollen ihn – nicht anders als die redlichen Armen in der Fuggerei – mit ihren Fürbitten über den Tod hinaus betreuen. Geld, was sonst, soll das Überleben garantieren. Nur Luther, Erzkatholik, der er ist und bleibt, verabscheut es.

Das Geld des lieben Gottes

U m die Zeitenwende von 1500 hat auch die Erlösung ihren Preis, und nach gutem Kaufmannsbrauch ist er genau festgelegt. Noch 1543, als sich bereits weite Teile Deutschlands der protestantischen Lehre zugewendet haben, lässt sich Luthers Gegner Albrecht von Brandenburg von Simon Franck als Hl. Martin malen. Der Namenspatron des Reformators wird gewöhnlich als Soldat dargestellt, der seine christliche Nächstenliebe dadurch zeigt, dass er seinen Mantel mit dem Schwert teilt und die Hälfte einem frierenden Bettler schenkt. Auf Francks Tafelbild erscheint der sonst für seine Bescheidenheit bekannte Heilige als Bischof, die Mitra, der Krummstab, der Mantel reich besetzt mit Gold und Edelsteinen, die Hände in weißen Handschuhen, auf dem Handrücken wiederum ein großer Edelstein. Dem kranken Bettler, der ihm eine Schale hinhält und offenbar auf etwas zu essen hofft, reicht der Bischof mit spitzen Fingern gleich mehrere Goldmünzen. Der Hunger ist irdisch, das Geld aber nicht: Der Gulden ist nämlich nicht bloß die Rechnungseinheit im Frühkapitalismus, sondern symbolisiert den wahren Schatz, über den die Kirche verfügt.

Um diesen Schatz, um die Frage, wie er zu deuten, wie er am besten umzumünzen sei, dreht sich die religiöse Revolution, mit der Martin Luther am Ende die Allmacht, vor allem die wirtschaftliche Macht der Kirche zerstört. Zum Agenten der Weltgeschichte kann er aber erst werden, als ihm allmählich bewusst wird, in welch einem gut funktionierenden kleriko-kommerziellen Komplex er bisher seinen mystischen Neigungen und Zweifeln nachgegangen ist.

Luthers Gegner Albrecht von Brandenburg war nicht
nur repräsentationssüchtig, sondern auch fromm. So
ließ er sich als großherzigen Hl. Martin malen.

Es gab keine andere Zeit, die ähnlich von Furcht besessen war und gleichzeitig hoffen durfte, diese Furcht mit barem Geld lindern zu können. Luther jedoch ekelt es so sehr vor dem Geld, dass er seinem Vater sogar vorwerfen wird, er habe ihn durch eine «reiche Heirat» an diese Welt fesseln wollen, die er 1505 durch den Eintritt ins Kloster verlassen konnte. Am meisten ekelt ihn aber die Vorstellung, dass sich Gottes Gnade kaufen ließe. Genau darauf beruht das kirchliche Verrechnungssystem, das widersprüchlich genug war, um Zweifel an den lauteren Motiven der Kirche zu nähren. Wer allzu laut zweifelte, hatte mit Sanktionen zu rechnen. Die Waldenser, die sich mit ihrer Laienfrömmigkeit von der offiziellen Kirche trennten, wandten sich bereits im 13. Jahrhundert gegen die Kommerzialisierung der Religion, es kam zu Hinrichtungen, weil sie das Fegefeuer leugneten, dessen Existenz den Handel mit der Transzendenz erst begründete. Jan Hus erklärte zu Anfang des 15. Jahrhunderts: «Vanum esse orare pro mortuis et avaritiae Sacerdotalis inventum»[1] – es sei sinnlos, für die Toten zu beten, das Fegefeuer im Übrigen nur eine Erfindung der habgierigen Priester.

Die gottesfürchtige Korruption der Kirche ist keine Erfindung der Vorreformationszeit, sondern hat 1517 bereits eine jahrtausendlange Geschichte. Im Jahr 258 fand unter Kaiser Valerian eine grausame Christenverfolgung statt. Der Diakon Laurentius wird aufgefordert, den Kirchenschatz herauszugeben, er tut es aber nicht, sondern verteilt ihn an die Armen und Bedürftigen. Als die Frist abgelaufen ist und die Verfolger auf der Auslieferung beharren, bedeutet er ihnen, dass diese Armen und Bedürftigen der wahre Schatz der Kirche seien. Dafür wird er auf grausame Art hingerichtet: Er stirbt auf einem glühenden Rost. Zuletzt bittet er noch darum, dass man ihn wende, da er auf der einen Seite bereits durchgebraten sei. Die Märtyrerlegenden sind voll mit solchen Geschichten, aber Laurentius hat durch sein Opfer den bedeutungsvollen Kirchenschatz begründet.

Auf wundersame Art materialisiert sich dieser im 13. Jahrhundert und entwickelt sich, zeitgleich mit der beginnenden Fiskalisierung der Welt, zu einem hochrationalen Irrsinn, von eifrigen Scholas-

tikern ausbuchstabiert und dann mit großer Liebe zum Detail aus-
geschmückt. Hugo von Saint-Cher, ein Theologe an der Pariser Universität, Mitglied des Dominikanerordens, hat die geniale Idee, einen
thesaurus meritorum zu kreieren, einen Schatz der Verdienste.[2] Da
Christus und die Heiligen, vor allem jene, die für ihren Glauben gestorben sind, ohne Schuld sind, ist dabei ein großer Gnadenschatz
entstanden, denn, so argumentiert Papst Clemens VII. keine hundert
Jahre später in seinem Sendschreiben «Unigenitus» (1343), all das ver-
gossene Blut, all das Leid kann doch nicht umsonst gewesen sein. Die
Gnadenausgießung, die sich durch das Martyrium ereignete, musste
sich doch in dieser frühkapitalistischen Rechnerei mit ihrer doppelten
Buchführung durch weltliche und geistliche Experten ohne weiteres
ummünzen lassen in Gnadenschritte zum eigenen Seelenheil.

Das Fleisch und Blut Christi aus der Eucharistie wird in harte Währung konvertiert, die Frömmigkeit kommerzialisiert. «Wegen der unendlichen Verdienste Christi» brauche man sich nicht zu sorgen, dass
der Schatz je abnehmen würde, zumal, so die streng logische Rechnung in dieser Verkündigung, «die Fülle der Verdienste um so mehr
anwächst, je mehr Menschen aus ihrem Empfang zur Gerechtigkeit
gelangen.» Die Summe der bereits erbrachten Buß- und Gebetsleis-
tungen bildet den Schatz der Verdienste, den, in abgestufter Rangfolge,
der Papst, die Kardinäle und die Bischöfe treuhänderisch verwalten.
Schier unerschöpflich wird der *thesaurus ecclesiae*, der Schatz, den die
Kirche und nur sie allein zu vergeben hat, und deshalb ist er auch nicht
genau bezifferbar. Was sich allerdings feststellen lässt (wenn auch sehr
unterschiedliche Berechnungen existieren), ist die Gebühr, die für
einen Ablass und damit einen Anteil am Kirchenschatz fällig wird.
Über die Belehn- und Beleihbarkeit dieses Schatzes, über den Zinsertrag, das Disagio, über mögliche Sonderkonditionen, Rabatte und
Boni entscheidet am besten der Papst. Die Kurie, der inzwischen der
Chef eines Bankhauses vorsteht, betrachtet den Kirchenschatz noch
zu Beginn der Reformation «wie ein überdimensionales Bankkon-
to (…), von dem bestimmte Summen in Gestalt von Ablassquanten

Der Handel mit dem Ablass drängt Martin Luther in die Öffentlichkeit. Der Bettelmönch kann sich nicht damit abfinden, dass die göttliche Gnade käuflich sein soll. Lucas Cranach zeigt die Geschäftigkeit 1521 auf einem Holzschnitt.

abgebucht werden», glaubt der Kirchenhistoriker Berndt Hamm. «Die Ablassbriefe sind dann mit jenen Wechselbriefen zu vergleichen, die seit dem 13. Jahrhundert als Instrumente des überregionalen und internationalen bargeldlosen Zahlungsverkehrs in Gebrauch kamen.»[3]

Martin Luther wird diese Konvertierung von Fleisch und Blut Christi in Ablässe und damit in die Münzen, die sein Namenspatron an die Armen im Geiste spendet, unmöglich machen. Er wird das ganze Rechnungswesen, dessen Umfang ihm nicht einmal ansatzweise bekannt ist, als er mit seiner Ablasskritik beginnt, mit seiner fünfzigsten These entlarven. Wenn der Papst über das Geldeintreiben der Ablassprediger Bescheid wüsste, erklärt Luther scheinnaiv, dann wäre es ihm gewiss lieber, «dass die Basilika des Heiligen Petrus in Schutt und Asche sinkt, als dass sie erbaut wird aus Haut, Fleisch und Knochen seiner Schafe». 1517 wusste Luther selbstverständlich wie jeder Gläubige, dass einem Geld den Weg in den Himmel bahnte. Noch aber gibt er dem Papst Kredit, ruft ihn sogar als oberste Instanz an und hofft auf sein Eingreifen. Als das ausbleibt, verweigert er der Kirche jede weitere Kollaboration. Weil er sich mit dem Ablasssystem nicht abfinden kann, entzieht er damit schließlich der Kirche die Geschäftsgrundlage.

Die Kirche hat bis zu diesem Zeitpunkt das Heil der Welt wie das des einzelnen Christen bestimmt, hat Höllenstrafen und Erlösungsmöglichkeiten erfunden und damit den Anschluss an die moderne Welt geschafft. Die Aquinas-Formel für das Zinsverbot – «iniustum, quia venditur id quod non est» – wurde zum Segen des Kirchenschatzes faktisch umgedreht: *iustum est venditur quod non est*, nein, es ist nicht ungerecht, etwas zu verkaufen, was es nicht gibt, im Gegenteil, gerade weil er nicht existiert, kann der Schatz verkauft werden, und zwar unendlich oft.

Das Fegefeuer hilft. Das Fegefeuer bewahrt einen vor der ewigen Verdammnis. Es ist besser als die Hölle, obwohl es auch dort Höllenstrafen zu erleiden gibt. Wer daraus entlassen wird – nach tausend, hunderttausend, nach Millionen Jahren –, darf ins Paradies einziehen. Aber das Seelenheil und die Befreiung von angedrohter Pein werden kostenpflichtig. 1254 bestimmte Papst Innozenz IV. diesen Ort und erläuterte, «in jenem vorübergehenden Feuer werden zwar Sünden getilgt, aber keine Todsünden, die noch nicht durch die Buße nachgelassen sind; getilgt werden nur die kleineren und minderen, von denen auch nach dem Tode etwas auf uns liegenbleibt, auch wenn sie im Leben nachgelassen worden sind.»[4] Wie viel Buße braucht es, um diese kleinen und minderen Sünden zu tilgen? Das Fegefeuer gewährt einen Aufschub, aber es kostet auch zunehmend mehr, sich daraus zu befreien. Das Wort *purgatorium* für diesen institutionellen Reinigungsort ist erst zu Anfang des 12. Jahrhunderts aufgekommen. «Qui in purgatorio sunt, expectant redemptionem»[5], hatte der Hl. Bernhard gelehrt, die im Fegefeuer erwarten die Erlösung. *Redemptio* bedeutet wörtlich Loskauf, denn genau so, mit Geld, wird die Erlösung geregelt. Seit 1476 besteht die Möglichkeit, auch bereits Verstorbene aus dem Fegefeuer zu holen. Diese scholastische Artistik bringt eine überraschende Wendung, in der sich das festgefügte mittelalterliche Weltbild freisprengt. Wer nämlich zu denken beginnt, dass sich das Seelenheil durch Geld retten lässt, erkennt damit noch etwas ganz anderes: dass der Mensch, das einzelne Wesen, einen je eigenen Wert hat, also etwas, für das es sich nicht nur zu zahlen lohnt, sondern das es auch zu bedenken gilt. Aber es ist immer noch die Zeit der Leibeigenschaft, und es ist und bleibt der Papst, der fast allein seligmachend über Lebende und Tote regiert und mit dem Versprechen der Befreiung die Versklavung des Christenmenschen vollendet.

Für den Historiker Jacques Le Goff begünstigt die Erfindung des Fegefeuers die Entstehung des Kapitalismus. «Die mittelalterlichen Kreditgeschäfte und die – allen drohenden Höllenqualen zum Trotz – geforderten und gezahlten ‹Wucherzinsen› haben Europas Aufstieg *und* seine Sozialleistungen, seine Gerechtigkeitsforderungen und deren Realisierungsbemühungen, finanziert. Die Welt lag offen vor seinen Unternehmern, die zwar die Teufel fürchteten und ihnen in jeder Hinsicht zu entkommen trachteten, die aber rechneten und kalkulierten, um auch die Wege zur Seligkeit zu finanzieren.»[6]

Rund um die geniale Erfindung des befristeten reinigenden Feuers, das Erleichterung vor der Angst der ewigen Verdammnis zu bringen vermag, bildet sich eine ganze Erlösungsindustrie, die gnadenlos mit dem Schrecken operiert. Das Fegefeuer erscheint auf Altarbildern und Wandmalereien, wird tausendfach verbreitet in Holzschnitten, es wird allgegenwärtig und so populär, dass es als Drohung eine Dauerpräsenz erlangt. Wie es den Sündern erging, was sie in der anderen Welt zu gewärtigen hatten, malten die Künstler, Hieronymus Bosch am lebhaftesten, um 1500 mit liebevoller Hingabe aus. Niemand aber hat dem Fegefeuer mehr Glanz verliehen als der Dichter Dante in der «Divina Commedia» von 1320. Angezweifelt wird es dennoch seit je.

Schon bald nach dieser lyrischen Feier der Jenseitswelt macht sich Giovanni Boccaccio über die ungreifbare Einrichtung lustig, ganz so, als brauche man die angekündigten Qualen gar nicht zu fürchten.[7] In seinem «Decamerone» flieht eine Florentiner Gesellschaft vor der Pest von 1348 aufs Land, wo man sich mit Erzählungen unterhält. Eine handelt von einem gaunerhaften Abt, «der in jeder Beziehung, den Umgang mit Weibern abgerechnet, ein sehr heiliger Mann genannt werden konnte»[8]. Dieser heilige Mann verliebt sich in die schöne Frau des schwerreichen, aber dummen Bauern Ferondo. Er sinnt auf eine List, wie er ihrer habhaft werden könne. Und so gibt er dem Ferondo ein Pulver, worauf der wie tot umfällt und seine Frau zur Witwe macht, und der Abt zu ihr eilen kann und bei ihr, «bis zum Morgen unter Scherz und Freuden verweilte»[9]. Ferondo aber wacht im Klosterverlies auf und wird von einem auswärtigen Mönch, den der Abt eingeweiht hat, jeden Tag mit Essen versorgt und regelmäßig für seine Sünden ausgepeitscht. Er befinde sich jetzt im Fegefeuer, macht ihm der Mönch vor, aber es bestehe Aussicht, dass er nach einer gewissen Zeit der Läuterung wieder lebendig werden könne. Ferondos Frau wird unterdessen von dem Abt schwanger, und so beschließen sie, ihren Mann wieder ins Leben zurückzuholen. Der dumme Bauer hört in seinem Verlies eine Stimme, die ihn ruft: «Ferondo, sei guten Mutes, Gott beliebt es, dich in die Welt zurückzuschicken. Wenn du wieder hingekommen bist, wird dir deine Frau einen Sohn gebären, den sollst du Benedikt nennen; denn Gott erzeigt dir diese Gnade

Die spätmittelalterliche Welt lebte in beständiger Erwartung des Weltuntergangs und des drohenden göttlichen Strafgerichts. Gemälde von Hieronymus Bosch.

um der Gebete des heiligen Abts und deiner Frau willen und aus Liebe zum heiligen Benedikt.»[10] Und wie durch ein Wunder ersteht er wieder von den Toten und kann allen, die es wissen wollen, «die schönsten Fabeln von der Welt über die Einrichtungen des Fegefeuers»[11] erzählen. Der Abt aber «bezeigte viel Verwunderung über diese Begebenheit, weswegen er denn in großer Demut das Miserere singen ließ»[12].

Diese Geschichte bedient nicht nur das Unterhaltungsbedürfnis einer nachhöfischen Gesellschaft, sondern kritisiert mit sicherem Gespür und Begeisterung fürs Detail den verkommenen Klerus, der sogar bereit ist, die Todesangst der ihm anvertrauten Schäflein zum eigenen Vorteil auszunutzen. Boccaccios Erzählung, wie überhaupt jede Kritik, kam aber offensichtlich nicht gegen die Attraktivität des ewig drohenden Fegefeuers an, sonst hätten die Ablasskampagnen mit Furcht und Zittern nicht noch hundertfünfzig Jahre später gewirkt. Noch in James Joyce' «Porträt des Künstlers als junger Mann» (1916) ist der mittelalterliche Horror gegenwärtig, wenn Pater Arnett den Schülern mit sadistischer Freude die Qualen der Hölle ausmalt: «Immer in der Hölle sein, nimmer im Himmel; immer von der Gegenwart Gottes abgetrennt sein, nimmer in den Genuß der seligmachenden Schau kommen; immer von Flammen gefressen, vom Gewürm zernagt, von brennenden Dornen gestochen werden, nimmer frei sein von diesen Schmerzen; immer vom Gewissen zur Rede gestellt, von der Erinnerung zur Raserei gebracht werden, Finsternis und Verzweiflung im Geist, nimmer entrinnen ...»[13]

Die Kirche ließ sich allerdings nicht lumpen, es wurde mit allen Mitteln gearbeitet, und Seelsorge gehörte auch dazu. Des Menschen Leben schien in dieser Lehre von vornherein bestimmt für die Strafen im Jenseits. Es ging nur darum, die erwarteten Qualen zu lindern. In diesem durchrationalisierten Kosmos, in dem mit Schuld und Strafe, mit Buße und Vergebung, mit Geschäft und Angst gerechnet wurde wie in einem lombardischen Kontor, ließ sich das Ablasswesen auch als Dienst am Kirchenvolk verstehen, folgte es doch einem Amtsverständnis, das Seelsorge und *caritas* einschloss. Was hilft, hat seine Berechtigung. Wenn die Furcht vor dem Kommenden so groß ist, ist jedes Mittel recht.

Der Papst mochte die Angst vor der Hölle über seine Gesandten schüren, durch Bullen, Verkündungen, Dogmen, Konzilsbeschlüsse in alle Welt verbreiten und sie den Eingeborenen in den neuentdeckten Ländern auch noch einprügeln lassen, er mochte der übelste Geldeintreiber im christlichen Abendland sein – doch er fürchtete sich selber nicht weniger vor dem Ende als der Augustinermönch Luther, der fastete und betete und in einer Ecke lag und um einen gnädigen Gott winselte.

Weil die Strafe, die für die begangenen Sünden fällig wird, möglicherweise bis zum Lebensende nicht mehr abzuleisten ist, muss eine Regelung gefunden werden, die das Konto ausgleicht. An dieser Verdiesseitigung der religiösen Praxis stört sich Luther. Wie weit sie zumindest metaphorisch und als Zugeständnis an die moderne Welt bereits ins liturgische Alltagsgeschäft eingedrungen ist, kann er aus nächster Nähe erleben. 1517 in der Fastenzeit, ein halbes Jahr bevor Luther seine Thesen zum Ablass bekannt macht, predigt sein Lehrmeister Johann von Staupitz in der Nürnberger Augustinerkirche, der Christ solle den himmlischen Lohn durch seine Anteilnahme am Leiden Christi mehren – «dem gleich, der sein gelt in ainen handel legt, domit es ime dester statlicher gewinnung mitpring»[14], die Investition, verspricht der Prediger, werde sich ganz gewiss auszahlen, denn der himmlische Schatz ist nach dem Muster des irdischen Kapitaleinsatzes zu vermehren. Melchior von Meckau, der Bischof von Brixen, hat dieses Anlageprinzip nur zu wörtlich verstanden, als er dem Fugger das viele Geld lieh, und merkwürdigerweise nicht begreifen wollen, dass er sich um den himmlischen Lohn hätte sorgen sollen.

So praktisch das Fegefeuer als Erleichterung vom Sündendruck auch gedacht war – der Himmel, das Jenseits, die Ewigkeit, aber auch die Hölle sind so abstrakt, dass sie nur durch Metaphern aus dem Diesseits anschaulich werden. Und benannt werden müssen sie doch, wenn die Angst gebannt werden soll. Die Vorstellungskraft greift auf das zurück, womit der Mensch sich auskennt. Wie Kaufleute befänden wir uns in dieser Welt auf einer Pilgerschaft, schreibt der Propst von St. Lorenz 1501 an Caritas Pirckheimer, nachdem ihr Vater gestorben ist, damit wir mit hiesigen Gütern ewigen Gewinn mit reichen Zinsen erlangen.[15]

Berndt Hamm sieht darin eine «merkantile Logik», bei der «Gott Züge eines berechnenden, zählenden und wägenden Kaufmanns, Buchhalters oder Bankdirektors gewinnt». Die Beziehung zwischen Gott und den Menschen würde wie in einem Tauschhandel geregelt, «nach Art eines Waren- oder Geldtransfers vom Diesseits ins Jenseits»[16]. Nirgends wird diese merkantile Logik sinnfälliger als in der

1512 anonym erschienenen Schrift mit dem Titel «Von dem kremer Cristi was er guttes zuuorkauffen hat» («Gedruckt zü Nürnberg durch Adam Büchdrucker»). Ein armer Krämer begegnet einem reichen, bei dem es sich, o Wunder, um Jesus handelt. «So bin ich ein reicher kremer vnnd trag einen grossen kauffmanschatz den will ich wolfeyl geben vnnd wil auch lange zeit borgen»[17]; er ist bereit, seinen Schatz für ein geringes Entgelt zu veräußern und einen langfristigen Kredit zu gewähren.

Verglichen mit dem wuchernden und betrügenden Kaufmann des Mittelalters[18] ist Christus ein ehrlicher, wiewohl kaum erfolgreicher Kaufmann, wenn er seine Gaben so großzügig verteilt und darauf verzichtet, die anderen zu übervorteilen. «Cristus sprach ich trag syben edelschetze, die kummen von dem auffgang der sunnen. Es findet auch niemant besser schetze byß gen dem niedergang der sunnen, vnd sie syndt vber alles silber vnd golt, und sie bringen gewinn on allen verlust vnd bringen reichtumb on arbait.»[19] Gewinn ohne Kursrisiko und Reichtum ohne Arbeit muss der Traum des beständigen Müßiggangs sein, der sich aber, wie könnte es anders sein, erst im nächsten Leben erfüllen wird. Das Traktat endet mit einer Art Fürbitte, dass auch die Leser «mit der reichen gnade gottes in dem ebigen [ewigen] leben»[20] anlangen möchten.

Es geht um die Gnade und vor allem darum, wie sie zu erlangen sei. Im Frühkapitalismus soll helfen, was längst allen hilft: das Geld. In der Heiligen Schrift wird der Finanzverkehr noch entschieden abgelehnt. Im Johannes-Evangelium vertreibt Jesus die Geldwechsler und Händler mitsamt ihren Tauben aus dem Tempel, und der Übersetzer Martin Luther lässt den Satz Joh 2,16 in Versalien drucken: «vnd machet nicht meines Vaters Haus zum Kauffhause.»[21] Das ist aber schon im Jahr 1517 so weltfremd, wie es nur ein Prediger am Rande der Zivilisation sein kann, durch die Klostermauern geschützt vor allem, was draußen vor sich geht. Die Kirche hat sich veräußerlicht, um ihren allmächtigen Anspruch aufrechtzuerhalten; sie ist längst ganz von dieser Welt. Früher als die Ritter und Kaiser hat sie begriffen, worauf es ankommt, und orientiert sich deshalb an den *homines novi*, den Kaufleuten. In den Gleichnissen Christi traten Bauern und Hirten auf, er selber war ein Zimmermannssohn, Fischer oder allenfalls Zöllner seine Jünger. Dieses Personal verwandelt sich in der Vorreformation in die modernste und erfolgreichste Form des Bürgers, in den Kaufmann. Die Kurie macht bereits Geschäfte mit ihm, und so wird es möglich, dass auch Kaufleute und Bankiers heiliggesprochen werden. Wenn der Kardinalspurpur käuflich wird, warum dann nicht auch eine Kanonisierung? Der Kaiser verleiht Titel und belehnt mit Gütern und Ländern oder wie im Fall der Fugger mit der Erhöhung in den erblichen Adelsstand, der Papst drückt seine Anerkennung für geleistete Dienste durch die Erhebung zur Ehre der Altäre aus.

Damit ist genau das eingetreten, was Jesus beklagt hat und Luther in seinem messianischen Denken befürchtet: Längst ist aus der ganzen Kirche ein Kaufhaus geworden. Fromm ist tatsächlich das Geldverdienen, es ist sogar ein gutes Werk, vorausgesetzt, der Gewinn wird regelmäßig abgeschöpft und durch Almosen, Spenden und milde Gaben entsühnt. Für Luther sind zuweilen sogar die Türken bessere Christen, weil sie nicht dem Aberglauben anhängen, dass sich durch gute Werke und die Sakramente die Seligkeit oder auch nur die Gnade Gottes erkaufen ließe: «Kurtzumb, wer durch werck und geystlich stand will frum und selig werden, der tritt vom glawben, und fellt vom hymell», wer meint, durch den geistlichen Stand fromm und selig zu werden, der verlässt den Glauben und fällt aus dem Himmel, denn, so Luther buchstabengläubig wie nur je ein Bibelforscher, «alleyn Christus blutt muß uns frum und selig machen.»[22] Die revolutionäre Wirkung des Bettelmönchs Martinus kommt nicht aus der Vision einer anderen Zukunft. Es ist der Blick in die Vergangenheit, die rückwärtsgewandte Botschaft, mit der Martinus Luther zum Revolutionär in seiner durchökonomisierten Glaubenswelt wird.

Der *wûcher* mag ein Problem für Luther sein, und er ist sicherlich ein Hauptgrund für den Antijudaismus, der seine letzten Jahre tränkt und verdirbt, für die christlichen Kaufleute aber liefert er die Existenzgrundlage. Der Augsburger Humanist Konrad Peutinger notiert sich frohgemut «Lucri bonus odor», Geld ist gut, und kann darauf vertrauen, dass die anderen verstehen, wie der lateinische Sinnspruch weitergeht – «ex qualibet re», ganz gleich, wo es herkommt. In seiner eigenen Version heißt das: «Nichts ist was den menschen weniger mied macht als der gewin»[23], Gewinn macht lebendig.

Nicht nur der stets bedürftige Staat, auch die moderne, die verweltlichte Kirche liebt die reichen Untertanen. Wird nicht ein Teil abgeführt für gute Werke, für Stiftungen, Kanonikate, Altäre oder für den Bau der Peterskirche? Wie kann Geld böse sein? Die Kirche braucht die Wohlhabenden, denn wer sonst könnte für die Finanzierung der römischen Bauwut sorgen, für die päpstlichen Kriege um Italien, vom laufenden Betrieb ganz zu schweigen? Das 15. Jahrhundert wetteifert mit Patronaten und Messstiftungen, die Künste blühen auf, die Maler und Bildhauer leben davon. Die Stiftungen geschehen nicht nur aus schlechtem Gewissen, das Umrechnen der weltlichen Währung in die christliche wird selbstverständlich. Geld ist deshalb zur üblichen Verständigungsform zwischen Gott und dem Christen geworden. Gott ist eine Art Rückversicherung; wer im Bewusstsein der eigenen Schuld wirtschaftet, kann darauf bauen, dass er diese Schuld durch das erwirtschaftete Kapital noch rechtzeitig und durch Vorsorge für das Leben nach dem Tod abbüßen kann.

Bei aller Frömmigkeit wird die Religion also nach ihrem Nutzen befragt. Man will etwas von ihr haben, erst recht von den Heiligen. Sie werden als Nothelfer angerufen, eine Vielzahl von Spezialgottheiten mit einem Betreuungskatalog, der von Zahnschmerzen (die Hl. Barbara) bis zum Verlust eines Schlüssels (einer der Hl. Antonien) reicht. Stiftungen – seien es Altäre, Tafelbilder, ganze Kapellen oder Spitäler – sind Einzahlungen in eine Kasse, aus der am Ende der Laufzeit überirdische Belohnung ausbezahlt wird. Die Religionsausübung verändert sich: Der Glaube muss unbedingt sichtbar werden. Die Mystiker mit ihren Privatandachten taugen dazu nicht und werden zurückgedrängt. Man schließt sich der großen, der sichtbaren Kirche an; die Teilnahme an der ostentativen Religionsausübung bietet die Möglichkeit, sich zu präsentieren und auch zu vergleichen. Nicht zuletzt auf der Suche nach Prestige hatten sich die Kaufleute, fromm und jenseitsfürchtig, wie sie trotz allem waren, gleichzeitig zu den größten Spendern entwickelt. Ihr Geld erlaubte der Kirche eine Prachtentfaltung, an der sich die in der Ständegesellschaft aufsteigenden Kaufleute ein Beispiel nahmen. Der Glaube, aber auch das Stiften und Spenden werden permanent als gutes Geschäft angepriesen und verstanden, eines, das den Büßer begünstigt, weil er dabei die unendlich viel größere Gnade Gottes erwerben kann. Dabei gilt im Jenseits nicht anders als im Diesseits, was Peutinger in einem Gutachten geschrieben hatte: «Inaequalitas haec semper fuit, ut ex mercatoribus unus cito, alter tarde vendat, unus pecuniis eget, alter non»[24], schon immer habe Ungleichheit bestanden, so wie der eine Kaufmann schneller verkauft und der andere langsamer. Dem einen fehlt es an Geld, der andere hat es, und wer hat, der kann geben und macht damit dennoch ein gutes Geschäft.

So konnte der Ablass Seligkeit erwirken, besser als jedes Gebet. Papst, Bischof oder Kardinal gaben es einem schließlich schriftlich. Der Ablass als Erlösungsangebot sorgt sogar für eine gewisse Gleichheit, weil er für fast jeden erschwinglich ist: Ein Beichtbrief sollte nicht mehr als einen Drittelgulden kosten, der Ablass nicht mehr als den Lebensunterhalt für eine Woche.

Der Ablass war zunächst eine politische Belohnung und galt den Kreuzfahrern; sie konnten, da sie ihr Leben aufs Spiel setzten, um das Heilige Land von den Heiden zurückzuerobern, den vollkommenen Ablass erwerben. Nachdem die Kreuzfahrer von den Muslimen wieder vertrieben worden waren und 1291 auch die Festung Akkon verloren war, wird er all jenen gewährt, die statt nach Jerusalem nach Rom pilgern und dort die Hauptkirchen besuchen. Luther folgt dieser Praxis bei seinem Aufenthalt 1511. Doch erst als sich der Geldhandel als solider und vor allem ernstzunehmender Erwerbszweig zu etablieren beginnt, zeigt das Geschäft mit dem Ablass seinen vollen Nutzen: Was gezählt werden konnte, wurde gezählt. Dazu fand sich reichlich Gelegenheit. Die Ablässe waren an besonderen Tagen (Marien-, Kreuzes-, Namensfeste) zu erwerben, und bald bedurfte es nicht einmal mehr der Wallfahrt nach Rom. Ein Ablass war auch zu erreichen durch die Betrachtung (und den vorangegangenen Kauf) eines Bildes, das beispielsweise die Marienikone aus Santa Maria del Popolo zeigte, die ursprünglich der Hl. Lukas gemalt haben soll, und zwar mit der echten Maria als Modell. Bei einem derart authentischen Kunstwerk konnte Papst Sixtus IV. einen Ablass von elftausend Jahren gewähren. Es lohnte sich vor allem für ihn selber, denn die Kurie berechnet jedes Mal Gebühren, wenn einem Antrag auf Ablassgewährung stattgegeben wird. Ein Verzeichnis aus dem Jahr 1364 weiß, dass man beim Hinaufsteigen einer Treppe in der alten Peterskirche pro Stufe sieben Jahre Ablass erwerben konnte. Für die Betrachtung des Schweißtuchs der Veronika gab es sogar zwölftausend Jahre Nachlass, vorausgesetzt, der Pilger hat die Mühen nicht gescheut, zur Anschauung des Textils den Weg über die Alpen zu nehmen; Italiener mussten sich mit weniger bescheiden.[25] Jeden Freitag und jeden Feiertag wurde das Tuch in der Peterskirche gezeigt. «Wie wer von fernher, etwa von Kroatien, / Gekommen die Veronica zu sehn», schwärmt Dante in der «Divina Commedia», «sich ob des alten Ruhmes nimmer satt sieht, / Und während sie gezeigt wird, bei sich sagt: / Mein Heiland, Jesus Christus, wahrer Gott, / So war dein Antlitz also denn gestaltet?»[26] *Or fu sì fatta la sembianza vostra?* Diese Pilgerfrage nach den wahren Gesichtszügen Jesu stellte sich nicht, weil es Zweifel gegeben hätte, sondern weil die Sehnsucht, dem Erlöser näher zu sein, so viel größer war als jede Skepsis angesichts des Geschäftsgebarens. Es gab allerdings ein bemerkenswertes Angebot an Schweißtüchern, mit denen der leidende, der sterbende und der wiederauferstandene Christus sich Linderung verschafft haben soll, ehe er endlich in den Himmel auffuhr – ohne sonst, soweit man weiß, eine materielle Spur seines irdischen Wandelns zu hinterlassen. So kostbar ist diese Reliquie, dass

Der Kupferstich von Albrecht Dürer (1513) zeigt das Schweißtuch der Veronika, die heiligste Reliquie der Christenheit, in der sich angeblich das wahre Abbild des Erlösers bewahrt hat.

sich von ihr aus das Bild Christi als *vera icon*, als wahres Bild (daher der Name der im Neuen Testament nirgends erwähnten Veronika) seit dem 13. Jahrhundert in seiner ganzen schmerzerfüllten Dringlichkeit in Europa ausbreitet.

Seit Ende des 14. Jahrhunderts wurde der Ablass exportiert. Zunächst durfte er nur auf vierzig Tage ausgestellt werden, aber die konnten im Falle eines Sammelablasses mit der Zahl der ausstellenden Kardinäle multipliziert werden. Kardinäle können hundert Tage gewähren, Bischöfe vierzig. Bald wurden Jahre, Jahrzehnte daraus, was auch nötig war, denn wundersamerweise verlängerten sich gleichzeitig die möglichen zeitlichen Sündenstrafen. Nicht jeder konnte sich auf den Weg nach Rom machen, schon deshalb entstanden überall in Europa neue Wallfahrtsorte. Man konnte diese aufsuchen oder sich den Ablass bei einem Hausbesuch ausstellen lassen. Einer dieser Wallfahrtsorte war das Welfesholz in der Grafschaft Mansfeld, nur vierzehn Kilometer von Luthers Geburtshaus entfernt. Noch 1516, im Jahr, ehe Luther seine Thesen gegen den Ablass an Albrecht von Brandenburg schickte, erhöhte dieser als zuständiger Bischof den Welfesholzer Ablass und rabattierte die zu erwartenden Strafen um hundertvierzig Tage.[27]

1398 war auf die alte Kapelle in Wittenberg ein Ablass zum Allerheiligenfest ausgestellt worden.[28] Den Nachfolgebau, die Wittenberger Schlosskirche, weihte 1503 der Kardinal und Ablassprediger Raimund Peraudi ein und versah sie mit einem großzügigen Ablass, bei dem die für einen Kardinal üblichen hundert Tage mit der Zahl der Reliquien multipliziert werden konnte.[29]

Während Friedrich der Weise Peraudi ausdrücklich um den Segen und den Ablass bat, konnte Friedrichs Vetter Georg von Sachsen, der sich zum erbitterten Reformationsgegner entwickeln sollte, den Peraudi nicht ausstehen. Beide wiederum hatten sich der Bedrohung durch den Petersablass zu erwehren, den ihr geistlicher Konkurrent Albrecht von Brandenburg acht Jahre lang verkünden lassen durfte, während gleichzeitig alle anderen Ablässe außer Kraft gesetzt wurden.

Martin Luther, der nicht ahnen konnte, wie grundkatholisch einmal alles verehrt werden würde, was von seinem eigenen irdischen Dasein übrig blieb, konnte über den Reliquienkult nur spotten. Als der Bischof Albrecht 1542 Halle aufgeben und nach Mainz umziehen muss, triumphiert Luther über die «Braut zu Mainz» und schickt ihr eine «New zeitung vom Rein» hinterher, in der er bekannt macht, dass künftig am Sonntag nach Bartholomäus Albrechts gesammelte Reliquien «mit grosser solemnitet geehret sollen werden, mit verkündigung, was ein jglichs ist, Mit grosser vergebung vieler Sünde»[30]. Unter den Reliquien befänden sich nicht nur ein Stück von einem Horn des Moses, drei Flammen vom brennenden Dornbusch, zwei Federn und ein Ei vom Heiligen Geist, ein halber Flügel vom Erzengel Gabriel, sondern auch (wer hat das schon?) «ein gros schwer stück vom geschrey der kinder Israel, da mit sie die Mauren Jericho nidder worffen»[31], doch schließlich gebe es in Rom im ablassfinanzierten Petersdom auch den Strick zu bestaunen, mit dem sich Judas aufgehängt hat.

Gleichzeitig geriet das Ablassgeschäft, schon lange bevor Luther in Rom die Scala Santa hinaufbetete, in heftigste Kritik aus einer ganz anderen Richtung, nämlich aus Sorge nicht um das Ansehen der Kirche, sondern um das Geld. Vor allem in Deutschland wurden die Prediger lästig, weil Vermögen aus dem Land abfloss. Reliquien, die an Ort und Stelle zu verehren waren, vermochten diesen allgemein beklagten Missstand erträglicher zu machen. Unerfreulich blieb aber, dass um die Pilger und ihre Spendenbereitschaft gekämpft wurde. Auch Ablässe unterlagen der Mode. Wer Pilger wollte, musste ihnen etwas bieten.

Die Gegenwart des Heiligen war dafür unerlässlich, und zum Glück hatte fast jeder Heilige etwas von seinem Erdenwallen zurückgelassen. Diese Reliquien mussten das nicht wiederzuerobernde Heilige Land ersetzen und darüber hinwegtrösten, dass die Wiederkehr Christi auf sich warten ließ. Die vor allem über Venedig nach West- und Mitteleuropa verschifften Überreste der Heiligen gewährten den frommen Christen eine unmittelbare Nähe zum unerreichbaren Gott. Findige Händler verstanden sich darauf, den wachsenden Markt zu bedienen, indem sie die angeblichen Heiligen in unendlich kleine Stücke zerlegten. Umso wertvoller waren Ganzkörperreliquien: Albrecht wollte in Gesellschaft zweier vergoldeter Silbersärge bestattet werden, in denen sich die Reliquien von zwei Jungfrauen aus dem Gefolge der Hl. Ursula befanden[32] – bei den elftausend, die mit ihr der Legende nach in den Tod gingen, immerhin nicht ganz unmöglich. Albrecht umgab sich buchstäblich mit Heiligen, weil er mit ihnen zusammen erweckt werden wollte, um auf diese Weise, seiner Sünden wohl eingedenk, der Gnade der Errettung teilhaftig zu werden. Zwar würde er am Jüngsten Tag immer noch als Sünder aufwachen, doch die Aura der unmittelbar benachbarten Heiligen würde seine eigenen Makel leicht überstrahlen und ihn hinanziehen.

Zu seiner Zeit hat kaum jemand sein Seelenheil so gründlich mit Reliquien abgesichert wie Albrecht von Brandenburg.[33] Er hatte in seinem Bischofssitz Halle bereits eine bedeutende Sammlung geerbt und baute sie systematisch aus, sodass er schließlich auf mehr als 28 756 Partikel sowie neunundvierzig Heiligenganzkörper kam, die zusammengenommen einem Gegenwert von 39 245 120 Jahren und zweihundertzwanzig Tagen Fegefeuer beziehungsweise der Erlösung davon entsprachen.[34] Die Reliquien wurden in Gruppen aufgeteilt – nach heiligen Jungfrauen, heiligen Witwen, Märtyrern, Kirchenfürsten –, die in verschiedenen Gängen angeordnet waren. Die Knochen, Kreuzpartikel, Stoffreste, Bluts- und Schweißtropfen waren kostbar gefasst, Höhepunkt der zeitgenössischen Gold- und Silberschmiedekunst, denn die irdische Pracht verwies geradewegs auf die himmlische, der man nachstrebte.

Die erste «Weisung» oder Schaustellung des gesammelten Schatzes kam erst 1520 im Hallenser Dom zustande, die nächste, im Jahr darauf, war bereits die letzte. Dabei hatte Albrecht so sehr darauf gehofft, mit der «Weisung» Geld einzunehmen, das er dringend brauchte, um noch mehr Reliquien kaufen und sie noch kostbarer präsentieren zu können. Nicht nur die Kurie in Rom war zu einem weltumspannenden Wirtschaftsunternehmen herangewachsen, der Handel mit dem Ablass und den Reliquien erlaubte es auch einzelnen geistlichen Fürstlichkeiten, ins klerikale Unternehmertum einzusteigen.

Solche Sammlungen, wenn auch kleinere, entstanden an vielen Orten. Pilger kamen, die Reliquien zu beschauen, zu beten und einen Ablass zu erwerben. Von der Pilgerreise konnten sie geweihte Andenken mitbringen, kleine Holzschnitte, die von der Heiligen Lanze durchbohrt waren, oder konvexe Spiegel, in denen die Heiligtümer wenigstens vorübergehend einzufangen waren.[35]

Die bedeutendste Sammlung, vielleicht nicht nach Fegefeuermillionenjahren, aber nach dem Seltenheitswert, besaß Friedrich der Weise, Luthers Landesfürst und auch der lebenslange Beschützer des Rebellen. Natürlich konkurrierte er dabei mit Albrecht. Im Jahr 1493 hatte der junge Friedrich eine Wallfahrt ins Heilige Land unternommen und von dort eine noch kleine Reliquiensammlung mitgebracht, die er beständig vermehrte. Jedes Jahr ließ er sie zusammen mit den jüngsten Erwerbungen in der Schlosskirche ausstellen. Einer der frühesten Aufträge an den Hofmaler Lucas Cranach ging dahin, ein illustriertes Verzeichnis dieser «Heiltümer» anzufertigen. Im ersten Verzeichnis von 1509 verfügte Friedrich bereits über fünftausendfünf Stück, doch wie beim geistlichen Konkurrenten zu Magdeburg, Halberstadt und Mainz, dem gottseligen Albrecht, war die fromme Gier unersättlich. Seit der Bischof in Halle installiert war, wuchs auch Friedrichs Sammlung sprunghaft – innerhalb von sechs Jahren hatte der Kurfürst sie beinah vervierfacht.[36]

So brachte es Friedrich bis 1521 auf fast zwanzigtausend Partikel, die in Reliquiaren, in kostbaren Kelchen, Gläsern, Kästchen, Hörnern, nachgeformten Armen oder Halbfiguren verwahrt wurden. Heiltumsbücher, die die kostbaren Stücke zeigten und deren heiligen Inhalt beschrieben, waren als Kataloge ebenso begehrt wie metallene Pilgerzeichen. Der Hallenser Katalog bot im Unterschied zur Arbeit aus der Cranach-Werkstatt einen Kupferstich, den Albrecht Dürer vom Eigentümer Albrecht von Brandenburg angefertigt hatte.

Luthers Kurfürst sah keinen Grund, am pararreligiösen Treiben seiner Zeit zu zweifeln, selbst wenn es unter dem Einfluss des ansonsten weidlich kritisierten Papstes geschah; vielmehr schickte er noch in den ersten Luther-Jahren einen Aufkäufer nach Venedig, um sich weitere allerheiligste Knöchelchen und Sächelchen zu beschaffen und seine Sammlung immer frommer und wertvoller zu machen. Noch 1519, zwei Jahre nach der Veröffentlichung der Thesen wider den Ablass, erwarb Friedrich dreihunderteinundsechzig neue Reliquien. Der kostbarste Schatz war ein blutbenetzter Dorn aus der angeblich vom Hl. Ludwig gefundenen Leidenskrone des Herrn, der, wie auf der Rückseite der dazugehörigen Zeichnung notiert war, «durchdrungen hat sein heiligs gehirne»[37]. Der blutige Dorn war in eine Monstranz gefasst, die eine Figurine des Hl. Ludwig in der linken Handfläche hielt.

Etliche Jahre nach Friedrich sollte auch Albrecht seinen echten
Dorn aus der echten Krone des Herrn erhalten. Der inzwischen pro-
testantisch gewordene Landgraf Philipp der Großmütige hatte keine
Verwendung mehr für das gute Stück und schenkte es dem frommen
Sammler, nicht jedoch ohne ihn zu ermahnen, keine Abgötterei damit
zu treiben.[38]

Die besten Stücke aus Friedrichs Sammlung waren, zuletzt ohne
Ablassangebot, bis 1523 auf einundvierzig Altären der Schlosskirche
zu sehen, an deren Tür der Legende nach Luthers Thesen angeschlagen wurden. Aber der Ablass bot nun einmal die größte Attraktion
in der kleinen Residenzstadt. Friedrich investierte in die Ausstattung
seiner Stadt, er gründete eine eigene Universität, er holte die bekanntesten Gelehrten, er hoffte, alles zu verbessern, doch nichts war ihm
lieber als seine Allerheiligenstiftung. Der Historiker Stefan Laube
nennt das einen «heilsgeschichtlichen Landespatriotismus»[39]. Dafür
betrieb Friedrich Handel quer durch Europa, tauschte ein Hirschge-
weih und eine Bärenhaut gegen ein Stück des Kreuzes von Rhodos
und einen Stoffrest vom ungenähten Rock Jesu Christi, der eigentlich
als Ganzes in Trier aufgebahrt wurde.[40] Zum Daumen der von ihm
besonders verehrten Anna erstand er ein edles Stück von der Haut,
die dem Hl. Bartholomäus abgezogen worden war, dazu das Messer,
mit dem die grausame Tat vollbracht wurde.[41] Die Buchdrucker profitierten ebenfalls vom Ablasswesen, denn mit bereits vorgedruckten
Ablässen war das Sühneverfahren zu vereinfachen und zu beschleu-
nigen. Der Hof ließ seinerseits Einblattdrucke ins Land gehen, wenn
der Papst die auf jede einzelne Reliquie entfallende Gnade gnädig
erhöht hatte.

Am zweiten Sonntag nach Ostern konnten die Gläubigen die
Schätze bestaunen. Ein Heiltumsschreier hielt die Reliquien in die
Höhe, wies sie den Andächtigen, erklärte, was es mit den kostbaren
Überresten auf sich hatte und wie hoch der jeweils auf sie bezogene
Ablass lautete. Ekstatische Szenen werden sich abgespielt haben, wie
schon im 15. Jahrhundert, wo die Menschen in lautes Schreien und

Weinen ausgebrochen waren, wenn sie beispielsweise der Heiligen Lanze ansichtig wurden, die in Nürnberg aufbewahrt wurde, jene Waffe, mit der dem toten Christus der Leib geöffnet wurde und in der angeblich Partikel eines der Nägel eingearbeitet waren, mit denen Jesus ans Kreuz geschlagen wurde.

Friedrich der Weise erbat sich nicht nur Ablässe für seine Reliquiensammlung, sondern auch für den Bau der Elbbrücke in Torgau, wendete also ebenfalls die in Rom so beliebte zivile Finanzierungsmethode an – eine frühe Form des *crowd funding.* Innozenz VIII. kam dem Gesuch nach, indem er 1490 einen sogenannten «Butterbrief» ausstellte, der die Käufer vom strengsten Fasten, nämlich dem Verzicht auf Butter- und Milchspeisen, freistellte, wenn sie für das reuefreie Weiterspeisen das Zwanzigstel eines Rheinischen Guldens opferten.[42] Die Verlängerung des Ablasses für die Torgauer Elbbrücke, 1512 vom Papst unterzeichnet, kostete Friedrich die Kleinigkeit von achthundert Gulden. Unter den Fürsten und zwischen den Städten kam es dabei manchmal zu einer wüsten Konkurrenz um die Erträge aus den verschiedenen Ablässen. Wenn der Papst einen neuen Ablass anbot, der höher ausgestattet war als der lokale, konnten die Bauarbeiten an einer Brücke leicht ins Stocken geraten, weil die Spendenfreude der Gläubigen irgendwann doch nachließ.

Georg der Bärtige, Herzog von Sachsen, versuchte einen Ablass für seine Gründung der Stadt Annaberg zu erwirken. 1517 erhält er die Bulle vom Papst, die es ihm erlaubt, dort eine Kirche zu errichten. Im Jahr darauf schließt er einen Vertrag mit den Fuggern, die ein Drittel des Erlöses aus dem Ablass nach Rom weiterleiten. Die Angst vor dem unsicheren Jenseits, der ständige Hinweis auf die eigene angeborene Sündhaftigkeit und das Talent der Buß- und Wanderprediger, den mit der grausamen weltlichen Gerichtsbarkeit vertrauten Gläubigen die noch ungleich grausameren Qualen auszumalen, die sie nach dem Tod erwarteten, brachten so viel Geld in die Kirchen- und Staatskassen, dass um die Wende von 1500 nicht nur in Rom, sondern auch in Deutschland unermüdlich gebaut werden konnte. Gleichzeitig ent-

Der fromme Kurfürst Friedrich der Weise besaß eine der größten Reliquien-sammlungen seiner Zeit. Lucas Cranach zeigt ihn in Anbetung des Hl. Bartholomäus, dem die Haut abgezogen wurde.

stand – zum Leidwesen der Obrigkeiten – im ewigen Bedenken der Endlichkeit des Lebens ein Bewusstsein der eigenen Person.

Trotz all der Todesangst konnte es bei der Vergabe des Ablasses auch heiter zugehen: Als der päpstliche Legat Bernardino Carvajal an Weihnachten 1507 die Fugger-Gesellschaft besuchte, konnten die Teilnehmer seiner im Dom abgehaltenen Messfeier einen Ablass erwerben. Anschließend wurde bei Fuggers gegessen und sogar getanzt, und großzügig und gut aufgelegt, wie er war, gewährte der Kardinal den Tänzern, wenn sie denn bereuten und beichteten, an Ort und Stelle «Gnade und Ablaß für Schuld und Pein»[43]. Es war überhaupt ein Festtag: Auch der Bischof von Brixen kam zu Besuch und deponierte weitere fünfundzwanzigtausend Gulden im Bankhaus Fugger. Diese wurden dringend benötigt, denn der Kaiser hatte sich wieder Geld geliehen, einhunderttausend Gulden waren es diesmal. Wie selbst Machiavelli erfuhr, war es Papst Julius, der den Geldsegen erteilte.[44] Immer wieder benötigte Maximilian frisches Geld, aber er konnte auch auf die Gefahr verweisen, die von den Türken drohte.

Im Kapitalverkehr versierte Handelshäuser wie das der Fugger erarbeiteten sich ihre Marktstellung auch im Weinberg des Herrn; sie besorgten den Transfer der Einnahmen nach Rom selbstverständlich nur gegen eine Schutzgebühr, also eine Art Umsatzsteuer. Überhaupt machte der Ablass eine flächendeckende Logistik mit Predigern, Eintreibern und Seelsorgern erforderlich. Die einen übernahmen das Beichthören, die anderen stellten Beicht- oder Butterbriefe aus, und die Dritten mussten genau Buch führen über die Einnahmen. 1517 arbeiten zweitausend Männer für die Buchhaltung des Heiligen Geistes in der Kurie. Der enstandene Geldverkehr bedeutete Planung, vorausschauendes Denken, Abstraktion, mit anderen Worten: intellektuelles Leben, wenn auch ganz pragmatisch, rein am Nutzen orientiert.

Die Türkengefahr hatte die Dringlichkeit jeder Ablasspredigt bestätigt. 1453 hatten die Türken Konstantinopel erobert. Nachdem die Mohammedaner das Heilige Land besetzt hielten und es unmöglich war, dorthin zurückzukehren, drohte jetzt auch dem Westen die Eroberung. 1492 waren die Mauren aus Spanien vertrieben worden, doch durch die Türken geriet das abendländische Reich Christi erneut in Gefahr. Der Antichrist war bereits bis in die Ungarische Ebene vorgedrungen. Das Ende aller Tage war wieder einmal nahe. Obwohl es an Kritik nicht fehlte, hatte sich der Ablass damit endgültig gerechtfertigt und als Trost- und Geschäftsmodell bewährt.

Luther kündigt dieses bestens eingeführte Kreditverhältnis mit dem Jenseits einseitig. Er verjagt die Händler und Wechsler aus dem Haus des Herrn, ergibt sich aber anders als Christus nicht dem vorbestimmten Opfertod, sondern errichtet als neuer Messias ein weltliches Reich Gottes. Statt eines ökonomischen Verhältnisses will Luther im Einklang mit der Tradition der Offenbarung ein chemisches, er will, «das Christus vnd die seel, eyn leyb werden». Christus soll sich mit der Seele wie mit einer Braut vermählen können. Es soll eine mystische Hochzeit sein, auch das ein Handel, aber ein heiliger, ein *sacrum commercium*. «ßo hatt Christus alle gutter vnnd seligkeit, die sein der seelen eygen. ßo hatt die seel alle vntugent vnnd sund auff yhr, die werden Christi eygen», die Seligkeit Gottes geht auf die Seele über, während Christus alle Untugend und alle Sünden auf sich nimmt. Luther nennt es einen «frolich wechßel vnd streytt»[45], der aber gelingt, ohne dass bei diesem Tausch der Einsatz von Geld erforderlich wäre. Es braucht nur den Glauben, und es werden die «Sünden in ihm verschlungen und ersäuft»[46], weil Gottes Gerechtigkeit stärker ist als diese Sünden. «Ist nu dz nit ein froliche wirtschafft», fragt er in seinem alles sprengenden Manifest «Von der Freiheit eines Christenmenschen», «ist das nun nicht ein fröhlicher Hausstand, da der reiche, edle, fromme Bräutigam Christus das arme, verachtete, böse Hürlein zur Ehe nimmt und sie von allem Übel frei macht, sie mit allen Gütern zieret?»[47]

Aber nicht einmal der große Kämpfer gegen Ablass und Reliquien konnte verhindern, dass ihn die Geschichte einholte. 1911, drei Jahre vor dem Großen Krieg, nahm Wilhelm II. in Kiel ein kostbares Geschenk in Empfang. Im Begriff, zu seiner jährlichen Nordlandfahrt aufzubrechen, hatte er im Kaiserlichen Yacht-Club zu einem Staatsbankett geladen, an dem Reichskanzler Theobald von Bethmann Hollweg teilnahm, Prinz Adalbert, der scheidende amerikanische Botschafter David Jayne Hill, ein Konteradmiral und, ebenfalls aus Amerika, ein Archäologe. Ehrengast, der gleichzeitig in den Kaiserlichen Yacht-Club aufgenommen wurde, war der Bankier John Pierpont Morgan. Bei dieser feierlichen Gelegenheit, es war die Kieler Woche, und die amerikanischen Teilnehmer hatten sich bei der Regatta glänzend geschlagen, schenkte der amerikanische Milliardär dem Kaiser jenen Brief, den Martin Luther am 28. April 1521 an Kaiser Karl V. geschrieben hatte. Georg Spalatin, Luthers fürsorglicher Betreuer, war klug genug, den Brief einzubehalten, statt ihn an den Kaiser weiterzuleiten. So gelangte das Schriftstück irgendwann in den Besitz des Leipziger Domherrn T. G. Keil, bevor es am 3. Mai 1911 für einhundertzweitausend Mark versteigert wurde. (Die Weimarer Ausgabe der Werke Luthers kann sich den Hinweis nicht verkneifen, dass das erste Gebot bei fünftausend Mark gelegen hatte, die Zuschlagsumme oder Verzwanzigfachung aber bereits nach fünf Minuten erreicht war.) Ein «Monsieur Morinis aus Florenz»[48] erwarb es für Pierpont Morgan, damals, kurz nach der vorletzten Jahrhundertwende, einer der reichsten Männer der Welt. «Er war ein Monarch im unsichtbaren, übernationalen Königreich des Kapitals, dessen Souveränität überall anerkannt wurde»[49], schreibt der amerikanische Autor E. L. Doctorow. In seinem Haus in New York hortete Morgan kostbarste Gemälde und von Miniaturen bis zu Rüstungen allerlei Artefakte, um sich mit der Aura der Unsterblichkeit zu umgeben. Die Porträts, die Rembrandt gemalt hatte, sollten ihm die Erkenntnis der Wahrheit bringen, illuminierte Bibeln aus dem Mittelalter betastete er, als enthielten sie Staub aus dem Gottesstaat. «Wenn es etwas gab, das über sein Verständnis hinausreichte, dann lag das – davon war er überzeugt – eher in der Vergangenheit als in der Gegenwart, die in ihrer ganzen Existenz demnächst bankrottgehen musste.»[50]

Der Brief Luthers an Karl V. vermittelte die Aura gleich zweier weltbestimmender Männer, ein wahrhaft königliches Geschenk also für den Kaiser des Zweiten Deutschen Reiches. Morgan wurde im symbolischen Tausch das Großkreuz des Roten Adlerordens verliehen und er damit zum Ritter erhoben. Wilhelm leitete den Brief an die Lutherhalle in Weimar weiter, wo er in altdeutscher Manier in getriebenes Kupfer gefasst von der majestätischen Schenkung kündete. So hatte alles wieder seine katholische Ordnung.

SIEBTES KAPITEL

Der Pakt mit dem Teufel

B ei aller leidenschaftlichen Ablehnung des Mönchtums, wie sie sich für einen Konvertiten gehört, hat Luther in seinen Äußerungen doch immer größten Wert darauf gelegt, dass er keiner von den gottlosen Mönchen gewesen sei, keiner von denen, die den Bauch anbeteten und schreckliche Sünden begingen. Nein, Luther war einer der besten, einer von denen, «die heiligmäßig lebten und mit größter Anstrengung und voller Eifer versuchten, durch gewissenhafte Befolgung der Ordensregeln den Zorn Gottes zu besänftigen und sich die Vergebung der Sünden und das ewige Leben zu verdienen»[1]. Doch ein Radikaler wie er konnte damit nicht zufrieden sein, er brauchte mehr.

Das Klosterleben war eine harte Prüfung für Luther. Um seinen Hochmut zu schleifen, wird der Einundzwanzigjährige als Novize mit den niedersten Arbeiten betraut. «Das glaubt itzt niemand, das ein solcher jamer in clostern gewest ist»[2], wird er später sagen. Die Latrine zu säubern, ist für einen Akademiker natürlich eine Zumutung, vor allem für einen, der sich bis vor kurzem noch Hoffnung auf den Dienst an einem Hof und die entsprechende Stellung in der Welt machen durfte. Aber Luther sah seine Rettung, sein Heil im Kloster. Auch wenn er vielleicht nicht der Welt entsagen wollte, so suchte er doch seinen Gott, dem er sich in einer Gemeinschaft Gleichgesinnter näher zu fühlen hoffte. Er findet nichts davon: Gott nicht und niemanden, der seinen mystischen Hunger auch nur verstehen konnte.

Keine wie immer geartete Berufung, auch nicht das Gewitter von

Stotternheim hatte ihn ins Kloster getrieben, sondern Erlösungshunger. In der Sehnsucht nach Erlösung unterschied sich Luther nicht
von seinen Mitbürgern und Zeitgenossen, nur zweifelte er mehr als
sie daran, dass man tatsächlich der Gnade Gottes teilhaftig werden
könne. Luther fürchtete die Welt draußen, weil es die Welt war, die
den Weg zum Heil versperrte. Das Kloster sollte ihm Schutz bieten
und ihn in die Nähe Gottes bringen. Mehr noch als die Menschen in
seiner Umgebung fürchtete er diesen Gott, fürchtete er sein Strafgericht und die darauf folgende ewige Verdammnis. Nächtelang bettelte
er um einen gnädigen Gott, der sich wider alles Erwarten doch des
Bußfertigen annehmen und die Sünden nicht gnadenlos mit Höllen-
pein bestrafen würde.

Seit er sich vom weltlichen Studium abgewandt hat, verlagert sich
sein Ehrgeiz. Luther sammelt keine intellektuellen Fleißpunkte mehr,
er übt sich im Beten und Büßen. Die Stundengebete, die er wegen anderer Tätigkeiten versäumt, vernachlässigt er nicht, sondern sammelt
sie wie auf einem Konto, bis so viele zusammen sind, dass er sich drei
Tage lang einschließt, nichts isst, nichts trinkt, «bis ich ausgebet hatt.
Davon ward mir der kopff so toll, das ich in funff nechten kein auge
zuthet et decumbebam [darnieder lag] bis auff den tod und kam von
sinnen.»[3] Der religiöse Wahn, wie er besonders in den Klöstern am
Rhein gepflegt wurde, ist eine Frömmigkeit, die sich auch in Zahlen
misst und deshalb nie genug von sich kriegen kann.

Stolz meldet Luther am 22. April 1507 Johannes Braun seinen Zustand als «mundo nunc mortui»[4], der Welt bin ich nun abgestorben,
und lädt den Erfurter Vikar in dem selben Brief zu seiner Priesterweihe ein. Es war ihm furchtbar ernst mit allem. Doch bald schon sollte
Luther den plötzlichen Eintritt ins Kloster bereuen. Dann fühlte er
sich dort nicht nur wie ein Mystiker für die Welt erstorben, sondern
tatsächlich lebendig begraben. Dann kompensierte er die Enttäu-
schung durch einen streberhaften Fleiß in der Lektüre der Heiligen
Schrift, kasteite sich im Wachen und Beten, quälte sich mit Selbst-
zweifeln und lebte in allem genau so, wie er es 1517 als erste von seinen

fünfundneunzig Thesen bekannt machen wird: dass das «ganze Leben der Glaubenden Buße» zu sein habe. Die Klage gehört für Luther zum Klosterleben, zumindest in der Rückschau. Aber der Mönch steigt auf in dieser klösterlichen Welt. Rasch, am 3. April 1507, nach nicht einmal zwei Jahren, wird er in Erfurt zum Priester geweiht und versöhnt sich aus diesem Anlass auch wieder mit seinem Vater. Hans Luder erscheint zur Primiz, der ersten von seinem Sohn gehaltenen Heiligen Messe, am 2. Mai mit zwanzig berittenen Gästen. Er hat es zu Wohlstand gebracht und kann seine Leute freihalten. Zwanzig Gulden stiftet er für die Küche der Augustiner, was von der geistlichen Umgebung als recht großtuerisch empfunden wird. Doch das Absterben *in deo* hat, wie sich zeigt, Luther auf seiner Suche nicht geholfen, Gott ist ihm nicht näher, nicht einmal begreiflicher geworden. Jahrzehnte später erzählt er, wie er beinah versagt hätte bei seiner ersten Messfeier: «Do ich nun vber den altar kam vnd solt consecrirn vber die wort: *Aeterno vivo vero Deo*, do dacht ich von dem altar zu laufen vnd sagt zu meinem prior: Herr prior, ich furcht, ich muß von altar laufen! Da schalt er mich: Immer hinan! fort, fort! Also entsatzt ich mich vor diesen worten.»[5] Das knapp vermiedene Fiasko ist aber mehr als eine Panikattacke oder durch die Anwesenheit des Vaters gesteigerte Premierenangst. Es ist der heilige Schauder, der ihn vor der Verkündigung von Gottes Wort erfasst, es ist die Angst, die heiligen Worte nicht richtig zu gebrauchen und damit zu verunehren. Auch wenn er später bei der Arbeitsüberlastung als Visitator und Prediger das Messlesen manchmal schleifenließ, verliert Luther doch nie die Ehrfurcht vor dieser Zeremonie. Sonst hätte er sich nicht noch Jahrzehnte danach über die hudelnden Priester empören können, denen er 1511 bei seinem Aufenthalt in Rom die Messe zu langsam las. Wenn er sie nicht so heilig ernst genommen hätte, hätte er die Messe in ihrer traditionell römisch-katholischen Form später auch nicht abgeschafft.

Die Geschichten, die Luther aus seinem Leben erzählt, sind immer lehrhaft, aber auch zur Unterhaltung seiner Gäste gedacht; sie müssen deshalb nicht wahr sein oder auch nur richtig erinnert. Sie stammen praktisch alle aus der Zeit, als er das Kloster nicht bloß verlassen, sondern den Weg ins Kloster bereits als größten Irrtum seines Lebens erkannt hatte. Naturgemäß dramatisiert er den Lauf der Dinge im Rückblick, will er selber doch der lebende Beweis dafür sein, dass der Weg zum Heil eröffnet und damit auch für andere zu beschreiten ist. So ist auch die Geschichte zu verstehen, wonach er bei der Primiz vom Altar weglaufen wollte. Er hatte schlicht Angst vor der plötzlichen Begegnung mit Gott. Bei einer Messe, die der Hl. Gregor feierte, einem beliebten Motiv in der Malerei der ablasssüchtigen Vorreformationszeit, erscheint dem Heiligen, der Papst war und einer der großen Kirchenlehrer, der gekreuzigte Christus. Die Erscheinung soll bestätigen, dass bei der Messfeier tatsächlich sein Fleisch und Blut verwandelt und dargereicht werde. Die Gegenwart Gottes, ganz gleich ob sie sich manifestiert oder nicht, bleibt ein einziger Schrecken für Luther. «Von der zeit an hab ich mit großem entsetzen messe gelesen vnd danck Gott, das er mich daraus erlöset hat.»[6] Fünfundzwanzig Jahre später kennt Luther natürlich den wahren Grund, der ihn vor dem Altar zurückschrecken ließ: «Es antet mich wol, es wer nicht recht»[7], und wie könnte er noch aufrechterhalten, was er zu einer Zeit geglaubt hatte, als er noch im Irrtum befangen war, nämlich ein Mönch? «Aber Gott hatt das erkentnis dar zu geben zu letzt»[8], Gott hat ihm schließlich doch die Erkenntnis gewährt.

Den argen Weg der Erkenntnis hat niemand erfolgreicher geschildert als der englische Prediger John Bunyan. In seiner allegorischen Erzählung «The Pilgrim's Progress From This World To That which is to come» (1678) zeichnet er musterhaft den Weg durch alle Fährnisse nach, den die Seele gehen muss, um zum Himmel zu gelangen. Bei Bunyans Vorläufer Luther, der seinen Anhängern immer wieder von seinem Weg zum Heil berichtet, muss es ebenfalls ein Lehrpfad sein. Er offenbart sich in Erkenntnisschüben, in Epiphanien und unerträglichen Schreckbildern.

Die Anekdoten, die Luther wie Kapitel aus einem Erziehungs-

Gregor dem Großen erscheint bei einer Messe, bei der auch Kardinal Albrecht von Brandenburg anwesend ist, der gekreuzigte Christus. Gemälde aus der Werkstatt Lucas Cranachs.

roman erzählt, sind durchzogen von einer grauenhaften Angst, in der
der Mönch oft nicht mehr ein noch aus weiß. Dem allgegenwärtigen
rächenden Gott entspricht ein unerreichbar ferner Gott, der aus der
mittelalterlichen Philosophie vertraute *deus absconditus*. Der Anblick
des Gekreuzigten, der doch sein Erlöser sein sollte, flößt Luther na-
menlose Furcht ein. Einmal, da ist er bereits Priester, passiert es ihm,
dass er bei der Fronleichnamsprozession, als er vor seinem verehrten
Johannes von Staupitz ging, «so hart erschrak, dass mir der Schweiß
ausbrach und ich nicht anders zu Sinn war, ich würde vergehen für
großer Angst»[9]. Der Theologe Johannes Cochläus, der den größten
Teil seines Lebens damit zubrachte, Luther zu widerlegen und kräftig
zu schmähen, meinte sogar zu wissen, dass der spätere Reformator
einmal im Chor niedergefallen sei und wie ein Ochse gebrüllt habe,
weil die Stelle des Markusevangeliums gelesen wurde, wo Jesus dem
Besessenen begegnet und ihm den unreinen Geist austreibt.[10] Das war
zwar nur üble Nachrede – Luther war von keinem bösen Geist besessen, er war bloß besonders fromm und wollte immer noch frömmer
werden –, mit seiner Propaganda traf Cochläus aber genau die über-
steigerte, stets überreizte Empfindung des jungen Luther.

Als gottesfürchtiger Mensch glaubte Luther selbstverständlich
auch an die Hölle und das Fegefeuer und war phantasievoll genug,
sich die zeitlichen und ewigen Strafen so schauerlich auszumalen, wie
sie von Mystikern gesehen und von Ablasspredigern verkündet wurden. «Wenn ich auch als Mönch untadelig lebte, fühlte ich mich vor
Gott doch als Sünder, und mein Gewissen quälte mich sehr. Ich wagte
nicht zu hoffen, daß ich Gott durch meine Genugtuung versöhnen
könnte»[11], so hat er seine Qualen kurz vor dem Tod in einem auto-
biographischen Rückblick geschildert. Anders als die Mehrheit der
Mönche wollte er sich nicht damit begnügen, das Kloster als Versor-
gungseinrichtung zu betrachten, für die man mit heruntergeleierten
Gebeten bezahlte. Allerdings stellte sich heraus, dass Gott sich umso
mehr entzog, je näher er ihm zu kommen hoffte. Luther sieht sich
als Sünder und sucht die Schuld bei sich: «Den ich war vom glauben

abgewichen und liess mich nicht anders duncken, dan ich hette Gott erzurnet, den ich mit meinen guten wercken mir widerumb versunen muste»[12], weil er glaubte, Gott erzürnt zu haben, musste er versuchen, ihn mit guten Werken zu versöhnen. Die Versöhnung gelingt aber nicht, sie kann gar nicht gelingen. Die guten Werke können nichts anderes als Gebete, als Fasten und Wachen und wieder Gebete sein. Obwohl das Erfurter Kloster zur strengeren, zur reformierten und damit frommen Observanz gehört, übertrifft Luther alle mit seinem religiösen Eifer. Ein Teil davon ist die ständige Selbstbezichtigung. Bei den Augustinern waren Geißelungen nicht vorgesehen, aber Luther erfindet ein psychisches Äquivalent dieser spätmittelalterlichen Selbstbestrafung. Er sieht sich als unheilbaren Sünder, weil er sich nur als Sünder verstehen kann. Einmal muss Luther theatralisch «O Sünde, Sünde, Sünde!» ausgerufen haben, worauf ihm sein Beichtvater auseinandersetzte, dass er sich mit seinen Selbstanklagen doch ans Beichtregister halten möge und an die Zehn Gebote, denn Sünden seien seine Sünden nun wirklich nicht. Der ältere Luther erzählt seinen Tischgästen immer wieder von seinen Anfechtungen, den *tentationes*, die ihn im Kloster quälten. Die Zuhörer sollen nachträglich Zeugen dafür sein, in welch verfahrener Lage er sich in Erfurt und auch noch in Wittenberg befunden haben muss, ehe er durch Gottes Wort und eine neue Erleuchtung aus der abgrundtiefen Verzweiflung herausfand. Er führt den anderen noch einmal vor, wie er sich selber systematisch zu vernichten suchte und trotzdem nicht erhört wurde. Gott blieb der *deus absconditus*, der einem babylonischen Moloch gleich immer neue Opfer forderte, und sei es in Form von Gebeten.

Die Anfechtungen, die Luther seinem Generalvikar Johann von Staupitz beichtet, beträfen gar nicht «mulieribus», die Frauen also, wie Luther dem Ordensoberen vorsorglich versichert, sondern «die rechten knotten»[13]. Das sind – Luther gebraucht den Ausdruck öfter – Sünden, die einem unbewusst auf der Seele liegen, Sünden wie der Unglaube, Gottesverachtung oder jedenfalls zu wenig Liebe für Gott.

In Luthers Erinnerung weiß Staupitz auf diese Beichte nichts zu sagen: «Ich verstehe es nit.» Der Mönch versucht es bei einem anderen Beichtiger, aber der reagiert nicht besser. Niemand, niemand versteht ihn, jeder will ihm seine Sorgen kleinreden, was ihn keineswegs beruhigt, sondern noch tiefer in die Verzweiflung treibt. Luther wird klar, dass er der Einzige ist, der sich solchen Anfechtungen ausgeliefert sieht. Er hat die Klosterregeln verinnerlicht, er folgt allen Geboten, er lebt nur für Gott, aber statt erlöst zu werden, findet er sich in einem noch elenderen Zustand wieder als zum Zeitpunkt der Primiz. Er stirbt ein weiteres Mal, diesmal in der Erkenntnis der vollkommenen Sinnlosigkeit seiner religiösen Dauerberauschung: «Da ward ich als ein todte leich.»[14]

«Deum mihi non esse propitium» – Gott war ihm nicht gnädig. Schlimmer noch, er habe erkennen müssen, dass er regelmäßig die Messe ohne Gotteserfahrung gehalten habe, weshalb er sich manchmal vorwerfe, wie viele damit zum falschen Glauben verführt worden waren: «Wol hast souil leut verfuret!»[15]

Es geht um die Gotteserkenntnis, aber nicht im philosophischen Sinn. Noch 1811 konnte der Student Percy Bysshe Shelley in Oxford anklagend fragen: «Must I care about Aristotle?» – was kümmert mich der alte Aristoteles? Shelley schrieb dann ein Traktat über «The Necessity of Atheism» und wurde natürlich von der Universität verwiesen. Doch dem Studenten, dem Mönch, dem Priester, dem Professor Martinus Luther aus Mansfeld wäre es nie in den Sinn gekommen, die Existenz jenes Gottes, der sich ihm nicht zeigen wollte, in Frage zu stellen; er war ein Gefangener seiner Welt, die sich vor der Apokalypse fürchtete und die Wiederkehr Christi herbeisehnte. In dieser Welt konnte Luther gar nicht an Gott zweifeln, sondern nur an einer Vorstellung von Gott verzweifeln, denn er fürchtete ihn als rächendes Ungeheuer. Der Ausweg lag nicht in der Abkehr von Gott, sondern in der Hinwendung zu einer anderen Idee davon, was Gott sei. Nur zu gern hätte Luther die Philosophie, die Scholastik mit ihrem Kirchenvater Aristoteles, hinter sich gelassen und sich ausschließlich mit theologischen Fragen beschäftigt, aber auch das gelang ihm nicht. In den Jahren 1508 und 1509 las er über die «Nikomachische Ethik» von Aristoteles, das vorgeschriebene Lehr- und Lernprogramm. Luther aber wollte, wie er zu der Zeit klagt, zum «nucleum nucis et medullam tritici et medullam ossium»[16] vordringen, zum Kern der Nuss, zum Inneren im Weizen und im Knochen, doch auf die überlieferte Weise war das unmöglich. Die Nachtwachen halfen nicht, das Bibelstudium half nicht, die Beichtgespräche mit Staupitz halfen auch nicht.

Auf dem Pilgerpfad, den Martin Luther eingeschlagen hat, ist die erste Stufe der Erkenntnis nach dem Eintritt ins Kloster erreicht: durch die Einsicht nämlich, dass es ein falscher Schritt war, jedenfalls wenn es ein Schritt auf Gott zu und die Erlösung durch seine Gnade hätte werden sollen. Luthers Leiden im Kloster erweisen sich als reiner Masochismus. Er fügt sie sich selber zu, und seine Oberen verstehen ihn so wenig wie die Mitbrüder. Er geht ihnen mit seinen Klagen, dass er nicht das findet, was er zu finden hoffte, auf die Nerven. Sie verstehen weder, dass er ständig beichten will, noch, dass er sich die Nächte mit dem Studium der Bibel um die Ohren schlägt, womit er weit über das hinausgeht, was der Orden an Schriftlektüre pflegt. Dass er von diesen unerklärlichen Anfechtungen spricht und sich auch noch damit quält, obwohl ihn alle zu beruhigen suchen, können sie schon gar nicht begreifen. Sein späterer Erzfeind, der sächsische Herzog Georg, wird ihn meineidig nennen, weil er, indem er das Kloster verlassen und geheiratet hat, das Klostergelübde gebrochen habe. Die Wahrheit ist, wie Luther seinen Jüngern versichern kann, «ich hette mich (wo es lenger geweret hette), zu tod gemartert mit wachen, beten, lesen und ander erbeit»[17].

Trotzdem wird Luther nach der Priesterweihe auf Beschluss des Kapitels der deutschen Kongregation seines Ordens von Erfurt nach Wittenberg entsandt, wo Staupitz die Theologische Fakultät leitet. Im März 1509 wird er dort *baccalaureus biblicus*, dann Sententiar, liest also über die Lehrsätze des Petrus Lombardus. Ehe er in Wittenberg seine Antrittsvorlesung halten kann, wird er im Herbst 1509 nach Erfurt zurückgerufen – eine Maßnahme gegen Staupitz, der gegen den Willen der Erfurter zum sächsischen Ordensgeneral gewählt worden war. Er liest drei Semester an der hiesigen Universität: Sommer 1510, Winter 1510/11 und Sommer 1511; dann geht er, obwohl er gelobt hatte, in Erfurt auch zu promovieren, im August zurück nach Wittenberg und erwirbt die Doktorwürde dort. 1512 erhält er die Professur für Biblische Theologie. Der Wechsel bedeutet einen Akt des Ungehorsams, aber auch ein Zeichen seiner Loyalität gegenüber Staupitz, der ihn zuvor damit beauftragt hatte, nach Rom zu reisen und dort die reformierte Position der sächsischen Augustiner beim Ordensgeneral vorzutragen.

«Im kloster gedacht ich nicht an weib, geltt oder gutth, sondern das Hertz zitterte und zappeltte, wie gott mir gnedig wurde»[18], das Herz zitterte und zappelte ihm vor Sorge, ob Gott ihm gnädig werden könne, erzählt er mehr als zwanzig Jahre später in einer Predigt. In einem Brief, den er am 26. Oktober 1516, ein Jahr vor der Veröffentlichung seiner Thesen, an Johannes Lang schreibt, verbindet Luther überraschend Stolz und Überdruss. Er schildert seinen Alltag auf eine Art und Weise, die nichts mit dem masochistisch blutschwitzenden und verzweifelt den abwesenden Gott anrufenden Mönch zu tun hat: «Ich brauche fast zwei Schreiber oder Kanzlisten; ich tue fast den ganzen Tag über nichts anderes als Briefe zu schreiben. […] Ich bin Klosterprediger, Lehrer bei Tisch, dazu werde ich täglich verlangt als Pfarrprediger. Bin Rektor der Schule, bin Vicarius, das bedeutet elfmal Prior, bin Fischaufseher in Leitzkau, Herzbergischer Sachwalter in Torgau, lege den Paulus aus, beschäftige mich mit den Psalmen, aber wie gesagt, die meiste Zeit beansprucht das Geschäft des Briefschreibens. Nur selten kann ich die Stundengebete vorschriftsgemäß vollenden. Dazu kommen die eigenen Anfechtungen des Fleisches, der Welt und des Teufels. Da kannst du sehen, was für ein müßiger Mensch ich bin.»[19]

Das ist er nämlich nicht, vielmehr steht er mitten im Leben. Zumindest zu dem Zeitpunkt, da er diesen hochgemuten Brief schreibt, können ihn die Anfechtungen nicht gar so sehr belastet haben, denn nicht einmal bei der neuen, tödlichen Pestepidemie befällt ihn Furcht. Lang hatte ihm geraten, aus Wittenberg zu fliehen, aber Luther will bleiben. Dem Schmied gegenüber sei erst gestern, von einem Tag auf den anderen, ein Sohn gestorben, berichtet er dem Freund, doch auch das macht ihm keine Angst. «Wohin soll ich auch fliehen? Ich glaube nicht, dass die Welt untergehen wird, wenn es Bruder Martin tut.»[20] Die Melancholie, die seinen *tentationes* zugrunde liegt, hat ihn also nicht verlassen. Sie wird eine erdrückende, treibende, verzögernde und immer gegenwärtige Kraft in seinem Leben bleiben – nur muss er inzwischen den Gott gefunden haben, nach dem er so lange und so ausdauernd gesucht hat.

Luther macht keine konkrete Angabe dazu, wann er diesen Gott fand und sich mit seinem Bild von ihm versöhnte. Er habe sich, schreibt er 1545, wieder den Psalmen und ihrer Auslegung zugewandt und sich dabei gründlicher mit dem Römerbrief befasst. Die ersten Vorlesungen zum Psalter begannen 1513, die über den Römerbrief 1515, doch die Ereignisse, die Luther in diesem Zusammenhang erwähnt, fanden in den Jahren 1518 und 1519 statt. Weil damit zweifelhaft wird, «ob die Angabe Luthers mit unserem Bilde seines theologischen Werdens vereinbar ist»[21], hat man sich sogar damit beholfen, dass Luther an dieser Stelle seines Berichts bestimmt ein doppeltes Plusquamperfekt, eine entschiedene Vorvergangenheit gebrauche, damit die berühmte «reformatorische Wende» vor den 1517 bekannt gemachten fünfundneunzig Thesen stattgefunden hätte, denen diese Wende nicht unbedingt anzumerken ist.

Wenn die Aufzeichnungen seiner Jünger zutreffen, dann hat er Gott genau dort gefunden, wo Luther sein Leben als Mönch zuerst fristen musste, in der Latrine. Es handelt sich offenbar nicht mehr um jene in Erfurt, sondern bereits um die im Wittenberger Kloster. «Dise kunst hatt mir der *S. S.* auf diss *Cl.* eingeben»[22], erzählt Luther 1532 mit größtem Behagen. Mit der «kunst» meint er die Erklärung, die

**Cranachs Version von Dürers berühmter «Melencolia». Luther wird selber
immer wieder von Melancholie befallen. Gemälde von 1532.**

Lösung des Rätsels, die Beantwortung der drängendsten Frage: Wie
bekomme ich einen gnädigen Gott? Der Herausgeber des Bandes der
historisch-kritischen Ausgabe im 20. Jahrhundert, der diese Äußerung
enthält, war kühn genug, mit Bezug auf ähnliche Überlieferungen der

Tischgespräche den Heiligen Geist als S. S. (für *Sanctus Spiritus*) und den Abort aus dem Kürzel Cl. (für *Cloaca*) zu erschließen. Im Jahr 1913, als der entsprechende Band erschien, herrschte nicht nur der Luther-Verehrer Kaiser Wilhelm II. über die evangelische Kirche, sie war auch selber noch mächtig genug, um zu erwirken, dass der Dichter Ludwig Thoma sechs Wochen ins Gefängnis musste, weil er sich über die «gottesseligen Bettbesteuger» mit ihrem «Kaninchentriebe» lustig gemacht und einem Schmutz und Schund witternden Sittlichkeitsprediger die schönen Verse «Sie haben den Schmutz wohl häufig gefunden / In Ihren sündlichen Fleischesstunden / Bei Ihrem christlichen Eheweibchen? / In Frau Pastorens Flanellenleibchen?» gewidmet hatte.

Eine andere Frage ist es, ob die Lokalisierung von Luthers Erleuchtung in Wittenberg überhaupt zutrifft. Es gehört zum oft selbstironischen Ton Luthers, dass er selbst bei erhabensten Themen mit einer etwas gefallsüchtigen Drastik formuliert, die den lebenslangen und sehr erfolgreichen Prediger verrät. Die Theologen (bei ihm gern auch die *sawtheologen*) haben deshalb seit jeher über die Bedeutung dieses unschönen Orts spekulieren dürfen – soweit sie sich überhaupt erlauben konnten, das Wort «Kloake» in den Mund zu nehmen und sich nicht lieber auf das weit edlere «Turmerlebnis» hinausredeten. In einer erweiterten Fassung konkretisiert Luther den Ort: «Dise khunst hat mir der Heilig Geist auff diser cloaca auff dem thorm gegeben.»[23] Der Turm wäre dann jener des Wittenberger Augustinerklosters, das an die Stadtmauer gebaut war, an der sich nach gutem mittelalterlichen Brauch die Latrine befand. Bei einem Mann, der fast sein Leben lang unter Verstopfung litt und deshalb eine begreifliche Freude an allem Fäkalen zeigte, wäre es kein Wunder, wenn er auch die Entstehung der evangelischen Rechtfertigungslehre aufs Klo verlegte. Schließlich hatte er doch selber den folgenden Hinweis als Abwehrzauber gegen den Teufel empfohlen: «Ich habe in die Hosen geschmissen [gemeint ist natürlich: geschissen], hänges an hals und wisches Maul dran!»[24] Merkwürdigerweise ließ sich der Teufel, der mit größerer Treue an Luther hing als jeder seiner Mitbrüder, davon aber nicht abschrecken.

Trotzdem sollte bei der Deutung dieser offenherzigen Geständnisse des späten Luther über die Nöte des frühen nicht übersehen werden, wie er sie erzählt. «Mit außerordentlicher Leidenschaft war ich davon besessen, Paulus im Brief an die Römer kennenzulernen», berichtet er im Jahr vor seinem Tod in der Einleitung zu einer Ausgabe seiner lateinischen Schriften. 1545 ist Luther nicht nur der weltbekannte Ketzer, der dem Kaiser und den Fürsten getrotzt hat, der Thomas Müntzer, die Wiedertäufer und die ersten Glaubensspaltungen überstanden hat, er ist auch ein Volksschriftsteller, Koautor der Bibel, die er in die deutsche Sprache übersetzt hat. Dennoch liegt ihm nicht wenig an seinem akademischen Ruhm, der ihm auch jenseits der deutschen Sprachgrenze erwachsen ist, weshalb er noch einmal eine Sammlung seiner ursprünglich lateinisch geschriebenen Texte zusammengestellt hat. In dieser Einleitung bietet er wie im vier Jahre früher entstandenen «Hans Worst» seinen Lebensgang. Er erzählt, wie er die Thesen wider den Ablass hinausschickte, wie es zum Streit mit dem Papst kam und welches Gezerre um ihn zwischen Rom und Wittenberg, zwischen dem Kaiser und dem Papst herrschte. Bei dieser Gelegenheit berichtet Luther auch von seinen grundsätzlichen Zweifeln an Gottes Gnade, die ihm Paulus' Worte im Brief an die Römer eingeflößt hatten: «Nicht die Herzenskälte, sondern ein einziges Wort im ersten Kapitel (V. 17) war mir bisher dabei im Wege: ‹Die Gerechtigkeit Gottes wird darin (im Evangelium) offenbart›.»[25] Im lateinischen Text spricht Luther von der *Iustitia Dei*[26] und wie er genau diesen Begriff hasst, weil ihn Schule und Lehre darin unterwiesen hätten, die göttliche Gerechtigkeit philosophisch als formale und aktive Gerechtigkeit zu verstehen, wonach «Gott gerecht ist und die Sünder und Ungerechten straft».

Diese unbezweifelbare Logik mochte anderen Beruhigung verschaffen und den mönchischen Gehorsam erleichtern, Luther wird sie nie genügen, denn sein Gewissen quält ihn deswegen umso mehr. Er kann gar nicht anders, als sich als Sünder zu fühlen und sündig in der Gewissheit zu leben, der *Iustitia Dei* rettungslos ausgeliefert zu sein. Und dabei handelt es sich nicht um Gerechtigkeit – es ist Gottes Strafgericht. Dann sagt er etwas, was für einen frommen Theologen undenkbar sein sollte, was aber dem von der Philosophie längst wieder abgefallenen unheilbaren Mystiker Luther eine kathartische Erleichterung verschafft haben muss: Deswegen, wegen dieser kaltherzigen Gerechtigkeit, gesteht er sich ein, «non amabam, imo odiebam iustum et punientem peccatores Deum», liebte ich Gott nicht mehr, ja, ich hasste ihn sogar dafür, dass er in seiner Gerechtigkeit die Sünder strafte. Wenn auch nicht in offener Gotteslästerung, so habe er sich doch, erklärt Luther weiter, insgeheim gegen diesen Gott aufgelehnt. «Als wäre es nicht genug, dass die elenden und durch die Erbsünde auf ewig verlorenen Sünder über die zehn Gebote ohnehin durch jedes mögliche Unheil niedergedrückt werden, muss Gott durch sein Evangelium noch einen weiteren Schmerz hinzufügen und droht uns mit seiner Gerechtigkeit und seinem Zorn.»

Das ist die zweite Erkenntnis, die Luthers erste reformatorische Wendung wird. Lang schon hat er eingesehen, dass es ein Fehler war, ins Kloster zu gehen. Jetzt hat er auch noch Gott verloren. Der Mönch, der seine Tage und Nächte in glühender Gottessuche zubringt, kann den Gott, der ihm diese Marter auferlegt, nur noch hassen. Dass er ein solches Bekenntnis abzulegen wagt, gehört zu den Eigentümlichkeiten Luthers, mit denen ihm keine theologischen, sondern existenzielle und sogar historische Fortschritte gelingen. Er gibt damit auf eine Weise Auskunft über sein Innenleben, wie es in der formalisierten Diskussion weder unter Akademikern noch unter Laien üblich oder auch nur möglich war. Weil er seine Zweifel ernst nimmt, ernster sogar als alle Theologie, ernster als die beruhigenden Worte seiner Mitbrüder, will er auch über sich und seine Erfahrungen sprechen. Luther unternimmt mit sich ein heiliges Experiment der Gottessuche und -erforschung, bei dem ihm seither jeder nachfolgen kann. Nicht mehr das philosophische Argument zählt, es kommt auf das eigene Erleben, den selbsterfahrenen Gott an. Diese Suche nach Gott beginnt beim menschlichen, fühlenden, sich ängstigenden Ich und ist das

Gegenteil eines philosophischen Exerzitiums. «Das sind eittel philosophisch gedancken!», wird er noch 1538 über seine Konkurrenten Huldrych Zwingli und Thomas Müntzer schimpfen. «Nam articuli fidei sunt contra omnem philosophiam, geometriam et arithmeticam, immo contra omnem creaturam»[27], denn die Glaubensartikel sind gegen die ganze Philosophie, gegen Geometrie und Mathematik, ja sogar gegen jede Kreatur gerichtet.

Luther ist auch ein leidenschaftlicher Hasser, und er wird in dieser Disziplin alle Freunde und Gegner übertreffen. Weh dem, der ihm in die Quere kommt und sein Gegner wird! Seine Leistung besteht darin, dass er sich eingesteht, seinen großen, wunderbaren, gefürchteten Gott nicht mehr zu fürchten, sondern wegen dessen Fürchterlichkeit zu hassen. Natürlich fühlt er sich damit erst recht verdammt. Luther brauchte keinen *double bind*, er war an diesen ungekannten, aber strafenden Gott gefesselt. «Furebam ita saeva et perturbata conscientia», so wütete ich blindwütig und mit verstörtem Gewissen, wie er sich etwa dreißig Jahre später darstellt, «ardentissime sitiens scire», glühend vor Eifer, weil er unbedingt wissen musste, worauf sein verehrter Paulus hinauswollte.

In der Latrine also soll ihm dann die Erleuchtung gekommen sein über die Begriffe *iustus* und *Iustitia Dei*. «Diese Wort, gerecht und Gottes Gerechtigkeit, waren mir etwan in meim Gewissen wie ein Donnerschlag»[28], so schildert er sein Bekehrungserlebnis. «Wenn ich sie hörete, erschrak ich und gedachte: Ist Gott gerecht, so wird er strafen etc. Da ich ihnen aber begunnte fleißiger nachzudenken, fiel mir ein dieser Spruc, Habac. 2: ‹Der Gerechte lebet seines Glaubens›. Item die Gerechtigkeit, die fur Gott gilt, wird offenbaret ohn Zuthun des Gesetzes.» In der Rechtfertigungslehre, zu der Luther vor den Jahren seines Ruhms, der mit der Thesenveröffentlichung beginnt, nur allmählich gefunden haben kann, wiederholt sich demnach das legendäre Erweckungserlebnis von Stotternheim. Schon damals war Anna die Gnade, um die er bettelte: «Anna, id est, sub gratia, non legaliter», Gott kann gnädig sein ohne Umweg über das Gesetz.

Auch Paulus zitiert den Unheilspropheten Habakuk aus dem Alten Testament, den Luther in seiner eigenen Bibelübersetzung merkwürdigerweise einen «Trostpropheten» nennt. Habakuk predigte den Israeliten, dass sie das Strafgericht Gottes zu gewärtigen hätten. Die Babylonier würden kommen, sie überrennen und alles zerstören. Luther wendet diese Weissagung in seinem Kommentar geschickt in das Kommen des Jüngsten Tages, hin zur Wiederkehr Christi: «ES sey wol war / Das vmb jrer Sünde willen / das Land vom Könige zu Babel werde müssen verstöret [zerstört] werden. Aber doch solle darumb Christus vnd sein Reich nicht aussen bleiben»[29], Christi Reich werde dennoch kommen, aber eben erst nachdem der Jüngste Tag angebrochen und die Welt zerstört worden ist. Als Trost kann Habakuk allein die Formel bieten, die Paulus wieder aufnimmt und die für Luther die alles entscheidende wird: «Der Gerechte lebet seines Glaubens» oder lateinisch: *iustus ex fide vivit.*

Aus dem Glauben lebt der Gerechte. «Da ward ich anders gesinnet und gedachte von Stund an», erzählt Luther seinen Freunden über diese plötzliche Offenbarung. «Sollen wir gerecht leben ausm Glauben und daß die Gerechtigkeit, so fur [vor] Gott gilt, soll selig machen Alle, die es gläuben, so werden je solche Sprüche die armen Sünder und erschrockenen Gewissen nicht schrecken, sondern mehr trösten. Also ward ich getröstet und gestärkt und gewiß, daß Gottes Gerechtigkeit nicht sei, damit er als ein gestrenger Richter strafet, sondern damit er gerecht spricht und selig macht die Sünder, so Buße thun. Und mein Herz ward also zu Frieden. Darum ist Gottes Gerechtigkeit die, so [welche] uns gerecht und selig macht. Also worden mir diese Worte lieblich und tröstlich, schreckten mich nicht mehr.»[30] Seit dieser Erkenntnis, so Luther, habe sich sein Verständnis von Gottes Gerechtigkeit geändert. Gott ist nicht notwendig der Richter, der Racheengel, der Henker; er ist gerecht und er kann die Seligkeit gewähren. Wer glaubt, kann selig werden und muss diese Gerechtigkeit nicht mehr fürchten, vielmehr kann er sich sogar darauf freuen. Luther wird, vorübergehend jedenfalls, frei von Angst. Das ist die zweite Wendung.

In der lateinischen, also vermutlich der ursprünglichen Version dieser Erzählung vor der Tischgemeinschaft trifft ihn die Erkenntnis nicht mit dem Donnerschlag, sondern mit einem *fulmen*, einem Blitz, der erst recht an die Szene in Stotternheim erinnert, die ihn einst zur Umkehr und zum Gang ins Kloster drängte. Mit diesem Bild der blitzhaften Erkenntnis befreit sich der junge Luther in der Rückschau innerlich bereits lange, ehe er tatsächlich den Habit ablegt und das Kloster verlässt, vom strafenden, rachsüchtigen Gott, vor dem es kein Entrinnen gibt. Durch sein Nachdenken gelingt Luther etwas völlig Unmögliches, der Sprung zurück in den Urzustand, in den Stand der Unschuld vor der Erbsünde. «Doch das Paradies ist verriegelt und der Cherub hinter uns; wir müssen die Reise um die Welt machen, und sehen, ob es vielleicht von hinten irgendwo wieder offen ist»[31], heißt es bei Heinrich von Kleist im «Marionettentheater», und weiter: «Mithin, sagte ich ein wenig zerstreut, müßten wir wieder von dem Baum der Erkenntniß essen, um in den Stand der Unschuld zurückzufallen? Allerdings, antwortete er; das ist das letzte Capitel von der Geschichte der Welt.»[32]

Bis zu seinem letzten Tag beharrte Luther darauf, dass das Ende der Welt nahe sei. Für einen Moment jedoch gelingt ihm tatsächlich die Befreiung aus der unrettbaren Verdammnis, aus dem Zustand der augustinischen Sündhaftigkeit, weil er es endlich schafft, sich von der zwingenden Kraft des logischen Arguments und damit auch von der Philosophie zu verabschieden und statt auf die Schulweisheit auf die Macht der mystischen Erkenntnis zu bauen. Im Rechenschaftsbericht von 1545 beschreibt er den Vorgang deshalb wie eine religiöse Erweckung: «Da fühlte ich mich wie ganz und gar neu geboren, und durch offene Tore trat ich in das Paradies selbst ein.»[33]

Aber war es wirklich eine spontane Eingebung? Nein, natürlich nicht. Luther hat seine Jünger auch mit dieser Szene erfolgreich an der Nase herumgeführt, selbstverständlich in bester pädagogischer Absicht, denn sie wird bis zum heutigen Tag kreuzbrav nachgebetet.

Im Sommer 2013 tauchte in der Herzog-August-Bibliothek in

Wolfenbüttel ein mehrere Texte umfassender Band auf, der einmal Johannes Lang gehört hatte, dem Freund, mit dem Luther in den ersten Reformationsjahren in einem regen Briefwechsel stand. Ein Text darin stammte von dem italienischen Humanisten Baptista Mantuanus; es handelt sich um ein 1505 in Erfurt erschienenes Prosagedicht, das die Legende von der Hl. Margareta von Antiochia zum Gegenstand hat. Die Christin Margareta sollte im 4. Jahrhundert einem römischen Präfekten zur Frau gegeben werden, weigerte sich aber, von ihrem christlichen Glauben zu lassen. Der Versucher erschien ihr in Gestalt eines Drachens, über den die fromme Jungfrau das Kreuz schlug, worauf das Vieh zerplatzte. Hingerichtet wurde sie allerdings trotzdem.

Im Gedicht des Mantuaners entdeckte der Theologe Ulrich Bubenheimer das Wort «fides» für Glaube und daneben in – davon ist er überzeugt – Luthers Handschrift die berühmten Worte des Paulus: «iustus ex fide vivit». Luther lebte zweifellos aus der Schrift. Sein Interesse an Mantuanus ist belegt, er erwähnt ihn in den Tischreden, seine Freundschaft mit Lang ist ebenfalls bekannt. Der überraschende Fund erinnert an die Legenden über den Knaben Jesus, der schon lange vor seinem Auftreten in der Öffentlichkeit göttlich genug war, um seine Spielkameraden mit kleinen Wundern zu unterhalten. Es ist, als hätte ein besonders eifriger Spurenleger unbedingt nachweisen wollen, dass Luther schon immer auf die Rechtfertigungslehre aus war.

Natürlich könnte Luther diese kostbaren, für ihn alles entscheidenden Worte auch erst zehn Jahre später eingetragen haben, doch spricht einiges dafür, dass es sich um eine frühe Anmerkung aus seiner Zeit in Erfurt handelt: Erscheinungsdatum und -ort des Buches, die Methode des frühen Luther, sich durch Anstreichungen und Kommentare Texte anzueignen, und schließlich dass der Band aus Langs Besitz stammt. Die beiden kannten sich aus dem Augustinerkloster in Erfurt, eine Zeitlang war Lang neben Luther Professor in Wittenberg gewesen, und 1516 führte Luther seinen Freund in Erfurt in dessen neues Amt als Prior ein. Demnach sieht es tatsächlich so aus, dass Luther sich bereits während seiner Klosterzeit in Erfurt mit dem entscheidenden Satz beschäftigt hat, der ihm erst sieben, acht, neun Jahre später als Erleuchtung aufgehen sollte, von der er seinen Tischgästen erzählt. Es handelt sich also um einen langwierigen Prozess, die plötzliche Erleuchtung im Sinne einer reformatorischen Wende, die wie der helle Blitz vom Himmel fuhr, hat es wahrscheinlich nie gegeben.

Zur Wahrheits- und Selbstfindung trug allerdings auch ein Brief bei, den Luther 1516 als Visitator mehrerer Klöster an Georg Spenlein schreiben musste, einen aufsässigen und ziemlich unruhigen Augustinermönch in Memmingen. Er liest sich streckenweise wie eine Selbstanalyse: «Christus enim non nisi in peccatoribus habitat»[34], wenn überhaupt irgendwo, dann wohnt Christus in den Sündern, schreibt der eine Sünder dem anderen. «Denn wenn wir durch unsere Bemühungen und Trübsale zur Ruhe des Gewissens kommen müßten: wozu wäre er denn gestorben? Deshalb wirst Du nur in ihm, durch getroste Verzweiflung an Dir und Deinen Werken, Frieden finden. Überdies wirst Du von ihm lernen, daß er, gleichwie er Dich angenommen und Deine Sünden zu den seinen gemacht hat, auch seine Gerechtigkeit zu der Deinen gemacht hat.»[35]

Für die Vollendung der reformatorischen Grundlagen brauchte es noch eine dritte Wendung, keine Bekehrung, aber doch eine Entdeckung. Der Sage nach trieb der «weitbeschreyte Zauberer vnnd Schwartzkünstler» Johann Faust, schon Jahrhunderte ehe Goethe aus ihm einen zergrübelten Akademiker machte, in verschiedenen deutschen Universitätsstädten sein Unwesen. Er wäre der Erste nicht gewesen, der einen Pakt mit dem Teufel einging, um den Stein der Weisen zu finden oder wenigstens aus Eisen Gold zu zaubern, und einen Hund hatte er womöglich auch dabei. Christopher Marlowe ernennt ihn in seiner «Tragicall History of the Life and Death of Doctor Faustus» zum Professor in Wittenberg, was die Unterlagen aber leider nicht hergeben. Der halbwegs historische Faust ist um 1480 in Süddeutschland geboren und war damit ein Zeitgenosse Luthers, doch mit Büchern, gar mit der Heiligen Schrift scheint er sich nicht besonders viel abgegeben zu haben. Die Wittenberger Augustiner-Universität wäre nichts für ihn gewesen, allerdings wurde sie bald nach ihrer Gründung 1502 so berühmt, dass Shakespeare hundert Jahre später seinen Hamlet dort studieren lässt.

Anders als Hamlet war der echte Faust kein Gelehrter, kein Geisteswissenschaftler, der sich der grauen Theorie müde nach dem goldenen Baum des Lebens sehnte, sondern einer von vielen herumziehenden Betrügern. Luther behauptet, er habe den berühmten Faust gekannt, der Alchimist war, ein Hochstapler vermutlich und, was Luther viel mehr faszinierte, ein Zauberer. Wenn er ihm «nur di handt gereycht hette, wolt er mich vorterbet haben», dann hätte ihn der Magier verhext. Angst habe er dennoch nicht vor ihm gehabt, denn der Herr hätte ihn stets vor den dunklen Mächten geschützt. Trotz seines großen Interesses an Wunderzeichen und auch am Hexenwesen weiß Luther über den Zauberer nichts weiter zu berichten, als dass er «den Teufel seynen schwoger hies»[36], was ja nichts anderes heißt, als dass Faust mit dem Teufel im Bunde war.

Das gilt in christlichen Maßen auch für den frommen Bruder Martinus. Für seinen Kampf, für das, was dann die Reformation heißen wird, hat er sich tatsächlich den größten und erbittertsten, den denkbar besten Gegner ausgesucht: den Teufel. Obwohl Luther Weltpriester ist, an der Universität lehrt und in einer Brüdergemeinschaft lebt, sieht er sich immer als Eremit, wie ein Hl. Antonius in der Wüste den vielfältigsten Versuchungen ausgesetzt. In diesem einsamen Reich kann er sich vor den Nachstellungen des Teufels nicht retten und braucht sie doch als Lebenselixier. Sokrates hatte die Sophisten, Faust wird sich mit Mephisto herumschlagen, Luther sucht sich den unliterarisierten Teufel, das Ungeheuer, das herumgeht, zu sehen, wen es verschlinge. Ganz ohne Vorbild ist dieser Satan dennoch nicht, sondern wenn kein Eben-, so doch ein Abbild des rächenden, strafenden, hassenswerten Gottes, der Luther mit seiner fordernden Allgegenwart das Leben schwermacht.

Luther ist vor ihm so wenig sicher wie alle anderen Menschen, da

Hieronymus Bosch zeigt den Hl. Antonius in der Wüste, wo er zahlreichen Versuchungen ausgesetzt ist. Auch Luther glaubt sich vor den Nachstellungen des Teufels kaum retten zu können.

er ihm aber häufiger ausgesetzt ist, muss er ständig vor ihm warnen, vor seinen Nachstellungen, vor seinen Listen, vor seiner Allgegenwart. Zu fürchten ist der Teufel in Gedanken, Worten und Werken. Sogar Gott kann sich als Teufel manifestieren, denn Gott – und da kommt Luther aus seiner dialektischen Falle gar nicht mehr heraus – ist als strafender, rächender Gott sein eigentlicher *adversarius*, sein Gegner, mit dem er von morgens bis abends und noch in der Nacht zu ringen hat. Der ferne, unerreichbare Gott ist für Luther lange Zeit der Geist gewesen, der stets verneint, denn auch Gott kann, wenn er die Menschen auf die Probe stellen will, in die Irre führen, er kann sie furchtbar narren, er kann ihnen sogar vormachen, dass sie seiner Gnade teilhaftig würden, und sie ihnen in letzter Minute dann doch verweigern. Ein anderer Teufelsanbeter, wenn auch nur im literarischen Sinn, hat diese Schwäche sehr genau erkannt: «Die Schriften Luthers enthalten, wenn man will, viel mehr Aberglauben, als die unsers englischen Mönchs [Roger Bacon]. Wie bequem macht sich's nicht Luther durch seinen Teufel, den er überall bey der Hand hat, die wichtigsten Phänomene der allgemeinen und besonders der menschlichen Natur auf eine oberflächliche und barbarische Weise zu erklären und zu beseitigen», schreibt Goethe in der «Farbenlehre». Und doch bleibe er «außerordentlich für seine und für künftige Zeiten. Bey ihm kam es auf die That an; er fühlte den Conflict, in dem er sich befand, nur allzu lästig, und indem er sich das ihm Widerstrebende recht häßlich, mit Hörnern, Schwanz und Klauen dachte, so wurde sein heroisches Gemüth nur desto lebhafter aufgeregt, dem Feindseligen zu begegnen und das Gehaßte zu vertilgen.»[37]

Später wird sich Luther sicher sein, dass der Teufel genau ihn auserwählt habe. Luther ist ja nicht dumm und nimmt die dargebotene Chance, die die Vorstellung eines Teufels bietet, selbstverständlich wahr. Da er ihn ohnehin beständig quält und in Versuchung führt, kann er sich den Teufel auch gleich als dialektischen Sparringspartner wählen. Im Frühjahr 1533 legt Luther in einer seiner Tischreden die Teufelsbeichte ab: «Nullum audivi argumentum ab hominibus, quod me movisset»[38], er habe von den Menschen kein Argument gehört, das ihn bewegt habe, sagt er, «vnd meine nacht krieg sind mir vil seurer worden denn die tag krieg. *Quia adversarii* [Denn meine Widersacher] haben mich allein verdroßen gemacht, sed [aber] der Teuffel, der kann mir *argumenta* bringen.» Hier geschieht etwas ganz Seltsames. In unbedingter Christusnachfolge setzt sich Luther dem Teufel aus, um stellvertretend für die anderen durch Dulden und Leiden zur Erkenntnis zu gelangen. Den Teufel kann er bei diesem Prozess nur

rühmen: «Hat mir offt ein argument bracht, das ich nit wust, ob Gott
wer oder nit, vnd ich wills euch izund beichten, *ut ei non credatis*»,
beichten will er es, damit sie, seine Zuhörer, nur ja nicht auf des
Teufels Schliche hereinfallen. Wenn er, Luther, nicht mit dem Wort
Gottes bewaffnet sei, schieße der Teufel Pfeile auf ihn. Sobald er sich
aber mit der Schrift wappne, «ßo habe ich gewonnen». Die «eusser-
lichen anfechtung» würden ihn stolz und sogar hochmütig machen,
wie an seinen Büchern abzulesen sei, aber er halte seine Gegner alle
bloß zum Narren. «Sed quando ipse venit, so ist er dominus mundi»[39],
das sagt Luther, der so verzweifelt um Gottes Angesicht flehen kann,
wirklich und wahrhaftig: Wenn er, wenn der Teufel kommt, ist er der
Herr der Welt. Versteht sich, dass man diesem Herrn zeitweise dienen
muss. Luther wird nicht sein Diener, aber er lernt von ihm, lernt seine Argumente, seine Listen und gelangt nur über die Negierung des
Satans zu seinem Gott.

Gott hat den Teufel, der ihm zu aufsässig wurde, der Legende nach
aus dem Himmel verstoßen. Als Widersacher der Seele darf er aber
weiter sein Unwesen treiben, da ist er sogar ein Werkzeug jenes Gottes, der die Menschen beständig prüft. Die dialektische Schulung hat
Luther gelehrt, dass sich die Welt am besten in Weiß und Schwarz,
Gut und Böse, Gott und Teufel, Erlöste und Verdammte einteilen lässt.
Diese Dialektik wird in den Tischreden erklärt: «Ich hab mein *theo-
logiam* nit auff ein mal gelernt, sonder hab ymmer tieffer vnd tieffer
grubeln mussen, da haben mich meine *tentationes* hin bracht, *quia
sine usu non potest disci*»[40], ohne sie, ohne die Versuchungen und
Nachstellungen des Teufels, ist nämlich nichts zu lernen.

Als ewiger Gegner wird der Teufel sein bester und treuester Ge-
fährte. Natürlich ist es ironisch gemeint, aber einmal betet Luther
sogar zu ihm, ruft ihn an wie einen seiner vielen Nothelfer: «Sancte
satane, ora pro me!»[41], und das heißt genau das: Heiliger Satan, bitt
für mich.

Der Thesenanschlag –
Luther geht an die Öffentlichkeit

I n Eric Tills Film «Luther» (2003) pflügt sich der Augustinermönch quer durch einen belebten mittelalterlichen Marktplatz und nagelt im religiösen Feuer seine Thesen an die Kirchentür. Einer der Bettler, die vor dem Tor auf Almosen hoffen, steht auf, schaut sich an, was es da zu lesen gibt, setzt sich wieder zu einem Gefährten und sagt: «Es ist Latein.»

Das war der Moment, in dem die mittelalterliche Welt explodierte. Ob die Explosion überhaupt jemand gemerkt hat, ist höchst zweifelhaft. Es gibt keinen Beweis dafür, dass Luther seine Thesen tatsächlich in der Form, wie es überliefert wird, mit diesen wuchtigen und in die Geschichte hallenden Hammerschlägen, bekannt gemacht hat. Doch spätestens seit dem 19. Jahrhundert gehört der Thesenanschlag an der Tür der Wittenberger Schlosskirche zu den wichtigsten protestantischen Glaubensartikeln. Die alte Holztür war 1760 in einem der vielen deutschen Kriege verbrannt, deshalb konnte der preußische König Friedrich Wilhelm IV. 1858 eine Bronzetür stiften, die wenigstens nachträglich mit den fünfundneunzig Thesen in goldenem Latein verziert war. Der Baurat Friedrich Adler formte die ganze Schlosskirche zu einem Reformationsdenkmal um und setzte dem Wehrturm einen pseudogotischen und im Zweifel preußischen Helm auf. Die umlaufende Schrift, gestaltet in der Art, wie man sich mittelalterliche Buchilluminationen vorstellte, zitiert Luthers bekanntestes Lied: «Ein feste Burg ist unser Gott, ein gute Wehr und Waffen». Zur Einweihung 1892 kam Kaiser Wilhelm II., erinnerte an die altdeutschen Reichstage und trank aus dem Becher, den man Luther aus der Reliquiensammlung seines Kurfürsten überlassen hatte. Es war die mystische Kommunion von Thron und Religion nach dem Sieg im Bismarck'schen Kulturkampf gegen die ultramontanen Katholiken. Das Zweite Reich brauchte unbedingt diesen Stifter, der – so viel Witz erlaubt sich die Geschichte – das Erste zerstört hatte.

Die Historisierung von Luthers heroischem Unternehmen begann bald nach dem Ereignis; in den Ölbildern des vergangenheitsseligen 19. Jahrhunderts erlebte sie ihren Höhepunkt. Martin Luther tritt auf wie ein neuer, hammerschwingender Thor (oder Donar, so sein westgermanischer Name). Seine Tat ist in der Gewaltsamkeit nur mit dem Fällen der Donar-Eiche zu vergleichen, als der Hl. Bonifatius im 8. Jahrhundert die alten heidnischen Götter hinwegfegte und das Christentum in Deutschland flächendeckend einzuführen begann. Friedrich Nietzsche, der Zeitgenosse des gern martialisch dreinblickenden Wilhelm, gilt im vorwissenschaftlichen Bereich als der Philosoph mit dem Hammer. Luther war der ideale Vorläufer für die imperiale Kraftlackelei der Kaiserzeit.

Als sein eigener Haushistoriker beschreibt Luther sein Treiben im Rückblick mit angemessener Gewaltsamkeit – «Hoc erat coelum deturbasse et mundum incendio consumpsisse»[1], und das hieß: «den Himmel herabstürzen und die Welt in Brand stecken»[2] –, doch dem bald vierunddreißigjährigen Mönch könnte im Jahr 1517 nichts ferner liegen. Die Reformation, von der er selber am wenigsten ahnt, beginnt er ganz naiv und ohne Berechnung. Er zeigt keinerlei Machtbedürfnis, aber überdeutlich die Sorge des Mystikers, trotz all seiner Gebete dem fernen Gott nicht näherzukommen. Die Hölle erwartet ihn, das Fegefeuer kann Millionen von Jahren dauern, die Qualen dort sind unendlich und mit Sicherheit unerträglich. Gott soll um Himmels willen seiner armen Seele gnädig sein. Der leidenschaftliche Mystiker trifft auf eine durchrationalisierte, durchkalkulierte, eine berechnende und berechnete kalte Welt. Fünftausend Tränen, eintausend Vaterunser, eintausend Ave-Maria, und das Ganze dann wieder von vorn – das ist der einzige Rat, den diese leistungsfromme Zeit weiß. So erarbeitet man sich den Weg ins Himmelreich.

Die Mythologisierung des Hammerschlags geht noch viel weiter: In späteren Dramatisierungen muss es auch noch gegen Mittag sein, dass die Hammerschläge fallen und Luther das Papier (oder ist es doch etwas Besseres, Pergament womöglich?) festnagelt, weil sich um die gleiche Stunde – in Luthers Übersetzung: «Vnd nach der sechsten stunde / ward ein Finsternis vber das gantze Land bis vmb die neunde Stunde»[3] (Mk 15,33) – in Jerusalem einst die Erde verfinstert hatte. In Deutschland herrscht, durch Wetter- und Wunderzeichen laufend bestätigt, noch mehr durch die häufige Wiederkehr der Pest und diese neue Franzosenkrankheit, eine Heidenangst vor dem Jenseits, die durch all die Ablässe, Wallfahrten und Reliquienzeigungen kaum zu verringern ist. Dafür regiert in Rom, in der Hauptstadt der Christenheit, der nackte Nepotismus; Nachfolger auf dem Stuhl Petri ist ein kühl kalkulierender Geschäftsmann. In dieser dunkelsten Stunde des Christentums bringt Luther seine Glaubenszweifel an die Öffentlichkeit und mit seinen inquisitorischen Thesen Licht in die abendländische Finsternis; allerdings nicht, ohne diesen Schein auf der Stelle mit dem Pathos des einzig wahren Erweckungspredigers wieder abzudunkeln. So nämlich will es die erste seiner fünfundneunzig Thesen, die er 1517 bekannt macht: «Als unser Herr und Meister Jesus Christus sagte: ‹Tut Buße, denn das Himmelreich ist nahe gekommen›, wollte er, dass das ganze Leben der Glaubenden Buße sei.»[4]

«Omnem vitam fidelium poenitentiam esse voluit»: Es hat bloß keiner verstanden, es war doch Latein.

Auch wenn es viel schöner wäre, Luther hat nie so theatralisch zugeschlagen. Als der katholische Kirchenhistoriker Erwin Iserloh 1961 enthüllte, dass der Anschlag gar nie stattgefunden habe und damit den Hammer-Heros ein wenig entmythologisierte, erschütterte er die evangelische Legendenglaubensgemeinschaft in ihren kirchlichen Grundfesten. Dabei wäre ein heroischer Luther als Vorläufer der Widerstandshelden Martin Niemöller und Dietrich Bonhoeffer nach der

Verunsicherung durch die Kollaboration unter Reichsbischof Ludwig Müller so wichtig gewesen.

Bis dahin hatte man an das Zeugnis geglaubt, das Philipp Melanchthon 1548, Jahrzehnte nach dem Ereignis, in seiner «Historia / de vita et actis / Reverendiss. Viri D. Mart. / Lutheri verae Theologiae Doctoris» für den verehrungswürdigen und gerade verstorbenen Doktor abgelegt hat: Luther habe die Thesen «studio pietatis ardens»[5], glühend im heiligen Eifer, «publice templo, quod arci Witebergensi contiguum est, affixit pridie festi Omnium Sanctorum anno 1517»[6], am Vorabend des Allerheiligenfestes 1517 an der dem Wittenberger Schloss benachbarten Kirche öffentlich angebracht. Der Hammer wird bei Melanchthon noch nicht geschwungen. Die Veranlassung zu Luthers Handeln habe der Dominikaner Tetzel gegeben, «impudentissimo sycophanta», dieser unverschämteste aller Gauner. Der Hinweis, Luther sei Doktor der «wahren» Theologie gewesen, darf im eben begonnenen Schmalkaldischen Krieg um die protestantische Religionsfreiheit natürlich genauso wenig fehlen wie die Bekräftigung, dass Melanchthon seine Chronik im guten Glauben verfasst habe. Melanchthon war allerdings beim Thesenanschlag nicht dabei, sondern befand sich in Tübingen. Erst ein halbes Jahr später wurde er an die Wittenbergische Universität berufen.

Die Populärgeschichtsschreibung setzt 1566 mit den «Historien / Von des Ehrwirdigen in / Gott Seligen thewren Manns Gottes / Doctoris Martini Luthers / anfang / lehr / leben vnd sterben» von Johannes Mathesius ein, der Melanchthons Aussagen noch dadurch bekräftigt, dass er die zwar kühne, aber für das Lutherbild so wichtige Behauptung verbreitet, Luther sei in ebendem Jahr geboren, in dem «der selige Merterer Hieronymus Savanorola / umb seiner Christlichen bekentnus zu Florentz verbrandt ist»[7]. (Savonarola starb 1498 und nicht 1483.) Das *affigere* wird jetzt zum deutschen «anschlagen», das Datum auf den 31. Oktober fixiert, jedoch ohne den Hinweis auf den Feiertag Allerheiligen. Dafür wird die Tat gedoppelt: Luther habe seine «*positiones* vnd gründe wider Johan Tetzels / vnnd all die mit jm vnter der Decken lagen / zustellen / vnd an die Schloßkirch zu Wittenberg an jrem Kirchmeß tag / anzuschlagen / vnd in Druck außgehen zu-lassen»[8]. Luther begnügte sich demnach nicht mit dem Anschlag an der Kirchentür, sondern gab seine Thesen gegen Tetzel und dessen Konsorten in Druck und verschickte sie. Merkwürdig ist allerdings die Formulierung, Luther sei «auff sein eyd vnd Doctorat gedrungen»[9] worden – fühlte er sich von seinem Gewissen gedrängt, oder hat ihn doch jemand dazu aufgefordert? Zu einer solchen Verschwörungs-theorie gibt Mathesius selber allen Anlass, wenn er anschließend mit-teilt: «Aber es gefiel geringe antwort», auf die Aussendung der Thesen nämlich, «man rieth jm er solte stillhalten / es were ein grosse sache.»[10]

Es handelt sich in der Tat um eine große Sache, aber nicht im Augen-blick, da es geschieht. Im Herbst 1517 kann noch niemand gewusst ha-ben, welche ungeheuren Folgen dieses eine Blatt Papier haben würde, entstanden womöglich in zorniger Aufwallung, nicht durchdacht und ausformuliert und deshalb keineswegs für die Ewigkeit bestimmt. Zur großen Sache wird es erst im Rückblick des frommen Luther-Biogra-phen. Es dürften vor allem die politischen Machtverhältnisse gemeint sein, in denen der Augustinermönch in seinem heiligen Eifer tätig wird, ohne zu wissen, was er da tut und was er damit anrichtet.

Vor einigen Jahren fand sich in der Thüringer Universitäts- und Landesbibliothek in einer Ausgabe der Luther-Übersetzung des Neuen Testaments von 1540 ein Eintrag Georg Rörers, der als Luthers Sekre-tär, Lektor, Redakteur und Nachbearbeiter wirkte. Die Notiz lässt sich mit viel Mühe als «Anno domini 1517 in profesto omnium Sanctorum […] Witenberge in valuis [valvis] templorum propositae sunt […] de Indulgentiis a D. Mart. Luth.»[11] entziffern und besagt, dass der Doktor Martin Luther am Vorabend des Allerheiligenfestes an den Kirchtüren Wittenbergs etwas, vermutlich seine Thesen, die *propositiones*, über den Ablass vorgestellt hat. Zum ersten Mal wird hier die Kirchentür als Ort erwähnt, wobei auffälligerweise der Plural gebraucht wird: Nicht (nur) an der Schlosskirche, sondern an den Türen der witten-bergischen Kirchen seien Luthers Einwände bekannt gemacht worden.

Die Tür der Schlosskirche oder alle Kirchen? Und in welcher Form? Hat Luther die fünfundneunzig Thesen wirklich auf ein einziges Blatt Papier geschrieben und es dann wie im Film aufgehängt? Knapp hundert Thesen sind eine Menge Text und bedeuten viel Schreibarbeit. Hat er ihn noch mehrfach abgeschrieben für die anderen Kirchtüren? Wurde nicht vielleicht erst ein Plakatdruck angefertigt, der sich leicht verteilen und auch lesen ließ? Wer hätte den Druck bezahlt, wer in Auftrag gegeben oder auch nur erlaubt? Bisher hat diese Fragen niemand schlüssig beantworten können. Andreas Bodenstein, wie Luther Professor an der Wittenberger Universität, bat den Hof bei einer anderen Gelegenheit um Geld für Papier, um eine seiner Schriften drucken zu lassen. Eine Handschrift existiert nicht, einen Wittenberger Druck von 1517 sucht man vergebens. Nach bisheriger Kenntnis wurden die Thesen zum ersten Mal im Dezember gedruckt, und zwar in Nürnberg, mehr als zehn Reisetage zu Fuß entfernt, fünf bis sechs Wochen nach der legendären Tat, aber dann auch schon in deutscher Übersetzung.

Hat er sie nun an die Schlosskirche genagelt oder nicht? Das Elend beginnt bereits beim Bedeutungswandel. Das *affixit* im humanistischen Latein Melanchthons meint keineswegs, dass durch Wittenberg Hammerschläge hallten, sondern schlicht, dass ein Zettel angebracht wurde. Erst in der späteren Vorstellung, dass das Anbringen eines Anschlags mittels eines Werkzeugs geschehen müsse, wurde der Hammer dazugedichtet. Heinrich Heine, der ebenso wenig dabei war wie Philipp Melanchthon oder Georg Rörer, übersetzte das Wort zutreffend mit «ankleben»[12] – das allerdings war, bevor die wilhelminische Luther-Aufrüstung begann.

Fest steht allein, dass Luther seine Thesen keineswegs selber angeschlagen hätte. Die Universitätsordnung hätte das gar nicht zugelassen. Er ist schließlich Professor, und wenn überhaupt, wäre ein solcher Anschlag Aufgabe des Pedells gewesen. Ein Professor war für den Geist zuständig und nicht für das Hand- und Hammerwerk. Auffällig bleibt die Erwähnung der Schlosskirche, verlangte die Rechtsordnung doch eine Bekanntmachung an allen Kirchtüren. Der wissenschaftliche Autor Dr. Martin Luther gehorcht auch sonst den Regeln: Seine Thesen sollten im kleinen Kreis diskutiert und keineswegs gleich veröffentlicht werden. «Amore et studio elucidande veritatis», aus Liebe zur Wahrheit und im Eifer, sie zu erhellen, bitte der Magister der freien Künste und Professor der Theologie, er schreibt sich hier «Martino Lutther», zu einer Diskussion über «hec subscripta», das Nachfolgende, wie er seine Thesen bescheiden bezeichnet. Wer keine Gelegenheit habe, nach Wittenberg zu kommen, möchte so gut sein und seine Haltung dazu brieflich formulieren. Von einer Disputation, die darauf erfolgt wäre, ist nichts überliefert; es wurden auch keine Gegenthesen eingereicht. Luther verteidigt die seinen nicht in der Universität, er gibt sie weg oder lässt es zumindest geschehen, dass sie verbreitet werden.

Der Mystiker Luther zweifelt an einem gnädigen Gott, hält aber weiter seine Vorlesungen. Er legt die Schrift aus nach seiner jeweiligen Anschauung und ist beliebt bei seinen Studenten, eine Freude auch für seinen Ordensvorgesetzten Staupitz. Er beginnt bekannt zu werden in der Humanistengemeinde, die ihn als einen der Ihren adoptiert. Er ist keiner von ihnen, seine Universität ist nicht Köln oder wenigstens Leipzig, sondern das weltabgelegene, gerade fünfzehn Jahre alte Wittenberg. Größere Kenntnisse der antiken klassischen Autoren hat Luther bisher nicht gezeigt, aber er ist einer von vielen Scholastikern, und wie viele andere gibt er gelegentlich seine Texte in Druck, wenn er verstanden werden will, auch auf Deutsch, so seine Auslegung der «Sieben Bußpsalmen» im Frühjahr 1517. Der Nürnberger Humanist Willibald Pirckheimer ist der Erste, dem er wichtig vorkommt. Am 30. August, da der Name noch nicht bekannt ist, geschweige denn der Markenname, der er wenige Monate später sein wird, reiht ihn Pirckheimer als «Martinus Lueder Augustiniani» in eine Kohorte der Fortschrittlichen ein. Er befindet sich dort in bester Gesellschaft, umgeben von Matthäus Lang, Johannes Eck, Wenzeslaus Linck, Thomas Murner, Johann Staupitz, Johannes Lang, Georg Spalatin und Eras-

Martin Luther mit den Reformatoren Johannes Forster, Georg Spalatin, Johannes Bugenhagen, Erasmus von Rotterdam, Justus Jonas und Philipp Melanchthon.

mus von Rotterdam. Es sind die Unterstützer Johannes Reuchlins, der an der konservativen, nach wie vor auf Thomas von Aquin vereidigten Kölner Universität als Judenfreund denunziert und mit der Inquisition bedroht wird.

Als Hätschelkind des regierenden Kurfürsten Friedrich hat die Wittenberger Universität kaum den Einfluss der alten Mächte zu fürchten. Durch die vielen Studenten und Lehrer wächst die Bevölkerung; bald werden zu den zweitausend Einwohnern fast noch mal halb so viele Studenten kommen. Rechtliche und disziplinarische Probleme werden auf dem kurzen Dienstweg zwischen den Professoren und der kurfürstlichen Kanzlei verhandelt. Luther pflegt hervorragende Beziehungen zu Georg Spalatin, dem Hofkaplan des Kurfürsten. Der wiederum vermittelt zwischen Luther und Friedrich, der sich vom Professor der Bibelwissenschaft seelsorgerischen und theologischen

Rat einholte. Noch schreibt Luther fast ausschließlich für ein gebildetes Publikum, vermeidet sogar bewusst, deutsch zu schreiben, denn er will, im Stand nicht der Gnade, sondern der Unsicherheit und des Fragens, den geschützten akademischen Bereich nicht verlassen – auch in der Hoffnung, sich dort über seine Überlegungen klarer und womöglich sicher zu werden.

Man hat von ihm gehört, man möchte mehr von ihm lesen. Christoph Scheurl in Nürnberg knüpft am 2. Januar 1517 die Verbindung mit ihm und stiftet eine Bekanntschaftskette mit Johannes Eck. Aus der Lektüre der Werke des Hl. Augustinus gewinnt Luthers Kollege Andreas Bodenstein, genannt Karlstadt, einhundertzweiundfünfzig Thesen gegen die scholastische Theologie. Karlstadt hat in Köln studiert, in Wittenberg über die Schriften des Thomas von Aquin gelesen, er hat als Dekan Luther zum Doktor promoviert, folgt aber jetzt dessen Wende vom formalistischen Thomas zum manichäischen Augustinus. Luther wiederum schickt Karlstadts Thesen am 6. Mai 1517 an Scheurl – die Reformer sind unter sich.

Die Scholastik ist überall auf dem Rückzug und mit ihr der Bundesheilige Aristoteles. Für Luther ist es ein Spaß, den Referenzphilosophen der Scholastik in die Grütze zu hauen. Es ist wie eine Verschwörung unter jugendlichen Eiferern: Das Alte muss weg. In Wittenberg geht das schneller als an älteren Universitäten. Seinem Ordensbruder Johannes Lang in Erfurt kann Luther bald erste Erfolge melden, wenn er ihm aus dem Wittenberger Universitätsbetrieb berichtet, dass dort «unsere», die reformierte, antischolastische Theologie herrscht und mit ihr der Hl. Augustinus: «Aristoteles descendit paulatim inclinatus ad ruinam prope futuram sempiternam», Aristoteles fällt mehr und mehr und hat es nicht mehr weit bis zum endgültigen, ewigen Untergang. Im September lässt Luther einen Franz Günther aus Nordhausen bei dessen Baccalaureat Thesen verteidigen, die ihm sein Professor selber aufgesetzt hat. Auch diese Thesen schickt er in die kleine Wissenschaftsgemeinde und findet allgemeinen Anklang. Es geht wieder um Aristoteles, also gegen ihn. «Error est dicere: sine Aristotele non fit theologus», es wäre falsch zu sagen, dass man ohne Aristoteles kein Theologe werden könne, das Gegenteil sei richtig: «Immo theologus non fit nisi id fiat sine Aristotele.»[13]

Es ist auch ein Spiel, etwas arg schülerhaft, aber bald wird er sich größere Gegner als den bereits toten Aristoteles vornehmen. Diese frechen Sätze sind ein erstes Anzeichen dafür, dass Luther nicht gewillt ist, für sein eigenes Heilsbedürfnis in irgendeine antikisierende säkulare Religion, eine humanistische Gelehrsamkeit auszuweichen, die nichts mit ihm zu tun hat. Wenn es eine Erlösung gibt, dann gewiss nicht in formalistischen Gottesbeweisen und über angesparte Heilskonten. Luther wird gelesen – der Humanist Bernhard Adelmann von Adelmannsfelden dankt Pirckheimer für die Übersendung der scholastischen Disputationen –, aber er macht damit noch kein größeres Aufsehen. Dass sich das mit seinem Anschlag auf die etablierte kirchliche Welt ändern würde, war nicht zu erwarten.

Disputationen gab es zu der Zeit viele, die Buchdrucker brachten mit Begeisterung Flugschriften in kleiner Auflage für den schnellen Verbrauch heraus. Um 1500 nimmt die Kirchenkritik durch die rasch gelesenen Einblattdrucke zu. Der technische Fortschritt erlaubt es, auch weniger gelehrte Texte zu verbreiten und polemische Forderungen zu stellen. Die Frömmigkeit lässt trotz der Kritik nicht nach, dafür ist die Heilsunsicherheit zu groß, und außer der überkommenen Kirche gibt es niemanden, der seelsorgerische Angebote macht. Es wird weniger die Institution der Kirche an sich kritisiert als die fehlende Glaubensstärke der Priester, ihre mangelnde Bildung, und dass sie bei ihrem Kirchvolk die Seelsorge vernachlässigen, weil sie zu sehr mit der eigenen beschäftigt sind.

An der Universität kommt es wie gewohnt zu Rede und Gegenrede, ein akademisches Glasperlenspiel, das so gut zu der scheinbar stillstehenden Zeit passt, ein Spiel um Erlösung und Gnade, um Rechtfertigung und Buße, und das in einer Umgebung, in der es keinerlei Begriff von der modernen Welt gibt. Allenfalls der käufliche Johannes Eck hatte wahrgenommen, dass wirtschaftliche Zusammenhänge existierten, die dann auch die politischen und am Ende sogar die Verhältnisse unter den weltentrückten Intellektuellen bestimmen konnten.

Keine Marktfrau, kein Diakon, kein Landstreicher hat sich gemeldet, der Luther dabei beobachtet hätte, wie er unverständliche Worte an der Tür der Schlosskirche anbrachte. Nicht einmal er selber scheint davon zu wissen, denn er spricht nie davon. In seiner eigenen Darstellung, 1541, wenige Jahre vor seinem Tod, beschreibt sich Luther als «Prediger allhie im Kloster und ein junger Doctor, newlich aus der Esse komen, hitzig und lüstig in der heiligen Schrifft»[14]. Ein blutiger Anfänger sei er 1517 gewesen, ungestüm und voll der Worte, die er aus der Bibel bezieht. Friedrich hat Johann Tetzel das Ablasspredigen in seinem Kursachsen verboten, aber Luther muss erleben, wie ihm das Beichtvolk davonläuft, nämlich nach Jüterbog und Zerbst, immer dem Ablass nach, den Tetzel verkündet.

Dieser Tetzel ist Dominikaner, einer jener verhassten und gefürchteten Inquisitoren, und ansonsten den Freuden des Lebens recht zugeneigt. Bei seinen Erweckungszügen soll er in Süddeutschland des Ehebruchs überführt und verurteilt worden sein. Kaiser Maximilian hatte ihm angeblich bereits den Tod durch Ertränken zugedacht. Es sei dann ausgerechnet Friedrich der Weise gewesen, der um sein Leben bat und ihn «zu Inspruck vom Sacke erlöset»[15] hat – eine weitere Legende, die ungeprüft die Zeiten überdauert hat und in den Luther-Friedrich-Mythos eingegangen ist. Tetzel verfügt, für einen Prediger unerlässlich, über eine tragende Stimme, er ist der erfolgreichste «Clamant»[16] (wie ihn Luther nennt) oder Andachtsausschreier seiner Zeit. Solche Schreier beschäftigt auch Friedrich, wenn es um die Schaustellung seiner Reliquien geht. Tetzel übertrifft darin alle und verkauft besser als alle anderen. In der reichen Bergbaustadt Freiberg soll er innerhalb von zwei Tagen zweitausend Gulden zusammengepredigt haben. In der Ablasskampagne bezog er deshalb zum Ärger seines Auftraggebers für sich und seine Gehilfen monatlich dreihundert Gulden, kein schlechtes Einkommen, wenn der Hofmaler Lucas Cra-

nach im Jahr auf hundert kurfürstliche Gulden und der Taglöhner auf
einen Gulden die Woche kam.

Weil die innige Verbindung von Geld und Gnade seit der Reformation nicht mehr besteht, ist es unvorstellbar geworden, was für ein
Geschäft das war. Bei Tetzel wird alles käuflich, ist für Geld alles zu
haben. Der Legende nach verspricht er sogar, dass er den Unhold frei-
kaufen könne, der sich an der Jungfrau Maria verginge (was, soweit
ersichtlich, seit dem Heiligen Geist niemandem mehr gelungen war),
vorausgesetzt, «der selb inn kasten leget was sich gebüret»[17]. Tetzel ist
als *bête noire* in die Reformationsgeschichte eingegangen, und darum glaubt man bereitwillig die vielen schlimmen Gerüchte. Trotzdem
war er gar kein Anstifter, sondern nur ausführendes Organ höherer
Mächte. Im Januar des legendären Jahres 1517 wird Tetzel in Mainz
als Subkommissar angestellt. Er gelobt feierlich, «das negocium eynes gnadenreichen indulgenz und ablas, von bebstlicher heylikeyt
gnediglich gegeben und verlihen […] getreulich, redelich und ane
eynich argelist», die Arbeit für den von der päpstlichen Heiligkeit verliehenen Ablass ohne Arglist auszuüben, und zwar, wie die bewährte
Formel lautet, «als mir got helf und alle seyne lieben heyligen»[18].

Die Vereinbarung gilt einem Handel, der korrekt als *negocium* bezeichnet wird, als Geschäft – eines, von dem Luther, und er schwört,
«so war mich mein HERR Christus erlöset hat», nicht einmal «wuste,
was das Ablas were, wie es denn kein mensch nicht wuste, fieng ich
seuberlich [schonend] an zu predigen, man köndte wol bessers thun,
das gewisser were, weder Ablas lösen»[19]. In Luthers eigener Version
ist noch nach Jahrzehnten die Empörung über das feile Gebaren des
Dominikaners zu spüren, der «verkaufft gnade umbs Gelt, so thewr
oder wol veil er aus allen krefften vermocht»[20]; billig oder teuer, verkauft er Gottes Gnade für Geld: «Und des dings treib er grewlich viel,
und war alles umbs geld zu thun», es sei alles nur des Geldes wegen
geschehen, klagt der Bettelmönch. Verkaufstechnisch ist der Slogan
«Sobald das Geld im Kasten klingt, die Seele in den Himmel springt»
in heilsunsicheren Zeiten ein unhintergehbares Argument, zumal

es mit päpstlicher Autorität und Heiligkeit abgesichert war. In der
27. These nimmt Luther den Spruch auf und erklärt, dass diejenigen,
die behaupteten, mit klingender Münze ließe sich die Seele aus dem
Fegefeuer befreien, «Lug und Trug» predigen.

Mit einem einzigen Satz zieht Luther dem Tetzel «vnnd all die mit
jm vnter der Decken lagen» den Boden unter den Füßen weg: «Tut
Buße, denn das Himmelreich ist nahe herbeigekommen.»[21] Er wollte,
dass das ganze Leben der Gläubigen Buße sei. Da hat jemand Erasmus gelesen, den außerordentlich populären Erasmus des «Enchiridion Militis Christiani» (auch Dürer kennt dieses «Handbüchlein
des christlichen Streiters», das 1503 entstand). Erasmus wendet sich
in seinem Frühwerk im Sinne der *devotio moderna* gegen modische
Heilsversprechen wie die durch Reliquienbeschauungen erwirkten
Ablässe. Das Leben des Christen vergleicht er mit dem eines Ritters,
eines Berufssoldaten, der ausschließlich auf Kampf ausgerichtet
ist. Beim christlichen Soldaten gilt der immerwährende Kampf der
Versuchung durch weltliche Versprechungen, wozu er auch die unchristlichen Angebote der Kirche zählt. «Principio etiam atque etium
memineris oportet nil aliud esse vitam mortalium nisi perpetuam
quandam militiam teste Job»[22], vor allem solltest du nicht vergessen,
dass das Leben – wie Hiob bezeugt – nichts anderes ist als ein fortwährend Kampf. Der Erasmus-Leser Luther wird den Begriff des
aktiven Kampfes durch den passiven Buße ersetzen.

Luther hatte, ohne es zu wollen, mit seiner eigenen Angstneurose
eine allgemeine Nervenkrankheit diagnostiziert, eine von Gebet zu
Gebet, von Wallfahrt zu Wallfahrt, von Ablass zu Ablass nur immer
größer werdende Furcht vor dem unvermeidlichen Tod.

Aber was weiß dieser Mystiker schon von der Welt? Er will auch gar
nichts von ihr wissen. Rom, das ihm so schändlich vorkam, ein einziger Götzendienst um den Papst, der sich in der Sänfte tragen lässt,
während Jesus selbstverständlich zu Fuß ging, ist unter Leos Pontifikat noch viel mehr verweltlicht und damit ganz auf der Höhe der

Zeit. Der Papst ist der Bischof von Rom, er ist Stellvertreter Gottes auf Erden, aber vor allem ein Renaissancefürst. Die Prachtentfaltung der Kirche wird als Propaganda für die Macht der *Una Sancta* ausgegeben, doch könnte sie irdischer nicht sein. Mit dem geistlichen Amt hat sie so wenig zu tun, dass Luther nicht bloß überlegt, warum der Papst, statt den Petersdom zu bauen, nicht besser das Fegefeuer ausräumt (82. These), sondern in der 86. These ganz verwundert fragt: «Warum baut der Papst, dessen Reichtümer heute weit gewaltiger sind als die der mächtigsten Reichen, nicht wenigstens die eine Basilika des Heiligen Petrus mehr von seinen eigenen Geldern als von denen der armen Gläubigen?»

Aber, noch einmal, was weiß er schon? Geführt von einem Bankier, Leo X., dem Chef des Florentiner Hauses der Medici, hat sich der Vatikan zu einem hochmodernen Wirtschaftsunternehmen entwickelt, das sich allerdings immer am Rand des Totalbankrotts bewegt. Seit dem Hohen Mittelalter geht die Macht der Kurie zurück. Das hat mit der wachsenden Selbständigkeit, mehr noch mit dem wachsenden Selbstbewusstsein der Landeskirchen zu tun, die jeweils die römische Hierarchie nachbilden, dabei aber immer weniger bereit sind, die römische Oberhoheit anzuerkennen. Den Weltkindern, die seit dem Ende des 15. Jahrhunderts durch Bestechung oder militärischen Druck auf den Papstthron gelangten, lag viel daran, sich ein Monument zu errichten, dauernder als Erz. Deshalb musste die alte Peterskirche abgerissen und wieder neu aufgebaut werden. Die ersten Künstler ihrer Zeit wurden beschäftigt, die päpstlichen Gemächer und den nur langsam entstehenden Petersdom so auszustatten, dass man sich vor den Vettern in Florenz, Siena oder Mailand nicht schämen musste.

Rom ist zu Beginn des 16. Jahrhunderts das geistliche Zentrum der westlichen Welt und kann daher mit Recht Kontributionen aus allen Ländern der Christenheit erwarten. Geld, viel Geld fließt nach Rom, aber es ist nie genug. Immer neue Ämter werden eingerichtet, die genehmigungs- und damit gebührenpflichtig sind. Allein wegen der Erfindung, Verwaltung und Betreuung der vielen Abgaben ver-

Unter den Päpsten Julius II. und Leo X. wurde in Rom mehr gebaut als in den fünfhundert Jahren zuvor. Der Petersdom sollte die größte Kirche der Welt werden. Zeichnung um 1532/36.

fünffacht sich zwischen 1471 und 1517 die Zahl der bei der Kurie Beschäftigten. Für die zweitausenddreihundert Ämter, die es allein im Jahr 1525 neu- oder umzubesetzen gibt, werden zweieinhalb Millionen Dukaten an Gebühren fällig.[23] Trotzdem treibt die Kurie in einen heillosen Schuldentaumel.

Wie der Polemiker Luther es schon vermutet hat, fließt das deutsche Geld tatsächlich in die Privatschatulle des Papstes. Leo ist weit weniger kriegsbegeistert als sein Vorgänger Julius, aber seine Liebe zur Kunst und vor allem seine Bauwut verschlingen Unsummen. Unter Julius II. waren zweitausendfünfhundert Arbeiter mit dem Abriss des alten und dem schrittweisen Bau des neuen Petersdoms beschäftigt, der größer, schöner und prächtiger werden sollte als alles, was die Welt bis dahin gesehen hatte, eine Kirche nicht nur, sondern das Denkmal für den Bauherrn. Unter dem ersten Stützpfeiler wurde in einem Tresor das Schweißtuch der Veronika eingelagert: Die gesamte Kirche kam also auf dem einzig wahren Bild des Erlösers oder jedenfalls der wirkmächtigsten Reliquie der Christenheit zu ruhen.

Bereits 1507, ein Dreivierteljahr nach Baubeginn, fehlte es Julius an Geld, um die Arbeit fortzuführen. Wenig erfolgreich bat er den französischen und den englischen König um Unterstützung. Dann

legte er einen Ablass auf und ließ ihn im Baltikum verkünden. Beim
Geldsammeln tat sich der Dominikaner Johann Tetzel hervor. Selbstverständlich wäre keinem der Zeitgenossen eingefallen, den Bau der
Peterskirche und damit den Ablass damit zu rechtfertigen, dass hier
einmal die größten Wunder der Kunstgeschichte zusammenkommen
würden, dass Bramante die Grundvierung plante und die erste Bau-
aufsicht führte, dass Raffael die Bauhütte übernahm oder dass hier
Michelangelos Pietà stehen würde. Die Deutschen betrachteten das
Unternehmen vor allem als Geldverschwendung und sahen darin
nicht ohne Grund das Geltungsbedürfnis eines absoluten Herrschers,
der sich zu allem Überfluss auch noch eines vom Allerhöchsten ein-
gesetzten Amtes berühmte. Zur aufschwungsbedingten Inflation
kamen laufend neue Steuern und Abgaben, die für undurchsichtige,
aber immer heilige Zwecke eingetrieben wurden, ohne dass je Rech-
nungsbücher offengelegt worden wären. Ferdinand Gregorovius, der
große Historiker im nationalistischen 19. Jahrhundert, klang entsprechend beleidigt: «Nichts als hochmütige Verachtung hatten die Kaiser,
die Fürsten und Völker, die innersten Angelegenheiten Deutschlands
von den Päpsten erfahren; zu nichts war dies Land gut, als der un-
erschöpfliche Brunnen der Habsucht Roms zu sein.»[24]

Umgekehrt verachten die Römer die im Norden als kulturlose Barbaren, doch was hätten sie sonst sein sollen: Vom prächtigen Rom,
das Nikolaus V. zu erbauen versprach, gab es, als Luther unter dem
Kriegsherrn Julius in Rom weilte, bestenfalls Baugruben und ein chao-
tisches Durcheinander zu sehen. Es ist auch fraglich, ob Luther von
der Sixtinischen Madonna, die Raffael damals für den Papst malte, so
sehr entzückt gewesen wäre, dass er die Geldausfuhr aus Deutschland
als Kunstpfennig gutgeheißen hätte. Dafür fehlte ihm die Bildung und
der Kunstsinn. Was hätte er, was hätten seine lieben Deutschen auch
von einem Bild gehabt, das irgendwo in Italien in einer Kirche hängt?
Umgekehrt war es letztlich wieder Geld, nichts anderes, was das Bild
später aus Rom lockte und nach Dresden brachte, ins Kernland der
Reformation.

Natürlich ahnt Luther nicht, dass die reiche Kirche wirtschaftlich am Ende ist. Die Personalkosten übersteigen längst die Einnahmen. Über das Haus Fugger in Augsburg werden achtundachtzig von einhundertzehn Bistümern in Deutschland, Polen, Skandinavien und Ungarn für den Vatikan abgerechnet, der damit eine Art Kontokorrentkredit hält. Die Fugger erhalten für ihre hohen Kredite an die Apostolische Kammer allerdings immer weniger aus dem Annatenaufkommen aus Deutschland. «Wenn die Fugger-Bank ihre Stellung unter den Kurien-Banken durch Kredite an den Papst ausbauen wollte, musste sie diese durch Einnahmen aus ihrem deutschen Ablass-Monopol decken lassen, das sie seit 1514 tatsächlich anstrebte und in exzeptioneller Weise verwirklichte.»[25]

Die Wiederaufnahme der Arbeiten an der Bauruine St. Peter erfordert neue Einnahmequellen. Die wichtigste wird der Petersablass, der mittelbare Anlass für Luthers fünfundneunzig Thesen. 1516 widmet Erasmus seine Ausgabe des griechischen Neuen Testaments, die auch eine Neuübersetzung ins Lateinische enthält, Papst Leo X. und vergleicht sein Werk mit dem Bau des Petersdoms,[26] stellt es sogar noch darüber und weiß nicht, wie sehr er damit recht bekommen sollte. Luther wird sich auf diese erasmische Vorarbeit stützen, als er seinerseits die Bibel ins Deutsche bringt und mit der von ihm entfachten Empörung über den Petersablass die Macht der großen römischen Kirche bricht.

Nach zähen Verhandlungen zwischen Deutschland und Italien kommt am 31. März 1515 die päpstliche Bulle «Sacrosanctis salvatoris et Redemptoris» zustande. Zwei Wochen später fasst der Papst in einer Art Aktennotiz die Vereinbarungen für seine Rechnungsführer zusammen: Man habe gnädigst den Bitten «unseren ehrwürdigen Bruders, des Erzbischofs von Magdeburg und Postulanten von Mainz», willfahrt und einen Ablass zugunsten von St. Peter gewährt. «Ausbedungen ist auch», jetzt kommt die wichtigste Klausel, «daß die Hälfte des Ertrages des Ablasses nach Abzug der Lasten jenem Bau zugehe und durch den genannten Erzbischof jährlich an ihn geschickt werde; und da der Erzbischof zur Beihilfe für jenen Bau in unsere Hände 10 000 Kammerdukaten Gold entrichtet hat, haben wir ihm versprochen und sind übereingekommen, daß der gesamte Ablaß während der Dauer der genannten acht Jahre nicht widerrufen noch suspendiert werden darf.»[27]

Es handelt sich bei diesem Vertrag um eine überaus komplizierte Regelung, über der die vatikanischen Juristen im Benehmen mit dem Mainzer Domkapitel nicht ohne Grund lange gebrütet hatten. Acht Jahre lang sollte auf bestimmte Regionen im Einflussbereich des genannten Erzbischofs begrenzt ein vollkommener oder Plenarablass angeboten werden, von dessen Erträgen aber nur die Hälfte nach Rom an die Bauhütte von St. Peter zu entrichten wäre. Damit folge man den Bitten des Erzbischofs – allerdings ohne ausdrücklich zu erwähnen, dass ihm die andere Hälfte zukommen soll. Dieser umfassende Ablass zeichnet sich vor allem dadurch aus, dass er in den Gebieten, in denen er verkündet wird, alle anderen Ablässe außer Kraft setzt. Die deutschen Einnahmen aus dem geistlichen Geschäft werden also monopolisiert, der Mainzer Erzbischof wird als Ablassbeauftragter zum Erfüllungsgehilfen Roms und hat die ordnungsgemäße Abrechnung und Weiterleitung an die Kurie zu garantieren.

In der «Instructio Summaria» für die Ablassunterkommissare, die 1516 in Mainz herauskommt, wird eine Begründung nachgereicht, die den Theologen Luther nur empören kann. Zunächst wird ein wenig von der Baustelle berichtet, die «nicht länger ungestalt und dem Regen so unterworffen bleiben» soll. Da aber die gesamten Einkünfte der römischen Kirche nicht hinreichen würden, das große Bauvorhaben fortzusetzen und zu vollenden, habe man Zuflucht zu den Fürbitten der Christgläubigen nehmen müssen, «die sie durch den Ablaß, welcher der eigentliche Schatz Petri ist, auf Gottes Antrieb reizen wollen»[28]. Vom Schatz Petri ist die Rede und von Gottes Antrieb, aber es geht zeittypisch ums nackte Geld. Der Hl. Petrus wird sich nicht lumpen lassen und reichlich Gnade ausgießen, verspricht dieser himmlische Werbeprospekt, vorausgesetzt, die Gläubigen zeigen sich zahlungswillig. «Es werden sich dannenhero die Christgläubigen nicht schämen zu diesem Bau des heiligen Petri einen Beytrag zu thun, zumal da der heilige Apostel denen Beytragenden ihre Contribution zu belohnen diesen seinen Schatz aufthut und verspricht.»²⁹ Die Dienstanweisung enthält genaue Angaben dazu, was sich der Hl. Petrus so an Liebesgaben vorstellt: Könige und Bischöfe sollen fünfundzwanzig rheinische Gulden zahlen, Äbte und Grafen zehn, der niedere Adel sechs, Bürger und Kaufleute drei, Handwerker nur einen. Auch eine Sozialklausel ist dabei: Den Armen wird erlaubt, ihren Beitrag durch Gebet und Fasten zu ersetzen. Statt einer Steuerprüfung wird die Gewissensfrage gestellt, eine andere allerdings als jene, die Luther bald umtreiben wird: «Vor wie viel Geld oder andere zeitliche Güter sie nach ihrem Gewissen besagte vollkommene Vergebung und Vermögen entbehren wollten?»

Nicht nur für den Sünder, auch für den ausführenden Ablassunterkommissar Johann Tetzel ist die «Instructio Summaria» außerordentlich nutzwertorientiert. Sie verfügt über ein Inhaltsverzeichnis und ist mit Randglossen versehen, um das schnelle Auffinden der passenden Stelle zu erleichtern. Sie enthält neben der Gebührenordnung einen Überblick über die verschiedenen Ablassformen, und auch der Lebenswandel der Ablasskommissare ist geregelt. Vorbildlich muss er sein und darf, bei dieser heiligen Sache nicht verwunderlich, keinerlei Aufsehen machen. Punkt 36 ist der heikelste: Der Papst erklärt, «quod pro dictis duabus gratiis principalibus consequendis non est opus confiteri seu ecclesias aut altaria visitare, sed duntaxat confessionale redimere»³⁰, für den doppelten Gnadenerwerb bedürfe es keiner Beichte, es muss keine Kirche, kein Altar aufgesucht werden, es genügt, einen Beicht- und Bußzettel zu kaufen, um ihn beim Heimatpfarrer einzulösen. Schändlicher konnte die Kirche gar nicht mehr vorgehen. Alles, was sie in Jahrhunderten an weihrauchdickem Zauber und mystischem Kult um unbefleckte Empfängnis, die Verwandlung von Brot und Wein, vom Kreuzesopfer Christi, auf dass die Menschheit lebe, etabliert hatte, stand mit einem Mal zum Ausverkauf, weil anders der Betrieb im Vatikan nicht mehr fortzusetzen war.

«Ich wuste aber zu der zeit nicht, wem solch gelt solte»[31], behauptet Luther Jahrzehnte später im «Hans Worst». Zumindest weiß er, dass es um Geld geht. «Unchristliches predigen diejenigen, die lehren, dass bei denen, die Seelen loskaufen oder Beichtbriefe erwerben wollen, keine Reue erforderlich sei», formuliert er 1517 als 35. These, und in der 89. These fragt er: «Vorausgesetzt, der Papst sucht durch die Ablässe mehr das Heil der Seelen als die Gelder – warum setzt er dann schon früher gewährte Schreiben und Ablässe außer Kraft, obgleich sie doch ebenso wirksam sind?», und schließlich, den erwähnten Schatz Petri betreffend, den der Papst großzügig unter die Leute gestreut haben will: «Der wahre Schatz der Kirche ist das heilige Evangelium der Herrlichkeit und Gnade Gottes.» (62. These)

Nur der arme Luther, dieser konservative Revolutionär, glaubt noch an die alte, die eine einfache, franziskanische, die feudale Kirche mit einem strafenden, gottgleichen Papstkaiser, die es vermutlich nie gegeben hat. Der fromme Leser müsse wissen, unterrichtet er seine Verehrer 1545, «daß ich damals, als ich an diese Sache heranging, ein Mönch und ein ganz verrückter Papist war. Ich war so trunken, ja beinahe ertrunken in den Lehren des Papstes, daß ich ganz und gar bereit gewesen wäre – wenn ich gekonnt hätte –, alle zu töten oder beim Mord derer mitzuhelfen und ihn zu billigen, welche auch nur mit einer Silbe den Gehorsam gegenüber dem Papst verweigerten.»[32] Das ist bereits der Luther'sche Altersstil, gewürzt mit der Übertreibungslust des Dichters, denn fast sein Leben lang sehnte sich Luther danach, nicht Mörder zu sein, sondern selber für Christus sterben zu dürfen. Das Ende war ihm immer nahe, und doch packte ihn beim Gedanken daran namenloses Entsetzen. «Ego serio rem agebam, ut qui diem extremum horribiliter timui, et tamen salvus fieri ex intimis medullis cupiebam»[33], ich betrieb die Sache so ernst, weil mir vor dem Jüngsten Tag graute und ich mich doch mit allen Fasern meines Herzens danach sehnte, das Heil zu erlangen. Bald wird ihm nichts anderes mehr übrigbleiben, als gegen die gottverlassene *Una Sancta* seine eigene, die einzig wahre Kirche zu gründen. In diesem Herbst 1517 muss Luther aber schon mehr gewusst oder doch geahnt haben, als er später zugeben will. Auch wenn er sein Kloster selten verlässt und nur ein paar andere Abteien in amtlicher Funktion visitiert, steht er doch mit einigen Kollegen von auswärts brieflich in Verbindung. Vielleicht sind ihm Gerüchte zu Ohren gekommen, aus der Universität, noch eher aus der kursächsischen Kanzlei. Sein Freund Spalatin, den er laufend unterrichtet und auch berät, führt in der gleichen Zeit eine aufwendige Korrespondenz mit Rom, in der es um den Wert der kursächsischen Reliquiensammlung geht und wie der, selbstverständlich im Interesse der frommen Pilger, noch zu steigern wäre. Fast schon rührend ist es, wie gut der Reformationshistoriker Paul Kalkoff die edle Absicht des «frommen Herrn» versteht: «Man sollte in seinem Stift durch die Kreuzesandacht eine tröstliche runde Summe von Gnaden, je ein Jahr oder nach Gelegenheit auch hundert Jahre Ablass verdienen können.»[34] Konkurrenz belebt das Geschäft. Der neue, besonders wirksame päpstliche Ablass zum Besten von St. Peter wird ab Ende 1516 in Mainz und Ende Januar 1517 in Magdeburg und Halberstadt angeboten. Der Urheber verkündet ihn persönlich am 1. Advent, am 30. November 1516, im Dom zu Mainz. Es ist der «Postulant» Albrecht von Brandenburg.

Dass der Heilige Stuhl mit diesem Täuschungsmanöver eine weitere Probe seiner strikt wirtschaftlichen Einstellung zu allem Religiösen abgelegt hat, kann Luther da tatsächlich noch nicht wissen. Leo X. hatte sich auf diesen Stuhl gekauft, er berief Freunde und Fernerstehende zu Kardinälen, wenn sie nur bereit waren, dafür die angemessene Gebühr in den päpstlichen Kasten zu legen. Es hätte seinem Verständnis vom Papsttum und der Welt insgesamt völlig widersprochen, wenn er nicht auch in Deutschland ausschließlich nach Nützlichkeit verfahren wäre.

Die Simonie, das Geschäft mit Ämtern, die Bezahlung ritueller und liturgischer Handlungen, die doch zum Aufgabenbereich des Priesters gehören, wird bereits in der Apostelgeschichte verdammt. «Das du verdampt werdest mit deinem gelde / Das du meintest / Gottes gabe werde durch geld erlanget» (Apg 8,20), übersetzt Luther die Mahnung der Apostel Petrus und Johannes an den namengebenden Zauberer Simon. Lakonisch vermerkt der Übersetzer 1545 am Rand: «At Papatus omnia vendit pecunia.»[35] (Das Papsttum aber verkauft für Geld alles.) Das heißt keineswegs, dass der diesseitsorientierte Leo nicht auch unter der Angstneurose gelitten hätte, die die ganze Christenheit in Zwangsherrschaft hielt und die der Papst mit seinem differenzierten System von Strafe und Gnade unbedingt erhalten wollte. Auch ihm graut vor der Hölle und dem Strafgericht des Jüngsten Tages, aber es gibt schließlich ein Leben vor dem Tod.

Albrecht von Brandenburg (1490–1545) fürchtet die Hölle nicht weniger. Er ist der zweitgeborene Sohn und deshalb zum geistlichen Stand bestimmt. Eins der ersten Dokumente, in denen er vorkommt, stammt von 1510. Ein Hofmeister beklagt, dass Albrecht zu fromm, «zu vill geistlich sei, doch hoff ich, das solle bei sein Gnaden auch alsbalt abe als zu nemen»[36]. Ganz will es sich aber nicht geben, Albrecht bleibt auch als Politiker ein frommer Mann. Vier Jahre zuvor hat er bereits die ersten kirchlichen Weihen empfangen. 1513, mit dreiundzwanzig, befreit ihn Leo X. gegen eine Gebühr von dem üblichen, für Kanoniker vorgesehenen dreijährigen Studium an der Universität; gleichzeitig wird er zum Priester geweiht, denn er soll zur Vergrößerung der Hausmacht seiner Familie Bischof werden. Im kleinstaatlichen Neidgefüge Mitteldeutschlands kommt es zu einer Machtverschiebung von Kursachsen zu Brandenburg. Albrecht beginnt zu sammeln: Kanonikus in Trier, Mainz, Magdeburg, dann, noch im selben Jahr, Bischof von Magdeburg und Administrator von Halberstadt; beide Ämter wurden zuvor von Sachsen verwaltet. Da er das kanonische Alter von dreißig Jahren längst noch nicht erreicht hat, wird es für ihn (wieder gegen eine Gebühr) zunächst auf siebenundzwanzig gesenkt, dann ein weiteres Mal für Mainz. Auch andere, zum Beispiel

Matthäus Lang, der Berater von Kaiser Maximilian, hatten auf dieses angesehenste Bischofsamt in Deutschland spekuliert. Doch Albrechts Gier war durch seine bereits erlangten Ämter noch längst nicht gestillt. Über das Haus Brandenburg und das Mainzer Domkapitel, dem er schon in früher Jugend angehörte, lässt er vorfühlen, wie man sich einer solchen Ämterhäufung stellt, denn Mainz, das muss sein, das musste auch noch seins werden.

Mit seinem überschüssigen Fett gleicht Albrecht einem Baby, das in die Patschhändchen haut und sagt: «Haben!» Die Mainzer sind gar nicht abgeneigt. Zu Mainz gehört nämlich die Stadt Erfurt, die wegen ihrer Verschuldung an Sachsen zu fallen droht. Albrechts älterer Bruder Joachim, der Kurfürst von Brandenburg, verspricht, für die Schulden aufzukommen, wenn sie Albrecht erwählten; außerdem wollten die Brandenburger die Kosten für das *pallium* übernehmen, die Gebühr, die von Mainz nach Rom für die Bestätigung des neuen Bischofs zu entrichten war.

Die Kurie, mit der anschließend die Verbindung gesucht wird, taktiert ein bisschen, überlegt, ob sie Albrecht nicht eins seiner Bistümer wieder nehmen oder ihm nur auf ein paar Jahre leihen kann, stimmt dann aber ohne große Umstände zu. Allein für den Dispens zur Ämterhäufung verlangt die vatikanische Datarie eine «Komposition» von zehntausend Dukaten, die, wie die Bulle so schön formuliert, der Postulant «in unsere Hände entrichtet» hat. Zur Refinanzierung hat Rom ein kleines Geschäft vorgeschlagen, nämlich genau jenes, das in der Bulle «Sacrosanctis salvatoris et Redemptoris» niedergelegt ist: den vollkommenen Ablass, der die üblichen Vergünstigungen für die eigene oder fremde Pein im unzweifelhaft drohenden Fegefeuer bietet und in diesem Fall für einen besonders guten Zweck erworben wird – für den Neubau der Peterskirche.

Um seine Bewerbung zu finanzieren, muss sich Albrecht, vermittelt durch seinen Bruder Joachim I., an das Handelshaus Fugger wenden, das sich längst zu einer ressourcengestützten Universalbank entwickelt hat. Albrecht, immerhin bereits so gut wie Fürstbischof,

schreibt an den «achtbaren, unserem lieben Besonderen Jakob Fugger»[37], der in dieser Notlage als Einziger tatsächlich etwas Besonderes
bewirken mochte – und das, obwohl er ein Bürgerlicher war, gesell-
schaftlich, wie nicht zuletzt der «Instructio Summaria» zu entneh-
men, weit unter einem adeligen Bischof angesiedelt. Am 15. Mai 1514
unterschreibt Albrecht den Fuggern einen Schuldbrief in Höhe von
neunundzwanzigtausend Gulden. Kaiser Maximilian, der die Vereinbarung in die Hände bekommen hat, kann für sich eine jährliche Abgabe von tausend Gulden herausschlagen, die er als frommer Mann
selbstverständlich ebenfalls in ein frommes Bauwerk investiert, die
St.-Jakobskirche in Innsbruck. Insgesamt werden bei diesem Trans-
fer-Unternehmen für «Handsalben» an Hoch und Nieder, für Gra-
tifikationen, für Gebühren, Botenlohn sowie die inzwischen bestens
eingeführte Fugger-Courtage von fünf Prozent 48 235 Gulden fällig.
Ämterhäufungen wie die Albrechts von Brandenburg kamen übrigens
öfter vor. Auch Eberhard von der Mark und Frederico Sanseverino
hielten jeweils drei Bischofshüte, doch waren sie nicht mit vergleich-
baren Gebühren belegt.[38]

Wirtschaftlich vielleicht nicht, aber reichspolitisch hat sich die
Investition bestimmt gelohnt. Albrecht ist nun dreifacher Bischof,
Markgraf von Brandenburg und qua Mainzer Amt auch noch einer
der sieben Kurfürsten, die den Kaiser wählen. Allerdings ist er damit
bereits bei Amtsantritt maßlos verschuldet. Auf das Halbeinkommen
aus dem achtjährigen Ablass ist er dringend angewiesen.

Aber fromm ist er immer noch. Spätestens mit dreißig Jahren
denkt Albrecht an seinen Tod, an sein Grab und an sein Nachleben.
Von Lucas Cranach lässt er sich als Hl. Martin und als Hl. Erasmus
malen, noch lieber als Hieronymus. Damit wird er selber zum Humanisten, übersetzt zwar keine Bibel, sitzt aber, umgeben von Bildungs-
insignien, in seinem Gehäus und tut mit Repräsentieren ein gutes
Werk. Nach den Berichten der Zeitgenossen studiert er mit Hilfe der
Bücher des realen Erasmus die Heilige Schrift und versieht den Altar-
dienst in seinen Kirchen nicht selten persönlich.

Ganz gleich, ob Martin Luther die Thesen angeschlagen hat oder nicht, am sagenumwobenen 31. Oktober schreibt er einen Brief an diesen ämterhäufelnden Albrecht. Luther wird demnächst vierunddreißig Jahre alt, Albrecht ist zu diesem Zeitpunkt erst siebenundzwanzig. Luther spart nicht an den vorgeschriebenen Höflichkeitsformeln. Er untersteht sich schließlich, den höchsten geistlichen Fürsten in Deutschland anzugreifen, wenngleich er auf die dem Stand des Adressaten angemessene Beknirschungsgesten nicht verzichten kann. Es ist ein amtlicher Brief, denn er ist lateinisch verfasst, nicht von angestrengter Gelehrsamkeit zwar, aber für jemanden, den sein aufreibender Beruf als Ämtersammler mit einer auf mehrere Residenzen verteilten Herrschaft zum frühen Abbruch der formalen Ausbildung genötigt hat, nicht ohne weiteres zu verstehen. Albrecht wird auf eine Übersetzungshilfe angewiesen sein. Luther weiß das, doch für ihn ist sein Brief ein Dokument, das er vorweisen kann – kein Privatschreiben, sondern eine Schutzrede, die vom Katheder der Wittenberger Universität an den Hof des Kurbischofs geht. «Der Herr Jesus ist mein Zeuge, daß ich im Bewußtsein meiner Niedrigkeit und Unansehnlichkeit lange aufgeschoben habe, was ich jetzt unverschämterweise vollbringe. Dazu hat mich vornehmlich meine Treuepflicht bewogen, die ich dem hochwürdigsten Vater in Christus zu leisten mich schuldig bekenne. Eure Hoheit wolle daher so gnädig sein, ein Auge auf mich, der ich Staub bin, zu richten und meine Bitte nach Ihrer und der bischöflichen Milde gnädig entgegennehmen.»[39]

Seine Sorge, muss er dem hohen Herrn melden, gelte seinen Beichtkindern, die durch die Predigten des Tetzel verwirrt und verunsichert werden. Ob Luther tatsächlich ein großer Seelsorger war, ist hier gar nicht die Frage, er führt das Argument an, das ihn und seine Klage rechtfertigt. Schelmisch traut er dem Bischof, der das Geld so dringend braucht, Unwissenheit in diesen heiklen Geschäften zu und kann ihn daher bitten, sie doch im wohlverstandenen Interesse der Gläubigen und vor allem des Glaubens abzustellen. Tetzel sage unsägliche Dinge, verspreche Unhaltbares, veruntreue den Glauben und maße sich vor allem an, kraft seines Amtes die göttliche Gnade austeilen zu können. Luther führt auch die Legende mit der Jungfrau Maria an als Beispiel für den Frevel, den Tetzel begehe. Er weiß, dass es um den Petersdom geht, doch scheint ihm nicht bewusst zu sein, dass Tetzel den Eintreiber für den Bischof macht, der anders seiner Schulden nicht mehr Herr würde.

In diesem Ton hätte er fortfahren können, denn es scheint keine Feindschaft von Anbeginn gewesen zu sein. «Und ich mag das auch sagen, das mir kein Herr, auch mein eigen Gnedigsten Herrn Chur- fürsten zu Sachssen nicht so gnedig allzeit geantwortet, und so viel zu gut gehalten haben, als eben der Bisschoff Albrecht. Ich dachte fur war, Er were ein Engel», schreibt Luther 1541 über seinen Erzfeind. Aber ein Engel kann er ja nicht sein, wie sein Gegner gleich deutlich macht, nein: «Er hat den rechten Meister Teufel, der sich so schön putzen kan. [...] Ich meine ja, ich sey auch beschissen in meinem hohen vertrawen auff solchen bösen menschen.»⁴⁰

Böse ist der Mensch, ohne dass recht ersichtlich wäre, warum. Auch Kurfürst Friedrich habe Albrecht vertraut, wie Luther zu wissen behauptet, ihm sogar seine politischen und finanziellen Machenschaf- ten mit dem französischen König und den Fuggern zugestanden, aber dann habe er erkennen müssen: «Nu hat mich mein lebenlang kein mensch also beschissen, als der Pfaff.»⁴¹ Das gilt einem aufgeschlos- senen Kleriker, der sich nicht bloß malen lässt, sondern damit die zeitgenössische Kunst fördert, einem Freund der Humanisten, dem Luthers Überlegungen gar nicht so ungewöhnlich oder gar fremd vor- kommen. Bei der Installierung in Mainz bringt ihm der befreundete Humanist Ulrich von Hutten, von 1517 bis 1519 in kurmainzischen Diensten, ein schamloses Preislied dar. Über Hutten versucht Al- brecht auch Kontakt zu Erasmus von Rotterdam aufzunehmen und macht ihm Geschenke. Theologischen oder politischen Eifer zeigt er nicht, er liebt die Selbstverherrlichung durch die Kunst, sorgt sich um sein Leben nach dem Tod und sieht seine gottgefällige Aufgabe im Sammeln von Reliquien und Heiligenbildern.

**Mit seinem «Römischen Ablaßkram» ist Johann Tet-
zel für Luther ein Frevler, der sich am Glauben vergeht. Protestantisches Flugblatt.**

Womit nur hätte er Luther betrogen? Ein engeres Verhältnis kann
es ohnehin nicht gewesen sein, obwohl der scharfe Ton, mit dem ihn
Dr. Martinus Luther (und nicht mehr Luder) 1517 angreift, eine voran-
gehende Vertrautheit zumindest denkbar macht. Wenige Zeilen später ist Luther plötzlich nicht mehr der Bettelmönch, der um eine milde Gabe bittet, er ist streng wie ein Großinquisitor und er behandelt
den Primas, als wäre der ein Ketzer, den nichts mehr vor der Hölle
bewahren kann. «Ach lieber Gott, so werden die Seelen unter Eurer
Obhut, teuerster Vater, zum Tode unterwiesen, strenge und immer
größer werdende Rechenschaft wird von Euch für alle diese Seelen
gefordert werden. Deshalb habe ich darüber nicht länger schweigen
können. Denn der Mensch wird seiner Seligkeit nicht durch das Bischofsamt oder -werk, auch nicht einmal durch Gottes eingegossene
Gnade versichert, sondern es befiehlt uns der Apostel (Phil 2,12), alle-
zeit mit Furcht und Zittern zu schaffen, daß wir selig werden.»[42]
Damit nimmt der strenge Briefschreiber seine 80. These auf: «Rechenschaft werden jene Bischöfe, Pfarrer und Theologen zu geben

haben, die zulassen, dass solche Predigten vor dem Volk feilgeboten werden.» Albrecht hat es nicht nur zugelassen, er hat Tetzel beauftragt und ermächtigt, den Frommen das Blaue vom Himmel – den Weg aus dem Fegefeuer – zu versprechen, etwas, das die Bibel nicht vorsieht und was nicht gottgewollt ist. «Die päpstlichen Ablässe», schreibt Luther in der 76. These, «können nicht einmal die kleinste der lässlichen Sünden tilgen, was die Schuld betrifft.» Tetzels Arbeit ist Betrug und Täuschung, weil sie die von Paulus und Augustinus her bestätigte Schuld des Menschen leugnet.

«Sed quod faciam?», fragt der Getriebene den Bischof rhetorisch, was soll ich denn machen? Er könne ja gar nicht anders, als sich an den Bischof zu wenden, die Angst um das verratene und verkaufte Seelenheil der Gläubigen nötige ihn dazu. Er bittet den Bischof «durch den Herrn Jesus Christus», er möge doch ein Auge väterlicher Sorge auf das Tetzel'sche Treiben haben und die Ablassinstruktion aufheben. Es könnte nämlich sein, schreibt er mit kaum unterdrückter Bosheit, dass einer käme und widerlegte, was der Ablass anbietet, «zur höchsten Schmach Eurer durchlauchtigsten Hoheit», und das, versichert er der Hoheit, «verabscheue ich ganz außerordentlich»[43].

Am Ende unterschreibt er mit: «Indignus filius (unwürdiger Sohn) Martinus Luther, / Aug[ustiner] Doctor S[anctae]. Theologie / vocatus», bringt also seine ganze spirituelle und akademisch legitimierte Macht gegen die erkaufte seines Adressaten in Stellung. Er ist der vom thüringischen Luder zum befreiten Luther geläuterte Augustinermönch, der sich nicht nur berufener Professor, sondern auch Lehrer der unbezweifelbaren heiligen Theologie nennen darf. Er spricht und urteilt und verurteilt mit der Autorität der Bibel. Eine Antwort Albrechts ist nicht bekannt, aber der Kampf ist damit eröffnet.

Niemand kann sagen, woher Luther das Selbstbewusstsein nahm, sich an den mächtigen Bischof zu wenden, dazu die Gewissheit, sein Brief könnte so zwingend sein, dass er Albrecht veranlassen würde, das Tetzel'sche Ablassunternehmen einzustellen. Wie es der Zufall will (aber natürlich ist es keiner), erscheint der Religionsstifter hier zum ersten Mal mit seinem endgültigen Namen Martin(us) Luther. Wie seine etymologische Herleitung vom griechischen «Eleutherius» zeigt, sieht er sich als Befreiter, zumindest als freier Geist, der damit auch weit über das theologische Fach- und Kollegenpublikum hinaus sprechen würde. Dass er am Ende nahe bei seinem deutschen Namen blieb, wird Teil seiner durchschlagenden Wirkung.

Luther schreibt einen weiteren, wahrscheinlich weitgehend wortgleichen Brief an Hieronymus Scultetus, den für ihn zuständigen Bischof von Brandenburg. Auch hier keine Reaktion oder, wie Luther meint: kalte Verachtung. Da er als Mönchlein nicht wahrgenommen worden sei, habe er seine Thesen zugleich mit dem deutsch gehaltenen Sermon «Von Ablass und Gnade» (der allerdings erst Ende März 1518 erscheint) herausgebracht. Die Thesen an der Schlosskirchentür anzuschlagen, muss er dann vor lauter Schreiben und Versenden vergessen haben.

1545, im Jahr vor seinem Tod, behauptet Luther ein weiteres Mal, nichts davon gewusst zu haben, dass die Hälfte der Erträge aus dem Petersablass an den Papst ging («alterum dimidium papa, id quod tunc nesciebam»). Wer aber sollte dann den Anteil, der nicht an Albrecht ging, erhalten haben? Tetzel vielleicht? Und warum empfahl Luther, mit sicherem Instinkt für das, was die Deutschen am meisten schmerzte, dass der Papst für den Bau des Petersdoms statt des in Deutschland erpressten Geldes doch bitte sein eigenes verwenden möge?

Seit Anfang 1517 zieht Tetzel mit einem Klingelbeutel herum, der wegen des erwarteten Aufkommens die Gestalt einer schweren, eisenbeschlagenen Kiste hat. Die Kiste macht das Reisen beschwerlich, hindert aber mögliche Diebe und Räuber, sich der frommen Gaben zu bemächtigen. Die Gläubigen, so empfiehlt es die Instruktion, sollen ihr Opfer selber in die Kiste werfen. Der Ausrufer, der bei seinen Predigten das Ablasskreuz aufstellt und den Katalog der Gnaden herunterbetet, sollte nichts für sich abzweigen können. Das Bankhaus Fugger schickt für alle Fälle mehrere Bewaffnete mit, da das Geld letztlich von beiden Seiten nach Augsburg verpfändet ist, wo es gezählt, geteilt, gewogen und bis auf den letzten Kreuzer gegen bestehende Schulden verrechnet wird.

«Denn alle welt klagt uber das Ablas, sonderlich uber Detzels Artickel»[44], behauptet Luther später, und die Reformationsgeschichtsschreibung hat sich dieser Behauptung bereitwillig angeschlossen. Gewiss gab es da und dort und dann sogar erheblichen Unmut beispielsweise über die sonderbare Validität von «Beichtbriefen», für die sich die Petenten nicht einmal im Stand der Gnade befinden mussten. So ein Brief muss wie Bargeld gewesen sein, ein besserer Geldschein. Damit habe man gelegentlich sein Essen bezahlt, stellt Johannes Eck fest, aber am schändlichsten sei, er kann sich darüber schon ziemlich aufregen, «quod turpissimum est, malis mulieribus pro nocturno salario»[45], dass die Beichtbriefe sogar als Hurenlohn Verwendung fanden. Wobei sich natürlich noch überlegen lässt, wie die «schlechten Weiber» ihrerseits diese Beichtbriefe im christlichen Tageslicht kapitalisieren konnten.

Doch war deshalb keineswegs alle Welt dagegen, es gab nicht einmal einen mehrheitlichen Widerwillen gegen das fiskalische Gnadensystem, denn dafür war der Ablass eine viel zu lebenspraktische Einrichtung. Der Sünder (und wer hatte nicht gesündigt?) konnte in diesem Leben niemals Gewissheit darüber erlangen, ob, wann und wie ihm seine Schuld vergeben würde. Der Ablasstandler lieferte ihm eine Gewissheit, wie sie auch das auf Treu und Glauben bei gleichzeitiger Verrechnung von Schulden basierende weltliche Handelsgeschäft bot. Wenn Luther darüber ungehalten ist, dass die Fugger dahinterstecken («denn die hatten das geld fürgestreckt»[46]), zeigt auch er auf die mitgelieferte Garantie: Mit diesen Geschäftsleuten kann doch nichts fehlgehen.

Aber Luther will nicht Teil dieser modernen Welt sein; er hält sich näher an seinen Gott als an die Menschen. Dennoch kann es zwischen Gott und dem Menschen, der für Luther nur als Sünder zu begreifen ist, keine Heilsgewissheit geben – was niemand besser wusste als dieser eine Mensch, der sich damit über Jahre in seiner Klosterzelle gequält hatte. Was sollte falsch daran sein, wenn dem Sünder doch glaubhaft versichert wird, dass er Gewissheit erlangen und ebenso gewiss sogar seine verstorbenen Eltern und Großeltern aus dem Fegefeuer befreien kann? Noch wenige Jahre zuvor hatte Luther keinerlei Zweifel am Wert der Ablässe. In Rom glaubte er, für seinen Großvater einen Zettel erwerben zu können, der diesem das Jenseits erleichtert hätte. Erst jetzt, bei dem offen zelebrierten Tauschgeschäft Geld gegen Gnade, versagt ihm der Glaube. «Mir scheint heutzutage im Ablaß nichts zu sein als eine Täuschung der Seelen und daß er ganz und gar nichts nütze sei, außer für die, welche auf dem Wege Christi schnarchen und faul sind»[47], schreibt er im Februar 1518 an den bereits verunsicherten Spalatin. In jedem Fall sei es besser, seinen Nächsten Almosen zuzuwenden, als Geld für Ablässe auszugeben. So hat er es auch in seinen Thesen formuliert.

Dabei ist es doch der Papst selber, der diese Gewissheit bietet, indem er sich auf Konzilsbeschlüsse und die Bullen seiner Vorgänger beruft. Überdies sind in der Kurie genügend Männer beschäftigt, die aus der Schrift belegen können, dass die Bibel Gnadenausgießungen gegen Geld vielleicht nicht empfiehlt, sie aber auch nicht ausdrücklich ablehnt. Warum also sollte man in diesen unsicheren Zeiten ein so sicheres Angebot ausschlagen?

Luther tut es. Luther, der in der bis dahin besten aller Welten lebte, wollte trotzdem nicht mit ihr einverstanden sein. Der durch die Pestwellen verursachte Bevölkerungsrückgang war vorbei, der Handel blühte auf. Die Städte erlebten einen nie gekannten Aufschwung. Die sozialen Unruhen, zu denen es immer wieder kam, entzündeten sich nicht zuletzt an dem Bedürfnis der Wohlhabenden, ihren Reichtum auszustellen. Überall wurden neue Kirchen gebaut, alte renoviert, neue Wallfahrten eingerichtet, Altäre und Patronate gestiftet. Die Künstler hatten Mühe, die Flut an Aufträgen zu bewältigen, all die Heiligenbilder und Marienszenen und Kreuzigungstafeln zu malen, nach denen es die fromme und bei aller Daseins- und Schaffensfreude auf das Leben nach dem Tod fixierte Christenheit verlangte. Der Ablass versöhnte die deutsche Menschheit wenigstens zeitweise mit ihrer religiösen Neurose, die dem Ganzen zugrunde lag.

Der erlösungshungrige und daran doch immer wieder verzweifelnde Mönch weiß, wie verführerisch das Angebot ist, das der Ablass macht, es verträgt sich aber nicht mit seinem Verständnis von Schuld und Gnade. In der theologischen Debattenwelt ist er noch viel zu wenig bekannt, als dass er mit seinen Überlegungen Aufsehen erregen könnte. Deshalb wendet er sich gleich an die Mächtigen. Opferbereit sucht er den Skandal und nicht etwa die gelehrte Disputation. Frech fügt er mit der These 71 eine salvatorische, eine geradezu scholastische Klausel ein: «Wer gegen die Wahrheit der apostolischen Ablässe redet, der soll gebannt und verflucht sein.» Genau das wird sein Schicksal. Gebannt und verflucht, weil er sich der Autorität des Papstes widersetzt, erringt er statt der Märtyrerkrone, die er sich in besonders fundamentalistischen Augenblicken immer wieder wünscht, den Lorbeer des Triumphators.

Friedrich der Weise untersagt das Kassieren auf seinem Territorium, aber nicht etwa, weil er Tetzels Erlösungsangebote für frommen Betrug gehalten hätte. Der Brandenburger, der den Dominikanerprediger beauftragt hatte, ist sein politischer Gegner. Die Feindschaft wird aufgewärmt, zumal die Brandenburger seit der Berufung Albrechts für die kommende Kaiserwahl bereits über zwei Kurstimmen verfügen. Ein Plenarablass, der auf «totiens quotiens» ausgestellt und damit jederzeit in naher oder ferner Zukunft einlösbar ist, lässt sich nicht erhöhen, es gibt seit dem Petersablass schlicht keinen Grund mehr, noch weitere Ablässe zu erwerben. Das trifft vor allem das kleinteiligere Wittenberger Ablasswesen.

Luthers Beichtkinder gingen daher über die Grenze, um sich die Predigten Tetzels anzuhören, der die Hölle mit allen Gräueln ausstattete, aber praktischerweise bereits ein Heilmittel bereithielt. Eine fatale Frömmigkeitskonkurrenz entsteht: Wenn der große Clamant Tetzel von Berlin über Erfurt und Mainz bis nach Augsburg einen vollkommenen Ablass ausruft, welkt unweigerlich das Interesse an den Präsentationen der Schlosskirche. Die Inflation macht die Erlösung ebenfalls teurer. Doch die Wittenberger Reliquien, seien sie auch noch so kostbar und kunstvoll gefasst, verlieren schlagartig an Wert, weil sie nicht annähernd die Leistung bringen können, die Tetzel mit allerhöchstem päpstlichen Segen anbieten kann.

Die Konkurrenz um den Groschen oder auch den Gulden des Gläubigen gehört zu der Parallelwirtschaft, die sich neben und mit dem Handel mit irdischen Gütern entwickelt hat. Die neuen Wallfahrten saugen unerwartet viel Geld ab, weil sie mit neumodischen Blutwundern und Marienerscheinungen prunken und entsprechende Erlösungsversprechen machen können. Der Prediger in Wittenberg kann noch so viel spotten, die Attraktion immer neuer Mysterien ist größer: «Darumb laß man sy ligen und lauff nit dahin, dann man waißt nit ob sant Jacob oder ain todter hund oder ain todts roß da ligt, darumb geschicht jnen auch recht die da also hinlauffen: dann dieweil man die gůten rechten werck die got gebeüt nachlaßt, so felt man dahin und laufft zů sant Jacob, und ee man geb ainem armen man .xxx guldin, ee laufft man hin und verzeret xxxx. oder hundert. Darumb laß predigen wer da will, laß ablaß ablaß sein, laß raisen wer da wil, bleib du dahaim.»[48]

Luther lehrt an einer unbedeutenden Universität und hat außerhalb seiner unmittelbaren Bezugsgruppe, den jüngeren Humanisten, keine nennenswerte Basis, doch er lebt in der Gnade seines Fürsten. Beide, im frommen Glauben und durch den Ablassstreit auch durch irdisch Gut miteinander verbunden, erleben einen klassisch kapitalistischen Vorgang: dass die Kundschaft ausbleibt, wenn anderswo ein besseres Angebot lockt. Luther geht das Beichtvolk verloren, Friedrich der Weise fürchtet als früher Merkantilist den Kapitalabfluss ins Nachbarland. Am Sinn und vor allem an der Wirkung des Ablasses zweifelt er nicht. Als Luther in der Schlosskirche schon gegen den Ablass predigte, versuchte sein Landesherr Friedrich, Besitzer der drittgrößten deutschen Reliquiensammlung – in ebenjener Aller-

heiligenstiftung, die mehrmals im Jahr in genau dieser Kirche ausgestellt wird –, bei der römischen Kurie den bei seiner Sammlung zu
erwirkenden Ablass auszuweiten und das Ablassquantum zu erhöhen:
Pro Reliquie sollten für die Beschauung jetzt dreißig Jahre gewährt
werden.[49] Der Bitte wurde schließlich stattgegeben; der Papst hatte
auch dafür gute Gründe, und die waren keineswegs religiöser Natur.
Schon wegen dieses pittoresken Reliquienkults ist die Verbindung
zwischen Kurfürst Friedrich und Luther so rätselhaft. Als Patron der
Reformation und zum Weisen geadelt ist Friedrich in die Geschichte, jedenfalls in ihrer protestantischen Version, eingegangen, dabei
teilten Luther und er keine theologischen Überzeugungen, sondern
bestenfalls ein gemeinsames Geschäftsinteresse. In seiner hand-
schriftlich überlieferten Chronik «Herzogen Friedrichen zu Sachsen
des Namens des Dritten Churfürsten christlichen, hochlöblichen und
seligen Gedächtnis Leben» versichert Spalatin, «wie treulich und
gnädiglich er's mit dem Herrn Doktor Martinus Luther meinte», ihn
«gewißlich gnädiglich lieb und wert» hielt, erwähnt aber auch, dass er
«nicht mit ihm jemals umging».[50]

Luther hat bereits mehrfach gegen den Ablass gepredigt – «Und
bey Hertzog Friderich damit schlechte gnade verdienet, Denn er sein
Stifft auch seer lieb hatte.»[51] Man weiß nichts über ihr Verhältnis im
Herbst 1517, doch gibt es einen nicht eindeutig datierbaren Brief Luthers an Spalatin, in dem er von dem Gerücht spricht, er habe seine
Thesen im Auftrag des verärgerten Friedrich gegen Albrecht ausgehen
lassen. Luther streitet das natürlich ab. Anfang November schreibt
Luther direkt an Friedrich und bittet ohne große Umschweife darum, ihm doch endlich die versprochene Kutte, das «new Cleyd», zu
geben. Kurioserweise drängt er den Kurfürsten dann auch noch, dem
Gerücht entgegenzutreten, dass im Kurfürstentum die Steuern erhöht
werden könnten. Mit einer Impertinenz, die bereits in dem Brief
an Albrecht anklang, stellt er seinem Herrn die Folgen vor Augen:
«Dann myrs von hertzen leyd ißt vnnd vielen e. f. g. gunstigenn, das
auch diße schetzung e. f. g. letzten tagenn ßo vill gutes geruchts, na-

men vnnd gunst beraubt hatt»⁵², es täte ihm ganz furchtbar leid, wenn wegen dieser Steuer das Ansehen des Fürsten leide und er am Ende um seinen guten Namen gebracht werde.

Und das ist das kaum beachtete, gleichwohl stärkste Argument dafür, dass Luthers fünfundneunzig Thesen tatsächlich für einen Moment an der Tür der Schlosskirche hingen, ob von ihm selber, vom Pedell oder einem Studenten angebracht. Im Herbst 1517 beschränkt sich Luther noch darauf, den Kurfürsten, dem er bereits mehr verdankt als nur eine neue Kutte, rigoros zu schulmeistern. Bald wird er sein wichtigster Ratgeber werden, um zuletzt das Kurfürstentum Sachsen als geistlicher und weltlicher Regent eines wahrhaft evangelischen Kleinstaats zu übernehmen. In Luthers Verständnis ist der Mensch nur als Sünder denkbar und kann Erlösung von seiner Schuld allein vor Gott finden. Was den Prediger am meisten erbost, ist die Vorstellung, es könnte eine Rettung außerhalb der Schrift geben, dass Gottes Gnade, die möglicherweise (keineswegs zuverlässig) durch Buße und das intensive Studium der Heiligen Schrift zu erlangen ist, plötzlich käuflich geworden sein sollte. Christi Gebot «Glaubt an mich und ihr werdet gerettet!» würde, wenn es mit einem Mal eine Rettung geben sollte ohne Schuld, ohne Reue, auch für den Mann, der über dieser Frage seit Jahren mit sich und auch seinem Gott im dialektischen Streit liegt, aufgelöst in einem Säurebad des Zweifels. Tetzel, Friedrich und Albrecht und über den dreien der Papst würden doch damit dem Augustinermönch, der seinen eigenen steinigen Weg zu einer möglichen göttlichen Gnade gefunden hat, den Weg zur Rettung auf die bequemste mögliche Weise abschneiden. «War alles umbs geld zu thun» – was für ein Hohn!

Luther wäre nicht der Erste, der die Schlosstür als Verstärker seiner Thesen nutzt: Am 26. April, dem Sonntag Misericordias, hat Karlstadt seine Thesen an die Tür der Schlosskirche angeheftet, zu deren Allerheiligenstift er als Archidiakon gehört. Wie im Frühjahr wird auch jetzt, am Vorabend des Feiertags Allerseelen, die *ostentatio* der Reliquien vorbereitet. Und wie bei jeder Präsentation wird eine Menge Volks erwartet, bereit, Ablässe auf zeitliche Sündenstrafen zu erwerben. Mit seinen Thesen kann Luther, indem er den Papst, die Bischöfe und Tetzel anspricht, ohne ihn erwähnen zu müssen, beiläufig auch seinen Kurfürsten kritisieren, der diese ganzen Heiligtümer zusammengerafft hat, bei denen man nicht weiß, «ob sant Jacob oder ain todter hund oder ain todts roß da ligt».

Nein, Luther wusste – sei es von Spalatin halbwegs ins Bild gesetzt, sei es, dass er seine Schlüsse zog – recht genau Bescheid über das Geschäft mit der Religion im Allgemeinen und mit dem Petersablass im Besonderen. Falls sich der Prediger Luther die Ungnade des Fürsten zugezogen haben sollte, könnte er dessen Gnade wieder teilhaftig werden, wenn er seinen religiösen, theologisch wohlbegründeten Unmut über das Ablassunwesen auch gleich an den richten würde, dem dieser Missbrauch so viel einbringt, während Friedrich allmählich um die Dividende für seine teuren Erwerbungen fürchten muss.

So wie er das Jahrzehnte später darstellt, hat sich Luther dieser Aufgabe nur widerwillig unterzogen. Aber «weil alle Bisschove und Doctores still schwigen und niemand der Katzen die Schellen anbinden wollte»[53], musste er es eben machen und damit noch sehr viel mehr Ungnade auf sich nehmen. Auf längere Sicht war es aber die richtige Entscheidung, der Krach, den er mit dieser Schelle veranstaltete, das «Luterische Lermen», auf Dauer wirksamer.

Die Frage, ob es einen Anschlag gab oder nicht, klärt ein Holzschnitt, der 1617 anlässlich des hundertjährigen Reformationsjubiläums entstand. Es ist auch der Vorabend des schlimmsten Krieges, den Deutschland bis dahin erleben sollte; eine Reformationsschlacht, wie sie den Apokalyptiker Luther bestätigt hätte, ausgefochten noch einmal um die rechte Religion und die daran gebundenen politischen Interessen. Auf dem Stich steht ganz links ein tonsurierter Mönch, die aufgeschlagene Bibel in der linken Hand, und schreibt mit dem Gänsekiel in der rechten die Worte «Vom Ab / laß» an ein kupferbeschlagenes Tor. Die Feder ist mächtiger als jeder Hammer, sie ist sehr lang und reicht weit in die Bildmitte, wo sie einem Löwen, der sicherheitshalber als «Papst Leo X.» beschriftet ist, die Ohren durchsticht und auf der anderen Seite dem Herrn dieses Wappentiers, dem Papst, die Tiara vom Kopf stößt. Rechts im Vordergrund wird eine Gans gebraten, womit eine noch mal hundert Jahre weiter zurückreichende Verbindung zu Jan Hus hergestellt wird. «‹Heute bratet ihr eine Gans›, sagt Jan Hus im Jahr 1415, da ihn das Konzil zu Konstanz wollte verbrennen lassen. ‹Aber in hundert Jahren, das ist, wenn man 1516 zählt, wird ein lauterer Schwan kommen, der wird euch letztlich ein anderes Liedlein singen›, wie Gott lob geschehen. Denn 1516 hat D. Luther angefangen wider den Ablaß zu disputieren»⁵⁴, schreibt der Hagiograph Johannes Mathesius. («Husa» bedeutet im Tschechischen «Gans».)

Rechts hinten liegt Kurfürst Friedrich in einem Zelt bei dem Dorfe Schweinitz weit weg von Wittenberg und hat einen Traum, der sich im Vordergrund bereits erfüllt. Spalatin hat ihn überliefert: Dreimal sei Martin Luther Friedrich in Gesellschaft von Heiligen erschienen. «Gott ließ mir gebieten, ich sollte dem Mönch gestatten, daß er mir etwas an meine Schloßkirche zu Wittenberg schreiben dürfte … Darauf fängt der Mönch an zu schreiben, und macht so grobe Schrift, daß ich sie hier zu Schweinitz erkennen konnte. Er führte auch so eine lange Feder, daß sie auch bis zu Rom mit dem Hinterteil reichte und einem Löwen, der zu Rom lag, mit dem Sturz in ein Ohr stach, daß der Sturz zum anderen Ohr wieder herausging und streckte sich die Feder weiter bis an der päpstlichen Heiligkeit dreifache Krone und stieß so hart daran, daß sie begann zu wackeln und wollte ihrer Heiligkeit vom Haupte fallen.»⁵⁵

Als Gregorovius gut zweihundertfünfzig Jahre später seine «Geschichte der Stadt Rom im Mittelalter» beendet, schreibt er diesen berühmten Stich ab. «Die Feder entwuchs seinen Händen; sie reichte bis nach Rom; sie rührte an die Tiara des Papsts, die davon zu wanken kam. Die Zeit war reif geworden: die deutsche Reformation erschien.»⁵⁶

Sie wäre aber nicht erschienen, hätte es den Buchdruck nicht gegeben, sie wäre auch nicht erschienen, wenn der Humanist Dr. Martinus Luther in der Gelehrtensprache Latein verblieben wäre. Im lateinischen Original konnte er sogar seinen gnädigen Kurfürsten davor bewahren, die Thesen lesen zu müssen. Ohne Luthers Zutun wurden sie jedoch rasch übersetzt und gingen wie ein endlich offenbartes Geheimnis von Hand zu Hand. Noch nach Jahrzehnten kann er stolz berichten: «Die selbigen lieffen schier in vierzehen tagen durch gantz Deudsch land»[57], was kaum übertrieben ist. Der Bischof von Merseburg freut sich bereits Ende November 1517, dass die «conclusiones, die der Augustinermönch zu Wittenberg gemacht, an vil ortern angeslagen werden»[58]. Wenn das Datum stimmt und sie tatsächlich außerhalb von Wittenberg angeschlagen worden sind, müssten sie inzwischen gedruckt vorliegen. Im Dezember 1517 bittet der Augsburger Kanoniker Bernhard Adelmann von Adelmannsfelden den Nürnberger Pirckheimer zweimal um die «Conclusiones», die mittlerweile in Nürnberg im Druck erschienen sind. Am 11. Januar meldet Adelmannsfelden, dass er Luthers Thesen endlich empfangen habe, allerdings sind sie ihm aus Basel zugegangen. Adelmann bezweifelt, dass Luther, dieser «gute und gelehrte Mann»[59], sich damit durchsetzen werde. Albrecht habe nämlich den Petersablass mit päpstlichem Segen empfohlen und für Bamberg, Würzburg, Eichstätt und Augsburg einen Ablasskommissar eingesetzt. Das ist kein frommes Treiben. «Mihi ea non probantur»[60], mir gefällt das nicht, schreibt er an Pirckheimer. Der ehemalige Wittenberger Rektor und jetzige Nürnberger Ratskonsulent Christoph Scheurl, der die Thesen seit zwei Monaten besitzt, aber auch nicht aus Wittenberg bezogen hat, scheint sie seinerseits ausgerechnet an Johannes Eck weitergeschickt zu haben.[61] Und noch einer reagiert, jedoch nicht auf Luther, den er unmöglich gelesen haben kann, sondern grundsätzlich auf die Ablassfrage, die sich durch Tetzels erfolgreiches Wirken neu stellt. In Rom arbeitet der Thomist Kardinal Cajetan über den Ablass. Anders als Tetzel gesteht er den Verstorbenen keine Absolution, sondern nur eine Solution zu.[62]

Der Gelehrte, der verhinderte Disputant, der zweifelnde Mystiker Luther findet sich gegen seinen Willen als Volksautor wieder. An Scheurl, der sich darüber beschwert hatte, dass er ihm seine Thesen

Beim hundertjährigen Reformationsjubiläum 1617 hat Martin Luther noch keinen Hammer in der Hand: Er schreibt an die Tür der Schlosskirche.

nicht zugesandt hatte, schreibt Luther am 5. März 1518: «Allein, es war weder meine Absicht noch mein Wunsch, dass sie allgemein verbreitet würden»; dabei greift er zu einem besonders üblen Wort, «evulgari», dass sie unters Volk kämen. Noch will Luther dem Volk nichts in den Mund stecken, er bleibt in der Gelehrtenwelt. «Sie sollten nur von einigen wenigen hier oder in der Nähe diskutiert werden. Erst dann, nach ihrem Urteil, sollten sie verworfen oder unterdrückt oder, bei einem günstigen Ausgang veröffentlicht werden. Jetzt werden sie aber weit über meine Erwartung gedruckt und übersetzt, so dass es mich reut, sie auf die Welt gebracht zu haben. Ich habe gewiss nichts dagegen, dass die Wahrheit dem Volk bekannt gemacht wird – denn dem galt mein ausschließliches Interesse, doch ist das meiner Meinung nach nicht der richtige Weg, um das Volk aufzuklären.»[63]

Das klingt ziemlich kokett, bestätigt jedoch, dass der Anschlag wirklich nur für ein fachgelehrtes Publikum und nicht für die Menge gedacht war. Dass Luther also seine Thesen als solche betrachtete, zur Diskussion gestellt in einem Kreis von *cognoscenti*, wohl wissend, dass außerhalb einer Gelehrtengemeinde, in der die Gedanken halbwegs frei sind, Unheil drohte, nämlich der Vorwurf der Ketzerei mit den entsprechenden Sanktionen. Umso mehr wird er für seine Tat gefeiert: «Da ward Der Luther Ein Doctor gerhumet, das doch einmal einer komen were, der drein grifffe.»[64]

Er habe nicht gewusst, was der Ablass sei, betont Luther immer wieder, «Der Rhum war mir nicht lieb Denn (wie gesagt) ich wuste selbs nicht was das Ablas were, vnd das lied wolte meiner stimme zu hoch werden».[65] Ohne Absicht, durch Zufall, aber bei seiner spirituellen Verzweiflung eben ganz unvermeidlich hatte er genau den wunden Punkt getroffen, an dem für ihn und dann für seine rasch hinzudrängenden Anhänger die Heilung beginnen konnte.

Was Luther aber schließlich verlangte, war die Fortsetzung des masochistischen Glaubens an ein System von Strafe und gnadenhalber gewährter Linderung, nur bezahlt werden sollte dafür nicht mehr. Der Mystiker wollte lieber bis zum Jüngsten Tag im Fegefeuer schmoren, als dass er den für seine Begriffe überhaupt nicht zuverlässigen Versprechen der Ablassprediger gefolgt wäre. Furcht und Zittern blieben die Grundlage auch des geläuterten, vom bösen Geld gereinigten Christentums. «Und war alles umbs geld zu thun»[66] – das ist noch 1541 sein Hauptvorwurf an Tetzel, der zu diesem Zeitpunkt bereits seit zweiundzwanzig Jahren tot ist. Seine eigene, Luthers Kirche hat gesiegt, der Ablass darf nicht mehr erhoben werden, jedenfalls nicht in Deutschland, der Reliquienkult ist auch vorbei, es gilt die reine Lehre, *sola scriptura*.

Am Ende waren alle erschöpft: die Reliquiensammler, die Bischöfe, die Priester; vor allem waren die Heilsmöglichkeiten ausgereizt. Es bestand inzwischen ein Überangebot an Butterbriefen, Beichtzetteln und Ablässen, es war einfach zu viel versprochen worden. Die Kurie hatte sich mit diesem Rechen- und Berechnungssystem selber ausgetrickst und beginnt, mit ihrer spirituellen Macht auch ihre weltliche zu verlieren. Die Gewissheit, dass es einen gnädigen Gott geben könnte, war dabei nicht größer geworden.

NEUNTES KAPITEL

Der Kaiser sucht einen Nachfolger, Luther findet einen Gegner

In dieser Zeit bleiben einem Mann, der etwas erlangen will, sei es den Papststuhl, die Kaiserkrone oder sonst irgendetwas, nur Gewalt oder Bestechung.[1]

FRANZ I., KÖNIG VON FRANKREICH

Und was wäre so schlimm gewesen, wenn Franz I. sich durchgesetzt hätte, wenn 1519 also statt des spanischen der französische König zum deutschen Kaiser gewählt worden wäre? Das fränkische Reich Karls des Großen wäre wiedererstanden, ein über die ganze bekannte Welt verstreutes Reich zwar, aber dafür nicht belastet mit diesen unregierbaren deutschen Ländern mit widerstreitenden Interessen und einer unlösbaren Dauerrivalität. Es hätte nicht die spätere berüchtigte Erbfeindschaft gegeben, der deutsche Sonderweg wäre frühzeitig aufgegeben worden, Napoleon hätte nicht nach Moskau marschieren müssen, von weiteren Weltkriegen ganz zu schweigen.

Wenn, wäre, hätte.

Es wäre alles Mögliche möglich gewesen, und niemals hätte sich das neue Evangelium nach Martin Luther so schnell und machtvoll durchsetzen können, wenn es nicht zufällig genau in diesen prekären Jahren ins Land hinausgegangen wäre. Luther ahnte kaum etwas von dem, was um ihn herum, was seinetwegen, was in seiner nächsten Nähe vor sich ging. Es war auch keineswegs ausgemacht, dass die drei geistlichen und vier weltlichen Kurfürsten Maximilian willfahren und seinen Enkel zu seinem Nachfolger wählen würden. Karl war nur einer von mehreren Kandidaten, wenn auch der mächtigste, vielleicht auch nur der länderreichste. Als Sohn von Philipp dem Schönen und Johanna der Wahnsinnigen hatte Karl 1506 nach dem Tod seines Vaters die burgundischen Niederlande geerbt und war Herzog geworden. Als Erstgeborener trug er seither außerdem den Thronfolgertitel Erzherzog von Österreich. Karl war 1500 in Gent zur Welt gekommen und bei der Statthalterin der Niederlande aufgewachsen, seiner Tante Margarethe, der Tochter und Vertrauten Maximilians. Dessen Herrschaftsgelüst kannte keine Grenzen. Matthäus Lang, nominell Bischof im kleinen Gurk, aber faktisch eine Art Reichskanzler, und der Humanist Johannes Cuspinian hatten in geheimen Verhandlungen jene Doppelhochzeit arrangiert, die für den Frieden mit Ungarn sorgen sollte und 1515 auf dem Wiener Fürstentag bekannt gegeben wurde: Die Kaiserenkelin Maria (10), Karls Schwester, heiratete den ungarischen Thronfolger Ludwig (9), und sein Enkel Ferdinand (12), Karls Bruder, wurde mit Anna von Ungarn (12) vermählt. Diese habsburgische Heirats- und Bündnispolitik hatte bald auch den absurden Plan erbracht, dass der inzwischen siebzehnjährige Karl die erst zweijährige Tochter Louise von Franz I. heiraten sollte, der seit Januar 1515 Frankreich regierte.

Nachdem Karls Großvater mütterlicherseits, der spanische König Ferdinand, 1516 gestorben war, teilte sich Karl die Nachfolge mit seiner Mutter Johanna, die aber wegen ihrer Psychose regierungsunfähig war. Zu Spanien gehörte auch das Königreich Neapel, das der Papst in Rom als Bedrohung empfand, weil damit nur vierzig Meilen vor der Stadt gegnerische Soldaten standen. Auch Franz fühlte sich bedroht, denn sein Land war eingeschlossen zwischen Spanien, Flandern und Burgund, alles Habsburger Gebiet. Das spanische Reich erstreckte sich auch in die Neue Welt, die zur Verfolgung europäischer Interessen rücksichtslos ausgebeutet wurde. Seit den Entdeckungsreisen von Kolumbus bezog die spanische Krone Gold, Silber und Gewürze aus Mittel- und Südamerika; ohne diese Einnahmen hätte sich die aufwendige Hofhaltung quer durch Europa niemals finanzieren lassen, ganz zu schweigen von den bewaffneten Auseinandersetzungen, in die sich die Fürsten beständig stürzten. Karl wusste nichts von der spanischen Sprache, als er am 17. September 1517 mit seiner Flotte bei Tazones anlegte und ins Land seiner Mutter kam. Vorsorglich hatte er seinen Lehrer Adrian von Utrecht vorausgeschickt, um die spanischen Stände auf den Herrn aus dem Norden einzustimmen. Karl besuchte zwar seine Mutter, die im Kloster von Tordesillas eingesperrt war, und erkannte damit ihre nominelle Regentschaft an, aber die Cortes, die spanischen Stände, betrachteten ihn dennoch als Fremden. Sie fürchteten die Steuern, die für Kriege im Ausland erhoben würden, und sie verlangten, dass ihr König zuallererst Spanisch lerne. Karl wollte tatsächlich im Land bleiben, doch dann starb sein deutscher Großvater Maximilian.

Der Kaiser hatte seine Nachfolge um jeden Preis noch zu Lebzeiten regeln wollen, zumal ihm selber nie die formale Bestätigung der Kaiserwürde durch den Papst gelingen wollte. 1486, während sein eigener Vater als Friedrich III. noch regierte, war Maximilian in Frankfurt zum römisch-deutschen König gewählt worden; 1493, als sein Vater starb, empfing er die Königswürde ungeteilt, bedurfte aber noch des päpstlichen Segens. Als treuer Untertan der Kirche versprach er dem Papst wiederholt einen Kreuzzug gegen die Türken, der ihn auf dem Weg zu den Häfen in Süditalien unweigerlich über Rom geführt hätte – er hatte die Hoffnung auf die Kaiserkrönung nicht aufgegeben.

Alexander VI. hatte das zu verhindern gewusst, und Julius II., jener Rovere-Papst, den Maximilian im Herbst 1511 zu beerben gehofft hatte, um seinerseits Papst zu werden und seinem Enkel die Nachfolge zu garantieren, tat alles, um Italien als Erbland der Kurie zu verteidigen: gegen die Franzosen, gegen die Spanier, gegen die Venezianer, gegen die Deutschen. Ihm folgte Leo X. nach, der Julius auf manchen Feldzügen begleitet hatte, aber viel mehr an Kunst und Wissenschaft als an kriegerischen Auseinandersetzungen interessiert war. In der Reformationsgeschichte tritt er als der große Widersacher Luthers auf,

was sich in dem Spruch zu bestätigen scheint, der von seinem Amtsantritt überliefert, aber möglicherweise doch von einem lutherischen
Gegner erfunden ist: «Lasset uns das Papsttum genießen, da Gott es
uns verliehen hat.»

In seiner «Romantischen Schule» (1836) kann der hoffnungslose
Schwärmer Heinrich Heine diesen Papst gar nicht genug rühmen.
«Leo X., der prächtige Medizäer, war ein eben so eifriger Protestant
wie Luther; und wie man zu Wittenberg in lateinischer Prosa pro tes-
tirte, so protestirte man zu Rom in Stein, Farbe und Ottaverime. Oder
bilden die marmornen Kraftgestalten des Michelangelo, die lachen-
den Nymphengesichter des Giulio Romano und die lebenstrunkene
Heiterkeit in den Versen des Meisters Ludovico nicht einen protes-
tirenden Gegensatz zu dem altdüstern, abgehärmten Catholizismus?
Die Maler Italiens polemisirten gegen das Pfaffenthum vielleicht weit
wirksamer als die sächsischen Theologen. Das blühende Fleisch auf
den Gemälden des Tizian, das ist alles Protestantismus. Die Lenden
seiner Venus sind viel gründlichere Thesen, als die welche der deutsche Mönch an die Kirchenthüre von Wittenberg angeklebt.»[2] Wahrhaft romantisch gedacht, nämlich weit entfernt von der europäischen
Wirklichkeit, in der sich explosionsartig, aber mit allen juristischen
Kautelen abgesichert, Luthers Ketzereien durchsetzten.

Luthers Gegenspieler Giovanni de' Medici, so der Geburtsname
des Papstes, kam 1475 als Sohn von Lorenzo Il Magnifico zur Welt und
wurde bald für die geistliche Laufbahn bestimmt. Mit vierzehn war er
bereits Kardinal und wäre noch weiter aufgestiegen, wären die Medici
nicht 1494 aus Italien vertrieben worden, als der Dominikaner Girolamo Savonarola in Florenz einen Gottesstaat etablierte. Vergeblich
bot Papst Alexander VI. dem Mönch den Kardinalshut an, ein sonst
bewährtes Friedensangebot. Der asketische Prior wollte aber lieber
sterben. «Gib mir einen Hut», flehte Savonarola in seiner nächsten
Predigt zu Gott, «einen roten Hut, aber rot von Blut!» Zum Faschings-
ende am 7. Februar 1497 veranstaltete er auf der Piazza eine rituelle
Verbrennung der verkommenen Welt. Kinder wurden von Haus zu

Haus geschickt und sollten Toilettenartikel, Kleider, Schmuck, Parfüm, Spiegel, Teppiche und jede Art Tand herbeischaffen. Alles war sündig in den Augen des strafenden Gottes: Spielkarten, Würfel, Musikinstrumente, die Bücher von Aristophanes und Ovid, von Boccaccio und Petrarca. Künstler wie Sandro Botticelli sollen ihre eigenen mythologischen Gemälde geopfert haben. Zwanzig Meter hoch und siebzig Meter breit soll der Scheiterhaufen gewesen sein, der zur irren Freude der Florentiner als Fegefeuer der Eitelkeiten angesteckt wurde. Im Jahr darauf gelang es Alexander, den bereits gebannten Dominikanerprior mit Hilfe der gegnerischen Franziskaner foltern und aufhängen zu lassen. Mit zwei weiteren Brüdern wurde Savonarola am selben Platz verbrannt, auf dem im Jahr zuvor die Eitelkeit in Flammen aufgegangen war. Seine Asche warf man vom Ponte Vecchio in den Arno. Wieder war ein frommer Aufrührer gestorben, ein Vorbild für die einen, ein Menetekel für die anderen.

Giovanni de' Medici hatte wenig Interesse an seinem geistlichen Amt, aber umso mehr an der Stellung seiner Familie, deren Oberhaupt er seit 1504 war. Die Medici hatten in Frankreich überwintert und sich dort mit ihrem Bankhaus für die Abgaben, die für geistliche Ämter an den Vatikan zu leisten waren, die Annaten und Servitien, unentbehrlich gemacht. Wenige Monate nach der triumphalen Rückkehr der Medici nach Florenz wurde Giovanni Anfang 1513, ein Jahr nach Luthers Rückkehr aus Rom, als Leo X. zum Papst gewählt. Da mag der Satz vom Papsttum, das es mit aller Macht zu genießen gelte, gefallen sein; die Medici hatten ja wie ihre Vorgänger genug für die Stimmen der Kardinäle bezahlt. Der unbezweifelte Kunstsinn des Medici-Papstes musste irgendwie finanziert werden, die Einkünfte aus Deutschland waren deshalb unverzichtbar. Die Kurie musste es sich angelegen sein lassen, ihre Autorität zu behaupten, mittels der sie spirituellen und seelsorgerischen Gewinn gegen klingende Münze zu tauschen versprach. Julius II. hatte mit dem Bau des Petersdoms begonnen, Leo wollte ihn noch größer, noch schöner haben. Die Deutschen sollten über den so gnädig gewährten Ablass für ein Gutteil davon aufkommen. Der Papst gebot nicht nur über die Christenheit, sondern als Oberhaupt der Medici-Familie ganz weltlich auch noch über den Stadtstaat Florenz und ein sich immer weiter verzweigendes Bankenimperium, das für die Finanzgeschäfte des Vatikans unverzichtbar war. Luther hatte keine Ahnung, wie sehr er mit seiner Aufforderung zu einer Disputation über den Ablass ein über die Jahrhunderte immer prächtiger funktionierendes Geschäftsmodell sabotierte.

Viel wichtiger aber als die Ablassfrage und der Umstand, dass irgendwo im deutschen Urwald ein Ketzer mit seinen papstfeindlichen Thesen erschreckend schnell viele Anhänger findet, ist auch für die römische Kurie im Sommer 1518 die Kaiserfrage. Dass Maximilian alt wird und schwach, weiß man im Vatikan. Fast bis zuletzt hofft Maximilian auf die Kaiserkrone, die ihm Julius und dann Leo mit Bedacht vorenthalten hatten. Ein Zug nach Italien, um sie sich, mehr oder weniger gewaltsam erzwungen, vom Papst aufs inzwischen recht müde Haupt setzen zu lassen, wäre nicht nur kostspielig, sondern auch politisch gefährlich. Frankreich würde sich ihm mit Sicherheit in den Weg stellen, und noch sind die Venezianer nicht so geschwächt, dass sie seinen Durchmarsch nicht empfindlich stören könnten. Seine antifranzösische Italienpolitik hatte Maximilian einmal in eine Heilige Liga mit dem Papst geführt, doch beim Frankreich-Freund Leo ist dafür keinerlei Neigung zu erwarten. Für ihn wird die Verhinderung eines spanischen deutschen Kaisers zur wichtigsten Aufgabe seines Lebens.[3]

Der ständig düpierte Maximilian weiß schon beredt über die römische Verschwendungssucht zu klagen, als Martin Luther noch kirchentreu im Augustinerkloster zu Wittenberg betet. Der Kaiser hetzt gegen Rom, weil er dort seinen stärksten politischen Gegner weiß, den kriegerischen Julius. Da liegt es nahe, der Kurie Dekadenz, Korruption und das Wohlleben auf Kosten anderer vorzuhalten. Am 20. Mai 1511 hatte sich der Kaiser in einem Schreiben an die Reichsstände gewandt und erklärt, «das in dem bebstlichen gewalt und regiment, so allen cristglaubigen gut exempel und beyspil vortragen solt, merklich unordnung gehalten und der überflüssig schatz, so täglichs an gelt, den merern teil aus teutscher nation, an den bäbstlichen hof kummet, mer zu triumph und andern weltlichen sachen dann zu Gots dienst oder widerstand der unglaubigen gebraucht und verswendt wirdet»[4]. Statt es für gottesdienstliche Aufgaben und die Bekämpfung der Ungläubigen zu verwenden, schimpft der Habenichts Maximilian, verschwendet der Papst das Kirchengeld zu seiner eigenen höheren Ehre.

Das ist nichts als lautere Propaganda, denn Deutschland erbringt nur ein knappes Viertel der Einnahmen aus den Annaten, die allein aus der französischen Christenheit nach Rom und zu einem großen Teil direkt in den ebenfalls beständig notleidenden Papstsäckel fließen. Unter Leo X. sinkt der deutsche Anteil an den Annaten-Verpflichtungen auf acht Prozent.[5] Maximilian beschließt, gegen das Treiben des Papstes ein Konzil einzuberufen, «ein gemain concilium und versamblung der ganzen cristenhait»; er spielt sogar mit der Idee, es auf einem Reichstag abzuhalten und damit die Universalmonarchie in seinem höchstpersönlichen Sinn voranzutreiben und nebenbei, auch das wird nicht der geringste Antrieb gewesen sein, das «täglichs an gelt, den merern teil aus teutscher nation», in seine eigenen chronisch leeren Taschen umzuleiten.

Diese Kirchen- und vor allem Papstkritik bildet den Hintergrund des Augsburger Reichstags von 1518. Ein Jahr zuvor hatte Maximilian dort seinen literarischen Gefolgsmann Ulrich von Hutten zum *poeta laureatus* gekrönt; Konrad Peutingers Tochter, die lateinkundige Konstanze, durfte dem Dichter den Lorbeer auf die Stirn drücken. In Rom war eben das Laterankonzil zu Ende gegangen, auf dem auf Betreiben Maximilians ein weiteres Mal ein Kreuzzug gegen die Türken beschlossen worden war. Und in Bologna hatte Hutten ein verschollenes, mehr als siebzig Jahre altes Buch entdeckt, «De donatione Constantini», Lorenzo Vallas philologisch exakter Nachweis, dass die Kirche ihren Anspruch, Rechtsnachfolger und Erbe des Römischen Reiches zu sein, mit einer Fälschung begründete.

Angeblich hatte der römische Kaiser Konstantin, der 314 mit dem
Mailänder Edikt das Christentum zur Staatsreligion erhob, auf dem
Sterbebett das Weströmische Reich (Italien, Spanien und die nördlichen Länder) der Kirche vermacht und den Bischof von Rom über
alle anderen gesetzt. Ein Kardinaldiakon namens Johannes fabrizierte
um 962, zu einem Zeitpunkt, als die Streitigkeiten zwischen Papst und
Kaiser begannen, eine Schenkungsurkunde, die den Papst faktisch
zum Lehnsherrn des Kaisers machte. Der Papst wollte sich damals aus
der Vorherrschaft des byzantinischen Kaisertums lösen. Außerdem
war Rom beständig von den Langobarden bedroht, und deshalb war
im achten Jahrhundert das Bündnis mit den Karolingern geschlossen
worden, das auf eine Vereinigung von Kirche und Staat durch eine
Aufgabenteilung zu beiderseitigem Nutzen hinauslief: Der Papst als
legitimierter Nachfolger des letzten bedeutenden römischen Kaisers
krönte kraft seiner spirituellen Amtsgewalt den deutschen König zum
Kaiser. Obwohl die deutschen Kaiser immer wieder von schlimmen
Zweifeln heimgesucht wurden, was die Rechtmäßigkeit dieser päpstlichen Amtsgewalt anlangte, blieb es bis zu Maximilian und Karl V. für
die Legitimierung unerlässlich, dass mit der Krone auch der päpstliche Segen auf dem kaiserlichen Haupt ruhte. Das Gottesgnadentum
galt dann nicht nur für den Papst als Nachfolger Petri, sondern auch
für den von ihm gesalbten und gekrönten Kaiser.

Beim Neubau der Lateranbasilika hatte Papst Clemens III., der von
1187 bis 1191 regierte, die Konstantinische Schenkung in der Vorhalle
bildlich darstellen lassen.[6] Obwohl sich die Päpste weiter darauf beriefen, verlor die angebliche Schenkung im rasenden Autoritätsverfall
der Kirche immer mehr an Glanz. Doch in großzügiger Auslegung
des konstantinischen Erbes konnte natürlich kein anderer als der
Papst darüber entscheiden, wie die 1492 von Kolumbus neu entdeckte Welt, wie dieses noch nicht sogenannte Amerika, aufzuteilen sei.
Da er ohnehin aus Aragonien stammte, fiel es Alexander VI. aus dem
Hause der Borja (italianisiert: Borgia) nicht schwer, diesen Schwert-
streich zu tun. Im Vertrag von Tordesillas teilte er den neuen Kon-

tinent unter ausdrücklicher Berufung auf die angebliche Schenkung zwischen Spanien und Portugal auf. Bezahlen ließ er sich dafür mit der Golddecke in Santa Maria Maggiore.[7] 1494 war längst bekannt, dass es sich um eine fingierte Urkunde handeln musste, dass der weltliche Anspruch des Papstes auf eine großartige Lüge gegründet war. Aber in allerhöchstem Auftrag setzte Giovanni Francesco Penni die Arbeit seines Meisters Raffael in den Stanzen fort, den privaten Gemächern des Papstes, und malte 1523 und 1524 ein weiteres Mal die Konstantinische Schenkung. Papst Silvester sah nicht zufällig wie Clemens VII. aus. Den aus der Fälschung abgeleiteten Titel «Patriarch des Abendlandes» legte erst Benedikt XVI. im Jahr 2005 ab.

Als Ulrich von Hutten Anfang 1518 in Mainz eine Ausgabe der «Donatione Constantini» herausbrachte, lieferte er also die beste Munition für den Kampf gegen Rom. Den Zorn seiner Landsleute suchte er mit dem in Rom verbreiteten Ressentiment anzufachen. Für die Kleriker in Rom hätten die Germanen nämlich keinen Verstand, schreibt er in der Einleitung, es heiße dort sogar, sie seien gar nicht in der Lage, von ihrem Kopf Gebrauch zu machen. Erasmus von Rotterdam hatte 1516 seine Ausgabe des Neuen Testaments Papst Leo X. zugeeignet, und boshaft widmet Hutten seine kirchenkritische Edition ebenfalls diesem allseits verehrten Renaissancefürsten. Er redet ihn sogar als «restaurator pacis» an, als Friedensbringer, um ihn von seinem Vorgänger, dem kriegerischen Julius, abzusetzen. Diese Schmeichelei kommt nicht ohne Forderung: Leo soll sich – warum nicht hoffen? – von der räuberischen Art seiner Kirche absetzen, die sich den Kirchenstaat und damit ein unrechtmäßiges Mandat unter den Nagel gerissen hat.

Von Martin Luther und seinem ganz persönlichen Kampf gegen Rom weiß der stolze Ritter Hutten noch nichts, wohl aber hat er Gerüchte gehört. Am 3. April 1518 berichtet er seinem Freund Hermann von Neuenahr von den neuesten polemischen Umtrieben in Wittenberg: «Nun aber […], was du vielleicht noch nicht weißt, ist zu Wittenberg in Sachsen […] eine Partei gegen die Gewalt des Papstes auf-

Dieses Fresko von 1246 zeigt Konstantin, wie er Papst Silvester I. die kaiserlichen Herrschaftszeichen Phrygium und Baldachin sowie den Lateranpalast
überlässt. Lorenzo Valla wird die Schenkungsurkunde als Fälschung entlarven.

getreten, während die andre den päpstlichen Ablaß vertheidigt. Von
beiden Seiten nimmt man einen gewaltigen Anlauf und bietet viel
Kraft auf. Mönche stehen an der Spitze der Kämpfenden. Die Heerführer selbst sind rasch und hitzig, voll Muth und Eifer; bald rufen sie
und schreien, bald jammern sie und klagen das Schicksal an. Neu6s-
tens haben sie sich auch an das Schreiben gemacht. Die Buchdrucker
bekommen zu thun. Es werden Streitsätze und Corollarien, Schlüsse und (was schon Manchem übel bekommen ist) Artikel verkauft.
So hoffe ich, werden sie sich gegenseitig zu Grunde richten.»[8] Was
für den Papst die *rixae monachales* sind, das «Mönchsgezänk» zwischen Dominikanern und Augustinern, das ist für Hutten vor allem
lästige publizistische Konkurrenz. Vor Verachtung weiß er sich gar
nicht mehr zu fassen: «Mein Wunsch ist nämlich, daß unsere Feinde

[er meint wirklich Luther und dessen Disputiergemeinschaft] so viel als möglich in Zwietracht leben, und sich hartnäckig unter einander aufreiben mögen. Ja, gebe Gott, daß Alle zu Grunde gehen und aussterben, welche der aufkeimenden Bildung hinderlich sind, damit die lebendigen Pflanzungen der herrlichsten Tugenden, die sie so oft zertreten haben, endlich sich erheben mögen.»[9]

Luthers Kritik, im Disputationsangebot über den Ablass erst zaghaft geäußert, im nachfolgenden halben Jahr durch die «Resolutiones» und weitere Abhandlungen verdeutlicht und erweitert, wird, ohne dass er's weiß und ohne dass die anderen seine religiöse Inbrunst teilten, vom Kaiser und einem Teil des Adels unterstützt. Die immer lauter werdende Kritik von allen Seiten hat der Kurie in Rom bereits erheblichen Schaden zugefügt, und sie ahnt nicht, dass es der Hinterwäldler in Wittenberg ist, der sie um ihre Allmacht bringen wird. Den Reichstag plagen wiederum ganz andere Beschwernisse, und doch arbeitet dort alles ungewollt der Luther'schen Revolte zu. Augsburg wird die entscheidende Station, sein erster Triumph.

Martin Luthers Gegner Giacomo de Vio, der sich nach seinem Geburtsort Gaeta Cajetan nannte und mit Ordensnamen Thomas hieß, war ein gefürchteter Debattenredner. Bereits mit fünfzehn trat er in den Dominikanerorden ein, zehn Jahre später, 1491, besiegte er auf dem Generalkapitel seines Ordens in Ferrara den Philosophen Giovanni Pico della Mirandola in einem öffentlichen Disput. Als Lehrer beschäftigte er sich vorwiegend mit den Schriften des Thomas von Aquin; als sein Hauptwerk gilt ein Kommentar zu dessen «Summa theologica». 1508 wählte ihn das Generalkapitel der Dominikaner zu seinem Ordensgeneral. Die Dominikaner waren traditionell mit der Wahrung der christlichen Lehre betraut, weshalb sie vor allem in Spanien die Inquisition exekutieren durften. 1517 ernannte ihn Leo X. zum Kardinal, im Jahr darauf erhielt er als Pfründe das Erzbistum Palermo, das er später gegen Gaeta tauschte. Kirchen- und papsttreu, hat er in seinen Predigten dem Papst die höchste Autorität in der Kirche zugesprochen, obwohl alle nach einem Konzil verlangten. Nach Deutschland, nach Augsburg, schickte ihn Leo X. aber nicht als Theologen, sondern als Diplomaten, der drei hochpolitische Aufgaben bekam, alles Machtfragen und alle religiös verbrämt: Cajetan sollte die Reichsstände für einen Kreuzzug gegen die Türken und die entsprechende Steuer gewinnen; er sollte nebenbei die Niederschlagung der böhmischen Ketzereien organisieren; und er sollte unbedingt verhindern, dass Maximilian seinen Enkel Karl zu seinem Nachfolger als deutscher Kaiser bestimmte und dafür womöglich die Kurfürsten einnehmen konnte. Der spanische König durfte auf keinen Fall Imperator des römischen Reiches werden, eine Haltung, in der sich die Kurie überraschenderweise mit Luthers Landesherrn Friedrich von Sachsen einig war.

Statt Cajetan sollte ursprünglich der Kardinal Alessandro Farnese nach Deutschland reisen, doch hatte der so wenig Lust, sich mit diesen Barbaren auseinanderzusetzen, dass er sich lieber krank stellte. Cajetan musste für ihn einspringen. Auch wenn er als Scholastiker mit akademischen Scharmützeln wohlvertraut war, ist nicht einmal sicher, dass Cajetan vor seiner Reise nach Deutschland überhaupt schon von Martin Luther gehört hatte. Zwar waren dessen Thesen inzwischen in Rom angekommen und streng geprüft worden, aber der Papst und Cajetan waren anderweitig beschäftigt. Was sich da ankündigte, war von nachrangigem Interesse und ein größeres Aufhebens nur wert, weil der Anstifter beiläufig die Autorität des Papstes und damit sein Recht bestritt, in Gestalt von Pfründen, Annaten, Servitien und vor allem von Ablässen Geld einzutreiben, Geld, das für die Machtausübung nach dem weltlichen Selbstverständnis des Papstes unerlässlich war. Akademische Ketzer gab es nicht viele, und die meisten waren mit einem Lehrverbot niederzuhalten, einen größeren Aufwand lohnten sie nicht.

Die deutschen Lande waren ungewohntes Terrain, und Cajetan erlitt sofort seine erste Niederlage: Er soll sich das päpstliche Legatenamt, darauf drängt Maximilian, mit Matthäus Lang teilen, dem wichtigsten diplomatischen Berater des Kaisers. Lang, den der große Reformationshistoriker Paul Kalkoff als «mächtigen Günstling» bezeichnet, ist bisher nur ein kleiner Bischof, aber dank seines Förderers Maximilian seit 1512 Kardinal und bereits bewährt in den Verhandlungen mit der Kurie. Sieben Jahre zuvor, als Maximilian Papst werden wollte, half er mit, den Friedensvertrag mit Julius II. zu stiften. Jetzt sperrt Lang, dieser «harte, nur auf Machterwerb und prahlerischen Prunk bedachte Streber aus Maximilians Schreibstube»[10], den Kardinal aus Rom auf seiner Burg Klausen bei Brixen ein, bis der Brief aus Rom kommt, der auch Langs Ernennung zum Legaten bestätigt; erst dann lässt er Cajetan nach Augsburg ziehen. Cajetan trifft dort am 6. Juli 1518 ein und darf im Hohen Dom seinem Konkurrenten die Urkunde mit dem neuen Titel feierlich überreichen. Cajetan führt sein Amt «pari auctoritate» mit Lang und ist damit schon teilweise entmachtet. Lorenzo Campeggi, den Papst Leo X. als seinen Legaten nach England schickt, ergeht es nicht viel besser: Auch er wird auf Betreiben von Kardinal Thomas Wolsey erst festgehalten, darf, nachdem ihm die Einreise doch gestattet wird, in England nicht predigen und muss dann erleben, wie sich durch das Geschick seines Kollegaten Wolsey Heinrich VIII. und Franz I. auch ohne Vermittlung des Vatikans auf einen Friedensvertrag einigen können.

Maximilian hofft auf eine Koalition mit der Kurie, aber da steht alles dagegen, nicht zuletzt der Ablass, dem Luther bereits die spirituelle Grundlage entzogen hat. Auch der Kurie liegt daran, sich in diesem Punkt mit den wenig geliebten Deutschen gutzustellen. Cajetan wird vom Kaiser standesgemäß empfangen, und wie ein König aus dem Morgenland kommt er mit reichen Gaben. Die Kaiserkrone, auf die Maximilian so lang gehofft hatte, kann er zwar nicht bieten, doch er überreicht dem Kaiser eine rote Mütze und einen geweihten Dolch. Der römische König soll sich als Verteidiger des Glaubens und der Kirche fühlen dürfen, ein Apostel im Norden soll er sein, aber dort auch bleiben. Von angestammten Rechten, von einer durchs ganze Mittelalter bewährten Aufgabenteilung, von dynastischen Ansprüchen will Rom nichts wissen. Albrecht von Brandenburg, kein Savonarola, sondern ein geschäftlich verbundener Sohn der Kirche, erhält den roten Kardinalshut. Erasmus schimpft Albrecht, bis dahin die Hoffnung der Humanisten, einen «Mönch des Papstes»[11]. Maximilian hatte sich für diese Erhebung des Mainzer Erzbischofs Albrecht eingesetzt, ohne zu wissen, dass die mit der Ämterhäufung verbundenen Kosten der erste Erregungsgrund für Luther werden sollten. Es hätte ihn auch kaum bekümmert. Luther behauptet später in den Tischgesprächen, der Kaiser habe sogar ein freibeuterisches Gefallen an seinen Thesen geäußert. «Quid facit monachus vester?», was der Mönch treibe, habe er Degenhart Pfeffinger, den Rentmeister Friedrichs, bei einem Treffen in Innsbruck gefragt und verkündet: «Certe non contemnendae sunt propositiones!»[12], seine Thesen seien ganz bestimmt nicht gering zu schätzen. Auch wenn sich der Kaiser unbestreitbare Verdienste als Rom- und Papstgegner erworben hat, plagen ihn jetzt in seinen letzten Monaten ganz andere Sorgen, als dass er sich mit Luthers Anschlag hätte ernsthaft befassen können. Ihm geht es um die Zukunft seiner Dynastie, um seinen Weltbeherrschungsanspruch, der sich in der selbstbewussten Formel A E I O U – *Austriae est imperare in orbe ultimo* – ausdrückt, alles Erdreich ist Österreich untertan.

Die Ehrung und Auszeichnung mit der blutroten Kappe ist für Maximilian mit dem Auftrag verbunden, Konstantinopel und Jerusalem in alter Kreuzrittermanier zu erobern. Er ist sofort bereit, das Kreuz zu nehmen, aber er weiß auch, dass seine Zeit vorbei ist; er ist schlicht zu alt. Das hindert ihn jedoch nicht daran, sich bei diesem Festgottesdienst im Hohen Dom zum Kreuzzug zu verpflichten und zu versprechen, sein Leben und Blut für die Christenheit zu opfern. Die erhofften Steuereinnahmen müssen deswegen nicht sämtlich nach Rom gehen.

Am 5. August hält Cajetan eine leidenschaftliche Rede und ruft zum Kreuzzug gegen die Türken auf. Er lobt, wie es sich für einen Gast geziemt, die Tapferkeit der Deutschen, weist aber auch darauf hin, dass niemand so sehr von der türkischen Gefahr bedroht sei wie sie. Einlaufende Schreckensnachrichten aus Ungarn sollten seinen Appell eigentlich unterstützen, doch nicht einmal diese ernsthafte Bedrohung hilft ihm bei den Reichsständen, so groß ist die aufgestaute Wut über die römische Hegemonie, die auch die deutschen Kleriker nur mehr ungerechtfertigt und ausschließlich kapitalorientiert finden. Der religiöse Eifer, wenn Cajetan ihn denn entfacht haben sollte, erstirbt sogleich, wenn es ans Zahlen geht. Die versammelten Räte staunen nicht bloß über Cajetans Besteuerungsvorschläge, sie lachen ihn aus: Zehn Prozent seines Vermögens soll der Klerus abliefern, rechnet der gestrenge Prediger vor, die Wohlhabenden fünf Prozent, die Armen zwei Prozent; außerdem soll ein Heer aufgestellt werden, dem der Papst trotz seiner prekären Gesundheit voranreiten will.[13] Zweifel an der Lauterkeit des Unternehmens hatte Cajetan erwartet, doch mit einer derart deutlichen Ablehnung hatte er nicht gerechnet.

Im deutschen wie im römischen Reich können viele Projekte, darunter auch Brücken und Dämme, überhaupt nur ausgeführt werden, weil sie von interessierten Kirchenfürsten oder vom fernen Rom mit Ablässen versehen worden sind, aber dennoch sträuben sich die Fürsten gegen weitere Ablässe. Niemand will in den Krieg ziehen, vor allem will keiner die dafür geforderten Steuern zahlen. Die immer wiederkehrende Pest, Hungersnöte, die allzu vielen Kriege hätten die deutschen Länder ausgeblutet, argumentieren ihre Herren, mit Unruhen sei zu rechnen, wenn weitere Abgaben erhoben würden. Die Fürsten wissen aus der Vergangenheit, dass die eingetriebenen Türkensteuern zu allem anderen als zur Bekämpfung der Ungläubigen verwendet werden, die in der Pannonischen Ebene weiter gegen Wien drängen. Maximilian unterstützt natürlich das Kreuzzugsvorhaben, doch auch ihm glaubt niemand, dass es ihm ausschließlich um die Rettung des Abendlandes geht.

Die Fürsten selber nutzen jedes fromme Anliegen, um ihre Hofhaltung zu finanzieren – und doch ist die Kritik an der Kirche weitverbreitet. Die weltlichen Fürsten weisen auf die Kleriker, die weisen auf

Rom. Damit die Idee des Kreuzzugs nicht vollständig scheitert, schlägt Maximilian als Kompromiss vor, dass innerhalb der nächsten drei Jahre jeder Kommunikant zwei Schilling als Kreuzzugssteuer zu entrichten habe. Die Stände stimmen vorläufig zu, wollen die Entscheidung aber an ihre Landtage delegieren, um einen Beschluss weiter zu verschleppen. Die Abgabe soll freiwillig sein, schlägt Maximilian vor; wer aber gar nicht mitzutun bereit wäre, den bedroht er mit Reichsacht und – da sind Papst und Kaiser wieder Brüder – Kirchenbann.

Der Krieg gegen die Türken, überhaupt die Gefahr, die dem christlichen Europa, die insbesondere Italien und den östlichen Teilen Deutschlands droht, macht vielen Angst, aber Luther nicht. Wie Erasmus pflegt er einen religiösen Pazifismus. Für ihn sind die Türken die neueste Geißel Gottes, eine Heimsuchung für die Menschheit, im Zweifel redlich verdient durch sündiges Treiben, Teil also des himmlischen Heilsplans. Als Apokalyptiker begrüßt er den Vormarsch der türkischen Heere sogar, denn damit bestätigt sich ihm, dass die Welt verdammt ist. Als Spalatin ihn fragt, was die Bibel zu einem Krieg gegen die Türken sage, erwidert Luther: «Mir kommt es so vor, als müssten wir, ehe wir gegen die Türken kämpfen, zuerst bei uns anfangen. Denn vergeblich sind die fleischlichen Kriege, die wir auswärts fechten, wenn wir zu Hause durch geistliche Kriege überwunden werden.»[14] Seiner Meinung nach kämpfe Gott gegen die Christenheit, weil der Klerus in Habsucht, Ehrgeiz und Genusssucht ertrinke. Mit dem Augustinerprediger Wenzeslaus Linck, der ihn zum Verhör mit Cajetan begleitet, grübelt er zum ersten Mal darüber, wer der wahre Antichrist sei. Nicht die ungläubigen Türken sind es, glaubt er bald, sondern es ist jener eine, der in Rom residiert. Er bittet Linck zu prüfen, ob sich nicht die Weissagung des Paulus im zweiten Brief an die Thessalonicher erfülle, «das er sich setzt in den tempel Gottes / als ein Gott / vnd gibt sich fur / er sey Gott»[15]. Dabei bedarf Luther einer solchen Bestätigung gar nicht mehr: «Ich glaube inzwischen nachweisen zu können, dass Rom schlimmer ist als die Türken.»[16]

Schon vor dem Reichstag hat Ulrich von Hutten in hochgestimmter Rede zum Feldzug gegen die Türken aufgerufen; er will ihn aber unter deutscher Führung, und gleichzeitig soll er gegen die «römischen Goldsauger» gehen. Wegen erwiesener Simonie ist die Kurie selber zum Feind des Glaubens geworden und veruntreut zur eigenen Prachtentfaltung das Geld aus Deutschland, das für diesen heiligen Krieg gebraucht würde. In seinem Dialog «Vadiscus» fragt Hutten: «Antworte mir also deshalb, ob etwa die Türken, die mit uns um die Herrschaft kämpfen, für größere Feinde Christi gehalten werden müssen als ihr, die ihr die ehrenwerten Kirchen Gottes mit Geld erstürmbar macht. Müsst ihr da nicht mit größerem Einsatz niedergekämpft werden als die Türken, oder weiter entfernt werden, da ihr Christus, die Altäre, die Sakramente, den Himmel, einfach alles für käuflich haltet?»[17] Nur drei Dinge könnten Rom wieder zu seiner christlichen Integrität verhelfen: «Germanorum principum seria, populi Christiani impatientia, et praesentem Turcarum exercitium» – die Ernsthaftigkeit der deutschen Fürsten, die Ungeduld des christlichen Volkes und, da ist Hutten nicht weniger apokalyptisch als Luther, die Anwesenheit des türkischen Heeres.[18]

Cajetan weiß, dass der Kaiser noch ganz andere Interessen verfolgt, und er ahnt, dass es keine sind, die der Kurie behagen. Mitten im Gerangel um die Weltpolitik diese innerkirchliche Formalie: In Wittenberg erhält Martin Luther am 7. August 1518 eine Zitation. Er soll sich nach Rom aufmachen, um dort zur Verantwortung gezogen zu werden. Daher bildet sich während des Reichstags ein neuer Auftrag für den Kardinallegaten Cajetan heraus: die *Causa Lutheri*.

Über Spalatin versucht Luther den Kurfürsten zu bewegen, dass der ihm bei Kaiser und Papst eine Verhandlung seiner Sache auf deutschem Boden ermöglicht. Zu Recht befürchtet er das Schlimmste: «So nämlich siehst du, wie hinterhältig und böswillig jene (römischen) Prediger menschenmörderisch auf mein Verderben bedacht sind.»[19] Und nicht nur auf seins, sondern auch auf das der Universität, das Hätschelkind des Kurfürsten. Der ehemalige Jurastudent Martin

Luther formalisiert und verrechtlicht sein Problem, indem er es zunächst zu einer reinen Verwaltungsangelegenheit macht: Wer ist in einem solchen Fall eigentlich zuständig? Ist es überhaupt zulässig, einen Deutschen, nein, den Untertanen des hochmögenden sächsischen Kurfürsten, eines ohne allen Zweifel zutiefst frommen Mannes, an eine auswärtige Macht auszuliefern? Und was ist mit der Ehre von dessen kleiner, aber doch bemerkenswert aufstrebender Universität? Luther unterschreibt als Bruder Martinus und als Augustiner und zusätzlich mit seinem sonst nicht verwendeten Humanistennamen Eleutherius. Auch wenn er der Hilfe Spalatins bedarf, fühlt er sich frei und nicht dem römischen Joch unterworfen. Der Staat, die weltliche Obrigkeit, soll ihn vor den Zumutungen der Kirche retten. Die steht bereit: Von der deutschen Leitung des Augustinerordens ergeht der Befehl, Luther gefangen zu nehmen, einzusperren und «ihn in eisernen Fesseln an Händen und Füßen unter strenger Bewachung zur Verfügung des Papstes zu halten»[20].

Doch wen kümmert das schon? Den ganzen August 1518 verhandelt Maximilian mit den Kurfürsten über die Wahl seines Nachfolgers, der nach seinem Willen Karl heißen muss. Nach Rom kann Cajetan berichten, dass sich allein Friedrich von Sachsen der Designierung Karls und dem Kauf der Kaiserkrone heftig widersetzt. Die Kurie weiß, dass sie, wenn sie Karl ebenfalls verhindern will, den Kurfürsten vorsichtig behandeln und mit Luther milde umgehen muss. Am selben Tag, an dem Cajetan zum Zug gegen die Türken auffordert, am 5. August, wird auch ein Brief des Kaisers an den Papst ausgefertigt. In diesem Schreiben an den «Seligsten Vater», den «hochwürdigsten Herrn», an Leo X. also, denunziert Maximilian den Augustinerbruder Martin Luther, der verdammenswerte und ketzerische Behauptungen aufgestellt haben soll, mit denen er «complures [...] defensores et patrones, etiam potentes»[21] gefunden habe, zahlreiche, auch mächtige Verteidiger und Fürsprecher. «Verdächtige Behauptungen und gefährliche Lehren können aber», erfährt der Papst, ein geschworener Gegner des römischen Königs, der so gern gekrönter Kaiser wäre, aber den der

Papst hasst, «von niemandem besser, richtiger und wahrer beurteilt werden, als von Eurer Seligkeit.» Nur sie, die römische Seligkeit, fährt ein gnadenlos intrigierender Maximilian fort, «sie allein kann, ja muß daher die Urheber überflüssiger Fragestellungen, sophistischer Beweisführungen und wortreicher Streitereien bändigen»[22]. Kein Halten kennt der große Humanistenfreund mehr, wenn er gegen die Zweifler und Rabulisten und Schriftgelehrten zetert, die sich – darauf läuft es in dieser Argumentation hinaus – an der unbedingten Oberhoheit des Papstes versündigen. «Wenn also, was die Autorität der Päpste befiehlt, gleichgültig beiseite geschoben wird, wenn nur noch das angenommen wird, was zweifelhaft, ja, was abgelehnt worden ist, dann ist die notwendige Folge, daß jene Lehrer phantasieren, träumen und blind daherschwätzen.»[23]

Geht es bei Luther wirklich um so rabulistische Fragen, um Phantasieren und sophistische Beweisführungen? Überhaupt, was kümmert den Kaiser das Gemurre in einer kleinen Universitätsstadt? Aber zunächst einmal ist es gar nicht sicher, dass Maximilian dieses Musterbeispiel an staatsmännischer Intriganz tatsächlich selber verfasst hat. Der Kirchenhistoriker Paul Kalkoff vermutet, dass es Cajetan war, der den Brief im Sinne kommender Strafaktionen anstelle von oder eben für Maximilian aufgesetzt hat, wobei ihm Matthäus Lang, der «Streber aus Maximilians Schreibstube», zur Hand gegangen sein soll, weil dem «Luthers angebliche, gegen die kirchliche Machtentfaltung gerichteten Sätze natürlich sehr anstössig und strafbar erscheinen mussten»[24].

Das klingt plausibel, überzeugt aber dennoch nicht ganz. Lang ist nicht nur Diplomat, sondern auch ein besonders ehrgeiziger Kleriker, der auf das Bistum Mainz gehofft hatte, das der Vatikan aber dem zahlungsbereiteren Albrecht zuschanzte. Würde er freiwillig etwas der Kurie zuliebe tun? Nach der gemeinsamen Vorgeschichte waren Lang und Cajetan alles andere als beste Freunde. Zwar wirkt Cajetan dank seiner intellektuellen Fähigkeiten und seiner bedingungslosen Loyalität zum Papst und nicht zuletzt wegen seiner hageren Erscheinung wie eine Art Großinquisitor, doch am 5. August ist er noch gar nicht mit der *Causa Lutheri* befasst, sondern ausschließlich in politischer Mission tätig.

Und was ist mit dem Kaiser, der doch Luthers Thesen zumindest interessant und ganz und gar unverächtlich fand? Ähnlich wie Friedrich der Weise dürfte Maximilian kaum mehr als die Anfangsgründe des Lateinischen beherrscht haben, er hätte also in jedem Fall Hilfe bei der Abfassung einer solchen opportunistischen Denunziation gebraucht.

Die pathetische Rede von der «Reuchlinianam infamationem», der «Reuchlin'schen Schande», womit der Streit um die häretischen Thesen des Humanisten Johannes Reuchlin gemeint ist, deutet auf ganz andere Interessen als die des Kaisers. Zum Ärger der Kurie wird in Wittenberg der scholastische Kanon kaum mehr gepflegt, stattdessen geht es dort, behauptet der Autor des Schreibens, um «überflüssige Fragestellungen». Die Angriffe auf einen Luther, der sich an der traditionellen akademischen Lehre, nämlich der Scholastik im Geiste Thomas von Aquins versündigt, weisen darauf hin, dass hier ein internes Spiel zwischen der Kurie und ihrem Legaten gespielt wird. Die angesprochenen Vorgänge sind so ausschließlich akademischer Natur, dass sie den großen Herrschaftsstrategen Maximilian gar nicht erreicht hätten, wenn sich da für ihn nicht ein ganz anderer Oppositionsgeist regte. Damit sei es zu einer «äußerst gefährlichen Debatte über die Ablässe und die apostolischen Entscheidungen» gekommen, klagt der Kaiser nicht als einer, der mitdiskutieren will, sondern als Betroffener. Maximilian braucht den päpstlichen Ablass, an dem er als Landesherr natürlich beteiligt wird, als Einnahmequelle, und er wird deshalb am Recht des Heiligen Stuhls, apostolische Entscheidungen zu fällen, niemals zweifeln, jedenfalls solange sie in seinem Sinn ausfallen.

Der Brief bleibt in seiner ganzen administrativen Durchtriebenheit ein Rätsel, doch die politische Absicht verrät den Kaiser zumindest als Anstifter. Die «Zauberformeln jener Leute», über die sich der

Brief raunend beklagt, könnten ihm egal sein, den deutschen Kaiser kümmert etwas ganz anderes: dass diese ketzerischen Lehrer nämlich nicht nur die Ungebildeten beeindrucken könnten, «sondern sich auch Ansehen und Gunst von Fürsten zu wechselseitigem Verderben beschaffen»[25]. Auch wenn Maximilian den Augustinermönch mit Namen nennt und dessen Thesen zum Ablass als verderblich geißelt, meint er nicht den Ketzer Luther, der ihm in seinem Strategiespiel vielleicht nicht so ungelegen kommt. Maximilian sät Zweifel an der Romtreue des unentschlossenen Friedrich, dem er verübelt, dass er seinem Werben für Karl so gar nicht nachgibt – er ist einfach nicht zu bestechen –, sondern auch noch legalistisch argumentiert, nämlich dass die deutschen Kurfürsten niemanden zum Kaiser promovieren können, solange der alte Kaiser noch ungekrönt am Leben ist. Denunziert wird also weniger Luther als der ungetreue Friedrich. Der sächsische Kurfürst ist einer jener mächtigen Fürsprecher, die sich von der Irrlehre der von Wittenberg ausstrahlenden Ketzer einfangen ließen. Gleichzeitig empfiehlt sich Maximilian selber als treuester Sohn der Kirche, ein *defensor fidei*, wenn es je einen gab, und der beste denkbare Kaiser ohnehin. Und schließlich hofft er auf den Segen aus Rom für seine Wahl des Nachfolgers, für Karl.

Noch fällt Luther für Friedrich kaum ins Gewicht, aber der Mönch ist bereits eine Schachfigur zwischen Kaiser und Kurfürsten, zwischen Papst und Kaiser, zwischen dem Papst und seinen mehr oder weniger treuen deutschen Schäfchen. Schon jetzt ist Friedrich dank seines Alters und seiner geschickten Unentschiedenheit, die er sich bereitwillig als Bescheidenheit auslegen lässt, der angesehenste unter den Kurfürsten. Durch das fast ungehemmte Treiben Luthers gewinnt Friedrich von Monat zu Monat an Bedeutung für Kaiser und Reich und Papst. Wenn Maximilian als nomineller Autor in den Verabschiedungssätzen verspricht, «daß alles, was über diese Gegenstände in unserem Reich heilig gilt, zu Lob und Ehre des allmächtigen Gottes und zum Heil der Christgläubigen von allen sorgfältig eingehalten wird»[26], dann ist das, falls der Brief doch von Cajetans Seite vorformuliert

Friedrich der Weise, Luthers treuer Schirmherr, weiß mit seinem Schützling zu taktieren. Gemälde von Lucas Cranach um 1525/27.

wurde, eine Aufforderung nicht an den Papst, sondern an den Kaiser, eine Selbstverpflichtung, die Ketzerei *in Imperio nostro* so gnadenlos zu verfolgen, wie es auf dem Papier steht.

Der Papst hat größere Sorgen als den kleinen Mönch. Zu groß war die Macht der Habsburger inzwischen, als dass sie noch vermehrt werden sollte, viel zu groß für die Territorialherren, die auf ihre erkämpften Rechte auf keinen Fall verzichten wollten, zu groß auch für den Vatikan und das mit ihm verbundene Frankreich. Ein Zug nach

Rom zur Kaiserkrönung wäre auch ein Zug gegen Rom geworden. Die türkische Gefahr wird zwar bei jeder Gelegenheit beschworen, und Maximilian hält sich als oberster Feldherr der Christenheit bereit, doch Leo X. verhindert die Kaiserkrönung trotz wiederholter Vorstöße in diesem Herbst, weil Maximilian dann tatsächlich Karl zum deutschen König hätte wählen lassen und ihn bereits zu seinen Lebzeiten als Nachfolger hätte installieren können. Karl ist in den Augen der Familie Medici der am wenigsten geeignete Kandidat. Seine Besitzungen in Italien, dazu Frankreichs Herrschaft über das Herzogtum Mailand, hätten den Kirchenstaat von Norden und Süden bedrängt. Im Zweifel war deshalb die französische Lösung vorzuziehen. Die in den Exiljahren nach Lyon und Montpellier verlagerten Medici-Banken machten die besten Geschäfte mit Frankreich, da es erheblich mehr Gebühren nach Rom leistete als das karge Deutschland. Dafür durfte der Petersablass, durch den Luther zum Missionar im Namen der Schrift wurde, auch nur in Deutschland angepriesen werden, aber nicht in Frankreich.

Leo X. favorisiert daher Franz I., nicht zuletzt weil er die militärischen Abenteuer der Medici in Oberitalien beim Kampf um Siena finanzieren hilft. Anders als mit den Franzosen, erklärt der Papst, herrsche zwischen den deutschen Kaisern und der Kirche eine natürliche ausgesprochene Feindschaft, «una et expresssa inimicitia con la Chiesa»[27]. Zeitig sorgt er für das entsprechende Bildprogramm: Als Raffael die päpstlichen Stanzen ausmalt, verleiht er in der Szene, die die erste Kaiserkrönung durch den Papst darstellt, Karl dem Großen die Züge von Franz I., der seinerseits für den Fall seiner Wahl eine Wiederkehr des Frankenreichs verspricht. Der im Jahr 800 amtierende Leo III. ist nach dem Vorbild seines Amtsnachfolgers Leo X. gemalt, der damit seinen Herrschaftsanspruch über ganz Europa darstellen lässt.

Maximilian ist selber manchmal so erzürnt über die deutschen Fürsten, die ihm das Geld, das er von ihnen für Feldzüge und Hofhaltung fordert, einfach nicht zugestehen wollen, dass er die Kaiserkrone freiwillig dem Franzosen überlassen will. Wenn er sie schon nicht für die Deutschen haben kann, soll wenigstens für die Habsburger das römische Erbkönigtum herausspringen. Um die wichtigeren Anwärter zu irritieren, hält er kurz sogar den ungarischen König im Gespräch. Auch mit Heinrich VIII., dem englischen König, hat der ungekrönte Kaiser verhandelt, macht ihm Hoffnung und lässt ihn, geldbedürftig wie je, seine Schweizer Söldner entlohnen. Das Handelshaus der Fugger ist bei dieser Transaktion gern behilflich. Dort wird die norddeutsche Hanse mit ihren Verbindungen bis nach Russland und in die Nordstaaten für die weitere Expansion als Konkurrenz empfunden, sodass eine größere Präsenz in London nur nützlich sein könnte. Heinrich VIII. mit seinem Machtgelüst wäre nicht der schlechteste Verbündete im Kampf gegen die Hanse gewesen.

Der spanische Karl ist mit sechzehn Jahren für volljährig erklärt worden und nicht uninteressiert an der Krone, doch ahnt er nicht, wie viel er dafür wird aufwenden müssen. Hunderttausend Gulden schickt er aus Aragon nach Augsburg zur wenigstens teilweisen Begleichung der riesigen Außenstände, die sein Großvater Maximilian bei den Fuggern hat auflaufen lassen. Auch deshalb findet der Reichstag in Augsburg statt, dabei ist Maximilian so blank, dass er sich ohne weitere Subvention gar nicht trauen mag, dazu einzuladen. Dafür signalisiert der französische König seine Validität und lässt über seine Botschafter durchblicken, dass er – im Fall, sie wählten ihn – vierhunderttausend Gulden aufzubringen bereit wäre. Das Geld, es ist erst der Anfang der internationalen Finanzwirtschaft, muss bar in harter Münze vorliegen, also in entsprechend portionierten versiegelten Leinensäcken herangeschafft werden. Kommt es? Oder schickt er wenigstens verlässliche Wechsel? Tänzern gleich umschleichen sich die beiden Prätendenten. «Sire, wir beide werben um dieselbe Dame»[28], schreibt Franz an Karl und meint in galanter Umschreibung die deutsche Kaiserkrone. Seinen Gesandten erklärt er die Bewerbung als strategisches Manöver: «Sie wissen, dass ich nur nach der Kaiserkrone greife, um zu verhindern, dass sie an den katholischen König [Karl] geht. Sollte er sie ergreifen können, würde er mir allein schon wegen der Größe seiner Königreiche und Herrschaften unendlichen Schaden zufügen können. Immer würde er misstrauisch und argwöhnisch sein und ohne Zweifel sich alle Mühe geben, mich aus Italien zu vertreiben.»[29] Es ist beinah ein Spiel, und der Einsatz steigt mit jeder Woche. Die sieben Wahlmänner verkaufen ihre Stimme gegen Höchstgebot. Der Bischof von Trier steht bereits rettungslos unter französischem Einfluss. Der Bischof von Mainz, Albrecht von Brandenburg, will seine Stimme meistbietend verkaufen, schon allein weil der Petersablass viel weniger einbringt als erwartet. Luther bekämpft diese ganze falsche Frömmigkeit, während sein eigener Landesherr weiter den Ehrgeiz pflegt, die größte Reliquiensammlung im Heiligen Römischen Reich anzulegen. Im Frühjahr 1518 bestätigt Friedrich von Sachsen dankbar den Empfang einer Sendung aus Frankreich, «etliche Heiligtümer, als ein Stück von Sant Merten [Martin], ein Stück von Santa Maria Magdalena und andere mehr», die der König «sämtlich hat laßen fassen in ein Reliquiarium, gemacht von lauterem Golde, zu einer Verehrung»[30]. Der Kandidat Franz weiß, womit man sich Freunde macht.

Sein Botschafter besucht den Brandenburger Hof in Berlin, wo es ebenfalls um eine Stimme geht, die des Kurfürsten Joachim. Er hat am meisten empfangen und ist deshalb leicht für Frankreich gewonnen. Ursprünglich sollte sein Thronfolger mit einer französischen Prinzessin verheiratet werden. Als die aber an einen französischen Fürsten gehen soll, ist der Hohenzoller beleidigt und erwartet mindestens die gleiche Mitgift aus Spanien; immerhin wird ihm eine Schwester Karls als Ersatz angeboten. Der Heiratsreigen geht munter weiter: Die elfjährige Infantin Katharina wird dem jungen Joachim von Brandenburg *per procurationem* angetraut. Selbstverständlich ist der Handel abgesichert. Ein Vertrag führt die Leistungen auf, die fällig werden, wenn der Hohenzoller seine Stimme dem Spanier gibt, bestimmt wird aber auch das Ende der Garantie. Wenn die Wahl nicht innerhalb von zehn Monaten zustande kommt, sollte Fugger das bei ihm eingezahlte Geld, abzüglich einer bescheidenen Courtage von vierzigtausend

Gulden, wieder nach Spanien zurückschicken.[31] In Wittenberg und
Torgau, Friedrichs Residenzen, hat man keine Zeit für den Besuch
aus Frankreich, schenkt Franz' Botschafter aber als Gegengabe für die
heiligen Knochen «2 gute drinkgeschir zu einer vorerunge»[32].
Die Kurie in Rom muss langsam einsehen, dass Franz in Deutschland nicht genügend Unterstützer findet. Mit einem Mal wird die
kleindeutsche Lösung interessant, kommt der bedächtige, diplomatisch versierte und allseits hochangesehene Friedrich in näheren
Betracht. Sein größter Vorteil besteht darin, dass ihm keinerlei politisches Interesse außerhalb seines kleinen zerstückelten Kursachsens nachgesagt werden kann. Dieser Friedrich mochte sich selber für
den besten Kandidaten halten, und womöglich hoffte er auch darauf,
dass die Wahl am Ende auf ihn fallen würde. Jedenfalls lehnt er die
«Handsalben», die Maximilian anbietet, mit Verweis auf die Goldene
Bulle als unehrenhaft ab und lässt die anderen wissen, wie unwürdig
er ihre Unersättlichkeit findet. Er bleibt der Einzige, der die Schmier-
angebote nicht als kaiserliche Gunstbezeigung interpretieren will.
Fünfzigtausend Gulden seien auch an Friedrich gegangen, meldet der
englische Gesandte, aber das waren Gefälligkeiten für sein Gesinde
und die Begleichung einer Teilschuld Maximilians. Der sächsische
Kurfürst wird so zum Problem, weil er sich auf keinen wie auch immer gearteten Handel einlässt. Die Kurie merkt nur nicht, dass sie vor
lauter Taktieren ungewollt einen noch viel größeren Handel vergeigt
als den um die Kaiserkrone: jenen um Luther.
    Allen Beteiligten oder auch nur Interessierten – Maximilian,
Franz I., Heinrich VIII., dem Papst, den deutschen Fürsten ohnehin –
ist klar, dass es um die wichtigste Entscheidung in Europa geht. Würde Karl, wie sein Großvater es wünscht und noch mit seinen schwin-
denden Kräften fördert, der neue Kaiser des Heiligen Römischen
Reiches werden, so würde er Europa beherrschen, was sofort zu einer
gewaltigen Eindämmungspolitik der sich bedroht fühlenden Nachbarn – hier vor allem Frankreich und das Papsttum – führen müsste.
    Zunehmend resigniert, unternimmt Maximilian dennoch alles,

um die Herrschaft seinem Enkel zu sichern. Er weiß, dass wenigstens zwei Fürsten von den Franzosen gekauft sind, und er weiß auch, dass es auf die Stimme Friedrichs ankommt, selbst wenn der behauptet, die seine sei nicht von Belang. Noch auf dem Reichstag 1510, acht Jahre zuvor und ebenfalls in Augsburg, hatten sie sich zur Freude der Bürger ein Schau-Turnier geliefert, der Kaiser und der Kurfürst als Ritter hoch zu Ross, mit angelegter Lanze, der alten Zeiten eingedenk, die auch sie nicht mehr erlebt hatten. Als Friedrich am 3. Juli 1518 in Augsburg ankommt, reitet ihm der Kaiser mit seiner Garde entgegen und erweist ihm weitere Gunst, indem er ihn zu sich winkt, ihn neben sich Platz nehmen lässt, sich bei den Sitzungen mit ihm zeigt. Bei den Fürsten setzt er nicht nur Geld ein, sondern auch gute Worte. Er hält eine Abschiedsrede, es geht um Politik, also wieder um sein *gedechtnus*, um das, was von ihm bleiben wird. Sie wollten bitte bedenken, wendet er sich an die versammelten Stände, dass er «nu ain lange Zeit dem cristenlichen volck, den Kurfürstn, fürstn vnd stännden des heiligen Reichs gedienndt» und «numals vermudet vnd eralten war», darüber müde und alt geworden sei, weshalb es ihm endgültig verwehrt sei, in diesem Leben die Kaiserkrone zu erlangen. Daher bittet er sie fast flehentlich, seinen Enkel – er bezeichnet ihn als «ainen seiner gefreunten» –, den spanischen König, zum römischen König zu erwählen.

Karl ist inzwischen achtzehn, aber er soll den Kampf mit Rom und für die Kaiserkrone sofort aufnehmen können. Sie würden damit ihn, Maximilian, den alten, aber nur erwählten Kaiser ehren und anerkennen, dass er «von wegen des heiligen Reichs nu nachennt alles sein vatterlich erb versetzt vnd verthan hette»[33]. Gewiss, er habe sich auch anderer, nämlich ihrer Mittel bedient, aber dass er in seinen eigenen Erblanden so weit heruntergekommen sei – Maximilian meint schlicht seine desolate finanzielle Lage, dass er also alles Geld verbraucht hatte –, das habe vor allem mit dem Streben nach der Kaiserkrone zu tun. Angestrebt aber, das müssten sie doch auch sehen, habe er sie wegen «des heiligen Romischen Reichs vnnd der teutschen Er vnd nutz», wegen der Ehre und des Gewinns für die Deutschen. Nicht bei dieser Ehre, sondern bei ihrem Standesbewusstsein packt er sie, wenn er meint, «vnd dapey» müssten sie «erkennen, daz er Inen als Curfursten all Ir freihait gemert, pessert vnnd Nymandt von den seynigen getriben»[34], dass er ihre kurfürstliche Freiheit nur vergrößert und verbessert und niemanden um sein Hab und Gut gebracht habe.

Der Tiroler Chronist Georg Kirchmair, ein Zeitgenosse Luthers und zeitweise sogar sein Anhänger, war nicht selber dabei in Augsburg, aber ihm wird glaubhaft versichert, dass die kaiserliche Majestät «so weysslich nye gerett, als auf disem Reichstag»[35]; nie habe der Kaiser klüger gesprochen, nie eindrücklicher. Auch Luther wird hier «weysslich» reden, als er sich vor dem päpstlichen Legaten Cajetan zu rechtfertigen hat, aber das Gespräch findet in Augsburg auf einer Nebenbühne statt, fernab der dynastischen und reichspolitischen Abwägungen, die doch den größten Einfluss auf sein eigenes und das Schicksal seiner Lehre haben werden.

Die guten, die weisen, die klugen Worte reichen am Ende nicht aus, dafür sind die Fürsten bei aller Ehrfurcht vor der gebrechlichen Majestät zu unsentimental, ihre Zustimmung muss erkauft werden. Am teuersten kommt wieder einmal Albrecht von Brandenburg, dessen Inbesitznahme des Bistums Mainz der Kaiser noch beim Papst befürwortet hatte. Sein Geschäft mit dem Ablass läuft nicht so gut wie erhofft, Albrecht hat nach wie vor hohe Schulden bei den Fuggern. Auf dem Weg zum Reichstag in Augsburg musste er in Nürnberg bei der dortigen Fugger-Niederlassung schon wieder einen Kredit über fünftausend Gulden aufnehmen.[36] Albrecht verweist auf die Franzosen, die ihm bereits ein sehr, sehr gutes Angebot gemacht haben, wenn er für Franz stimme, aber für ein Handgeld von einunddreißigtausend Gulden sowie eine jährliche Pension von noch mal zehntausend Gulden ist er dann doch für die Habsburger Seite zu gewinnen. Der Kaiser lässt sich nicht lumpen, er hat ohnehin nichts, und schenkt ihm obendrein ein silbernes Tafelgeschirr, das auf einem goldenen Tischchen zu liegen kommt, dazu Tapisserien aus Burgund.[37] Später

erhält Albrecht weitere hundertdreitausend Gulden.[38] Schließlich
gelingt Maximilian die gewünschte Verabredung. Sie wird in einem
Geheimvertrag fixiert: Fünf Kurstimmen sind beisammen, die Mehrheit. Friedrich sträubt sich weiterhin gegen eine eindeutige Parteinahme, der Bischof von Trier bleibt französisch, aber darauf kommt
es dann auch nicht mehr an. Ludwig von Böhmen (vertreten durch
Maximilian), Albrecht, Hermann von Köln, Ludwig von der Pfalz und
Joachim von Brandenburg erklären sich bereit, für Maximilians Enkel
zu stimmen. So bringt der Reichstag doch einen gewissen Ertrag.

Für alle Fälle wird auch noch prächtig geheiratet: Maximilian
führt eine Nichte, Susanna von Bayern, Tochter des bayrischen Herzogs Albrecht, am 25. August Kasimir von Brandenburg zu. Es wird
ein rauschendes Fest, an dem die Augsburger Bürger teilnehmen und
sich an der ganzen Prachtentfaltung erfreuen dürfen. Der Kaiser veranstaltet ein Armbrustschießen und setzt Preise aus, für die ihm die
Mittel fehlen. Die Stadt muss wie üblich für die Unkosten aufkommen.
Mit dieser Art Lustbarkeit hat sich Maximilian über die Jahre sogar
eine gewisse Volkstümlichkeit erwerben können. Zwar hatte er seiner
Tochter versichert, dass er keiner Frau mehr nachjagen werde, aber
beim Fasching ist ihm doch der Gedanke gekommen, er müsste mehr
haben von den Bürgerfrauen, mit denen er da tanzte. So verlangt er,
dass sie den Schleier und die rahmende Unterhaube, den Sturz, für
ihn ablegen, und siehe da – keine weigert sich. Hans Sachs überliefert
als weiteres Beispiel kaiserlicher Volkstümlichkeit die Geschichte von
«Der blinden kampf mit der Säw», der Parodie eines ritterlichen Tur-
niers. Um die versammelten Fürsten zu unterhalten, lässt Maximilian
den Weinmarkt einfassen; der Platz wird zur Arena. An einem Pfahl
in der Mitte wird ein Schwein angebunden. Diener haben zwölf Blinde
aufgetrieben, die mit Stöcken, Sturmhaube und wertlosen Rüstungs-
resten ausgestattet werden. Die Aufgabe besteht darin, die Sau zu
finden und zu erlegen. Wer sie erwischt, bekommt sie als Geschenk.
Darauf begibt sich die erwartete Posse: Die blinden Ritter streben auf
das Schwein zu, das vor Angst grunzt, aber natürlich rumpeln die

Blinden als Erstes gegeneinander und schlagen sich zur Freude der Zuschauer die Köpfe ein. Die Sau hält es nicht an ihrem Platz, sie versucht zu entkommen, reißt am Seil, brüllt, bis es endlich einem gelingt, sie zu treffen, während die anderen immer noch auf den Gewinner einschlagen. Blutüberströmt kann er endlich seine Sau in Empfang nehmen. So dachte der Kaiser auch an die Ärmsten in seiner Stadt.

Seine eigene und die Majestät des Reiches vergisst er darüber keineswegs, nur Friedrich, der für die Kurie immer wichtiger wird, ist ihm vollständig entglitten. Während sich Maximilian auf eine letzte Jagd verabschiedet und die Kurfürsten heimwärts ziehen, erhält der Legat Cajetan ein erweitertes Mandat für die Bearbeitung des Falls Luther. Dabei gilt es vorsichtig ans fromme Werk zu gehen. So wichtig ist Friedrich dem Papst als Königs- und Kaisermacher, dass ihm angetragen wird, seine unehelichen Kinder amtskirchlich zu legitimieren. Anfang Oktober verehrt ihm der Papst als Zeichen besonderer Wertschätzung die Tugendrose. Sie wurde am Sonntag Laetare geweiht, mit Moschus bestäubt und in Balsam getaucht und war so heilig wie eine kostbare Reliquie. Cajetan, so die Vorschrift aus Rom, solle sie aber nur überreichen, wenn der Kurfürst in der *causa di Frate* [Fratre] *Martino* effiziente Mittel gegen den Bruder Martin ergreife.[39] Spät trifft sie ein, die Tugendrose, der Fürst ist bereits abgereist, sie muss bei den Fuggern eingelagert werden. Luther höhnt, «quam illi magnis magna spe solent offerre»[40], dass die Päpste sie großen Herren in der Hoffnung auf große Gegengaben verleihen. Unverdrossen wendet sich Spalatin vor der Rückreise nach Sachsen im Namen des Kurfürsten an Veit Bild, den polyglotten, allem Neuen aufgeschlossenen Benediktiner im Kloster St. Ulrich in Augsburg, mit der Bitte, dem Fürsten möglichst viel von der Reliquiensammlung seines Klosters zu überlassen.[41] Was aber noch weit wichtiger ist: Papst Leo X. gewährt Friedrich endlich die erbetene Erhöhung des Ablasses für seine bestehende Sammlung. Brachte bisher die Weisung seiner Reliquien einen Ablass von insgesamt 101300 Tagen, so soll er sich künftig auf inflationäre

Die Tugendrose, auch Goldene Rose genannt, wird denjenigen verliehen, die sich um die katholische Kirche besonders verdient gemacht haben. Gelegentlich ging sie aber auch an Persönlichkeiten, die man dem päpstlichen Einfluss geneigt machen wollte.

hundert Jahre und hundert Tage pro Reliquie erhöhen. Das Register, das Spalatin daraufhin anlegt, umfasst bereits 18 855 Reliquien, womit sich die wundertätigen Stücke auf einen Gegenwert von 1 890 665 Jahren erhöhen, um die arme Seelen früher aus dem Fegefeuer zu erlösen wären. Die Weisung dieses von Friedrich sorglich gehüteten und vom Papst großzügig aufgewerteten Schatzes erfolgt in der Schlosskirche am 23. April 1520, wie eine «verkundung des grossen Aplas» belegt.[42] Unter dem Schutz des unermüdlichen Reliquiensammlers wettert Martin Luther währenddessen munter weiter gegen den Ablass.

Überraschenderweise lässt sich Friedrich vom Papst ebenso wenig bestechen wie vom Kaiser und bleibt völlig unbeeindruckt der treu-sorgende Landesvater. Fünf bis sechs Tage braucht die schnellste Post-verbindung zwischen Rom und Augsburg. Eine Antwort auf Maximi-lians Brief, mit dem der Kaiser Friedrich als Ketzerfreund denunziert, ist nicht überliefert. Aber nach gemessener Frist wendet sich der Papst, den die Kaiserfrage noch immer weit mehr als die Luthersache interessiert, am 23. August durch seinen Sekretär an Friedrich den Weisen; gleichzeitig geht ein Brief mit Instruktionen an Cajetan ab. Leo X. schreibt mit einer Mischung aus Drohung und Schmeichelei an den deutschen Kurfürsten. Nach den üblichen Präliminarien, die, auch schon als *exhortatio*, den Kurfürsten als treuen Sohn der Kirche grüßen, wird der Papst ernst. Wir wollen nicht glauben, schreibt ihm der väterliche Leo, «daß mit dem Wohlwollen und der Gnade Deiner wohledlen Person ein Mensch, der vom Glauben abirrt, in seinem Hochmut und seiner Maßlosigkeit den Zügel so kühn schleifen läßt». Weder Autorität noch Tadel fürchte dieser Luther, sein Gelübde ver-gesse er und seine Pflichten – «als ob er durch den Schutz Deiner edlen Person gedeckt sei»[43]. Das wolle man tatsächlich nicht glauben, kommt es scheinheilig aus Rom, «denn bisher ist nämlich nach Un-serem Urteil keinerlei Schuld bei Dir», auch wenn Dein Kaiser Dich ausführlich als Mitketzer hinhängt. «Du solltest aber», so geht es wei-ter, «auch den Verdacht dieser Schuld fliehen, den Dir die Unverfro-renheit jenes Mannes [gemeint ist Luther] zuzufügen versucht.»[44] Der Gegenbeweis ist leicht zu erbringen – Friedrich braucht den Ketzer bloß auszuliefern. Eine kleine Erpressung wirkt manchmal Wunder: «Denn es ist wichtig zur Ehre Deines Namens und zum Heil Deiner Seele, daß weder jetzt noch künftig zu irgendeiner Zeit festgestellt werden kann, die verderblichste Ketzerei in der Kirche [im lateini-schen Original *haeresin perniciosissimam in ecclesia Dei*] sei durch das Wohlwollen Deines hochedlen Hauses entstanden, dessen Pflicht es doch ist, dieser Gefahr mit Deiner Weisheit entgegenzuwirken.»[45]

Luther ist für den Papst ein *iniquitatis filius*, ein Sohn der Bosheit und der Spaltung. Die Kirchengeschichte vergisst nichts, schon gar nicht die päpstliche Kanzlei, und darum wird hier nicht nur eine bewährte Verdammungsformel fällig. Das ist auch der Anfang jener Bulle, die Papst Sixtus IV. im Jahr 1478 wegen Unbotmäßigkeit gegen Lorenzo de' Medici schleuderte, der sich mitsamt seiner Heimatstadt Florenz gegen das Machtstreben des Papstes aufgelehnt hatte und deshalb exkommuniziert werden musste. Lorenzo der Prächtige, Il Magnifico, ist der Vater des Medici-Papstes Leo X. Der Sohn kann diesmal mit den gleichen Worten den ungehorsamen Mönch verdammen.

In dem Breve, dem Erlass, den Leo am 23. August an Cajetan nach Augsburg schickt, ist der Fall bereits erledigt: Luther ist ein überführter und, wie seine jüngsten Veröffentlichungen hinreichend belegen, ein verstockter Ketzer. Wenn er nicht summarisch alles widerruft, was er bisher veröffentlicht hat, ist er in Gewahrsam zu nehmen und auf Abruf nach Rom und an die dortige Gerichtsbarkeit auszuliefern. Irgendwann in diesem Herbst 1518 bekommt Luther das Schreiben in die Hand. Es ist auf denselben Tag datiert wie das an Friedrich, auf den 23. August, und dürfte in den ersten Septembertagen, als der Legat immer noch auf eine Entscheidung zum Türkenkreuzzug wartet, in Augsburg eingetroffen sein.

Es sei ihm zu Ohren gekommen, schreibt Leo X., dass «ein gewisser Martin Luther» es «in widersetzlichem Sinn verkehrt» gewagt habe, «Verschiedenes ketzerisch und von dem, was die heilige römische Kirche festhält, Abweichendes zu behaupten».[46] Es ist sogar noch schlimmer: «Mit der ihm eigenen Unverfrorenheit und erhobenen Hauptes» habe er in verschiedenen deutschen Provinzen seine Schmähschriften veröffentlicht, und zwar «inconsulta Romana ecclesia», ohne dabei den Rat der römischen Kirche einzuholen. «Nun kam unlängst zu Unserer Kenntnis, daß der genannte Martinus unter Mißbrauch unseres Wohlwollens und kühner geworden den Übeln weitere hinzugefügt und hartnäckig auf seiner Ketzerei bestanden hat.» Mit allen Mitteln will der Papst gegen diese «Pest» (er spricht wirklich von *pestis*, der unberechenbaren Geißel der Zeit) vorgehen und fordert seinen Gesandten deshalb auf, den «genannten Martinus» zum persönlichen Erscheinen zu zwingen und sich dabei vom Kaiser abwärts der Hilfe aller Fürsten, Städte, Herrschaften, Klöster, einfach aller, zu bedienen. «Wenn Du ihn in Deine Gewalt gebracht hast, dann halte ihn in zuverlässiger Verwahrung, bis Du von Uns andere Weisungen erhalten wirst, damit er vor Uns und den Apostolischen Stuhl gestellt werde.»[47]

Der römische Zorn ist damit noch längst nicht vorbei: Für den Fall, dass einer der Fürsten, eine der Städte, Universitäten und sonstigen Gemeinschaften den Ketzer oder dessen Anhänger aufnehme und schützen wolle, «unterwerfen Wir die Gebiete, Städte, Länder und Örtlichkeiten einschließlich der Gebiete, Städte, Länder und Orte, in die zu entweichen besagtem Martinus gelingen sollte, dem Bann, Letztere so lange der genannte Martinus sich dort aufhält und noch drei Tage danach»[48]. Notfalls soll Cajetan, der doch auf diesem Reichstag so gut wie keine Autorität genießt, weil er vom Papst gesandt ist, die Hilfe der anwesenden Stände in Anspruch nehmen: «Fordere dabei», fordert der Papst, «den Arm sowohl Unseres in Christus geliebten Sohnes, des erwählten römischen Kaisers Maximilian, wie auch der übrigen Fürsten Deutschlands, der Städte, der Universitäten und Herrschaften – sowohl der kirchlichen wie der weltlichen.»[49]

Das ist noch nicht der Bann – bis der verkündet wird, werden noch mehr als zwei Jahre vergehen –, doch belegt dieses Schreiben, dass der Apostolische Stuhl die sich ankündigende Rebellion nicht nur mit aller geistlichen Macht niederschlagen, sondern dafür ganz selbstverständlich auch die weltliche zu Hilfe nehmen will. Nach all den Jahren der Gravamina, der deutschen Beschwerden über das römische Regime, ist das ein schlagendes Beispiel sowohl für die zunehmende Ertaubung Roms gegen die Klagen aus Deutschland als auch für seine fortschreitende politische Dummheit. Der Papst will die deutschen Stände in dem Augenblick zu Bütteln seiner innerkirchlichen Züchtigungsmaßnahme machen, als die Wut auf Rom am größten und die Bereitschaft, für Rom gegen einen Deutschen aufzustehen, am geringsten ist. Die implizite Rechtsauffassung des Apostolischen Stuhls, dass die deutschen Stände auf römischen Befehl tatsächlich als Arm der Kurie fungieren könnten – *tam ecclesiasticorum, quam seculari-um*, der kirchlichen ebenso wie der weltlichen –, ist so ungeschickt wie realitätsfern: Wie sollte Cajetan, den Hutten als verweichlichten Römling karikiert, ausgerechnet die deutschen Fürsten, die ihn eben noch ausgelacht haben, zu seiner Unterstützung gewinnen können?

Auf dem Reichstag kursiert ein anonymes Flugblatt, das den gleichen Tenor hat wie Huttens, Luthers und der Stände Erregung: «Florentinorum negotium agitur, non Christi!», heißt es da, es gehe hier doch bloß um die Geschäfte der Medici-Familie und keineswegs um Christus, für den angeblich Krieg geführt werden soll. Von «gold-beladenen Eseln», die nach Rom zögen, ist die Rede, von einer «nimmer befriedigten Habsucht» am Stuhl Petri. «Gedenket der deutschen Freiheit», endet diese *oratio dissuasoria*, «werdet nicht tributpflichtig und zahlet keinen Zehnten.»[50] Während sein Beschützer noch in Augsburg auf dem Reichstag weilt, erhält auch Luther in Wittenberg Kenntnis von einem Pamphlet, das sich gegen die «römischen Listen» wendet, die der Eintreibung eines Türken-Zehnten dienen. Diese Steuer werde hier, in Wittenberg, wie er Spalatin am 2. September berichtet, als Erfindung der Florentiner verstanden, dem habgierigsten Volk der Erde.[51] Die Florentiner, das sind die Medici, das ist die Kurie, die schon vor Luthers Fundamentalkritik jeden Kredit verspielt hat.

Aber wo ist Luther überhaupt? Während sein Kurfürst und sein treuer Spalatin auf dem Reichstag Feste feiern und um Rechtsgründe und allerlei Regressansprüche, um Türkensteuern und alle möglichen Abgaben feilschen, ist Martin Luther in Wittenberg zusammen mit Philipp Melanchthon mit der Universitätsreform befasst und natürlich auch damit, wie er der Zitation nach Rom entgehen kann. Ein Widerruf hätte das Verfahren erheblich abgekürzt, aber dafür ist Luther nicht geschaffen.

Er müsse nichts fürchten, versichert ihm Spalatin aus Augsburg. Der Fürst hat mit Cajetan gesprochen, und Cajetan sei ihm «nicht so sehr abgeneigt, daß er beim Kaiser und bei den Vornehmsten des Heiligen Römischen Reiches so viel Schlimmes gegen Dich anstiftet»[52]. So übel wie die Anhänger Tetzels sei Cajetan nämlich gar nicht. Er zweifle nicht, dass Luther und auch der Fürst der Bedrohung ihrer Ehre entgehen könnten. Allerdings staunt Spalatin selber darüber, «wieviel Feindschaft und Haß Dir die Thesen über den Bann einzutragen scheinen», und er meint die ketzerischen Sätze, die Luther im Mai in einer Predigt geäußert hat. Sie wurden offenbar von interessierter Seite mitgeschrieben und sind an die beiden päpstlichen Legaten und nach Rom gelangt. Spalatin ist trotzdem optimistisch: «Sed Deus aderit dexter suis», Gott wird den Seinen zur Rechten beistehen. Luther solle sich nur hüten, beim Predigen, Disputieren oder Bekennen in ein Wespennest zu stechen. Für die Zukunft, verspricht ihm Spalatin, ergebe sich «eine sehr heilsame, schöne und gute Gelegenheit zu lehren»[53]. Aber was meint er damit? Und was ahnt Spalatin, wie viel Luther noch bereit sein wird zu bekennen!

Nach langwierigen Verhandlungen kommt es zu einem Kompromiss zwischen Friedrich und Cajetan, der in der Türkensache nichts mehr ausrichten kann. Luther darf zwar nicht, wie er es gewünscht hatte, vor einem deutschen kirchlichen und gelehrten Gericht auftreten, um seine Thesen zu vertreten, aber er kann in Deutschland bleiben und muss nicht nach Rom, wo ihm, wenn er nicht ungesäumt widerruft, ganz schnell die Todesstrafe drohen könnte. Erst als Cajetan, nach Rückversicherung mit der römischen Kurie, dem Kurfürsten zusagen kann, dass er Luther vorführen lassen und ihn mit seinen Anliegen hören will, um erst dann über ihn zu urteilen, bestellt Friedrich seinen Luther nach Augsburg.

Für die Kurie mit ihrem Bestrafungsbedürfnis ist das kein Sieg, aber doch besser als das Ergebnis des Reichstags, wonach sich die Stände zwar grundsätzlich zu einem Kreuzzug bereit erklären, aber vorher noch die Meinung ihrer Landtage einholen wollen. Immerhin bietet sich eine Entschädigung für diese Niederlage: Cajetan kann am 5. September, nachdem er mit Friedrich über Luther gesprochen hat, nach Rom melden, dass Friedrich weiter eisern Widerstand gegen die Wahl Karls zum deutschen Kaiser leiste. Das wiederum kann den

Papst zur Milde bewegen, nämlich die Entscheidung Cajetan zu überlassen, ob ihm Luther bußfertig und widerrufsbereit genug erscheine, damit er ihm die Absolution erteile und ihn wieder in den Schoß der Kirche aufnehme, aus der er mit dem Breve vom 23. August bereits so gut wie ausgestoßen war. Cajetan hatte Friedrich versprochen, Luther «paterne, non iudicaliter» zu behandeln, wie ein Vater und nicht wie ein Richter. Friedrich vertraut auf das zugesagte Wohlwollen und garantiert Luther freies Geleit.

Töricht nennt sich Luther später, weil er nur auf eine vage Zusage hin gereist sei. Erst Ende Oktober wird er erfahren, dass vonseiten der Kurie eine Disputation über seine Thesen nie vorgesehen war, sondern dass er gefangen genommen werden sollte. Das freie Geleit, das ihm Friedrich verspricht, wollte der Papst keineswegs einhalten. In jenem September gehorcht Luther seinem weltlichen Herrn, unter dessen Schutz er sich zu stellen beginnt, und macht sich auf den Weg nach Augsburg. Der Kurfürst hat ihm zwanzig Goldgulden als Reisegeld geben lassen. In den letzten Septembertagen bricht Luther auf. Unterwegs predigt er in Weimar, wo der Kurfürst sein Heerlager aufgeschlagen hat. Sie müssten sich da oder sonst irgendwo auf der Strecke begegnet sein, doch achtet der Kurfürst sorgsam auf seinen Stand und deshalb auch darauf, dem Mann, den zu schützen er aus mancherlei Gründen entschlossen ist, auf keinen Fall näher als auf Briefdistanz zu kommen. Friedrich wahrt die Form und würde nie anders als absolut loyal auftreten – sei es dem Kaiser gegenüber oder dem Papst. Deshalb kann er sich nicht mit Luther und dessen Bekehrungseifer gemeinmachen, und er wird es bis zuletzt nicht tun.

Doch all die fürstliche Sorgfalt hilft nichts: Luther hat Angst, grausame Angst, und sie wächst mit jedem Tag, den er sich Augsburg nähert. Er macht Station in Nürnberg, wo er über seine Magenkrämpfe klagt. Die Freunde wollen ihn gar nicht weiterziehen lassen. «Nu mustu sterben!», denkt er unterwegs und stellt sich bereits den Scheiterhaufen vor, den sie für ihn aufgerichtet hätten. «Ach, wilch ein schand werde ich meinen eltern sein! *Ita me angustabat caro*»[54], so ängstigte mich mein Fleisch, setzt er ergänzend dazu in Erinnerung an Jesu Furcht vor dem Opfergang. Aber dass er bereit war, für seine Überzeugung, für seinen Glauben zu sterben, darf man ihm abnehmen. Passend zu seinen Magenproblemen hält ihn ein weiteres Beispiel für Verdauung am Leben: «Die römische Kirche – wenn ich so sagen darf – bedarf unersättlich des Goldes und indem sie es verschlingt, vermehrt sie beständig ihren Durst.»[55] So schlecht geht es ihm, dass zuletzt ein Wagen gemietet werden muss, der ihn einigermaßen heil nach Augsburg bringt.

Der große Reichstag ist vorbei, als er am 7. Oktober eintrifft. Mittlerweile ist Luther berühmt oder doch wenigstens berüchtigt und findet Augsburg deshalb «erfüllt vom Gerücht meines Namens, und alle begehren den Herostraten zu sehen, der einen solchen Brand anzünden konnte». Ich will hingehen, schreibt er Philipp Melanchthon nach Wittenberg, der natürlich sofort die Anspielung auf den Christus versteht, der zum Sterben nach Jerusalem hinaufzieht, bereit, sich schlachten zu lassen, wenn es Gott so gefällt. Italien, das Welschland, ist mit ägyptischer Finsternis geschlagen, wie der Schriftkundige aus der Bibel weiß. «So sehr verkennen sie Christus und das, was Christus gehört. Solche Menschen jedoch haben wir als Herren und Lehrer des Glaubens und der Sitten! So wird der Zorn Gottes über uns erfüllt.»[56] Wie der Prophet Jesaja klingt er und würde am liebsten Feuer und Schwefel herabregnen lassen über Gerechte und Ungerechte. Der Zorn Gottes, *ira Dei*, wird sein Thema bleiben, Luther beschwört ihn bei jedem Wettersturz, bei jedem gestrandeten Wal.

In Augsburg lodert aber gar kein Scheiterhaufen, weit und breit droht keine Gefahr. Konrad Peutinger, der Stadtschreiber und humanistische Bearbeiter der maximilianeischen Schriften, lädt ihn in sein Haus. Der Prior Johann Frosch, der ihn aus Wittenberg kennt, nimmt ihn gastfreundlich im Karmeliterkloster auf und wird ihn freundschaftlich zum Verhör begleiten. Friedrich hat darauf bestanden, dass sein Schützling von der kaiserlichen Kanzlei einen Schutzbrief erhält und dieser von Cajetan akzeptiert wird. Erst danach soll Luther vor dem Legaten erscheinen. Seinem Landeskind, der weithin bekannten Leuchte seiner jungen Universität, darf kein Leid geschehen. Wie vom Papst befohlen, arbeitete sich Cajetan zwischen dem 20. September und dem 7. Oktober mit der ihm eigenen Gründlichkeit in Luthers Schriften ein. Cajetan braucht nur zwei Wochen, um Luther in allen Punkten wenn nicht zu widerlegen, so doch nach allen Regeln scholastischer Disputierkunst zu widersprechen. Er konzentriert sich auf die Ablassfrage, mit der er sich bereits im Vorjahr, nur wenige Wochen nach Luthers Aussendung zum Thema, ausführlich beschäftigt hatte, noch ohne dessen Thesen überhaupt zu kennen.

Das Verhör beginnt am 12. Oktober, so mild und freundlich wie versprochen. Auch der Mönch aus dem fernen Norden hat sich kundig gemacht: In einer schon fast übertriebenen, wie orientalischen Proskynesis wirft er sich vor dem Kardinallegaten auf den Boden und bleibt lange liegen, kniet auch noch, als Cajetan ihm aufzustehen befiehlt, und bittet dann vorschriftsmäßig um Verzeihung für seine harten Worte. Erstaunlicherweise fällt Cajetan auf diese rituelle Zerknirschung herein, vielleicht ist er auch nur geschmeichelt und glaubt deshalb, einen dummen, verirrten Sünder an die kirchenväterliche Brust drücken zu können, jedenfalls fordert er Luther auf, seine Irrtümer zu widerrufen, sie nicht mehr zu wiederholen und in Zukunft solche Störungen des Kirchenfriedens zu unterlassen. Offensichtlich glaubt Cajetan, leichtes Spiel mit Luther zu haben.

In Luthers späterer Darstellung wird es dann aber ein Duell zweier Welterklärungssysteme, wobei der Jüngere, der Ketzer, der Rebell die Sympathien natürlich sofort auf seiner Seite hat. Cajetan habe hochmütig gelächelt und auf Revozierung gedrängt. «Aber die sechs Buchstaben REVOCA wollten mir nicht eingehen.» Er habe Cajetan gebeten und angefleht, aber dem Kardinal sei nur eins eingefallen: REVOCA. Darauf hat Luther ebenfalls ein Wort: NOLO, ich kann nicht. Wo er denn bleiben wolle als Papstgegner, fragt ihn Cajetan. Das ist tatsächlich eine Existenzfrage, denn wenn er der verstockte Ketzer bleibt, als der er vor dem Abgesandten des Papstes erschienen ist, kann er nicht mehr Mönch sein, auch nicht Professor. Er wird also nicht bloß aus der Kirche ausgestoßen, sondern aus der Erwerbsgemeinschaft. Luther will daraufhin seelenruhig erwidert haben: «Unter dem Himmel.» In Anlehnung natürlich an die Lilien auf dem Felde, die nicht säen und nicht ernten, aber gleichwohl vom himmlischen Vater erhalten werden. Er vertraut auf Gott also mehr als auf die Kirche mitsamt dem Papst. Der Dialog, wie ihn Luther 1532 wiedergibt, geht noch weiter. Ob er im Ernst glaube, der Kurfürst von Sachsen würde seinetwegen einen Krieg gegen den Papst führen? Das müsse er nicht, versetzt Luther. «Ille: Quid papa curat Germaniam?» Was schert sich der Papst um Deutschland?[57]

Luther ist so naiv oder so schlau, den Herrn Legaten mit einer einzigen Frage aus dem Konzept zu bringen: Worin denn seine Irrtümer bestünden? Cajetan hat sich zwar gründlich vorbereitet, doch er wollte seine Autorität nicht durch eine Disputation über richtig und falsch beeinträchtigt haben. Luther aber will wissen, was man ihm vorwirft, und erzwingt dadurch eine informelle Disputation.

Widerwillig nennt Cajetan zwei Thesen Luthers, die sich nicht mit der offiziellen Kirchenlehre vertragen. Luther will nicht anerkennen, dass das Sakrament zur Rechtfertigung dienen soll, er setzt den Glauben zum Empfang des Sakraments voraus. Noch mehr ist der Legat aber über Luthers Haltung zum Ablass erzürnt. «Die Schätze der Kirche», hatte er in Wittenberg verkündet, «aus denen der Papst die Ablässe austeilt, sind weder genau bezeichnet noch beim Volk Christi erkannt worden.» Es seien, noch schlimmer, «auch die Verdienste Christi und der Heiligen; denn sie wirken ohne Papst immer Gnade für den inneren Menschen, aber Kreuz, Tod und Hölle für den äußeren»[58]. Die Infinitesimalrechnungen, die in den päpstlichen Kanzleien seit zwei Jahrhunderten angestellt werden, wonach immer noch mehr Nachlässe auf zeitliche Strafen im Fegefeuer zu erwerben sind und sich die grundsätzliche Verweildauer der armen Seelen offenbar ständig verlängert, wird hier mit einem Schlag hinfällig.

Im Glauben, der Bettelmönch sei ja doch nur ein halbgebildeter

Barbar, hält Cajetan ihm die Bulle «Unigenitus» vor, mit der Papst Clemens VI., einer der verschwendungssüchtigsten Päpste überhaupt, 1343 begonnen hat, das Blut Christi als materiellen Wert, als Kirchenschatz, zum Einsatz zu bringen. «Denn nicht mit vergänglichem Gold und Silber, sondern mit seinem eigenen kostbaren Blut, als dem Blut des Lammes ohne Makel und Fehl, hat er uns losgekauft», verkündete Clemens mit Berufung auf 1 Petr 1,18 f. und meinte doch nichts anderes als das Gold und Silber, das mit dem dazugehörigen Ablass einzutreiben war. Nicht schlecht für einen Papst, der sich allein seine Krönung fünfzehntausend Gulden kosten ließ.[59] Gut möglich, dass der Grausamkeits- und Opferkult des späten Mittelalters mit der Vorstellung des geschundenen, gefolterten und getöteten Christus begonnen hat, an dem schließlich «von der Fußsohle bis zum Scheitel nichts Gesundes mehr gefunden wurde». Bei genau diesem unendlich ausgemalten und beständig imaginierten Leid setzt jene Konvertierung in klingende Münze ein, die Luther immer unbegreiflicher wurde. Genau damit beginnt die erbarmungslose Fiskalglaubenswirtschaft, die die Kirche zur Weltmacht emporsteigen ließ: «Quantum ergo exinde, ut nec supervacua, inanis aut superflua tantae effusionis miseratio redderetur, thesaurum militanti ecclesiae acquisivit» – «solch erbarmendes Blutvergießen kann nicht unnötig oder überflüssig dargebracht worden sein. Daher wird man sagen müssen: Welch großen Schatz hat er für die streitbare Kirche erworben!»[60]

Luther aber kennt «Unigenitus» sehr genau. Geschickt unterläuft er mit dem Hinweis auf einen logischen Fehler in der Auslegung des Schriftsinns der päpstlichen Bulle Cajetans Argument, dass päpstliche Verkündigungen für alle Christen bindend seien. «Wenn Christus durch seine Verdienste einen Schatz erworben hat, dann sind seine Verdienste nicht der Schatz. Vielmehr ist das, was die Verdienste verdient haben, die Schlüsselgewalt der Kirche. Also ist meine These richtig.» Stolz verweist Luther auf seine Latein- und Grammatikkenntnisse und spielt, jedenfalls in seinen eigenen und keineswegs immer zuverlässigen Berichten, mit dem antirömischen Ressentiment. Schließlich

gebe es einen Unterschied zwischen «ein Schatz sein» und «einen
Schatz erwerben», habe er dem großen Scholastiker vorgehalten, wie
er seinem Freund Spalatin berichten kann. «So habe ich sein Selbst-
vertrauen gebrochen, mit dem er bisher nur nach Widerruf schrie.»[61]
Cajetan muss vor Wut getobt haben, denn er schickte Luther fort und
wollte ihn nur wiedersehen, wenn er bereit sei, zu widerrufen.

Obwohl es wie immer bei scholastischen Disputationen um inter-
pretatorische Details geht, hat Luther, den Cajetan um seine Existenz
zu bringen drohte, seinerseits der Kirche die wirtschaftliche Existenzgrundlage entzogen. Luther bestreitet dem Papst und der Kirche das
Monopol, über den Schatz der Kirche verfügen zu können, jene fiktive
Gnade, die Jesus und alle Heiligen freundlicherweise auf ein vatikani-
sches Ansparkonto überwiesen haben, damit die frommen Christenmenschen nach Lust und Laune und bei entsprechenden Abgaben die
Seelenpein lindern können. Luther macht bei dieser Art theologischer
Wirtschaft einfach nicht mehr mit. Dabei hätte sich sein bewusstes
Missverstehen der Ablasstheologie leicht mit Maximilians Klage über
den «überflüssig schatz, so täglichs an gelt, den merern teil aus teutscher nation, an den bäbstlichen hof kummet», aufklären lassen. Es
geht um die Amtsgewalt des Papstes und damit um Geld. Ausgerechnet in der ersten Hochblüte der Kapitalwirtschaft fällt Luther ein, dass
es etwas geben muss, das nicht merkantil und kommerziell betrachtet
und bewertet werden soll, das er ausgenommen haben will, während
der amtierende Papst in seiner Finanznot nichts anderes im Sinn hat,
als die zahlungsbereiten unter seinen lieben Christen gründlich aus-
zuplündern und aus dem Papsttum, das er recht genießen will, das
Möglichste herauszuholen.

Der Gedanke, den Luther in der Auseinandersetzung mit Cajetan
entwickelt, ist die größte anzunehmende Ketzerei: Es geht auch *sine
papa*, ohne Zutun des Papstes, weshalb es völlig sinnlos ist, dem Papst
und der Kirche Ablässe abzukaufen. Was Luther am 31. Oktober des
Vorjahres angefangen, durch die nachgereichten «Resolutiones» bekräftigt und jetzt vor Cajetan wiederholt hat, ist ein Umsturz, den ihr

1518 schickt der Papst seinen Legaten Cajetan nach Augsburg, um den Ketzer zu verhören und einen Widerruf zu erzwingen. Luther widersteht heldenhaft. Holzschnitt aus Ludwig Rabus' «Historien der Heyligen Außerwölten Gotteszeügen» (1557).

Urheber niemals vorhergesehen hat. Wenn ich die Schätze der Kirche, wie sie Clemens deklariert hat, ohne Mittlerdienste und das heißt, ohne den raffgierigen, extrem personalintensiven und damit teuren Apparat, der in Rom aufgebaut worden ist, für mich erwerben kann, dann brauche ich nicht nur den Tetzel nicht mehr, sondern kann leichten Herzens auf den ganzen Überbau verzichten.

Dass sich der aktuelle Papst Leo X. auf seinen korruptesten Vorgänger berief, auf den in Avignon residierenden Clemens VI., dem nichts heiliger war als die Einnahmen aus dem Kirchenregiment für die eigene Hof- und Lebenshaltung, das aber mit dem Blut Christi rechtfertigte, muss dem frommen Martin tatsächlich als die übelste Ketzerei erschienen sein. Und selbstverständlich musste ihm der päpstliche Legat vor allem diese eine These bestreiten. Kaum dass das Verhör beendet ist, meldet Luther dem Kollegen Karlstadt seinen Triumph. Cajetan ist ihm in der Diskussion um den Grad der Abweichung von den christlichen Lehrsätzen und der vom Papst genehmigten Lehre zwar ebenbürtig gewesen (nicht dass Luther das zugäbe), aber das zählt für ihn nicht: «Denn wahrlich es fließen aus seiner Meinung viel ungereimpte und ketzrische Sätze und Meinung. Er ist vielleicht ein namhaftiger Thomist», berichtet Luther nach Wittenberg, «aber ein undeutlicher, verborgener, unverständlicher Theologus oder Christ, und derhalb diese Sach zu richten, erkennen und urteilen eben so geschickt als ein Esel zu der Harfen.»[62]

Der wahre Christ ist der verketzerte Luther, der auf seinem eigenen Heilsweg zu Gott beharrt. Der Kardinal habe ihn beständig seinen lieben Sohn genannt, aber er traue dem Frieden nicht. «Das weiß ich, daß ich der allerangenehmst und liebst wäre, wenn ich dies einig Worte spräche: ‹revoco›, das ist: ‹Ich widerrufe.›» So gefestigt ist er in seiner Lehre, dass er mit dieser Mischung aus Demut und Aggression, die seine sämtlichen Texte kennzeichnet, die er an gegnerische Autoritäten richten wird, schlicht erklärt: «Welchs ich nicht habe wöllen tun.»[63] Für ihn geht es um alles. Allmählich entwickelt er seine Rechtfertigungslehre, die gut hussitisch lauten wird: Nicht ich bin der Ketzer, sondern ihr seid es, weil ihr euch an der Schrift und damit an Gott versündigt. Schlimmer noch, der Weg, den der Augustiner gefunden hat, führt nur in eine Richtung und niemals zurück: «Aber ich will nicht zu einem Ketzer werden mit dem Widerspruch der Meinung, durch welchen ich bin zu einem Christen worden; ehe will ich sterben, verbrannt, vertrieben und vermaledeiet werden etc.»[64]

Das ist die immer wieder gern bekundete Bereitschaft zum Opfergang in der *imitatio Christi*, in der er gar nicht anders kann, als sich wie Jesus vorzukommen, wenn «im Hause des Kaiphas meine Schriften [sind], wo sie gegen mich falsche Zeugnisse suchen, die bisher nicht gefunden worden sind»[65]. Luther führt eine ganz neue Kategorie ein, die ihn weit aus der Diskussion um Thomas von Aquin und das Supremat der Schrift über den Papst heraushebt. Er bringt diese Kategorie offenbar nicht in der direkten Konfrontation mit Cajetan vor, sondern erst hinterher, als er Cajetan einen Brief schreibt, und zwar nicht, wie der es verlangt, um zu widerrufen, sondern um fester denn je darauf zu beharren, dass er im Recht sei und niemand sonst – der Kardinallegat nicht, der Papst nicht und auch nicht der Hl. Thomas. So eifrig er seit seiner Zeit als Student gegen die für ihn engherzige Auslegung der Schrift durch den Aristoteliker Thomas polemisiert hat, jetzt hat er seinen Hebel gefunden: Es ist das Gewissen. Am liebsten würde er alles widerrufen, schreibt er am 15. Oktober an Cajetan, den er hier als «mein ehrwürdigster und fast schon liebster Vater in Christus» anredet und mit umständlichen Entschuldigungen für sein womöglich zu unverschämtes Betragen versöhnlich stimmen oder vielleicht auch nur irreführen will. Er gelobt Besserung und verspricht sogar, nicht mehr über den Ablass zu reden und zu schreiben, vorausgesetzt, seine Gegner lassen es auch bleiben. Und selbstverständlich würde er sofort seinem, Cajetans, und dem Rat seines Ordensvikars Staupitz folgen und alles widerrufen, alles, was Cajetan stört, «si ullo modo conscientia mea permitteret» – wenn er nur irgendeine Möglichkeit sähe, dass es sein Gewissen erlaube. «Ich weiß nämlich», setzt er hinzu, um sein Trotzen verständlich zu machen, «daß ich niemandes Weisung, Rat oder Gunst so viel einräumen darf, daß ich irgendetwas gegen das Gewissen sage oder tue.»[66]

Woher weiß er das, woher nimmt er die Gewissheit? Das Gewissen gab es auch in der Scholastik, aber noch nie hat sich ein Christ darauf berufen, um damit seine Abkehr von der christlichen Kirche zu begründen. Spalatin, Theologe auch er und Absolvent der Schule des Hl. Thomas wie Luther, hatte ihn noch vor Beginn der Reise beruhigt: «Lebe deshalb ohne Sorge, im Vertrauen auf Gott und auf Dein reines Gewissen!»[67] Es ist zweifelhaft, dass Luther Platons Apologie kennt, die Rede, mit der sich Sokrates vor den Athenern verteidigt, die entschlossen sind, ihn zum Tod zu verurteilen, weil er angeblich die Jugend verdirbt mit seinen Gedanken. Sokrates beruft sich nicht auf eine höhere Instanz, auf keinen Gott und auch auf kein wie immer geartetes Naturrecht, sondern auf eine innere Stimme. «Mir aber ist dieses von meiner

Kindheit an geschehen: eine Stimme nämlich, welche jedesmal, wenn
sie sich hören läßt, mir von etwas abredet, was ich tun will, – zugere-
det aber hat sie mir nie.»[68] Diese innere Stimme kann nicht angerufen
werden, sie bietet keinen Schutz, sie ist aber für jemanden wie Sokrates
nicht verhandelbar. Die Athener sind damit überfordert, die Stimme
– oder nennen wir sie: das Gewissen – passt nicht in ihr mit einer Unzahl von Göttern allerliebst dekoriertes Staatsverständnis. Instinktiv
haben sie deshalb in Sokrates den Staatsfeind erkannt. Wer sich auf
diese unerhörte Instanz beruft, will sich nicht den Gesetzen und Geboten der diesseitigen Welt fügen. Im Rechtsverständnis Athens im Jahr
399 vor Christus muss Sokrates ebenso sterben wie vierhundert Jahre
später der Sohn Gottes, weil er sich den irdischen Gesetzen nicht fügt
und das überirdische Versprechen – er sei der Messias, der das Volk
Israel aus der Knechtschaft befreie – nicht einlösen kann.

Luther hat (außer Paulus und den Römerbrief) nichts auf seiner
Seite, wenn er sich auf das Gewissen beruft, auf eine Instanz, mit der
Cajetan als Bevollmächtigter der Kirche nichts anfangen kann. Die
Kirche kann dem einzelnen Mitglied nicht den individuellen Zugang
zu Gott erlauben, weil sie sonst ihre Macht verliert. Luthers Sakrileg besteht genau darin: dass er der Kirche aus seinem Glauben die
Gefolgschaft aufkündigt. Sie ist ihm zu aristotelisch, zu formalistisch,
insgesamt zu weltlich. Mit einer unerhörten Arroganz weist er die
Vorhaltungen Cajetans zurück. Die Ausführungen des Hl. Thomas
– immerhin bezeichnet er den *doctor angelicus* noch als einen Heiligen – «sind nicht so bedeutend, daß sie mir in dieser Frage genügen».
Da Luther bereit ist, auf den Scheiterhaufen zu steigen, kann er sich
auch gefahrlos auf eine höhere Gerechtigkeit berufen. Sein Gewissen
enthebt ihn in seiner religiösen Haltung der irdischen Verantwortung,
die Cajetan und der Papst verkörpern. In den «Acta Augustana», die
zwei Monate danach erscheinen und in denen er die Auseinandersetzung mit Cajetan referiert, schließt er eine Aufzählung von Gründen,
warum die Schrift ihn darin bestätigt, dass es Rechtfertigung nur im
Glauben gebe, mit der hohntriefenden Bitte, «eure hochwürdige Vä-

terlichkeit wolle geruhen, freundlichst mit mir zu verfahren, Mitleid mit meinem Gewissen zu haben und mir das Licht zu zeigen, durch das ich das Vorgetragene anders verstehen könnte – und mich nicht zum Widerruf dessen zwingen, was ich auch durch mein Gewissen als den Zeugen nicht anders verstehen kann, als das, mit dem ich notwendigerweise übereinstimmen muß»[69].

Habt Mitleid mit meinem Gewissen – das ist eine Bitte, die auf Cajetan nur als Unverschämtheit wirken kann. Schließlich ist Luther Fleisch von seinem Fleisch, er hat eine ähnliche scholastische Ausbildung durchlaufen, ist Akademiker, ein Intellektueller ohne Zweifel, aber er hält sich nicht an die Formalien, will keine Regel kennen außer der eigenen. Zugegeben, Luther hat an keiner namhaften Universität studiert, auch ist er, von den jüngsten Thesen abgesehen, bisher nicht durch bedeutende Veröffentlichungen aufgefallen, man weiß auch nichts von größeren Rededuellen, die er gewonnen, gar von Preisen, die er errungen hätte, aber er verlässt mit größter Selbstverständlichkeit die akademische Gemeinde.

Noch einen weiteren Brief schreibt er an Cajetan, und wieder gehorcht er den rhetorischen Vorschriften, redet den Legaten mitsamt seinen Titeln an, zeigt sich so unterwürfig, wie es sich für ein frommes Christenkind gehört, aber die weitere Verfügung über diesen einen frommen Christen behält sich Martin Luther auf jeden Fall vor. Er habe in Augsburg genug Zeit und Zehrgeld verschwendet, schwach und krank sei er auch, und da er nichts widerrufen könne, verlasse er jetzt den Ort. Johann von Staupitz, sein Ordensoberer, der ihm auf Wunsch Friedrichs zu Hilfe geeilt ist, hat ihn vorsorglich von seinem Gehorsamsgelübde entbunden. «Daher gehe ich nun fort und wandre aus, um an anderem Ort weiterzusehen.» Wo Luther hinmöchte, wo er sich womöglich verstecken will, wird er nicht sagen, aber wichtig ist ihm, dass er bei «unserem hochheiligen, aber schlecht informierten» Papst Berufung einlegen wird.[70]

Unterstützt von einem Notar formuliert Luther eine *appellatio* an den Papst. Sie wird nach seiner Abreise am Tor des Augsburger Doms angeschlagen. Dann flieht er aus der Stadt. Die Tore seien alle mit Wachen besetzt gewesen, erzählt er seiner Wittenberger Tischgemeinschaft später, wohlmeinende Bürger hätten ihn aber auf geheimen Wegen in die Freiheit gebracht.[71] Zu Luthers Verweigerung, zu seinen Briefen fällt Cajetan wenig ein. Die Begegnung mit ihm ist seine dritte Niederlage auf dieser Legationsreise geworden. In seinem abschließenden Brief vom 25. Oktober, der erst nach Wochen beim Kurfürsten eintrifft, wischt Cajetan Luthers Argumente auf die schlichtest denkbare Art weg: Luther habe ein Papier mit Stellen aus der Heiligen Schrift gefüllt, die «überhaupt nicht hergehörten und die er falsch verstanden hat»[72]. Für Cajetan gibt es gar keinen Zweifel, dass Luther irrt. Außerdem sei der gute Bruder Martin ein Betrüger, wenn er weiter auf seinen frechen Behauptungen beharre. Der Legat schlägt deshalb vor, dass Luther «entweder nach Rom geschickt oder aus Euren Landen verjagt wird». Und als wollte er es dem beständig den Opfertod herbeibetenden Luther extra recht machen, schließt der ähnlich bibelfeste Legat mit der Formel, mit der Pontius Pilatus den Angeklagten Jesus Christus den Hohepriestern und damit dem Tod ausliefert: «In Rom wird man die Sache verfolgen», verspricht Cajetan, «wenn ich meine Hände in Unschuld gewaschen und an den allerheiligsten Herrn, unseren Herrn, über solche Betrügereien berichtet haben werde.»[73]

Die Historiker wissen es hinterher immer besser: Auf dem Reichstag in Augsburg wäre Luthers Siegeszug noch leicht zu bremsen gewesen, doch dazu hätte man überhaupt erkennen müssen, dass hier sehr viel mehr drohte als nur spirituelle Kraft aus einem abgelegenen Kloster. Im Herbst 1518 ist Luther für eine mögliche internationale Verwicklung seines Falls schlicht zu unbedeutend. «Gott hat mich plötzlich in das wesen gefurt», erklärt Luther sich und seinen Tischgästen Jahrzehnte später, «denn da ichs anfieng, weis Gott, ich verstund es nicht vnd habe erstlich stets gesteuret. Aber sie haben sich an mir abgerannt.»[74] Das Wort, seins, war stärker.

ZEHNTES KAPITEL

Der Mönch wird zum Ketzer

Aus der Augsburger Syphilis-Quarantäne, aus seiner grauenhaften Schwitz- und Schmierkur, aus überwundener Sterbensangst und wachsender Überlebensfreude schickt Ulrich von Hutten am 25. Oktober 1518 einen Bericht, der mit einem Jubelschrei endet: «O seculum! O literae! Iuvat vivere, etsi quiescere nondum iuvat, Bilibalde. Vigent studia, florent ingenia. Heus te accipe laqueum, barbaries, exilium prospice!»¹ Der Adressat, Willibald Pirckheimer, hatte Huttens dialogische Schrift «Aula» kritisiert, weil der Autor das Leben am Hof feierte, und ihm den Rat gegeben, Hutten solle seine adelige Herkunft ebenso wie den Hof hinter sich lassen und sich den Wissenschaften zuwenden. Hutten kündigt die Arbeit an einem großen Werk an, aber vor allem feiert er den Beginn eines neuen Zeitalters. Es wird die Grundsatzerklärung der deutschen humanistischen Renaissance. Nicht das bewährte Klagelied von «O tempora! O mores!», sondern Aufbruch und Zukunft: «O Jahrhundert, o Bildung! Es ist eine Lust zu leben, wenn es auch keinen Grund gibt, sich auszuruhen. Die Studien blühen auf, die Geister regen sich. Nimm den Strick, Barbarei, dir droht die Verbannung!»

Anders als seine frommen Zeitgenossen fühlt sich der Ritter Hutten nicht in einer Endzeit, sondern am Anfang einer neuen. Niemand wusste doch am Ende des Mittelalters, dass er im Mittelalter lebte, niemand erwartete im Herbst 1517 den Anbruch der Neuzeit, sie war einfach da. Die Neuzeit brach an, weil der Humanismus die Antike entdeckt hatte, weil der Handel einen drastischen Wandel der Gesellschaft brachte und weil die Erlösungsverzweiflung, von der sich das Ablasswesen so gut genährt hatte, irgendwann nicht mehr zu ertragen war.

Dass es Martin Luther sein würde, der für diese ungeheure Erleichterung sorgte, wäre dem rekonvaleszierenden Ritter niemals in den Sinn gekommen. So unbedeutend war der Mönch, dass Hutten dessen Erscheinen in Augsburg gar nicht wahrnahm. Luther trotzte Cajetan, während Hutten mit seiner Krankheit kämpfte. Wohl hat Hutten den jüngsten Klatsch gehört, wenn auch nur recht ungenau – Johannes «Eck hat meinen Landsmann Karlstadt, einen tüchtigen Theologen, niedergemacht; dieser liege im Streit mit Luther, Luther mit vielen anderen – du siehst, wie die Theologen sich ineinander verbeißen und sich gegenseitig zerreißen. Dem Erasmus weiß Eck einiges zu raten, worauf dieser – was sollte er anderes tun? – ganz den Erasmus herauskehrt»[2], aber er weiß nichts davon, dass Luther als Ketzer vor genau den Kardinallegaten geladen war, den er selber mit so giftigen Bemerkungen belegen kann. Die Bemerkung, dass Karlstadt «cum Luthero bellum est», Karlstadt liege mit Luther im Krieg, zeigt seine Ahnungslosigkeit, «Luthero cum multis»[3] seine ganze Geringschätzung. Für Hutten ist das nur das bewährte Mönchsgezänk, weit unter seinem humanistischen Niveau. Nach wie vor gilt, was er Luther und den anderen Theologen zu Anfang des Jahres gewünscht hatte, dass sie sich gegenseitig aufreiben sollten, dass «alle zu Grunde gehen und aussterben, welche der aufkeimenden Bildung hinderlich sind, damit die lebendigen Pflanzungen der herrlichsten Tugenden, die sie so oft zertreten haben, endlich sich erheben mögen»[4]. Luthers Anliegen interessieren ihn nicht, im Zweifel behindern sie die seinen. Hutten hat nur nicht gemerkt, dass ein Volkstribun aufgestanden ist, der das Publikum bald auf eine Weise ansprechen kann, wie es dem berühmten Ritter sein Lebtag lang nicht gelingen wird.

Huttens Brief, eher ein Manifest, für ihn auch ein Überlebenszeichen, wird ein paar Tage nach Luther in Nürnberg eintreffen, wo der Rebell auf der Rückreise von Augsburg Station macht und sich für seine Standhaftigkeit ausgiebig feiern lässt. Spalatin hat ihm dort die päpstliche Instruktion für Cajetan zustellen lassen, nach deren Lektüre sich Luther als lächerliche Figur in einem abgekarteten Spiel empfinden muss. Es war also alles nur ein politisches Manöver, er wurde hintergangen und ist ohne weiteres Verfahren abgeurteilt worden. Dabei hatte man ihm doch vorgegaukelt, der römische Gesandte biete ihm Gelegenheit, über seine Thesen zu disputieren. In Rom gab es aber nie auch nur das leiseste Interesse an einer inhaltlichen Auseinandersetzung mit seinen Thesen, vielmehr gab sich Leo X. oder jedenfalls die päpstliche Kanzlei in Briefen nach Sachsen alle Mühe, ihn als «filius perditionis», als Ausgeburt der Hölle oder gleich als «filius Satanae», als Satanssohn, zu beschimpfen. Nach Herrschersitte sucht man die Gegner in Deutschland, die doch eigentlich zur «frömmsten und gehorsamsten Provinz» gehören, den beiden sächsischen Ländern, auch gleich zu entzweien.[5]

Am 31. Oktober 1518, genau ein Jahr nachdem er ohne Wissen und Wollen begonnen hat, die Weltgeschichte zu verändern, kehrt Luther unter großem Beifall seiner akademischen Anhänger nach Wittenberg zurück. Er schäumt vor Wut, jedenfalls gebärdet er sich so. Vor den Konsequenzen ist ihm nicht bang, wie überhaupt seine Grundangst vergessen ist, wenn er sich im heiligen Eifer gegen andere wenden kann. Seit dem Aufenthalt in Nürnberg ist ihm bewusst, dass ihm die Exkommunikation bevorsteht, er wird seine Verteidigung deshalb mit aller Kraft fortsetzen müssen. Luther versteht sich nicht als Ketzer, sondern glaubt sich im Recht, und er will gegen die Römer unbedingt recht behalten. Deshalb muss die Welt von seiner Sicht der Konfrontation in Augsburg ins Bild gesetzt werden, er muss einer vatikanischen Deutung zuvorkommen. In unglaublicher Geschwindigkeit schreibt Luther eine Zusammenfassung des Verhörs mit dem Legaten. Welche Hilfsmittel ihm dafür außer seinem offenbar verlässlichen Gedächtnis zur Verfügung standen, ist unklar, jedenfalls legt er in Windeseile seine «Acta Augustana» nieder, deren erste Bogen bereits Mitte November in Druck gehen.

Für wen schreibt Luther? Ganz gewiss nicht für das christliche Volk, dem er mit seinen Thesen zum Ablass aus der Seele gesprochen hat. Als Kirchenlehrer beschäftigen ihn zu diesem Zeitpunkt noch weit erhabenere Themen und ganz besonders die Frage nach der Amtsgewalt und Amtsanmaßung des Papstes, der behauptet, mit einem Plenarablass die Seelen aus dem Fegefeuer führen zu können. Als Vertreter einer halbwegs neuen Richtung in der Scholastik neigt er nicht mehr dazu, die Autorität des Papstes zu bestätigen, er bezweifelt sie, und nicht nur in diesem heiklen Punkt. In seiner Argumentation, auch in der Art, wie er sie bekannt macht, bleibt er innerhalb der akademischen und gelehrten Schule, die durch die Humanisten erweitert, aber nicht grundsätzlich in Frage gestellt worden ist. Er veröffentlicht in lateinischer Sprache, womit er etwa neunundneunzig Prozent der Bevölkerung ausschließt, und wendet sich an jene hauchdünne Bildungsschicht, die Zeit und Beruf hat, sich mit den Feinheiten scholastischer Auseinandersetzungen zu befassen. Andererseits verhilft ihm die Veröffentlichungssprache Latein zu einem aufgeschlossenen Publikum in ganz Europa. Seit ihn die Thesen vom Ablass bis an den englischen Königshof bekannt gemacht haben, sind alle Lese- und Lateinkundigen begierig, mehr von ihm zu erfahren. Da er aber nicht auf Deutsch schreibt, sind seine Gedanken im Deutschen Reich vorläufig nur ein Gerücht. Viele kennen ihn nur vom Hörensagen.

In den «Acta Augustana» geht es um die Deutungshoheit nach dem Augsburger Verhör. Auch darüber sind Gerüchte im Umlauf. Luther ist, ernstere Konsequenzen befürchtend, vor Cajetans Polizeigewalt geflohen, aber jetzt gilt es, mit der Macht der Druckerpresse der drohenden Verurteilung durch den Vatikan zuvorzukommen. Das Propagandaunternehmen wird durch ein feudales Vakuum begünstigt. Der Hof hat Wittenberg verlassen, Spalatin ist dem Kurfürsten in die Residenz nach Altenburg gefolgt. Die Botschaft, die Cajetan am 25. Oktober seinerseits von der Augsburger Konfrontation schickt, erreicht den Kurfürsten deshalb erst am 19. November. Friedrich wird darin aufgefordert, Luther ohne Verzug nach Rom auszuliefern.

Niemand kümmert sich darum. Luther hält nur losen Kontakt zu Spalatin, und jetzt, wo er mehrere Wochen auf sich allein gestellt ist, handelt Luther, wie er es für richtig hält. Ich werde, kündigt er Spalatin in einem Brief an, den er noch am Tag seiner Rückkehr ins Wittenberger Kloster schreibt, ich werde meine Antworten auf Cajetans Einwände zusammen mit der Appellation drucken lassen. Unfassbar erscheint es ihm, dass eine solche Erfindung, das Breve für Cajetan, vom Papst ausgehen sollte, ereifert er sich rhetorisch. Teuflisch oder «Diabolicum» nennt er das Schreiben, weil er endlich erfahren hat, dass der Papst es mit aller Gewalt auf ihn abgesehen hat, wie es ihm nun vorkommt. In der Zitation vom 7. August war ihm eine Frist von sechzig Tagen gesetzt worden, im Breve vom 23. August ist er bereits ein ausgemachter und überführter Ketzer, der in Bande geschlagen werden muss.

Getrieben von einer demonstrativen Wut entsteht der Öffentlichkeitsarbeiter Luther, hier beginnt auch seine Emanzipation von jeder Art weltlicher Autorität. Ein Volksschriftsteller, gar ein Aufrührer will er zwar noch immer nicht sein, aber er wird unberechenbar in seinem Zorn, der sich schnell biblisch gebärden kann. Als die Nürnberger Humanisten, die er eben zu Freunden gewonnen, sich Anfang des Vorjahres begeistert über seine «Sieben pußpsalm mit deutscher Außlegung» äußerten, gab Luther noch vor, sich zu schämen. Für «rudibis, ut nosti, Saxonibus», für ungebildete Sachsen und deren eingeschränktes Verständnis sei das gedacht und nicht für gebildete Männer, wie er sie in Nürnberg vermuten darf. Dringend bat er damals Christoph Scheurl, seine Sätze «aus den Augen der Gelehrten» wegzuschaffen.[6] Jetzt will er Herr des Verfahrens, seines Verfahrens bleiben und geht mit staunenswerter Kühnheit seinen Gang. Er weiß, dass er von Freund und Feind begierig gelesen wird. Auf den Schutz durch die Universität und die Sympathie der Humanisten, die auf ihn aufmerksam geworden sind, glaubt er vertrauen zu können. Doch beginnt sich die akademische Gemeinschaft bereits in Lager aufzuteilen. In einem Brief an Johannes Eck spricht Scheurl im November 1518 von

«Martinus noster», unserem Martin, ahnt aber, dass sich Eck schon
wieder aus dem Lager der Reformwilligen verabschiedet hat und sich
als Gegner Luthers etabliert. Die Freunde glaubten, setzt Scheurl in
einem Postskriptum hinzu, dass dieser Wandel nicht ganz aufrichtig
vollzogen werde. Eck aber sieht die günstige Gelegenheit, sich wie im
Zinsstreit aufseiten der Macht zu profilieren, gegen einen Mann, der
seiner Meinung nach ketzerische Ansichten vertritt und von ihnen
auch nicht abgehen will.[7]

Luther erkennt seinerseits immer deutlicher die Möglichkeit, ein
größeres Publikum, von dessen Interesse er weiß, für sich zu gewinnen. In diesem Herbst scheint sein Zorn stärker als alle Angst. Die
Zukunft fürchtet er nicht, weil er ohnehin keine erwartet. Bisher hat
der Kurfürst zu ihm gehalten, aber was ist, wenn er seine schützende
Hand zurückziehen sollte? Luther sorgt sich nicht, er hat seine Selbstdarstellung im Blick. In sehr bestimmtem Ton erläutert er dem Hofmann Spalatin seine Absichten als Autor; auf eine kurfürstliche, gar
bischöfliche oder sonst überinstanzliche Imprimatur will er gar nicht
warten. Er werde seiner Dokumentation einen theologischen Anhang
beigeben und das apostolische «oder vielmehr teuflische» Breve, das
Instruktionsschreiben des Papstes an Cajetan, beifügen.

Dem Kurfürsten ist das Reklamebedürfnis seines bisher so demütigen Mönchs überhaupt nicht recht. Luther lässt sich davon nicht
abhalten. Auch wenn Friedrich dagegen ist, dass Luther seine Version der Augsburger Ereignisse aufschreibt und bekannt macht, und
sich besonders darüber ärgert, dass Luther für die Veröffentlichung
der «Acta Augustana» nicht seine Erlaubnis eingeholt hat – schon
am 9. Dezember ist der Druck beendet, zwei Tage später verschickt
Luther die ersten Exemplare. Kurfürst Friedrich konnte gerade noch
durchsetzen, dass aus diplomatischer Rücksichtnahme der recht
harmlose erste Absatz geschwärzt wird. Dort kam Luther auf seine
Zweifel zurück und erklärte das päpstliche Breve zu einer Fälschung,
ein beliebter argumentativer Trick unter den philologiebegeisterten
Humanisten. «Wenn es aber wirklich von der Kurie ausging, dann

werde ich ihnen ihre unverschämte Unbesonnenheit und ihre feind-
selige Unwissenheit zeigen.»[8]

«Der Fürst ist wirklich um mich sehr besorgt, doch wollte er lieber,
daß ich anderswo wäre»[9], klagt Luther seinem Mentor Staupitz. Luther denkt an Flucht, überlegt, ob er sich nach Frankreich und dort an
die Universität von Paris begeben sollte, aber das will der Fürst offenbar auch nicht. Friedrich schwankt eine Zeitlang, ob er das Risiko, das
ihm mit der fortgesetzten Patronage eines Ketzers droht, eingehen
soll – der Bann droht schließlich nicht nur Luther, sondern auch den
Fürsten und Ländern, die ihn unterstützen. Mit diesem Zögern bewahrt er Luther ein weiteres Mal vor Rom. Über seinen Gesandten bei
Hofe lässt Friedrich den Kaiser darum bitten, dafür zu sorgen, dass
Luther nur vor ein deutsches Gericht mit deutschen Richtern vorgeladen werde, um sich dort verteidigen zu können. Im August noch hat
der Papst Friedrich wegen Luther unter Schmeicheleien gedroht, aber
da brauchte er ihn auch noch wegen der Kandidatur zum Kaiser und
verlieh ihm sogar die Tugendrose, die ihn trotz Luther auszeichnen
soll unter allen Fürsten. Friedrich kennt seine Bedeutung und weiß
seine Macht auszuspielen. Zum Jahresende berichtet er in einem Brief
an seinen Cousin Georg von Sachsen von einer «bebistlichen botschaft» und zeigt damit, dass er auch begriffen hat, welchen Machtfaktor ihm die überkapitalisierte Ablassfrömmigkeit in die Hand gespielt hat. Der Papst, schreibt er an Georg über die Botschaft aus Rom,
«ist mit doctor Martinus nicht wol zufriden und had grossen gewald,
wider inen zu prociren [gegen Luthers Thesen vorzugehen]. Und
mocht wol die sache seyn, das man mir die rose nicht wolld geben,
ich vorjagete dan den münych und sprech auch, er were ain keczer»[10],
könnte gut sein, versichert er dem Vetter Herzog in Meißen, dass man
mir die Rose jetzt doch nicht aushändigt, es sei denn, ich verjagte den
Mönch und erklärte ihn öffentlich zum Ketzer.

Genau das tut der gottesfürchtige Friedrich nicht.

Sokrates hat seinerzeit das Urteil des Senats in Athen abgewartet
und sich aus Prinzip und seiner Lehren wegen hinrichten lassen, ob-

wohl er die Möglichkeit zur Flucht hatte. Martin Luther ist trotz seiner drängenden Opferlust vernünftigerweise auf und davon. Keiner
wüsste, was Cajetan angestellt hat, wäre Luther nicht bei Nacht und
Nebel aus Augsburg verschwunden. In Wittenberg ist Luther wieder
Landeskind, und am 8. Dezember lehnt der Kurfürst die Auslieferung
Luthers mit einer landesherrlichen Begründung ab, die man auch in
Rom verstehen müsste: «Er würde nämlich vertrieben zum Schaden
unserer christlichen Universität, die doch viele gute, gelehrte und eif-
rige Männer hat.»¹¹ Luthers Rechtfertigung legt er bei und erneuert
dessen Wunsch zu einer «Disputation an sicheren Orten»¹². Der Fürst
ist stolz auf seine junge und mittlerweile berühmte Universität und
führt seinen Respekt vor den akademischen Gebräuchen an, zu denen
das unbehelligte Diskutieren biblischer Stellen und noch lieber von
Lehrsätzen der Kirchenväter gehört. Als Souverän seines kleinen Landes kann Friedrich auch nicht zulassen, dass eine fremde Macht auf
seinen Untertanen zugreift. Es sind also machtpolitische Erwägungen,
die Friedrich dazu veranlassen, dem Wunsch Luthers zu entsprechen,
seine Thesen im Rahmen einer Disputation verteidigen zu dürfen.
Er gewährleistet damit das, was deutsche Kultur wird: die macht-
geschützte Innerlichkeit.

Im Dezember 1518 scheint sich der seit Jahren andauernde Prozess
gegen Johannes Reuchlin zum Glücklichen zu wenden. Auf Betreiben
Philipp Melanchthons, seines «Herzensfreundes», der auch Reuchlins Großneffe ist, schreibt ihm Luther, nennt ihn seinen «verehrten
Präzeptor» und gesellt sich damit selbstbewusst zu den prominenten
Autoren, die wie Reuchlin und Erasmus von den Scholastikern wegen Abweichung angegriffen werden. Johannes Pfefferkorn, ein ge-
taufter Jude, hatte verlangt, dass alle jüdischen Bücher, vor allem der
Talmud, als Teufelswerk verbrannt würden. In seinem «Augenspiel»
hatte Reuchlin dagegen argumentiert, dass diese Bücher genug Gelehrsamkeit enthielten, um auch den Christen zu dienen. Vor allem
über die Kölner Universität und deren Dominikaner-Inquisitor Jakob
von Hoogstraten wurde ein Prozess gegen Reuchlin angestrengt. Er

Der Reichsritter Franz von Sickingen verteidigt Johannes Reuchlin, nachdem
dieser zum Ketzer erklärt wurde. Auch Luther wird er auf Betreiben Ulrich
von Huttens tatkräftige Unterstützung anbieten. Titelholzschnitt der Ver-
teidigungsschrift von 1519.

wurde nach Rom vorgeladen und auf dem Laterankonzil als Ketzer
verurteilt. Kaiser Maximilian, der in Wien selber die Humanisten
förderte, schloss sich diesem Bann an. Der Papst aber bremste den
Ketzerprozess; es musste ja nicht zum Äußersten kommen. «Nun
schlagen die Zähne des Behemoth in mich», schreibt Luther demütig
und selbstbewusst zugleich an seinen Vorläufer, «als könnten sie für
die Schmach, die sie mit Euch erlitten haben, bei mir Genugtuung
finden. [...] Aber Christus lebt und ich kann nichts verlieren, da ich
nichts besitze.»[13] Reuchlin, um sein eigenes Heil besorgt, wird sich
ebenso wenig wie Erasmus eindeutig für Luther erklären.

Luther befindet sich in einer prekären Lage. Johann von Staupitz, der seinen Zögling weiterhin aus der Ferne betreut, will ihm zu Hilfe kommen und bietet ihm Asyl in Salzburg an. Du hast nur wenige Anhänger, sagt er ihm recht deutlich, und die ganze Welt scheint gegen die Wahrheit erbittert. Ähnlich viel Hass müsse der gekreuzigte Christus erlitten haben, «und was Dir heute außer dem Kreuz bleiben soll, vermag ich nicht zu sehen». Hier verstehen sich zwei auch über die Entfernung, denn tatsächlich ziert den Titel der «Acta Augustana», die noch im Dezember 1518 bei Melchior Lotter in Leipzig herauskommen, ein Holzschnitt, der den eben vom Kreuz abgenommenen Christus zeigt, die Dornenkrone neben sich. Luther wird dieses überdeutliche Motiv kaum selber ausgewählt haben, aber es entspricht der Vorstellung von seinem Opfergang, den er mit seinem Ordensoberen bespricht. Wie Christus muss Luther leiden, und die Aussichten für ihn seien düster, meint Staupitz. Es sei offenbar geplant, dass keiner mehr die Schrift studieren dürfe, ohne dafür vorher die päpstliche Erlaubnis eingeholt zu haben. Ob das fromme Salzburg dann der richtige Ort für Luther wäre, ist zumindest fraglich. Staupitz schlägt seinem Mitbruder dennoch vor, Wittenberg eine Zeitlang zu verlassen und zu ihm zu kommen, «ut simul vivamus moriamurque»[14], damit wir gemeinsam leben und sterben. Das ist gut mystisch gesprochen, und Luther ist immer bereit zu sterben, aber dieser Kampf muss erst ausgefochten werden, zumal ihm immer deutlicher wird, dass er es bei Cajetan mit einem Abgesandten des Teufels zu tun hat.

Der Streit um den Ablass entwickelt sich zu einer Grundsatzfrage über die päpstliche Autorität. Luther ist nicht der Einzige, der sie bezweifelt und bald bestreitet. Auch Erasmus äußert sich manchmal so drastisch, dass er vor seiner eigenen Kühnheit zurückzuckt. In seinen Briefen, mit denen er Verbindung zu Gelehrten der ganzen Latinität hält, also mit England, Italien, der Schweiz, Frankreich und ein wenig auch mit Deutschland, spricht er von einem «gewissen Hohepriester» in Rom und bezeichnet das Papsttum als «Pest der Christenheit», schreibt die Invektiven aber sicherheitshalber innerhalb des lateinischen Textes in griechischen Buchstaben, um seine Botschaft nicht allzu deutlich werden zu lassen. Als der Basler Verleger Johann Froben in diesem Dezember eine Auswahl aus Luthers Schriften herausbringt, eingeleitet durch den Luther zugeneigten Theologen Wolfgang Capito, bekommt es Erasmus aber doch mit der Angst. Seine Feinde an der Universität Löwen, die ihn der Ketzerei überführen wollen, halten ihn für den Autor der lutherfreundlichen Einleitung. Zunächst konnte er ihn gar nicht ernst nehmen, aber Erasmus sympathisiert mit Luther, er hat sich selber, zuletzt in seinem «Lob der Torheit», über den geldgierigen Klerus, über die reine Äußerlichkeit der Religionspraxis amüsiert. In seinem ungehemmten Wüten geht ihm Luther jedoch zu weit, er hat, und das dürfte für Erasmus noch schwerer wiegen, die Grenzen der humanistischen Textkritik überschritten; er traut sich etwas. Erasmus hingegen sorgt sich um seine Unabhängigkeit, denn auch er lebt von Pfründen. Nach Autorenart versucht er den Verleger in Basel, der auch seine Übersetzung des Neuen Testaments ins Lateinische herausgebracht hat, zu erpressen: entweder Luther oder ich. Doch Luther ist längst der erfolgreichste Autor im Verlag.

Für Erasmus ist er ein etwas ungebärdiger Konkurrent, aber sie haben die gleichen Feinde. Daher ergreift Erasmus nicht direkt Partei für Luther, attackiert aber seine Gegner, die auch die seinen sind und seine Arbeit und sein Leben ebenso bedrohen, wie sie eine Gefahr für Luther bilden. Er schreibt sogar an Albrecht von Brandenburg und wirbt um Verständnis für den bibelfesten Professor aus Wittenberg. Es ist Capito, der in diesem Werbefeldzug für Luther das taktische Verhalten des Erasmus fürchtet und ihn anfleht, sich lieber nicht mehr einzumischen. «Martini, obsecro, negotium in publicum nihil eleues [eleves]»[15], schreibt er, bitte verbreite dich nicht weiter in der Luthersache, weil Erasmus, falls er sich kritisch äußern sollte, damit nur Luthers Feinde unterstütze. Schließlich hat er Kontakte in die höchsten Kreise und könnte Luther schaden. Noch aber hält Erasmus zu ihm.

Von den Feinden tut sich niemand mehr hervor als Professor Johannes Eck, Vizerektor der Ingolstädter Universität, der begierig darauf ist, nach seiner Wirtschaftsberatertätigkeit wieder in den engeren Bereich der Kirche und zur Theologie zurückzukehren. Karlstadt hat zur Verteidigung Luthers neue Thesen herausgebracht, Eck sich dagegen gestellt, es bietet sich also eine Disputation an, die formal zwischen Karlstadt und Eck stattzufinden hat. Als Schauplatz wird nicht Wittenberg, sondern die ältere, die berühmtere Universität von Leipzig gewählt. Es handelt sich noch um eine akademische Veranstaltung, aber nach einem ganzen halben Jahr Vorbereitungszeit findet sich allerhand Volk ein. Religiöse Fragen werden nicht nur in gelehrten Zirkeln, sondern auf dem Markt diskutiert. Herzog Georg von Sachsen, der nicht weniger fromm ist als sein Vetter im Kurfürstentum Sachsen, hat dem Druck nachgegeben und unterstützt die Veranstaltung dann doch zögernd, denn auch er will wissen, wie religiös gerechtfertigt der Handel mit den Ablässen ist.

In einem Brief an die Ingolstädter Freunde berichtet Eck von seiner Reise nach Sachsen, wo ihm das Bier überhaupt nicht mehr schmecke. Noch in Bamberg hat er so viel davon getrunken, dass er auf die anderen wirkte, als wäre er «völler worden dann ain Saw»[16], rund wie ein Schwein. Nach einigen Tagen auf dem Lager hat er sich so weit von dem grauenvollen Bier erholt, dass er die Leipziger Huren preisen kann, «Hic autem sunt Venereae Veneres», was Luther, dem der Brief später zugespielt wird, noch weidlich ausschlachten wird – ein Bierfass sei sein gottes- oder jedenfalls papstfürchtiger Gegner und ein Hurenbock. Sonst gibt es nichts Neues, schreibt Eck noch, oder nur «nisi quod reiecto Gallo electores consenserint in Carolum»[17]. Mit dieser «Nichtnachricht» meint er das wichtigste politische Ereignis jener Jahre: dass die Kurfürsten sich darauf verständigt hätten, den französischen König als Kaiser abzulehnen und für Karl zu stimmen, den spanischen König. Aber das richtig einzuschätzen ist das Geschäft der Historiker, die im Rückblick immer genau wissen, dass hier und heute ein neues Kapitel in der Weltgeschichte aufgeschlagen wird.

Luther wollte erst gar nicht nach Leipzig, wo wieder die Pest ausgebrochen war, aber dann musste er doch dabei sein. Luther, dieses
«Monster», sei mit Karlstadt und großem Gefolge erschienen, berichtet Eck, zweihundert Studenten, dazu akademische Helfer von anderen Universitäten. Doch zunächst durfte Luther nicht mitreden. Eck
streitet erst vier Tage mit Karlstadt, dann, vom 4. Juli an, mit Luther.
Der Theologe Petrus Mosellanus, der die feierliche Eröffnungsrede
gehalten hatte, beschreibt Eck in einem Brief. Während Luther voller
Sympathie geschildert wird, ist Ecks Körper «stark und vierschrötig.
Er hat eine volle und ganz deutsche Stimme, die er aus voller Brust
ertönen läßt, so daß er nicht nur den Schauspielern, sondern auch
den Ausrufern gewachsen sein könnte … Sein Mund, seine Ohren,
überhaupt sein ganzes Gesicht sind derartig, daß man ihn gewiß eher
für irgendeinen Fleischer oder karischen Soldaten als einen Theologen halten möchte.»[18] Luther macht nicht nur von seiner äußeren
Erscheinung einen viel besseren Eindruck, «seine Gelehrsamkeit aber
und seine Schriftkenntnisse sind erstaunlich, so daß er fast alles an
den Fingern herzählen kann. Griechisch und Hebräisch versteht er
so weit, daß er sich ein Urteil über die Auslegung bilden kann … In
Gesellschaft ist er ein heiterer und scherzhafter Unterhalter, der überall munter und sorglos und immer mit fröhlichem Gesicht erstrahlt,
wenn die Feinde auch noch so wild drohen, sodaß man nicht leicht
glauben kann, daß dieser Mann ein so schweres Werk ohne göttliche
Kraft betreibt …»[19]

Diese Kraft braucht er gegen Eck, und sie wird dennoch nicht
reichen. Luther muss den Eck fürchten, der viel schärfer, strenger, intellektueller ist als er. Der Scholastiker ist eindeutig im Vorteil: Er ist
ein geübter Debattenredner, er hat selber den Ablass gepredigt, er ist
in der Bibel vielleicht weniger, aber in den kanonischen Schriften weit
mehr zu Hause als Luther. Außerdem kennt er alle formalen Tricks
des Disputationsverfahrens. Nicht zuletzt hat er die Allmacht der Kirche auf seiner Seite. Luther argumentiert nicht scholastisch, sondern
bringt sein Gewissen zur Sprache, eine Argumentationsweise, die

unwissenschaftlich war, aber von ganz eigener Faszination, denn sie war nicht wenigen von der *devotio moderna* und vor allem von den Mystikern her vertraut. Da er sich statt auf die hundertfältigen und hundertmal gescheiterten Ausleger auf die Heilige Schrift beruft, also nicht auf die Interpretation durch andere, sondern auf das, was ihm als reine Lehre gilt, hätte Luther ohne weiteres verlieren können, trägt aber wegen seines unbezweifelbaren religiösen Eifers langfristig doch den Sieg davon.

Am 5. Juli, fast genau vier Jahre nach der glorreichen Disputation von Bologna über die Zinsfrage, schlägt Ecks große Stunde, denn er ertappt Luther bei einer Überschreitung. Sein Gegner hat Jan Hus ins Spiel gebracht. «Me non velle nec posse defendere Bohemorum schisma», erklärt Luther, er wolle und könne das böhmische Schisma nicht verteidigen, doch ebenso sicher sei es, dass sich «inter articulos Iohannis Huß vel Bohemorum multos esse plane Christianissimos et Euangelicos, quos not possit universalis ecclesia damnare, velut est ille et similis, quod ‹tantum est una ecclesia universalis›»[20], dass sich unter den Lehren Hus' viele gut christliche Sätze befänden, die auch die Kirche nicht verdammen könne.

Bevor er sich näher mit ihm befasst hatte und selbst noch bei der Leipziger Disputation hält Luther Jan Hus für einen Ketzer und sagt das auch deutlich, doch für Eck reicht die nichtkritische Erwähnung eines Satzes von Hus bereits aus, um in Luther selber einen *hereticus* zu erkennen, ihn jedenfalls als solchen zu denunzieren. Disputiert, differenziert wird nicht, es gilt die römische Lehre und nichts als diese: Da Hus verdammt worden ist, muss Luther, der sich auf ihn bezieht, notwendigerweise ebenfalls ein Ketzer sein. Die Kirche hat hier grundsätzlich zu handeln, denn sie kann ihre Ursünde, auf dem Konstanzer Konzil einen offenbar Gerechten verurteilt und getötet zu haben, nur dadurch entsühnen, dass sie auf der Rechtmäßigkeit dieses Justizmords beharrt.

Luther merkt kaum, wie ihm geschieht, als ihn Eck ins hussitische Lager abdrängt. Auch wenn Mosellanus Partei ist, dürfte er Ecks Spiel

vorn an der Rampe richtig wiedergeben, wenn er sagt, es komme Eck
nur darauf an, «den Hörern, die zum größten Teil stumpfsinnig sind,
ein reichliches Mischfutter hinzustreuen, damit er ihnen etwas vor-
mache und bewirkte, daß man ihm den Sieg zuerkenne»[21]. Eine Disputation war immer auch ein Hahnenkampf, und es ging keineswegs
immer um die besseren Argumente, sondern auch darum, den anderen als ungebildet und ahnungslos vorzuführen oder ihn mitten in
langwierigsten Referaten genau im richtigen Moment zu treffen, ihn
also beispielsweise einer ketzerischen Behauptung zu überführen, um
dann selber als Sieger abzugehen. Der Vorwurf, ein Anhänger von Jan
Hus zu sein, hat in Leipzig darüber hinaus politische Bedeutung: Das
Herzogtum Sachsen grenzt an Böhmen, von wo die religiöse Unrast
überzugreifen droht. Ein Bekenntnis zu einer separatistischen Lehre
wäre nie nur ein religiöses Bekenntnis, sondern würde den ganzen
Staat bedrohen. In dieser Sorge schreibt Herzog Georg von Sachsen
am 27. Dezember an seinen Vetter Friedrich, «weil doctor Martinus
ein hoch brumpt man ist a. l. universitet zcu Witenberg, so wolt es
a. l. und allem laut zcu Sachssen ein groß grocht brengen, wo do solt
was entsteen, das dem Kristlichen glauben entkegen sein solt und ein
sterg der Bheimschen ketzer»[22], der berühmte Luther würde die Böhmischen hereinholen und den christlichen Glauben schwächen. Er
könnte damit, schwant es Herzog Georg, «och in a.l. und meynem
lant ein schad einfuren, der schwerlich wider mocht gebrocht werden»[23], ein Schaden, der in beiden Sachsen, im kurfürstlichen wie im
herzoglichen, kaum je wiedergutzumachen wäre.

Der Luther von Leipzig weiß nichts von diesen politischen Weiterungen. Er ist am rechten Glauben interessiert und sonst an fast gar
nichts, allerdings ist er mit einem enormen Durchsetzungswillen be-
gabt. Er glaubt sich im Recht, und dafür wird er eintreten.

Wenn Luther überhaupt etwas von Jan Hus in die Leipziger Disputation trug, dann war es ein Argument, das allerdings so gut wie un-
überwindbar ist: Petrus und Paulus seien gar keine Priester gewesen,
Sünder sogar, und trotzdem leite sich die gesamte Kirchenlehre von

ihnen her. Damit sei die Autorität des Papstes doch mindestens zweifelhaft, ebenso das Supremat der Bischöfe, letztlich auch der Priester. In der «Resolutio Lutheriana super propositione sua decima tertia de potestate papae», die er zur Erläuterung seiner Thesen vom Ablass herausgebracht hat, ist Luther zu einem wahrhaft umstürzlerischen Schluss gelangt: «Ergo nec Papa Episcopis, nec Episcopus est superior presbyteris iure divino: tenet consequentia, quia ius divinum est immutabile tam in vita quam in morte»[24], der Papst steht nicht über den Bischöfen, die Bischöfe nicht über den Priestern, das sei göttliches Recht und habe Bestand im Leben wie im Tod.

Wer selber in der Todsünde lebt, dem ist niemand Gehorsam schuldig. Ein Mönch, der das Gehorsamkeitsgelübde abgelegt hat, kündigt damit nicht bloß seinem Orden und seinem Oberen, sondern Gottes Stellvertreter auf Erden die Ergebenheit mit der Begründung auf, der Papst sei auch nur ein Mensch, fehlbar also, Einflüsterungen ausgesetzt, Launen, die seine Entscheidungen beeinflussen, und vor allem ein Sünder wie wir alle. Das ist der kommende, der politische Luther, aber auch wenn er gelegentlich das arme, von Rom ausgebeutete Deutschland bejammert, wird er sich weiter nicht vorwagen. Luther ist ein frommer Mann, und er bleibt Theologe.

Bis dahin hatte sich der ewig suchende Martin Luther eher an die Lehren Johannes Taulers gehalten («Ego sane secutus theologiae Tauleri»[25]), den er durch seinen Lehrer Staupitz kennengelernt hat. In Leipzig hat er einen neuen Kirchenlehrer gefunden und sich statt des Mystikers einen Märtyrer zum Vorbild erwählt. Drei Monate nach der Disputation, am 3. Oktober 1519, berichtet Luther Staupitz, er habe «über den Hof unseres Fürsten» ein «Büchlein des Johann Hus» erhalten, «welches ich noch nicht gelesen habe».[26] Jan Hus wird sein durch den Hof protegiertes Pfingsterlebnis, und er wird Staupitz und Spalatin über seine Lernfortschritte beim Studium des böhmischen Priesters auf dem Laufenden halten. Die anstrengende Arbeit an Traktaten, Postillen, Briefen und Rechtfertigungen hindert ihn zunächst an der Lektüre, aber Mitte Februar 1520 bekennt Luther sich in einem Brief an Spalatin, der in seinen eigenen historiographischen Versuchen 1514 noch eindeutig vom «Ketzer Joannes Huss»[27] gesprochen hatte, plötzlich als militanter Christ, der die Waffen aufnehmen oder sterben müsse. Mit einem Mal erklärt sich ihm die Welt, mit der er bisher so wenig zu tun hatte. Er ist, wie die ganze Christenheit, Opfer eines umfassenden Betrugsmanövers geworden. Nur seine Innerlichkeit, der Weg zu Gott, den er aus eigener Kraft und dank eigener Einsicht gefunden hat, bietet die Alternative zur korrupten großen, äußerlichen Religiosität und kann auch von anderen beschritten werden.

Damit löst sich ihm das Rätsel der falschen Welt, die ihn zu einer veräußerlichten Religionsausübung zwingen wollte. Als er dann noch wenige Tage später Ulrich von Huttens Edition der angeblichen Konstantinischen Schenkung in die Hand bekommt, fügt sich eins ins andere. Mit einem Mal kann Luther gar nicht mehr begreifen, wie er je dem römischen Aberglauben anhängen konnte. «Ich habe in Händen die Schrift des Laurentius Valla wider die Schenkung Constantins, von Hutten herausgegeben»[28], meldet Luther am 24. Februar 1520 seinem Spalatin. «Deus bone, quantae seu tenebrae seu nequitiae Romanensium & quod in Dei iuditio mireris per tota saecula non modo durasse, Sed etiam preualuisse ac inter decretales relata esse. tam Impura tam crassa tam impudentia mendacia inque fidei articulorum (nequid monstrosissimi monstri desit) vicem successisse. Ego sic angor, vt prope non dubitem papam esse proprie Antichristum illum, quem vulgata opinione expectat mundus; adeo conueniunt omnia, quae viuit, facit, loquitur, statuit»[29]: Lieber Gott, was ist das für eine Finsternis, eine Schändlichkeit, in der uns die Römlinge halten! Man kann nicht nur darüber staunen, dass sie jahrhundertelang Bestand hatten, sondern dass sie auch unter die Dekretalen aufgenommen worden sind. Lauter unreine, widerwärtige, unverschämte Lügen sind an die Stelle von Glaubensartikeln getreten. Die Botschaft läuft auf diesen einen Satz hinaus: Ich habe inzwischen keinerlei Zweifel mehr, dass der Papst selber jener Antichrist ist, mit dem die Welt schon lange rechnen muss.

Spätestens seit dieser Erleuchtung sieht sich Luther als historische Figur mit einer Rolle, die ihm von der Vorsehung zugewiesen worden ist. Es war keine Taube, es war auch kein Engel, der ihm diese unfrohe und für ihn doch so unendlich segensreiche Botschaft überbracht hat, nein, ein böhmischer Priester hat ihm geschrieben und ihn wie in einem Geisterseher-Roman mit einem eindeutigen Auftrag versehen: «Quod olim Johannes Huss in Bohemia fuerat, hoc tu, Martine, es in Saxonia»[30], was Hus für Böhmen war, das musst Du, Bruder Martin, für Sachsen sein. Dieser Brief wurde ihm mit großer Verspätung zugestellt und erst, nachdem er die kurfürstliche Kanzlei, also die obrigkeitliche Zensur, durchlaufen hatte. Aber für den Mönch, den in seiner einsamen Klosterzelle die unbändige Angst um sein eigenes Seelenheil über jede Sorge um das irdische Dasein erhoben und mit einer neuen Heilslehre in die Welt geführt hatte, brachte die Botschaft aus Böhmen ein weiteres, wie göttliches Zeichen.

Luther kann Mystiker bleiben, aber zugleich radikalisiert er sich, und zwar unter den wohlwollenden Blicken eines Monarchen, der ihn ebenso vor irdischem Ungemach bewahrt, wie ihm sein wachsender Ruhm einen gewissen Schutz gewährleistet. Doch hülfe all das nichts, wenn Luther nicht beständig sich selber und jedem Adressaten seiner immer hektischer versandten Briefe versicherte, er sei jederzeit bereit, für seinen neu gefassten Glauben in den Tod zu gehen. Denn das Schlimmste, was ihm droht, ist für den durch Gottesfurcht Befreiten nicht die Herrschsucht weltlicher Fürsten oder der Zorn des Mannes, der sich die Stellvertretung Christi angemaßt hat, sondern allein das Fallen aus Gottes Hand. Dann lieber sterben! Eine Märtyrereitelkeit bläht ihn, das Feuer kommt von Hus, den er zwar noch immer nicht gründlich gelesen hat, dessen Botschaft er aber kennt. Damit ruft Luther notwendig jene auf den Plan, die seit jeher das Feuer mit Feuer bekämpfen wollen. Vom Bischof von Brandenburg heißt es, dass der sein Haupt nicht zur Ruhe betten könne, «ehe er nicht den Martin ins Feuer geworfen wie diesen Feuerbrand, welchen er (während er dies sagte) zu gleicher Zeit ins Feuer warf»[31], wie sich Luther berichten lässt. Erasmus, so wird ihm ebenfalls zugetragen, habe bereits die Befürchtung geäußert, er, Martin Luther, werde noch an seiner Rechtschaffenheit zugrunde gehen. Das muss er aber gar nicht. Johannes Eck gibt sich überall als Sieger von Leipzig aus, doch sollen Auswärtige darüber entscheiden; er hofft auf ein günstiges Schiedsurteil von der Universität in Paris. Als Eck sich deswegen an Jakob von Hoogstraten, den Dominikanerprior an der Kölner Universität, wendet, ist er sich sicher, dass Luther durch sein «temerario errore multos terruit, et discedere fecit, qui prius ei favebant»[32], durch seine Kühnheit, mit der er die in Konstanz verbotenen Hus-Sätze vertreten habe, viele, die ihm vorher gewogen waren, schon wieder abspenstig gemacht habe. Eck vergisst auch nicht, darauf hinzuweisen, dass Luther sich an der seit Jahrhunderten bewährten Lehre vergehe und dass er das inzwischen in der Volkssprache tue, *in nostra lingua.* Und genau so ist es. Luther drängt aus der winzigen elitären Gemeinschaft der Universitätsgebildeten hinaus und erreicht das Volk. Der Augsburger Chronist Wilhelm Rem erzählt diese Volksgeschichte voller Sympathie wie eine Moritat: «Er was doctor in der hailigen geschrifft, der machet vil biechlin, darin vil gůtter leer in lattein, die machet man dan zů teutsch, darin man vil gůtter, nutzlicher underweisung fand; er verschonet weder geistlich noch weltlich.»[33]

Längst wird Martin Luther auch außerhalb der kleinen akademischen Gemeinde gelesen. Johann Froben liefert die Schriften Luthers nicht nur nach Süddeutschland und Burgund, sondern auch nach Spanien, Italien und England. Ulrich Zasius, der berühmte Freiburger Rechtslehrer, bei dem auch Eck studiert hat, meldet am 1. Dezember 1519 mehr verwundert als begeistert: «Helvecia tota, Constancia, Augusta, bona pars Italie a Luthero pendet»[34], die ganze Schweiz, das Gebiet um den Bodensee und Augsburg, Süddeutschland also, sowie ein großer Teil Italiens berufe sich auf Luther. Bereits nach den knapp zwei Jahren, die es den Autor Martin Luther gibt, scheint in Deutschland und sogar an Universitäten darüber hinaus nichts wichtiger zu sein, als sich über die Thesen zum Ablass zu streiten und sich im Weiteren mit Fragen der Kirchenreform, dem Verhältnis zwischen Laien und Priestern, vor allem aber zwischen deutschen Christen und dem Papst und seinem machthungrigen Kirchenstaat zu beschäftigen.

Auch wenn sich Luther nach dem Auftritt in Leipzig zunächst von Eck vorgeführt glaubte und ihn daher etwas hilflos als «Jeck» bezeichnet hatte, fühlt er sich mehr denn je im Recht. In seiner wieder angefachten Endzeiterwartung sieht er den Kampf um die Seele kommen, der nur ein Weltkrieg sein kann. Wenn Gott den Teufel nicht davor zurückhalte, sei der Heilige Krieg unausweichlich, schreibt der neuböhmische Prophet an Spalatin. Luther zitiert Mt 10,34, wonach Christus gekommen sei, um Krieg zu bringen und nicht Frieden. Er und nach ihm die Märtyrer hätten mit ihrem eigenen Blut gekämpft, so wie es auch Jan Hus getan hat, dessen Blutzeugnis er die wichtigste Aufklärung verdankt. «Ich habe bisher unbewußt den ganzen Johann Huss gelehrt und gehalten. Auch Johann Staupitz hat in derselben Unwissenheit gelehrt. Kurz, wir sind alle unbewußt Hussiten. Ja, Paulus und Augustin sind aufs Wort Hussiten. Siehe, ich bitte Dich, in was für Ungeheuerlichkeiten sind wir ohne den böhmischen Führer und Lehrer geraten: Ich weiß vor Staunen nicht, was ich denken soll, da ich so schreckliche Gerichte Gottes an den Menschen sehe. Die ganze offenbare evangelische Wahrheit, nun schon vor mehr als hundert Jahren öffentlich verbrannt, wird für verdammt gehalten, und man darf dies nicht bekennen. Wehe dem Erdreich! Gehab Dich wohl.»[35]

Vae terrae! Biblischer geht es kaum. Luther steckt Spalatin an mit seiner Märtyrerbegeisterung und schickt ihm «De ecclesia» von Jan Hus. Auch der Staatsmann und Beichtiger des Fürsten braucht den Trost der Erlösung, der für den Hofmann allerdings nicht sofort auf den Scheiterhaufen führt. Hus hat schon viel früher aus den Schriften John Wyclifs erfahren, dass der Papst der Antichrist ist – etwas, was Luther im Winter 1519/20 immer klarer wird. Den Seelsorger ergrimmt, dass so viele ohne die hussitische Wahrheit, folglich ohne die Möglichkeit der Gnade sterben mussten, weil die Kirche sie ihnen vorenthielt. In Rom kann nicht mehr Christus wohnen, dort ist der

Antichrist oder, wie Luther ihn auch gern nennt, der Endchrist, zu Hause. Worauf also sollte der Wittenberger Apokalyptiker seine Hoffnung auf Errettung bauen, wenn nicht auf den Glauben, dass mit dem Endchrist auch das Ende der Welt und damit das göttliche Strafgericht nahe ist? Auch Angst lässt sich mit Angst bekämpfen, jedenfalls für den, der jeden Widerstand, ja, sogar noch die Bedrohung für Leib und Leben zur Glaubensprüfung umdeutet und damit auch zum Beleg, auf dem richtigen, dem vorbestimmten Weg zu sein. Leipzig und Johannes Eck werden Luther so zur negativen Offenbarung. Krank vor Angst wird er dennoch immer wieder, da hilft kein noch so großer Glaubensfuror.

Das Fürchten lehrt er damit aber auch die anderen, gerade weil es inzwischen gar nicht mehr allein um den Ablass, sondern auch um Separatismus geht, also um Politik. Im August nach der Disputation hat die Pest ein prominentes Opfer erwischt: Johann Tetzel, der Mann, der Luther und viele andere mit seinem Jahrmarktsgeschrei von der armen Seele so empörte, stirbt in Leipzig, doch dafür interessiert sich inzwischen niemand mehr. Georg von Sachsen nennt Luther «ein hoch brumpt man», einen berühmten Mann und gewiss eine Zierde an Friedrichs Universität, doch sieht er ihn schon als «bischoff ader heresyarcha zcu Prage»[36], als Bischof und Erzketzer drüben in Prag, wo Jan Hus hundert Jahre zuvor mit der Messfeier in der Landessprache und dem Aufruf zum einfachen Leben revolutionär gewirkt hatte. Der Kurfürst verlangt zwar von Karlstadt und Luther eine Stellungnahme zu der eben beendeten Disputation (sie musste abgebrochen werden, weil der Herzog den Saal für eine Festlichkeit benötigte), aber die beiden Wittenberger Professoren können glaubhaft versichern, dass in Leipzig Pharisäer und Schriftgelehrte aufgetreten seien, nicht anders als bei Christus und den Aposteln, und sie – das ist der Schluss – müssten Ähnliches erdulden.

Johannes Eck, den der Kurfürst daraufhin ebenfalls um eine Stellungnahme bittet, reagiert patzig: «Gnädigster Herr! Ich weiß nit, was ich soll sagen, ob es ein Bosheit oder Unwissenheit sei an dem Ludder.»[37] Er geht den direkten Weg zur Macht und fragt Friedrich ohne große Umschweife, wie die kurfürstliche Majestät es denn zulassen könne, dass Luther weiter auf seinen hussitischen, böhmischen Irrlehren beharre. Luthers «Resolutio» habe er gar nicht zu lesen brauchen, um es zu verdammen, das seien «Oepfel von dem Baum», der Ketzer bleibe ein Ketzer. Von «Ungeziefer» spricht er, das ausgerottet werden müsse, und darum bleibt er bei seinem Verdikt: «Es wär ganz loblich E. Ch. G. [Euer Churfürstlichen Gnaden], wann sie die buchlin D. Ludders all auf ein Haufen verbrannt.»

Die Sache geht Eck aber viel zu langsam voran, während sich das «Ungeziefer» rasend schnell ausbreitet. Die Luthersache war zu Anfang begreiflicherweise unterschätzt worden. Albrecht von Brandenburg hatte sich im Herbst 1517 mangels Kompetenz nicht mit den Thesen, schon gar nicht mit der Frage abgeben wollen, inwieweit sie noch mit der offiziellen Kirchenlehre übereinstimmten. Dass sie ärgerlich waren und Unruhe stiften konnten, wird er allerdings gemerkt haben. Er schickte sie jedenfalls weiter an seine Kanzlei in Mainz, die sich um Rat nach Rom wandte. Wer sollte besser darüber urteilen können als die Kurie? Albrecht kam das nicht ungelegen. Er konnte darauf verweisen, dass sich die Ertragssituation beim Petersablass wegen der Reden des Wittenberger Mönchs nicht so wie erwartet entwickelt hatte und er deshalb mit den Rückzahlungsraten für seinen Kredit in Verzug geraten war.

Unabhängig davon und ohne diese politischen Manöver waren die Dominikaner als Hüter des Glaubens und Exekutoren der Heiligen Inquisition tätig geworden. Der Ketzerprozess wurde Anfang 1518 in Rom eröffnet, doch verlief auch er nur zu Beginn schnell: Am 7. August 1518 hatte Luther die Vorladung nach Rom erhalten. Er hatte allen Grund, sich ganz irdisch vor dem Verfahren zu fürchten. Als Mönch hat er nicht nur ein Keuschheits-, sondern vor allem ein Gehorsamsgelübde abgelegt. Noch über seinem Ordensoberen steht der Papst, dem er erst recht Gehorsam schuldig ist. Dennoch hatte er ihn mit seinen Thesen herausgefordert, als wäre er ein beliebiger Kollege, der an einer anderen Universität das gleiche Fach lehrte. Doch so groß war das Interesse der Kurie an dem sächsischen Mönch auch wieder nicht, und dann waren da noch politische Rücksichten, die Reaktion ließ also auf sich warten.

Dem umtriebigen Johannes Eck ist die Kurie in ihren Nachforschungen und Nachstellungen allzu säumig, da sind selbst seine eigenen Feinde schneller. Im Sommer 1520 erscheint die Satire «Eccius Dedolatus», in der ihm die Beschwerde zugeschrieben wird: «Nuper enim libellus quidam Martini laudes Germanica intonans lingua Nurinbergae evulgatus est», «neulich nämlich wurde ein Pamphlet, welches das Lob Martins in deutscher Sprache erschallen läßt, in Nürnberg veröffentlicht.»[38] Auffallend ist, dass der Autor Pirckheimer auf das seltene Verb *evulgare*, unters Volk bringen, zurückgreift, mit dem Luther im Jahr zuvor dem Nürnberger Scheurl gegenüber den Gedanken weit von sich gewiesen hatte, er könnte womöglich unmittelbar zum Volk sprechen. Genau dieses Volk hört ihm inzwischen zu. Bei dem Text, der Luthers Gedanken in deutscher Sprache erschallen lässt, handelt es sich um die «Schutzrede» des Stadtschreibers Lazarus Spengler, der mit Wissen der Nürnberger Humanistengemeinde betont, dass «wirt mir kein verstendiger mit warheit nimmer widersprechen mogen, das er bey im selbst, wo er anders Luthers vnd seiner nachuolger predig vnd vnderweysung gehort hat vnnd die warheit bekennen will, vil tzwefliger irsal vnd scrupel verwickelter conscientz entledigt ist»[39], dass man nach der Lektüre von Luthers und seiner Anhänger Schriften endlich vieler Gewissensqualen enthoben ist. Da der sächsische Kurfürst sich schon nicht dazu versteht, will der trotz seines Sieges von Leipzig ganz hilflose Eck wenigstens in Ingolstadt die «Schutzrede» verbrennen lassen, doch zu seinem Leidwesen hindern ihn die Universitätskollegen an dem Fanal.

Silvester Prierias, Theologe an der vatikanischen Universität La Sapienza in Rom, ist damit beauftragt worden, die Schriften Luthers zu begutachten, und bringt seinerseits eine Schrift heraus, die schon mit

dem Titel «De potestate papae», von der Amtsgewalt des Papstes, Luthers Zorn erregen musste. In einer weiteren Schrift, «Epitoma respon-
sionis ad Lutherum», versuchte der Dominikaner sehr ungeschickt,
Luther zu widerlegen. Als Chefideologe der Kurie singt Prierias
selbstverständlich das Lob des Papstes und behauptet als guter Scholastiker, dass nicht einmal dann etwas gegen den Papst einzuwenden
wäre, wenn er an der Spitze seiner Christenschar in die Hölle einzöge.
Der Papst sei kraft der Petrus durch Christus verliehenen Autorität
unfehlbar, unangreifbar und in allem die höchste Instanz. Für Luther
ist damit das Maß voll. Mitten im wie gewohnt in Latein verfassten
Brief an Spalatin vom 7. Juni 1520 bricht es aus ihm heraus: «Ich meyn,
sie seyen zcu Rom all toll, toricht, wutend, vnsynnig, narren, stock,
steyn, hell vnnd teuffell worden.»[40] Er entschließt sich, Prierias' Text,
von Randglossen begleitet, als Dokument mit Anmerkungen zu veröffentlichen, um die Amtsanmaßung der Kurie bloßzustellen. Spalatin gegenüber kündigt er außerdem an, dass er eine Schrift für den
Kaiser und den deutschen Adel herausbringen wolle. Im Nachwort
der von ihm annotierten «Epitoma» schreibt er sich dann in einen bis
dahin unerhörten Gewaltrausch gegen die römische Kirche: «Wenn
die Raserei der Romanisten so weiter ginge wie bisher, scheint mir
kein anderes Heilmittel übrigzubleiben, als daß der Kaiser, die Könige und Fürsten mit Waffengewalt diese Pest des Erdkreises angreifen
und die Sache nicht mehr mit Worten, sondern mit Eisen zur Entscheidung bringen. [...] Wenn wir Diebe mit dem Strang, Mörder
mit dem Schwert, Ketzer mit dem Feuer bestrafen, warum greifen wir
nicht vielmehr mit allen Waffen diese Lehrer des Verderbens an, diese
Kardinäle, diese Päpste und die ganze Rotte des römischen Sodom,
die die Kirche Gottes ohne Unterlaß verderben, und waschen unsere
Hände in ihrem Blut?»[41] Er schreibt wirklich: «Cur non [...] manus
nostras in sanguine istorum lavamus?» In seinem Blutdurst kann
Luther es mit jedem gewöhnlichen Menschenschlächter aufnehmen.
Der brave Sozialist Karl Kautsky hat diesen Text 1895 in seiner Sammlung «Die Vorläufer des neueren Sozialismus» wiederveröffentlicht.

Der unermüdliche Inquisitor Eck mag auch nicht ruhen und verlegt deshalb seine Wirkungsstätte. Anfang 1520 reist er nach Rom, wo er dem Papst seine Schrift «De primatu Petri» überreicht und sich damit als Fachmann für weitere Aufgaben empfiehlt. Immerhin hat er nach der direkten Auseinandersetzung mit Luther Ende 1519 die Schrift «Contra Martini Ludder obtusum propugnatorem» abgeschlossen, in der er 27 «errores luderani» aufführt.[42] Darin hat er Gutachten der Universitäten von Löwen und Köln verarbeitet. Für das Gutachten von Löwen ist Adrian von Utrecht verantwortlich, der ehemalige Erzieher Karls V. und spätere Papst Hadrian, der es seinerseits nach Rom schickt.

Nach gründlichem textkritischen, natürlich auch zielgerichteten Studium der bis zum Frühjahr 1520 vorliegenden Schriften Luthers kommt ein päpstliches Consilium mit dem Redakteur Eck zu dem Schluss, dass der Autor in einundvierzig Punkten irrt, die «entweder ketzerisch, falsch, skandalös, eine Beleidigung für fromme Ohren oder für einfache Gemüter verführerisch» seien, was also nichts anderes heißt, als dass er sich damit von der kanonischen Lehre so weit entfernt hat, dass darüber nicht mehr diskutiert werden kann. Endlich nimmt auch die Kurie die Luthersache ernst. Johannes Eck und Hieronymus Aleander werden gemeinsam zu Gesandten und Spezialinquisitoren bestellt mit der Aufgabe, die Bulle zu formulieren und für Deutschland vorzubereiten. In Anerkennung geleisteter Dienste werden Eck die Rechte auf seine Ingolstädter Pfarrkirche zugesichert, außerdem schenkt ihm der Papst noch fünfhundert Dukaten.

Am 15. Juni wird die Bannandrohungsbulle «Exsurge Domine» veröffentlicht und Luther aufgefordert, seine Thesen zurückzunehmen und seine Fehler einzusehen, sonst drohe ihm die Exkommunikation, der Ausschluss aus der Gemeinschaft der Christen. «Da uns vielerlei über die neuartige Lehre und skandalöse Artikel des deutschen Augustinermönches Martin Luther berichtet worden ist und täglich neu berichtet wird, was uns sehr bestürzt hat, und diese Artikel aufgrund sorgfältigen Studiums als vom wahren Glauben abweichend beurteilt

Der Reichsritter Ulrich von Hutten war bereit, Leib
und Leben für seinen «liebsten Bruder» Martin
Luther zu geben, als der sich ganz allein gegen
den Papst zu stellen wagte. Holzschnitt von Hans
Baldung Grien um 1521.

wurden, haben wir, damit eine solche Neuerung und das, was wir mit
Mißfallen als Luthers Lehre in Erfahrung gebracht haben, nicht einen
Skandal für das christliche Volk und das Verderben der Seelen Luthers
und anderer auslöse, aufgrund unserer pastoralen Verantwortung Luther in einem anderen apostolischen Schreiben (Vorladung nach Rom
in Augsburg) aufgefordert, zu uns zu kommen, um aus seinem Munde zu hören, ob seine öffentliche Lehre und seine Schriften der Wahrheit entsprechen.»[43] Aber er hat sich ja geweigert und in «offenbarer
Hartnäckigkeit» weitergemacht. Wenn er nicht widerrufe, «müsse er
wie ein Häretiker von allen gemieden und bestraft werden»[44].

Jeder würde bei solchen Worten erschrecken, doch Luther fasst sich rasch wieder. Seit einigen Monaten werben, angeleitet von Ulrich von Hutten, die Reichsritter hartnäckig um ihn. Der Ritter Sylvester von Schaumberg hat Schützenhilfe mit hundert Reitern angeboten, was Luther selbstverständlich abgelehnt hat. Am 4. Juni schreibt ihm Hutten: «Vindicemus communem libertatem, liberemus oppressam diu iam patriam; Deum habemus in partibus; quodsi Deus pro nobis, quis contra nos?»[45] Kämpfen wir gemeinsam für die Freiheit! Befreien wir das so lange unterdrückte Vaterland! Wir haben Gott auf unserer Seite. Wenn Gott für uns ist, wer mag da gegen uns bestehen? Hutten bietet ihm Asyl auf der Burg Franz von Sickingens, der ebenfalls bereit sei, für ihn zu kämpfen. Der Brief wird in Leipzig und in Wittenberg gedruckt. In seinen «Praedones» lässt Hutten den Sickingen sagen: «Deutschland kommt allmählich zu sich, und durch dich und Luther wie aus einem tiefen Schlaf erweckt, fängt es an, den Trug, durch den es eingeschläfert war, zu erkennen.»

Der römische Kardinal Raffaele Riario und der Mainzer Gesandte Valentin von Tetleben verlangen von Friedrich, dass er Luther zum Widerruf zwinge. Spalatin versucht Luther beizustehen und warnt seinerseits die Vertreter des Papstes, dass Gewaltmaßnahmen gegen Luther in der Bevölkerung Empörung hervorrufen würden. Der Papst vermahnt Albrecht von Brandenburg wegen des ungebärdigen Treibens, das ihm vom Höfling des Mainzers zuteilwird. Albrecht berichtet nach Rom, dass Hutten den Hofdienst bereits quittiert habe. Hutten ist mittlerweile ganz der deutschen Sache hingegeben. Er entwirft die symbolische Figur der *libertas Germaniae*, der deutschen Freiheit.

Deutschland gibt es im Jahr 1520 so wenig wie im Frankenreich Karls des Großen oder später im Dreißigjährigen Krieg; wohl aber wächst unter den Humanisten, den Intellektuellen, das Bedürfnis, diese unübersichtlichen Staaten, die nur das Adjektiv deutsch verbindet, zu einer Einheit zusammenzudenken. Der Papst war ein Welscher, wollte aber in diese nördliche Provinz hineinregieren, und auch der deutsche Kaiser war ein Ausländer. (Ein Niederländer? Burgunder?

Spanier? Jedenfalls kein Deutscher.) Dieser Luther wagte es endlich,
gegen die Fremden mit ihren Vorstellungen von einem botmäßigen
Deutschland aufzustehen, vor allem gegen den Erfindungsreichtum,
mit dem sie aus Deutschland immer noch mehr Geld herausholten
und über die Alpen leiteten.

Deutschland gibt es nicht, aber einen deutschen Finanznationalismus. Kurfürst Friedrich lebt nicht nur von Gottes Gnaden, sondern
auch vom Gelde seiner Untertanen, doch möchte er es schon im eigenen Interesse ebenso wenig wie Luther oder Kaiser Maximilian durch
das Abführen eines doch erheblichen Teils nach Rom geschmälert
haben. Wie Albrecht, der sonst für so wenig außer für Werke, die
dem eigenen Ruhm förderlich scheinen, zu mobilisieren ist, stöhnt
Friedrich über die römische Geldgier. Deshalb schreibt er an seinen
Bruder Johann, der während seiner Abwesenheit die Geschäfte im
Kurfürstentum Sachsen leitet: «Ich beßorge, syhe werden mir den
münch vertreyben.»⁴⁶ So weit soll es nicht kommen. Luther ist unter
anderem ein Wirtschaftsfaktor. An der Universität von Wittenberg
haben sich 1519 infolge der Leipziger Disputation vierhundertachtundfünfzig und im folgenden Jahr fünfhundertneunundsiebzig Studenten immatrikuliert.⁴⁷ Außerdem hat sich der Bibelprofessor eben
als bemerkenswert weltlich erwiesen: Bei den Raufereien zwischen
den Malergesellen Lucas Cranachs und den Studenten der Universität
hatte Luther erfreulich wirkungsvoll durchgegriffen.

Ihm sei das Gerücht zugegangen, dass man eine Bulle gegen ihn
ausgestellt habe, schreibt der unermüdlich schreibende Luther. Er reagiert, ehe sie ihn erreicht, und beginnt seinen eigenen Kirchenkampf.
In seinem pessimistischen Weltbild, das so klar zwischen Christus
und dem Satan unterscheidet und in dem das Ende erschreckend
nahe ist, muss es ihm vorkommen, als sei diese Welt auf den Kopf
gestellt. In seinem Entsetzen darüber sind schlichter rhetorischer
Überschwang und echte Entrüstung schwer voneinander zu trennen.
Die Bulle kommt vom Antichrist, also ist er, Luther, der das falsche
Spiel durchschaut und die Verschwörung aufgedeckt hat, gezwungen,

nicht bloß Gegenmaßnahmen zu ergreifen, sondern als Statthalter der wahren Kirche Christi seinerseits den Usurpator zu verurteilen und zu verdammen. Er greift zu dem Mittel, das sich in solchen Fällen anbietet – er exkommuniziert den Papst, ehe der es tun kann. Zu Anfang von «Adversus execrabilem Antichristi Bullam Mar. Lutherus» schreibt er: «Existimationem igitur suam quisque habeat de Romanis, Ego, quisquis fuerit huius Bullae author, eum pro Antichristo habeo, et contra Antichristum haec scribo, redempturus veritatem Christi, quod in me fuerit, quam ille extinguere conatur»[48], ich, der Verfasser dieser Bulle, halte ihn für den Antichrist und schreibe gegen den Antichrist. Ich kann das tun, weil ich durch die Wahrheit Gottes errettet bin. «Et sicut ipsi me excommunicant pro sacrilega haeresi sua, ita eos rursus ego excommunico pro sancta veritate dei. Christus Iudex viderit, utra communicatio apud eum valeat, Amen»[49]; wenn sie mich wegen Ketzerei exkommunizieren, dann exkommuniziere ich sie meinerseits um der Wahrheit Gottes willen. Christus soll der Richter darüber sein, welche Exkommunikation gültig ist.

Silvester Prierias spart in seiner Antwort nicht mit deutlichen Worten: «Wenn das Beißen die Eigenart von Hunden ist, fürchte ich, daß du einen Hund zum Vater gehabt hast, denn du scheinst dazu geboren zu sein, daß du beißt.» Das ist nicht nett, aber noch nichts gegen die drastische Polemik, die Luther gegen den Papst und die ihm ergebenen Prälaten und Theologen, gegen jede Art von echtem oder vermeintlichem Feind, aufbieten wird. «Obendrein», fährt der weise Prierias fort, «obendrein fürchte ich, daß dir wegen der Witzeleien und der Erhebung deines Mundes gegen den Himmel ein Unglück widerfährt. Auch sehe ich nicht, auf welche Weise du dich infolge des vielfältigen Kapitels dem Bannfluch entziehen willst. Auch glaube ich nicht, daß du ein Mann von ordentlichem Verstand bist, der du solche Aussagen der Öffentlichkeit übergeben hast.»[50] Luther kann sehr kleinlich sein: Er druckt nicht nur den Angriff des römischen Kardinals, um ihn zu glossieren, er haut ihm auch noch einen Fehler im Griechischen um die Ohren. Wissenschaftlich, das nur nebenbei, stößt er nicht auf ein-

mütige Begeisterung. Der Papst versucht, die Methode, derer Luther
sich bedient – Textkritik durch Dokumentation des Textes –, dadurch
zu unterbinden, dass er die Arbeiten des Prierias mit seinem Siegel
versieht und den Nachdruck mit dem Bann und einer Geldbuße belegt: Wer Prierias unberechtigt vervielfältige, müsse mit einer Konven-
tionalstrafe von zweitausend Dukaten in Gold rechnen.[51]

Der Buchdruck war schnell, er war billig, und die Zahl der Lese- und
Schreibkundigen begann zu wachsen. Wäre er bei seinen Leisten, bei
seinen Scholastikern geblieben, Luther hätte nie das Volk erreicht.
Nicht einmal der Klerus hätte ihn gelesen, denn schon die meisten
einfachen Priester beherrschten gar kein Latein. So erklärt es sich,
dass die reformatorischen Flugschriften, bei denen übelste Zerr-
bilder und fäkalische Beschimpfungen theologische Streitfragen illustrieren konnten, in diesen ersten Jahren eine Gesamtauflage in
Millionenhöhe erzielten. Allein im Jahr 1520 brachte Luther drei für
die Reformation grundlegende Schriften heraus. «De capitivitate
babylonica ecclesiae» entstand noch im klassischen humanistischen
Latein, wurde aber sofort übersetzt. Am Anfang der «Babylonischen
Gefangenschaft der Kirche» präsentierte Luther bereits eine Art Ver-
öffentlichungsgeschichte: «Von dem Ablaß hab ich vor zweyen jaren
geschriben / aber also / dz mich yetzt vßdermaßen seer berwt des
selben vßgangenen buechlins», die Thesen vom Ablass reuten ihn inzwischen, «vnd darumm woelt gott / das ich von den Truckeren vnd
buechfuerern erlangen moecht / vnd allen den jhenen die das gelesen
haben / geraten / das sye alle meine buechlin von dem Ablaß ver-
branten / vnd für alles das ich dauon geschrieben hab allein dißen
spruch hyelten». Alle seine Bücher über den Ablass sollten verbrannt
werden, denn sie ließen sich mit einem einzigen Spruch zusammen-
fassen. Und damit auch jeder begriff, was er meinte, war an den Rand
ein Fingerzeig gedruckt: «Der Ablaß ist der Roemischen schmeychler
schlackheit»[52], der Ablass ist nichts weiter als römische Bosheit.
   Luthers «Babylonische Gefangenschaft der Kirche» bricht faktisch

mit der Kirche und ihren Dogmen, das Pamphlet erregt Aufsehen in ganz Europa. Mit einem Mal hat sich der Mönch zum Kirchenlehrer aufgeworfen, der verkündet: Es gibt keine sieben Sakramente, die Zahl war ohnehin willkürlich, es genügen drei – die Taufe, die Buße und das Abendmahl. Anders als zu Hus' Zeiten gibt es jetzt den Buchdruck, der nicht nur eine rasche Veröffentlichung, sondern auch eine fast ebenso rasche Verbreitung ermöglicht. Selbst wenn er behauptet, er habe sich nur *in disputatione* mit den Kollegen Bibelgelehrten über Lehrsätze der Kirche und der Konzile austauschen wollen, hat Luther den akademischen Diskurs damit endgültig verlassen und ein neues weder dialektisch noch theologisch vorgebildetes, aber dafür ungeheuer aufnahmebereites Publikum gefunden. Luther hat angefangen, deutsch zu schreiben – ein Sakrileg in der Humanistengemeinschaft! –, weil er die breite Zustimmung für das sucht, was ihm in langen zergrübelten Nächten aufgegangen ist und was auf eine Rebellion gegen die bis dahin akzeptierte Obrigkeit hinausläuft.

Sogar Heinrich VIII., noch vor kurzem ein Mitbewerber um das Amt des deutschen Kaisers, tritt im Gewande des Gelehrten (und mit Formulierungshilfe von Thomas Morus) für diese Obrigkeit ein, wenn er Luthers Abkehr von den sieben Sakramenten als ketzerisch angreift und seine Abhandlung von der «Babylonischen Gefangenschaft» der Kirche verwirft. Papst Leo X., dem Luthers Werk gewidmet ist, bezeigt seine Dankbarkeit dadurch, dass er dem königlichen Autor den Ehrentitel eines *defensor fidei* verleiht, ein Ehrenamt, das Heinrich wieder verliert, als er sich 1534 mit der Suprematsakte seinerseits von der römischen Kirche löst. In britischer Machtvollkommenheit erkennt ihm sein Parlament den Rang dann wieder zu, weshalb der englische Monarch bis heute den Glauben verteidigen darf. Als Heinrich noch zur *Una Sancta* gehalten hatte, konnte Leo jedem Leser der königlichen *assertio* einen Ablass von zehn Jahren gewähren und ihm nebenbei noch ein vierzigtägiges Fasten ersparen.

Mit der «Freiheit eines Christenmenschen» spricht Luther dem einzelnen Christen ein höheres Recht als seiner Kirche zu. «Eyn Christen mensch ist eyn freyer herr vber alle ding / vnd nymandt vntterthan. Eyn Christen mensch ist eyn dienstpar knecht aller ding / vnd yderman vntterthan.»⁵³ Der ganze mittelalterliche Staat mit seiner gottgewollten *ordo*, die mit jeder Belehnung, jeder Investitur, mit jedem Kreuzzug und jeder Exkommunikation bestätigt wurde, brach mit diesem Manifest der christlichen Unabhängigkeit zusammen. Gott allein die Ehre, forderte Luther, Gott und dem je einzelnen Christen. «Aus dem allem folget der beschluß, daß eyn Christen mensch lebt nit in ym selb, sondern in Christo, vnnd seinen nechsten, in Christo durch seinen glauben, im nechsten durch die liebe.»

Die Druckerpressen laufen, und Luthers Traktate, seine Reden und Gegenreden verbreiten sich in Windeseile. Die lateinischen Texte werden an allen europäischen Hochschulen studiert, die deutschen wiederum ins Lateinische übersetzt, weil man auch in den angrenzenden Ländern wissen will, wie weit Luther seine Kühnheit noch treiben wird. Luther hat keinerlei Angst mehr; er schreibt. Er muss nicht nur sagen, was er für kritikwürdig an der Kirche hält, ja für unchristlich, was er als Verstoß gegen das Wort Gottes empfindet, sondern sich sofort auch, wie zu Anfang erhofft und gewünscht, mit anderen Gelehrten auseinandersetzen.

Luther wird später damit kokettieren, dass er seinem Freund Cranach zuliebe so viel schreiben müsse, weil der ständig Nachschub für seine Pressen fordere. Es ist aber nicht Cranach, sondern Luther, der dafür sorgt, dass sich Melchior Lotter, der Sohn seines Leipziger Druckers, Ende 1519 in Wittenberg etablieren kann, wo er unter der Aufsicht des Multi-Unternehmers Cranach alles druckt, was die Reformation an Worten hervorbringt. Kein Autor konnte seit der Verkündung der Zehn Gebote den Produktionsprozess seiner Werke so genau überwachen: Die Druckpressen sind nur siebenhundert Meter von der Zelle entfernt, in der Luther schreibt. Nach Basel wird jetzt das kleine Wittenberg der wichtigste Verlagsort für Luther, von dort, geschützt durch kurfürstliches Privileg, gehen seine Schriften, seine Rechtfertigungen, seine Botschaften in die Welt hinaus.

Ende Juli 1520, die Bulle ist in Rom verkündet und angeschlagen, aber noch lange nicht in Deutschland angekommen, bringt Luther seine folgenreichste Schrift zu Ende, «An den christlichen Adel deutscher Nation». Das Titelbild zeigt tatsächlich einen zum Eingreifen entschlossenen Ritter, einen aus dem niederen Adel, den Luther gern mit dem Kampf gegen Rom beauftragt hätte. Die Erstauflage der Adelsschrift beträgt viertausend Stück, eine bis dahin ungekannte Größenordnung, belief sich doch die Auflage von Pamphleten, Flugschriften und Traktaten gewöhnlich nur auf dreihundert Stück, höchstens einmal auf tausend. Aber einen massentauglichen Autor wie Luther hatte es in Deutschland vorher noch nicht gegeben, und darum ist diese kühne Kalkulation berechtigt und die erste Auflage bereits nach einem Monat verkauft.

Luther wird so schnell populär, weil er Partei für Deutschland und gegen Rom ergreift, für die Laien und gegen den Klerus, für den christlichen Gnadenweg und gegen die Ablässe. Als gut konservativer Revolutionär wettert er gegen die kirchlich und vor allem päpstlich geschützte Kreditwirtschaft: «Aber das grossist ungluck deutscher Nation ist gewiszlich der zynsz kauff, wo der nit weere, must mancher sein seyden, sammet, guldenstuck, specerey, und allerley prangen wol ungekaufft lassen.» Weiter wird er nicht mehr gehen in der streng nationalen Wirtschaftsanalyse, die ja keine ist, sondern nur Teil seiner negativen Theologie. Der Zinskauf, sagt Luther, hat über Deutschland nur «armut, iamer und vorterben [Verderben] bracht»[54]. Hundert Jahre gehe das schon so mit den vom Papst ausgefertigten Ablässen, und wenn das noch mal hundert Jahre so weiterginge, verkündet der zornige Prediger, bliebe Deutschland kein einziger Pfennig mehr, «wir musten [müssten] uns gewiszlich untereinander fressen». Unweigerlich kommt er wieder auf seinen bewährten Feind zurück: «Der teuffel hat yhn erdacht»[55], den Zinskauf, und der Papst hat ihn bestätigt.

Einmal in Rage, nennt Luther Namen, einen bestimmten Namen. Anders als 1517, als er seine Thesen gegen den Ablass ausgehen ließ, weiß Luther inzwischen, wer als Vertragspartner der verhassten «Ro-

manisten» und «Römlinge» deren Geschäft in Deutschland besorgt.
Es ist der «Focker zu Augspurg», der von der Kurie mit der Betreuung und Verrechnung der Pfründen beauftragt ist, sodass «nu ausz
geystlichen unnd weltlichen gutter eine handthierung worden»[56], ein
schlichtes Geschäft mit heiligen Werten. «Hie must man werlich auch
den Fuckern, und der gleychen geselschafften, ein zaum ynsz maul
legen. Wie ists muglich, das solt gotlich unnd recht zugehen, das bey
eynis menschen leben, solt auff einen hauffenn, szo grosse kuniglich
gutter bracht werden?»[57] Wie geht es eigentlich zu, dass ein einzelner
Mensch dermaßen viel Geld anhäufen kann?, fragt nicht der Kapi-
talismusforscher Thomas Piketty, sondern der ausschließlich religiös
fundierte Sozialrevolutionär Luther.

Luther macht die Rechnung auf, die er nicht versteht: «Wie man
mit hundert gulden mag des iarisz erwerben zwentzig, ia ein guld
den andern, und das allis, nit ausz der erden, odder von dem fihe»[58],
wie soll es möglich sein, mit hundert Gulden im Jahr zwanzig weitere zu erwerben, womöglich sogar den einen Gulden zu verdoppeln?
Geld heckt einen riesenhaften Mehrwert? Und es hat offensichtlich
weder mit Ackerbau noch mit Viehzucht zu tun? Nein, das versteht
Luther nicht, er weiß nur, dass es gottgefälliger wäre, sein Geld mit
mehr Ackerbau und weniger «kauffmanschafft», mit Handel also, zu
verdienen. Eine Umkehr hieße, zurück zur Erde, aber im bergmän-
nischen Sinn seines Vaters, zurück auch zur ehrbaren Landwirtschaft.
Das Kapital, die Geldwirtschaft, der Handel überhaupt wird mit Blick
auf Paulus verdammt. Für Karl Marx wird Luther der «erste deutsche
Nationalökonom».

Jakob Fugger muss diese Adelsschrift gleich in die Hände bekommen haben, weil er sofort tut, was Machthaber seit je tun: Er ließ die
Kritik verbieten. «Als der Fugger solich schreiben hort, das gefiel im
übel», wie der (mit Fugger verschwägerte) Chronist Wilhelm Rem
aus Augsburg melden kann. «Es gefiel auch den pfaffen übel, aber den
gelerten leutten, die frum waren, den gefiel es fast wol; sie sagten, er
schrib die warhait.»[59]

Aber was heißt das schon, die Wahrheit? Es bedeutet, dass es durch das neue Medium möglich war, Texte zu verbreiten, ehe eine Zensur sich überhaupt etablieren konnte. Niemand hatte damit gerechnet, dass in der wohlgeordneten mittelalterlichen Gesellschaft die neue Technik dazu benutzt werden könnte, sich über die Zustände innerhalb dieser Gesellschaft Luft zu machen. Das bedeutet keineswegs freie Rede, gar Freiheit, denn die Zuständigen griffen so rasch wie möglich ein. Zusammen mit dem willfährigen Konrad Peutinger erscheint Jakob Fugger am 28. August 1520 im Rat der Stadt Augsburg und verlangt, dass sich die Drucker «bei aidpflichten, damit sie ainem rat verwandt sein, das sy in den irrungen, die sich halten zwischen den geistlichen und doctoren der heiligen geschrift, desgeleichen in schmach und verletzung der erensachen on wissen und willen ains erbern [des Rats] nichts ferrer trucken sollen, und ist dartzů verkondt worden»[60], dass solche Irrtümer, wie sie Gelehrte beschäftigen, auch solche, die ehrenrührig sind, vor allem wenn sie in ihrer ganzen Irrtumshaftigkeit den mächtigsten Mann der Stadt betreffen, ohne Wissen des Stadtrats nicht mehr gedruckt werden sollen.

Für Zensurmaßnahmen dieser Art war es aber schon zu spät. Die Dinge, die Luther verhandelt haben wollte, wurden längst außerhalb der Gelehrtenzirkel diskutiert. Jakob Fugger widersetzt sich dennoch mit allem, was er hat, der antikapitalistischen Konterbande: Als Herzog Georg von Sachsen einmal nachfragt, was die Drucker in Augsburg so trieben, kann ihn Jakob Fugger beruhigen. «So hab ich auf E. F. G. [Euer Fürstlichen Gnaden] schreiben allenthalben bei den buchtruckern und da man die getruckten Buechlin fail hat, lassen suchen, aber kains, darin E. F. G. geschmacht wirdet, erfaren konnen.»[61] Georg hat ihn offenbar in diesem Sommer 1520 aufgesucht: Fugger führt für den Herzog ein Drittel der Einnahmen aus dem Ablass für die Silberstadt Annaberg nach Rom ab, umgekehrt stellt ihm der reiche Herzog Bargeld für seine Finanzgeschäfte zur Verfügung.[62] Doch hat es dieses neue Bündnis von Politik und Wirtschaft gar nicht so leicht, denn lange ließ sich das Druckverbot nicht durchhalten, zumal

Luther nicht der Einzige war, der in den Fuggern einen populären Feind entdeckt hatte. Auch Ulrich von Hutten beklagt, dass der Ablasshandel ein lukratives Geschäft für einige wenige geworden sei. In seinem Dialog «Bulla vel Bullicida» («Bullentöter») lässt er einen Luther auftreten, der sagt, dass es für die Fugger ein Leichtes wäre, gerechtfertigt zu werden, denn sie könnten sich für alles und jedes einen Ablass kaufen.

Zum Jahresende predigt der Bischof von Augsburg gegen Luther und seine Bücher. «Das het der Pabst gebotten», berichtet Wilhelm Rem, auch dass versucht wurde, gegen diese neumodischen Lehren vorzugehen. «Und wer des Lůthers biechlin hett, der solt sie dem vicari oder techant bringen; es warden in freilich wienig biechlin zůbracht, man trib nun fast das gespött daraus.»[63] Strafmaßnahmen, die auf den Spott der Untertanen treffen – so schnell nämlich vergeht innerhalb weniger Wochen und Monate der Glanz der Papstkirche. Ihre Allgewalt neigt sich dem Ende zu, die Gläubigen wollen selber lesen und nicht nur lateinische Predigten hören. Wer sie daran hindern will, muss zerstörerische Gewalt anwenden. Johannes Eck, dem sein Triumph in Rom nicht genügt, kann dem Augsburger Bischof immerhin melden, dass Luthers Schriften in Venedig bereits verbrannt würden. In München sei die Adelsschrift in einer Auflage von tausendfünfhundert Stück gedruckt worden, doch als Herzog Wilhelm merkte, dass das ein «büechlin voller offenlicher ketzerei ist und büeberei», habe er es beschlagnahmen lassen, wie Eck den Bischof wissen lässt. Jetzt aber – er kann das Petzen nicht lassen – setze sich ausgerechnet Bernhard Adelmann von Adelmannsfelden für eine Neuauflage ein, «wiewol *ecclesiastica persona* und sein narung hat *de patrimoniae Christi*», obwohl er als Kanonikus in Eichstätt eine Pfründe der katholischen Kirche verzehre.[64]

Der rachsüchtige Eck hatte den Kanoniker, dem er eine für Luther vorteilhafte Indiskretion nachtrug, zusammen mit Lazarus Spengler, Willibald Pirckheimer und Ulrich von Hutten in die Bannandrohungsbulle «Exsurge Domine» eintragen lassen. Adelmannsfelden muss Reue zeigen und innerhalb von sechzig Tagen widerrufen, was Luther gesagt hatte. Pirckheimer, dem seine Satire über den allzeit käuflichen Theologen Johannes Eck, «Eccius dedolatus», die Verdammung eingetragen hatte, versäumt die Frist und fürchtet sich sehr. Der einzige Unerschrockene ist Martin Luther. Er hat sich weit vorgewagt. Nicht so weit wie Wyclif und schon gar nicht wie der vom Feuer des böhmischen Nationalismus erleuchtete Hus, aber er ist längst mehr als sie, nämlich ein gefährlicher Mann, weil er inzwischen, ganz gleich ob er es je im Sinn hatte, das Volk erreicht, den gefürchteten «gemeinen Mann». Als ihm sein Ordensbruder Johannes Lang den wilden Ton seiner Adelsschrift vorhält und ihm nahelegt, auf eine Veröffentlichung zu verzichten, kann Luther diese Kritik gar nicht mehr treffen, weil er sich aus eigener Erkenntnis aus dem Klein-klein exegetischer Fragen befreit hat. In heiligem Ernst wiederholt er sein neues Credo: «Ego pro me confiteor, Papa a me nullam deberi oboedientiam, nisi eam, quam τῷ γνησιῳ αντιχριστῳ debeo»[65], für ihn gelte, dass er dem Papst keinerlei Gehorsam mehr schulde, weil er ihn für den Antichrist halte. Luther bleibt bei seinem Gott. «Meyn geyst, mir von Gott geben», schreibt er Ende August 1520 in einem «Erbieten», das der Fürst bei ihm bestellt hat, um es dem noch nicht gekrönten Kaiser als Beweis für die Friedenswilligkeit seines Ketzers zu präsentieren. Es ist aber alles andere als ein Friedensangebot, sondern ein weiteres Mal die Rechtfertigung eines selbstbewussten Christen. «Meyn geyst, mir von Gott geben, alßo steht, das ich ehe die gantze Welt vertraw muede zu machen.»[66] So stark ist sein Geist, sein Mut auch, dass er sicher ist, seine Gegner werden sich an ihm erschöpfen und nicht umgekehrt. Denn der Fels, auf dem er steht, fährt Luther fort, und da begibt er sich bereits in die Opposition zur Kirche, die dem Vernehmen nach auf einem Felsen (Petrus) erbaut ist, sei fest und werde nicht wanken, wenn auch die Pforten der Hölle dagegendrängen. Doch bei allem Überschwang des endlich von den Fesseln der kirchlichen Ordnung befreiten Mystikers ist Luther fest im Diesseits verankert. Deshalb findet er für seinen Generalangriff auf den Papst und dessen Kirche sogar bei Hofe Anerkennung: Der Fürst bezeigt ihm seine Gnade, indem er ihm eine Sonderration Wildbret schickt.

Noch aber muss er der Reaktion der Gegenseite gewärtig sein. Die Veröffentlichung der Bulle wird ein gigantischer Propagandafeldzug, jedoch auch ein weiterer Beleg für die erschütterte Macht der Kirche. Es geht nicht nur um die einundvierzig Irrtümer, die dem wissenschaftlichen Autor Dr. Martinus Luther vorgeworfen werden und die er widerrufen soll – es gilt mittlerweile die römische Kirche gegen die deutsche. Unversehens darf sich Deutschland im Krieg mit Italien fühlen. Für die Folge-Bulle «Decet Romanum Pontificem» hat der Papst Albrecht von Brandenburg zum Großinquisitor ernannt, der notfalls auch gegen «Kurfürsten und Reichsstädte» vorzugehen hätte, um die Bulle durchzusetzen,[67] es gelingt nur nicht. Überraschenderweise sind es vorwiegend die Bischöfe, die die Veröffentlichung der Bulle sabotieren. Sie zögern die Publikation hinaus, weil sie Unruhen im Kirchvolk und vor allem um ihre Autonomie fürchten, die sie durch eine Maßgabe aus Rom gefährdet sehen.

In einer Rückschau im Jahr 1543 listet Johannes Eck alle Disputationen auf, in denen er seit 1498 den Sieg davongetragen hat. Doch kann kein Erfolg darüber hinwegtäuschen, dass Eck außerordentlich unbeliebt ist, schon weil er sich gern als Abgesandter des Papstes ausgibt, um einen intellektuellen Gegner niederzumachen. Auf einem Flugblatt über «Luthers Ketzerspiel» ist Eck als Schwein dargestellt. Wenn er es dem Luther gebe, dann stellt ihm der Löwe (Leo X.) einen Kardinalshut in Aussicht. Eck antwortet: «Herr Löw all bübrey vnd faule sachen / Kann ich durchs gelt widerumb gerecht machen / Mit meiner Sophistrey vnd grossem geschray / Haw ich den Luther vnd Gots wort entzway.»

Derlei Spott mindert nicht seine Entschlossenheit, und auch seine Gegner halten sich nicht zurück. Wie von Hutten prophezeit, bekommen die Buchdrucker zu tun; angeblich werden allein von der Bann-

Spottblatt auf Luthers Gegner (um 1521): Thomas Murner als Kater, Hieronymus Emser als Bock, Leo X. als Löwe, Johannes Eck als Schwein und Jakob Lemp als Hund.

androhungsbulle sechstausend Exemplare gedruckt. In Deutschland gibt es lateinische, dann auch deutsche Nachdrucke. Weitere Fassungen erscheinen in Köln und Wittenberg mit der Absicht, die römischen Übergriffe anzuprangern. Übersetzt hat sie im Auftrag seines Kurfürsten Georg Spalatin. Ulrich von Hutten bringt in Straßburg eine Ausgabe mit seinen Randglossen heraus.[68] Für die Druckkosten der in Eichstätt, Augsburg und Regensburg angeschlagenen Bullen muss Eck selber aufkommen.

Der Propagandafeldzug steigert sich bald zum kleinen Religionskrieg. Johannes Eck reist in Süd- und Mitteldeutschland herum und versucht, Bischöfe und Ratsherren zu bereden, die Bulle öffentlich anzubringen. Er genießt weiter die Unterstützung Fuggers,[69] scheitert mit seinem Anliegen aber sogar in Ingolstadt und Augsburg, seinen bisher wichtigsten Wirkungsstätten, weil die Deutschen, die kein Deutschland kennen, der Glaubenszentrale das Recht bestreiten, über einen Deutschen zu verfügen. Die Christenheit ist dem Papst zum

Gehorsam verpflichtet, aber selbst die Bischöfe empfinden sich mit einem Mal wie unter einer Fremdherrschaft. Das Rom der Renaissance ist kein katholisches Universalreich mehr, sondern in den Privatbesitz einflussreicher italienischer Familien geraten, womit die Kurie ihre Legitimität von sich aus untergraben hat.

Eck rühmt sich, «von Gotte inen unbesiegten Geist zu disputieren erhalten zu haben»[70], und überzieht Deutschland mit Drohungen. Der Universität Wittenberg will er die päpstlichen Privilegien nehmen, wenn sie Luthers Lehren nicht verbiete. Friedrich muss bei Ecks Kompagnon Aleander Protest einlegen. Dennoch droht der Bann, wenn Luther nicht innerhalb von sechzig Tagen widerruft. Die Juristische Fakultät der Universität Wittenberg empfiehlt dem Kurfürsten, sich an den Kaiser und den kommenden Reichstag zu wenden. Friedrich folgt dem Rat.

Wenn er nicht gerade auf die Jagd geht, befindet sich der Kurfürst auf Reisen. Der Anlass diesmal könnte feierlicher und festlicher nicht sein: Der im Vorjahr gewählte Kaiser soll mit allem Prunk, der dem höchsten weltlichen Amt zukommt, in der Kaiserstadt Aachen gekrönt werden. Die Hoffnungen vor allem der Jüngeren richten sich auf den erst Zwanzigjährigen, den so gut wie nichts mit Deutschland verbindet. Nationalstolze Aufwallungen müssen Karl V. fremd sein, wenn sie nicht gleich seinem Verständnis von absoluter herrscherlicher Gewalt widersprechen. Luther stört da, doch obwohl seine lateinischen Schriften in der spanischen Hofkanzlei studiert werden, unterschätzt man ihn immer noch. Ulrich von Hutten bekommt mehr Aufmerksamkeit, als er Kurfürst Friedrich Ende September 1520 in Frankfurt eine seiner leidenschaftlich gestimmten Flugschriften überreicht. Es ist die Aufforderung zur nationaldeutschen Besinnung aus dem Geist des antirömischen Widerstands: «das wir unser teütsch land, der under allen nation in der gantzen welt die freyheit am meisten gebürt, nicht gestatten dienstbar zu sein, daz hat dissem hirten [Papst Leo X.] mißfallen, aber es hat dem herren Christo wolgefallen.»[71]

Girolamo Aleander überlässt die antilutherische Kampagne Eck und begibt sich nach Antwerpen, wo Karl V., von England kommend, inzwischen eingetroffen ist und von Vertretern der deutschen Stände feierlich begrüßt wird. Papst Leo X. hat Aleander als seinen Nuntius zum gewählten Kaiser geschickt, um auf schonungslose Verfolgung der Ketzer zu dringen. Karl V. empfängt ihn am 28. September und erlässt wie von Rom gewünscht ein Edikt, wonach die lutherischen Schriften zu vernichten seien. Antwerpen ist Teil der burgundischen Erblande des Kaisers, hier hat er königliches Hoheitsrecht, und damit willfährt er dem Wunsch des päpstlichen Legaten. An der Universität in Löwen macht man sich sogleich ans Werk, und bereits am 8. Oktober brennen Luthers Schriften. Das war ein leichter Sieg und fast der einzige, der dem Beauftragten des Papstes gelingt. Schon die Ausweitung der päpstlicherseits angeordneten Exekution nach Deutschland erweist sich als schwierig: Die geistlichen Fürstentümer Köln, Mainz und Trier folgen zwar, aber nur auf Druck Aleanders. Zu groß ist die Angst vor dem Unmut im Volk, bei dem das Ansehen des Kirchenkritikers, als der der Theologe Luther mittlerweile gilt, mit jedem Tag wächst. Aleander bezieht seine Spesen über das Handelshaus der Fugger, aber er hat nicht einmal genügend Geld, um alle in Köln womöglich vorhandenen Schriften Luthers aufzukaufen.[72]

Auch Albrecht Dürer reist Karl V. entgegen; er hofft, dass seine Pension unter dem neuen Kaiser fortgesetzt wird. In Aachen wohnt er am 23. Oktober der feierlichen Krönung bei. «Da hab ich gesehen alle herrlich köstlichkeit, deßgleichen keiner der bey uns lebt, köstlicher ding gesehen hat.»[73] Auch Erasmus stellt sich dem neuen Kaiser vor. Am 5. November trifft Friedrich mit Erasmus zusammen, Spalatin übersetzt. Dem Kurfürsten brennt eine Frage auf der Seele, die ihm der angesehenste Gelehrte der Zeit doch ganz gewiss beantworten kann, nämlich ob Luther, den er bis zum heutigen Tag protegiert und gefördert hat, in seinen Schriften und Predigten womöglich doch geirrt habe. Erasmus antwortet mit einem vielsagenden Schmatzen und liefert dann, wie es einem Humanisten geziemt, einen lateinischen Aphorismus: «Lutherus peccavit in duobus, nempe quod tetigit coronam Pontificis & ventres monachorum. Das ist», übersetzt Spalatin, «Luther hett inn zweyen Stucken unrecht gethan: Erstlich, das er des Babsts kronn, vnd zum andern, das er der Munchen beuche anngriffen vnd angefochten hette»[74], also dem Papst an die Tiara gegangen sei und den Mönchen an die vollgefressenen Bäuche.

Doch was heißt das für Friedrich? In Köln wendet sich Aleander an den Schutzherrn Luthers, der ihn, von Erasmus instruiert, abblitzen lässt. Der Bann, das weiß auch Aleander, kann ohne Friedrichs Zustimmung nicht in Kraft treten. Der aber verlangt ein Schiedsgericht, bei dem «gebildete, fromme und unvoreingenommene Männer» darüber befinden sollen, ob überhaupt von Häresie die Rede sein kann.[75] Derweil geht das Verbrennen munter weiter. Am 29. Oktober 1520 werden in Ingolstadt nach Verlesung der Bannandrohungsbulle und unter städtischer, landesherrlicher und vor allem klerikaler Begleitung sämtliche Luther-Schriften in die Flammen geworfen.[76] Am 12. November folgt Köln unter Anführung des Nominalisten Arnold von Tongern, am 29. November Mainz. Am dortigen Hof Albrechts reagiert Hutten mit einer «Exclamatio, in incendium Lutheranum», mit einem Empörungsschrei gegen das Verbrennen von Luthers Werken. Der Ritter folgt der Argumentation, mit der sich für Luther alle bisherigen Werte umkehrten: Der Papst und sein Nuntius hätten Gottes Wort, verkündigt durch Luther, verbrennen lassen, eine Freveltat, die den Papst als Widersacher des Glaubens erweise.

Von Luther hat Hutten auch gelernt, dass er deutsch schreiben muss, wenn er das Volk mit dem Zorn anstecken will, der in ihm tobt. Und so entsteht, lateinisch erst und dann deutsch, ein strammes, höchst kunstfertiges Hassgedicht, in dem Hutten den Gesandten Aleander als Verursacher aller Übelstände fachgerecht denunziert: «Wahrheit trage den Sieg davon und Tugend die Krone! / Aber es fasse die Glut den jüdischen Schelm Aleander, / Strafe die Stifter der frevelen That; nach dem wüthenden Leo / Sollen die Furien greifen, die er entfesselt; die Flammen, / die es dem redlichen Luther geschürt, Rom selber verzehren.»[77] Nur ist Aleander gar kein Jude, da täuscht sich Hutten

ebenso sehr wie sein verehrter Erasmus. Für Hutten muss er aber
Jude sein, wenn er sich der nationalen Erhebung entgegenstellt, für
die der Ritter an Luthers Seite kämpft. Fugger und der Wucher, das
unterdrückte Deutschland, die Juden: Aus dieser Mischung konnte
das politische Luthertum im 19. Jahrhundert im Antisemitismus des
radikalen Berliner Hofpredigers Adolf Stoecker fröhlichste Urständ
feiern. Um die Erhebung der deutschen Nation zu erreichen, muss
sich Hutten dem neuen Volkshelden anschließen. Er schickt sein
Gedicht an Martin Luther, nennt ihn «liebster Bruder mein» und verspricht ihm noch einmal seinen Beistand: «So wöllt' ich, was ich hab
an Gut, / Nicht sparen, noch mein eigen Blut.»[78]

Im Herbst 1520 brennt es überall. Dürer erlebt die exekutiven Maßnahmen gegen Luther fast als Augenzeuge und wünscht sich, dass man
dessen Gegner «jns feuer würff mit allen jhren opinionen, die do auß
menschen götter machen wollen»[79]. Der Aufruhr, den der von seinen
Worten berauschte Ulrich von Hutten herbeiredet, bedroht nicht nur
die Kirche, sondern langsam auch das Reich. Im Dezember 1520 übersetzt Hutten seine nach klassischer lateinischer Manier in der Tradition Lukians verfassten Dialoge ins Deutsche; sie erscheinen Anfang
1521 bei dem namhaften Buchdrucker Johannes Schott in Straßburg
als «Gespräch bůchlin». Der Titel zeigt einen Holzschnitt von Hans
Baldung Grien mit einer martialischen Darstellung von Rittern, die
es auf den Papst und den Klerus abgesehen haben. Oben regiert der
zürnende Gott, und in der Mitte finden sich Luther (der Mönch) und
Hutten (der Ritter). Jedem ist ein Wahlspruch zugeordnet: «Veritatem
mediabitur guttur meum», mein Mund tut die Wahrheit kund, und
«Perrumpendum est tandem, perrumpendum est», endlich muss man
durchbrechen, man muss durchbrechen. Zwei Kämpfer sind es, ver-
eint gegen die Kirche. Zur Ergänzung und um Propaganda für seinen
Autor zu machen, bringt Schott auch noch einen Prospekt heraus,
einen Einblattdruck, auf dem Luther und Hutten Seite an Seite als
«Christianae Libertatis Propugnatoribus» zu sehen sind, als Vorkämp-
fer der christlichen Freiheit.

Der kommende Reichstag würde sich unweigerlich mit dieser gärenden Unruhe beschäftigen müssen. Aus Angst, den «gemeinen Mann» erst recht zum Aufstand gegen die herrschenden Verhältnisse zu reizen, die selbst den Fürsten inzwischen unhaltbar schienen, konnte gar nicht offen über die Missstände im Reich und über das Verhältnis zu Rom diskutiert werden. Ohne sich mit dem Nuntius Aleander abzusprechen, ist der noch recht landesunkundige Karl zu einem Zugeständnis bereit. Er schreibt am 28. November an Friedrich, er möge «Lutter mit dir auf den [...] reichstag gen Wormbs bringen, so wellen wir in alda von gelerten und hochverstendigen personen genugsamlich verhörn lassen»[80], zieht das Angebot aber sofort zurück, weil Luther offenbar überhaupt nicht mehr unter Kontrolle zu halten ist. Zwei Wochen später schreibt Hutten «Verbi divini praeconi invictissimo Martino Luthero, fratri et amico dilectissimo»[81], seinem Bruder und innig geliebten Freund, dem unbesiegbaren Bibeldoktor Martin Luther, und sendet ihm ein Gedicht, in dem er ihm ein weiteres Mal Beistand bis zum Äußersten anbietet, «mit Hab und Gut und meyn eygen blût. / Got wirt es aber rechen baldt, / Vorwar du mir das glauben salt, / Dann er den grechten nie vorließ, / Da laß dich auff, es ist gewiß.»[82] Gott habe die Gerechten nie verlassen, versichert der Ritter dem Gottesmann, und werde deshalb auch jetzt zu ihm halten.

Doch der so ausgiebig umworbene Luther zeigt keinerlei Interesse an der nationalen Frage, die Hutten umtreibt. Er hat ein frommes Werk vor sich, etwas, das er bereits angekündigt hat: Er wird den Papst exkommunizieren.

Leo X., ein kranker Mann und schon deshalb in größter Sorge um seinen Nachruhm, wird sich über den Eifer gewundert haben, mit dem ihn die Deutschen als erzbösen Feind feierten. Die Schreiben aus der Kurie waren deutlich, und selbstverständlich mussten dem kleinen sächsischen Mönch die Instrumente gezeigt werden, aber warum ließ sich der Fall nicht friedlich beilegen oder wie bei dem Theologen Reuchlin so lange verschleppen, bis das Interesse an möglichen Ketzereien verging? Der Feuertod war doch längst aus der Mode.

Luther aber, ein katholischer Märtyrer, wie er in der «Legenda aurea»
des Jacobus de Voragine hätte stehen können, war offensichtlich entschlossen, singend in den Tod zu gehen. Damit überfordert er alle.
Für ihn gilt Feuer gegen Feuer. Diebe würden wir aufknüpfen, hat
der rasende Luther ein halbes Jahr zuvor gegen Prierias' Angriff geschrieben, Mörder mit dem Schwert hinrichten, Ketzer verbrennen.
Wer der wahre Ketzer ist, daran gibt es für ihn keinen Zweifel mehr.
Nachdem er den Papst zum Antichrist erklärt hat und ihm deshalb
keinen Gehorsam mehr schuldig ist, hat auch der Bann faktisch keine
Gültigkeit mehr. Eine Rückkehr zur Kirche und unter die Oberhoheit
des Papstes ist damit ebenso ausgeschlossen. Luther will nicht mehr
anders, obwohl er keineswegs weiß, wie es weitergehen soll. Aber spätestens als Luther selber all die Bücher und Schriften verbrennt, die
in seinem Verständnis die babylonische Gefangenschaft, in der sich
die Kirche befindet, untermauern, wirft er sich zum Gegenpapst auf.
Es bedarf nur noch einer symbolischen Geste, einer Art Schwarzen
Messe, in der die Krönung dieses Gegenpapstes zelebriert würde.

Als wär's ein Live-Bericht, schreibt Martin Luther am 10. Dezember an Spalatin und meldet ihm seine – wie er bereits durch die Einleitung bestimmt – soeben vollzogene historische Tat. «Anno DDXX,
decima Decembris, hora nona, exusti sunt Wittembergae ad orienta-
lem portam, iuxta S. Crucem, omnes libri Papae»[83], im Jahr 1520 sind
am 10. Dezember zur neunten Stunde vor dem Osttore bei der Kreuz-
kirche sämtliche Bücher des Papstes verbrannt worden, und er zählt
sie auf: Dekrete, Dekretalen, Extravaganten, die Schriften Johannes
Ecks, von Hieronymus Emser.

Es war kein Sonnwendfeuer, es stand kein im Feuerschein mit-
glühender Revolutionär erstarrt da und schaute zu, wie in dunkler
Nacht die Flammen um die ehrwürdigen Folianten züngelten, wahrscheinlich wurde nicht einmal ein angemessener Zauberbannspruch
gefunden. Wie beim Anschlag von Thesen an der Kirchentür wurde
ein bewährtes Ritual vollzogen. An jenem Dezembertag wurde die
akademische Gemeinde der Universität, Professoren wie Studenten,

durch einen Aushang an der Pfarrkirche vor das Elstertor bestellt. Magister Johann Agricola verbrannte das kanonische Recht und Schriften von Gegnern. Luther warf die Bannandrohungsbulle ins Feuer, «ut videant incendiarii papistae non esse magnarum virium libros exurere»⁸⁴ – «damit die verbrennungslustigen Papisten sehen, wie wenig dazu gehört, Bücher zu verbrennen, die sie nicht widerlegen können». Er löschte also den Inhalt, den Kirchenbann, ebenso symbolisch, wie er vom Papst verhängt worden war. Zum Ritual gehörte außerdem, dass die Studenten anschließend durch die Stadt zogen und das ihnen für solche Anlässe zugestandene Geschrei machten. Es war aber auch ein Vergeltungsakt, denn vorangegangen waren die Verbrennungen im Rheinland, vorangegangen war auch die Androhung, dass die Luther'schen Schriften nebenan in Leipzig verbrannt würden.

Luther konnte sich immer darauf berufen, dass die anderen angefangen hätten. Aleander hatte veranlasst, dass Luthers Schriften in Lüttich und in Löwen verbrannt werden, aber auch ganz in der Nähe, in Halberstadt, wo Albrecht als Administrator wirkte. Der mittelalterliche Brauch, Bücher zu verbrennen, um sie von Häresien, von Fehlurteilen, von Geschmacksverirrungen zu reinigen, wurde mit den Brandopfern fortgesetzt. Es handelte sich dabei um eine gute, alte Tradition, die im Mittelalter tatsächlich der Henker oder Scharfrichter auszuführen hatte, da es um eine «Exekution», die Vollstreckung eines richterlichen Urteils oder zumindest einer dominikanischen Inquisition ging. Mit seinem Gegenfeuer stellte sich Luther jedoch außerhalb von Recht und Gesetz. Es war alles hochsymbolisch und zugleich ganz buchstäblich gemeint, denn der schreibgewaltige Schriftgelehrte wollte kein Blatt Papier mehr zwischen sich und seinem Gott haben. Hier wütete der Barbar im Garten nicht bloß der Kirche, sondern der Religion.

Zwar war der Kurfürst von Spalatin darüber unterrichtet worden, dass Luther ein symbolisches Brandopfer plante, dass er zunächst sogar damit geliebäugelt hatte, die Bulle vor dem Kirchvolk auf der Kanzel zu verbrennen, aber Friedrich befand sich auf Reisen – er war zusammen mit Spalatin in Borna und fuhr dann weiter zum Reichs-

Als er erfährt, dass seine Schriften auf Anweisung Roms vielerorts verbrannt werden, übergibt Luther am 10. Dezember 1520 seinerseits die päpstliche Bannbulle den Flammen. Kupferstich aus Johann Ludwig Gottfrieds «Historischer Chronika» von 1630.

tag in Worms – und konnte Luther ohnehin nicht an dem hindern, was er unbedingt tun wollte: sich von der Kirche lossagen, die sich die Macht über die Schrift und damit auch über die Seelen anmaßte. Wieder konnte Luther ein Vakuum nutzen. Sein gnädiger, duldsamer, erstaunlich verständnisvoller Fürst musste den «münch» gewähren lassen.

«Haec erunt nova»[85], das sind meine Nachrichten, fasst Luther, noch immer zitternd von der eigenen Kühnheit, seinen Bericht von dem epochalen Ereignis zusammen. Eigentlich will er sagen: Jetzt schaust du aber, lieber Spalatin. Doch Spalatin ist ebenso wie sein Herr, der Kurfürst, angesteckt vom apokalyptischen Fieber, in das sich Luther in den letzten Monaten geschrieben hat. Wenn – wie sich ihm aus Lorenzo Vallas Darlegung und auch aus eigener Einsicht unleugbar erschlossen hat – der Antichrist in Rom auf dem Stuhl Petri sitzt, dann muss zu den Waffen gegen dieses Rom gegriffen werden. Kein Wunder, dass bald Gerüchte kursierten, Luther gebiete über eine einhunderttausend Mann starke Armee und sei bereit, mit ihr nach Rom zu marschieren.

Luther exkommuniziert den Papst, weil der sich das Amt eindeutig nur angemaßt habe, und wird selber der Gegenpapst. Er sieht sich, wie er Staupitz im folgenden Januar schreiben wird, im göttlichen Auftrag und habe das ganze Unternehmen, das noch längst nicht Reformation heißt, «im Namen unseres Herrn Jesus Christus angefangen»[86]. Es ist der Bericht eines Erleuchteten, eines Mannes, der die irdischen Fesseln abgelegt hat. Er habe die päpstlichen Schriften und die Bulle erst zitternd und betend, aber dann immer freudiger ins Feuer geworfen, versichert er Staupitz, «quam ullo alio totius vitae meae factum»[87]. Über keine andere Tat in seinem ganzen Leben habe er sich mehr gefreut, und das mit Recht, denn diese Schriften enthielten noch viel mehr Gift, als er bis dahin geglaubt hatte.

Luther schließt mit weiteren apokalyptischen Formeln: «Tumultus eregie tumultuatur, ut nisi extremo die sedari mihi posse non videatur»[88], «der Lärm tobt gewaltig, sodaß er mir nur durch den Jüngsten Tag gestillt werden zu können scheint»[89]. Die Zeit eilet wie immer dahin zum Jüngsten Tag. Lange kann es nicht mehr dauern, aber noch Wochen danach ist Luther von dem Schauspiel euphorisiert. «Vale, mi Pater, pro verbo Dei ac me ora; ego fluctibus his rapior et volvor»[90], ich werde von seinen Wogen fortgerissen und überwältigt. Gott ist es, der ihn hineinzieht, mitnimmt, fast schon entrückt in einem göttlichen Wirbelsturm, den er aber doch selber verursacht hat. Sosehr er die Ruhe pflegen, der ewigen Anschauung obliegen, die religiösen Pflichten ableisten will – er wird mitgerissen. Es geschehe, wie er behauptet, fast gegen seinen Willen, aber für ihn ist der Wille Gottes stärker.

Spalatin war bei diesem göttlichen Willen auf seine Art beteiligt. Er hat den Fürsten regelmäßig über die Brandaktionen Aleanders unterrichtet, die doch dem berühmtesten Landeskind Friedrichs und Erzeugnissen galten, die seiner Universität entstammten. Friedrich schreibt Karl V. eine Protestnote, weil es auf deutschem Reichsgebiet, das nicht zu den Erblanden Karls gehört, zu Bücherverbrennungen kam. Er wiederholt die Bitte, gegen Luther nichts «fürzunemen oder handeln lassen, er were dann zuvor gehort»[91]. Im Übrigen könnte es sein, dass «luther vielleicht dagegen etwas [...] furgenommen haben mocht»[92]. Das hat er bereits, mit dem Segen des Kurfürsten, der sich diplomatisch ahnungslos gibt.

Während Leo X. mit imperialem Prunk auf dem Stuhl Petri regiert und Rom, wie von seinem Vorläufer Nikolaus V. angekündigt, von den größten Künstlern seiner Zeit in die schönste und reichste Stadt der Welt verwandeln lässt, sorgt sich ein hagerer Intellektueller um die Zukunft der Religion, die er durch nichts mehr gefährdet sieht als durch das grundverkommene Papsttum. «Erstens verlor dieses Land durch das schlechte Beispiel des römischen Hofes alle Gottesfurcht und alle Religion, was unzählige Übelstände und endlose Unordnungen zur Folge hat, weil ebenso, wie sich dort, wo Religion ist, alles Gute voraussetzen lässt, dort, wo sie fehlt, das Gegenteil zu erwarten ist.» In den «Discorsi» analysiert Niccolò Machiavelli die Situation Italiens, die sich 1520 kaum von der Deutschlands unterscheidet. «Wir Italiener verdanken also der Kirche und den Priestern erstens, dass wir ohne Religion und schlecht sind; wir verdanken ihr aber zweitens etwas noch Einschneidenderes, was die Ursache unseres Verfalles ist; ich meine, dass die Kirche unser Land in Spaltung erhalten hat und noch hält.»[93]

Martin Luther weiß nichts von Machiavelli, genau genommen weiß auch sonst niemand von ihm oder jedenfalls davon, dass der entlassene und gefolterte Florentiner Stadtschreiber die römische Dekadenz und den Missbrauch der Religion anprangert, weil seine Überlegungen erst 1531, lange nach seinem Tod, veröffentlicht werden können. Sie gleichen aber jenen Luthers, der dank humanistischer Nachhilfe erkannt hat, dass dort unten in Rom der größte denkbare Religionsgegner sitzt. In seiner religiösen Inbrunst kann er nicht begreifen, wie sich die Gotteserfahrung dermaßen veräußerlichen kann, wie es die

Päpste mit ihrer Prachtentfaltung und dem dafür erforderlichen Ablasshandel geradezu zelebrieren und das Volk Gottes verraten.

Wie sein Zeitgenosse Luther liefert Machiavelli die Rechtfertigung
für seinen Fürsten. Den «Principe», der ebenfalls in diesen Jahren
entstanden ist, beendet Machiavelli mit dem «Aufruf, Italien in die
Freiheit zu führen und es vor den Barbaren zu retten». Er hofft auf
den jüngeren Lorenzo de' Medici. «Es wäre ein heiliges Unternehmen,
die Waffen zugunsten eines Volkes zu ergreifen, welches sein Heil
durch sonst nichts anderes finden kann.»[94] Luther hofft zumindest
vorübergehend auf das «jungs edlisz blut»[95], den neuen Kaiser. Beiden
gelingt die Einigung ihrer Länder im Kampf gegen den Vatikan, aber
erst viele Jahrhunderte später wird sie verwirklicht – Italien unter
Cavour und Garibaldi, Deutschland unter Bismarck. So haben Luther wie Machiavelli ihren Ländern die echte Revolution erspart. Zumindest für Deutschland gilt, was dann in der Romantik als Leitlinie
formuliert wurde: Nach innen geht der geheimnisvolle Weg.

Als am 3. Januar 1521 die päpstliche Bulle verkündet und Luther als
Ketzer exkommuniziert wird, interessiert diese Botschaft niemanden
mehr. Luthers Wort hat bereits mehr Kraft als ein bürokratisches Ver-
dammungsurteil aus Rom. «Alles, das ich geschrieben und gelehret
habe», versichert er seinem Fürsten, der wegen der Ladung auf den
Reichstag wieder eine Klarstellung von ihm gefordert hat, habe er
nicht «umb zeitlicher und weltlicher Ehr und Nutzung willen» vor-
gebracht, sondern «meinem Gewissen, Eid und Pflichten nach, als ein
armer Lehrer der H. Schrift, Gott zu Lob, zu Heil und Seligkeit gemeiner Christenheit, der ganzen deutschen Nation zu gut, zu Ausrottung
der fährlichen Mißbräuch und Aberglauben, und zu einer Ledigung
[Befreiung] der ganzen heiligen Christenheit aus so viel unendlichen,
unzähligen, unchristlichen und verdammlichen tyrannischen Ver-
kleinerung, Beschwerung und Gotteslästerunge»[96]. Ob er's will oder
nicht, Luther wird der Herold einer deutschen Nation, die es noch
lange nicht gibt.

ELFTES KAPITEL

Exkurs: Die Juden von Regensburg

Am 12. Januar 1519 ist Maximilian gestorben, das Reich ist ohne Kaiser, die Juden von Regensburg haben ihren Schutzherrn verloren. Der Kaiser konnte die Juden nicht sonderlich leiden – «Der Gedanke, daß ein spätmittelalterlicher christlicher Kaiser mit den Juden sympathisiert hätte, besitzt an sich nur geringe Wahrscheinlichkeit»[1], schrieb der Historiker Raphael Straus 1932, ehe er aus Deutschland vertrieben wurde –, es ging ihm bei den Juden vor allem um die Wahrung der kaiserlichen Rechte über die Stadt, die sich durch ihre Kirchen und Klöster fest in klerikaler Hand befand. Außerdem wusste Maximilian bei seinem nie nachlassenden Kapitalbedarf die Judensteuer von zweihundert Gulden jährlich als feste Einnahme zu schätzen. Gelegentlich wurden noch Sondersteuern fällig. «Dhweyl nu die Judischait in R[egensburg]. uns zugehort, wir auch unser oberkait und camergut auf inen haben, so ist uns nit gemaint, sy da zu vertreiben»[2], schrieb der Kaiser am 6. Juni 1514 auf die Bitte der Stadt um die Erlaubnis, die Juden der Stadt zu verweisen. Niemand sonst als der Kaiser hatte die Oberhoheit, die Juden waren Teil des Staatsvermögens, deshalb sollten sie auch in Regensburg bleiben. Anderen Städten wie Reutlingen hatte Maximilian die Vertreibung gestattet.

In der Reichsstadt Regensburg bestand eine der ältesten jüdischen Gemeinden in Deutschland; der Legende nach siedelten sich die ersten Juden schon zur Römerzeit an. Zu Beginn des 16. Jahrhunderts ist Regensburg die letzte größere deutsche Stadt, in der es überhaupt

noch eine jüdische Gemeinde gibt; überall sonst sind sie vertrieben
worden. Sechs Wochen nach dem Tod des Kaisers wird es auch in
Regensburg keinen einzigen Juden mehr geben.

Regensburg liegt am höchsten Punkt der Donau und war daher
seit den Zeiten der Römer der ideale Umschlagplatz für Waren aus
Italien, Ungarn und Flandern. Kaufleute bestimmen die Politik der
Stadt, die Handwerker begehren regelmäßig dagegen auf, bleiben
aber ohne Macht. Die Stadt war reichsunmittelbar, gehörte dann zu
Bayern und fiel 1492 wieder an den Kaiser. Die Geistlichen zahlten
keine Steuern. Um 1500 ging der Handel stark zurück; die Bevölkerung schrumpfte auf etwas über zehntausend Einwohner. Während
Augsburg und Nürnberg – beide mit fünfmal so vielen Einwohnern
gesegnet – als Handelszentren immer wichtiger wurden, verarmte
Regensburg. Die Arbeit an der Westfassade des Doms musste eingestellt werden, es war kein Geld mehr da. Die Teuerung verschärfte
die Lage. Der allgemeine Niedergang führte zu sozialen Spannungen,
und wie im Mittelalter üblich richtete sich der Zorn über die wirtschaftlichen Verhältnisse gegen jene, die vermeintlich dafür verantwortlich waren. In Regensburg waren das nicht nur die Juden, sondern auch die Ratsherren, die man mit den Juden im Bunde glaubte.
Es kam zu blutigen Unruhen, die Handwerker hatten vorübergehend
die Oberhand in der Stadt gewonnen und konnten die Hinrichtung
des Ratsherrn Wolfgang Lyskircher durchsetzen. Der Kaiser forderte
deshalb seinerseits vierzig Hinrichtungen, gab sich dann aber nach
sechs Exekutionen zufrieden. Der ebenfalls verarmte Klerus lag im
Krieg mit den Stadtoberen, es herrschte das Gefühl, dass sich alle in
einem «Daseinskampf»[3] befanden.

Eine Möglichkeit, sich aus der finanziellen Not zu retten, sah die
hochverschuldete Stadt in der Heiltumsweisung, wie sie im benachbarten Nürnberg erfolgreich praktiziert wurde. Sämtliche Reliquien
der Stadt sollten an einen Ort zusammengeführt und den Frommen
gegen gutes Geld gezeigt werden. Aus dem Vorhaben wurde nichts,
umso ergiebiger ist die Wallfahrt. Das Ressentiment gegen die Juden

war in Regensburg nicht größer als anderswo, aber nur dort konnte ihre Vertreibung eine Wallfahrt begründen.

Zu verdanken hatten die Regensburger beides einem Mann, den sie zu Beginn des Jahres 1516 als Domprediger in die Stadt geholt hatten. Balthasar Hubmaier, noch heute von verschiedenen evangelischen Konfessionen als Märtyrer verehrt, war eine der auffälligsten, aber dann wieder typischen Gestalten der Reformationszeit. Hubmaier kam irgendwann zwischen 1480 und 1485 in Friedberg zur Welt und war damit ebenso alt wie Johannes Eck und Martin Luther, im Unterschied zu den beiden jedoch tatsächlich bescheidenster Herkunft. Nachdem er die Domschule in Augsburg besucht und möglicherweise bereits dort die niederen Weihen empfangen hatte, studierte er in Freiburg bei Eck, dem er folgte, als dieser nach Ingolstadt berufen wurde. Hubmaier predigte im Münster «Zur Schönen Unserer Lieben Frau». Sein Förderer entnahm der scholastischen Theologie und der *via moderna* die Rechtfertigung, dass auch Christen auf Kapital Zinsen erheben dürften, Hubmaier wurde mit seinen Predigten gegen Wucher und jüdische Blasphemie der erfolgreichste Antijudaist seiner Zeit.

Hubmaier war ein glänzender Redner, er galt als der begabteste in ganz Europa. Wortgewaltig predigte er gegen die Juden und forderte ihre Vertreibung. Die jüdische Gemeinde appellierte an ihren Schutzherrn Maximilian und siegte ein letztes Mal. Hubmaier wurde ermahnt und musste sich auf dem Augsburger Reichstag 1518, auf dem auch Luther seinen ersten Auftritt hatte, vor den kaiserlichen Räten rechtfertigen. Zunächst wurde ihm die Rückkehr nach Regensburg verboten, dann unter Auflagen doch gestattet. Die bayrische Herzogin Kunigunde und Matthäus Lang, bereits Koadjutor und kurz vor der Übernahme des Erzbistums Salzburg, verwendeten sich für ihn. Hubmaier versprach Mäßigung und hielt sich doch nicht daran, sondern predigte weiter gegen die Juden, die angeblich den Herrn und seine Mutter Maria schmähten. Hubmaier forderte die Errichtung einer Kapelle für die Heilige Jungfrau.

Nach Maximilians Tod nutzte der Rat der Stadt die kaiserlose Zeit und beschloss nach ausführlicher Beratung, zu der Hubmaier zugezogen wurde, die Vertreibung der Juden. Als Erstes sollte die Synagoge geschleift werden. Am 21. Februar erscheint eine Ratsdelegation, der vermutlich auch der Maler Albrecht Altdorfer angehört, im ummauerten Ghetto mit der Botschaft, die Juden hätten zwei Stunden Zeit, die Synagoge zu räumen, und vier Tage, um die Stadt zu verlassen. Die zwei Stunden werden großzügig auf einen ganzen Tag ausgedehnt, damit Altdorfer, der spätere Stadtbaumeister, noch schnell Gelegenheit erhält, die Anlage der Synagoge zu skizzieren. Eine seiner Radierungen zeigt das gotische Gewölbe und dazu die Inschrift «Anno DNI (Domini) DXIX ivdaica Ratispona synagoga ivsto dei ivdicio fundit(v)s est eversa» (nach Gottes gerechtem Ratschluss ist die Regensburger Synagoge im Jahre des Herrn 1519 vollständig zerstört worden).

Das wird sie, bis auf die Grundmauern zerstört, und zwar nicht nur im klaren Bewusstsein, mit göttlichem Segen Unrecht zu begehen, sondern damit auch gegen kaiserliches Recht zu verstoßen. Die Zerstörung soll – dem Vorschlag Hubmaiers folgend – als Entsühnung gelten, anstelle der Synagoge soll eine Kapelle zu Ehren Unserer Lieben Frau entstehen, die damit über die verhassten Juden triumphiert. Die Siegerin soll verhindern, so Hubmaiers Rat, dass die Juden doch wieder zu ihrem kaiserlich verbrieften Recht kommen: «Wann dann die J[uden] hörtind, das mans also genämpt hette [benannt nämlich nach der Madonna], wurdent villicht si und der adel [der Kaiser] sich der sach dester minder annemen und beladen.»[4] Eine christliche Kirche wird kein christlicher Kaiser wieder abreißen wollen, zumal wenn sie der Heiligen Jungfrau geweiht ist.

Die Zeit drängt. Dass es Winter ist, hindert die Regensburger nicht, die Juden müssen so schnell wie möglich fort. In der Klage beim zuständigen Reichsregiment heißt es: «Da es über die mass vast gewäet und gschneydt hat, on menschliche ... erbarmbt verachtlich ... vertriben, etlich äuf das wasser, etlich äuf landt, deshalben etlich, als zwo

khindtlpetterin darundter, sind … gestorben»[5], aber was kümmert
die frommen Bürger, dass bei der «Ausschaffung» zwei junge Müt-
ter gestorben sind? Eine Statue der Jungfrau Maria wird aufgestellt,
ein Gnadenbild lockt. Rasch ist eine Holzkapelle errichtet, bereits
am 21. März wird sie vom Bischof geweiht, schnell soll der Bau einer
steinernen Kirche folgen. Bei der Grundsteinlegung am 9. September
wird Hubmaiers Name in den Stein graviert.

Auch an den so schnell berühmt gewordenen Kirchenkritiker Luther wenden sich die Vertriebenen. Sie schicken ihm sein eigenes
Kirchenlied «Aus tiefer Not schrei ich zu dir», geschrieben in hebräischen Buchstaben, aber ihr Schicksal scheint ihn weniger zu interessieren als das Interesse der Juden an ihm. «Ita placuit ipsis Lutherus»[6],
notiert sein Jünger Johannes Mathesius 1540, so sehr hat ihnen Luther
gefallen.

Dafür ergrimmt ihn der Mummenschanz, den zu bekämpfen er
doch ausgezogen ist, der aber in Regensburg wie an anderen Orten
aufs Neue erblüht. «Wenn ein solcher Wallfahrtszug nächtlicher Wei-
le mit Sang und Klang durch die Dörfer zog, so sprangen die Weiber
auf, und schlossen sich nicht selten im bloßen Nachtgewande demselben an … In grotesken Gestalten, wie nackte Wilde, mit der Heugabel,
mit dem Rechen oder mit einer Sense, die Weiber mit dem Melkfaß
in der Hand, kamen viele nach Regensburg. Man hielt sie zum Theil
für wahnsinnig, oder bezaubert.»[7] Bereits in seinem Sendschreiben
«An den Christlichen Adel teutscher Nation», das Anfang August 1520
erschien, wettert Luther gegen die neu aufgekommene Wallfahrerei
und wünscht sich, dass die behelfsmäßig errichteten Kapellen gleich
wieder dem Erdboden gleichgemacht würden: «Das die wilden Ca-
pellen und feltkirchen wurden zu poden vorstoret, als da sein, da die
newen walfarten hyn gahen, Welsznacht [Wilsnack], Sternberg, Trier,
das Grymtal [Grimmtal] und itzt Regenspurg, unnd der antzal viel
mehr.»[8]

Der religiöse Wahn ist in schönster Blüte, die Heilserwartung aber
auch. Im brandenburgischen Wilsnack soll sich 1383 ein «Blutwunder»

ereignet haben: Ein «Tropfen wie von Blut» sei aus drei Hostien ausgetreten, die das Niederbrennen der Kirche durch einen Raubritter
überstanden hatten. Jan Hus hatte 1405 in Prag gegen die Verehrung
des Heiligen Blutes mit der Begründung gepredigt, Christus habe
bei seiner Himmelfahrt nichts zurückgelassen. Auch Aufklärer wie
Nikolaus von Kues wandten sich zunächst dagegen, als jedoch mehrere Päpste das Wunder bestätigten und die Wallfahrt auch noch mit
Ablässen auszeichneten, war kein Halten mehr. Wilsnack entwickelte
sich zu einem der bedeutendsten Pilgerziele in ganz Europa. Regensburg aber übertraf alles an religiöser Raserei.

Die Pilger fallen vor der Statue und dem Bild nieder, umarmen
es, erstarren in religiöser Ekstase, reden in Stimmen. Rauschhaft
reißen sie sich die Kleider vom Leib, tanzen und springen wie nicht
gescheit. Berichten zufolge schrien manche wie Vieh. Ein Holzschnitt
des Altdorfer-Schülers Michael Ostendorfer zeigt den Wahn, der
die Frommen ergriffen hat: Während die einen geordnet unter einer
Fahne zur noch hölzernen Kapelle ziehen, umklammern andere die
Mariensäule, eine junge Mutter nährt ihr Kind, ein größeres scheint
nach einer Lähmung wieder zu laufen; mehrere Menschen liegen wie
tot ausgestreckt am Boden. Maria soll helfen aus tiefer Not, aber «das
die menschen tobend on vornunfft mit hauffenn wie das fihe lauffen»,
wird Martin Luther zu viel, «wilchs nit muglich ist ausz got sein»[9],
das kann unmöglich von Gott kommen. Noch bedenklicher ist, für
die Obrigkeit außerhalb Regensburgs jedenfalls, dass das Gesinde
massenhaft revoltiert: Zu Hunderten verlassen Mägde und Knechte
Haus und Hof. Für sie ist das Ende so nahe, dass es keine irdische
Herrschaft mehr geben kann.

Albrecht Dürer sieht in Regensburg ein «gespenst», das sich «widr
dy heilig geschrift» erhoben habe und gegen alle Vernunft und nur
des Geldes wegen, «czeitlichs nutz halben nit abgestelt» werde.[10] Aber
bei aller gutgläubigen Gewinnsucht soll die Pilgerei auch der Triumph
über die Juden sein, und nicht nur über die vielleicht fünfhundert, die
man vertrieb, sondern über das ganze ununterbrochen als schädlich

1519, nach der Vertreibung der Juden, beginnt die Wallfahrt zur Schönen Madonna von Regensburg. Michael Ostendorfer zeigt das wahnsinnige Treiben in einem Holzschnitt.

und geldgierig geschmähte Volk. Hinter den Pilgern erheben sich auf Ostendorfers Holzschnitt die Ruinen der noch nicht vollständig abgetragenen Synagoge. Aus den Ruinen blüht nicht neues Leben, sondern das stärkere. Dazu wird das schwächere restlos ausgemerzt. Die ganze Stadt, die Ratsherren eingeschlossen, hat Hand angelegt bei der Zerstörung der Synagoge. Der Rausch ist in Regensburg noch nicht zu Ende. Dreihundert der vornehmsten Frauen wallfahrten zur Madonna und zerstören bei dieser Gelegenheit den Judenfriedhof. Die Gedenksteine werden umgeworfen, Gräber geöffnet, angeblich sogar Tote ausgegraben. Der Schultheiß Schmaller wird hingerichtet, weil man ihm vorwirft, er habe «sich bei seinen Verhandlungen mit dem Kaiser von den Juden bestechen lassen»[11]. Ende 1520 bricht die Pest aus und fordert Hunderte von Opfern unter den Pilgern und den Einheimischen, aber das irrsinnige Treiben geht weiter.

Ein Unglück hilft beim frommen Werk. Der Steinmetz Jacob Kern stürzt beim Abbruch der Synagoge von einem losen Balken – die Juden! –, wird unter Tonnen Gesteins begraben und nach Anrufung der Madonna wundersam gerettet. Im Laufe des Jahres stirbt Kern dann doch, aber das ficht niemanden mehr an. Ein Wunder ist geschehen, und bewirkt hat es die «Schöne Madonna». Die Legende der Regensburger Jüdischen Gemeinde weiß von einem Brief aus Jerusalem, in dem Mitte des 1. Jahrhunderts von der Hinrichtung eines Mannes berichtet wurde, der sich für den Messias hielt. Das Dokument soll belegen, dass zumindest die Regensburger Juden nicht die Christusmörder sind, als die sie überall im christlichen Abendland verteufelt werden. In der Hetzpropaganda Hubmaiers und anderer wird daraus eine Verspottung von Jesu Opfertod, und so findet der Brief neben einer Marienplastik Eingang in einen didaktischen Parcours vor der neu errichteten Gnadenkapelle. Die Juden, sie hatten die göttliche Jungfrau geschmäht, verkündet Hubmaier, jetzt triumphiere sie an selber Stelle, nämlich dort, wo vorher die Juden ihre Gottesdienste abhielten. Die Wallfahrt beginnt.

Wallfahrten sind das große Geschäft in einer verzweifelt mobilen

Welt, und nicht zufällig erreichen sie einen überhitzten Höhepunkt, als Luther die Kirchen mit eisernem Besen von allem Mummenschanz zu befreien verspricht. 1517, im Jahr des Thesenanschlags, entsteht auch der Umgang der Gnadenkapelle in Altötting, an dem bis heute an Hunderten von Votivtafeln das Leid der Welt und die Hoffnung auf Linderung oder sogar Befreiung davon abzulesen ist. Es gibt zwar keine Garantie für das Seelenheil, aber doch Angebote, wenigstens eine Teilerlösung zu erwerben. Wunder befördern das Geschäft. Bereits am 2. Juni 1519, im Monat, da Karl V. zum Nachfolger Maximilians gewählt wird, ist in Regensburg ein Ablass über hundert Tage zu haben, ausgefertigt von fünfundzwanzig Kardinälen; Altdorfer hat die Bulle dazu kalligraphiert. In der Kapelle wird auf dem Marmoraltar ein Andachtsbild Marias aufgestellt. Altdorfer hat es in jenem byzantinischen Stil «nach der Pildnus als sy. Lucas der Evangelist gemalt»[12], wie Hubmaier betont. Ein farbiger Holzschnitt wird dank der Pilger in ganz Deutschland verbreitet. Selbst die Fahne, die aus dem Turm der Kapelle zur Schönen Madonna weht, vergisst Altdorfer nicht. Maria, da besteht für Hubmaier, für die Stadt Regensburg und dann für die rasch einströmenden Wallfahrer kein Zweifel, ist nicht nur die Schutzpatronin der Judenvertreibung, sie sticht auch durch ihr Zuhilfekommen in anderen Angelegenheiten heraus. Sie hilft bei Dämonenaustreibungen, sie heilt Bresthafte, sie sorgt für glückliche Geburten und einen seligen Tod. In diesem Regensburg, in dem von einem Tag auf den anderen keine Juden mehr leben, kulminiert der ganze zeitgenössische religiöse Wahn mit seinen Hysterien, die schließlich sogar den Anstifter und Dauerbrandredner Hubmaier nachdenklich werden lassen, allerdings erst, als er sich nach seiner reformatorischen Bekehrung Rechenschaft über sein Tun ablegt.

Vorderhand wird er in Liedern gefeiert als der Mann, der den Volkswillen gegen die Obrigkeit und die Juden exekutiert und der allgemeinen Wundersucht nachgeholfen hat.

Die Wallfahrt zur Schönen Madonna hat sich zu einem sagenhaften Konjunkturprogramm entwickelt. Der Stadtrat bringt Mirakelbü-

cher heraus, in denen – von Hubmaier beglaubigt – all die Wunder
verzeichnet sind, die sich rund um die Gnadenmadonna ereignet
haben; innerhalb von drei Jahren kommen siebenhunderteinund-
dreißig zusammen. Zwei Handwerker, die Zweifel äußern, werden
geblendet. 1519 werden 12 602 Plaketten, 1520 schon 118 961 Plaketten
verkauft, die belegen, dass die frommen Waller bei der Schönen Maria
waren. Auf dem Wallfahrtszeichen steht «Amica Mea / to[ta] pulchra
es 1519», meine Freundin, du bist wunderbar schön. Zwischen 1519
und 1525 werden in der Kapelle, davor und dann in der behelfsmäßig
geweihten Kirche «an die 50 000 Messen gelesen»[13]. Die Einnahmen
(kameralistisch als das «Gefälle» ausgewiesen) sollten ausschließlich
den Bau der steinernen Kirche finanzieren, sie dienen aber nicht zuletzt der Sanierung des städtischen Haushalts. Zwischen 1519 und 1525
werden 24 339 Gulden an Bargeld sowie 30 774 Gulden durch den Ver-
kauf von Opfergaben eingenommen.[14] Über die Aufteilung des Geldes,
das die Stadt für sich beansprucht, kommt es zum Streit mit dem Bischof.

Im Dezember 1519 braucht der Reichshauptmann Thomas Fuchs,
Sachwalter des Kaisers in Regensburg, eine Rechtsauskunft und wendet sich dafür an Martin Luther. Wie er ihn erinnert, habe er «ver-
rukten [vergangenen] Jahrs in euern Sachen zu Augsburg gegen dem
Cardinal, euerm Widertheil, mit Vleis euch zu Gutem gehandelt»[15].
Jetzt möchte er wissen, ob es statthaft sei, dass der Regensburger Bischof von den Opfergaben, die durch die Pilger als Einnahmen in
die verarmte Stadt gelangen, ein Drittel beansprucht. So nämlich hat
der Papst entschieden und damit für den Bischof ein eigenes Recht
gesetzt, woran Luther zunächst gar nicht rütteln mag. «Ob er aber
das Macht hab zu setzen, laß ich ihn verantworten»; er zweifelt dennoch: «Es siehet dem Eigennutz fast gleich.»[16] Luther hat die Kirche
noch keineswegs vollständig aufgegeben, er will ihr weiter gehorchen,
mit der bemerkenswerten *reservatio* allerdings, dass Christus Duld-
samkeit auch bei Unrecht gepredigt habe. «Doch wir schuldig sein,
Gewalt, auch Unrecht zu leiden.»[17] Im Zweifel neigt er selber zum

Märtyrertum, hier aber wünscht er sich, dass die Parteien sich gütlich einigen.

Schon wenige Monate später, in der Adelsschrift, kennt er kein Pardon mehr und droht im apokalyptischen Predigerton den Männern, die Wunderkult und Wallfahrtsgeschäft zu verantworten haben: «O wie schwer, elend rechenschafft werden die Bischoff mussen geben, die solchs teuffels gespenst zulassen und geniesz davon empfangen! Sie solten die erstenn sein, dasselb zuweeren, szo meynen sie, es sey gotlich, heylig ding, sehen nit, das der teuffel solchs treybt, denn geytz zustercken, falsche, ertichte glaubenn aufftzurichten, pfarr kirchen zuschwechen, tabernenn und hurerey zumehren, unnutz gelt und erbeyt vorlieren, und nur das arm volck mit der naszen umb furen.» Wieder einmal, wie könnte es anders sein, steckt der Teufel dahinter. Der Schriftgelehrte von der Universität Wittenberg bleibt seinem Thema treu: «Hetten sie die schrifft szo wol geleszenn als das vordampt geystlich gesetz, sie wisten den sachen wol zuradten»[18], wenn sie statt der kirchlichen Regeln, er nennt sie «verdammt», die Schrift gelesen hätten, wüssten sie, welchem Hokuspokus sie da aufsitzen.

Alles Überirdische, alles Quasigöttliche, das der Heiligen Jungfrau in den Jahrzehnten zuvor zugewachsen ist, lehnt Luther ab. Sie ist für ihn zwar die Gottesmutter, doch sei sie ausschließlich von dieser Welt. Ihre Verherrlichung als Gnadenmadonna, als «ein konigyn der hymel», widerspricht seinem göttlichen Verständnis, das ihm innige Nähe allein zu Christus erlaubt. Maria dürfe keine «abtgottin» sein, «das sie geben odder helffen muge, wie etliche meynen, die mehr zu yhr denn zu got ruffen und zuflucht haben»[19]. Alles Wallfahrten, alles Anbeten, erst recht in der ekstatischen Ausprägung, wie in Regensburg vorgeführt, könne nur falsch sein. «Sie gibt nichts, szondern allein got.»[20] Sein Jünger Dürer sieht es nicht anders: «Gott helff vns, das wir sein werde muter nit also unern»[21], dass wir seine edle Mutter nicht genauso entehren.

Das kaiserlose Interregnum geht zu Ende, die Hysterie flaut wieder ab. Die Juden verklagen die Stadt Regensburg. Die Stadt wird dazu verurteilt, den Juden ihr Hab und Gut zu restituieren. Zur Verteidigung behauptet die Stadt, dass die Juden den wirtschaftlichen Ruin Regensburgs herbeigeführt hätten. Auf dem Reichstag in Worms zwei Jahre später erklärt Karl V. «die Juedischait» zum Eigentum des Heiligen Römischen Reiches, dem es «zügehörig und verwandt» sei. Trotzdem und also widerrechtlich seien die Regensburger Juden «angegriffen, gewaltigclich geürläubt und ausgetriben» worden, «damit das Hl. Reich an seinem aigentumb, auch uns und unsern lieben Prüedern als Erzherzogen zü Österreich an unser phandtschaft belaidigt».[22] Auch Karl war deswegen noch lange kein Freund der Juden, aber hier war in einem Augenblick, da er in die Herrschaft seines Großvaters als Sachwalter der Reichsidee eingetreten war, dieses Privileg eklatant verletzt worden. Der Kaiser setzt die Vertriebenen damit wieder ins Recht, und wie üblich wird der Ausgleich über Geld geregelt. Die Stadt hat fortan die entfallende Judensteuer an den Kaiser zu entrichten. 1532 kommt sie der Verpflichtung nach, indem sie das Zwanzigfache auf einmal bezahlt. Der Chronist weiß, wie der Geldkreislauf weiterging: «Also begerten die von regenspurg an ire pfaffen, daß sie in auch ain steur daran geben, nachdem sie doch söllichs ain ursach weren.»[23] Die «Ausschaffung» der Juden war eine christliche Gräueltat, die sich für die frommen Regensburger am Ende auch noch als schlechtes Geschäft erwies.

Noch einmal erreicht Luther eine Bitte aus Regensburg. In der Stadt, die so stark vom katholischen Klerus beherrscht wird, findet die reformatorische Konfession immer mehr Anhänger. 1523 wenden sich Bürgermeister und Rat an Luther mit der Frage, ob ein evangelischer Prediger angestellt werden solle. Luther rät zu und weiß nach seiner Art über den neumodischen Aberglauben zu spotten: «Nü hore ich, es lige fast das ym wege, das die schone Maria nicht leyden will, so man sie antastet vnd doch das Euangeli nicht kan schon werden, die schone Maria werde denn heßlich»[24], wenn sie nicht erst hässlich werde, die Schöne Maria, könne es ohnehin nichts werden in Regensburg. Aber wenn er bei ihnen tatsächlich so viel gelte, wie sie in ihrem Anschreiben behaupteten, dann sei er, Martin Luther, gern bereit, den Nachweis zu erbringen, «das der teuffel, nach dem die Juden vertrieben sind, sich selbs an yhre statt gesetzt vnd durch den hochgelobten namen Maria falsche zeychen thutt vnd euch sampt vielen andern betrugt»[25]. Er hat also seine dialektische Schulung nicht ganz vergessen. Da der Teufel sein Unwesen immer und überall treibt, liegt für seinen Entlarver nichts näher, als dass er, dieser Teufel, sich jetzt auch noch an die Stelle der Juden gesetzt habe. Wie wäre es auch anders zu erklären, dass in Regensburg die Lahmen wieder laufen können und, noch schlimmer, dass das Gesinde in Süddeutschland den gebotenen Gehorsam aufsagt und einfach abhaut. «Auch ist das eyn gewiß zeychen des teuffels, das die leutt so schwinde zu lauffen, als die vnsynnigen, so doch der heylige geyst eyn geyst des radts ist, der nicht so vngestüm feret, auch nicht leret gesind dem herrn entlauffen, sondern gehorsam hallten.»[26]

Da Luther nämlich weiß, wie wichtig der Gehorsam ist, den er gerade als Rebell der Obrigkeit schuldet, will er seine Revolution nicht schon im ersten Morgenrot ersticken. Balthasar Hubmaier weiß es nicht, sein weiteres Leben spiegelt die Wirren der Reformationsjahre. Der Marienverehrer geht als Prediger in das habsburgische Waldshut, kehrt wegen einer neuen Stelle kurz nach Regensburg zurück, wo er auf eine Pfründe hofft, sucht Erasmus auf, um sich in der Verunsicherung Rat zu holen, beginnt zustimmend Luther zu lesen, wendet sich zu den Reformierten nach Zürich und zerstreitet sich mit dem dortigen Anführer Huldrych Zwingli über die rechte Lehre. Anfang 1525, noch vor Luther, heiratet er. Hubmaier gerät in Verdacht, die Bauern aufzuwiegeln, die in Südwestdeutschland bereits unruhig werden. Johannes Eck, sein alter Lehrer, nennt ihn einen Ketzer, Hubmaier wendet sich gegen Eck und schließt sich der Reformation so gründlich an, dass er die Regensburger Idolatrie nachträglich als Götzendienst verdammen muss. Allerdings bleibt er davon überzeugt, mit seinen antijüdischen Hetzreden «das Richtige und Gott Wohlgefällige getan»[27] zu haben. In seiner «kurtzen entschuldigung», mit der

er seine neue Lehre erläutert, wendet er sich 1526 gegen seine «miß-
gönner» und bestreitet, ein Anhänger Luthers zu sein. Christus sei
«für unns crutzigt worden und nit Luter»[28], der wiederum seufzt 1528
in einem Sendschreiben «an zween Pfarherrn»: «Wir hie ynn unsers
fursten landen haben noch nichts von dem geschmeis solcher prediger», und er meint niemand anderen als den «Baltzar Huebmohr»,
der sich zunächst doch auf ihn berufen hatte, «Gott sey lob und danck
ynn ewickeit»[29]. Das «Geschmeiß» ist für Luthers Verhältnisse sogar
noch eine milde Beschimpfung, aber so geht der Ketzer selber mit
vermeintlichen Renegaten um. Hubmaier ist davon nicht zu beeindrucken, sondern geht seinerseits entschlossen den Weg der Ketzerei,
allerdings ohne den Schutz eines Fürsten. Er lässt sich zusammen mit
seiner Frau in Zürich taufen, muss fliehen und siedelt sich in Mähren
an, wo er eine verschworene Gemeinde um sich schart. 1528 wird er
schließlich nach Wien ausgeliefert und am Ende seines Prozesses als
Ketzer verbrannt. Seiner Frau legen sie nach dem Bibelwort einen
Mühlstein um den Hals und ertränken sie in der Donau. «Die warhayt
ist vntödtlich», hatte Hubmaier seiner Waldshuter Gemeinde gepredigt, nicht umzubringen sei die Wahrheit.

Altdorfers Schüler Ostendorfer hatte 1521 eine Präsentierzeichnung für
die geplante Wallfahrtskirche angefertigt, die dann der Architekt Hans
Hieber ausführen sollte, der bereits an der Fugger-Grablege in Augsburg beteiligt war. 1540 wurde die Steinkirche geweiht, aus Geldmangel
sollte sie jedoch nie die vorgesehenen Dimensionen erreichen. Nachdem sich Ostendorfer 1538 zum protestantischen Glauben bekannt hat,
malt er 1554/55 den Reformationsaltar für die Marienkirche, die jetzt
Neupfarrkirche heißt. In der Mitte ist Gott als Herrscher zu sehen,
und auf dem unter ihm nach links und rechts ausgebreiteten Banner
steht mit Nachweis der Bibelstellen: «Diß ist mein Lieber Son. Den
solt ich horen. Luc C. 9». Und darunter: «Thut Busse und glaubt dem
Euangelio. 2 Mar 1». Auf der Rückseite des Altars ist ein Jüngstes Gericht abgebildet, an dem die Büßer vorbeiziehen müssen. Unter jenen,

die in die Hölle verdammt sind, befindet sich auch ein Papst, in der Hand eine Bulle. Die Wallfahrt kommt aber bereits 1525 vollständig zum Erliegen.

Regensburg wird zwar nie protestantisch – das verhindert schon der regelmäßig in der Stadt tagende Reichstag als wichtiger Wirtschaftsfaktor –, aber der Kult um die «Schöne Madonna» wird wie eine peinliche Entgleisung abgeschüttelt. Mehr als zweihundert Jahre später, 1747, behauptete der Stadtpfarrer Johann Anton Götz allerdings, das Gnadenbild wiedergefunden zu haben. Es befand sich mittlerweile in der Kirche St. Kassian und wurde in ähnlicher, nun gegenreformatorischer Eile, zum Ziel einer neuen Wallfahrtshysterie. Die reichlich einlaufenden Spenden erlaubten es, den großen Rokokokünstler Gottfried Bernhard Göz mit einer Vergegenwärtigung der Legende von der Schönen Maria zu beauftragen. Göz malte der Kirche ein Deckengemälde, auf dem vor ihrer eigenen Bildsäule, beschriftet mit der korrekten Jahreszahl MDXIX, die leibhaftige Madonna als Retterin der Stadt Regensburg erscheint. Mit der linken Hand entreißt sie den stürzenden Steinmetz der Gefahr, mit der rechten wiederholt sie die Judenaustreibung. Ikonographisch ist das Fresko an die klassische Mariendarstellung angelehnt, nur dass die Heilige Jungfrau hier statt den Kopf der Schlange den Juden zertritt, der bereits das Messer gezückt hatte, um den Ritualmord an einem Knaben zu vollziehen. Zu seinen Füßen liegen mehrere tote Kinder. Bei Ostendorfer bildete die zerstörte Synagoge den Hintergrund, hier sind es die Juden, die Regensburg über die Steinerne Brücke verlassen. Für den schlichteren Hausverstand quellen rechts aus einem geplatzten Geldsack die Goldstücke, auf einem anderen steht die Zahl tausend. Sechzehnhundert Gulden erhielt Göz für seine Fresken von St. Kassian, weniger als beispielsweise für sein ungleich berühmteres Werk, die Wallfahrtskirche Birnau.[30] Das ist kein mittelalterlicher Antijudaismus, auch nicht der Luthers, sondern in schönstem Rokoko ein Abbild der gnadenlosen Judenfeindschaft im Jahrhundert der Aufklärung.

ZWÖLFTES KAPITEL

Deutschland braucht einen Kaiser

D er Imperator macht auf die Zeitgenossen in Augsburg bereits einen elendiglichen Eindruck und tut nichts, um dem entgegenzutreten. Genau wie alle seine Zeitgenossen, ob Hoch oder Nieder, fürchtet er das Ende. Der Humanist Georg Tannstetter, Rektor der Wiener Universität und sein Leibarzt, hatte versucht, gegen die Weissagerei, auch die eigene, anzuschreiben, und den Kaiser womöglich erst recht beunruhigt. Als Maximilian von Innsbruck aus nach Augsburg zu seinem letzten Reichstag aufbricht, sieht er bei Kaufbeuren genau jene ringförmige Sonnenfinsternis, die er aus der sechs Jahre alten Weissagung Tannstetters kennt. In Jahren mit ungewöhnlichen Himmelsphänomenen könne sich eine Krankheit lebensbedrohlich auswirken, hatte der astrologische Astronom erläutert. Das Ende ist nahe.

Seit längerem führt Maximilian als Selbstermahnung einen Sarg mit sich, in dem er verschiedene geheime Dokumente birgt.[1] Er nennt ihn seinen «Schatz» – es ist fast der einzige Besitz, der ihm geblieben ist. Vom letzten Augsburger Reichstag zieht er fort in seine Regierungshauptstadt Innsbruck, wo man dem Tross Unterkunft und Verpflegung verweigert. Von früheren Aufenthalten nämlich schuldete der Kaiser den Innsbrucker Wirtsleuten insgesamt zweiundzwanzigtausend Gulden.[2] Die Rechnung der Innsbrucker, denen er doch das prächtigste Grabmal seit der Zeit der Pyramiden zugedacht hatte, sein eigenes, bedeutet eine schlimme Demütigung, doch ist das nichts gemessen an dem Zustand, in dem sich die Staatsfinanzen insgesamt befinden. Der Kassensturz nach seinem Tod wird eine Negativbilanz von sechs Millionen Gulden aufweisen, so viel, wie seine österreichischen Erblande dem Kaiser in allenfalls zehn Jahren eingebracht hätten.[3] Noch den ganzen Herbst über verhandelt er mit der Kurie in Rom, ob man ihm die Krone nicht vielleicht in Trient aufsetzen könne, am südlichen Rand seines Herrschaftsgebietes, aber Rom besteht auf dem überlieferten Schauplatz, der Stadt der römischen Kaiser und ihrer Nachfolger, der Päpste. «Romam ipsam solii nostri antiquum domicilium», seit alters ist Rom die Heimstatt unseres Throns, sagt auch Maximilian, doch reicht dafür seine militärische Streitmacht weder finanziell noch personell aus. Die Kurie hält ihn hin, lässt seine Gesandten warten, verlangt mehr Bedenkzeit. Trotz seines sich beständig verschlechternden Gesundheitszustandes ist der große Plänemacher zwischendurch entschlossen, nach Frankfurt zu reiten und seinen Enkel gleich mit krönen zu lassen. Niccolò Machiavelli, der 1508 in Trient Zeuge seiner Selbsterhöhung zum «Erwählten Römischen Kaiser» war, meint im «Principe», Maximilian sei einerseits verschlossen und frage niemanden um Rat, sei aber andererseits, wenn er mit seinen Plänen auf Widerstand stoße, allzu leicht beeinflussbar. «Daher kommt es, daß er die Dinge, die er heute schafft, morgen wieder zerstört und daß niemand weiß, was er will und was er zu tun beabsichtigt.»[4]

Doch für Frankfurt fehlen ihm die Kräfte; er muss sein größtes Ziel aufgeben. Auf der Weiterreise nach Wien fällt dem Kaiser wieder ein, dass er am Mondsee auf dem Falkenstein eine Grabeskirche, betreut von den St.-Georgs-Rittern, errichten wollte. Chorknaben sollten Tag und Nacht den Psalter zu seinen Ehren singen. Deshalb muss noch schnell ein für ein Mausoleum geeignetes Gelände besichtigt werden, hoch oben auf dem Berg und nicht weit von Salzburg, doch auch dieses Stück Land hat er des Geldes wegen verpachtet. Der Kaiser erkältet sich.

Schlaflos verbringt er die letzten Nächte in seiner Burg in Wels, empfängt bei Tag, weil er das Plänemachen doch nicht lassen kann,

Gesandte aus England. Aus der habsburgischen Genealogie, die als sein zweites Lebenswerk viel weiter gediehen ist als seine ausgreifenden politischen Pläne, lässt er sich die Biographien der Heiligen und Seligen unter seinen fast wahren und erdichteten Vorfahren vorlesen. Er verkühlt sich ein weiteres Mal. Seine Ärzte werden aus Wien und Innsbruck auf die Burg gerufen, aber an dem zerwirkten und erschöpften Körper können sie nichts mehr ausrichten. Koliken plagen ihn, ein grausamer Durchfall, der Leib verfärbt sich in Gelbsucht, wird nach dem Tod ganz schwarz. Fünf Wochen zuvor ist noch eine Rechnung für «gesundt yndianisch holtz» als Kur gegen die bösen neuartigen «plattern» durchs kaiserliche Kassenamt gelaufen.[5] Am 12. Januar 1519 stirbt er, offenkundig erschöpft an Leib und Seele. Der «glockendon» war geschlagen.

Maximilian hatte verfügt, dass er nicht als Kaiser, sondern als armer Sünder sterbe. Deshalb wird ihm nach dem Exitus sogleich das Haar abgeschnitten, die restlichen Zähne werden ihm ausgerissen, der Körper gegeißelt, denn als Büßer, bar jeder irdischen Verzierung, will er vor seinem Schöpfer erscheinen und um ein gnädiges Urteil bitten. Ein unbekannter Maler wird mit dem letzten Bild beauftragt: Es zeigt den Toten mit einer unritterlichen, aber auffallend roten Kappe nackt unter einem weißen Damast- und einem schwarzen Bahrtuch. Es ist das erste gemalte Bildnis eines Toten, ein Memento mori vor allem für die Lebenden. Zwei Tage wird Maximilian so in Wels aufgebahrt, ein weiteres mittelalterliches Schauer- und Andachtsbild. Anschließend wird er mit Kalk und Asche überschüttet («Staub bist du, und zu Staub sollst du zurückkehren») und, nun wenigstens im verschlossenen Sarg, dem nämlichen, der ihn so lang schon begleitet hatte, im Wiener Stephansdom aufgestellt. Beerdigt wird er in Wiener Neustadt unter der linken Seite des Hochaltars, sodass ihn, so der Wunsch des Verstorbenen, der Priester bei der Verlesung des Evangeliums zur Buße täglich mit Füßen trete.[6]

Die Hinterbliebenen bestellen Trauerkleidung bei den Fuggern in Augsburg, die einmal als Weber begonnen hatten, aber schon dafür

Kaiser Maximilian will dem Schöpfer als armer Sünder entgegentreten, lediglich ein weißes Damast- und
ein schwarzes Bahrtuch bedecken den Verstorbenen.
Ein Memento mori, wie es zuvor keines gegeben hat.

fehlt das Geld. Der Kaiser muss auf Kredit begraben werden. Es ist
weniger als nichts da, weshalb ihn sein Gesinde nach seinem Hin-
scheiden auch nicht mehr um sein letztes Geld bringen kann; der
Hofstaat muss sich an bewegliche Güter, an mehr oder weniger große
Kleinodien halten. Der Universalkaiser, der noch fünf Monate vorher
in Augsburg ein letztes Mal in die Kasse der Fugger, die ihn wie üblich
großzügig beherbergt hatten, gegriffen hatte, um mit dem geliehenen
Geld seine Kurfürsten zu beschmeicheln und huldvollst zu bestechen,

damit sie seinen niederländisch-burgundisch-spanischen Enkel zu seinem Nachfolger als deutscher Kaiser wählen möchten, der Kaiser, der unermüdlich an seinen Weltreichplänen gearbeitet hatte, war mitten in der größten Krise Europas gestorben.

Wie es der Zufall wollte, befinden sich Albrecht und Friedrich, Kurfürst der eine, Kardinal und Primas der andere und Kurfürst ohnehin, gemeinsam auf einer Jagd, als sie die Nachricht von Maximilians Tod erhalten. Am 17. Januar haben sie noch ahnungslos den Geburtstag des Gastgebers begangen, den sie mit einer feierlichen Messe in der Torgauer Schlosskirche zelebrierten, Friedrichs zweiter Residenz. Zwischen Torgau und Lochau erleben sie dann eine Himmelserscheinung: «Zu mittag am hymel drey Sunen zbischen zbayer regenpogn und den dritten regenpogn dar ob», am hellen Mittag waren zwischen zwei Regenbogen drei Sonnen erschienen, die Georg Spalatin als Berater und festangestellter Sterngucker sogleich als jene drei Könige deutete, die «um das römische Reich nach tödtlichem Abgang buhleten, als nemlich Hispanien, Frankreich und Engelland». Der Tod des mächtigen, allgegenwärtigen Kaisers wirkt wie ein Schock. Dass Maximilian plötzlich nicht mehr da sein sollte, erscheint allen unvorstellbar, deshalb können die beiden Fürsten in Spalatins Erzählung auch halluzinieren, was niemand außer ihnen sehen kann. Und damit dieses Himmelszeichen auch nicht missverstanden werde, kann Spalatin noch davon berichten, wie die beiden Kurfürsten brüderlich zusammenstehend einen Zaunkönig beobachten, der ins Zimmer geflogen kommt und dann wieder davonschwirrt: «Welchs bei diesem Churfürsten ... Friderichen ... fast diese Deutung hätt, daß röm. kaiserliche Mat. [Majestät] ihren Kopf gelegt hätten.»[7] Der Vogelflug kündigte präzise an, dass nunmehr die Seele den Körper des Kaisers verlassen hatte.

Friedrich ordnet für alle Pfarrämter und Klöster in Sachsen Totenfeiern an; die Gläubigen müssen für das Seelenheil des Verstorbenen beten. Der Kurfürst trägt Trauerkleidung und lässt in den Kirchen alle Bilder und Altäre mit schwarzen Tüchern verhängen. Während

die Regensburger eifrig damit beschäftigt sind, die Juden aus der Stadt
zu treiben und ihre Synagoge zu zerstören, setzt der Wahlkampf um
die Nachfolge wieder ein. Die Botschafter reisen durch Deutschland,
fragen jeden einzelnen Kurfürsten nach seinem Preis, reportieren ihn
sogleich nach Madrid, Rom und Paris, bestechen Bischöfe, Kanzlisten,
Schreiber, Söldnerführer, Stadtschreiber und Pferdeknechte und sorgen dafür, dass der hispanisierte Carlos in freier und geheimer Wahl
deutscher Kaiser wird.

Die Kaiserwahl von 1519 ist auch deswegen in die Geschichte eingegangen, weil sie so teuer und vor allem weil sie gekauft war. In dieser Zeit der ärgsten religiösen Verzweiflung, als die Pforten der Hölle
offen standen und der Teufel jederzeit jedermann und jede Frau zu
holen drohte, wird das Geld angebetet wie nie zuvor und nie mehr
nachher. Geld hatte Papst Leo wie schon seinen Vorgängern ins Amt
geholfen, warum nicht auch dem Kaiser?

Bares Geld kann der Papst nicht offerieren, nicht direkt jedenfalls,
dafür aber Ämter und Titel. Als Chef der Medici-Bank stehen ihm
auch recht irdische Mittel zur Verfügung. Dabei kommt es zu Geschäften, von denen dem Zweifler Martin Luther nicht mal in seinen
schlimmsten Albträumen schwant. In einem Vertrag vom 31. Dezember 1518 verpflichtet sich Franz I., aus dem Geld, das ihm durch den
Kreuzzugszehnten zugewachsen ist, innerhalb von vier Jahren einhunderttausend Dukaten weiterzureichen. Diese Sondersteuer wurde
in Frankreich erhoben, ohne dass je die Absicht bestand, tatsächlich
einen Kreuzzug zu unternehmen. Selbst der für seine grundlegende
und grundkatholische «Geschichte der Päpste seit dem Ausgang des
Mittelalters» geadelte österreichische Historiker Ludwig von Pastor
kann hier nicht anders, als von einem «schmählichen Mißbrauch mit
den für den Türkenkrieg gesammelten Geldern» zu sprechen. «Für
geleistete Dienste»[8] erhält auch Lorenzo di Piero de' Medici, der Neffe
des Papstes und sein Statthalter in Florenz, vom französischen König
am letzten Tag des Jahres 1518 seinen Anteil.

Bereits elf Tage nach Maximilians Tod, am 23. Januar, als Karl in

Spanien noch gar nichts von seinen kaiserlichen Aussichten wissen kann, schreibt Kardinal Giulio de' Medici an Kardinal Cajetan, der inzwischen von der Luthersache erlöst, aber weiter mit den deutschen Angelegenheiten befasst ist. Die Wahl Karls bedeute nicht nur eine erhebliche Beeinträchtigung für den französischen König, sondern drohe zu einem großen Krieg zu führen: «Perchè, a nessun patto, Sua Santità vorria che questo Imperio pervenissi nel Catholico.»[9] Seine Heiligkeit der Papst, aber eben wie sein Cousin und wichtigster Kardinal vor allem ein Medici, werde auf keinen Fall zulassen, dass das Reich deutscher Nation an den «Katholiken», also an den spanischen König gehe, der es tatsächlich ist, nämlich katholisch und, anders als der Medici-Papst, fromm obendrein. Die Heiligkeit war als noch nicht mal Vierzigjähriger zum Papst gewählt worden, nicht weil ihn seine Ausbildung, gar seine Frömmigkeit dafür prädestiniert hätten, sondern weil seine Familie im Jahr 1513 die mächtigste in Italien war. Diese Macht musste mit allen Mitteln bewahrt und möglichst vermehrt werden. An der Religion und ihrer Auslegung interessierte Leo X. nur der Geldwert und wie der *in Romam* und vorzugsweise in seine private Kasse zu lenken war.

Als Luther an der Autorität des Papstes zu zweifeln beginnt, tut er das als Leser der Heiligen Schrift. Er weiß, wie stark das Ansehen der Kurie in den vorangegangenen Jahrzehnten gelitten hat, doch er weiß nichts davon, dass Rom beständig am Rande des Bankrotts balanciert und mehr nach Geld hungert als das Volk Israel nach dem Messias. Auch wenn die Reformationsgeschichte, schon beim Autobiographen Luther angefangen, großartig mit dem gewaltigen Kampf des kleinen Augustinermönchs gegen das allmächtige Rom anheben will, steht fest, dass sich Leo X. während seines Pontifikats um nichts weniger gekümmert hat als um diesen Ketzer. Es mag kränkend sein für die Anhänger der Luther-Legende, aber in den ganzen Monaten des Interregnums zwischen dem Ableben Maximilians bis zur Wahl Karls zum Kaiser fällt in der diplomatischen Korrespondenz des Papstes der Name Luther kein einziges Mal. Der Fall war ihm wenn nicht

gleichgültig, so doch trotz des für seine Kasse so bedrohlichen Po-
tenzials äußerst nachrangig. Die Verhinderung Karls, das Besänftigen
Spaniens, das Umschmeicheln Friedrichs, das Anstacheln des merkwürdig trägen Franz: Alles war wichtiger, als gegen den Mann vorzugehen, der wie noch keiner zuvor gewagt hatte, die päpstliche (und
nicht die mediceische) Autorität in Frage zu stellen. Der Erfolg der
protestantischen Revolution kam durch den diplomatischen Über-
eifer eines repräsentationssüchtigen Bankiers zustande, der nebenher
auch noch als Papst waltete.

Doch der Ort des Schauspiels ist Deutschland. Erst soll ein deutscher Kurfürst Kaiser werden, vorzugsweise Friedrich, notfalls auch
der von Brandenburg, als dritte Wahl käme der polnische König in
Frage, aber unter keinen Umständen der spanische. Dann, am 29. Januar, wünscht sich der Papst doch wieder Franz I., weil er keine andere
Möglichkeit sieht, Karl zu verhindern. Leo X. gibt es seinem Geschäftspartner Franz schriftlich, dass er dem Trierer Fürstbischof und jenem
von Köln den Kardinalshut versprechen dürfe für den Fall, dass sie sich
für den Franzosen entschieden. Der Trierer geht gern darauf ein; ein
bisschen Geld hilft auch hier. Friedrich lässt seine Kanzlei prüfen, ob
ein Ausländer überhaupt zum deutschen König gewählt werden könne.

Margarethe, die Statthalterin der Niederlande, versucht zusammen mit Matthäus Lang den Wünschen ihres verstorbenen Vaters
Maximilian zu entsprechen und ihren Neffen Karl zu installieren.
Die Verabredungen von Augsburg besitzen nur beschränkte Ver-
bindlichkeit; da die Zusagen, die Maximilian den Männern, die für
Karl stimmen wollten, gemacht hatte, geheim bleiben sollten, ließen
sie sich im Zweifel von keiner Seite einklagen. Die deutschen Fürsten
verhandeln und können durch Frankreichs Angebote ihre Forderungen steigern; von Karl erwarten sie, dass er seinerseits erhöht. Es fehlt
nicht an weiteren Bestechungsversuchen, Heiratsüberlegungen, Mit-
giftverhandlungen, Tauschangeboten und schlichten Versprechungen.
Zwischendurch kommt es zu kriegerischen Auseinandersetzungen:
Herzog Ulrich von Württemberg tötet in einer wenig höfischen Eifer-

suchtsgeschichte seinen Rivalen Hans von Hutten, einen entfernten Verwandten Ulrichs, und besetzt dabei Reutlingen. Ein Heer des Schwäbischen Bundes belagert ihn und treibt ihn in die Flucht; auch das muss bezahlt werden. Für Luther, für die Frage, wie mit diesem Häretiker weiter zu verfahren sei, bleibt da keine Zeit.

Wie schon im vergangenen Sommer spielt Friedrich von Sachsen, der sich in diesen Monaten den ihm wegen seines staatsmännischen Zauderns verliehenen Beinamen «der Weise» erwirbt, die entscheidende Rolle. Friedrich will sich auch jetzt von niemandem dreinreden lassen, er besteht auf der freien Wahl. «So wist ir auch», schreibt er dem Grafen Mansfeld, der den Auftrag hat, ihn für Karl einzunehmen, «das wir uns hievor in keine handlung, die uns an unser freien walh verhindern mocht, haben begeben wellen.» Friedrich verspricht gar nichts, sondern kündigt an, «nachmals bei derselben unser freien walh zu pleiben und unser gewissen in dem nit zu beswern, sonder gedenken uns durch gotliche hilf on einige bedingung oder vertrostung darinnen, wie einem getreuen churfursten des reichs seinen eiden und pflichten nach gezimbt und geburt, zu halten und zu erzeigen»[10]. Der Kurfürst, der hier so streng juristisch mit Eid, Proto-Verfassung (er beruft sich auf die Goldene Bulle) und freier und geheimer Wahl argumentiert, findet zugleich den Begriff, auf den sich Luther zwei Jahre später auf dem Reichstag in Worms vor dem Kaiser berufen wird. Friedrich besteht darauf, bei der freien unbeeinflussten Wahl bleiben zu dürfen und mit Zumutungen von außen sein Gewissen nicht zu belasten (*beswern*).

Wer soll es nun werden? Der Papst muss Franz, der sich in diesem fortgeschrittenen Stadium kaum mehr Hoffnung macht, immer wieder drängen, sich erkennbar zu bewerben. Die Unterstützung Roms sei ihm gewiss, doch erwarte der Papst dafür auch Unterstützung, wenn er sich mit dieser Parteinahme Spanien zum Feind machte. Franz zögert noch immer. In Rom breitet sich Verzweiflung wegen seiner Unentschlossenheit aus. Zuvor hatte er immerhin angedeutet, er sei bereit, die Hälfte seines Kapitals von angeblich drei Millionen Dukaten für die Bewerbung einzusetzen. Wieder wird an Friedrich appelliert. Wenn er nicht selber kandidiert, könne er doch für Franz stimmen. In beinah letzter Minute plant man in Rom einen juristischen Putsch. Wenn Friedrich neben der seinen noch zwei weitere Stimmen auf seine Seite ziehen könnte, dann würde der Vatikan den französischen König als mit drei Stimmen gewählt anerkennen: «Und so e. cf. g. vorther mocht zu irer stim 2 ander erlangen, so wolt sein Heilikeit fur e. cf. g. bestetung geben und e. cf. g. beifallen mit aller hulfe, so es der kunig von Frankreich nicht mocht anders seien etc.» In ihm, in Friedrich, habe er, lässt ihm der träge Franz ausrichten, einen väterlichen Freund gefunden, «ader alle ander fruntschaft, die der kunig mit andern curfursten hat, die hat er mussen teier keufen»[11], was ihr Verhältnis grundsätzlich von dem zu den anderen Kurfürsten unterscheide, deren Zustimmung er für teuer Geld habe kaufen müssen. Aber gut, umsonst ist der Tod, das weiß jeder, es sei denn, er wird über einen päpstlichen Ablass verrechnet.

Noch im Herbst 1517, als Luther seine Thesen verschickte, hat Albrecht von Brandenburg seinen Freund Ulrich von Hutten nach Paris gesandt, damit der mit dem französischen König den Vertrag verhandle, der Franz als Nachfolger Maximilians zum deutschen Kaiser machen würde. Jetzt ist es Albrecht, sonst so unentschlossen und die Geldkatze nie aus den Augen verlierend, der die Kaisersache in die Hand nimmt und für Karl als König und für ein wehrhaftes Reich wirbt, das ohne gemeinsames Heer «in sich selbst erschopft und unvermoglich»[12] ist, also ohne Finanzmittel dasteht. Die Subventionierung durch Maximilian hat geholfen, und Karl wird noch einiges nachschießen. Da es keinen Fürsten gebe, der dieses Reich aus eigenen Mitteln erhalten könne, so erläutert es Albrecht den anderen Kurfürsten, sei es «von noten, daz man ein hern haben moge, der geforcht»[13]. Er meint nicht den französischen Herrn, der das Reich mit seinen Kriegsgelüsten, die sich zuallererst gegen Spanien richten müssten, nur zerreißen würde, sondern den Habsburger, also Karl.

Den Ausgang der Kaiserwahl entscheidet dennoch ein ganz anderer Fürst. In Augsburg auf dem Reichstag war der Maler Albrecht Dürer als beobachtender Zeitgenosse dabei. Dürer war mit der Nürnberger Gesandtschaft gekommen und hat Gelegenheit, die Großen des Reiches zu zeichnen: Matthäus Lang, in Augsburg vergleichsweise bescheiden geboren, aber bereits versehen mit dem Kardinalsrang, Fürstbischof von Gurk, Bischof von Cartagena, Koadjutor im Erzbistum Salzburg und Maximilians wichtigster Berater; Albrecht von Brandenburg, ebenfalls Kardinal, Bischof von Mainz, Magdeburg und Halberstadt, Primas und vom Ehrgeiz beseelt, der größte Renaissancefürst wenigstens Deutschlands zu sein; Friedrich von Sachsen, Kurfürst und Luthers Schutzpatron; und den Kaiser natürlich, der sich ein ebenso lebensnahes wie majestätisches Porträt vom größten Künstler seiner Zeit wünscht.

Der mächtigste Mann in Augsburg war aber weder der Kaiser noch Albrecht oder sein Nachbar und Gegner Friedrich von Sachsen, sondern der Kaufmann Jakob Fugger. Er spricht das Machtwort in der Kaiserfrage. Sein Großvater war als armer Landweber in die Stadt gekommen, aber der Enkel bewirtete Kaiser und Höflinge, päpstliche Legaten, Humanisten, Theologen und konkurrierende Kaufleute. Bei ihm finden die schönsten Feste statt und bei ihm wird alles verhandelt. Im Stadtpalast der Fugger wirft sich Martin Luther vor dem Kardinallegaten zu Boden, von hier verweist ihn Cajetan, weil er dies eine Wort nicht sagen will, «revoco». Jakob Fugger kann sich denjenigen als Kaiser aussuchen, der seinen Geschäften am ehesten zuträglich ist, und die Kurfürsten werden ihn wählen. Beim Fugger geht es um die Zukunft Europas, also, bei einem Kaufmann nicht überraschend, um Geld.

Der Fugger ist 1518 längst kein einfacher Bürger mehr, seit 1511 ist er geadelt, drei Jahre später hatte ihn der Kaiser wegen seiner zahlreichen Verdienste um die Krone in den Reichsgrafenstand erhoben. Dazu gehörte eine *translatio* ganz eigener Art: 1509 hatte der Kaiser seinem Bankier die Graf- und Herrschaft Kirchberg und Weißenhorn

verkauft oder vielmehr verkaufen müssen, da er die fünfzigtausend
Gulden, die er dafür erhielt, dringend für allfällige Repräsentations-
ausgaben wie Samtwämser, Pelze und Spezereien brauchte, für eine
neue Rüstung vielleicht oder ein kostbares Geschmeide, das niemand
schöner zu verfertigen verstand als ein Augsburger Silberschmied.
Noch immer haben die Augsburger Patrizier Fugger nicht unter
ihresgleichen aufgenommen. Er ist ein Emporkömmling, auch wenn
er aufstiegsorientiert ins Stadtbürgertum geheiratet hat. Mit der Stadt-
verwaltung hat sich Fugger darauf geeinigt, sein Einkommen pauschal
zu versteuern. Der Kasse gegenüber deklariert er ein Jahreseinkommen von 15 552 Gulden, ist aber merkwürdigerweise in der Lage, allein
Maximilian und nur zwischen 1487 und 1494 die ungeheure Summe
von sechshundertzwanzigtausend Gulden vorzufinanzieren – alles
selbstverständlich bis auf den letzten Kreuzer verbucht und mit angemessenen, auch päpstlicherseits abgesegneten Zinsen versehen und
geeignet, den Kaiser in rettungsloser Knechtschaft zu halten. Dass
er seinerseits von einem solch maßlosen Schuldner abhängig wird,
scheint Fugger in Kauf zu nehmen. Als Maximilian stirbt, steht er bei
den Augsburgern mit dreihundertfünfzigtausend im Debit. Am Ende
seines Lebens, 1525, verfügt Jakob Fugger, der im Stammbaum des
Hauses den Beinamen «der Reiche» führt, über ein Vermögen von
zwei Millionen Gulden. Das lässt sich kaum auf heutige Verhältnisse
umrechnen, doch dürfte es 1518 auf der ganzen Welt keinen reicheren
Mann gegeben haben als Jakob Fugger.

Dürer zeichnet ihn in Augsburg und malt ihn später in einer Sei-
denschaube mit breitem Pelzbesatz, auf dem Kopf eine Haube aus
gewirktem Seidenbrokat, wie sie vielleicht dem Dogen von Venedig
zukam und vermögenden Patriziern. In deren Gesellschaft hat er
sich selber erhoben durch seine europaweiten Verbindungen, seine
Freundschaft mit den Mächtigen, mit seinem ungeheuren Geld. Unter
diesem neureichen Protzentum, das Dürer ausstellen soll, bietet Jakob
Fugger das abgezehrte Bild des harten Büroarbeiters, kein freundli-
cher Zeitgenosse, eher streng, protestantisch, aber die protestantische

Ethik musste für ihn nicht erfunden werden, er beherrscht sie auch ohne göttlichen Segen und erst recht ohne den Luthers.

Wer Kaiser wurde, entschied am Ende nicht Maximilian und auch nicht der Papst, schon gar nicht waren es die Kurfürsten, die ihn doch wählen mussten, auch nicht der ewig taktierende Friedrich, sondern vor allem das Fugger'sche Handelshaus. Selbst dessen Hofhistoriker muss zugeben: «Die Stimmenmehrheit [der Kurfürsten] entschied formal, die Macht der Banken hingegen real über die Zukunft der Krone, des Reiches und damit des europäischen Kontinents.»[14]

So ist das mit dem Kapitalismus, aber nett, wie der Fugger ist, führt er genau Buch über sein Treiben. Am 24. April 1523 wird Karl V. in Valladolid ein Brief aus Augsburg übergeben, der von «einer treffliche Summe gelt» handelt. «Es ist auch wissentlich, und ligt am tag, daß Ew. kay. Mt [Euer Kayserlichen Majestät] die Römisch Cron ausser mein nicht hette erlangen mögen, wie ich dann solches mit aller Ew. kay. Majestät commissarien handschriften anzeigen kann.» Schon das ist ziemlich stark, aber der Absender – es ist natürlich niemand anderer als der treue Geschäftspartner – argumentiert ganz unkaufmännisch: «So hab ich auch hierin mein aigen nutz nit angesehen; dann wo ich von dem hauss Oesterreich absteen und Frankreich fürdern hette wollen, wolt ich gross guott und gelt, wie mir dann angeboten worden, erlangt haben», er habe es nicht auf seinen Vorteil abgesehen, betont Jakob Fugger, denn der wäre im Zweifel doch größer gewesen, wenn er sich an Frankreich attachiert hätte. «Was aber Ew. kay. Majestät und dem hauss Oesterreich nachtail daraus entstanden were, das haben Ew. kay. Majestät aus hohem verstandt wol zu erwegen.»[15] Wie das dann ausgesehen hätte – nicht Karl säße auf dem Thron, sondern der Franzose –, das könne gedachte Majestät «aus hohem Verstand» auch selber erwägen, und jetzt möchte sie doch bitte so gut sein und «verordnen, dass mir solh mein ussligendt summa gelts samt dem interesse one längeren verzug entricht und bezalt werde»[16], nämlich dass ihm seine Außenstände zzgl. Zinsen ohne weiteren Verzug bezahlt würden.

Völlig zu Recht rühmt sich Fugger später einem seiner wichtigsten

Kreditgeber gegenüber, dem silberreichen Herzog Georg von Sachsen: «Wenn ich allein nicht gewesen wäre mit Darstrecken meines Geldes, Trauen und Glauben, es möchte vielleicht anders gehandelt worden sein.»[17] Der Staatsmonopolkapitalismus war noch längst nicht erfunden, doch Wirtschaft und Politik waren bereits geschwisterlich verbunden. Der arme reiche Fugger konnte nämlich gar nicht anders, er musste zu Karl halten, der schon von seinem Großvater Maximilian her geradezu griechenlandmäßig verschuldet war. Karl zögert nicht ohne Grund, ob er dieses Erbe überhaupt antreten soll, aber als er zu lange zögert und auch noch versucht, das Geld, das zu seinem Entsetzen fällig wird, zu besseren Konditionen bei Genueser Banken oder bei den Welsern aufzunehmen, steigt beim Fugger eben der Preis für die Krone. Andererseits bietet nur ein Kaiser Karl Aussicht auf die Rückzahlung der verschiedenen Darlehen, der übrigen Verbindlichkeiten, auch der weiteren Nutzung von Bergwerken, Arbeitsvolk sowie den recht exklusiven Zugang zur Ew. kay. Majestät. Zudem besteht in Frankreich keine einzige Faktorei; die Handelsgesellschaft Fugger hätte sich bei einem Kaiser Franz völlig umorientieren müssen, und die Aussichten auf eine Refinanzierung wären düster gewesen.

Im Archiv gibt es eine schöne zeitgenössische Aufstellung, «Was Kaiser Carolus dem V[ten] die Römische Königswahl kostete». In der Summe belief sie sich, einschließlich eines nicht sehr großen «Aufgelds» von zunächst 17 500 Gulden und einer Gebühr von je zwei Kreuzern beim Wechseln von Gulden auf Rheinische Gulden, auf 852 189 Gulden und 26½ Kreuzer. Ungedeckt blieben vorderhand 270 Gulden, 32 Kreuzer, 2 Pfennig und ½ Heller.[18] 543 585 Gulden kamen vom Fugger, 143 333 von der Welser-Konkurrenz, je dreimal 55 000 von italienischen Banken. Fugger kam letztlich auf seine Kosten, der Drohbrief tat die erwartete Wirkung, für den Kaiser aber war es ein Minusgeschäft. Der französische Franz konnte, da mit bester, auch vatikangestützter Liquidität versehen, die Schweizer Söldner für den beginnenden Krieg mit Spanien kaufen, während Karl bereits vor dessen Ausbruch, ja schon vor seiner Wahl zum Kaiser rettungslos pleite war.

Am 28. Juni 1519, fünfeinhalb Monate nach Maximilians Tod, findet in Frankfurt die Wahl zum deutschen Kaiser statt. Friedrich bekommt seinen Willen, die Wahl verläuft vorschriftsmäßig geheim, alle stimmen selbstverständlich unabhängig von irgendwelchen Interessen ab, doch gibt es die schöne Legende, die Kurfürsten hätten in freier und geheimer Wahl zuerst Friedrich zum deutschen Kaiser bestimmt. Der habe, mit Verweis auf sein Alter und seine Gebrechlichkeit, das hohe Amt für sich abgelehnt. Anschließend erst sei das Kollegium dem Vorschlag des Primas gefolgt, jenem Albrecht von Brandenburg, der Rom nach wie vor die hohen Gebühren für sein Amt verübelte, und habe einmütig für den spanischen Kandidaten gestimmt, den Albrecht vorsorglich einbürgerte und als «Karl von Österreich» ankündigte. Fortan führt er wie sein Großvater den Titel «Erwählter Römischer Kaiser», den ihm der Papst, verlesen durch den Erzbischof von Mainz, nach der Krönung in Aachen verleihen wird.[19]

Vor diesem großen Ereignis allerdings handelt Friedrich mit den kaiserlichen Räten und den anderen Reichsfürsten die «Wahlkapitulation» aus, wonach der Kaiser sich verpflichtet, deutsches Recht zu achten. Das ist Friedrich wichtig, das ist den landesherrlichen Kurfürsten wichtig, die so sehr auf ihre Unabhängigkeit bedacht sind. Am wichtigsten wird es für den Ketzer Luther werden, der seinen Aufstand womöglich nicht überlebt hätte, wenn er sich nicht zusammen mit Friedrich auf deutsches Recht hätte berufen können.

Jakob Fugger wird über seinen Masterplan später zu Recht schreiben: «Ich habe Seiner Gnaden gedient in Sachen, die niemand sonst tun konnte. Laßt es mich billig genießen.»[20] Der frühneuzeitliche Oligarch Fugger will die erfolgreiche Wahl mit einem angemessenen Feuerwerk begehen, doch wird ihm diese Privatlustbarkeit von der Stadt untersagt. So etwas gab es ja noch nie, und wenn da jeder käme und überhaupt, wenn ein einzelner, wenn auch reicher Bürger sich so etwas herausnimmt … Augsburg bleibt daher nichts anderes übrig, als das Feuerwerk selber zu veranstalten und damit in die allgemeine Freude einzustimmen. Ein paar Tage später, am 5. Juli 1519, schreibt

Karl V. hat Papst Clemens VII. in seiner Gewalt und lässt sich von ihm 1530 zum römischen Kaiser krönen – danach wird kein Papst jemals wieder einem Kaiser die Krone aufs Haupt setzen. Holzschnitt von Hans Burgkmair.

der Fugger nach Sachsen: «Vil, wie der welt lauf, sind mir veind, sagen, ich sey reich; und bin reich von gots gnaden yederman on schaden.»[21] Gottes Gnade wirket wunderbar.

Als wollte die Kurie die Kritik von Luther, Hutten und auch von Maximilian bestätigen, hat Rom beim Wahlkampf um den deutschen Kaiser aus weltlichem Interesse seine geistliche Autorität verspielt. Der für Rom falsche Kaiser wurde gewählt, die Kirchenspaltung begann, und nebenbei blieb auch noch das Geld aus, das mit so elaborierten Rechnungen über das Seelenheil und wie man es verbessern könnte bis dahin stetig in die päpstliche Kasse geflossen war. Sieger wurde die Bank, die keine anspruchsvollen Götter kennt, kein Jenseits und keine andere Erlösung als das Geld und noch mehr Geld.

DREIZEHNTES KAPITEL

Luther kommt ins Bild

1520 wird Luther bildbekannt, ein Hofmaler erfindet ihn. Der bis heute überlieferte Luther ist der Luther, mit dem Lucas Cranach über viele Jahre den nächsten Umgang pflegte. Ob das Porträt lebensnah ist, lässt sich nicht beurteilen, denn es gibt keine Vergleichsmöglichkeit. Alle Bilder, die Ähnlichkeit mit Luther überhaupt beanspruchen können, gehen auf das Vermarktungsgenie Cranach zurück. Jedes Bild in der Historienmalerei des 19. Jahrhunderts, auch das Denkmal, das Johann Gottfried Schadow zum dreihundertsten Reformationsjubiläum für den Marktplatz in Wittenberg entwarf, und noch das 1989 eröffnete Bauernkriegspanorama Werner Tübkes in Frankenhausen orientiert sich an dem Bild, das Cranach von dem Mann zeichnete, der ihm immer wieder Modell saß und ihm und seinen Söhnen und Gesellen über Jahrzehnte ein festes Grundeinkommen sicherte.

Mehr als tausend Luthers will allein der früh verstorbene Sohn Hans Cranach mit Hilfe der fleißigen Werkstatt gemalt haben: Luther als Mönch und als Gelehrter, als Prediger und als Ehemann, Luther dünn, Luther dick, immer wieder Luther. Die Reformation war auch eine Medienrevolution und nur möglich, weil sich das revolutionäre Wort durch die Druckerpresse so schnell in den Handels- und Universitätsstädten verbreiten konnte. Und weil der größte Teil des überaus empfänglichen Publikums gar nicht lesen konnte, mussten Bilder die frohe Botschaft verkünden. Luther als Messias war dafür das wichtigste.

In Rom fördert Papst Leo X. die Künste; die bekanntesten Werke

Seine wachsende Leibesfülle macht Luther denkmal-
tauglich. Auch Johann Gottfried Schadows Bronze-
guss in Wittenberg (1821) geht auf Cranachs Image-
pflege zurück.

Raffaels wie Michelangelos entstehen während seines achtjährigen Pontifikats. Raffael malt ihn als amtsgewaltigen Heiligen Vater in einem hermelingesäumten Umhang, vor sich auf dem Tisch eine Glocke und eine kostbare Handschrift, umgeben ist er von seinen Sekretären, den Kardinälen Luigi de' Rossi und Giulio de' Medici, seinem Cousin, dem späteren Clemens VII. Sebastiano del Piombo gibt ihm das Gesicht eines Titanen, der mit der Weltgeschichte ringt. Der Papst sieht sich als Humanist, als Freund der Künste, als Medici und zuallererst als Herrscher, der im Zweifel an der Jagd und jeder Form von Karneval mehr Gefallen findet als an dem theologischen Disput, den Luther der Kurie aufnötigen will.

Von Luther wird es kein annähernd so majestätisches Porträt geben, sein Bild verbreitet sich in niedrigeren Kunstformen, als Holzschnitt und Kupferstich, dafür aber massenhaft. Die Gemälde, die von ihm entstehen, sind keine exklusiven Kunstwerke, sondern Ergebnis serieller Produktion. Das Luther-Bild konkurriert dabei mit dem von Kaiser Maximilian, der auch gewollt hatte, dass sein Holzschnitt in jedem Haushalt hängt. Der Buchdruck, das einfache Schwarzweißbild, sorgt dafür, dass Luther nicht nur als Autor, sondern als Erscheinung bekannt wird. So wird er ein Held des Volkes, kein Herrscher, der in gottähnlicher Pracht in einem fernen Palast residiert, sondern ein bürgerlicher Held, der eine Kirche von unten begründet.

Außerhalb Wittenbergs, außerhalb seiner Universität und der Marienkirche, in der er predigte, war Luther bestenfalls ein Name. Er lebte in einem Kloster, so gut wie niemand kannte ihn von Angesicht. Seine Schriften sprachen für ihn, er war schließlich ein Mann des Wortes. Obwohl er berühmt und berüchtigt geworden war, hatten weder sein Gegner Albrecht von Brandenburg noch der Landesherr Friedrich Interesse an einer persönlichen Begegnung gezeigt. Thomas Müntzer wird ihn gesehen haben, als er sich 1518 in Wittenberg aufhielt, Johannes Lang war seit der gemeinsamen Studienzeit in Erfurt mit ihm befreundet, und sein Mentor Staupitz hatte ihn natürlich auch immer wieder getroffen. Bei den Disputationen in Heidelberg

1518 und in Leipzig 1519 redete Luther zum ersten Mal vor einem Publikum, das nicht der Gemeinde zu Hause oder der Wittenberger Universität angehörte. Die Menschen wurden neugierig. Wer war der Mann, wie sah er aus, wie war er so?

In Ermangelung eines Bildes schildert der Humanist Petrus Mosellanus seinem Schüler Julius Pflug Luthers Aussehen nach dem Auftritt in Leipzig in einem Brief: «Martinus statura est mediocri, corpore macilento, curis pariter et studiis exhausto, sicut propius intuenti omnia paene ossa liceat dinumerare»; von mittlerer Gestalt sei er, der Körper mager, von Sorgen und Studien gleichermaßen erschöpft, und wenn man näher hinschaue, könne man fast alle Knochen zählen. Gelehrte sprechen in dieser noch sehr formellen Welt gewöhnlich anders voneinander, darum wird erkennbar, welchen Reiz der strenge Wundermann bereits auszuüben beginnt. Sein Kontrahent Johannes Eck beschäftigt sich da noch nicht mit Luthers Äußerem, das existiert für ihn nicht. Er beschränkt sich darauf, Luther wegen seines Auftretens zu tadeln, «ad detrahendum et mordendum est promptissimus»[1], beim Heruntermachen und Angreifen sei er immer der Erste.

Das ist die übliche Polemik, der explodierende Buch- und Pamphletmarkt verlangt jedoch nach mehr und bald auch nach einem Bild des Disputanten. Dabei ist im Sommer 1519 noch keineswegs ausgemacht, dass Luther diese erste große Auseinandersetzung gewonnen hat oder dass er sich in Zukunft gegen die geballte Macht der Obrigkeit, vertreten hier durch den wesentlich geschickter agierenden Eck, überhaupt würde behaupten können. Ein unbekannter Holzschneider fertigte nach der Leipziger Disputation für die gedruckte Rede eine Vignette des «Doctor Martinvs Lvtter Avgvstiner Wittenb», allerdings ohne Bemühen um Ähnlichkeit oder jedwede Physiognomie: Der Mönch hat gar keinen Körper, er verschwindet fast unter der Haube und in seinem Habit, aus dem – der Formschneider hat nicht aufgepasst – seitenverkehrt die belehrende Linke hervorkommt.

Das reicht den Menschen nicht. Luther braucht einen Körper und vor allem ein Gesicht. Er ist mit seinem aufrührerischen Geist, mit seinem Trotz, in dem er sich allen Vermahnungen, Maßregelungen, Bannandrohungen widersetzt, als drohte ihm nicht Gefahr für Leib und Leben, ein Wundermann, doch er ist offenbar von dieser Welt, er wohnt mitten unter ihnen, er ist für den, der in seiner Nähe ist, greifbar. Den anderen, die ihn noch nicht kennen, muss er begreiflich werden. Die Bedeutung Luthers ist schon 1519 viel zu groß für eine Vignette, er muss heraus aus diesem Habit, auch wenn er ihn noch fünf Jahre tragen wird, eine Hülle, die dem Rhetor und Intellektuellen so viel Schutz bieten kann.

Das Luther-Image entsteht schließlich auch aus schlichten kommerziellen Erwägungen – sein Bild verspricht Umsatz. Die größten Maler seiner Zeit buhlen um ihn. Bei allem Bemühen kommt Albrecht Dürer nicht zum Zug, nimmt aber ungewollt großen Einfluss auf das Luther-Bild. Dürer war früh für Luther gewonnen. Dass er mit seinen fünfundneunzig Thesen den mächtigen Primas des Reiches, den als Auftraggeber der Künstler ebenso mächtigen Albrecht von Brandenburg angegriffen hatte, schien Dürer gar nicht zu interessieren, wahrscheinlich ist es ihm nicht einmal aufgefallen. Obwohl er bereits der berühmteste Maler im Deutschen Reich ist und höchste Preise fordern kann, ist er auf die Gunst der gnädigen Herren angewiesen, und so kann er gar nicht anders, als dem wegen seiner Ämterhäufung allseits kritisierten Albrecht von Brandenburg mit einem klassischen Bildnis zu huldigen.

1518 hatte Leo X. Albrecht von Brandenburg, den Bischof von Magdeburg und Mainz, zum Kardinal erhoben. Die Bestätigung und den roten Hut hat ihm der päpstliche Legat Cajetan auf dem Augsburger Reichstag überreicht. Dürer war dort, um seinen Gönner Maximilian zu porträtieren. Es ist ihre erste Begegnung, womöglich überhaupt das erste Mal, dass sich der Kaiser zu einer Sitzung herbeilässt. «Den hab ich Albrecht Dürer», notiert der Künstler stolz an den rechten oberen Rand der Kreide- und Kohlezeichnung, über dem kaiserlichen Hut, der die fürchterliche Nase verschattet, «zw Awgspurg hoch oben awff der pfaltz in seinem kleinen stüble kunterfett.» Als Dürer Jahre später Philipp Melanchthon vor sich in seiner Werkstatt sitzen hat, erzählt er ihm, der Kaiser sei, als echter Renaissancemensch ein Alleskönner, an die Staffelei getreten und habe versucht, mit der Kohle sein Abbild zu korrigieren. Dabei sei sie ihm aber zerbrochen. Der Künstler durfte unbehelligt weiterarbeiten, weil der Kaiser ihm nicht ins Handwerk pfuschen konnte. Der freie Unternehmer Dürer ist nämlich alles andere als ein autonomer Künstler; er malt und zeichnet und druckt nach Auftragslage. Aus der Vorzeichnung entsteht ein Holzschnitt, eines von Dürers bestverkauften Werken. Der Stich wird erst im Jahr darauf fertig, da ist der Kaiser schon tot. Statt des Werkstattberichts auf der Zeichnung ziert den Druck jetzt das Band «Imperator Caesar Diuus Maximilianus / Pius Felix Augustus», die letzten drei als schmückende Beinamen, ebenso wie das eingefügte «divus» für den wie in der Mythologie des Römischen Reiches bereits vergöttlichten Kaiser. Das Abbild zeigt Maximilian mit großem dekorativen Hut, mit der goldenen Kette, dem Orden vom Goldenen Vlies, dem prächtigen Umhang. Die Haare umwallen ihn und mildern den Eindruck seiner markanten Nase. Herrscherlich blickt Maximilian in die Zukunft seines Reiches.

Auch der frisch erhobene Kardinal von Mainz saß dem Maler Dürer Modell, der seine und die Aufgabe des Porträts darin sah, «dy gestalt der menschen nach jrem sterben»[2] zu bewahren. Albrecht ist 1518 erst achtundzwanzig Jahre alt und vom Sterben noch weit entfernt, aber natürlich denkt auch er bereits ans Ende. Das Porträt, das er sich beim berühmten Dürer bestellt, soll die Würde ausstrahlen, die er kraft seiner vielen Ämter beanspruchen darf. Der Vorzeichnung nach scheint er die Sitzung mit Fassung und ohne besondere Freude über sich ergehen lassen zu haben. Doch nach der Begegnung auf dem Reichstag verwandelt Dürer den unwilligen jungen Mann in den weltlichen Herrscher, der er ist und als der er auch gesehen werden will. Ähnlich wie für Maximilian fertigt Dürer ein majestätisches Porträt. In seinem Kupferstich verleiht die ebenfalls gewaltige Nase Albrecht eine ungeheure *gravitas*. Statuarisch-klassisch präsentiert ihn Dürer, über die Jahre gereift; ein Machthaber, dessen Autorität er noch durch das vielgliedrige Wappen links und die vielen Titel rechts von seinem Kopf verstärkt, und gekrönt wird der ganz kleine Mann mit dem neuen Kardinalshut. Dieses pompöse Dreiviertelprofil muss Albrecht gefallen haben, denn er bestellte sich das nicht sehr lebensnahe Porträt gleich in zweihundert Abzügen. Es war gedacht für sein Heiltumsbuch und um seinen Ruhm als Kirchenfürst ungerührt zu mehren, während Luther mit seiner antiklerikalen Kritik doch immer lauter zweifelte. Es handelt sich schließlich um eine Repräsentationsreligion, die sich in der Konkurrenz behaupten muss – wenn Cranach das Heiltumsbuch des sächsischen Kurfürsten Friedrich illustriert, holt Albrecht sich eben Dürer.

Der Künstler musste für künftige Abzüge, auf die er dann keinen Zugriff mehr hätte, auch die Kupferplatte ausliefern, aber er wurde fürstlich dafür belohnt: Zweihundert Gulden und zwanzig Ellen Damast für einen Rock habe ihm «s[ein] c[hurfürschtliche] g[enaden]» geschenkt, wie Dürer Georg Spalatin am konkurrierenden kurfürstlichen Hof in Wittenberg wissen lässt. «Hab das also mit frewden vnd danckparkeit an genumen»[3], denn es sei doch ganz und gar unsicher, wie es mit ihm weitergehe, jetzt, wo der alte Kaiser gestorben und er damit der jährlichen Zuwendung von hundert Gulden verlustig gegangen sei. Außerdem werde er selber langsam alt, das Auge lasse nach, die Hand werde schwach, alles.

Das Porträt des Kardinals ist eindrucksvoll genug, dass Dürer es als Referenzwerk vorführen kann. Spalatin erhält für seinen Friedrich drei Abzüge als Geschenk, allerdings nicht ohne Berechnung, denn Dürer hofft auf die Fürsprache des Kurfürsten hinsichtlich der kaiserlichen Apanage. Letztlich ist es jedoch der Mainzer, der ihm hilft: Albrecht, seinen Künstlern gegenüber immer großzügig, schreibt Dürer die ersehnte Empfehlung für den neuen Kaiser.

Noch etwas anderes hat Dürer im Sinn. Spalatin, der, wie er in seinem Humanistennamen anzeigt, aus dem Nürnberg (Dürers Heimatstadt) benachbarten Spalt stammt, solle beim Kurfürsten darauf hinwirken, dass der «vns» den Doktor Luther erhalten möge, «van kristlicher worheit wegen», die, im Unterschied zu irdischen Reichtümern, ewig bleibe. Kommerzielle Überlegungen decken sich hier mit spirituellen: «Vnd hilft mir got», schreibt er Spalatin, den er damit als eher greifbare irdische Macht um Hilfe bittet, «das jch zw doctor Martinus Luther kum, so will jch jhn mit fleis kunterfetten vnd jn kupfer stechen zw einer langen gedechtnus des kristlichen mans, der mir aws grossen engsten gehollfen hat. Vnd jch pit e[wer] w[irden], wo doctor Martinus ettwas news macht, das tewczsch ist, wolt mirs vm mein gelt zw senden»[4] – wenn von Luther wieder etwas in deutscher Sprache herauskomme, dann solle Spalatin es ihm bitte zuschicken, er würde ihm die Auslagen erstatten. Und noch eins erwähnt er: Der Kurfürst habe ihm doch aus seiner Sammlung zwei prächtige Hirschgeweihe versprochen, daraus wolle er Lampen fertigen. Spalatin ist gern behilflich.

Für das «lange gedechtnus», für das sich Dürer im Interesse des noch nicht im Bild bekannt gemachten Mönchs empfiehlt, wäre er, Dürer, der die Großen der deutschen Welt porträtiert hat, doch genau der Richtige. Aus seiner letzten Sitzung mit Maximilian hat er inzwischen ein weiteres Bild gewonnen, ein Gemälde, das den verstorbenen Kaiser mit einem Granatapfel in der Hand als überzeitlichen Weltenherrscher zeigt. Aus einer Sitzung mit Luther, dem heiligen Mann, wird dennoch nichts. Lucas Cranach verfügt über den Standortvorteil und ergreift die Gelegenheit. Zunächst fertigt er ein weiteres Porträt des Kindkardinals Albrecht, kupfert dafür schamlos (oder aus Respekt vor dem größeren Künstler) Dürers Vorlage ab, macht das Bild aber durch einige Änderungen, vor allem jedoch durch sein Signet, die gefiederte Schlange, zu seinem eigenen. Er übernimmt die Inschrift, datiert seine Arbeit um auf das Jahr 1520, erhöht deshalb auch in der Unterschrift das Alter des Kardinals von neunundzwanzig auf dreißig, aber gibt ihm – das ist das Merkwürdigste – ein erstaunlich lächerliches Aussehen.

Das gab seit je Anlass zu allerlei Spekulationen: Ob der Künstler es

**Maximilian I. war der erste Kaiser, der dafür sorgte,
dass sein Abbild, gemalt 1519 von Albrecht Dürer, im
ganzen Reich verbreitet wurde.**

vielleicht nicht besser konnte? Sollte es nur eine Werkstattarbeit sein?
Oder handelt es sich womöglich um subtile Kritik an diesem bekannt
finsteren Gegner der Reformation?

Dabei wäre es abwegig, bei einem Auftragswerk Konterbande zu
vermuten, Mannesmut vor Herrscherthronen und Cranach Seite an
Seite mit dem Rebellen Luther. Anders als bei Dürer gibt es von Cranach keine verbürgte Äußerung, die ihn als Anhänger der Reformation auswiese. Zwar ist Cranach der erste Maler der Reformation, er
wird Luthers Dichotomie von Gesetz und Gnade illustrieren und in
seiner Werkstatt die antipapistischen Flugschriften herstellen, mit
denen die Kirchenspaltung wesentlich befördert wird, aber er ist
beruflich alles andere als konfessionell gebunden. Cranach mag zwar

der führende Religionsmaler werden, als Geschäftsmann vermeidet er dennoch ein unzweideutiges Bekenntnis. Der Kunsthistoriker Andreas Tacke nennt ihn einen «parallel entrepreneur», beschreibt Cranach als einen, dem es nichts ausmachte, für protestantische wie für altgläubige Auftraggeber gleichzeitig zu arbeiten, ja, deren Vorgaben so weit zu folgen, dass er ohne weiteres für die einen streng katholische, für die anderen reformatorische Werke fabrizieren konnte.[5] Die Gewissensnöte Luthers oder auch Dürers teilte er nicht.

Cranach hat sich in mehrere Andachtsbilder hineingemalt, auf dem berühmtesten, dem Altarbild in der Weimarer Stadtkirche, das sein gleichnamiger Sohn gemalt hat, ergießt sich das Blut des Gekreuzigten auf das Haupt des alten Lucas, ein klassisches evangelisches Motiv mit einem Mann, der als Lutherfreund und zumindest als Unterstützer der Reformation gilt. Dennoch sollte man nicht vergessen, was die Reformation auch war, eine große Verwüstung nämlich. Luthers Theologie war existenzbedrohend, weil sie den Künstlern mit den Themen die Arbeit wegnahm. Sie hatten sich eben erst von der Handwerkerzünftelei emanzipieren können und wollten keine «Schilderer» mehr sein, als Luther und seine Kirchenreformer begannen, alles, wodurch die Maler sich auszeichneten, für eitel, weltlichen Tand und wenig gottgefällig zu erklären. Wenn es keine Heiligen mehr zu malen gab, keine Marien, keine Jesukindlein, was blieb dann noch? Die Kunst, heißt es bekanntlich bei Lessing, geht nach Brot, und der Wittenberger Bürger Cranach, der einer großen Werkstatt vorstand, wollte auf keinen Fall hungern. Eine Unzahl von Rechnungen und Belegen beweist seine rastlose Tätigkeit, die durch einen gesunden Wohlstand sehr irdisch belohnt wurde.

Cranachs wichtigste Auftraggeber neben Friedrich dem Weisen waren lange Zeit Albrecht und dessen Bruder Joachim, wobei sich vor allem Albrecht sein Prunkbedürfnis einiges kosten ließ. Cranach unterhielt eine *factory*, in der er ein Dutzend Maler und Kupferstecher beschäftigte. Im Ausstattungsrausch jener Jahre kamen ständig Großaufträge herein, mussten Dutzende von Heiligen gemalt werden, und schließlich regierte Albrecht im benachbarten Bistum mit seinen Kirchen und Klöstern. Cranach konnte es sich nicht mit ihm verderben, ohne sofort die wirtschaftlichen Folgen zu spüren. Er durfte sich nicht einmal dem Verdacht aussetzen, er wäre womöglich mit der Politik des Kirchenfürsten nicht einverstanden. Umso auffälliger ist es, wie er den Kardinal gegenüber Dürers Vorlage verändert. In Cranachs Version ist der Kardinal viel weniger statuarisch, viel jugendlicher. Er wirkt eher wie ein unzufriedenes, schmollendes Kind, dem die Rolle gar nicht passt, die er mit seinen Insignien doch beansprucht. Er scheint sich, soweit dem Bild eine solche Charakterisierung überhaupt beizulegen ist, in seiner Kardinalsrobe ausgesprochen unwohl zu fühlen. Anders als bei Dürer ist die Knopfleiste geöffnet, was auf die Fettleibigkeit deutet, die bei dem Dreißigjährigen längst eingesetzt hat. Die Kunsthistorikerin Ruth Slenczka möchte die hängenden Backen, das Doppelkinn, den multschigen Mund «als ernsten, gesammelten Ausdruck und verinnerlichten Blick deuten, der in der nordalpinen Porträttradition, beispielsweise in den Stifterporträts der altniederländischen Malerei, den Frommen zu eigen ist»[6]. Der kleine, leicht gekräuselte Mund wird in allen Bildern wiederkehren, die den Kardinal, wie er es schätzte, als Hieronymus, als Hl. Erasmus oder Hl. Martin zeigen, was dafür spricht, dass Cranach seinen Arbeitgeber zwar anders als Dürer, aber offenbar auch in Albrechts Sinn darstellte. Der Kardinal jedenfalls war mit dieser wenig vorteilhaften, ungewöhnlich realistischen Darstellung einverstanden und beauftragte beide weiter, Cranach wie Dürer.

Niemand stand Luther näher als Cranach, der schon seit 1505 in Wittenberg lebte. In der übersichtlichen Stadt lernte man sich bald kennen. Nichts lag näher, als beim Wittenberger Hof- und Albrecht-Maler ein Luther-Porträt zu bestellen. Cranach hatte als Betreiber einer Druckerei die ersten Veröffentlichungen Luthers illustriert, und der hob 1520 Cranachs jüngste Tochter Anna aus der Taufe. Martin Luther war Anfang 1520, wahrlich ein *annus mirabilis*, den Deutschen bereits ein Begriff, ein Bestsellerautor in analphabetischer Zeit. Und

ALBERTVS·MI·DI·SA·SANC·
ROMANE·ECCLAE·TI·SAN·
CHRYSOGONI·PBR·CARDINA·
MAGVN·AC·MAGDE·ARCHI·
ÉPS·ELECTOR·IMPE·PRIMAS
ADMINI·HALBER·MARCHI·
BRANDENBVRGENSIS·

SIC·OCVLOS·SIC·ILLE·GENAS·SIC
·ORA·FEREBAT·
ANNO·ETATIS·SVE·XXX
·MDXX·

Lucas Cranach arbeitete selbstverständlich auch für Luthers Gegner, den «scheisbisschoff» Albrecht von Brandenburg.

als die Deutschen auch ein Bild ihres Reformators haben wollten, war Lucas Cranach zur Stelle und schuf es. Er entwarf den Leidenden, den mit seinem Glauben, seiner Kirche ringenden Mönch und alle späteren Figurationen auch.

Für den Mönch Luther war ein solches Porträt in höchstem Maße ungewöhnlich, denn ein Augustiner, der allenfalls als kleiner Professor an einer noch kleineren Universität wirkte, besaß längst nicht den entsprechenden Status. Er war kein Handelsherr, kein wohlhabender Geldverleiher, kein Welterforscher, schon gar kein Fürst oder wenigs-

tens ein in den Künsten verlorengegangener Sohn aus reichem Hause.
Bis zum Jahr 1500 hatten Autoren und Gelehrte selten ein Gesicht,
aber der neue Berufsstand der Humanisten verlangte nach einer
Präsentation auch im Bild. Konrad Celtis, Ulrich von Hutten und
Erasmus ließen sich im Buchdruck unendlich oft reproduzieren und
entsprechend weit verbreiten. Aber selbst der eine Generation ältere
Erasmus, der mit Fürsten und Königen verkehrte und als Gelehrter
europaweit geehrt war, wurde erst nach Luther im Bild bekannt. Als
Bettelmönch verfügte Luther natürlich nicht über das Geld, sich in
gleich welcher Form konterfeien zu lassen, aber inzwischen war der
Markt mit seinem Interesse an Luther und auch an seinem Aussehen
groß genug, dass sich die Investition für den Zeichner, den Stecher,
den Maler schnell rentierte. Vermutlich sorgte man sich bei Hofe, das
Luther-Bild könnte sich verselbständigen, wodurch auch der Mönch
unkontrollierbar würde. Gut möglich aber, dass es eines Auftrags aus
dem Schloss gar nicht bedurfte, weil der Multi-Unternehmer Cranach
allen Grund hatte, von sich aus Interesse zu zeigen, den Freund im
Bild festzuhalten und als solches zu vertreiben.

Es dürfte Georg Spalatin gewesen sein, der Beichtvater und nicht
nur geistliche Berater des Kurfürsten Friedrich von Sachsen, der sich
einen Luther wünschte. Spalatins Rolle in der Reformation kann gar
nicht groß genug geschildert werden. Früh hatte er die historische
Bedeutung Luthers erkannt und sternengläubig, wie auch er war – ohnehin ein höfisches Hobby –, bat er seinen Schützling um Angaben
für ein Geburtshoroskop, weil er darin bereits Hinweise auf die sich
allmählich manifestierende Größe des Mönchs zu finden hoffte. Als
frommer Mann folgte er früh dessen Abweichungen von der amtli-
chen Lehre und erkannte gleichzeitig das politische Kapital, das sich
für seinen Kurfürsten und für ihn selber daraus schlagen ließ. Unverbrüchlich hielt er zu Luther und vermittelte zwischen Friedrich und
seinem Professor. Irgendwann ließ er die eben noch so bedeutende
Reliquiensammlung des Kurfürsten, die zu bereichern und zu vermehren zu seinen vornehmsten Aufgaben gehörte, verstauben, weil es

Kurfürst Friedrich vermied es ängstlich, seinem Mönch, den er mit aller Kraft schützte, zu begegnen. So wurde der Hofkaplan Georg Spalatin, hier auf einem Gemälde von 1537, zum Chefagenten der Reformation.

mit einem Mal ein höheres Ziel gab. Als Großwesir seines Herrn hielt Spalatin zwar an diesem Kultus fest, solange Friedrich am Leben war, förderte aber gleichzeitig die Reformation, die der Reliquienreligion den Garaus machte.

Luther war für Spalatin der neue Weg zum Heil, und Cranach wollte bei der Revolution dabei sein.

Innerhalb eines Jahres entstanden in rascher Folge drei verschiedene Bildnisse, die Luther-Urtypen. Sie hatten nichts gemein mit dem ersten Holzschnitt des unbekannten Holzschneiders aus Leipzig, dem jede Attraktivität fehlte. Nun kam es zu richtigen Porträts und mehr als das: Cranach wird ein Andachtsbild zustande bringen. Das erste individuelle Bild zeigt Luther in geradezu furchterregender Körperlichkeit. Er steckt zwar noch in der Kutte des Augustinermönchs, aber anders als beim etwa gleichzeitig entstandenen Kardinal Albrecht hat Luthers Kopf über dem Mönchsgewand nicht mit der Welt abgeschlossen oder gar resigniert, sondern zieht durch den in eine unbestimmte Ferne gerichteten Blick alle Aufmerksamkeit auf sich. Cranach präsentiert einen unfertigen Luther, frei von jeder malerischen Veredelung, ein wie aus Stein herausgemeißeltes Gesicht, eine Anomalie der Natur. Und doch arbeitet Cranach damit bereits ein Image heraus: Der Luther hier ist nicht mehr Repräsentant des klösterlichen Lebens, sondern beinah reiner Kopf, nur beschäftigt mit Denken, Leiden und der ersten seiner notorischen fünfundneunzig Thesen – Büßen. Ganz wie von Petrus Mosellanus geschildert, wirkt der Mönch überarbeitet, der Körper mager, von Sorgen und Studien gleichermaßen erschöpft, hohlwangig mit hohen Wangenknochen, die Augen eingesunken, tiefe Ringe darunter; ein rohes und bis auf den Mund mit den feinen Lippen ziemlich unschönes Gesicht, alles andere als das, was man mit der erhabenen Bildniskunst der Renaissance verbindet.

Doch auch wenn er am Betrachter vorbeischaut, den Blick ganz woandershin gerichtet und wie von innen heraus erleuchtet, ist dieser so verbissen jenseitige Luther durch die Tonsur und die Kutte als bodenständig ausgewiesen, ein frommer Mann und der Inbegriff des Gelehrten obendrein. Vermutlich war es Philipp Melanchthon, der das lateinische Distichon mit den beiden kleinen Schreibfehlern entwarf, das Maler und Modell zusammenbindet: «Aeterna ipse svae mentis simvlachra Lvthervs / exprimit at vvltvs cera Lvcae occidvos / MDXX», «Luther selber hat die Abbilder seines Geistes verewigt, während Lucas' Darstellung vergänglich ist»[7]. Als das Bild Luthers Geist verewigt, setzt die Legende vom Hl. Martin Luther ein.

Aber so ist der Mensch; er stürzt seine Götter nur, um neue aufzustellen, vor ihnen niederzufallen und sie anzubeten wie die alten.
Oft genug weiß der Umstürzler gar nicht, was er da tut, und dann reut
ihn zu spät, dass er mit der Vielgötterei, mit diesen ganzen Schutzpa-
tronen und Nothelfern so gründlich aufgeräumt hat, dass ihm nichts
mehr bleibt. Also rettet er sich in den neuen Kultus um den «kristlichen man», der diese Art der Verehrung missbilligen muss, wenn sie
ihm auch sicherlich schmeichelt.

Es ist Cranachs Kunst, die Luther zum Heiligen erhöht. Dieser erste Stich, den Cranach von Luther fertigte, ist nur in wenigen Exempla-
ren überliefert, was für einen Probedruck spricht. Den leidenschaftlichen, vom mystischen Feuer entbrannten Luther hätten demnach
nur wenige gesehen und auch nicht sehen sollen. Der Kunsthistoriker
Martin Warnke glaubt hier die kurfürstliche Zensur am Werk.[8] Die
Aufseher und Betreuer Luthers, also vor allem Georg Spalatin, wären
dann doch vor diesem allzu naturalistischen Porträt zurückgeschreckt.
Wenn ein Propagandabildnis beabsichtigt und auch bestellt worden
sein sollte, dann war dieser zu allem entschlossene Mystiker tatsächlich keine Reklame für den duldsamen Kurfürsten, eher bot er dem
Wittenberger Hof mit diesem Bild die Rechtfertigung dafür, endlich
doch den römischen Forderungen nachzugeben und ihn nach Rom
auszuliefern, wo ihn ein Ketzerprozess mit ungewissem, aber wahrscheinlich tödlichem Ausgang erwartet hätte.

Noch zwei weitere Abzüge gibt es, die Luther wie eine antike Büste
aus dem leeren Raum hervortreten lassen, auch er schon verewigt, ein
«divus». Cranach arbeitete bereits emsig an der Fassung, die mehr Zustimmung finden sollte, nämlich einem gerahmten Luther. Der Meister der Schnelligkeit («Pictor celerissimus» wird auf seinem Grabstein
stehen) umgibt Luther in der neuen Version mit einem Rundbogen
und verlängert die Büste zu einem Brustbild. Die Kutte nimmt fast
zwei Drittel der Bogenhöhe ein, der Habit ist klassisch gefältelt und
nicht bloß angedeutet; Luther legt sich die linke Hand auf die Brust
und hält in der anderen ein aufgeschlagenes, auf dem Deckel ver-

AETHERNA IPSE SVAE ·MENTIS SIMVLACHRA LVTHERVS
EXPRIMIT·AT·VVLTVS CERA LVCAE OCCIDVOS
M·D·X·X·

Lucas Cranach, der Luthers Image formte, sah 1520
einen Erleuchteten, jederzeit bereit, sich für seinen
Glauben zu opfern.

ziertes Buch. Der lateinische Spruch steht unverändert darunter, die
«suae mentis simulacra», die Abbilder seines Geistes sind nunmehr
nicht mehr ausschließlich die seinen, sondern sie entstammen diesem
Buch, bei dem es sich unzweifelhaft um die Bibel handelt. In einer
späteren Fassung von anderer Hand wird man die Buchstaben BI-
BLIA auf dem Schnitt lesen können.

Dieser Luther ist zwar immer noch der eigensinnige Geist, aber
durch den Rundbogen im Hintergrund und die Hand in der Heiligen
Schrift wird der Bibel-Exeget, als der er werktags in der Universität

wirkt, schon zu Lebzeiten zum Kirchenlehrer erhoben, ohne dass er erkennbar von der Kirche getrennt wäre, die er mit jedem Pamphlet, mit jeder Flugschrift, mit jeder Predigt immer erbitterter bekämpft. Anders als beim ersten Bild wirkt der Dargestellte ruhig, mit sich und der Welt im Frieden. Die Hand auf der Brust lässt sich auch als Demutsgeste verstehen; Luther soll nicht so aggressiv wirken, wie es seine Schriften sind. Das Bild jedenfalls nimmt dem Prediger die irrlichternde Bedrohlichkeit der ersten Fassung.

Cranach erfindet ein drittes Luther-Bild, das noch weiter vom getriebenen und erleuchteten Mönch des ersten Entwurfs wegführt. Im Stil antiker Münzbildnisse betont der neue Kupferstich, der 1521 zur Zeit des Wormser Reichstags entsteht, weniger den Mönch als den Gelehrten. Großen Raum – mehr als selbst das Gesicht – nimmt das Barett ein, der Doktorhut, Abzeichen der Gelehrsamkeit und im jüngsten Propagandaschritt ein Verweis auf die akademische Fundierung des Mannes, der in Bann getan und als Schuldiger auf den Reichstag geladen wird, wo er mit kaiserlichem Siegel ein weiteres Mal verurteilt werden soll. Wohl trägt dieser Luther weiter den Habit, aber es könnte auch ein Gelehrtentalar sein, und die Locken, die unter seiner Doktorhaube hervorkommen, verweltlichen ihn noch mehr. Das ist kein Sektierer, besagt dieses Bild, kein religiöser Eiferer, sondern ein Mann, der zu argumentieren weiß und den man zu achten hat, vor dem sich aber niemand fürchten muss. Zu glatt, ja rund sind seine Züge, friedlich blickt er in die Welt; ein Aufrührer sähe doch ganz anders aus.

Mit diesen drei Bildern beginnt Cranach, das Image Luthers zu kreieren. Über die Jahre wird er die wachsende Distanz des Reformators zur Altkirche in weiteren Bildern festhalten. Der Ortsgeist beschert ihm Exklusivrechte. Nach dem Auftritt in Worms im April 1521 wird sich Luther nämlich nur mehr im Einflussbereich seines Kurfürsten aufhalten können, es bekommt ihn also kein Auswärtiger mehr zu sehen, wodurch Cranach über ein einzigartiges Darstellungsmonopol verfügt. Nur weil Luther 1546 außerhalb Wittenbergs starb, in Eisleben, war es möglich, dass ihn ausnahmsweise ein anderer Künstler als Cranach malte. Luthers Totenbild zeichnete ein Unbekannter, ein weiteres Lukas Furtenagel, doch auch er hatte zuvor wahrscheinlich in der Cranach-Werkstatt gearbeitet. In jedem Fall übernahm der jüngere Cranach das Motiv und holte auch das noch ins Repertoire des Cranach-Monopols.

Im Unterschied zu Martin Luther bleibt der Cranach'sche Luther nicht in Wittenberg, sondern geht in die Welt hinaus. In Nachbildungen, Raubdrucken, Uminterpretationen, im Wechsel vom Kupferstich zum Holzschnitt, vom schlichten Schwarzweiß zum kolorierten Stich und zum Gemälde verbreitet sich der Cranach'sche Luther schon vor dem Reichstag in ganz Mitteleuropa. So werden beide berühmt, der Maler und sein Modell.

Bei der Verbreitung kommt es zu bemerkenswerten Veränderungen. Der hinterfangende Rundbogen wird ausgearbeitet zu weiter einrahmenden Pfeilern, die wiederum reich ornamentiert werden. Das Buch, die Bibel wird ebenfalls größer, der Gelehrte blättert darin; in der Unterschrift wird das «Aetherna» in «Aeterna» korrigiert. Der Erste, der Luther wie eine Figur vor einen Bogen platziert, ist wahrscheinlich Hans Baldung Grien. Baldung hat bei Dürer in Nürnberg gelernt, für Albrecht in Halle gearbeitet (es gibt eine Handzeichnung des Erzbischofs von ihm), und jetzt entwirft er für die Straßburger Ausgabe von Luthers Schrift über die «Babylonische Gefangenschaft der Kirche»[9] einen Holzschnitt, der das Werk Cranachs fortführt. Baldung Grien, nach den Wanderjahren verheiratet und in Straßburg niedergelassener Bürger, ebenso alt wie Luther und bald für ihn gewonnen, verwendet das Cranach'sche Image, versetzt den immer noch wie erleuchteten Mönch aber in einen Rundbogen, der klassisch sein kann und auch kirchlich-klösterlich. Luther wirkt friedlicher und weniger getrieben, eher in sich gekehrt, doch wenn er vor dem aufgeschlagenen Buch die Hand auf den Bauch legt, auf das Herz, wendet er sich aus seinem Rahmen heraus an ein Publikum, das ihn so zu sehen, zu betrachten, zu verehren bekommen soll.

In einem weiteren Schritt vollendet Baldung die Heiligung des Ketzers im Bild. In seinem ikonenartigen Holzschnitt, der vor Ende 1520
entstanden sein muss, verzichtet er ganz auf die rahmenden Säulen,
Luther muss ohne Bogen, ohne schützende Nische auskommen und
steht ganz und gar für sich. Baldung erweitert die ikonographischen
Bestandteile Bibel, Habit, Tonsur und die Hand auf dem Herz um
eine Taube, die über dem Haupt des erleuchteten Gelehrten schwebt,
den zusätzlich ein Strahlenkranz umgibt, wie er sonst nur Heilige
schmückt. Der Vogel, der ohne Zweifel den Heiligen Geist darstellen
soll, erscheint 1521 auf der Titelseite der Schrift «Acta et Res Gestae
D. Martini Lvtheri Comitiis Principum Vuormaciae»[10], veröffentlicht
bei Schott in Straßburg, und zwar nach dem Reichstag in Worms, den
Luther für alle Welt als Sieger verlässt.

Nachdem Karl V. den Bann des Papstes bestätigt und den Ketzer
damit ebenfalls verurteilt hat, verschwindet Luther spurlos. Aus den
Bildern des Lebenden wird das Zeugnis eines göttlich inspirierten
Helden. Vielen gilt er als tot, von den Kaiserlichen oder den Papisten
ermordet, zumindest ins Ungewisse und unerreichbar verschleppt.
Damit wird er zum Märtyrer seiner gerechten Sache, die er auf dem
Reichstag so mannhaft vertreten hatte. Der in göttlicher Weisung, mit
dem Segen des Heiligen Geistes sprechende und lehrende Martin
Luther scheint ein Opfer weltlicher Mächte geworden zu sein; die
Bedeutung der Bilder verstärkt sich. Peter-Klaus Schuster geht noch
einen Schritt weiter und meint, die Christus-Ähnlichkeit, die der
Dürer-Schüler Baldung Luther verleiht, habe ihr Vorbild in Dürers
berühmtem Selbstporträt als wiedergeborener Christus.[11]

Doch scheint es dieses von Hans Baldung Grien geschaffene Bild,
den zum Heiligen erhobenen Ketzer, der bei ihm als Mystiker sowohl
wie als Gelehrter auftritt, bereits vorher als Seriendruck gegeben zu
haben. Zum Beispiel existiert eine Version, die über Mönch, Taube
und Heiligenschein mit dem Satz «Martinus Luther, ein dyener Jhesu
Christi / vnd ein widervffrichter Christlicher leer» ausgezeichnet ist.
Das Abbild geht als anderes *ver sacrum* von Hand zu Hand, wie es

bei der Devotionalienbesessenheit der Zeit auch nicht weiter erstaunt.
Es könnte sich um genau jenes Blatt handeln, das den päpstlichen
Legaten Aleander so sehr empören wird, dass er diese ungeheure
Blasphemie im Dezember 1520 sofort in einem Brief aus Worms nach
Rom melden muss: «So hat man ihn denn auch neuerdings mit dem
Sinnbilde des Heiligen Geistes über dem Haupte und mit dem Kreu-
ze, oder auf einem anderen Blatte mit der Strahlenkrone dargestellt»,
dem Heiligenschein also, den ihm Baldung verliehen hatte, «und das
kaufen sie, küssen es und tragen es selbst in die kaiserliche Pfalz.»[12]
   Dem Luther-Jünger Dürer aber bleibt die persönliche Begegnung
mit seinem Heiligen versagt. Stattdessen überarbeitet er erneut das
Albrecht-Porträt, bringt ihn größer ins Bild, und größer wird auch
die Bestellung, die Albrecht aufgibt. Fünfhundert Abzüge müssen
es diesmal sein. Als er kein Kompliment und auch kein Geld dafür
erhält, schreibt ihm Dürer einen Brief, ob «sölch conterfett e[wer]
c[hurfürschtlichen] g[naden] filleicht nit gefellig sey; wer mir gar leid,
wo jch mein fleis nit woll zw pracht hett»[13]. Es täte ihm leid, wenn das
Porträt trotz all der Mühe, die er sich gemacht, am Ende doch nicht
gefalle. Der Reformationshistoriker Paul Kalkoff hält es für möglich, dass Albrecht sich schlicht ärgerte, weil Dürer es in der neuen
Fassung seines Bildes versäumt hatte, einen wichtigen Umstand zu
berücksichtigen: Die Kurie hatte seinen Wunsch erfüllt und ihm statt
San Crisogono die weit angesehenere San Pietro in vinculi als Titular-
kirche zugestanden. Dort wurde später das Grabmal für Julius II. mit
dem Moses von Michelangelo errichtet. Leo X. stellte die Änderung
für Albrecht am 3. Januar 1521 aus, jenem Tag, an dem der Bann gegen
Luther wirksam wurde.

VIERZEHNTES KAPITEL

Die Luft der Freiheit weht

D ie Reformation nahm ihren Ausgang in der Freien Stadt Worms, allerdings nicht erst 1521 auf jenem berühmten Reichstag, der die Konfrontation von Kaiser und Mönch, Macht und Geist, Politik und Gewissen brachte, sondern fast ein Vierteljahrhundert früher. Im Jahr 1499 gab sich die Stadt eigenmächtig eine Verfassung, eine *Reformacion*, die sie von der klerikalen Herrschaft befreien sollte. Im neuen Siegel nannte sich Worms eine «treue Tochter» des Reiches und führte auch noch die Schlüssel des Bischofs. Wichtiger aber waren die beiden Drachen, die das Wappen hielten, eine Erinnerung an die heidnische Sage vom unbesiegbaren Siegfried, der im Blut der Schlangenwesen gebadet hatte. Der Bischof, der die Stadt bis dahin regiert hatte, kam in den «statuten», die «nutzlich, fürderlich, vnd behilflich seyn, vnd zü güter regierung erschiessen mögen», nicht mehr vor. Der Wormser Klerus reagierte sofort und beschloss den Auszug aus der Stadt. Die Bürger gerieten unter christliches Interdikt, der Bischof exkommunizierte faktisch die gesamte Stadt; die Aufsässigen sollten um ihr Seelenheil gebracht werden. Sie blieben dennoch nicht ohne geistliche Betreuung, weil die in der Stadt angesiedelten Bettelmönche mit den seelsorgerischen Aufgaben betraut werden konnten. 1503, nach dem Tod des Bischofs Johann von Dalberg, wählte das exilierte Domkapitel Reinhard von Rüppur zum Nachfolger, doch auch er konnte Worms erst siebzehn Jahre später betreten. Am 20. September 1520 zog er ein, siebenhundert Reiter begleiteten ihn. Die Stadt schwor ihm die Treue, er wiederum hatte seinen Eid auf die Stadt Worms zu leisten.

Die Bürger warfen dem Klerus etwas scheinheilig vor, die Seelsorge vernachlässigt zu haben, aber mit dem Festhalten an der *Reformacion* hatten sie ihre Reichsunmittelbarkeit erkämpft und die Steuerpflicht auch für den Klerus eingeführt. Die kirchliche Herrlichkeit zeigte sich in alter und neureicher Pracht, war ihrer Allmacht jedoch bereits verlustig gegangen. 1495 war auf dem Reichstag in Worms auch der Landfrieden beschlossen und damit das Fehderecht geächtet worden, ein erster Schritt aus dem Mittelalter. Kriegerische, überhaupt gewaltsame Auseinandersetzungen waren fortan verboten.

Der nächste, 1521 in Worms veranstaltete Reichstag sollte einer sein wie jeder andere, ein administratives Treffen, bei dem verschiedene Geschäftsordnungspunkte abgearbeitet werden. Aber während der zähen Verhandlungen zwischen den deutschen Reichsständen und dem Kaiser aus Spanien öffnet sich die Welt: Ferdinand Magellan findet den Seeweg zum Pazifik und entdeckt die Philippinen; Hernán Cortés beginnt im Namen der allerkatholischsten Majestät, die in Worms den Vorsitz über die Reichsständeversammlung führt, die aztekische Hauptstadt Tenochtitlán zu erobern und die Bewohner niederzumetzeln. In Spanien meutern die Landstände gegen Karl V., den sie als autokratischen Ausländer erleben, der die Steuern erhöht, um anderswo Krieg zu führen. Der im April 1520 begonnene Aufstand der *comuneros* droht den Kaiser um seine Stammlande zu bringen. In Worms aber soll das Reichsregiment eingerichtet werden, das Karl zwei Jahre zuvor in der Wahlkapitulation hatte zusichern müssen, ebenso das Kammergericht. Der ewige Landfrieden wird erneuert, die Umlage für den Romzug beschlossen und über die Türkenhilfe zumindest geredet. Wie üblich, sollten auch die «Gravamina [Beschwerden] der deutschen Nation gegen den Römischen Stuhl» vorgetragen werden. Der Wormser Reichstag ist Gipfeltreffen, Parlament und Jahrmarkt zugleich. Zahlreiche Humanisten finden sich ein, die mit den Herren reisen, von denen sie ausgehalten werden. Sie sollen dem Reichstag etwas Glanz verleihen.

Während des Reichstags in Worms erheben sich Kleinadelige und wohlhabende Bürger in Kastilien gegen die Herrschaft Karls V. Der Aufstand in Segovia wird nach sechs Monaten brutal niedergeschlagen.

Die *Causa Lutheri* bildet auf dem Reichstag eine bürokratische Nebensächlichkeit. Der Fall ist diplomatisch etwas heikel, aber sonst eindeutig: Der Kaiser hat zu handeln, und zwar im Sinn und auf Befehl des Papstes, schon weil er ihm möglichst bald die Krönung in Rom zu verdanken hofft. Er will, dass Ruhe einkehrt, denn er hat Krieg zu führen. Die Türken bedrohen sein Reich im Osten und von Süden her übers Mittelmeer. Frankreich, immer wieder verbündet mit dem missgünstigen Medici-Papst Leo X., im Notfall auch mit den Türken, fürchtet den Zangengriff der kaiserlichen Macht und sucht die Entscheidung auf dem Schlachtfeld Italien. Deutschland, diese neblichte Provinz am Rande seines Riesenreichs, ist Karl furchtbar fremd. Die versammelten Reichsstände, selbst die Kurfürsten, die ihn vereinbarungsgemäß gewählt hatten, wollen jeden kaiserlichen Anspruch auf ihre Rechte abwehren. Ohne die relative Schwäche dieses noch ungekrönten Kaisers und die relative Stärke der Reichsstände hätte es den Auftritt Luthers in Worms nicht gegeben, wäre es nie zu dieser welthistorischen Begegnung zwischen dem Kaiser und dem kleinen Mönch gekommen. Noch bevor der Reichstag beginnen kann, stirbt am 6. Januar 1521 einer der Teilnehmer, Kardinal Wilhelm (Guillaume) de Croy, bei einem Jagdunfall. De Croy stammte aus einer Familie des französischen Hochadels, sodass er mit achtzehn Jahren bereits Bischof und, dank des segensreichen Wirkens von Leo X., sogar zum Kardinal erhoben werden konnte. Sein letztes Bistum Toledo konnte er vor seinem Tod im Alter von zweiundzwanzig Jahren gar nicht mehr betreten. Für die Totenrede wird der Augsburger Dominikanerprior Johannes Faber bestellt. Faber nutzt die traditionelle Zeremonie, die auf die römischen Totenreden zurückgeht, zu einer politischen Demonstration, wie sie noch kein Reichstag erlebt hat. Faber hat in Padua studiert; er ist Humanist und korrespondiert mit Erasmus. Bei der Disputation über den Zins in Bologna ist er gegen Johannes Eck angetreten. In Gegenwart des Kaisers fordert Faber die deutschen Fürsten dazu auf, gegen Luther einzuschreiten, aber ganz anders, als es der Papst in den vergangenen Monaten verlangt hatte. Luther müsse als Ketzer selbstverständlich das Maul gestopft werden, meint der Dominikaner, und zwar weniger aus theologischen als aus politischen Gründen. Es sei, und diese Wendung leuchtet den versammelten Fürsten und Städtevertretern viel mehr ein als die Feinheiten von nominalistischer oder realistischer Auslegung der Schrift, es sei nämlich ihre Pflicht, sich die auch vom Kirchenkritiker Luther angesprochenen «Gravamina» zu eigen zu machen, «da es einem einzelnen Manne nicht zukomme, den Papst zu meistern, wohl aber dem Kaiser und den Kurfürsten». Wenn die kirchliche Amtsgewalt missbraucht werde, dann müsse die weltliche Macht einschreiten, und zwar bis zur Absetzung der Übeltäter. Faber erwähnt den Papst nicht, schließt ihn aber auch nicht aus. Der Prior sagt, was die Mehrheit der Fürsten denkt, was sich auch der Kaiser vorgenommen hat, was sich aber der Mönch Martinus aus dem weltabgewandten Wittenberg kaum vorzustellen vermag. Der Pater richtet sich direkt an den Kaiser und erinnert ihn an dessen Großvater, an jenen Maximilian, der zwei Jahre zuvor gestorben ist und dem Faber ebenfalls die Trauerrede gehalten hatte: «Und wenn Maximilian bis zu dieser Stunde gelebt und nur die Hälfte des Gebiets besessen hätte, das ihm [dem Enkel] gehörte», drängt der Prior, «so würde er Italien erobert haben.»[1] Mit dem später klassisch gewordenen Aufruf «Italien! Italien!» fordert er vom Kaiser den Zug auf Rom, der Maximilian bei allem Bemühen nie gelingen mochte. Der englische Gesandte Cuthbert Tunstall berichtet seinem Auftraggeber Kardinal Wolsey trocken, dass die Kurfürsten einem Ausflug nach Italien nicht abgeneigt seien, «weil sie sich dabei alle einen Gewinn versprachen»[2].

Nach dieser politischen Rede tobt der päpstliche Nuntius Hieronymus Aleander begreiflicherweise und wittert bereits einen «zweiten Luther»[3]. Luther, noch längst nicht in Worms, ist allgegenwärtig. Seine Schriften sind bisher formal nicht gebannt, werden also frei gehandelt und in der freiheitssüchtigen Stadt auch vielfach gekauft, weil die Worte eines Ketzers unweigerlich neugierig machen. Die Druckerpressen sind schneller als jede Zensur, die im vielgliedrigen Deutschland noch kaum ahnt, was da vor sich geht: dass das Wort Druck und Papier geworden ist und mitten unter dem Kirchenvolk wohnen will. Luthers Anhänger erhöben ihn jetzt schon über den Hl. Augustinus, klagt Aleander, und neuerdings – er hat den Stich Hans Baldung Griens gesehen – werde er mit einer Taube dargestellt, dem «Sinnbilde des Heiligen Geistes», oder mit einer Strahlenkrone: «Das ist nicht mehr das katholische Deutschland von ehemals!», seufzt er und seufzt weiter: «Gebe Gott, daß es nicht noch schlimmer wird.»[4]

Natürlich ist es nicht mehr das katholische Deutschland, vor allem ist dieses Deutschland nicht mehr bedingungslos dem Papst und erst recht nicht dessen erstem Gebot hörig, keine anderen Götter neben ihm zu haben, sie gar zu verehren an seiner Statt. Leo X. hatte Hieronymus Aleander mit dem Auftrag nach Worms geschickt, auf die schonungslose Verfolgung des Ketzers zu dringen. Aleander ist ein hochgelehrter Mann, Humanist, er war Professor für Griechisch an der Hochschule in Paris und zuletzt Leiter der Vatikanbibliothek, hat aber nicht das geringste Verständnis für die Deutschen und ihre Sorgen. Für ihn ist der Fall klar: Der Ketzerprozess ist spätestens seit der Verkündung der Bannandrohungsbulle «Exsurge Domine», auf die Luther nicht angemessen reagiert, weil er nicht abschwört, abgeschlossen. Die Deutschen sind für ihn Barbaren, aber eben auch Untertanen des Papstes, und deshalb erwartet er in Worms den Vollzug: Ein päpstliches Urteil kann für ihn nicht vor einer weltlichen Instanz nachverhandelt oder disputiert werden. Der Ketzer war exkommuniziert. Auf keinen Fall, dafür müsse Aleander sorgen, dürfe es zu einer Anhörung vor dem Kaiser kommen.

Allerdings ist der Nuntius selber ein Musterbeispiel für die Verweichlichung und moralische Verkommenheit, derer Luther und Ulrich von Hutten die Kirche bezichtigen. Bereits Erasmus hielt ihm seinen «epikureischen» Lebensstil vor, der aber für die Renaissance keineswegs untypisch war. Der Gelehrte, der seine kirchliche Laufbahn als Kardinal beendete, hatte ein Verhältnis mit einer verheirateten Frau, die ihm zwei Kinder schenkte.[5] Wie so viele Männer hatte er sich die Syphilis zugezogen. Bei allem Abscheu vor Hutten, der für ihn sonst nur ein «elender Bösewicht und Mörder, ein lasterhafter Lump und armer Schlucker»[6] ist, nahm er immerhin dessen Buch über die scheinbar erfolgreiche Guajak-Kur in seine Privatbibliothek auf.[7]

In seinen Briefen nach Rom, an den Papst und an dessen Cousin, den Vizekanzler, ist er bestrebt, die eigene Bedeutung herauszustreichen und sich als treuen Diener der Kurie darzustellen. In Deutschland sieht sich Aleander deshalb umringt von Feinden. Vor allem durch Huttens Sendschreiben fühlt er sich bedroht, seit der dem Klerus einen «Krieg auf Leben und Tod»[8] erklärt habe.

Von Wittenberg aus verbreitet sich im Frühjahr 1521 in zahlreichen Nachdrucken das «Passional Christi und Antichristi». Lucas Cranach stellt dreizehn Bildpaare zusammen, die in bester Agitprop-Manier das einfache und segensreiche Leben und Wirken Jesu der Verschwendungs- und Geltungssucht des Papstes gegenüberstellen, den Luther in seinen Schriften bereits als Antichrist entlarvt hat. Das Heft gilt als Luthers Werk, es stammt jedoch von Cranach selber, der als Buchdrucker einen eigenen Markt gefunden hat. Der große Kämpfer scheint zwischendurch von ebenso großer Angst befallen zu werden. Luther wendet sich nämlich Anfang März an Spalatin und berichtet, dass die Broschüre im Entstehen sei. Die «Antithesis figurata Christi & papae» ergebe ein «bonus pro laicis liber»[9], ein gutes Buch für die Laien; könnte er, Spalatin, nicht die lateinischen Bildunterschriften für Cranachs Bilder verfassen? Spalatin lehnt ab, zumal er die Aussichten seines Schützlings vor dem Kaiser nicht schmälern will. Melanchthon ist es dann, der, inspiriert von Luthers Schriften, die Bildpolemik mit geeigneten Zitaten aus der Bibel ergänzt. Christus, heißt es da, habe «ym seyn Creutze selbest getragen vnd ist tzu der stell die Caluarie genant wirdt / gangen», während der Papst sich in einer Sänfte von «getauffte Christen vff yren achsselen» tragen lässt. Und Christus, das deutet auf die kommende Institutionalisierung der neuen Lehre, ist es auch, der dafür eintritt, dass Steuern erhoben und gezahlt werden, während die Klerisei nichts vom Gemeinnutz wissen und sich von der Steuerpflicht freigestellt sehen will. Im letzten Doppel fährt Christus in den Himmel auf, und der Papst, sein betrügerischer Stellvertreter auf Erden, fährt, begleitet von apokalyptischen Spukgestalten, hinab in die Hölle.

Noch aber lässt sich Hutten in der Kunst der Polemik von niemandem übertreffen. Blatt um Blatt seiner «Invectiven» jagt er unters Volk, einige, wenn es gar zu arg wird und dem Autor der Ritter durchgeht, vorsichtshalber mit dem fingierten Druckort Paris. Der an Ciceros Reden gegen Catilina geschulte Zorn richtet sich bibelfest gegen die Bischöfe und «Pfaffen», denen er den Krieg erklärt: «Hebt euch weg von den reinen Quellen, ihr unreinen Schweine! Hinaus mit euch aus dem Heiligthum, ihr verruchten Krämer!»[10] Das ist noch die bewährte Kirchenkritik, die Erinnerung an Jesus, der die Händler und Geldwechsler aus seinem Tempel vertreibt, doch Hutten, einmal in Schwung geraten, verfügt noch über ganz andere Töne, und

Antichristi.

(Es ist ergriffen die Bestia vñ mit yr 8 falsch propheten der durch
sie zeychen than hat do mit er vorfurdt hat/ die so seynt zeychē
von yme genommen /vnd sein bildt angebet seynt versenckt yn
die teuffe des fewirs vnd schweffels vnd seynd getodt mit dem
schwerdt des der do reydt vffim weyssen pferdt/ das auß seynē
mauel gehet. Apocal:19. Danne wirdt offenbar werden der
schalckhafftige dann wirdt der herr Jesus toeten mit dem atem
seyns mundts vnd wirdt yn sturzen durch die glori seyner zu-
kunfft. 2. an Tessa. 2.

In Cranachs «Passional Christi und Antichristi» von 1521
wird der Papst als Gottes Widersacher dem Fegefeuer über-
antwortet.

die Gelegenheit ist selten so günstig. «Videtis illam spirare libertatis
auram, homines taedio praesentium, innovare hunc rerum statum
cupere.» Nicht nur der «gemeine Mann», auch die Stände, vor allem
die deklassierten Ritter sind mit den Verhältnissen unzufrieden und

dürsten nach Veränderung. «Sehet ihr nicht, daß die Luft der Freiheit weht, daß die Menschen, des Gegenwärtigen überdrüßig, einen neuen Zustand herbeizuführen suchen?»[11] So hat David Friedrich Strauß Huttens lateinische Befreiungsbewegung übersetzt, und ein Teil des Satzes – «Die Luft der Freiheit weht» – ist Ende des 19. Jahrhunderts das deutschsprachige Motto der Universität Stanford geworden. Luther ist Huttens stärkste Waffe, ihn wird er deshalb mit allen Mitteln verteidigen. «Darum, damit ihr sehet, mit welcher Zuversicht ich eure Drohungen verachte, erkläre ich, solange ihr Luther oder Jemand seinesgleichen verfolgen werdet, mich als euren abgesagten Feind. Und diesen Willen wird mir keine Gewalt von eurer Seite, kein Schlag des Schicksals nehmen oder auch nur ändern. Das Leben könnt ihr mir rauben: aber daß mein Verdienst um das Vaterland nicht daure, diese gute That sterbe, werdet ihr nicht bewirken.»[12] Es ist nicht nur die Luft der Freiheit, die um Huttens – wie ihm scheint – heldenhaft einsames Banner weht, sondern auch das Pathos der Deklamation. «Denn an zwei Menschen liegt so viel nicht: wisset, daß es noch viele Luther, viele Hutten gibt. Und wenn uns etwas widerfahren sollte, so droht euch um so größere Gefahr von Andern, weil sich dann mit den Verfechtern der Freiheit die Rächer der Unschuld verbinden werden.»[13]

Da Hutten schließlich sogar den Kaiser angreift, dem er nach seinen ritterlichen Vorstellungen weiterhin Gefolgschaft schuldet, muss er ihm einen unterwürfigen Brief schreiben, in dem er sich für seine Ausfälle entschuldigt, selbstverständlich wieder mit einem Flugblatt, über das er die Behauptung setzt, es sei «vast lustig zu lesen»: «Wen ich mit willen wider dich, O her kaiser gesundiget hat, so dorfft ich doch genad hoffen, also gros ist dein gutigkeit, wie vil mer sol ich nun nit vortzweifeln das ich wider tzu gnaden kummen mog, so ich alein aus eim irtumb dich beleidiget hab.»[14]

In einem Brief an Cranach berichtet Luther, dass er die «Invectiven» Huttens amüsiert, auch zustimmend gelesen habe, aber den Niedergang des ihm völlig fremden Rittertums wird er so wenig wahrgenommen haben wie seinerzeit in Rom die Auseinandersetzungen zwischen dem Papst und dem Kaiser. Dass der unermüdliche Franz von Sickingen den alten Zeiten nachhängt und den Landsknecht spielt, wissen alle, die es wissen wollten, doch der Ewige Landfrieden hat dem überständigen Treiben ein Ende bereitet, das freie Rittertum muss in Stellung oder gleich untergehen. Als Dichter, als Autor, als Ritter ist Hutten abhängig von den Zuwendungen anderer und muss sie selbst dann annehmen, wenn er die Geldgeber zunehmend verabscheut. Sein Freund Franz von Sickingen lässt sich ebenfalls bezahlen. Hutten wirbt den Kriegskameraden aus dem Rachefeldzug, den Hutten gegen Ulrich von Württemberg geführt hatte, für die reformatorischen Gedanken. Bei Tisch, so berichtete er seinem Freund Pirckheimer, lasse sich Sickingen die Werke Luthers vorlesen. «Er hat den Luter gantz in sich getruncken.»[15] Sickingen ist ein nicht zu unterschätzender Machtfaktor im unruhigen Reich. Er verfügt über eine Privatarmee, mit der er die Stadt Metz für Frankreich eroberte. Maximilian verhängt deshalb die Reichsacht über ihn. Nach dessen Tod förderte Sickingen Karls Kandidatur, dem er Unterstützung in der kommenden Auseinandersetzung mit Frankreich versprach. Das sind alles verspätete Ritterspiele, die sich im Rückblick Jahrhunderte später immer edler und ruhmreicher gestalteten. So wird auch der puppentheaterbegeisterte Goethe auf diese Heldensagen hereinfallen und seinen «Götz von Berlichingen» aus den wenig studierten Gefechten der zwanziger Jahre des 16. Jahrhunderts stricken. Sein Götz stirbt mit Huttens Worten auf den Lippen: «Himmlische Luft – Freiheit! Freiheit!» Im Frühjahr 1521 bedeuten diese Scharmützel bei aller Theatralität die größte Gefahr für den Landfrieden.

Worms, sonst eine Stadt mit siebentausend Einwohnern, ist durch die vielen Delegationen mit ihren Kanzlern, Schreibern, Geheimschreibern, Kammerdienern und die handelsüblichen Huren auf mindestens die doppelte Größe angeschwollen. Nachts könne man sich nicht auf die Straße trauen, klagt ein Besucher, da würden regelmäßig Menschen umgebracht. «Man sticht, man huret, man frist fleisch, schobsen, hüner, tauben, eier, milch, käse, und ist ein solch wesen wie in fraue Venus berg.»¹⁶ Neben den Menschen müssen auch noch zweitausend Pferde versorgt werden, von denen immerhin vierhundert in der Stadt selber untergebracht sind. Der Trubel macht Worms zu einem teuren Pflaster; Friedrich kostet die Teilnahme am Reichstag die stolze Summe von zwölftausend Gulden, mehr als Albrechts *compositum* für das zusätzliche, das Mainzer Bischofsamt.¹⁷

Zwischen den verschiedenen Herbergen und Residenzen in Worms sind ständig Delegationen unterwegs, es werden Protokolle aufgesetzt, neue Erklärungen entworfen, und es wird pausenlos verhandelt. Der sächsische Kanzler Gregor Brück berät sich mit dem Kaiser darüber, ob man den Konflikt mit Luther nicht doch bereinigen könne. Karls Beichtvater Jean Glapion zeigt Entgegenkommen und behauptet, bis zur «Babylonischen Gefangenschaft der Kirche» habe Karl V. Luthers Schriften noch mit Zustimmung gelesen, dass sie ihm «etzlicher maß auch gefallen gehabt»¹⁸. Das scheint sich zwar nicht mit dem Herrschaftsanspruch Karls zu vertragen, aber es passt vielleicht doch zu einem Mann, dem einerseits der mystische Impuls Luthers nicht fremd ist und der andererseits kein Interesse daran haben kann, dass das Papsttum seine kaiserliche Macht beschränkt. Glapion geht sogar noch weiter und verwendet (in der zeitgenössischen deutschen Version) jenen Begriff, der bald zum Schlagwort des Kampfes wird. Luther, meint er fast anerkennend, könne «eine gemeine reformacion in der kirchen, die dan mit vielen misbreuchen ein zeitlang vormackelt gewest, zu wege bringen»¹⁹, womit er einmal zugibt, dass die Kirche makelbehaftet ist, und zum anderen bestätigt, dass sie dringend einer Reform bedarf. Für Luther kommt das allerdings schon zu spät, er ist bereits aus der Kirche ausgetreten, die ihn zu Jahresbeginn denn auch ordnungsgemäß exkommuniziert hatte.

Mit jesuitischer Schläue bietet der Franziskaner Glapion einen Kompromiss an: Luther solle die Autorschaft an der «Babylonischen Gefangenschaft» leugnen oder bekennen, dass er die Polemik auf Drängen anderer Leute, womöglich im Eifer über die durch die Bannandrohung verursachte Kränkung geschrieben habe, sie also nicht verantworten wolle. Wenn er sich dazu herbeilassen könne, werde es die gewünschte Disputation durch Fachleute unter kaiserlicher Aufsicht geben, und zwar in Deutschland. Der Papst mitsamt seinen abgeordneten Vertretern wie Aleander oder der Bullen-Koautor Eck blieben ausgeschlossen. Luther, von seinem treuen Spalatin darüber unterrichtet, ist durch solche Angebote nicht zu beeindrucken.

Überraschend direkt wirkt in diesem ewigen diplomatischen Finassieren die Reaktion des Kaisers, als ihm am 6. Februar das «Erbieten» Luthers überreicht wird: Er liest es nicht, sondern zerreißt es und wirft es zu Boden. So jedenfalls berichtet Aleander nach Rom, wohin er sonst selten Erfolge melden kann. Glapion weiß nur, dass Luther dem Kaiser als heilloser Ketzer gilt. Die Verhandlungen gehen weiter, ebenso das gegenseitige Abtasten.

Wenige Tage nach der flammenden, antipäpstlichen Rede des Augsburger Priors Faber schlägt Nuntius Aleander zurück. Er hat den Einblattdruck mit der heroischen Paarung Luther / Hutten in die Hand bekommen und beeilt sich, dem Vizekanzler Giulio de' Medici, dem späteren Papst Clemens VII., davon Bericht zu erstatten: «Gestern sah ich auf einem und demselben Blatte Luther mit einem Buche und Hutten mit dem Schwerte abgebildet [...]. So weit ist es mit der Welt gekommen, daß diese Deutschen sich in blinder Verehrung um diese beiden Schurken drängen und sie bei Lebzeiten anbeten, die schamlos genug waren, eine solche Kirchenspaltung hervorzurufen, deren Worte der Nächstenliebe und dem Gebote des Evangeliums ins Gesicht schlagen und die den ungenähten Rock Christi zerreißen. Und solchen Leuten bin ich wehrlos preisgegeben!»[20]

Der «ungenähte Rock» Christi ist nicht nur das Ziel einer ertragreichen Wallfahrt im benachbarten Trier, er symbolisiert auch die Einheit des Christentums. Ein Spalter, und sei es ein scheinbar so unbedeutender wie der Mönch in Wittenberg, schwächt das Christentum von innen, während die Türken es von außen berennen. Es ist Aschermittwoch und nicht nur im Rheinland der Beginn der Fasten-

zeit, als Aleander die versammelten Reichsstände in einer dreistün-
digen Kapuzinerpredigt beschwört, kurzen Prozess zu machen und
den Ketzer Luther, der sich nach wie vor in Wittenberg aufhält, gar
nicht erst auf den Reichstag zu laden, sondern ihn auf der Stelle mit
der Acht zu belegen. Er erinnert die Reichsstände und den Kaiser an
die *translatio*, dass es nämlich der Papst und der Papst allein ist, der
die höchste weltliche Macht in der Christenheit besitzt, dass also der
Kaiser sein Reich von Gottes Stellvertreter auf Erden nur als Lehen erhalten hat. In dieser Rede macht der Nuntius des Papstes gleichzeitig
den Agenten des Kaisers, der hofft, mit dieser Strafpredigt die unwilligen oder zur Verdammung Luthers wenig bereiten Fürsten auf seine
Seite zu ziehen und sich damit die Ladung des Mönchs zu ersparen.

Die Rede beeindruckt die Fürsten, denen der Ketzer ohnehin nicht
geheuer ist, aber wieder einmal fehlt der wichtigste Adressat, fehlt als
Einziger Friedrich, den Aleander meinte, wenn er sich mehrfach über
die Zögerlichkeit beklagte, mit der hier mit einem überführten Ketzer
umgegangen werde. Friedrich berief sich, wie damals in Frankfurt, als
er die Kaiserkrone nicht annehmen wollte, auf seinen schlechten Gesundheitszustand. Damit gelingt eine weitere Verschiebung, weil die
anderen ohne ihren ehrwürdigsten Fürsten nicht beraten wollen. Es
hat allerdings auch den jungen Kaiser dazu verleitet, den Kurfürsten
für schwach zu halten und zu glauben, er sei leicht zu überrumpeln.

Aleander beklagt sich, dass Friedrich seine Krankheit nur vorge-
schützt habe, was aber diesmal nicht zutraf. Der Fürst hatte seit dem
Herbst wiederholt an Gichtanfällen gelitten und konnte sich bei der
berüchtigten Reichstagsdiät mit täglichen mehrgängigen Festessen
und Banketten auch nicht erholen. In seinen Depeschen an die Kurie
referiert Aleander seine rhetorischen Erfolge, jammert über seine zu
sparsame finanzielle Ausstattung, die ihm nur in Einzelfällen erlaubt,
kaiserliche Beamte zu bestechen, um an wichtige Papiere zu gelangen,
und denunziert seinen ehemaligen Freund Erasmus als den Mann,
«der schlimmere Dinge gegen unsern Glauben geschrieben hat als Luther»[21]. Er bespricht auch seine Strategie, die Fürsten und vor allem

den Kaiser, von dem er sich das meiste erhofft, vor dem zu warnen, was er als Luthers großen Plan ansieht. Der Ketzer habe es keineswegs allein auf Rom und die geistlichen Fürsten abgesehen, sondern auf die Verjagung aller Fürsten, da er «mit seinem Gifte nur das Volk gegen die Obrigkeiten in Feuer und Flamme setzen will». Wenn sie sich nicht «mit den schärfsten Mitteln» widersetzten, würden sie selber von den Flammen verzehrt.²² Bei der Unruhe, die im Reich herrscht, insbesondere im Rheinland und in Oberdeutschland, liefert er damit das schärfste Argument gegen das Luther'sche Dissidententum und verkennt es zugleich grandios.

Aleander versteht dieses ganze deutsche Treiben nicht, schon gar nicht den Eiertanz, den alle um Friedrich herum aufführen. Wer ist das denn? Doch bestenfalls ein Provinzfürst. Aber der Papst weiß es besser, denn er hat dem «fetten Murmeltier mit den Augen eines Hundes»²³ (Aleander exzelliert in Beschimpfungen seiner Gegner), das nicht verheiratet ist und dennoch mit einer sogenannten Frau aus dem Volke mehrere Kinder gezeugt hat, die päpstliche Tugendrose gesandt, die als besonders rares Exemplar selbstverständlich sogleich zwischen den original Dornenkronendornen Jesu und diversen Hirnschalen diverser Heiliger Eingang in Friedrichs Reliquiensammlung gefunden hat. Es hilft nur nichts. Der Fürst ist einer der Frömmsten im Reich, doch eine solche Anmaßung kann er nicht dulden. Es gibt vielleicht religiöse Pflichten, aber kein päpstliches Recht, das sich auf das Staatsgebiet eines deutschen Fürsten erstreckt. Karl nutzt jedoch die Gelegenheit von Aleanders Rede vor den beeindruckten Reichsständen, um ein Edikt zu formulieren, mit dem der Papst sein Recht und seinen Ketzer bekommen sollte: Luther sei, wie es die Bulle verlange, mitsamt seinen Anhängern festzunehmen und nach Rom auszuliefern. Es wird aber weiterverhandelt.

Ulrich von Hutten erfährt sofort von Aleanders aufreizenden Worten – Sickingens Ebernburg liegt nur sechzig Kilometer von Worms – und antwortet mit einer neuen Streitschrift gegen die in Worms versammelte Geistlichkeit, die dort gegen Luther und die christliche

Wahrheit angetreten sei. Aleanders Rede ist für ihn vor allem deutschfeindlich; Hutten kündigt dem Redner deshalb an, dass er nicht mehr lebend aus Deutschland fortkommen werde. «Ich werde ihm sagen [er meint den Kaiser, den er im Moment ganz im Bann der «Römlinge» weiß], daß ihr Legaten alle, so viel eurer seit etlichen Jahrhunderten von den römischen Bischöfen hieher geschickt worden, Verräther Deutschlands, Räuber an unseren Volke, Zerstörer alles Rechts und aller Billigkeit gewesen seid.» Wenn es gegen den päpstlichen Nuntius geht, kennt er kein Maß mehr: «Denn was zögerst du noch, Bösewicht? Was suchst du Aufschub, du größter von allen Dieben, die jemals hier gestohlen haben? Du gewaltthätigster aller Räuber, aller Betrüger verschlagenster, listigster, unverschämtester, ruchlosester! Das, wisse, ist die letzte Ermahnung zu deinem Heil. Bequeme dich, der Feder zu gehorchen, damit du dich nicht genöthigt sehest, dem Schwerte zu weichen.»[24]

Wie ernst es ihm mit dem Gebrauch des Schwertes ist, hat Hutten schon auf einem Holzschnitt bewiesen, der ihn mit der Hand am Griff zeigt. Und geht nicht die Sage, dass der wilde Hutten es in Viterbo einmal mit gleich fünf französischen Soldaten aufgenommen hat, die es gewagt hatten, seinen Kaiser Maximilian zu beleidigen? Auch die lutherisch gesinnten Fürsten hätten ihm drohen lassen, behauptet Aleander, wobei er Vizekanzler Giulio de' Medici in einer Depesche mit routiniertem Pathos versichert, dass er den Tod gering achte, wenn es darum gehe, «für die Sache des Glaubens» zu sterben und für seinen hohen Herrn[25].

Morire per la fede, das scheint die Botschaft von Worms zu sein, aber außer Martin Luther ist niemand wirklich zum Märtyrertod entschlossen. Die Gewalttätigkeit Huttens, erst recht dessen politisches und nationaldeutsches Aufrührertum, ist ihm fremd, doch den eigenen Leib einzusetzen für den Glauben (nicht für eine bloße Überzeugung), ist er jederzeit bereit. Im Dezember hatte sich der immer zorniger werdende Hutten in einem Brief an ihn gewandt, ihm als «dem niemals besiegten Herold des göttlichen Wortes Martin Luther, seinem Bruder und innig geliebten Freund»[26], geschrieben, doch Luther leitete den Brief im Januar an Spalatin weiter, der sich bereits in Worms befand: «Quid Huttenus petat, vides»[27], was Hutten will, kannst du hier ersehen. Luther will genau das nicht. «Ich möchte nicht, dass mit Gewalt und Blutvergießen für das Evangelium gestritten wird, so habe ich an diesen Menschen geschrieben.»[28] Dass die Bezeichnung «dieser Mensch» im standesbewussten 16. Jahrhundert eine unerhörte Herabsetzung eines Adeligen, eines Ritters und übrigens eines Mannes, der nicht ganz ohne literarische und politische Bedeutung ist, darstellt, kümmert den zunehmend als Freischärler agierenden Luther nicht. Erasmus und auch Hutten waren doch alimentiert von Mäzenen, von Fürsten, deren Lob sie dafür sangen. Luther hat seine Sache auf fast nichts gestellt. Dem Kurfürsten, auf dessen Schutz er vertraut, ist er nie begegnet, er weist reichsritterlichen Sukkurs zurück, glaubt nur an sich und vertraut auf Gott, dass der ihn erhalte. Ja, es gibt die Wittenberger Bewegung, die ihn stützt, es gibt Melanchthon, der ihm schriftgelehrt beisteht, es gibt die Humanisten, die sich über den Mann freuen, den sie verspätet in ihre Ränge aufnehmen, weil er sich das traut, was sie in antikisierender Umschreibung schon lange fordern – im Grunde aber ist der Ketzer allein (oder wie Luther sagen würde: allein mit seinem Gott).

Er wagt das, er kann das als Mystiker, und er ist bereit, sich dafür zu opfern. Keinesfalls käme er nach Worms, um dort zu widerrufen, droht er Spalatin mehr, als dass er ihn bloß informierte. Wenn der Kaiser ihn vorladen würde, um ihn zu töten («si me ad occidendum»), ihn also als Reichsfeind behandeln will – er schreibt wirklich «Reichsfeind», «imperii hostem me habuerit» –, dann sei er bereit zu kommen, «offeram me venturam».[29] Es ist im Zweifel ein heiliger Krieg, Luther der einzige Soldat, der Soldat Christi.

Luther ist auf seine eigene Botschaft bedacht, die aus der Schrift stammt und die Schrift niemals verlassen soll: «Durchs Wort ist die Welt überwunden, durchs Wort ist die Kirche erhalten worden, und durchs Wort soll sie auch wieder hergestellt werden. Aber auch der

Antichrist, wie er ohne Gewalt begonnen hat, so soll er ohne Gewalt zerschmettert werden durch das Wort.«[30] Das ist die Rüstung des Mönchs, und weil er daran glaubt, hält sie ihm alles vom Leib, was ihm seine Feinde anhaben wollen.

Mit diesem Begleitschreiben an Spalatin distanziert sich Luther nicht nur vom ungestümen Hutten, er inszeniert sich auch vor seinem Fürsten, der hartnäckig jeder Begegnung mit ihm ausweicht, als Apostel der Gewaltlosigkeit, dem Vorgesetzten geradezu musterschülerhaft beweisend, dass er nicht so sei wie sein berüchtigter Anhänger. Es fehlt nur noch, dass er dem Kriegsmann Hutten Christi Worte vorhielte, nach denen der, welcher das Schwert in die Hand nehme, auch durch das Schwert umkomme. Es ging die Geschichte vom edlen Ritter auch recht böse aus. Anders als Luther starb Hutten einen schändlichen Tod, er erlag in der Reichsacht als Flüchtling auf einer Insel im Zürichsee den Folgen seiner Syphiliserkrankung. Erasmus hatte sich zuletzt geweigert, ihn zu empfangen. Die frommen Frauen von Zürich kamen dann heraus und pissten gründlich auf das Grab des Ketzers.[31]

Mehr als ein halbes Jahr wird schon verhandelt, wie mit Martin Luther zu verfahren sei. Rom erwartet den Widerruf, die Exekution des Kirchenrechts im Allgemeinen und der Bannbulle im Besonderen, das heißt die Auslieferung des überführten Ketzers. Sie wird nur aufgehalten durch den deutschen Rechtsvorbehalt. Der Kaiser, eben in Aachen gekrönt, aber noch nicht vom Papst, ist als frommer Mann selbstverständlich bereit, dem Befehl aus Rom zu willfahren, schon allein weil ihm, anders als es sein Kanzler Glapion glauben machen wollte, das Aufbegehren des Mönches völlig unbegreiflich ist. Allerdings begreift er sehr wohl, dass es sich hier um eine Revolte in einem Teil seines Großreichs handelt, in den er sich teuer genug eingekauft hatte und den er ruhigzustellen hofft, um sich dringenderen Aufgaben zu widmen, vor allem der Auseinandersetzung mit Frankreich. Ein schlichter Widerruf würde ihm das vermeintlich kleine deutsche Problem vom Hals schaffen. Luther will aber nicht widerrufen, er will

Gehör, er will seine Gründe vortragen und gar nicht der Rebell sein,
der er längst geworden ist.

Das Argument Luthers, Spalatins, Friedrichs, dann der ganzen Fürs-
tenseite, dass Luther überhaupt nicht gehört worden sei, ehe der Bann
am 3. Januar 1521 wirksam wurde, ist bloß keines. Mit seiner Klage, er
finde kein Gehör beim Papst, beim Kaiser und bei den Reichsständen,
hatte Luther Gehör gefunden bei Hunderttausenden von Lesern. Sich
selber der Medienrevolution erst halb bewusst, nutzt er sie gegen die
alten Autoritäten, denen das neue Gewerbe zu unheimlich ist: Schon
dass es Bilder gibt, die jede Botschaft popularisieren und auch für Le-
seunkundige interessant machen, ist ihnen ganz und gar schleierhaft.

Mit seiner Unverfrorenheit, nach einer öffentlichen Disputation in
Heidelberg und Leipzig, nach einer Anhörung beim Kardinal Cajetan
in Augsburg und als Autor, der inzwischen eine Auflage von einer
halben Million erreichte, noch immer zu behaupten, er finde kein Gehör, hat Luther alle überwältigt. Die Flugschrift «An den Christlichen
Adel teutscher Nation: von des Christlichen standes besserung» wirkte wahrhaft umstürzlerisch, weil sie unter anderem forderte, dass der
Papst keine Macht über den Kaiser haben solle. Die Schrift über die
«Babylonische Gefangenschaft der Kirche» erregt ebenfalls Aufsehen
in ganz Europa, da Luther mit seiner Einschränkung der Sakramen-
tenlehre endgültig mit der Kirche und ihren Dogmen bricht. Auch
wenn er behauptet, er habe sich nur *in disputatione* mit den Kollegen Bibelgelehrten über Lehrsätze der Kirche und der Konzile austauschen wollen und dass es ihm jetzt «außerordentlich leid tut, daß
dieses Büchlein [über den Ablass] so herausgegangen ist»[32], hat Luther
den universitären Diskurs doch längst verlassen und spricht von der
Gutenberg-Kanzel zum gemeinen Volk. Er sucht dessen Zustimmung
gegen die Obrigkeit. Dr. Martin Luther kann aber nicht anders, er besteht auf einer quasiakademischen Auseinandersetzung.

Und Luther hat Glück. Friedrich und seine Berater haben aus
staatsvernünftigem Eigennutz dafür gesorgt, dass der Kaiser sich an
das hält, was er anderthalb Jahre zuvor in der «Wahlkapitulation» be-

schworen hatte: dass ein Deutscher, genauer ein Bürger in einem der deutschen Teilstaaten, erst angehört werden müsse, ehe das päpstliche Urteil an ihm vollzogen werden kann. Der Kaiser erhält sein Mandat, Luther soll also keine Gelegenheit zur Disputation erhalten, aber mit freiem Geleit auf den Reichstag geladen werden. Er sollte «durch etlich gelerte und der sach verstendige, so darzu verordent werden sollen, gehört, das verstehen sie, di stend, gefragt, aber mit im kainswegs disputirt werden»[33]. Die Lage sei nämlich ernst, sagen «di stend», der «gemeine Mann», angestachelt durch des Luthers neumodische Lehren, rege sich an allen Ecken und Enden des Reiches, sodass «unruhe und entborungen [Entbehrungen]»[34] drohten, wenn Luther nicht die Achtung erwiesen werde, die er sich mittlerweile im Land erworben hat. Und so wird er nach Worms zitiert, wo man eine «erkundigung» von ihm verlangt.

In England, schreibt der Beobachter Tunstall an seinen König, sollte man besser kurzen Prozess machen. Ihm ist die ins Lateinische übersetzte Schrift, die Luther zur Begründung seiner Verbrennungsaktion herausgebracht hat, in die Hände gefallen. Er leitet sie an Heinrich VIII. weiter. Seine Majestät solle «alle Drucker und Buchhändler zu sich bestellen und ihnen strikt untersagen, irgendeines seiner Bücher in England herauszubringen oder zu übersetzen»[35].

Am 26. März wird ein kaiserliches Mandat angeschlagen (das ist notwendig, um Rechtskraft zu erlangen und um zu belegen, dass es sich um ein öffentliches Verfahren und keinen Geheimprozess handelt), in dem Luther auf den Reichstag geladen wird, wo ihm Gelegenheit gegeben werden soll, zu widerrufen. Er wird ein Schreiben erhalten, das ihn mit «Ersamer, lieber, andechtiger» anredet, denn auch ein Kaiser muss einem Gottesmann gegenüber die Höflichkeit wahren und ihm zubilligen, dass seine Lehre, und sei sie noch so irrig, das Ergebnis frömmster Überlegungen ist. «Der Leren vnd Buecher halben» und um «erkundigung von dir zuempfahen, Haben wir dir herzekumen»[36] befohlen, schreibt die kaiserlich-königliche Majestät nach Wittenberg und versichert, er müsse sich «auch kains gewalts

oder vnrechtens besorgen». In einem weiteren Schreiben werden die
Amtsträger und Honoratioren, deren Lande Luther wird passieren
müssen, aufgefordert, ihn ungehindert ziehen zu lassen, obwohl er
und seine Schriften durch öffentlichen Anschlag bereits gebannt sind.
Die Ladung befremdet nicht wenige unter den Ständen, stehen sie
doch auf Luthers Seite und erwarten, dass ihm – als einer eigenen
Partei – das verlangte Gehör gewährt werde, wovon aber längst nicht
mehr die Rede ist. Von einer Disputation erst recht nicht. Luther wird
im Benehmen mit dem Kurfürsten, seinem Kanzler Gregor Brück
und Spalatin die Sache selber in die Hand nehmen müssen. Die drei
überlassen Luther die Entscheidung, ob er überhaupt kommen wolle.

Bereits im Januar 1521 hat Georg Spalatin seinem Friedrich einen
«Gedenkzettel» für den Reichstag in Worms aufgesetzt, der die Punkte
auflistet, auf die er achthaben sollte, wenn er mit den anderen Fürsten
verhandelt und vor allem im Umgang mit dem Kaiser. Alles läuft auf
den Schluss zu, dass er auf den Ketzer vertrauen könne. Der wisse sich
zu schlagen, vor allem sei er seinen Gegnern überlegen, wenn es in
einem Verhör um die Auslegung der Schrift gehe. «Summa summa-
rum: ich halt, der pater [Luther], komm es zu ordentlicher verhor, werd
allen seinen widerwertigen mit gegrundther schrift vil zu geschickt
sein»[37]; wenn es zu einem ordnungsgemäßen Verhör kommt, schreibt
Spalatin, bin ich mir sicher, dass der Mönch keine Mühe haben wird,
sich seiner Widersacher mit Verweis auf die Schrift zu erwehren.

Das Zaudern Roms bei der Kaiserwahl, die vergleichsweise langsame Ausfertigung der Bulle, nachdem Interventionen nichts bewirkt
hatten, all das hat dafür gesorgt, dass Luther vor allem während des
Jahres 1520 so viel Ruhm erntete, dass er jetzt als Held nach Worms
reist. Er glaubt sich auf dem Weg zu einer schriftgelehrten Auseinandersetzung und ist gewiss nicht wenig geschmeichelt, vom Kaiser persönlich zu einer «erkundigung» bestellt worden zu sein. Wie hätte er
auch ahnen können, dass er unter keinen Umständen in den Genuss
der verlangten Disputation gelangen, sondern nur huldvoll die Gelegenheit zum Widerruf bekommen soll?

Luther kannte selbstverständlich die Geschichte des Tschechen Jan Hus, der etwas mehr als ein Jahrhundert zuvor unter freiem Geleit, das ihm der deutsche König Sigismund zugesichert hatte, aufs Konzil nach Konstanz geladen wurde. Dort wusste die Versammlung der Bischöfe und Kardinäle unter kaiserlicher Schirmherrschaft nichts Eiligeres, als den frommen Mann ins Gefängnis zu werfen und nach etlichen Monaten feierlich auf dem Scheiterhaufen zu verbrennen. Man hatte ihn angehört, ihm aber den Rechtsbeistand verweigert. Er hatte keine Möglichkeit erhalten, seine Aussagen zu belegen. Der Mord an Hus, denn selbst nach den rechtlichen Begriffen des 15. Jahrhunderts war es nichts anderes, bildete die Voraussetzung für die Wiedervereinigung der Kirche nach einem hundertjährigen Schisma.

Der böhmische Rebell hatte allerdings den Fehler begangen, selber an die Kurie zu appellieren und damit die Aufmerksamkeit Roms auf sich zu lenken. Da er in der Landessprache, Tschechisch, predigte, machte er sich zusätzlich unbeliebt, zumal die deutschen Kaiser im 15. Jahrhundert Prag als ihre wichtigste Residenz sahen. König Sigismund verständigte sich mit dem Gegenpapst Johannes XXIII. (einem von drei gleichzeitig amtierenden Päpsten) darauf, Hus auf das Reformkonzil nach Konstanz zu laden. Der König gewährte ihm freies Geleit und hielt es nicht ein. Johannes XXIII. verfügte auf dem Konzil über keine Unterstützer mehr und floh, Hus wurde zum Widerruf aufgefordert, missbilligte die Ablasspraktiken der Kirche aber weiterhin und bestand darauf, von der Gehorsamspflicht in Fällen, da ihre Vertreter selber im Stand der Todsünde lebten, ausgenommen zu sein. Sigismund fürchtete seine Rückkehr nach Böhmen und ließ ihn vom Konzil zum Tode verurteilen. Am 6. Juli 1415 wurde er bei lebendigem Leib verbrannt.

«Sie gingen herum und schürten die Knochen mit Stangen zusammen, damit sie umso schneller zu Asche würden», so schildert es ein Beobachter. «Und als sie sein Haupt fanden, teilten sie es mit einer Stange in Stücke und warfen es wieder ins Feuer. Da sie aber unter den inneren Organen sein Herz gefunden hatten, spitzten sie eine Stange nach Art eines Spießes an und befestigten am Ende das Herz, brannten es besonders und schüttelten es beim Verbrennen mit Stangen und machten schließlich jene ganze Masse zu Asche.»³⁸ Hemd und Schuhe, alles warfen sie mit ins Feuer, damit nur ja keine Reliquien an den Toten erinnerten, und versenkten den Aschehaufen im Rhein.

In Ulrich von Richentals Chronik des Konstanzer Konzils züngeln nicht bloß die Flammen des Scheiterhaufens hoch zum gefesselten Ketzer; sie zeigt auch, wie die Knechte den erwähnten Aschehaufen auf eine Schubkarre laden. Hus starb nicht für sich allein, er diente als abschreckendes Beispiel. Ein Ketzer war er, der sich an der Kirche versündigt hatte, indem er sich auf das Wort der Schrift, auf Christus berufen und der Kirche vorgeworfen hatte, was erst hundert Jahre später zur vollen Blüte gedieh: dass sie den göttlichen Auftrag vernachlässige und mit Simonie, Unkeuschheit und Geldgier das Heil der Menschen gefährde.

O ja, die Kirche hatte Entgegenkommen gezeigt. Man hatte Hus eine Widerrufsformel vorgelegt, doch er weigerte sich, sie auszusprechen, weil es das Ende der Wahrheit bedeutet hätte. Bis 1519 war Luther seiner Kirche insofern treu geblieben, als auch er Jan Hus für einen Ketzer hielt. Mittlerweile galt er ihm als echter Märtyrer, und so war Luther bereit, sich in der Manier von Hus für seinen Glauben, für das, was er als richtig und unhintergehbar erkannt hatte, zu opfern.

Der Kaiser hat ihm den Reichsherold Kaspar Sturm geschickt, der zum Ingrimm Aleanders im Januar Johannes Fabers nationaldeutscher Gedenkrede in Worms so begeistert applaudiert hatte. Sturm ist «lebenslänglicher Diener» beim Kurbischof von Mainz. Als Herold des aus Spanien kommenden Kaisers trägt er den schönen Beinamen «Germania genand Teutschland» und soll dem Ketzer, der in diesem Land längst als Held gilt, das freie Geleit nach Worms sichern.

Das freie Geleit galt bei einem Ketzer nicht viel. Trotz der beständigen Rechtshändel und juristischen Neudefinitionen, in denen sich ein modernes System noch längst nicht herausgebildet hatte, war einer

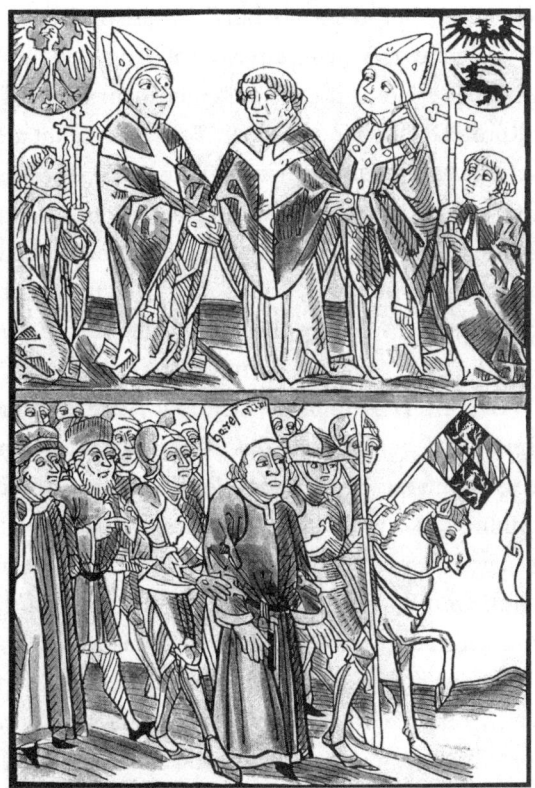

Dieser Holzschnitt aus dem Jahr 1483 zeigt Luthers
Vorgänger Jan Hus, wie er 1415 auf dem Konzil in Konstanz entkleidet und zum Scheiterhaufen geführt wird.

schnell vogelfrei, wenn das obwaltende Regime es so wollte. Luther
hatte zwar den Tod zu fürchten, um seinen Ruhm aber brauchte er
sich nicht zu sorgen.

Luther will den Auftritt um jeden Preis, doch als man ihn abholt, wird er
krank vor Angst: Magenbeschwerden, Schweißausbrüche, Schwindel-
anfälle, die ewige Verstopfung, die jetzt chronisch wird. Am Dienstag
nach Ostern, es ist der 2. April 1521, brechen sie von Wittenberg nach
Worms auf: Luther, Justus Jonas, der neue Propst der Wittenberger

Schlosskirche, und Hieronymus Schurff, Professor der Rechte an der Universität Wittenberg. Es wird ein Triumphzug, wie ihn noch kein Normalsterblicher erlebt hat. Dass er keiner mehr ist, wird jeden Tag deutlicher. Konrad Peutinger wird einem Freund erstaunt melden, dass der Bettelmönch im Wagen angefahren kommt. Es ist aber keine Kutsche, sondern nur ein einachsiges Rollwägelchen, in dem Luther reist. Die Stadt Wittenberg, die so stolz ist auf ihren mittlerweile deutschlandweit bekannten Mitbürger, hat es ihm spendiert und ihm zum Abschied außerdem ein Geschenk überreicht.[39] Auch wenn er noch tonsuriert ist und nach wie vor die Kutte des Augustinermönchs trägt, ist Luther bereits ein Herr und, wie sich zeigt, eine Erscheinung. Die Städte auf seinem Weg empfangen ihn wie einen Staatsgast, mit großer Zeremonie wird ihm zur Begrüßung Wein kredenzt; in Naumburg erhält er ein Bildnis des «christlichen Savonarola» mit der Mahnung, «er möchte bey der erkannten Wahrheit mit breitem Fuß aushalten; denn sein Gott würde mit ihm seyn, und fest bey ihm stehn und halten».[40]

Wer ihn noch nicht von dem Bild kennt, das Lucas Cranach von ihm verbreitet, kann den Ketzer, den Heiligen, den Märtyrer jetzt als Prediger erleben. Wenn er auf die Kanzel steigt, sind die Kirchen überfüllt. In Erfurt, wo er studiert hat und sechzehn Jahre zuvor ins Kloster eingetreten ist, feiern ihn die Humanisten als ihren Helden. In einem feierlichen Zug ist ihm eine Abordnung der Universität entgegengekommen, der Rektor Crotus Rubianus, ein Studienfreund Ulrich von Huttens, an der Spitze von vierzig Reitern. Luther hält die Predigt und läuft sich warm: «Ich will die warheit sagenn unnd muß es thun, darumb stehe ich hie und nym nicht gelt darumb»[41]; Geld, das er, als inzwischen hochberühmter Mann, ohne weiteres beanspruchen könnte. Wenn wir dem göttlichen und nicht dem menschlichen Gebot folgen und den rechten Glauben haben, so schließt er seinen Sermon, «so geben wir nichts umb menschengesetz, so komet dan der bapst und vorbant uns, so seyen wir in goth vorknüpfft, das wir alles unglückes, bann, gesetz gantz nicht achten»[42]. Sein Reich, das sollte jedem klarwerden, ist nicht von dieser Welt.

Die Empore im Dom droht einzustürzen, aber dann hält sie doch stand, denn wo Luther weilt, liegt Gottes Segen drauf. Es werden bereits Oden auf ihn gedichtet. Eobanus Hessus stellt ihn noch über Erasmus und lässt den Erfurter Flussgott aus der Gera steigen, um die neue Wahrheit zu offenbaren: «Dieser Mann hat als erster begonnen, den Schafstall Christi zu säubern und hat verkündet, die Hirten der Schafe sind Wölfe.»[43] Es ist nichts Geringeres als die Umwertung aller Werte, und alles, alles sein Werk.

Aber Luther ist in schlechter Verfassung. In Eisenach befällt ihn «eine gählige und heftige Krankheit»[44], wie ein Chronist berichtet. Luther ist erst siebenunddreißig Jahre alt, nicht bloß hager, sondern vom Klosterleben und den Anstrengungen der letzten Monate so ausgezehrt, dass die Wangenknochen durch die Haut drücken. Die Augen liegen tief in den Höhlen, der Blick ist so jenseitig, wie Cranach ihn gezeichnet hat, so erleuchtet, als erwarte er sein nahes Ende. Man muss Angst um ihn haben, vielleicht sogar vor ihm. Körperlich ist er durch die Jahre im Kloster bereits so vorgeschädigt, dass der Laie nur staunen kann, woher er diese ungeheure Kraft nimmt. «Ich hette mich beizeite zu tode gefastet»[45], wird er seinen Tischgästen später berichten. Die ewigen Nachtwachen, das schon zur Regelmäßigkeit gewordene unregelmäßige Leben, vor allem das religiös begründete Fasten im Wahn seines Näher-zu-Gott-Eiferns haben Luther vor der Zeit erschöpft. In Eisenach lassen sie ihn zur Ader, das Allheilmittel der Zeit. Er blutet den angeblichen Überdruck aus, was ihn und vor allem seinen Körper ein wenig beruhigt; die Fahrt nach Worms kann fortgesetzt werden, und gleich Paulus auf dem Weg nach Rom predigt er weiter.

Die Verstopfung hört nicht auf, ihn zu quälen, denn er hat, wen wundert's, furchtbare Angst. Und wieder beruft er sich auf seinen liebsten Eideshelfer. Der Teufel ist schuld an allem, auch an seiner Angst: «Ich komme, mein Spalatin», schreibt er von Frankfurt aus, «obgleich der Satan versucht hat, mich durch nicht bloß eine Krankheit daran zu hindern. Denn auf dem ganzen Wege von Eisenach bis

nach hier war ich unwohl und bin's noch, auf mir vordem unbekannte Art.»[46] Der Arzt Hans-Joachim Neumann diagnostiziert die unbestimmte «gählige Krankheit» 1995 als Roemheld-Syndrom – Erkran-
kungen im Bereich des Verdauungskanals, die funktionelle Herz- und
Kreislaufstörungen auslösen.[47] Das würde Luthers häufige Schwindel-
und spätere Ohnmachtsanfälle erklären. Die Reise nach Worms ist
der Beginn einer kaum fassbaren Kranken- und Leidensgeschichte,
die erst nach fünfundzwanzig Jahren, mit seinem Tod, ein Ende findet.

Über Verstopfung klagten auch andere dauersitzende Autoren wie
Gustave Flaubert, Franz Kafka oder Robert Musil. Bei Luther wird es
(neben der Suche nach dem gnädigen Gott und der Gewissheit, dass
überall der Teufel lauert) das bestimmende Lebensthema. Wenn man
bei ihm nicht den hellen Wahn diagnostiziert, wie es Erasmus bald tat
(«von Gemütskrankheit befallen und vor Hass verrückt»), dann ist es
die Darmträgheit, an der er permanent leidet.

In Worms wird er auf widerstreitende Interessen treffen. In seinem
umfangreichen Brief vom 13. April nach Rom erzählt Aleander auch
die neuesten Gerüchte über Luthers Fortkommen weiter. So wurde
ihm zugetragen, dass der Ketzer in Erfurt gefeiert worden ist und dass
der kaiserliche Herold Luthers Reise zu einem «Triumphzug» werden
lasse, bei dem «alle Welt, Knaben und Mädchen, Alte und Junge ihm
entgegenströmten».[48] In zwei Tagen werde er erwartet.

Auch auf einer der letzten Stationen, in Frankfurt, wird er am
14. April begeistert empfangen, doch die Gegner schweigen keineswegs. Es ist Sonntag, und Johannes Cochläus, der Dechant des Lieb-
frauenstifts, predigt gegen Luther und seine antipapistischen Lehren.
Er wird sich zu seinem ärgsten publizistischen Feind entwickeln. Die
Patrizier überreichen Luther Südfrüchte und den besten Wein als
Gastgeschenk.

In beinah letzter Minute wird noch versucht, Luthers Auftritt zu
unterbinden. Eine direkte Konfrontation von Kaiser und Untertan,
Rom und Deutschland, weltlicher Macht und Glauben des Einzelnen
soll mit allen Mitteln abgewehrt werden; eine Konfrontation, bei der

allen Beteiligten bewusst ist, dass sie den Ketzer aus der Provinz der denkenden Welt auf die größtmögliche Bühne heben wird. Martin Bucer soll ihn im Guten am Betreten der Reichsstadt Worms hindern. Der Dominikaner war Zeuge der Heidelberger Disputation und fortan für die Luthersache gewonnen. Mittlerweile hat er den Orden verlassen. Bucer ist einer der eifrigsten Unterstützer des Reformators und hat deshalb Angst um ihn. Er reist Luther entgegen und trifft ihn in Oppenheim, wo er ihn auf Sickingens Ebernburg einlädt. Luther lehnt ab, er will unbedingt Gehör finden, er will in Worms auftreten, der Reichstag soll seine neue Kanzel sein.

Am 6. April erscheinen die kaiserlichen Räte Jean Glapion und Paul von Armstorf (Armstorffer) auf der Ebernburg und verhandeln mit Franz von Sickingen und Ulrich von Hutten über die Möglichkeit, Luther, der unbestimmten Aufenthalts ist, sich aber ganz gewiss bereits im Anzug befindet, in der «Herberge der Gerechtigkeit» unterzubringen und damit doch noch aus der Öffentlichkeit zu entfernen. Das Gehör, nach dem es ihn so verlangt, so das Argument der Räte, könne ihm doch auch abseits von Worms gewährt werden, und über Zugeständnisse ließe sich reden. Aber sie kennen Luther nicht einmal, sie ahnen nichts von seinem Eifer, seinem heiligen Feuer, sie sehen nur den Flächenbrand, den er ausgelöst hat.

Glapion und Armstorffer bieten Hutten ein kaiserliches Dienstgeld,[49] das der mittellose Ritter annehmen muss, ein Faktum, das der in Hutten so verliebte Biograph David Friedrich Strauß in seiner Biographie 1858 lieber verschweigt. Sickingen und Hutten erklären sich bei diesem Handel bereit, Abstand zu Luthers kirchenfeindlicher Grundeinstellung zu halten – dabei war Hutten weit ärger gegen den Papst vorgegangen als Luther – und zumindest während des Reichstags auf Luther unterstützende Polemik zu verzichten.

Selbstverständlich gibt es auch den Versuch, die Quelle allen Übels stillzulegen. Luther, so munkelt man, solle bestochen, solle mit der Mutter Kirche durch ein klerikales Amt versöhnt und damit aus dem Verkehr gezogen werden. Sogar Kardinal hätte er werden können, behauptet diese nicht sehr fromme Legende; eine andere weiß von einem Priorat, das man ihm hätte zuschustern wollen, das Augustinerkloster Ehrenbreitstein. Friedrich der Weise habe den Kollegen Kurfürsten von dem Angebot erzählt, meldet Nuntius Aleander, in der Hoffnung, dass alles erfunden sei, dass man in Rom nicht wirklich darüber nachdenke, den Ketzer zum Kirchenmann zu erheben.[50] Auch der Chronist Wilhelm Rem weiß von einem Gesandten des Papstes, der Luther, wenn er denn abstehe von seinen Thesen, zum Bischof machen wollte, bei einem garantierten Jahreseinkommen von viertausend Gulden. Sogar von einer Verdoppelung ist die Rede, «er hat aber nicht gewelt»[51]. Martin Luther ist in dieser durchkommerzialisierten Welt, in der sich das Seelenheil in der gleichen Währung wie der Ertrag der Annaberger Silberminen berechnen lässt, der Einzige, dem Geld und Gut nichts, wirklich überhaupt nichts bedeuten.

Mit der ungeheuren Zustimmung, ja, Liebe, die ihm unterwegs entgegenschlägt, hatte er niemals gerechnet. Wohl verhandelte er, wenn auch nur vermittelt, mit seinem Kurfürsten fast von gleich zu gleich, wohl wusste er die nicht zuletzt durch ihn prosperierende Universitätsstadt Wittenberg hinter sich, es hatten ihn auch schmeichelhafte Briefe von Erasmus wie von Staupitz erreicht, und nach der feierlichen Verbrennung der päpstlichen Bulle hatte ihn keineswegs der Blitz getroffen, kein strenges Kommando hatte ihn nach Rom entführt, aber dass er für die Gläubigen, für die reformbegierigen Christen bereits der Heilsbringer, ein Retter und Messias war, hatte er sich nicht träumen lassen. Die Luther-Legende beginnt mit diesem zweiwöchigen Zug von Wittenberg durch Mitteldeutschland an den Rhein. Als er in Worms eintrifft, ist Luther ein Mann des Volkes geworden, über den die kaiserlich-päpstliche Obrigkeit nicht mehr nach ihrem Gutdünken verfügen konnte. Er ist zwar körperlich geschwächt, gleichzeitig aber durch die volkstümliche Zustimmung euphorisiert wie nie.

FÜNFZEHNTES KAPITEL

Im Gewissen gefangen

KING CLAUDIUS
At supper! where?
HAMLET
Not where he eats, but where he is eaten: a certain
convocation of politic worms are e'en at him. Your
worm is your only emperor for diet: we fat all
creatures else to fat us, and we fat ourselves for
maggots: your fat king and your lean beggar is but
variable service, two dishes, but to one table:
that's the end.

WILLIAM SHAKESPEARE: «HAMLET», IV, 3

Das Geleit, vom Kaiser schriftlich garantiert, hält bis Worms, dann wird es ernst; aber niemand ist ernster bei dieser Sache als Luther, der sich von seinen Reisebeschwerden wundersamerweise wieder erholt hat. «Er must vnd wolt hinein, vnd wen so viel Teuffel drinne weren als ziegeln auff den dechern»[1], lässt er sich noch Jahre danach, 1540, in den Tischreden vernehmen. Der Teufel als Widersacher saß gleich vervielfacht in Worms, aber diesmal rührt er vom brüderlichen Spalatin her, der Luthers briefliche Ankündigung «intrabimus Wormatiam invitis omnibus portis inferi et potestatibus aeris» – «wir wollen nach Worms hinein, und wenn sich auch alle Pforten der Hölle und die Gewaltigen der Luft widersetzen» – so griffig übersetzt hat.

Als Luther am 16. April endlich das antiklerikale Worms erreicht, wird er als Messias gefeiert. Sein Auftritt beginnt als buntes, mittelalterliches Spektakel, und es scheint sich zu bewahrheiten, was Aleander drei Monate zuvor an Johannes Eck geschrieben hat, dass nämlich «nicht nur alle Menschen, sondern auch Steine und Bäume nach Luther schreien», diesem «Verderben bringenden Ungeheuer von einem Menschen»[2]. An die hundert Bewaffnete haben ihn bis zum Stadttor geleitet, acht Berittene schützen ihn, bis er zu seiner Herberge gelangt ist. Wieder hat Aleander Grund, sich bei dem ganzen Treiben fassungslos zu zeigen. Beim Aussteigen aus dem Rollwägelchen, so meldet er es am gleichen Tag nach Rom, habe ausgerechnet ein Priester den Ketzer umarmt und sein Gewand berührt, und im Weggehen habe sich dieser Kirchenmann benommen, «als hätte er eine Reliquie des größten Heiligen in Händen gehabt»[3]; eine Beobachtung, die nicht dafür spricht, dass der päpstliche Legat selber noch aus vollem Herzen an den Reliquienkult glaubt, den Luther so entschieden kritisiert. Ein mit Schellen behangener Narr in bunten Sachen reitet vor ihm her und verkündet: «Aduenistj desiderabilis quem diu exspectabamus in tenebris.»[4] Ob der Narr tatsächlich so gebildet war, wie es ein unmittelbarer Augenzeugenbericht behauptet, ist gar nicht so wichtig, denn der Spaßmacher spricht heilige, prophetische Worte: «Ersehnter, auf den wir in der Finsternis so lange gewartet haben, bist du endlich angekommen.» Es ist die Formel, mit der in einem nichtkanonischen Teil der Evangelien Christus von Adam und Eva und den Patriarchen begrüßt wird, als er zwischen Kreuzestod und Auferstehung in die Vorhölle, ins Fegefeuer, hinabsteigt, um den dort Eingeschlossenen die Erlösung zu bringen. Blasphemie ist das und gleichzeitig ein Ausdruck der Hoffnung, dass in Luther ein neuer Christus erstanden sein möge, der die wahrhaft Gläubigen aus der Dunkelheit ans Licht führt. Ein Holzschnitt aus dem Jahr 1524 zeigt tatsächlich «Das volck in der finsternyß», wie es an Luther appelliert: «Martine / kumm zuhülff vns armen / laß vnser elend dich erbarmen. / Das wir so lang gelegen sindt / jnn finsternyß / vnnd worden blind. / Durch menschen leer /

gsatz vnnd gebot / das wir nit mehr erkanthant got.» Aleander, dramatisch wie stets, fallen vor allem Luthers «dämonische Augen» auf und dass er damit beim Aussteigen um sich geblickt und die selbstbewussten Worte gesprochen habe: «Gott wird mit mir sein.»[5]

Das bestätigt sich sogleich in einer vielfach überlieferten Szene der Heiligenlegende, die den Nimbus zeigt, der Luther als Heilsbringer umgibt. Man reicht ihm, angeblich zur Begrüßung, ein Glas Wein. Er stellt es kurz ab, worauf der Boden platzt und der Wein vergossen wird – so gefährlich ist der Mann bereits, dass man ihn vergiften will. Eine höhere Macht hat ihn gerettet.

Der Kurfürst logiert in einer besseren Herberge und vermeidet es auch dieses Mal, seinem «münch» zu begegnen. Luther wird mit der kursächsischen Delegation im Johanniterhof untergebracht, wo er sich mit zwei anderen Männern eine Schlafkammer teilt. In dem vielstimmigen und hoffnungslos überfüllten Worms ist er eine Hauptattraktion. Neugierige aus der Stadt und auswärtige Gäste besuchen ihn – der Herzog Wilhelm von Braunschweig, Graf Wilhelm von Henneberg oder der Landgraf Philipp von Hessen, der sich mit dem Satz verabschiedet haben soll: «Habt ihr Recht, Herr Doctor, so helfe euch Gott.»[6] Auch Johannes Cochläus schaut vorbei, der bereitwillig den päpstlichen Geheimagenten macht. Konrad Peutinger erlebt eine fröhliche Berühmtheit, die aber auf dem Boden geblieben ist. «Ich hab yn nit anderst gefunden und gesöhen, dann das er guter ding ist. Was furter aus der sach wird muß man gewarten.»[7]

Aleander findet den Jubel, mit dem Luther empfangen wird, unerhört, noch mehr aber erzürnt ihn der verbale Gewaltrausch, in den sich Hutten von seiner Burg aus hineinsteigert. Mit Sickingen zusammen hatte Hutten angekündigt, demnächst, schon ganz bald, einen Überfall auf die Stadt Worms (sechs Meilen entfernt!) zu unternehmen und sämtliche Nuntien, Prälaten und Priester umzubringen. Die Luft kocht in Worms, und der Reichstag verhandelt im Bewusstsein der Gefahr.

Sickingens Drohung, er werde womöglich eingreifen, Huttens

Als Luther Worms am 16. April 1521 erreicht, ist er ein Volksheld, der gefeiert wird, als wäre er der Messias. Holzstich nach einem Gemälde von Konrad Weigand.

Dauerpolemik, nominell in der Sache Luthers, aber dringlicher noch für ein von Rom befreites Deutschland, die Erwartungen, die ihm entgegengebracht werden – all das hat Luthers Anliegen inzwischen zu mehr als einem Tagesordnungspunkt unter vielen werden lassen. Auf dem Reichstag geht es um den Romzug des Kaisers, die Türkensteuer, das Reichskammergericht, um unendlich viele Fehden und Streitigkeiten, die beigelegt sein wollen. Ein Thema muss vordringlich behandelt werden, doch auch hier ist Luther mit im Spiel. Karl V. hatte sich zwei Jahre zuvor bei seiner Wahl verpflichten müssen, gegen die Monopole vorzugehen, «die grossen geselschaften der kaufgewerbsleut, so bisher mit irem gelt regirt, gar abethun» zu wollen.[8] Der Handel mit bestimmten Waren soll verboten werden; man macht die großen Gesellschaften für die allgemeine Teuerung, die Inflation, verantwortlich.

Die Fugger sind ein populärer Feind, sie werden stellvertretend für die gefürchtete Macht der großen Handelshäuser angegriffen. Die Fugger, erklärt Hutten in vertrauter literarischer Wut, seien die großen Räuber, nicht etwa kleine Adelige wie er und Sickingen, der tatsächlich Raubzüge unternahm. Beständig wettert Hutten gegen die «romanisten und curtisanen»[9] an der Kurie und fasst seine Tirade knapp und sehr griffig zusammen: «Ein merklich menige und anzal der aller boßhafftigsten menschen geet zů Rom durch hilff unsers gelts und gůts müssig.»[10] Sie leben fett von unserem Geld, meint er, und die Fugger schämen sich nicht, da mitzutun, sondern ziehen es auch noch für sie ein.

In seinen polemischen Dialogen «Febris prima» und «Febris secunda» (1519 und 1520) wünscht ihnen der tatsächlich fieberkranke Hutten dafür die Pest an den Hals. Wenn die Seuche den Cajetan verschont, soll sie sich doch einen anderen Herd suchen, zum Beispiel die Fugger, die, wie er in seiner Syphilisschrift behauptet, ihren Reichtum überwiegend dem Gewürzhandel verdanken. Die alten Germanen, das berichte doch schon Tacitus, hätten es noch verstanden, einfach zu leben. Erst unter dem Einfluss der Römlinge drohte den lieben

Deutschen die Verweichlichung. Durch den ausländischen Einfluss und die Geldgier der Handelshäuser seien die Deutschen dem einfachen Leben entwöhnt worden: «Den ächten alten Deutschen diente nach Plinius, wie noch jetzt Vielen, Haberbrei zur Nahrung. Wir hingegen speisen überseeische Bissen, die wir für so unentbehrlich halten, daß es bei unsern Hausvätern Grundsatz geworden ist, was hier wächst zu verkaufen, um jenes Fremde einzuhandeln. Nichts anderes hat die Fugger so reich gemacht, welche, während wir unsres Leibes pflegen, allein in Deutschland Geld und kostbare Häuser besitzen. Denn so sehr sind diese Diener unsrer Lust emporgekommen, daß ihr Vermögen für größer als das eines jeden von unsern Fürsten geschätzt wird.»[11]

Zumindest diese letzte Feststellung ist eine exakte Beschreibung der Verhältnisse in Deutschland, wo sich die Könige seit dem 13. Jahrhundert bei den Reichsstädten, dann bei den großen Handelsgesellschaften verschulden müssen, die sich durch ihre hohe Liquidität innerhalb weniger Jahre zu Universalbanken entwickelt haben. Ohne das Fugger-Geld hätte der Papst keine Schweizergarde, könnte Frankreich keine Kriege um Neapel führen und gäbe es keinen Kaiser Karl. Ohne die Mithilfe der überkapitalisierten Fugger, das ist ein Glaubenssatz, auf den sich alle deutschen Fürsten einigen können, ganz gleich ob sie mit Luther sympathisieren oder ihn am liebsten sofort brennen sehen würden, ohne die global und eben nicht deutsch agierenden Fugger wäre die Kurie gar nicht in der Lage, zur Prachtentfaltung des Papstes deutsches Geld nach Rom abzusaugen. Höchste Zeit also, den Fuggern «ein zawm ynsz maul» zu legen.

In königlicher Manier ist Jakob Fugger der Einladung auf den Reichstag gar nicht erst gefolgt. Konrad Peutinger, europaweit bekannter Gelehrter und als Intellektueller neugieriger Leser der inzwischen nur mehr antirömisch oder doch antiklerikal zu verstehenden Thesen Luthers, vertritt in Worms die Interessen der Stadt Augsburg, in der die Fugger, Welser, Langenmantel und Rehlinger mit internationalen Geschäften reich geworden sind.

In dem großen Humanisten Peutinger hat Fugger den besten Anwalt gefunden, denn für ihn werden die reichen Kaufleute ärger behandelt als «straßrauber»[12], eine Schutzbehauptung, um den drohenden Angriff auf ihre Monopolstellung abzuwehren. Die Fugger befinden sich in einer günstigen Verhandlungsposition, weil in Worms nebenbei auch über die bisher aufgelaufenen Schulden und die Rückzahlungsmodalitäten beraten werden muss, zumal der Kaiser darüber hinaus erheblichen Finanzbedarf für künftige Unternehmungen angedeutet hat. Karl V. weiß genau, wem er seine Erwählung zu verdanken hat, sodass Peutingers Argument, den Städten drohe bei einem Angriff auf die Monopole der wirtschaftliche Niedergang, vom Verlust vieler Arbeitsplätze ganz zu schweigen, am Ende obsiegt.

In Worms weht ein strenger Wind, und nicht für jeden kündigt er die Freiheit an. Welche Freiheit überhaupt, für wen und von wem? Man fürchtet einen Aufstand der Untertanen, denen die Abgaben abgepresst werden, die dann nach Rom fließen und in die eigene, zunehmend verschwenderischer gestaltete Hofhaltung. Aber Luther fehlt in jenen Tagen jedes politische Bewusstsein für das, was über seinem Kopf verhandelt wird. Der fröhliche Bettelmönch, abgezehrt und krank, wie er auch sein mag, weiß nicht, was er tut, und weiß es doch ganz genau, als er gegen das große Geld, gegen die widerstreitenden Interessen, gegen alle politischen Ränke zwischen Rom und Deutschland allein sein Gewissen setzt.

Auf dem Reichstag ist niemand dabei, der weniger fromm als Luther gewesen wäre, der nicht an Gott und folglich ans Jüngste Gericht samt allen erdenklichen Höllenstrafen geglaubt hätte. In ihrer Freude an großen Zahlen hatte die scholastische Arithmetik auch das Verhältnis zwischen Geretteten und Verdammten errechnet: Bis einer eingeht ins Himmelreich, mussten sechzigtausend in die Hölle. Jeder Fürst und Bischof, und sei er sonst in seinem Tagesgeschäft noch so verschlagen, intrigant, machthungrig, ehebrecherisch oder futterneidisch, war doch um sein Seelenheil besorgt, fürchtete Hölle und Teufel und war deshalb bemüht, viele gute Werke zu tun, also Altäre zu stiften, Klöster auszustatten und geistliche Ämter einzurichten. In der *Causa Lutheri* ging es jedoch weder der Kurie noch den versammelten Reichsständen um theologische Feinheiten, auch nicht um Glaubensfragen und schon gar nicht darum, ob Luther gläubiger Christ war. Seine Zweifel am Ablass sprengten längst den Kirchenraum. Der Mann stellte, ohne das überhaupt beabsichtigt zu haben, die Machtfrage.

Natürlich ist auch der Kaiser fromm, mindestens so fromm wie sein Großvater Maximilian, doch selbst wenn ihm die mystische Theologie Luthers nicht völlig fremd gewesen sein kann, sieht er in ihr vor allem das aufrührerische Potenzial und bemerkt zugleich, wie seine Fürsten sich mit Luther als Rammbock gegen seine Idee einer Universalmonarchie zur Wehr setzen wollen.

Der Papst hat sich nicht mit einem deutschen Kaiser abgefunden, der ihm seine Vormacht in Italien streitig machen könnte. Die Kurfürsten haben Karl zwar zum Kaiser gewählt, aber sie wollen ihm die Macht nicht zugestehen, jedenfalls sind sie nicht bereit, etwas von ihrer eigenen abzugeben. Diese Partikularinteressen sind kaum übereinzubringen, werden aber gegen den Kaiser aus dem Ausland erbittert verteidigt. Der Kaiser strebt ein politisches Bündnis mit dem Papst an, eine weitere Heilige Liga, um gemeinsam die Franzosen aus Italien zu vertreiben. Albrecht von Brandenburg steht der Sinn nach noch mehr Ämtern. An einem weiteren Bistum würde er Gefallen finden, außerdem wäre er liebend gern päpstlicher Legat für ganz Deutschland, denn er hat noch immer kein Geld, aber ein unstillbares Repräsentationsbedürfnis. Wenn er Legat würde, hat er den Papst wissen lassen, könnte ihn das dazu bewegen, wieder ganz auf die Seite Frankreichs zu treten. Andererseits hat Albrecht überhaupt keine Lust, auf die römischen Über- und Untergriffe gegen Luther und seinen Studienfreund Hutten einzugehen. Friedrich kokettiert, wie im späteren Historiengemälde, noch immer mit der Krone, jene, die er zwei Jahre zuvor ausgeschlagen hatte, weil er sich zu alt und zu gebrechlich fühlte. Der Kurfürst von Brandenburg und sein Bruder,

der Kardinalerzbischof Albrecht, hatten sich beide drei Jahre zuvor von Frankreich dafür bezahlen lassen, dass sie für Franz I. als deutschen Kaiser stimmen würden. Wie würde sich Frankreich verhalten, wenn es jetzt zum Eklat kam?

Dazwischen steht Luther als politische Spielfigur. Die Welt von Worms ist groß und wunderbar: Heinrich VIII. von England schmerzt nach wie vor, dass er die Kaiserkrone, die man ihm angeboten hatte, am Ende doch nicht erlangen konnte – als Trost bereitet er die Verlobung seiner fünfjährigen Tochter Mary mit dem noch unverehelichten einundzwanzigjährigen Kaiser vor. Der englische Gesandte berichtet das tolle Gerücht nach Hause, dass Luther dem Kaiser die Aufstellung einer Armee von hunderttausend Mann offeriert habe, um damit gegen Rom zu ziehen.

Und Luther redet vom Gewissen.

Die Umstände wirken sich zwar alle zu Luthers Gunsten aus, doch das Interesse an einer gelehrten Disputation ist gering. Die Fachleute sind nicht gefragt. Obwohl Peutinger und Hutten, der sogar im Namen seines ehemaligen Dienstherrn Albrecht, um ihn warben, hatte der Ur-Reformator Erasmus von Rotterdam lieber Angst und blieb dem Reichstag fern. «Luther war ein großer Mensch und Erasmus war nur ein großer Kopf», schreibt der Kulturhistoriker Egon Friedell. «Es ist ihm niemals in den Sinn gekommen, auch nur für eine einzige seiner Ideen Zeugnis abzulegen.»[13]

Luther hätte nichts lieber getan, aber sie wollten ihn nicht lassen. «Ich meinet, Kais. Maj. sollt ein Doctor oder fünfzig haben versammlet und den Münch redlich überwunden», schrieb er hinterher an Lucas Cranach. «So ist nichts mehr hie gehandelt denn so viel: Sind die Bücher dein? Ja. Willtu sie widerrufen oder nicht? Nein. So heb dich! O wir blinden Deutschen, wie kindisch handeln wir und lassen uns so jämmerlich die Romanisten äffen und narren!»[14]

So wird man Deutschmeister und Religionsgründer, und nichts davon hatte Luther beabsichtigt. Die Revolution, die er angefacht hat, ist aber gar nicht mehr zu kontrollieren, in ganz Europa ist sie bereits zu spüren. Am 16. April 1521, am Tag von Luthers Ankunft in Worms, meldet Richard Pace, der Staatssekretär Heinrichs VIII., Kardinal Thomas Wolsey, den er heimlich mit Informationen über den englischen König versorgt, dass Heinrich das Buch studiert, das sein Botschafter Cuthbert Tunstall so sehr empört hatte, dass er es verboten haben wollte, «De captivitate Babylonica ecclesiae». Heinrich schreibt am 21. Mai 1521 an den Papst, dass es seit dem ersten Auftreten sein, Henrys, Anliegen gewesen sei, diese Ketzerei «auszurotten».

Mit seinen letzten Schriften hatte sich Luther so weit außerhalb der offiziellen Lehre gestellt, dass ihm kein Kirchentreuer mehr folgen konnte. Der Heiligen Mutter Kirche, für die die Beichte mit Reue und Buße zu den Sakramenten gehört, wäre es jedoch ein Leichtes, einem Sünder, so er sich zu seiner Verfehlung bekennt, zu vergeben. Es erspart den Beteiligten die Folter und am Ende die Hinrichtung, für die die Kirche entgegen umlaufenden schwarzen Legenden im Jahr 1521 gar nicht mehr sadistisch genug aufgelegt ist, schon gar nicht bei einer europäischen Berühmtheit wie Luther.

Am Nachmittag des 17. April wird er endlich vorgeladen. Der Reichsherold und der Reichserbmarschall erscheinen in seiner Herberge und geleiten Luther zum Bischofssitz. Der Jurist Hieronymus Schurff wird ihm als Beistand zugesellt. Luther hat sich für den Auftritt vor dem Kaiser und den Reichsständen eine extra große Tonsur schneiden lassen, um in demütigem Stolz auf seinen herausgehobenen Stand als Mönch zu verweisen. Aleander nimmt ihn deshalb nicht ernst. Ein hagerer Mönch, was ist das schon, selbst wenn er dämonische Augen hat? «Der Narr war mit lachender Miene eingetreten und hatte in Gegenwart des Kaisers fortwährend den Kopf bewegt, hierhin und dorthin, auf und nieder»[15], beobachtet der siegesgewisse Nuntius. Alles geht seinen geregelten, den kanonischen Gang des Ketzerverfahrens. Es muss juristisch unanfechtbar geführt werden, kirchlichen und weltlichen Ansprüchen ist gleichermaßen zu genügen. Luther ist von Rechts wegen, jedenfalls nach römischer Observanz, ein verurteilter Verbrecher, und dem Urteil soll jetzt die Strafe folgen. Die ist im Auftrag des höchsten geistlichen Richters vom höchsten weltlichen Richter zu exekutieren.

Der Kaiser beaufsichtigt das Verfahren. Vom Papst ist Luther bereits mit dem Bann belegt, Karl verhängt zusätzlich (und hier als Sachwalter der Kurie) die Reichsacht, vorher jedoch muss er den Gebannten wenigstens anhören.

Da Karl V. als Majestät den Ketzer nicht direkt ansprechen kann, ist es Johannes von der Ecken, der Offizial des Kurerzbischofs von Trier, der Luther in seinem Amt als Orator des Kaisers fragt, ob er sich zu all den Schriften bekenne, die unter seinem Namen erschienen sind. Aleander nennt Ecken einen «höchst gewissenhaften Mann» (wie Paul Kalkoff ohne Ironie übersetzt), aber er weiß so wenig wie Luther, dass der Orator für seine Mittlerdienste bei der Kaiserwahl zweitausend Gulden erhalten hat, das Zwanzigfache von dem, was die Universität Wittenberg einem Professor als Jahresgehalt zahlt. Mit seinem Lob meint Aleander allerdings ein anderes Verdienst: Ecken habe in Trier die ketzerischen Bücher so gründlich verbrannt, «daß auch nicht eins übrig blieb»[16]. Nach Aufforderung des Juristen Schurff werden sämtliche zweiundzwanzig Titel laut vorgelesen, auf Lateinisch und Deutsch, harmlose Texte wie «De bonis operibus» ebenso wie die drei radikalen von der Freiheit des Christenmenschen, der Babylonischen Gefangenschaft und die Adelsschrift. Das entspricht dem vorgegebenen Procedere. Auf Lateinisch und Deutsch werden die Fragen an Luther gerichtet, und zum Zeichen, dass er sie verstanden hat, muss er sie wiederholen. Luther bestätigt nicht nur die Autorschaft an seinen Texten, sondern erklärt frohgemut, dass er sogar noch mehr veröffentlicht habe. Ob Zufall oder nicht: «Der Wormser Bücherstapel enthielt», wie der Kirchenhistoriker Bernd Moeller bemerkt hat, «lauter unverurteilte Texte.»[17]

Und, fragt der kaiserlich-fürstbischöfliche Orator den Autor, sei er bereit zu widerrufen, was er da geschrieben habe? Der Mönch soll abschwören.

Er will aber nicht abschwören.

Luther will nicht, aber er spricht es vorsichtshalber nicht gleich aus. Offenbar wird er jetzt doch von großer Angst befallen. «Daruf hat der Luther mit fast niddergelassener stim, das man in auch in der nehe nit wol horen mogt, und als ob er erschrocken und entsatz wer [...] geredt», bemerkt Philipp Fürstenberg, der Gesandte der Stadt Frankfurt.[18] Das ist recht ungewöhnlich für einen lebenslangen Prediger, aber Schrecken und Entsetzen sind nur menschlich bei dem, was da passiert: Ein Mönch wird einer peinlichen Befragung unterzogen, bei der allerdings auf die tatsächliche Anwendung von Gewalt («peinlich» bedeutete damals schmerzhaft) wegen der Rechtsoberhoheit des Reichskollegiums verzichtet wird.

Der Mönch bittet um Bedenkzeit.

Das verdirbt nicht nur dem Orator das Konzept, es passt überhaupt nicht in das geplante Verfahren. Dem Angeschuldigten wird vorgehalten, dass er wahrlich genug Zeit für Vorbereitung und Bedenken habe in Anspruch nehmen können. Schließlich waren seit Verkündung der Bannandrohungsbulle mehr als neun Monate vergangen; Luther war längst exkommuniziert, weil er unnachgiebig geblieben war und sich den ungeheuren Affront geleistet hatte, diese Bulle, «Exsurge Domine», zu verbrennen. Nun, da er in Worms ist und sich unter dem Schutz des mächtigsten deutschen Fürsten befindet, des ehrwürdigen Friedrich, will man sich aber großmütig zeigen und gewährt ihm den erbetenen Aufschub von vierundzwanzig Stunden, auch wenn die Fristverlängerung allen sinnlos erscheinen musste. Es gibt nur Ja oder Nein: Würde er widerrufen oder nicht? Ein Drittes ist nicht vorgesehen.

Der Orator Ecken entlässt ihn, bittet ihn jedoch zu bedenken, dass der Welt «von wegen ewer leer», wegen seiner Lehren, Zwietracht, Aufruhr, Empörung und Blutvergießen erwachsen sei, er aber «dürch abgang ewer püecher» Abhilfe schaffen könne.[19] Es ist das bekannte Lied – widerrufen, abschwören, tätige Reue, und alles ist wieder gut. Nur schwingt bei den deutschen Fürsten wie beim Kaiser eine Begleitmusik mit: die nicht unbegründete Angst vor dem echten Aufruhr, den die Ketzerschriften verursacht haben. Aleander hat schließlich drastisch davor gewarnt. Jetzt glaubt der Nuntius, triumphieren zu dürfen. «Beim Weggehen schien er nicht so heiter zu sein», ja, närrisch und besessen erscheine Luther selbst seinen Anhängern. «Jedenfalls hat er in jeder Hinsicht viel von seinem früheren Ansehen eingebüßt.»[20] Aber so kann man sich täuschen: Ganz gewiss hat Luther seine Anhänger enttäuscht, die, wie er, eine scholastische Verteidigung seiner Schriften oder wenigstens eine Wiederholung seiner landesweit bekannten Thesen erwartet hatten. Luther hatte offensichtlich nicht damit gerechnet, dass mit ihm kurzer Prozess gemacht werden sollte, eine administrative Lappalie, erledigt am Nachmittag um vier Uhr, ehe der Reichstag sich wieder wichtigeren Dingen zuwenden kann. Aleander täuscht sich noch mehr in Friedrich, dem er die Aussage zuschreibt, der «Schuft von einem Mönch» verursache ihm Beschwer und Verdruss und sei ihm mit seinen «schwärmerischen Ansichten viel zu weit gegangen»[21]. Das mag so sein, aber der Taktiker Friedrich, der seinem Schützling hier in Worms zum ersten und einzigen Mal begegnet, wird deshalb keineswegs sein wertvollstes politisches Kapital aufgeben. Ganz gleich, wie Karl und seine klerikalen Berater entscheiden werden, Friedrich hat bereits gesiegt, indem er Luther diesen Auftritt vor dem Kaiser ermöglicht und Karl damit gezeigt hat, dass auch der Kaiser sich mit der Tatsache abfinden muss, dass die Fürsten in Deutschland die Oberhand haben und sie auch behalten wollen.

Dramaturgisch bringt die Vertagung ein retardierendes Moment. Martin Luther hat Schwäche gezeigt und seine Position nicht dadurch verbessert, dass er den Reichstag jetzt noch länger beschäftigt als ohnehin schon. Über die folgende Nacht ist wenig bekannt. Mit Sicherheit hat sich Luther mit seinem Reisebegleiter Justus Jonas beraten, auch mit Hieronymus Schurff. Er wird, wie er es immer getan hat, viel gebetet haben. Die ausführlichen Stoßseufzer, die angeblich so laut aus seiner Stube drangen, dass sie von Freund und Feind mitgeschrieben werden konnten, sind reine Erfindung. Luther arbeitet an seiner Verteidigung. Ein Bruchstück davon ist überliefert, das Konzept der Rede, die zu halten er sich gegen die kaiserlich-kurtrierische Absicht vornimmt. Hat Spalatin ihn ermuntert? Ausgeschlossen ist, dass Friedrich in irgendeiner Form einen kurfürstlichen Schutzmantel über ihn gebreitet hätte. Der Mönch muss sich allein vor dem Reichstag behaupten. Die Prozedur wird ihren Verlauf nehmen und ist mittlerweile nicht mehr zu beeinflussen. Luther ist dennoch entschlossen, das Heft in der Hand zu behalten. Er ist im Glauben, er würde in eine Disputation eintreten, nach Worms gekommen. Sie wird ihm verwehrt, aber er gibt nicht auf und möchte zumindest eine Erklärung abgeben. Von seinem Entwurf sind nur wenige Zeilen erhalten, doch die sind bedeutend, weil sich wieder etwas meldet, das ihm weder Jonas noch Schurff bieten können: das Gewissen. Als Begründung für seine Bitte um Bedenkzeit notiert er sich die Furcht, er könne «zcu uiel odder zcu wenig mit meynß gewyßenß versehrung handeln»[22]. Wenn er am Nachmittag weitergeredet hätte, so die Rechtfertigung, zu der er in diesen Stunden gelangt, dann hätte er womöglich Schaden an seinem Gewissen genommen.

In derselben Nacht hat er noch einen Brief an den Humanisten Johannes Cuspinian geschrieben und ihm versichert, dass er keinesfalls abschwören werde. Luther ist mit Cuspinian nicht persönlich bekannt, aber der Adressat ist berühmt. Er stammt aus Franken und ist in Wien zu einem der wichtigsten Berater Maximilians aufgestiegen. Dessen Vorgänger Friedrich III. hat ihn 1493 mit erst zweiundzwanzig Jahren zum *poeta laureatus* gekrönt. Cuspinian ist Mediziner, Jurist und in der klassischen Literatur zu Hause wie kaum ein zweiter. Auf dem Porträt, das der junge Cranach von ihm angefertigt hat, blickt er in den Himmel und betrachtet nicht nur den Vogelflug, sondern eine symbolische Menagerie, von einem Stern beleuchtet. Cuspinians Bruder, ein naher Verwandter jedenfalls, so beginnt Luther seinen Brief, habe ihn zum Schreiben angeregt. Luther freut sich, auf diese Weise die Bekanntschaft des Mannes zu machen, den er «nominis tui

celebritatem», seines berühmten Namens wegen, schon länger habe
kennenlernen wollen. Er selber ist ja nur ein Bettelmönch, doch kann
er dem Berater des mittlerweile verstorbenen Kaisers auch etwas bieten: «Zu dieser Stunde» sei er vor Kaiser und Reichsrat gestanden – er
erhöht die Versammlung gleich ins klassische «coram Caesare & se-
natu Romano» – und gefragt worden, ob er bereit sei, seine Bücher zu
widerrufen. Dass es die seinen seien, habe er zugegeben, zur Frage des
Widerrufs werde er sich am andern Tag, nach ausreichend Bedenkzeit,
noch gründlich äußern. «Verum ego ne aspicem quidem reuocabo
inaeternum, Christo quidem propitio»[23], wenn Christus mir gnädig
ist, werde ich wahrlich in alle Ewigkeit kein Jota widerrufen.

Gefestigt tritt Luther nach vierundzwanzig Stunden wieder vor die
Versammlung. Am Morgen hat die kaiserliche Seite über das weitere Vorgehen beraten. Der Kurfürst vermeidet es auch jetzt, offen für
seinen Professor einzutreten; er schweigt einfach und überlässt die
Betreuung seinen Beratern. Zu Aleanders zusätzlichem Ärger haben
Luthers Vertreter mit juristischer Spitzfindigkeit vorgeschlagen, dass
allenfalls Luther-Sätze, die Glaubensdinge betreffend, geahndet werden sollten, nicht solche, die sich gegen den Papst richten. Wenn der
Reichstag auch zuallerletzt für Glaubensfragen zuständig ist, so ließe
sich damit doch das Verbrechen der *laesae maiestatis* ungeschehen
machen, die bekannten Angriffe auf den Papst, und gleichzeitig wäre
dieser um seine Zuständigkeit gebracht. Es kommt aber anders.

Martin Luther darf endlich reden, aber es muss freie Rede sein,
er darf nichts ablesen, er soll um Himmels willen keine Erklärung
abgeben. Nachdem er, was seine theologischen Schriften gar nicht
erwarten lassen, gut huttensisch auf Deutsch begonnen hat, wird er
vom Kaiser aufgefordert, lateinisch fortzufahren, damit er sich verständlich mache. Es beginnt, vermittelt durch den Orator Ecken, ein
exklusives Zwiegespräch zwischen Mönch und Kaiser, dem kaum
einer der weltlichen und nur wenige der geistlichen Fürsten zu folgen
vermögen.

Der Orator wiederholt die Frage vom Vortag, ob er bereit sei, ab-

zuschwören. Luther hat seine Ausbildung nicht vergessen und weicht
mit großem Geschick aus. Anders als Aleander braucht er nicht mehrere Stunden, sondern nur zehn Minuten, um seine Position deutlich
zu machen. Luther teilt in seiner Antwort an «Eure geheiligte Majestät und Eure Herrschaften» seine Schriften, die Schriften, die er
widerrufen soll, weil es die seinen sind, in drei Gruppen ein. In die
erste gehören die Traktate, in denen er sich nur mit Glaubensfragen
befasst habe, also die Bibel, wie es sich für jemanden seines Amtes
geziemt, nach allen Regeln der Theologie ausgelegt, woran es nichts
auszusetzen gebe. Auch die Bulle des Papstes habe ihn da nicht in-
kriminiert. Wenn er das widerrufen müsse, dann müsse er, was ein
Vergehen gegen den Glauben wäre, gegen die «Wahrheit, die Freunde
und Feinde gleichermaßen bekennen»[24], verstoßen.

In die zweite Gruppe, erläutert er, fallen Schriften, die das Papsttum und das Treiben der Papisten betreffen. «Denn das kann niemand leugnen oder verbergen», so donnert er jetzt im Predigerton,
«daß die Gesetze des Papstes und die Menschenlehren die Gewissen
der Gläubigen elend in Fesseln geschlagen, mißhandelt und zu Tode
gefoltert haben und daß vor allem in dieser ruhmreichen deutschen
Nation Hab und Gut von unglaublicher Tyrannei ohne Ende und auf
unwürdige Weise verschlungen worden sind und noch verschlungen
werden.»[25]

Ein stenographisches Protokoll würde hier «Unruhe im Saal» verzeichnen, vor allem bei den auf Kaiserseite versammelten Theologen.
Schon dass Luther zunächst auf Deutsch auftrat, war eine Frechheit.
Er geht aber noch weiter, wenn er jene Bücher rechtfertigt, in denen
er den Papst zum Antichristen, zum Verderber der christlichen Lehre
und sich selber zum Anwalt deutscher Interessen macht. Der Kaiser,
an dessen «jungs edlisz blut», das so «viel hertzen zu groser guter
hoffnung erweckt», Luther bereits in der Adelsschrift appelliert hat,
will doch nach Rom ziehen, um sich vom Papst krönen zu lassen. Luther fordert den deutschen Kaiser deshalb im Sinn der Hutten'schen
«Invectiven» auf, es mit den Deutschen und nicht mit Rom zu halten.

Wenn die Verschwendung, die täglich an «substanntz vnd vermügen» der Deutschen geschehe, heißt es bei einem anderen Augen- und Ohrenzeugen der Rede, die Johannes Fabers flammenden Appell vom Januar aufzunehmen scheint, «nit abgestölt» werde, «wurd es ainen grossen abpruch am guet, mißprauch an allen tugenden vnd grosse verbürrung christenlichs pluets, auch verderbung teütscher nation pringen etc.»[26]

Schon ganz der Volkstribun, spielt er für die Ränge, wenn er von der «verderbung» der deutschen Nation spricht. Es hat sich tatsächlich eine Menge Volks in den Saal drängen können, und dieses Volk will wissen, wie mit seinem Helden verfahren wird. Die geforderte Disputation hat er nicht bekommen, aber er findet endlich Gehör und erläutert seine Haltung so verständlich, dass ihm alle, die Latein verstehen, folgen können. Sogar Dekrete der Kirche – Luther meint das Konstanzer und das Basler Konzil, deren Beschlüsse von den nachfolgenden Päpsten nicht mehr anerkannt werden – bestätigten, dass die Lehren des Papstes, wenn sie den Evangelien und den Lehren der Väter widersprächen, für «irrig und ungültig» anzusehen seien. Und damit gelingt ihm eine echte scholastische Volte: «Widerriefe ich daher diese Schriften», er meint seine anstößigsten, jene, die das Alleinvertretungsrecht des Papstes sowie dessen Deutungs- und Dekretierungshoheit angreifen, «so stärke ich die Tyrannei und öffne solcher Gottlosigkeit nicht nur die Fenster, sondern auch die Pforten.»[27]

Wie er es Cuspinian angekündigt hat, beharrt er auf seinen Schriften. Er geht sogar noch einen Schritt weiter, indem er die schädlichen Folgen eines Widerrufs erläutert: «Kraft dieses Widerrufes wird die Herrschaft ihrer hemmungslosen und straflosen Bosheit für das arme Volk noch viel unerträglicher und dabei noch gestärkt und befestigt werden, zumal wenn man sich brüsten kann, ich hätte das mit der Autorität Eurer geheiligten, durchlauchtigsten Majestät und des ganzen Römischen Reiches getan. Was für ein Schanddeckel, guter Gott, wäre ich da der Bosheit und Tyrannei!»[28]

Das ist der schneidige Ton des Landsknechts Hutten, der nicht weiß, wohin mit seinem Zorn. Es ist auch der erregte Ton eines Mannes, der sich im Recht und das Publikum auf seiner Seite weiß. Nach Zeugenaussagen soll der Kaiser bei diesem drastischen Angriff auf den Papst unruhig geworden sein und versucht haben, die undiplomatische Polemik zu unterbinden. Die Vorstellung, dass der Kaiser sich mit den deutschen Fürsten verbünden und sich in Luthers Sinn gegen den Papst stellen würde, mochte Hutten und zeitweise auch Luther hegen, aber sie war absurd, wenn nicht ahnungslos. Karl ist darauf nicht vorbereitet, niemals kann er diesem Eiferer, der sich für den Anlass sein strengstes scholastisches Gewand übergeworfen hat, in seinen aggressiven Vorstellungen nachgeben. Der noch ungekrönte Kaiser muss diplomatisch vorgehen, ist er doch der Beauftragte jenes Papstes, den Luther angreift. Und der Kirche geht es, das hat sich seit dem Konzil von Konstanz hundert Jahre zuvor nicht geändert, um Gehorsam, nicht um Wahrheit. Aber anders als in Konstanz kann die Kirche den Gehorsam ihrer Mitglieder, die immerhin darauf beharren, Gläubige zu sein, nicht mehr erzwingen.

Bleibe noch die dritte Gruppe, sagt Luther, die polemischen Schriften gegen die Männer, die es weiter mit dem Papst hielten. Auch hier, es tut ihm sehr leid, gebe es nichts zu widerrufen. Mit den Regeln der klassischen Rhetorik wohlvertraut, rechtfertigt Luther seine Angriffe mit dem Wettkampf – er habe sich zur Wehr setzen müssen im intellektuellen Streit. «Damit sy nit maynen, das er inen darauff nit wiste zu anntwurten»[29]; er hat seinen Gegnern jeweils schlagkräftig herausgegeben, wenn er sich dabei auch, das kleine Zugeständnis macht er dann doch, manchmal ein wenig im Ton vergriffen und Worte gewählt habe, wie sie für einen Mönch und Professor nicht angemessen seien.

Die Dreiteilung seiner Werke ist ein Trick, der ihm genau den argumentativen Vorteil verschafft, der ihm durch die Verweigerung einer Disputation abgeschnitten werden sollte. Dass er in der letzten Partie, rhetorisch nicht ungeschickt, sich zu Fehlern und Übertreibungen bekennt, gar zugibt, dass sich das, was er da gegen seine Kollegen im Streit um die rechte Auslegung polemisiert habe, weder mit seinem Mönchstum noch mit seiner akademischen Stellung vertrüge, geht dann schon unter. Auffällig ist allenfalls, dass er den einen Text, mit dem er sich endgültig von den Lehren der Kirche verabschiedet hat, die «Babylonische Gefangenschaft», nicht verteidigt. Den zweiten Tag schon hält er so auf dem Reichstag stand und bleibt bei seiner hochmütigen Botschaft, dass er derjenige sei, der das Recht auf seiner Seite habe. Johannes von der Ecken entgegnet ihm, dass ihn seine Argumentation nicht von anderen Ketzern unterscheide – er nennt die Waldenser, er nennt John Wyclif und Jan Hus –, die sich, wie er, auf die Schrift beriefen, das aber unrechtmäßig getan hätten, und im Übrigen, so sein schwaches und pauschales Gegenargument, sei das meiste von dem, was er sage, «längst synodal verurteilt» worden. Vergeblich hoffe er auf eine Disputation über Dinge, «die du mit gewissem und ausdrücklichem Glauben zu glauben verpflichtet bist»[30]. Es geht also wieder einmal um Gehorsam, um Unterwerfung unter die Lehren der Kirche, denen ihr eminenter Theologieprofessor und Mönch bis zum Sommer 1517 bedingungslos folgen konnte. Ecken verlangt erneut den Widerruf oder doch eine klare Aussage, dass er, Luther, zum Widerruf nicht bereit sei.

Er ist es nicht. «Wenn ich nicht durch Schriftzeugnisse oder einen klaren Grund widerlegt werde – denn allein dem Papst oder den Konzilien glaube ich nicht, da es feststeht, daß sie häufig geirrt und sich auch selbst widersprochen haben –, so bin ich durch die von mir angeführten Schriftworte bezwungen. Und solange mein Gewissen durch die Worte Gottes gefangen ist, kann und will ich nichts widerrufen, weil es unsicher ist und die Seligkeit bedroht, etwas gegen das Gewissen zu tun.»[31] In anderen Berichten macht er gleich den Hus und ist bereit, für seine Erkenntnisse gebraten zu werden. Sollte sich herausstellen, «das er jerret», wenn er also widerlegt werde, so dröhnt er mit einem Pathos, das erst Schiller und Kleist wieder aufbringen, «so wolt er sich selbst willigklich in das feur ergeben».[32]

Frecher geht es nicht. Es ist der große Moment des Protestantismus, denn was erhofft sich das Mönchlein vom gottähnlichen Kaiser,

Als Luther 1521 vor Karl V. erscheint und abschwören soll, beruft er sich auf sein Gewissen. Dem hat auch der Kaiser nichts entgegenzusetzen.

der sich anderthalb Jahre zuvor seinen Titel für eine Unsumme gekauft hat und jetzt aufbrechen will zu neuen Taten, neuen Kriegen, immer mit dem Gold aus Südamerika im Hintergrund und den leeren Beuteln in Deutschland vor sich? Luther nimmt gegen diese weltliche Macht, sie mag sich noch so sehr auf einen geistlichen Auftrag berufen, eine quasiarchimedische Position ein. Luther ist nicht von dieser Welt, in der er sich doch verantworten soll (hier wechselt er blitzschnell aus dem Habit des Gelehrten in den Umhang des tiefgläubigen Christen), vielmehr *capta conscientia in verbis Dei*, durch die Worte Gottes ein Gefangener seines Gewissens. In einer anonymen Flugschrift, die einen etwas anderen Wortlaut aus Worms überliefert, wird ebenfalls betont, dass ihn «sein aygen gewissen vnd conscientz dahyn gewisen»[33]. So wenig ist der Begriff «Gewissen» im Deutschen eingebürgert, dass der Protokollant wie schon der Nürnberger Humanist Lazarus Spengler auf das lateinische Ausgangswort von der «conscientz» zurückgreift.

Johannes von der Ecken versucht es noch einmal im Guten und
fordert Luther auf, sein Gewissen aus dem Spiel zu lassen («Depone
conscientiam, Martine»), wozu er durch seinen Gehorsam, den er der
Kirche und ihren Lehren schulde, ohnehin verpflichtet sei. Sein Gewissen sei im Irrtum, und – er kehrt Luthers Formel um und wendet
sie gegen ihn – «es wird für dich sicher und heilsam sein zu widerrufen»[34]. Aber Luther, der eine unhintergehbare und unbezweifelbare
Instanz gefunden hat, kann gar nicht widerrufen. Er ist nicht bloß
Gefangener seines Gewissens, sondern auch Getriebener des Wortes,
das von niemand anderem als von Gott kommt.

1521 kennt die Welt noch nicht den protestantischen Dreischritt,
der 1557 in der kolorierten Bilderfolge in Ludwig Rabus' «Historien
der Heyligen Außerwölten Gotteszeügen» auftaucht: «Hie stehe ich /
Ich kann nicht anders, / Got helffe mir Amen.» (Wenn überhaupt,
müsste er es nicht in bestem Latein gesagt haben? Denn wie hätte ihn
der Kaiser sonst verstehen können?) In der Flugschrift heißt es: Wenn
er nicht widerlegt werde, «so wil ich die nit widerrüeffen, sunder mich
got beuelchent [befehlend] (qui me adiuuat), der wöl mier helffen»[35].
Spalatin überliefert nur: «Gott helf mir. Amen.» Peutinger hingegen
will einen Stoßseufzer gehört haben: «Got kum mir zu hilf!»[36]

Ganz gleich, wie sprichwörtlich und auf die Nachwelt bedacht er
diese letzten Worte tatsächlich formuliert hat – so mit der Majestät zu
reden hatte noch niemand gewagt. Hofnarren dürfen sich vielleicht
so wenig ehrerbietig aufführen, aber keine Untertanen, die obendrein
bereits verurteilt sind, und schon gar kein Verbrecher und Blasphe-
miker, der gegen kirchliches und kaiserliches Gebot antrotzt. Möglich
war der Auftritt nur wegen der deutschen Sonderrechte im Heiligen
Römischen Reich von Gnaden eines imperialen Gottesstaats. Dass
Luther bald seine eigene Theokratie aufrichten wird, weiß in Worms
noch niemand.

«Ich bin hindurch, ich bin hindurch», soll er nach seinem Auftritt
gesagt haben. Bei Aleander reckt er auch noch triumphierend die
Hand in die Höhe, «wie die deutschen Landsknechte pflegen, wenn

sie im Kampfspiele über einen wohlgelungenen Hieb frohlocken».[37]
Einen ordentlichen Abschied wird er dennoch vom Kaiser erbeten
haben, der womöglich sprachlos war, während sich die Reichsstände
noch Luthers Latein von ihren mitgebrachten Gelehrten übersetzen
ließen. Jedenfalls sind es seine Anhänger, die ihn bejubeln und die
Arme emporrecken, während ihn die spanischen Reitknechte ins
Feuer wünschen.

Das Feuer, der Scheiterhaufen, kommt hundert Jahre nach dem
Verbrechen an Jan Hus nicht mehr in Frage, zumindest nicht für einen
Mann, der im diplomatischen Ausgleich zwischen den Interessen der
Kurie, des Kaisers und der Reichsstände eine viel zu wichtige Rolle
spielt. Die mediale Öffentlichkeit hält ihn am Leben. Zahlreiche Flug-
schriften berichteten über den Auftritt in Worms. Spalatin übersetzte
Luthers im Wesentlichen auf Lateinisch vorgetragene Rede, auch der
Trierer Offizial verbreitete seine Version. Er war kein unbekannter
Dorfpfarrer aus Böhmen, ein Ausländer, der aufs Konzil gerufen wor-
den war, sondern ein sprachgewaltiger Lehrer, der Gott und wenigstens einen Teil der widerborstigen Fürsten auf seiner Seite hatte.

«Wol» geredet habe er vor dem erlauchten Publikum, sagt der
Kurfürst später, doch er fügt hinzu: «Er ist mir vil zu kune»[38], viel zu
kühn, zu frech war er ihm; eine Aussage, die auch eine gewisse An-
erkennung für diese Kühnheit birgt. Bereits 1524 soll es «Ain hübsch
Evangelisch Lied» gegeben haben, das dergestalt anhub: «Martin
Luther ist ein köner Mann, / Ein groß spil hat er gefangen an». Das
Grimm'sche Wörterbuch nennt als Beispiel einen Satz von Luther:
«Lasz mich küne sein, alle menschen zu strafen und zu überzeugen
das sie sünder sind.»

Seinem weltlichen Herrn mag er zu impulsiv, zu wenig beherrscht
erschienen sein, Luther selber fand später, er sei zu vorsichtig aufgetreten, zu seinem Leidwesen vom Rat seiner Freunde gedämpft. Sein
Gewissen quäle ihn, schreibt er Spalatin im Herbst 1521, weil er in
Worms «meinen Geist gezügelt habe, statt mich vor jenen Götzen als
neuer Elias zu betätigen»[39]. Die Identifikation mit dem Propheten aus

dem Alten Testament mag für jemanden naheliegen, der sich in seiner Isolation auf der Wartburg an Elias erinnert fühlt, den auf seinem Rückzug von der Welt die Raben ernähren müssen. Die Gleichsetzung seiner päpstlichen Widersacher mit den Baalspriestern («Götzen»), die das Volk Israel vom Glauben an Jahwe abbringen wollen, spricht aber bereits für ein gewaltiges Bewusstsein der eigenen Bedeutung. Der Prophet Elias hatte die Kleriker der Unfähigkeit und Schwäche überführt und sie dann umbringen lassen. Zu gerne hätte Luther das göttliche Strafgericht auf die Versammlung herabgewünscht. Worms war eine verpasste Chance, wie sie sich sein Lebtag nicht mehr bieten wird. Offenbar hat Luther mittlerweile Geschmack an solchen Auftritten gewonnen. Er freue sich auf eine weitere, bessere Gelegenheit, schreibt er seinem Spalatin und ahnt nicht, dass ihm das große Podium, wenn auch bloß zu seinem Schutz, lebenslang versperrt bleiben wird.

Wenn er schreibt, ihn quäle das Gewissen, «vexor conscientia», dann ist das eine ganz neue Kategorie, die nicht nur aus dem politisch-wirtschaftlichen Rahmen der Reichstagsverhandlungen fällt, sondern zum Leitbegriff einer erneuerten Religiosität wird. Das Gewissen kann sich nichts und niemandem in der hiesigen Welt unterwerfen.

Karl seinerseits kann gar nicht anders, als den päpstlichen Bann nun auch kaiserlich zu exekutieren. Luther ist für ihn ein Satan, der Antichrist persönlich, ein Reichsfeind, und das nicht nur, weil ihn der Papst mit ähnlichen Begriffen abqualifiziert und aus der Kirche ausgestoßen hat. Luthers Weigerung, die Angebote, die ihm die Kirche, vertreten durch ihn, machte, überhaupt zu prüfen, muss Karl persönlich gekränkt haben, er reagiert mit absolutem Unverständnis, das sich zeit seines Lebens nicht mehr auflösen wird. Noch in seiner Abdankungsrede 1556 in Brüssel spricht Karl davon, dass er «mit Gottes Hilfe nie aufgehört» habe, «meinen Feinden zu widerstehen und mich zu bemühen, die mir gewordene Sendung zu erfüllen».[40] Dem Chronisten Santa Cruz zufolge zeigt er dieses Sendungsbewusstsein bereits 1528, als er seine Räte zum Zug nach Italien auffordert: «Ich schwöre zu Gott und seinem Sohne, daß nichts in der Welt mich so bedrückt wie die Häresie Luthers und daß ich das Meinige dafür tun werde, daß die Historiker, die von der Entstehung dieser Ketzerei in meinen Tagen erzählen, auch hinzufügen, daß ich alles dagegen unternommen habe; ja, ich würde in dieser Welt geschmäht und im Jenseits verdammt werden, wenn ich nicht alles täte, die Kirche zu reformieren und die verfluchte Ketzerei zu vernichten.»[41]

In seiner Erklärung vom 19. April 1521 kontert der Kaiser nicht mit seinem Gewissen, wird aber dennoch persönlich, wenn er die katholische Tradition beschwört und sich auf die der eigenen Vorfahren und die seiner Vorgänger im Kaiseramt beruft. Der spanische Generalinquisitor Adriaen Floriszoon Boeiens, der den König in dessen Abwesenheit vertritt, sowie der spanische Staatsrat haben ihn in einem Schreiben daran erinnert, dass die *reyes católicos* es immer für ihre erste Pflicht betrachtet hätten, die Ketzerei auszurotten.[42] Sie meinten damit allerdings eine andere Form der Ketzerei: Karls Großeltern Isabella und Ferdinand war 1492 nach einer langen *reconquista* die Vertreibung der Mauren gelungen; mit ihnen wurden auch die Juden aus Spanien vertrieben.

Der Kaiser ist ein frommer Mann, der ganz im Geist des Mittelalters Religion und Frömmigkeit als Staatsreligion versteht und sich selber als Beschützer und Bewahrer des Christentums. Sein Lehrer, der inzwischen zum Kardinal und Gouverneur avancierte Holländer Floriszoon Boeiens, hatte Karl im Geist der *devotio moderna* erzogen, einer rigiden, wenn auch nicht notwendig kirchentreuen Frömmigkeit. Daher entwirft der einundzwanzigjährige Kaiser, der die Verhandlungen um den Ketzer bisher Mittelsmännern und Kanzlisten überlassen hatte, nach Luthers Auftritt eine eigenhändige Erklärung, mit der er sich ausdrücklich gegen Luthers Widerständigkeit stellt. Bereits zu Beginn seiner Herrschaft, auf diesem Reichstag in Worms, geht es Karl offenbar um seinen Platz in der Geschichte, wo er doch «von den allerchristlichsten Kaisern der edlen deutschen Nation, von den katholischen Königen Spaniens, den Erzherzögen Österreichs, den Herzögen von Burgund» abstamme, die, und das ist die entscheidende Botschaft, «die alle bis zum Tod treue Söhne der Römischen Kirche gewesen sind; immer Verteidiger des Glaubens [...], zur Ehre Gottes, Mehrung des Glaubens und zum Heil der Seelen»[43]. Er sei deshalb entschlossen, alles aufrechtzuerhalten, was seine Vorgänger bestimmt hätten, angefangen von den Entscheidungen auf dem Konstanzer Konzil, für das Jan Hus brennen musste. «Denn es ist gewiß», erklärt er nach gewundenen, aber juristisch unerlässlichen Arabesken, «daß ein einzelner Ordensbruder irrt mit seiner Meinung, die gegen die ganze Christenheit ist sowohl während der vergangenen tausend und mehr Jahre als auch in der Gegenwart; dieser Ansicht nach wäre die ganze genannte Christenheit immer im Irrtum gewesen und würde es noch heute sein»[44].

Das ist herrscherlich gesprochen und dabei nicht unvernünftig. Karl schlägt (symbolisch) lieber diesem einzelnen Ordensbruder das Haupt ab, als dass die ganze Christenheit unter der Häresie litte. Sonst handelte es sich um eine Rebellion, und zwar nicht nur gegen sein eigenes Amt, sondern auch gegen die «edle und gerühmte deutsche Nation», der er als Kaiser ebenso wie dem katholischen Papst als Schutzherr dienen darf. Von Luthers Einreden, seinem stärksten politischen Argument, dass es der «mißprauch an allen tugenden vnd grosse verbürrung christenlichs pluets» sei, der die «verderbung teütscher nation» bringe, will er nichts wissen.

Vielmehr bedauert er, dass er Martin Luther so lange hat gewähren lassen, weshalb er jetzt entschlossen ist, mit aller Macht «gegen den genannten Luther und seine falsche Lehre vorzugehen» und alles daranzusetzen, «meine Königreiche und Herrschaften, meine Freunde, meinen Leib, mein Blut, mein Leben und meine Seele»[45]. Luther war bereit, sich in Worms töten zu lassen, und zumindest in der aufgebrachten Rhetorik des bedingungslos Überzeugten steht ihm Karl V. nicht nach. Inmitten der heillosen Betriebsamkeit des Reichstags haben sich zwei antagonistische Brüder im Glauben gefunden. Noch ehe er den Feldzug gegen Frankreich um die Vorherrschaft in

Europa beginnt, erklärt der deutsche Kaiser der Luther'schen Häresie den Krieg.

«Denn es wäre eine große Schande für mich und für Euch, die edle und gerühmte deutsche Nation, die wir durch Privileg und einzigartiges Prestige berufen sind zu Verteidigern und Schutzherren des katholischen Glaubens, wenn zu unserer Zeit nicht allein Häresie, sondern schon Häresieverdacht oder eine Minderung der christlichen Religion nach uns bleibt in den Herzen der Menschen, zu unserer und unserer Nachfolger ewigen Unehre.»[46]

Es gilt die «Unehre» gegen den «Schanddeckel», ein Ehrenduell zwischen zwei ungleichen Großgeistern. Erst durch seine vierzehntägige Anreise hat Luther erfahren, wie mächtig seine noch längst nicht gegründete Gegenkirche bereits ist. Er braucht nicht mehr als sein Ich, und nicht einmal das besitzt er, denn er ist ja gefangen im Wort Gottes. Jeder Gedanke an die Zukunft, daran, wie großmächtig der Protestantismus noch werden wird, liegt ihm fern. Karl dagegen denkt in historischen Dimensionen, er verteidigt nicht etwa sich, sondern seinen Glauben, nicht seine Herrschaft, sein Königsamt, sondern die Ehre eines Reiches und einer Nation, der er als bisher Letzter in einer langen Reihe vorsteht, aus der auszutreten für ihn das Schlimmste wäre. Es gilt Ehre, Geschichte, Tradition – katholisches Kaisertum gegen das Gewissen.

Doch ahnt Karl nicht, dass Luther sich neben die tausend Märtyrer stellt, die er im Begriff ist, dem Christenvolk zu rauben, ein Bekenner, der bereit ist, vor Herrscherthronen seinen Glauben zu verteidigen und dafür notfalls Leib und Blut zu opfern, etwas, das Karl allenfalls rhetorisch anbieten kann. Was einst die römischen Christenverfolger Nero und Diokletian waren, das sind für Luther deren Nachfolger in Rom, die Päpste, die so weltlich agieren, dass ein Dauerapokalyptiker wie Luther in ihnen selbstverständlich nur den Antichrist sehen kann.

Martin Luther mag keine Ahnung von Politik haben (der intellektuell verkleidete Machthunger beispielsweise seines Zeitgenossen Machiavelli könnte ihm fremder nicht sein), aber er hat in Worms die bestehende Weltordnung sogar noch gründlicher umgestürzt, als es ihm der gute Gregorovius später zuschreibt. «Der 17. und 18. April, wo Luther im Dom zu Worms vor Kaiser, Fürsten und Ständen die Unbesiegbarkeit eines sittlich freien Menschen aussprach», schwärmt Ferdinand Gregorovius nicht ganz ohne Berechtigung, «sind Tage des hellsten Glanzes in der Geschichte des deutschen Geistes, unverlöschbare Triumphe in der Geschichte der Menschheit überhaupt.»[47] Es musste schon der Dom sein, weil die Herberge des Trierer Erzbischofs, in der das Treffen tatsächlich stattfand, eine viel zu bescheidene Bühne für das Weltereignis geboten hätte.

Es ist unwahrscheinlich, dass irgendeinem Teilnehmer in Worms die historische Bedeutung dieses Reichstags bewusst war, und doch wurden mit einem Schlag die alten Mächte entmachtet: der Papst, der Kaiser und auch die Reichsstände. Die Fürsten und Städte glaubten, sich in Worms ein weiteres Mal gegen den Kaiser durchsetzen zu können, doch ohne es zu merken, entgleitet auch ihnen die Legitimation ihrer Herrschaft. Gegen das Gewissen kommt keine Macht der Welt an. Es ist eine unangreifbare Instanz, kein Kaiser und König kann ihm hineinregieren.

Die Überlieferung hat Martin Luther und der evangelischen Heiligenlegende den Gefallen getan, die langwierigen juristischen Nachverhandlungen zu vergessen. Der aufrechte Mönch Luther wurde, wie er da so stand und nicht anders konnte, umstandslos heiliggesprochen.

Die Reichsstände wollen Luther aber nicht ohne weiteres ziehen lassen. Am 20. April erhält Karl ein Schreiben der Stände mit der Bitte, Luther mit Güte zum Widerruf zu bewegen. Noch einige Tage wird versucht, Luther etwas Nachgiebigkeit abzuringen; gänzlich abgeschmettert wollten die Räte den Reichstag nicht verlassen. Die Stände bewegt eine Sorge, die nichts mehr mit Rom und dem Kaiser und überhaupt nichts mit theologischen Feinheiten zu tun hat. In der Nacht zuvor war an den Mauern von Worms ein Plakat erschienen, das mit dem Aufstand drohte. «Schlecht schreib ich», hieß es da, «aber großen Schaden mein ich.» Vierhundert Edelleute erklärten sich in humanistischem Latein bereit, für den «gerechten Luther» einzutreten. Die Proklamation richtete sich gegen «Fürsten und Herren» und insbesondere gegen den Erzbischof von Mainz. Achttausend Mann stünden für diese Aktion bereit, behaupteten die unbekannten Autoren, eine fast schon wahnhafte Übertreibung, eher dem Haudegen Sickingen als dem Poeten Hutten zuzurechnen, der immer gern ein Einzelkämpfer war. Entscheidend waren die letzten drei Worte, die auf Deutsch daruntergesetzt waren: «Bundschuh, Bundschuh, Bundschuh». 1493 hatten sich zum ersten Mal elsässische Bürger im Zeichen des bürgerlichen Bundschuhs (anstelle des ritterlichen Stiefels) gegen die für sie drückenden Zustände im Reich verschworen. Obwohl die Obrigkeit brutal gegen die Verschwörer vorging und sie hinrichten ließ, flammten vor allem in Südwestdeutschland immer wieder Rebellionen auf. Die Drohung mit dem Bundschuh war also nicht neu, aber sie musste ernst genommen werden.

Jean Glapion, der engste Berater des Kaisers, macht Luther weitere Angebote, erklärt ihm, wie schade es doch um den theologischen Schriftsteller wäre, wenn er vom Markt verschwände. Ausgerechnet jetzt kommt eine dankbare Geste, wie Luther sie seit Anbeginn erwartet hatte. Luther sei doch wichtig als Aufklärer, sei er es doch gewesen, der «mit seinen schriften ursache geben und vieler menschen gemut erwecken, in etlich mißbruch in der cristenheit insehens zu haben»[48], dass sie auch erkennen würden, wie es um die Übelstände in der Kirche steht. Sogar den Gottseibeiuns bringt der Kardinal ins Spiel: Ob es nicht sein könne, fragt er den Fachmann, dass der Teufel mit dem Widerborst sei, nur um mit Luther den Sieg Christi zu verhindern?[49] Luther sieht keinen Grund, ausgerechnet diesem Argument nachzugeben.

Nur ein Fundamentalist wie Cochläus hält das Feuer weiter für eine sinnvolle Lösung. Er bietet Luther eine öffentliche Disputation an, einen rhetorischen Zweikampf, dessen Verlierer durch Feuer oder Schwert sterben soll. Allerdings verlangt er auch, dass Luther auf das

Seine Gegner sehen in Luther das Sprachrohr des
Bösen. Auf Erhard Schöns Holzschnitt von 1530 dient
Luthers Kopf dem Teufel als Dudelsack.

freie Geleit verzichte. Der lacht über das Angebot und weiß nicht einmal, dass Cochläus Informant Aleanders ist.

Am 25. April bespricht sich Friedrich mit seinen Räten über das
weitere Schicksal Luthers und lässt ihm durch Spalatin mitteilen, wie
sie weiter vorzugehen gedenken. Die Stände fürchten den Moment, da
die Reichsacht proklamiert wird, sie fürchten den Zorn des Volkes. Am
Tag danach, am 26. April, bricht Luther auf, von seinem Fürsten mit
vierzig Gulden Reisegeld versehen. Wieder begleitet ihn der Reichsherold, aber bereits in Friedberg schickt Luther den Kaspar Sturm
zurück; er bedürfe seiner nicht, sagt er. Einundzwanzig Tage gilt der
Geleitschutz, aber gewitzigt durch die Erfahrungen mit der Herreise

darf er «unterwegen nicht predigen, schreiben, nicht in andere wege
das volk regig machen»[50]. Nicht auszudenken, ein regiges Volk!
In Worms wird noch einen ganzen Monat über die Modalitäten
der Reichsacht verhandelt. Es kommt dabei zu einem nicht ganz überraschenden Einverständnis zwischen Friedrich und Karl, das dem
heroischen Auftritt des Mönchs dann doch etwas von seiner Schärfe
nimmt. Der erste akzeptiert die Acht, die über seinen Schützling verhängt wird, der andere ist dafür bereit, eine Ausnahme zu machen,
oder, wie es Friedrichs Juristen formulieren, «vnser dieser sachen halben [...] gnediglich [zu] verschonen»[51]. Diese Sachen, das ist die aus
der Luthersache folgende Reichsacht, und Verschonen heißt schlicht,
dass das Wormser Edikt nie nach Kursachsen verschickt wird, Friedrich also gar nicht daran gebunden ist. Mit kaiserlicher Duldung kann
sich der Kurfürst aus gesundheitlichen Gründen bereits am 23. Mai
vom Reichstag verabschieden, zwei Tage ehe das Edikt verlesen wird.
Da er formaljuristisch nichts davon weiß – seine Unterschrift fehlt
genauso wie die Albrecht von Brandenburgs, der sich wieder einmal
zu wenig in seiner Bedeutung gewürdigt fühlte –, ist er auch nicht
zur Polizeiarbeit gegen Luther verpflichtet. Sachsen triumphiert über
die weltliche Macht wie Luther über die kirchliche. Der Kaiser opfert
sein Herzens- und Herrschaftsanliegen der Politik und sichert damit
dem Ketzer, den er notfalls mit seinem Blut bekämpfen wollte, das
Überleben.

Am Sonntag Trinitatis, den 26. Mai 1521, unterzeichnet Karl V. in
seiner Eigenschaft als *defensor et advocatus ecclesiae* nach dem Besuch
des Hochamts das Edikt, dem zuvor die Reichsstände zugestimmt
hatten. Luther ist jetzt auch formal gebannt. Der Bannfluch fällt
nicht anders aus als erwartet: Der Ketzer wird aus der katholischen,
der christlichen Gemeinschaft ausgestoßen, und alle sind aufgerufen,
dies Urteil nicht bloß zu befolgen, sondern zu vollstrecken, nämlich
gegen «den gedachten Martin Luther, als von gots kirchen abgesün-
dert gelide und einen verstopten zertrenner und offenbarn ketzer»[52].
Es ergeht das Gebot, dass man diesen verstockten Zertrenner (hier

spricht wieder Aleander, der es entworfen hat) und offenbaren Ketzer
«nit hauset, hoffet, etzt, drenket, noch enthaltet, noch ime mit worten
oder werken haimlich noch offenlich kainerlai hilf, anhang, beistand
noch fürschub beweiset»[53]; weder Haus noch Hof soll ihm aufgetan
werden, Speis und Trank soll ihm verweigert und er in gar keiner
Weise erhalten werden. Mit Worten nicht und nicht mit Werken, weder heimlich noch in der Öffentlichkeit soll ihm Hilfe, Anhang oder
seelischer Beistand gewährt werden. Wer sich nicht daran hält, wird
ebenso der Reichsacht verfallen und entsprechend verfolgt werden.
Luthers Schriften werden verbrannt, Druck, Kauf und Weitergabe
sind verboten, die Lektüre sowieso. In Leipzig wird deswegen ein
Buchhändler enthauptet.

Es ist das Recht des Stärkeren und der Überzahl, das hier behauptet wird, und eine arge Verkennung der Macht, die inzwischen von
diesem einzelnen Ordensbruder ausgeht, den eine Reichstagsmehr-
heit für erledigt hält. Des Kaisers Wort bleibt aber nicht bestehen,
die Stände verhalten sich antirömisch. Karl, hin- und hergerissen
zwischen der Etablierung der eigenen Macht und dem Auftrag der
Kirche, die ihn lediglich als Handlanger für die Exekution des Kir-
chenbanns verstand, hatte es mit einem deutschen Gremium zu tun,
das überhaupt nicht willens war, dem Fremden, der eben erst zum
Kaiser gekrönt worden war, finanziell, juristisch oder auch nur ad-
ministrativ zu gehorchen.

In der Folge entsteht – nein, ein Deutschland noch nicht, aber ein
deutscher Widerwille, sich Anordnungen, Befehlen, Dogmen, überhaupt irgendeiner Weisung des korrupten, weltlichen Roms zu fügen.
Das Papsttum hatte sich in Worms zwar formal durchgesetzt, aber es
sollte sich von diesem Sieg nie mehr ganz erholen. Roms politischer
Einfluss in Deutschland ließ nach. Auf einem Gemälde vom Ende des
16. Jahrhunderts legt Luther, von Christus mit dem Kreuz im Arm
wohlwollend beobachtet, den Papst auf den Schleifstein, den Melanchthon fleißig dreht: «Schleifet ihn Wol, er ist sein Werth. / Giebt
sich aus für ein got auf erdt / und Wil mit Wercken erWerben / Was

ich verdint mier mit meinem sterben.» Diese deutlich gefühlte moralische Überlegenheit wirkt staatsbildend.

Am 23. April besiegen die königstreuen Truppen in Spanien die *comuneros*; der Aufstand gegen den König, gegen Karl, der sich in Worms um das deutsche Mönchsgezänk kümmern musste, war niedergeschlagen. Karl stürzt sich in den nächsten Krieg. Jetzt, da Luther als «notorischer Häretiker» für vogelfrei erklärt worden war, glaubt Karl, als Triumphator aus Worms abziehen zu können. Doch die Reichsfürsten waren nicht bereit, nachzugeben: Die Kosten für die Kaiserkrönung sollte Karl aus habsburgischen Mitteln aufbringen; die Türken drohten zwar in Belgrad, aber deswegen ein stehendes Heer aufzustellen, kam ihnen zu ausländisch vor. Der Kaiser wiederum hatte keine Lust, den Fürsten für die Zeit seiner Abwesenheit einen genossenschaftlichen Regentschaftsrat zuzugestehen, der ihnen eine gegen den Kaiser gerichtete innere Demokratie erlaubt hätte.

Die Fürsten hatten die Reichsacht zu genehmigen, sie taten es auch, wenngleich sie die Versammlung zum Teil vor der Zeit verließen, das Dokument juristisch also alles andere als gültig war. Ein Teil – und es war nicht nur der sächsische Kurfürst mit seinem Gefolge – war für den mutigen Luther gewonnen, der nicht nur den Mannesmut vor Kaiserthronen aufbrachte, sondern so überzeugend sein Gewissen sprechen ließ. Das Wormser Edikt wurde nie in die Tat umgesetzt. Luther kam nicht bloß ungeschoren davon, er wurde durch Worms zum ersten Heiligen der Moderne.

Luther blieb standhaft, der Kaiser verhängte den Bann und nahm anschließend, das ist Realpolitik, wie sie dem mystischen Fundamentalisten Luther nicht gefallen kann, Kursachsen und damit Friedrich von der Vollstreckung des Banns aus. Luther weiß zum Glück nichts davon, als er Worms verlässt. An der *ordo* hat sich durch Luthers Trotz noch nichts geändert. Er ist Mönch, ein Akademiker und Gottesmann, und deshalb außerhalb des Klassensystems angesiedelt, aber im Zweifel fühlt sich Friedrich dessen Gegner Albrecht wesentlich näher als seinem «münch». Umgekehrt gilt das nicht weniger. Albrecht

leiht Friedrich, der in Worms lange bettlägrig war, für die Heimreise
seine Sänfte.[54] Luther hat immerhin das Wittenberger Rollwägelchen.
Für die protestantische Heiligenlegende kommt nicht in Betracht,
dass sich dieser Luther in seinem Rollwägelchen womöglich als Verlierer fühlen könnte. Doch genau so ist es. In einem Brief, den er
ein Jahr später, Ende März 1522, von Wittenberg aus an einen seiner
Anhänger, den Ritter Hartmut von Cronberg, schreibt, ist ihm ganz
apokalyptisch zumut, wenn er damit rechnet, dass Gott der deutschen
Nation schon noch ihren Lohn zuteilen werde. Er meint es nicht als
Segen, denn er wünscht dieser Nation, die Jan Hus umgebracht hat,
den Untergang. «Der gantz Reynstrom ist bluttig und will noch nicht
sich reynigen lassen von dem blutt vergissen.» Von Konstanz ist es
nicht weit nach Worms, vom Märtyrer Hus nicht weit zum Märtyrer
Luther: «Jtzt ists abermals tzu Wormbs an myr verdampt und ob sie
meyn blutt nicht vergossen haben», und auch wenn sie sein Blut nicht
vergossen haben, wie er immerhin zugibt, «hatts doch nit gefeylt an
yrem vollen gantzen willen, und mörden mich noch on underlaß ynn
yhrem hertzen. Du unselige Nation, mustu denn vor allen andern des
Endchrists stockmeyster und hencker seyn uber gottes heyligen und
Propheten?»[55]

Aleander, der päpstliche Nuntius, glaubt sich als Sieger – auch
er weiß nichts von dem geheimen Zusatzprotokoll zugunsten Kursachsens und Luthers. Er genießt seinen vermeintlichen Triumph.
«Wenn wir auch auf diesem Reichstag nichts Besonderes durchgesetzt
haben», schreibt Nuntius Aleander an seinen Kollegen Marino Caracciolo, «so ist doch gewiss, dass wir mit diesem Edikt in Deutschland
ein großes Zerfleischen veranlasst haben, die Deutschen werden in
sich selber wühlen und dann an ihrem eigenen Blut ersticken.»[56] Die
Überlieferung dieses Briefes ist nicht eindeutig gesichert – er mag Teil
der deutschnationalen Propaganda des 19. Jahrhunderts sein –, doch
bekam der Prophet in den religiös begründeten Kriegen der folgenden anderthalb Jahrhunderte auf furchtbare Weise recht.

SECHZEHNTES KAPITEL

Auf der Wartburg

Als 1841 ein Orkan die Lutherbuche bei Altenstein fällte, verfügte der Herzog von Sachsen und Meiningen, dass ihr Holz nicht zum Einschüren verwendet werden dürfe, sie vielmehr weiterleben, weiter wirken sollte im Namen des Reformators. Ein Tischlermeister begann, allerlei Gegenstände daraus zu schreinern. Als hätte es die Abschaffung der katholischen Vielgötterei nie gegeben, erinnerten fortan Becher, Teller, Löffel und unzählige Spazierstöcke an Martin Luther, der dort im Thüringer Wald in einem Husarenstück eliasgleich von dieser Erde entrückt worden war. Noch ungleich heiliger wurde der Ort, an den Luther versetzt wurde, seine Eremitage, seine Einsiedelei, sein Verbannungsort, wo er fremd unter fremden Menschen leben musste, voller Sendungsbewusstsein, aber ohne Möglichkeit, anders zu wirken als durch das geschriebene Wort.

Die nationalbewegten Burschenschaften erhöhten die Wartburg nach den Befreiungskriegen zum *locus sanctus*, an dem alles zusammenfiel, was alt, deutsch und heilig war: das Sängerfest der Minnedichter, das Rosenwunder der Hl. Elisabeth, die eigenen Treffen bei Fackelschein und heroischem Liedgut. Der Aufenthalt auf der Wartburg lieferte die besten Voraussetzungen für die Erhebung Luthers zum Nationaldenkmal, und fleißig ging man daran, seine von Raubvögeln umschwirrte Gelehrtenstube in vermeintlich mittelalterlicher Manier zu rekonstruieren. Schon 1817 wurde ein Kastentisch aufgestellt, der sich angeblich im großelterlichen Hause in Möhra befunden hatte, aus dem Gasthof «Zum Stiefel» in Rudolstadt kam

das Baldachinbett, in dem der neue Hieronymus doch bestimmt geschlafen hatte, der Stollenschrank wie der Stuhl, auf dem er saß und
schrieb und dachte und übersetzte, wurde um die Jahrhundertmitte
aus dem Antiquitätenhandel beschafft. Am echtesten war noch der
riesige Kachelofen, den fleißige Hände aus auf der Burg gefundenen
Bruchstücken zusammenbauten.

Wichtiger aber als alles andere war der Fleck an der Wand, der fast
bis in die Gegenwart nach jedem Ausblassen erneuert wurde, damit
auch niemand daran zweifelte, dass hier das heroische Ringen zwischen Luther und dem Teufel stattgefunden hatte. Sein ständiger Begleiter setzte Luther nirgends so heftig zu wie in seiner Kammer auf
der Burg, und als Mann des Wortes wusste er sich nur zu wehren,
indem er das Tintenfass gegen seinen Widersacher warf. (Der Tinten-
fleck wird nicht nur auf der Wartburg, sondern auch im Lutherhaus in
Wittenberg, auf der Veste Coburg und im Geburtshaus in Eisleben gezeigt.[1]) Der Teufel verschwand, der Fleck blieb, der Mythos erst recht.

Nicht ganz ohne Grund, denn auf der Wartburg wird Luther vollends zum Volksschriftsteller. «Germanis meis natus sum, quibus et
serviam»[2], unter meinen Deutschen bin ich geboren, und ich will
ihnen dienen, schreibt er von der Höhe einem neugierigen Humanisten. Er zählt auf, an welchen Schriften er arbeitet, und betont, dass
er sie «alle in der Volkssprache» verfasst. Anders jedoch als es die
Deutschnationalen haben wollen, nennt er dieses auch für ihn un-
gewohnte Idiom nicht deutsch und auch nicht germanisch, sondern
bezeichnet es als Umgangssprache, *vernacula*.

Damit verabschiedet er sich von der Gelehrten- und Theologen-
welt. Nach dem Wormser Reichstag, nach dem Edikt, das ihn zum
Ketzer und für vogelfrei erklärte, hatte Luther anderes zu tun, als
in der Furcht vor dem Herrn zu leben. Der weltferne Theologe war
im Trubel der Welt angekommen: Im Namen nicht vielleicht Gottes,
aber von Papst und Kaiser trachtete man ihm nach dem Leben. Auf
Ketzerei stand der Tod, und dass die Vertreter des scheinbar wahren
Glaubens nicht davor zurückschreckten, einen frommen Mann, wür-

de er auch noch so gelehrt argumentieren, gegen alle heiligen Eide und jedes sichere Geleit umzubringen, konnte Luther dem Schicksal seines großen Vorbilds Jan Hus ablesen. Nach Worms wird er sich ein weiteres Mal befreien, der Preis dafür ist allerdings, dass er sich in Schutzhaft begeben muss. Zusammen mit dem Kurfürsten hat Spalatin überlegt, «wie man ihn beyseit bringen solt»[3], wohl wissend, dass der ungestüme Luther «alltzeit vil lieber frisch hinan gangen were»[4], sich gern weiter gezeigt und sein Leben riskiert hätte. Der Kurfürst hält zu ihm, muss ihn deshalb aber von der Bildfläche verschwinden lassen.

Auf dem Weg zurück, in Friedberg, setzt Luther sich hin und erklärt Kaiser Karl in einem Brief die Gründe für seinen Widerstand. Er redet ihn als «serenissime & inuictissime» an, als durchlauchtigsten und unbesiegbarsten Kaiser, jedoch erst, nachdem er ihn wie in seinen Briefen üblich, im Namen von «Ihesus» gegrüßt und sich damit wiederum als Jesu Untertan bekannt hat. Er verzichtet nicht auf die vorgeschriebenen Demutsformeln, aber noch weniger kann er seinem Standpunkt abschwören, auf den ihn sein Gewissen und damit niemand anderes als Gott persönlich gestellt habe. Der Kaiser, das ist Luthers Bitte an ihn, und die hochwürdigsten und durchlauchtigsten Reichsstände möchten ihm dabei helfen, solle dafür sorgen, dass «meine abgunstigen mich nit wölle vergeweltigen, vervolgen noch verdammen lassen». Dann sei er auch bereit, erklärt Luther vor Selbstbewusstsein strotzend, sich jedem gelehrten Kollegium und jedem Konzil zu stellen. Er meint damit seine Verfolger und übergeht, dass es der Kaiser selber war, der ihn bereits verdammt hatte. Spalatin, der den Brief mit der Bitte um Weiterleitung erhält, kassiert ihn als Diplomat ein, übersetzt ihn aber auf Wunsch seines Freundes für die Reichsstände ins Deutsche, und so erscheint er bereits nach wenigen Wochen im Druck. Die Buchhändler reißen Luther mittlerweile jeden Zettel aus der Hand.

Eine Woche später, am 4. Mai 1521, wird der Aufsässige nahe Schloss Altenstein wie vereinbart gefangen genommen und auf die Wartburg geschafft. Dürer erhält die Nachricht am 17. Mai 1521 in Ant-

**Auf dem Rückweg vom Wormser Reichstag wird Luther entführt. Jedenfalls
soll es die Welt glauben, die nicht weiß, dass man ihn auf die Wartburg bringt,
um ihn vor seinen Widersachern zu schützen. Radierung von 1847.**

werpen. In seinem Reisebericht stimmt er ein Klagelied darüber an,
«das man Marthin Luther so verrätherlich gefangen hett». Dürer kann
ja nicht wissen, dass es sich um ein fürsorgliches Komplott handelte,
er kennt nur die vielen Gerüchte, die um den neuen Volkshelden kur-
sieren, und hält es für möglich, dass sein Heros umgebracht worden
ist. Dürer fürchtet um den Fortbestand der Lehre und dass stattdessen
die Macht des Papstes weiterbestehen könnte. Er vergleicht Luther
mit Jesus Christus und wünscht sich im Luther-Furor ein Zerstörungswerk, das nach dem Tod seines Meisters fällig werden müsste:
«Und wie du darnach, mein Herr, verhengest, das Jerusalem darum
zerstöret ward, also wirstu auch diesen aigen angenommenen gewalt
des römischen stuls zerstören.»[5]

Der gute Spalatin ist zu dem Zeitpunkt bereits unterrichtet, wie glatt alles abgelaufen ist. «So sind mir hier meine Kleider ausgezogen und Reiterskleider angezogen worden; das Haar und den Bart lasse ich wachsen, so daß Du mich schwerlich erkennen würdest, da ich selbst mich schon längst nicht mehr kenne.» Auch Melanchthon erfährt, dass sich der Akademiker in einen Ritter verwandelt hat.[6] Die Vereinbarung lautet, dass er da oben versteckt leben soll, ein zugereister Ritter auf einer zerbröckelnden Burg, Gast bei einem, der wie Hutten und Sickingen dem mittelalterlichen Ruf der Edelmänner nachtrauert. Luther muss sich in die Rolle des «Junker Jörg» und die Schutzhaft fügen, auch wenn er behauptet, er lebe «in christiana libertate»[7], in christlicher Freiheit, unbedrängt von allen Gesetzen dieses Tyrannen. Lieber wäre es ihm freilich, schreibt er Spalatin, «jenes Schwein zu Dresden» hätte die Ehre, «mich während einer öffentlichen Predigt zu töten, wenn es Gott gefallen sollte, daß ich um seines Wortes willen leide».[8] Das «Schwein zu Dresden», fast taxonomisch als *porcus Dresdensis* bezeichnet, ist der sächsische Herzog Georg, der sich Luthers Verfolgung mit ähnlichem Eifer angelegen sein lässt wie Friedrich dessen Schutz. Georg hat allerdings den Kaiser, das Reichsregiment und das Wormser Edikt auf seiner Seite, Luther nur sein Gewissen und den weiterhin taktierenden Kurfürsten. Friedrich konnte aber dafür sorgen, dass der Ketzer vom Erdboden verschwindet, dass sich also die Frage der Strafverfolgung gar nicht erst stellt.

Dass Luther spurlos verschwunden ist, hat sich auf dem Reichstag schnell herumgesprochen, auf dem der Ketzer so unerwartet die größte Sensation geworden war. Manche wollen wissen, dass er zwar nicht tot sei, sich aber nach Böhmen zu den Hussiten durchgeschlagen habe. Cochläus schreibt dem Nuntius Aleander, dass Luther bestimmt in Franken untergetaucht sei. Er meint natürlich die Nürnberger Humanistengemeinde um Pirckheimer und Spengler. Friedrich genießt sein Geheimwissen, wenn er seinem Bruder Johann am 16. Mai meldet: «Man ßaget auch allhye, das doctor martinus ßolle geffangen seyn, vnd do von seyn ffyl selczamer Rede»[9], angeblich sei der Doktor gefangen genommen worden, widersprüchliche Berichte gebe es dazu, und bei seiner Rückkehr will er alles erzählen.

Nach seinem mutigen Auftritt auf dem Reichstag zerstreitet sich die Gelehrtenwelt in ihrer Haltung zu Luther. Trotz der Bitten Huttens kann sich Erasmus einfach nicht dazu durchringen, dem Mönch beizuspringen, der so marktschreierisch daherkommt und dann auch noch auf das elegante Latein verzichtet, um sich stattdessen in diesem barbarischen Dialekt an die Volksmassen der Ungebildeten zu wenden. Cochläus sieht sein eigenes Heil und Fortkommen ebenfalls in der alten Kirche und entwickelt sich zum hauptberuflichen Luther-Feind, von dem die katholische Gegenpropaganda noch bis ins 20. Jahrhundert zehren wird. Johannes Eck setzt seinen romfreundlichen Kurs fort, und auch die Fugger haben keinen Anlass, sich von ihren treuen Kreditnehmern abzuwenden. Am Tag von Luthers Entführung werden in Worms zwischen dem Handelshaus und dem Kaiser die Modalitäten für den Schuldendienst geregelt. Karls Bruder Ferdinand, Reichsverweser für die Zeit, da der Kaiser auswärts Kriege führen muss, erklärt sich bereit, für die Hälfte der Schulden ihres Großvaters Maximilian aufzukommen.

Auf der anderen Seite stehen die Verehrer des Mönchs, der bereit war, sich für sein Gewissen zu opfern. In Dürers Klage äußert sich der christliche Laie, dem Luthers Botschaft plötzlich Hoffnung gegeben hatte: «O Erasme Roderadame, wo wiltu bleiben? Sieh, was vermag die vngerecht tyranney der weltlichen gewahlt vnd macht der Finsternüß! Hör, du ritter Christj [Erasmus hatte 1501 ein «Enchiridion militis christiani», ein Handbüchlein des christlichen Streiters, herausgebracht], reith hervor neben den Herrn Christum, beschücz die warheit, erlang der martärer cron!»[10] Aber nichts liegt Erasmus ferner als die Märtyrerkrone; vorsichtshalber verlässt er die Universitätsstadt Löwen, wo er in lutherischen Geruch zu geraten droht, und zieht nach Basel. Als umso heiligmäßiger gilt der verschollene Luther: Erst lateinisch, dann auch in einer deutschen Fassung erscheint im Sommer 1521 die «Passion D. Martins Luthers» eines unbekannten Verfassers,

der den Weg des Mönchs von Wittenberg nach Worms in Analogie
zu Christi Leidensgeschichte als Kreuzweg wiedergibt. Seine Anhänger sind natürlich die Jünger, der Kurfürst ist Petrus, der ihn dreimal
verleugnet, Albrecht von Brandenburg ist Kaiphas, Pilatus wird vom
Kaiser dargestellt, Hutten und Karlstadt sind die beiden Schächer, die
mit ihm gekreuzigt werden, wobei die Kreuzigung durch die Bücher-
verbrennung, die symbolische Tötung des Ketzers und Aufrührers,
dargestellt wird. «Und nach dem alle fürsten und herren von Worms
kamen, machten sy ein grossen, brenenden holtz hauffen vor des By-
schoffs vonn Mentz hoff, do sye die byücher verbrannten.»[11]

Ein Held ist draußen in der Welt oder, je nachdem, ein Popanz, in
jedem Fall reagiert die Obrigkeit auf ihn. Am 29. Mai werden seine
Schriften auf dem Wormser Marktplatz verbrannt. In England wird
er, längst nicht mehr nur ein Gerücht, als Gefahr gesehen – Kardinal
Thomas Wolsey erteilt Bischof Charles Booth von Hereford den Auftrag, alle Bücher Luthers einzusammeln und binnen vierzehn Tagen
bei ihm abzuliefern.

Und Luther? Fühlt sich eingesperrt. Die *libertas christiana* bedeutet für ihn nichts anderes, als dass er unfrei ist, ein Mönch in einer
Zelle, weit weg von allen Freunden und mit einem Mal abgeschnitten
von dem wärmenden Zuspruch der zu ihm und seinem Evangelium
Bekehrten. Hoffnungsvoll nennt er die Wartburg sein «Patmos», nach
der Insel, auf der der Hl. Johannes angeblich von einem Engel die Offenbarung empfing, aber das ändert nichts an seiner Einsamkeit. Vor
zwei Tagen sei er auf der Jagd gewesen, um diese bittersüße Lust der
Helden kennenzulernen, berichtet er Spalatin, dem am Wohlergehen
seines Freundes ebenso viel liegt wie daran, dass er für die Welt un-
sichtbar bleibt und diese Einöde auf keinen Fall verlässt. Zwei Hasen
und ein paar Rebhühner hätten sie erwischt, was für eine jämmerliche
Ausbeute! Die Jagd ist von geringem Interesse für Luther, die Tiere
tun ihm leid, er kann nicht lassen von seinen Gedanken: «Ich theo-
logisierte auch dort unter Netzen und Hunden, und wie viel Vergnü-
gen mir dieser Anblick auch machte, so viel Mitleid und Schmerz war

diesem geheimnisvollen Treiben auch beigemischt. Denn», so folgert der Denker, dem auch ein Ausflug ins Grüne sofort zum Gleichnis wird, «was bedeutet dieses Bild anderes als den Teufel, der durch seine Nachstellungen und die gottlosen Lehrer, seine Hunde [nämlich Bischöfe und Theologen], diese unschuldigen kleinen Tierlein jagt.»[12]

Eine herzergreifende Geschichte muss er noch erzählen, nämlich wie er vergeblich versucht hat, ein Häschen am Leben zu erhalten. «Als ich es in den Ärmel meines Rockes eingewickelt hatte und ein wenig davongegangen war, hatten unterdessen die Hunde den armen Hasen gefunden, durch den Rock sein rechtes Hinterbein gebrochen und ihm die Kehle durchgebissen. Nämlich so», nein, er kann es nicht lassen, «wütet der Papst und der Satan», die für ihn längst eins sind, «daß er auch die geretteten Seelen umbringt, und meine Bemühungen kümmern ihn nicht.»

Der teufelsgläubige Reformator frönt wieder seiner Lieblingsbeschäftigung, dem Ausräuchern des Satans. Der Jagdgehilfe Martinus «Jörg» Luther ist, auch wenn ihn das Schicksal des Hasen dauert, allerdings kein Gegner der Jagd, vielmehr hätte er nichts dagegen, auf Bär und Wolf und Habicht anzustehen (wozu ihn sein neuer, vom Mönchstum so weit entfernter Stand berechtigen würde). Das sage er Spalatin, «damit Du weißt, daß Ihr Wildpretfresser am Hofe auch Wildpret im Paradiese sein werdet, das der beste Jäger Christus kaum mit großer Anstrengung fangen und bewahren kann. *Vobis luditur, dum in venationibus vos luditis.* Mit euch wird gespielt, während auf den Jagden Ihr Euer Spiel treibt.»[13]

Wie ein Professor im Freisemester hätte er endlich Zeit, sich den großen Themen zu widmen, und muss sich doch mit den Lästigkeiten des Lebens in der Welt abmühen, weil es ihn so sehr nach draußen verlangt. Anfang August erhält er Karlstadts Schrift «De coelibatu, monachatu et viduitate» über das Zölibat, den Mönchsstand und die Witwenschaft, kurz darauf schreibt er an Spalatin: «Himmel! Unsere Wittenberger wollen auch den Mönchen Frauen geben? Aber mir werden sie keine andrehen!» Auch Spalatin solle sich bloß keine Frau aufschwatzen lassen, damit er nicht der *tribulatio carnis* anheimfalle, den Verwirrungen des Fleisches. Nicht anders als im Kloster wird er selber nachts beständig von Versuchungen gequält und kann sich dann tagsüber in aller bürokratischen Ausführlichkeit mit dem Keuschheitsgelübde für Mädchen und Knaben beschäftigen und sich über das «Brennen» und die schädlichen «Pollutionen» auslassen.

Schnell wird er wieder krank. Wenn ein Arzt Jahrhunderte später «gestörte Darmmotilität» oder «atonisch-hypokinetische» Stuhlträgheit diagnostiziert[14], hilft das dem Patienten nicht mehr viel. Nach allem, was Luther aus seiner «Wüstenei» berichtet, muss er auf der Wartburg höllische Schmerzen ausgestanden haben. Philipp Melanchthon oder seinem Freund Spalatin schildert er im bewährten Latein detailliert den ausbleibenden und nach Verstreichen von vier, fünf, sechs Tagen endlich erfolgten Stuhlgang. «Hodie sexto die excrevi tanta duritia», «heute hatte ich endlich nach 6 Tagen Stuhl, aber so hart, dass ich mir fast die Seele auspresste. Nun sitze ich da, mit Schmerzen wie eine Wöchnerin [was ein wahrscheinlich passender, aber doch kühner Vergleich ist, da der erwachsene Luther bis dahin noch nicht einmal in die Nähe einer Frau gekommen war], aufgerissen, verletzt und blutig, und werde in dieser Nacht keine oder nur mäßige Ruhe finden.»[15] Solche Schmerzen quälen Luther, dass er den Berg hinunterwill, nach Erfurt, wo sein Freund Johannes Lang als Prior in ihrem alten Kloster lebt und einen Arzt weiß. Spalatin kann ihn erst nach langem Zureden von der Flucht abhalten. Der Kurfürst, der selber viel zu viel isst und bereits unmäßig angeschwollen ist, schickt Aloe-Pillen, die dem Patienten vorübergehend Linderung verschaffen.

Aber er verschlingt große Portionen von dem Wild, das ihm auch noch leidtut, und das Fleisch dann hinuntergeschwemmt mit allzu viel Wein, dazu die Einsamkeit im Herbst und Winter, seine einzige Gesellschaft der Teufel, der ihn vielgestaltig immer wieder heimsucht. «Sed mille credas me Satanibus objectum in hac otiosa solitudine»[16], schreibt er am 1. November 1521 an den Humanisten Nikolaus Gerbel in Straßburg. Du kannst mir glauben, dass ich in dieser müßigen Einsamkeit tausend Teufeln ausgesetzt bin. Es sei so viel leichter, gegen leibhaftige Teufel, also die Menschen, zu kämpfen, als gegen böse Geister unterm Himmel, klagt er. «Oft aber, wenn ich falle, hebt der Herr mich mit seiner Rechten wieder auf.» Der Teufel ist ihm näher als je zuvor in seinem Leben, wirft nachts mit Nüssen, poltert über die Treppe oder liegt als schwarzer Hund in seinem Bett. Mit einem kühnen Wurf kann er das Ungeheuer aus dem Fenster befördern, aber wie Luthers Fixierung auf den Teufel belegt, können solche Phantasmen eine ganze Theologie formen.

Am 1. November, es ist wieder Allerheiligen, klagt er ein weiteres Mal über seine Einsamkeit: «Nihil aliud iam habeo, quod scribam. Vestrum est enim, qui in rebus versamini, scribere mihi, iam nunc demum vere et proprium monacho»[17]; ich habe nichts zu schreiben, aber ihr, die ihr mit weltlichen Geschäften umgeht, müsst mir schreiben, der ich nun wahrhaft und recht eigentlich zum Mönch geworden bin. Ein Mönch sei er oder doch wieder nicht, wie er von tausend widrigen, schlauen Teufeln gepiesackt werde. Das dürfte – neben den Hämorrhoiden, der Verstopfung, später den Gallensteinen – Luthers verlässlichste Krankheit gewesen sein: die anfallsartig wiederkehrende Depression. Nach dem unruhigen Treiben der letzten Jahre, den Gewaltmärschen durch Deutschland, den hektischen Klosterbesuchen, der Aufregung um seine Berufung nach Worms, dem stetigen Interessenabgleich mit seinem Kurfürsten, hat seine evangelische Kühnheit ihm zwar europaweiten Ruhm beschert, aber er ist weggesperrt und zur Untätigkeit verdammt. Jetzt, wo es darum ginge, das Überleben seiner neuen Botschaft zu sichern, sind ihm die Hände gebunden. Die gelegentlichen Jagdausflüge müssen ihm wie der reine Hohn vorkommen, noch schlimmer die Saufabende mit den vermutlich gänzlich geistlosen Rittersleuten.

«Alle Schwermut und Traurigkeit kommt vom Teufel, denn er ist», sagt Luther in den Tischgesprächen einmal mit Verweis auf den Hebräerbrief 2,14, «der Herr des Todes.» Luther entkommt ihm bloß nicht. Seine Briefe sind voller Klagen über sein Schicksal, sein nahes

Ende, seine körperlichen Beschwerden und dass er deswegen nicht zum Arbeiten komme. Dabei schreibt Luther nicht nur beständig Briefe – in der Nachfolge des übereifrigen Karlstadt verfasst er auch sein Urteil über das Mönchstum und setzt sich in der Einleitung mit seinem Vater auseinander, womit ihm die größte Annäherung an eine Autoanalyse gelingt.

Obwohl er zunächst gar nicht wusste, wie ihm und vor allem was mit ihm geschah, wird er ausgerechnet in diesem Elend Herr seiner Sinne, der die Möglichkeiten, die ihm sein seltsames Exil bietet, gründlich ausspielt. In sicherer Entfernung vom Hof wagt es Luther in diesem trübseligen Herbst, von Einsamkeit gequält, vom Teufel und seiner Verstopfung gefoltert, zum ersten Mal, sich in wahrer christlicher Freiheit seinem Kurfürsten entgegenzustellen. Er gefährdet damit den Schutz, der ihm bis zuletzt gewährt wurde, doch es wird die erste Unabhängigkeitserklärung nach dem Auftritt in Worms. Wieder einmal kann er nicht anders.

Vier Jahre sind vergangen, seit Luther seine Thesen verschickt hat, aber wieder muss der Kurfürst an Allerheiligen seine Klein- und Großodien ausstellen, «mit aller herlikait, singen, leßen und allen ampten, wie bißher»[18], wenn auch diesmal ohne Ablassangebot. Die Welt ist inzwischen in vielerlei Hinsicht eine andere: Die Mönche verlassen die Klöster, die Priester fangen an, ohne Messgewänder zu predigen, die Sakramente werden eingeschränkt, eine ganz neue Frömmigkeit breitet sich in Wittenberg aus, nur das Allerheiligenstift soll weiter bestehen. Dagegen wendet sich Luther in einem Brief an die Gemeinde, er spricht «Vom Missbrauch der Messe».

Luther wettert in diesem Pamphlet nicht gegen den Ablass, sondern gegen den Reliquienkult ausgerechnet in Wittenberg, den «Bethaven»[19]. «Hertzog Fridrich» wird ausdrücklich genannt, und dass es natürlich die Papisten waren, die ihn dazu verleitet hätten, die kostbare, zunächst nur geerbte Sammlung auszustellen. Unerhörtes schreibt Luther an die Wittenberger, und er schreibt es, anders als damals die

Thesen gegen den Ablass, auf Deutsch: «O wie vill armer leutt hett man davon ynn Sachssen erneren konnen, die er alle yhm tzu freunde von dem unrechten Mammon hett machen mögen, auff das sie yhn, wens yhm wirt nodt seyn, ynn die ewigen hütten genommen hetten»; mit dem Geld, das die heiligen Kostbarkeiten gekostet, hätte der Kurfürst viele bedürftige Sachsen ernähren können. Die wären ihm dann alle gewogen gewesen und hätten dafür gesorgt, dass er in die Ewigkeit aufgenommen würde. Daraus sei zu lernen, fügt er höchst insubordinant hinzu, «das auß dem exempel tzu forchten ist, das der Fursten gelt unnd gutt gar selden wyrdig ist, das es tzu Christlichen sachen gebraucht werde»[20]; sinnlos sei es, fürstliches Geld für christliche Werke zu verwenden.

Damit die Wittenberger die revolutionäre Botschaft besser verstehen und um seinem Fürsten ein wenig zu schmeicheln, berichtet Luther noch von der nützlichen Prophezeiung, die von einem Kaiser Friedrich weiß, der das Heilige Grab erlösen werde. Tatsächlich sei nämlich Kurfürst Friedrich im Sommer 1519 zum Kaiser gewählt worden, habe auf die Krone aber aus Demut verzichtet, behauptet Luther und setzt damit eine weitere fromme Legende in die Welt. Das Heilige Grab sei die Schrift, die Friedrich erlöst habe, erlöst durch Luthers Berufung auf die Schrift und die Schrift allein, damit sie zu ihrem Recht komme als Wort Gottes, unbeeinträchtigt von den Deliberationen und Kautelen, die die Scholastik und die Kurie dazu angestellt hätten.

Die Korrespondenzen, mit denen der christliche Gefangene Kontakt zur Außenwelt hält, laufen ausschließlich über die kurfürstliche Kanzlei in Wittenberg. Kuriere tragen Briefe hin und her, darunter auch das Manuskript für dieses Schreiben an die Wittenberger, das erstaunlicherweise die Imprimatur, also die Druckerlaubnis des Kurfürsten erhält. Friedrich weiß von dem Angriff auf sein liebes Stift und lässt ihn trotzdem geschehen. Das geistliche Wort beginnt, sich zumindest im Kurfürstentum Sachsen gegen die weltliche Macht durchzusetzen. Die Autorität der *sola scriptura* erstreckt sich allmählich auch auf den Interpreten der Schrift. Luther kann gute, den Fürsten überzeugende Argumente aufbieten. Auch Spalatin gegenüber äußert Luther den frommen Wunsch, *noster princeps*, der Kurfürst möchte sein geliebtes Stift aufgeben und den Erlös unter die Armen verteilen. «Ea enim erat primcipe digna munificentia, quae ei regnum aperiret aeternum.»[21] Eine solche Freigebigkeit wäre dem Fürsten angemessen, vor allem würde sie ihm das Himmelreich eröffnen. Friedrich liest das und erwägt diese und die anderen Luther-Worte ausführlich in seinem Herzen.

Politisch weniger heikel ist es, einen bewährten Feind und Konkurrenten um Ablasseinnahmen anzugreifen. Albrecht von Brandenburg hatte wieder Geldsorgen und stellte Anfang September 1521 seine berühmte Reliquiensammlung aus, freilich ohne auf das Ablassangebot zu verzichten. Luther verfasste eine wütende Polemik «Wider den Abgott von Halle». Außerdem wandte er sich in einem Brief direkt an den Kardinal. Das Schreiben ging über Melanchthon an Albrechts Berater Capito, der für den reformatorischen Eifer aufgeschlossen genug war, dass es lange schien, er könnte auch Albrecht auf die evangelische Seite ziehen. Luthers strenger Brief wird ihn aber kaum für die Sache gewonnen haben.

Luther formuliert den Brief am 1. Dezember 1521 «in meiner Wüstung», in seinem Versteck, von dem Albrecht nichts weiß und nichts wissen darf. Bereits zum dritten Mal und diesmal auf Deutsch wende er sich an ihn, schreibt Luther, denn auf seine früheren Vermahnungen habe er keine rechte Antwort erhalten. «Es hat itzt E. K. F. G. [Eure Kurfürstliche Gnaden] zu Halle wieder aufgericht den Abgott, der die armen, einfältigen Christen umb Geld und Seele bringet, damit frei öffentlich bekannt, wie alle ungeschickte Taddel, durch den Tetzel geschehen, nicht sein allein, sondern des Bischoffs von Mainz Mutwill gewesen sind, der auch, unangesehen mein Verschonen, ihm das allein zumessen will.» Wenn die Leute bisher geglaubt haben sollten, das gottlose Treiben um den Ablass sei allein Tetzels Werk gewesen, so sei durch die Präsentation der Reliquien (des «Abgotts») erwiesen, dass der Bischof höchstpersönlich dahinterstehe. Wenn Albrecht glaube, dass er, Luther, sich durch das kaiserliche Mandat hindern lasse, so solle er wissen, dass ihn von dem, was er selber christliche Liebe nennt, niemand abschrecke, die Hölle nicht, geschweige denn «Ungelehrte, Päpste, Cardinäl und Bischoffe». All das ist Luther nicht: kein Papst, kein Prälat und vor allem nicht ungelehrt. Was ihm erlaubt, dem Kardinal und Bischof von Halle und Mainz solch eine ungebetene Predigt zu halten, ist seine Gelehrsamkeit. Nicht zum ersten Mal erhebt Luther mit Verweis auf seine akademische Bildung den Anspruch, andere, die in der Welt weit höhergestellt sind als er, schulmeistern zu können. Denn er ist nicht bloß gelehrt, sondern wie wenige kundig in der Heiligen Schrift, deren göttlicher Ursprung auch ihn, den anerkannten Exegten der *sola scriptura*, über alle anderen hinaushebt.

Nach weltlichen Begriffen ist Martin Luther ein Niemand, nur ein vom Kaiser verurteilter Verbrecher. Dank einer geheimen Zusatzvereinbarung mit Friedrich ist im Kurfürstentum Sachsen die Strafverfolgung ausgesetzt, aber nur solange Luther in diesem politischen Asyl, seiner erweiterten Mönchszelle, bleibt und sich dort ruhig verhält. Mit dem Brief an Albrecht lenkt er die Aufmerksamkeit der ihm weniger Zugeneigten mit Fleiß auf sich. Als hätte es das Urteil von Worms nie gegeben, beharrt Luther auf dem, was er als seinen göttlichen Auftrag sieht. Dass ihn diese Sturheit das Leben kosten könnte, hat ihn nie gestört; zum Sterben im Namen Gottes und für sein Gewissen war er stets bereit.

Der Kurfürst und Kardinal möchte doch so gut sein und das «arme Volk unverführet und unberaubet lassen, sich einen Bischoff, nicht einen Wolf erzeigen». Seine kurfürstliche Gnaden solle sich bloß vorsehen, schreibt sich Luther immer mehr in Rage, und vor allem nicht glauben, dass «Luther tot sei. Er wird auf den Gott, der den Papst demütiget hat, so frei und fröhlich pochen, und ein Spiel mit dem Cardinal von Mainz anfahen, deß sich nicht viel versehen.» Er werde ein Spiel mit dem Kardinal anfangen, mit dem dieser nicht gerechnet habe. Der untote Luther droht, er warne hier zum letzten Mal: Wenn

Albrecht die Reliquien nicht wegräume, werde er wie zuvor schon
den Papst nun auch den Kardinal öffentlich angreifen, werde bekannt
machen, dass nicht der Tetzel die Ursache für den alle empörenden
Ablassschwindel gewesen, sondern sein Bischof, und er, Luther, werde
der ganzen Welt den Unterschied zwischen einem Bischof und einem
Wolf vorführen. «Da mag sich E. K. F. G. nach wissen zu richten und
zu halten.»²²

Luther setzt dem Kardinal im Ernst ein Ultimatum von vierzehn
Tagen, andernfalls würde er seine Schrift «Wider den Abgott von
Halle» veröffentlichen. Das aber ging dem Kurfürsten doch zu weit.
Albrecht war schließlich nicht nur ein hoher kirchlicher Würdenträger, sondern auch einer der wichtigsten Fürsten in ganz Deutschland;
außerdem war er der Nachbar von Luthers Landesherrn. Die Schrift
sollte auf keinen Fall erscheinen. Spalatin hatte sie über einen Boten
erhalten und einkassiert wie zuvor den Absagebrief an den Kaiser.

Luther tobt. Schon am 11. November hatte er Spalatin geschrieben
und maßlose Forderungen gestellt. «Potius te & principem ipsum
perdam & omnem Creaturam»²³, lieber wollte er alle verlieren, ihn,
Spalatin und den Kurfürsten, überhaupt jeden Menschen. «Gar schön
meinst Du, der öffentliche Friede dürfe nicht gestört werden», hält
er Spalatin vor und kommt ihm mit der Gewissensfrage, «willst du
leiden, daß der ewige Friede Gottes durch die gottlosen und gottes-
räuberischen Machenschaften jenes Mannes gestört werde? So nicht
Spalatin, so nicht, Fürst. Sondern für die Schafe Christi muß man mit
allen Kräften widerstehen, anderen zum Beispiel.»²⁴ «Fixum est, te
non auditum iri»²⁵, es sei so beschlossen, sagt er dem Freund, und
Widerworte will er keine hören.

Spalatin gibt trotzdem nicht nach, das Pamphlet wird zurückge-
halten, nur der Brief, der wurde expediert. Luther ist weidlich erzürnt,
als er davon erfährt, aber er gibt sich vorerst mit dem Kompromiss
zufrieden. Er ahnt gar nicht, wie vollständig sein Sieg über Leo X.
ist, denn gegen Mitternacht, an genau diesem 1. Dezember, stirbt der
Papst. Leo konnte sich noch darüber freuen, dass die Städte Piacen-

za und Parma eingenommen und für den Vatikan gewonnen waren, dann schied er so plötzlich dahin, dass er nicht einmal mehr die letzte Kommunion empfangen konnte. Schuld war ein tückisches Fieber, eine Lungenentzündung womöglich, aber natürlich wurde von Gift gemunkelt. Die Höflinge des Papstes sowie seine Schwester hatten noch schnell alles weggeschafft, was sich an Wertgegenständen in der päpstlichen Residenz befand. Leo X., der hemmungslose Prasser, der Kunstmäzen, der Mitverursacher der großen Kirchenspaltung, war bei seinem Tod nur noch reich an Schulden. Rom war weiter eine Baustelle, die Peterskirche ein unansehnlicher Rohbau, die Kassen leer; angeblich war nicht einmal genug Geld da, um die Kosten für eine standesgemäße Beerdigung des Papstes zu begleichen.

Während Luther auf der Wartburg den Junker Jörg machte und hinter einem Bart versteckt mit dem Teufel rang, kam es in Wittenberg zu Unruhen. Auswärtige Prediger wollten Luthers Botschaft radikalisieren, die Gläubigen waren in Abwesenheit ihres geistigen Führers verunsichert. Sie brauchten ihn. Am 3. Dezember 1521 beobachtet ihn der ängstliche Wirt Johannes Wagner in Leipzig, wie er, begleitet von einem Knecht, in die Gaststube kommt. Graue Reiterkleidung trägt er und eine rote Kappe, die abzunehmen er sich weigert, damit man nicht sieht, dass sich darunter eine überwachsene Tonsur befindet. Herzog Georg hat nicht die Absicht, den Ketzer zu schonen; der Wirt hätte den Flüchtigen melden müssen. Als Luther nach Wittenberg gelangte, hatten sie auch dort Mühe mit ihm. Er sah so verändert aus, «das in erstlich seine allergehammeste freundt nicht kandt haben»[26], die engsten Freunde haben ihn angeblich nicht mehr erkannt. Auch Gevatter Cranach, nach dem man schickte, wusste zunächst nicht, wer der Fremde sein sollte.

Cranach fertigte eine Zeichnung von dem Wildling an, der im nächsten Jahr ein Gemälde folgte, Junker Jörg, der haarige Prophet vom Berge. Der unmäßige Bart, den Luther mitgebracht haben soll, fand sogleich weitere Verwendung in einem allegorischen Gemälde: Auch Simson trägt ihn, während er den Löwen bezwingt, indem er

«Das Haar und den Bart lasse ich wachsen, so daß Du mich schwerlich erkennen würdest, da ich selbst mich schon längst nicht mehr kenne.» Martin Luther als Junker Jörg auf einem Gemälde von Lucas Cranach (1522).

ihm das Maul auseinanderreißt. Der Löwe ist Leo, und Simson-Luther hat ihn ganz allein getötet.

Als Luther von der Wartburg herunterkommt, ist die Nachricht vom plötzlichen Tod des Papstes noch gar nicht bis nach Wittenberg vorgedrungen. Luther freut sich über die Gesellschaft der Freunde, weiß aber, dass er nicht bleiben kann. Herzog Georg hat erfahren, dass er die schützende Wartburg verlassen hat, und lässt nach ihm fahnden. Luther bittet Spalatin, er möge dem Kurfürsten nicht verraten, dass er sich kurz in der Stadt aufgehalten hat, und ersucht seinen Freund um eine Vulgata, die lateinische Version der Bibel, übersetzt vom Hl. Hieronymus. Schon eine Woche später ist er wieder auf der Wartburg. Johannes Lang ist der Erste, dem Luther erzählt, was ihm Melanchthon aufgetragen hat: «Interim Postillas conscribam, Novum testamentum vernacula donaturus»[27]; er habe in der Zwischenzeit einige Postillen verfasst und gedenke, das Neue Testament in der Volkssprache herauszubringen (Deutsch nennt er sie immer noch nicht).

In Italien herrscht Krieg, die päpstlichen und kaiserlichen Truppen kämpfen mit den französischen um die Vorherrschaft, als der Papst stirbt. Natürlicher Nachfolger wäre sein Vetter Giulio gewesen, ein weiterer Medici, doch regte sich diesmal im Kardinalskollegium erheblicher Widerstand gegen die Fortsetzung dieser Dynastie. Der englische Kardinal Thomas Wolsey, Kanzler des englischen Königs und von diesem in seinem Ehrgeiz bestärkt, erklärte sich bereit, einhunderttausend Dukaten dafür zu investieren, dass man ihn wähle. Wolsey bestürmte auch Karl V., sich für ihn zu verwenden, und erwartete sogar, dass sich kaiserliche Truppen nach Rom in Marsch setzten, um seine Wahl zu erzwingen.[28] Das Kardinalskollegium zerfällt wie üblich in widerstreitende Fraktionen, und in der Verlegenheit erhält Adrian von Utrecht die Tiara, der Lehrer von Erasmus, Prinzenerzieher am Hofe Margarethes, Lehrer also auch des späteren Kaisers Karl. Der Holländer gilt als Deutscher, obwohl er inzwischen Bischof von Tortosa und Statthalter Karls war, wenn der nicht in Spanien sein konnte.

Die Nachricht von seiner Wahl erreichte Adrian mit großer Verzögerung, der Winter hinderte die Überfahrt nach Italien, sodass er erst im August 1522 gekrönt werden konnte. Er hat mehrfach versichert, dass ihm das Amt gar nicht willkommen war. «Wir haben nie nach der päpstlichen Würde getrachtet und hätten unsere Tage lieber in der Einsamkeit des Privatlebens beschlossen», versicherte der neue Papst. «Gerne hätten wir die Tiara ausgeschlagen», wird er später ausgerechnet den gegen jede römische Regierung eingestellten deutschen Fürsten erklären, «nur die Furcht vor Gott, die Legitimität der Wahl und die Gefahr eines Schismas haben uns zur Übernahme des obersten Hirtenamtes bestimmt. Wir wollen dasselbe verwalten nicht aus Herrschsucht noch zur Bereicherung unserer Verwandten, sondern um der heiligen Kirche, der Braut Gottes, ihre frühere Schönheit wiederzugeben, den Bedrückten Beistand zu leisten, gelehrte und tugendhafte Männer emporzuheben, überhaupt alles zu tun, was einem guten Hirten und wahren Nachfolger des Hl. Petrus zu tun gebührt.»[29]

Für die feierlustigen Römer begann ein wahres Schreckensregime der Askese und Bescheidenheit. Der imperiale Hofstaat wurde zum größten Teil aufgelöst, der Ämterverkauf eingestellt, die Künstler wurden nach Hause geschickt – die Kirche sollte allen Ernstes zu einer geistlichen Einrichtung reformiert werden. Dass Hadrian VI., der nicht einmal einen anderen Namen annahm, mit dem Nepotismus aufräumen wollte, von dem seit Jahrhunderten alle so prächtig lebten, muss die Römer am meisten schockiert haben. Er war erkennbar keiner von ihnen, ein Intellektueller, die Stirn umwölkt von Sorge und exegetischen Problemen, fürs Leben zu blass und für die geltungssüchtige Kirche zu streng. Es kann sein, dass die Italiener den Gelehrten grundsätzlich verachten, die Deutschen verehren und lieben ihn.

Albrecht Dürer hat den Hl. Hieronymus 1514 in einem Kupferstich als humanistischen Wissenschaftler dargestellt, wie er in seiner Stube sitzt und die Bibel aus dem Griechischen ins Lateinische überträgt. Der Kardinalshut hängt an der Wand, daneben das Stundenglas, und auch der Totenschädel auf der Fensterbank erinnert an die Vergänglichkeit, der der Heilige mit seiner Arbeit doch entgegenwirkt. Gegen Ende des 16. Jahrhunderts hat Wolfgang Stuber Dürers Inszenierung übernommen, etwas vereinfacht und Martin Luther an die Stelle des Heiligen gesetzt. Auch bei ihm hängt ein Kardinalshut an der Wand, vermutlich jener, mit dem die Legende ihn bestochen wissen wollte; der Löwe, der bei Hieronymus im Vordergrund schläft, ist hellwach

PESTIS * ERAM * VIVVS
MORIENS * TVA * MORS * ERO * PAPA

Martin Luther sitzt wie der Hl. Hieronymus in seiner Stube und gibt sich ganz der Übersetzung des Neuen Testaments hin. Kupferstich um 1560.

wie Luther, der sich mit der gleichen Konzentration wie sein Vorläufer der großen Aufgabe widmet. In der Einsamkeit der Wartburg übersetzt Luther in weniger als drei Monaten das gesamte Neue Testament. «Ich hab myr auch fürgenomen», schreibt er, nachdem er fertig ist, an einen Verbündeten, «die Biblia tzuverteutschen», erst jetzt, wo das Ergebnis vorliegt, sieht er es als Verdeutschung, «das ist myr nott geweßen, ich hette sunst wol sollen ynn dem yrthumb gestorben seyn, das ich wer gelert geweßen.»[30]

Dass er gelehrt wäre, daran hat Luther selber nie gezweifelt, und schriftkundig war er wie kaum einer zu seiner Zeit. Seit dem Aufenthalt im Erfurter Kloster studierte er mit einer für alle anderen unbegreiflichen Hingabe die Bibel. Jedes Jahr las er sie wenigstens zwei Mal ganz durch. Latein, die Sprache, in der sie durch den Kirchenlehrer in der Vulgata überliefert war, beherrschte Luther schriftlich besser als die deutsche Sprache, in der er sich erst allmählich auszudrücken lernte. Da es aber nun einmal Latein war und damit kontaminiert vom römischen Stuhl, wollte er die Bibel in einer deutschen Version veröffentlichen, verständlich für jeden, der lesen konnte oder sie sich vortragen ließ. Die Heilige Schrift, griechisch *euangelion*, die Frohe Botschaft, sollte wie seine Sendschreiben, wie seine Postillen und Pamphlete möglichst viele erreichen. Sie würde Luthers eigene Botschaft rechtfertigen und beglaubigen und, so hoffte er, das Kirchvolk der durch und durch verdorbenen Kirche abspenstig machen und auf seine Seite bringen.

Als Grundlage dient ihm die von Erasmus edierte griechische Bibel, ebenjene, die Leo X. und seinem Bau der Peterskirche gewidmet ist, mit dessen Übersetzung ins Lateinische sowie die Vulgata des Hieronymus. Da er für Predigten bereits einzelne Stellen übersetzt hatte, konnte Luther auch von eigenen Arbeiten Gebrauch machen. Bei Bedarf hat er korrigierend eingegriffen. Die Ansicht des Sachsenherzogs Georg, dass Luther seine Übersetzung des Neuen Testaments «zu bekreftigunge seiner lere»[31] herausgebracht habe und nicht nur als demütiger Dienstleister der Verdeutschung wirkte, hat Heinz Bluhm am Beispiel des Römerbriefs bestätigt.[32]

Der Altphilologe Hermann Dibbelt hat bereits vor Jahrzehnten darauf hingewiesen, dass Luther das Griechische kaum oder jedenfalls nicht gut genug beherrschte, um tatsächlich aus dem Ur-Text übersetzen zu können.[33] Er muss sich größtenteils auf Erasmus' Version und dessen Anmerkungen gestützt haben. Bei der späteren Textredaktion ging ihm der Gräzist Philipp Melanchthon zur Hand. In den Tischreden erklärte Luther ganz offen, dass er (womit er heute jeden Theologiestudenten verblüffen könnte) weder Griechisch noch Hebräisch könne, «wiel dennoch einem Hebraeo vnd Graeco tzimlich begegenen»[34], aber jederzeit bereit sei, es mit einem Fachmann im Griechischen und Hebräischen aufzunehmen. Es käme auch gar nicht darauf an, das Lateinische bis in die kleinsten Buchstaben hinein abzuklopfen, um auf den Sinn zu kommen, vielmehr sei das Sprachgefühl entscheidend: «Man mus die mutter jhm hause / die kinder auff der gassen / den gemeinen man auff dem marckt drumb fragen / vnd den selbigen auff das maul sehen / wie sie reden / vnd darnach dolmetzschen / so verstehen sie es den / vnd mercken / das man Deutsch mit jn redet.»[35] In den Tischgesprächen fasst er es noch prägnanter: «Linguae per se non faciunt theologum, sed sunt adiutorium»[36], Sprachen und Sprachkenntnisse allein machen keinen Theologen, sie seien nur Hilfsmittel.

Dr. Martin Luther, der spätestens Mitte 1518 der erfolgreichste deutsche Autor ist, schreibt in nur elf Wochen ein Volksbuch, das zur Grundlage der deutschen Literatursprache bis Goethe und noch bis Bert Brecht wird. Allein in Wittenberg erschienen bis zu Luthers Tod 1546 zehn Vollbibeln und achtzig hochdeutsche Teilausgaben; dazu kamen in anderen deutschen Städten zweihundertsechzig weitere Ausgaben. Jeder dritte lesekundige Deutsche besaß die Lutherbibel. Sie wurde das protestantische Hausbuch, auf das auch Luthers Gegner nicht mehr verzichten konnten. Johannes Cochläus jammerte, dass «auch Schneider und Schuster, ja Weiber und andere einfältige Laien» die Luther-Bibel studierten, sie sogar mit sich führten und Teile davon auswendig lernten.[37] In seinem «Sendbrief vom Dolmetschen» amüsierte sich Luther 1530 darüber, dass selbst seine Feinde mit seiner Übersetzung endlich Deutsch lernten. Sie «stelen mir also meine sprache / dauon sie zuuor wenig gewist / dancken mir aber nicht dafur / sondern brauchen sie viel lieber wider mich». Er gönne es ihnen jedoch von Herzen, denn es tue ihm sogar wohl «das ich auch meine vndanckbare jünger dazu meine feinde reden gelert habe»[38]. Und das alles gelang einem dauerleidenden, vom Teufel verfolgten, von Glau-

ORAVIT, DOCVIT, CHRISTVS, FIT VICTIMA, VICTOR

Das newe Testament.
auffs new zugericht.

Doct: Mart: Luth:
Witeberg.
Gedruckt durch Hans Lufft.
1 5 4 6.

Martin Luthers Bibel wird das Grundbuch der heutigen deutschen Sprache. Sie erscheint in immer neuen Ausgaben. Das Titelblatt von 1546 zeigt Martin Luther mit seinem Schirmherrn, dem Kurfürsten Johann Friedrich.

benszweifeln bedrängten Ketzer, der kein Mönch mehr sein wollte und in der Einsamkeit des Thüringer Waldes wie besessen nach einer neuen Gemeinsprache suchte.

«Ich habe keine gewisse, sonderliche, eigene Sprache im Deutschen, sondern brauche der gemeinen deutschen Sprache, daß mich beide, Ober- und Niederländer [gemeint sind Ober- und Niederdeutsche] verstehen mögen», so hat er seine Erfindung später in den Tischgesprächen dargestellt. «Ich rede nach der sächsischen Canzeley, welcher nachfolgen alle Fürsten und Könige in Deutschland;

alle Reichsstädte, Fürsten-Höfe schreiben nach der sächsischen und
unsers Fürsten Canzeley, darum ists auch die gemeinste [im Sinn von
allgemeine] deutsche Sprache.»[39] Luthers Übertragung war keineswegs die erste – die war bereits
1466 in Straßburg erschienen –, aber sie wurde maßgeblich, begrün-
dete das Neuhochdeutsche und prägt mit Bildern, die Luther beiläufig
fand und erfand, die Sprache bis heute. Der Lückenbüßer, das Machtwort, der Schandfleck – das alles stammt von Luther, und natürlich
auch der Glaubenskampf. Er warf Perlen vor die Säue, öffnete das
Buch mit den sieben Siegeln, prüfte auf Herz und Nieren, und, ja,
auch die Gewissensbisse hat er erfunden.

Mitten in die furiose Übersetzungsarbeit – Luther muss jeden
Tag acht Seiten geschafft haben – drängt der Glaubenskampf wieder
herein. Am 21. Dezember 1521 antwortet ihm Albrecht, schreibt ihm,
wie er betont, «mit eigner Hand», einen Brief, in dem er sich verteidigt und die «Ursach längst abgestellt» glaubte, die Luther zu seinen
Schreiben nötigte. Albrecht ist kein Theologe, drum hat er die Beschwerden, auf die nicht reagiert zu haben Luther ihm vorgeworfen
hat, vier Jahre zuvor sofort Fachleuten übergeben, seinen Theologen
in Mainz. Ob er überhaupt erkannt hat, worum es Luther geht und
dass der ihm damit eine wichtige, eine unverzichtbare Einnahmequelle verschließen will, ist gar nicht so sicher. Obwohl er eben noch
auf dem Reichstag über die versammelten Fürsten präsidiert hatte
und Zeuge von Luthers Auftritt geworden war, zeigt er sich dem Ketzer gegenüber voller Demut. Dass er sich irgendwelchen Höflichkeits-
vorschriften unterworfen hätte, ist unwahrscheinlich. Er spricht den
Gelehrten Luther als den geistlichen Herrn an, der er, im Unterschied
zum Bischof, auch ist und der deshalb eine höhere Ehre beanspruchen darf. Albrecht zeigt sich aufrichtig zerknirscht und gelobt Besserung: «Und will mich, ob Gott will, dergestalt halten und erzeigen,
als einem frommen geistlichen und christlichem Fürsten zustehet, als
weit mir Gott Gnade, Stärke und Vernunft verleihet, darumb ich auch
treulich bitte und lassen bitten will. Denn ich von mir selbs nichts ver-

mag, und bekenne mich, daß ich bin nötig der Gnaden Gottes, wie ich denn ein armer sündiger Mensch bin, der sündigen und irren kann, und täglich sündiget und irret, leugne ich nicht.» «Williger als willig» nennt er sich, und sogar auf Luthers augustinische Theologie geht er ein, wenn er schreibt: «Ich weiß wohl, daß ohne die Gnade Gottes nichts Guts an mir ist, und sowohl ein unnützer stinkender Kot bin, als irgend ein ander, wo nicht mehr.»[40]

Das ist ein rares Zugeständnis von altgläubiger Seite, denn faul ist die gegnerische Partei sonst nicht. In Altenburg macht man Luther den Prozess, jedenfalls einer Puppe, die dann auf dem höchsten Punkt der Stadt stellvertretend für den leibhaftigen Ketzer verbrannt wird. Die Jesuiten wiederholen das Schauspiel später in Wien und München und singen das Tedeum dazu. Herzog Georg von Sachsen verfügt, «das sich nymands, er were weyp ader man, Martini Lutters bucher zu lesen, dieselben zu keufen ader vorkeufen, nach die bey sich zu haben, understehen solte»[41]. Es werden dann aber nur zehn Exemplare abgeliefert. Sogar der englische König mischt sich ein und dringt auf Strafverfolgung.

Solche Zwangsmaßnahmen werden nötig, weil sich innerhalb weniger Monate ein ungeheurer Werteverfall ereignet hat. Die Reliquiensammlungen zu Wittenberg und Halle bestehen noch und sind prächtiger denn je, doch sie bringen keine Zinsen mehr. Luther hat so erfolgreich bestritten, dass von silber- oder goldumkleideten Haut- und Knochenfetzen ein besonderer Gnadenerweis zu erwarten sei, dass Albrecht und Friedrich kein Geld mehr für das Vorzeigen ihrer Kostbarkeiten verlangen können. In den folgenden Jahrhunderten flammte immer mal wieder eine neue Wallfahrtsbegeisterung auf, wurde von neuen Blutwundern berichtet, von Hungerkünstlern und stigmatisierten Mönchen, aber das blieb auf die katholische Welt beschränkt. Für seine unmittelbare Umgebung in Wittenberg, in Sachsen, in Mitteldeutschland, dann in der sich weiter ausbreitenden protestantischen Welt galt dank Luthers radikaler Entwertung der Ablass nichts mehr. Eine mystische Woge überschwemmte das Land, denn plötzlich gab es nach dem ungeheuren inflationären Anstieg von Rückversicherungsangeboten nichts mehr, das sich mit Geld erkaufen ließ – nicht die geringste Sicherheit, überhaupt keine Garantie für das Seelenheil. Da keine Reliquien mehr bereitstanden, um einen von den Sünden zu erlösen, musste die Erlösung von innen kommen.

Luther, der Triumphator, scheint seinen Spott mit dem lieben Fürsten zu treiben, aber er bietet ihm ein einzigartiges mystisches Erlebnis an. Er bezieht sich auf dessen Heiltumssammlung, zu der, wie zu jeder besseren Reliquiensammlung, auch Partikel vom wahren Kreuz gehören. Luther schickt Friedrich, nicht ohne Ironie, am 24. Februar 1522 eine frohe Botschaft: «Gnade vnnd gluck von gott dem vater tzum newen heiligthum! Solchen gruß schreybe ich nü, M. gnedigster herr, an statt meyner erbietung. E. f. g. hatt nü lange iar nach heyligthum ynn alle land bewerben lassen, aber nü hatt gott e. f. g. [ewige fürstliche gnaden] begird erhoret vnnd heym geschickt on alle kost vnnd muhe eyn gantzs creutz mit negelln, speren vnnd geysselln.» Da der Fürst vom Silberbergbau lebte, muss er ihm mit kommerziellen Argumenten kommen, nämlich dass das vollständige Kreuz, das er ihm anbiete, anders als die Hunderte und Tausende von Partikeln kostenlos sei, eine Okkasion sogar. Gnade und Glück zu der neuen Reliquie wünscht er ihm, und dass sich die Fürstlichen Gnaden «erschreck nür nicht, ia strecke die arm getrost auß vnnd laß die negel tieffeyngehen, iah danck vnnd sey frolich! also muß vnnd soll es gehen, wer gottes wortt haben will.»[42]

Luther redet so, dass Friedrich ihn verstehen muss, aber er redet von einer ganz anderen Welt und bietet ihm keine Garantie, dafür jedoch nie gekannte Erlösungshoffnung. Ganz schnell habe er diese Zeilen niedergeschrieben, denn «ich habe nicht mehr tzeyt, will selbs, ßo gott will, schier [bald] da seyn. E. f. g. neme sich meyn nür nichts an. E. f. g. / untertheniger / Diener / Martinus Luther.»[43] Er möge sich nicht um ihn kümmern, sagt er noch, er käme schon allein zurecht.

Mehr als je zuvor wird Luther in Wittenberg gebraucht. Dort hat sich in seiner Abwesenheit etwas völlig Unerwartetes begeben. An-

dreas Karlstadt, Prediger im Allerheiligenstift und als Professor einer
der ersten Mitstreiter Luthers, trat den Bildersturm los. Mit seiner
Schrift «Von der Abtuhung der Bilder» (1522) gab er der unterschwel-
ligen Zerstörungsenergie des Volkes eine Richtung. Die soziale Unruhe, die auch in Wittenberg spürbar war, fand einen Auslauf vor den
plötzlich als heidnisch und unchristlich erkannten Heiligenbildern.
Am 24. Januar 1522 veröffentlichte der Rat der Stadt Wittenberg die
erste reformatorische Kirchenordnung, in der es auch hieß, dass «die
bild vnd altarien in der kirchen söllen auch abgethon werden, damit
abgötterey zu vermeyden»[44]. Augustinermönche begannen gleich
damit, Bilder ins Feuer zu werfen. Den Künstlern nahm man damit
das wichtigste Brot und sorgte doch zugleich, da die alten Bilder zerstört waren, für neue Aufträge. Das Schrift- und Luther-Wort schien
Karlstadt recht zu geben. Das Zerstörungswerk war Terminsache,
systematisch ging man zu Werke, nur Übertreibungen wurden kur-
sächsisch geahndet.

Das hatte Luther nicht gewollt. Der «Abgott», das Götzenbild, war
für ihn nicht das Bild eines Märtyrers oder der Muttergottes, der er
bis zuletzt gewogen blieb, sondern die Verbindung mit der drängenden Kasse. Er konnte den Gedanken nicht ertragen, dass in den kostbaren Gefäßen, die sein Kurfürst oder jener in Halle von den besten
Silberschmieden anfertigen ließen, eine zähl- und wägbare Menge an
göttlicher Gnade eingeschlossen sein sollte, die sich je nach Einlage
veräußern ließ. Das Geschäft Geld gegen Gnade schien ihm nicht nur
intellektuell zweifelhaft, es grauste ihn bei der Vorstellung, dass die
Erlösung käuflich sein sollte. Er suchte ein unmittelbares, nicht nur
mystisches, sondern Rechtsverhältnis zu seinem Gott, dessen Willen
und Wege er doch nie ergründen konnte, auf den zu hoffen er sich
aber als persönlichen Heilsplan ausgedacht hatte. «Niemand hat Gott
je gesehen!», wusste Luther aus dem Johannesevangelium, und darum
sollte es auch kein Abbild Gottes geben, denn wie sollten ihn ausgerechnet die Schilderer kennen von Angesicht?

Für Luther gab es nur die höchstpersönliche Beziehung: «Denn das ist allen menschen auff erden angeborn, wenn man von Gott höret, das jhm iglicher ein eigen bilder und gedancken machet, damit er Gott eine gestalt und farbe wil abgewinnen, wie er sey, was er dencke und jm sinn habe, wie man jhm dienen solle.»[45] Damit schien er Karlstadts Wüten zu bestätigen, aber der Kollege ging ihm zu weit. Unruhe konnte Wittenberg nicht gebrauchen, die Gemeinde stand mitten in einer Reform, die unter der wohlwollenden Patronage des Kurfürsten stattfinden konnte, und die wollte er nicht verlieren. Der Reformator musste eingreifen.

Der Kurfürst untersagt ihm allerdings die Rückkehr nach Wittenberg, weil es nicht tunlich sei, wenn er sich dort öffentlich zeige. Vor allem würde es dem Kurfürsten schaden, der ihn zwar auf seiner Wartburg untergebracht hat, aber bisher behaupten konnte, nichts über den Verbleib des Bibelprofessors zu wissen. Wäre er wieder an der Universität, die inzwischen dank Luther internationales Ansehen und die entsprechende Aufmerksamkeit genießt, würde auch das Interesse der Nachbarn geweckt, die den Ketzer lieber heute als morgen brennen sehen würden.

Friedrich schickt einen Amtmann auf die Wartburg, um seinen herrscherlichen Willen noch deutlicher zu machen, aber es hilft nichts. Der Kurfürst ist selber ratlos, er ist an der Ehre, also an seinem Allerheiligenstift gepackt: «Dann wann das sollt das recht Kreuz und Heiltumb von Gott sein, so hätten S. Chf. G. keine Entsetzung davor, sondern, weil Gott gesagt hätte, sein Joch wäre süß und sein Bürde leicht, so wollten S. Ch. G. das Kreuz, so sie wüßten, daß es von Gott sein sollte, gern tragen»[46], so hat er Luther verstanden, und dazu ist er auch bereit, aber bei den Zuständen in Wittenberg, wo alles drunter und drüber geht, wäre es ihm lieber, er wüsste, «wer Koch oder Kellner»[47] ist.

Friedrich ist so verunsichert, dass er die Verantwortung für sein persönliches Seelenheil von der Heiltumssammlung (die er sehr wohl zum privaten Gnadenerwerb, der persönlichen Devotion verwendete) auf den Doktor Luther überträgt, dem er schon jetzt mehr Autorität in

Glaubensdingen zubilligt als dem Papst, mehr offenbar auch als Spalatin, der als Hofkaplan doch sein amtsmäßiger Beichtvater ist. Die Heiltumssammlung war Friedrichs fürstliches Steckenpferd. Er versuchte
sich persönlich an der Verschönerung seiner Schaustücke und hoffte,
nachdem die Einnahmen aus dem Silberabbau zurückgingen, damit
Geld zu verdienen und seine Investitionen wieder hereinzuholen, aber
als tiefgläubiger Mensch hielt er den ganzen Krempel tatsächlich für
wundertätig. Friedrich suchte jemanden, der ihn aus seiner neuen
Seelenpein erlöst, und baut, er kann gar nicht anders, auf Luther, auf
den «münch», den «doctor», als wäre er der Erlöser persönlich.

Grimmig reagiert Friedrich auf Luthers Vorstellungen, aber nicht
abweisend, er unterwirft sich als Politiker dem theologischen Urteil.
Luther begnügt sich damit nicht, widersetzt sich sogar ausdrücklich
der Anordnung Friedrichs, auf der Wartburg zu bleiben, und beruft
sich wieder auf eine höhere Instanz, eingeleitet wie so häufig mit dem
Wunsch nach einem regelrechten Martyrium: «Ich wollt's auch, wenn
es hätte können sein, mit meinem Leben gern erkauft [abgewendet]
haben.»[48]

Und dann folgt ein Brief, wie er vor der Französischen Revolution sonst in ganz Europa undenkbar gewesen wäre. Der Theologe
Bernd Moeller nennt ihn den «Text seines Lebens»[49], für Leopold
von Ranke war es eine «Weltbegebenheit», für Luther ein weiterer
Befreiungsschlag und deshalb zwangsläufig. Er ist jetzt Prophet und
mit menschlichen und sei es politischen Maßstäben nicht mehr zu
messen. «E. K. F. G. weiß, oder weiß sie es nicht, so laß sie es ihr hiemit
kund sein», schreibt er am 5. März an den Schutz und Schild seiner
ganzen menschlichen Existenz, «daß ich das Euangelium nicht von
Menschen, sondern allein vom Himmel durch unsern Herrn Jesum
Christum habe, daß ich mich wohl hätte mügen (wie ich denn hinfort
tun will) einen Knecht und Euangelisten rühmen und schreiben. Daß
ich mich aber zur Verhöre und Gericht erboten hab, ist geschehen,
nicht daß ich dran zweifelt, sondern aus uberiger [überflüssiger] Demut, die andern zu locken.»[50]

Luther beschimpft sehr undiplomatisch seinen unmittelbaren Gegner, Georg von Sachsen, phantasiert, dass er ihn «schnell mit einem Wort erwürgen» würde, wenn er damit bei ihm etwas erreichen könnte, und erklärt dann ein weiteres Mal, dass er sich von nichts und niemandem etwas sagen lassen will, auch nichts sagen lassen muss, denn er ist ja Evangelist. «Solchs sei E. K. F. G. geschrieben der Meinung, daß E. K. F. G. wisse, ich komme gen Wittenberg in gar viel einem höhern Schutz denn des Kurfürsten. Ich hab's auch nicht im Sinn, von E. K. F. G. Schutz begehren. Ja ich halt, ich wolle E. K. F. G. mehr schützen, denn sie mich schützen könnte. [...] Darumb: wer am meisten gläubt, der wird hie am meisten schützen. Dieweil ich denn nu spür, daß E. K. F. G. noch gar schwach ist im Glauben, kann ich keinerlei wege E. K. F. G. fur den Mann ansehen, der mich schützen oder retten könnte.»[51]

Im Übrigen spreche er seinen Fürsten für den Fall, dass er unten in Wittenberg gefangen oder getötet werde, schon jetzt von jeder Schuld frei. Er muss dort hinunter, weil er dort hinunter muss, und wenn es sein Tod ist, wie er dem Fürsten mit bezwingender Logik darlegt: «Denn die Gewalt soll niemand brechen noch widerstehen denn alleine der, der sie eingesetzt hat, sonst ist's Empörung und wider Gott.»[52]

Endlich hat er die vollkommene christliche Freiheit erreicht, hat der Glaube über alles gesiegt. Als Luther von der Wartburg zurückkommt, hat er das Kurfürstentum in der Hand. Es ist seins, der Fürst vom Thron gestoßen. Mehr als je sehnt sich Luther nach dem Jüngsten Tag, gleichzeitig platzt er vor Tatendrang. Er will wenigstens seine kleine Gemeinde in die Gnade Gottes führen. Die Spione Georgs sind ihm auf den Fersen, als er im «Schwarzen Bären» in Jena übernachtet, aber sie kriegen ihn nicht.

Viel könne er ihm nicht berichten, schreibt Luther an seinen Verehrer, den Reichsritter Hartmut von Cronberg, nur dass er sich nach Wittenberg aufgemacht habe in der Hoffnung, «ob ich dem teuffell durch Christus gnad kund widder ettwas sehen lassen»[53]. Die Ratsherren schenken ihm aus Freude über seine Wiederkehr acht drei viertel

Ellen Tuch für einen Umhang, die Elle, wie gleich verrechnet wird, zu
achtzehn Groschen, dazu zwei Kannen Rheinwein, vier Kannen Fran-
kenwein und zwei Kannen «Kotschberger». Die Burgherrendiät muss
Luther nicht abbrechen, und der Weg zum protestantischen, denk-
malfähigen fetten Pfarrherrn ist gebahnt. Moses kam vom Berg Sinai
herab und musste erleben, wie das Volk Israel bereits von dem Glauben abzufallen begann, den er noch kaum verkündet. Luther geht es
nicht viel anders, deshalb beginnt er gleich, die Wittenberger in einer
Reihe von Fastenpredigten auf das neue Evangelium einzustimmen.

Was die Bilder betrifft, so kann er dem Pfarrvolk versichern, es sei
«frey gelassen von gotte die mann halten mag oder nit» und «besser
were wir hetten sie gar nicht», aber nirgends werde gefordert, sie zu
zerstören. Viel wichtiger ist ihm eine andere Botschaft. «Wir seindt
allsampt zů dem tod gefodert und wirt keyner für den andern sterben,
Sonder ein yglicher in eygner person für sich mit dem todt kempffen.
In die oren künden wir woll schreyen, Aber ein yeglicher můß für sich
selber geschickt sein in der zeyt des todts: ich würd denn nit bey dir
sein noch du bey mir. Hierjnn so muß ein yederman selber die hauptstück, so einen Christen belangen, wol wissen und gerüst sein, und
seindt die, die eüwer lieb vor vil tagen von mir gehört hat.»

Es ist alles andere als eine frohe Botschaft, die er zu verkünden
hat, eher eine trostlose. In den ersten Worten hört sich Luther sogar
wie Thomas Bernhard an, der eine Dankesrede mit dem Satz begann:
«Es ist alles lächerlich, wenn man an den Tod denkt.» Ähnlich wie
die Erweckungs-, Wallfahrts- und Ablassprediger beschwört Luther
das bevorstehende Ende, doch er verkauft keine Anteilscheine am
Jenseits, sondern fordert zu Besinnung und Einfühlung auf, ganz so
wie er dem Kurfürsten empfohlen hatte, die Nägel und Dornen von
Christi Kreuzesopfer ganz tief in sich aufzunehmen.

Zwar seien wir alle «Kinder des Zorns» und selber daran schuld,
fährt er fort, aber Gott habe uns seinen eigenen Sohn gesandt, und
wer auf ihn vertraue, der werde ohne Sünde und frei sein. Er hoffe,
Wittenberg in das biblische Kafarnaum zu verwandeln, den Ort, in

dem Jesus einst die Fischer Simon und Andreas gewann, die ersten Jünger. Dafür braucht es aber die Liebe und tätiges Mitwirken. «Also lieben freündt, das reich gottes, das wir sein, steet nit in der rede oder worten, sonder in der thättigkeit, das ist in der that, ind en wercken und ubungen. Got will nit zuhörer oder nachreder haben, sonder nachvölger und uber. Und das in dem glauben durch die liebe.»[54]

In den Monaten bis zu Hadrians Krönung zum Papst konnte sich Luthers Evangelium ungehindert weiter ausbreiten. Es gab keine Verfolgung vonseiten der Kurie, die den Rumor nördlich der Alpen ohnehin unterschätzt hatte. Die deutschen Fürsten waren sich niemals einig, wie sie mit der evangelischen Bewegung umgehen sollten. Wie bedeutend sie war, hatte zunächst nur Friedrich gemerkt, der ihnen ausgiebig vorexerziert hatte, dass Religionspolitik Machtpolitik war. Von Georg von Sachsen abgesehen, der seinem Vetter in Wittenberg die Kurwürde neidete, zeigte keiner der Reichsfürsten ernsthaftes persönliches Interesse, in einen tatsächlich religiös motivierten Krieg einzutreten.

Hadrian stand Luthers Thesen keineswegs so fern, wie der Reformator es selber glauben wollte oder wie es von einem römischen Papst zu erwarten war. Als Oberhaupt der Kirche musste er sich die Erhaltung der überlieferten Macht allerdings angelegen sein lassen. Ende 1522 schickte Hadrian den Gesandten Francesco Chieregati auf den Reichstag in Nürnberg. Der Legat sollte die immer noch ausstehende Durchführung des Wormser Edikts verlangen, was die Reichsstände ein weiteres Mal hintertrieben. Die Haltung des Vatikans hatte sich offenbar nicht grundsätzlich geändert; schließlich hatte Hadrian in Spanien als Großinquisitor des Glaubens gewirkt. Chieregati verdammte die «lutherische Irrlehre», bekräftigte noch einmal, dass die Lehren der Kirche unanfechtbar und überdies durch Konzilien und Päpste geheiligt seien, und verglich Luthers Zerstörungswerk mit dem Mohammeds. Diesen Vorwurf konnte Chieregati mit der Mahnung verbinden, dass die deutschen Länder und Fürsten ihre unterschiedli-

chen Interessen zurückstellen und gemeinsam als Christen gegen die
Türken in den Krieg ziehen sollten; nur zwei Tage vorher hatten sich
auf Rhodos die Johanniter ergeben und die Insel den Türken überlassen müssen.

Nach diesem dogmatischen und nicht weiter überraschenden Teil
wandte sich der Legat Luthers Kritik an der verweltlichten Kirche zu,
dem Anlass für sein Eingreifen. Von der Weltgeschichte weitgehend
unbeachtet blieb das Schuldbekenntnis, das der Papst durch seinen
Legaten vor den versammelten Reichsständen ablegen ließ.

Am 3. Januar 1523, genau drei Jahre nach der Bannbulle «Exige
turpem», erklärte der Gesandte die Vorwürfe, die Luther der Kirche
gemacht hatte, für berechtigt. Danach war die Kirche selber daran schuld, dass es zu dieser Spaltung gekommen war, die Chieregati
eben noch auf die «lutherische Irrlehre» zurückgeführt hatte. Ohne
den Amtsmissbrauch, die Patronage, die Neigung zur weltlichen
Pracht in der Hauptstadt der Christenheit wäre auch der aufsässige
Mönch nicht so weit gekommen. Hadrian klingt fast wie Luther, wenn
er im Schisma eine Versuchung Gottes sieht, mit der die Menschen
geprüft werden sollen. «Du sollst auch sagen», lautete die Botschaft
für Chieregati, «daß wir es frei bekennen, daß Gott diese Verfolgung
seiner Kirche geschehen läßt wegen der Menschen und sonderlich der
Priester und Prälaten Sünden; denn gewiss ist die Hand des Herrn
nicht verkürzt, dass er uns nicht retten könnte, aber die Sünde schei-
det uns von ihm, so daß er uns nicht erhört. [...] Wir wissen wohl,
daß auch bei diesem Heiligen Stuhle schon seit manchem Jahre viel
Verabscheuungswürdiges vorgekommen; Mißbräuche in geistlichen
Sachen, Übertretungen der Gebote, ja daß alles sich zum Ärgeren verkehrt hat. So ist es nicht zu verwundern, daß die Krankheit sich vom
Haupte auf die Glieder, von den Päpsten auf die Prälaten verpflanzt
hat.»[55]

Ein Papst, der sich persönlich schuldig bekennt – das war ein bis
dahin unerhörter Vorgang in der Kirchengeschichte. «Wir alle, Prälaten und Geistliche, sind vom Wege des Rechtes abgewichen, und es

gab schon lange keinen einzigen, der Gutes getan. Deshalb müssen wir alle Gott die Ehre geben und vor ihm uns demütigen; ein jeder von uns soll betrachten, weshalb er gefallen, und sich lieber selbst richten, als daß er von Gott am Tage seines Zornes gerichtet werde», sagt er und klingt auch hier nicht viel anders als der von einer ewigen Schuld beladene Augustinermönch. «Deshalb sollst du in unserem Namen versprechen», trägt er dem Legaten auf, «daß wir allen Fleiß anwenden wollen, damit zuerst der römische Hof, von welchem vielleicht alle diese Übel ihren Anfang genommen, gebessert werde; dann wird, wie von hier die Krankheit gekommen ist, auch von hier die Gesundung beginnen. Solches zu vollziehen, erachten wir uns um so mehr verpflichtet, weil die ganze Welt eine solche Reform begehrt.»[56]

Es ist nur viel zu spät für eine Reform, wenn die Revolution und die Kirchenspaltung längst in vollem Gange sind. Luther zeigt keinerlei Verständnis für die Reue des Papstes, er will seinen Zug auf der *via triumphalis* fortsetzen. «Denn der Bapst ist eyn *Magister noster* von Louen», schreibt er einem Anhänger, «ynn derselben hohen schule krönet man solche Esell, da ist Meister Adrian auch gekrönet, und weyß auff heuttigen tag noch nichts anders, denn das Menschen gepott Gottis gepotten sollen gleych odder mehr gellten.» Da Adrian Professor in Löwen gewesen war, der Universität, die sich Luthers Verdammung als Ketzer so angelegen sein ließ, kann für den Polemiker Luther von ihm gar nichts Gutes kommen. Esel kröne man dort und vertrete die Lehrmeinung, menschliche Gesetze würden gleich viel oder sogar noch mehr gelten als die Gesetze Gottes. Wenn der Papst sich also zerknirscht zeigt, kann das nur eine scholastische Finte sein. Luther ist viel zu berauscht von seinem Erfolg, als dass er die Reue der Kirche auch nur ernst nähme. Die vorsichtigen Reformen, die der Papst ankündigt, interessieren ihn nicht, er ist erfüllt von seinem Sendungsbewusstsein und fühlt sich so ausschließlich im Recht, dass er die Bedeutung, die einem Schuldeingeständnis des Papstes zukommt, gar nicht begreifen kann. Die Kirchenspaltung nimmt ihren Lauf.

Johann von Schleinitz hatte sich an Luther gewandt, weil er Rat
für einen Dispens von der Kirche brauchte, die in bewährter Weise
Geld dafür forderte. Für Luther ist das der Beweis, dass sich nicht
das Geringste geändert hat. In Rom sitzt weiter der Satan, der jetzt
nur unter einem neuen Namen auftritt: «Aber hie redet der Satan auß
meyßter Adrian, man solle gellt geben auch fur seyn eygen gesetz. O
wyr armen elenden Christen, die wir uns mit solchen groben schend-
lichen stücken lassen effen und noch des heyligen geysts ynn yhnen
nicht gewartten, so wyr so offentlich sehen den teuffel sie reyttten und
meystern!»⁵⁷, wir armen Christen fallen auf solch schändliche Werke
herein und halten es immer noch für das Walten des Heiligen Geistes,
wo die in Rom doch vom Teufel regiert werden.

In seiner kurzen Regierungszeit ließ sich Hadrian eingedenk der
Finanznot der Kurie dann doch erweichen, der dringenden und mit
reichlich Handsalben gen Rom versehenen Bitte des Herzogs Georg
zu folgen und den im 11. Jahrhundert als Gegner des Papstgegners
Heinrich IV. aufgefallenen Bischof Benno von Meißen zur Ehre der
Altäre zu erheben, ihn also heiligzusprechen. Am 16. Juni 1524 werden
die Gebeine Bennos tatsächlich erhoben. Die Heiltumskonkurrenz
wird fortgesetzt. In Anwesenheit der Herzöge Georg und Heinrich
und eines Grafen von Mansfeld wird im Dom zu Meißen mit goldenen und silbernen Schaufeln nach dem edlen Toten gegraben. Die
dabei geborgenen Gebeine erhalten anschließend ein Hochgrab. Luther bekämpfte den ganzen Prozess um diesen neuen «Abgott», aber
Benno ist bis heute der Schutzpatron der Diözesen von Meißen und
von München.

Hadrian VI. wollte sein eigenes strenges und bescheidenes Leben
als Maßstab setzen und überlebte es nicht lang. Am 14. September 1523
stirbt er, für fast fünfhundert Jahre der letzte Deutsche auf dem Papstthron. Nach Meinung mancher Dunkelmänner wurde er ermordet. Es
war aber das Amt, das ihn umbrachte. Ehe er seine letzte Ruhestätte
in der Kirche Santa Maria dell'Anima fand, wurde er zunächst in der
alten Peterskirche mit dem Spruch «HADRIANVS SEXTVS HIC

SITVS EST: QVI NIHIL SIBI INFELICIVS IN VITA / QVAM
QVOD IMPERARET DVXIT» beigesetzt: Hier liegt Hadrian VI.,
dessen größtes Unglück darin bestand, dass er herrschen musste. Sein
Nachfolger wird Giulio de' Medici, der Vetter Leos X., sein Kanzler.
Die Kirche macht genau so weiter, wie Luther es ihr vorwirft.

Anders als in den deutschen Staaten werden die Anhänger des neuen
Glaubens in den Niederlanden, dem Kronland des Kaisers, gnadenlos
verfolgt. Das Wittenberger Kloster steht mit den holländischen in
regelmäßiger Verbindung, und so erfährt Luther immer sofort, wie
gefährdet seine Jünger sind. Zwar spottet er gern über die Geister-
und Zukunftsseherei seines Freundes Melanchthon, aber wenn es
um die Propagierung der neuen Lehre geht, weiß er die Sterne doch
zu schätzen oder auch zu nutzen. «Datzu», nämlich zu den ganzen
Himmelszeichen, «das Euangelische liecht so helle auffgangen, welchem alle mal groß verenderung umb der ungleubigen willen gefolget
hatt.»[58] Die Veränderung der christlichen Welt, die er eingeleitet hat,
manifestiert sich überall. Der Teufel zeigt sich natürlich auch wieder
und treibt sein arges Spiel. Es ist also höchste Zeit, sich dem wahren
Glauben zuzuwenden. Die Verfolgung ist ein untrügliches Zeichen
für den Endkampf mit dem Satan. Durch kaiserliches Dekret wurde
in den Niederlanden nichtakademischen Theologen die Übersetzung
und Auslegung der Schrift verboten. Im Sommer 1521 fanden in Antwerpen, Gent und Brügge Bücherverbrennungen statt. Im Jahr darauf
ziehen sich die Wolken der Apokalypse für Luther noch dichter zusammen. In Spanien bebt die Erde, in Landsberg kommt es zu einer
Missgeburt, ein «Pfaffenkalb» wird gefunden, in Holland strandet ein
riesenhaftes Getier. «Appulit enim apud Harlem bellua marina, quam
cetum vocant, septuaginta pedum longitudine et triginta quinque
latitudine»; bei Haarlem sei ein Meeresungeheuer angeschwemmt
worden, das man Wal nenne, siebzig Fuß lang sei es gewesen und
fünfunddreißig breit. Seit alters galten solche Ungeheuer als Zeichen
des Zorns, wie Luther genau weiß. «Dominus misereatur eorum et

nostris»[59], der Herr erbarme sich ihrer und unser. Er meint die verfolgten Glaubensbrüder und schließt sich in das Stoßgebet ein. Der
Herr hat dem Satan erlaubt, sich in den Niederlanden auszutoben in
Gestalt der kaiserlichen Spießgesellen, der Sophisten, «die er über uns
herrschen lässt»[60].

Diese vielen Zeichen, die die drohende Apokalypse anzukündigen
scheinen, kommen Luther als Mittel der Propaganda gerade recht.
1523 veröffentlicht er zusammen mit Melanchthon ein Pamphlet, das
die Gewalt der Druckerpresse nutzt und in seiner propagandistischen
Drastik fast schon lächerlich wirkt. In bester Kolportagemanier führen
die beiden Autoren zwei Ereignisse zusammen, die nichts miteinander
zu tun hätten, würden nicht die beiden Sterndeuter die Interpretation
mitliefern. «Der teüffel schläfft nit!»[61], hat Luther seinen Zuhörern in
Wittenberg zugerufen. Noch kurz vor der Jahrhundertwende, vermutlich 1496, wurde in Rom am Tiber eine Missgeburt entdeckt, die von
Melanchthon zum «Bapst esel» erklärt wird. So gräulich sei das Misch-
wesen, dass es nicht von Menschenhand stammen könne, sondern
«das got selb disen grewl also abcontrofeyt» haben muss. Und in Freiberg fand man im Bauch einer geschlachteten Kuh ein geflecktes Kalb,
das «Mönchskalb», wie Luther es nennt. Es soll eine Warnung sein für
den ganzen Stand, dessen Ende Luther eben erst in seinem «iudicium»
verkündet hatte (und für sich selber fürchtete). Die Indizienkette wird
so straff gespannt, dass es keinen Zweifel mehr geben kann: Das Ende
ist nahe, zumindest das der römischen Kirche.

Gleichzeitig kann der Glaube gefestigt werden, denn es gibt eine
erste Opferung. Am 1. Juli 1523 werden auf dem Grand Place in Brüssel zwei Augustinermönche aus Antwerpen verbrannt, die sich auf
die Lehren des Augustiners in Wittenberg berufen haben. Die beiden
Ordensbrüder sind wie Luther für ihren Glauben eingetreten, sie
durften dafür sogar sterben. Als die Nachricht aus Brüssel kam, soll
Luther «innerlich» geweint und offen geklagt haben, dass er doch gehofft hatte, als Erster für den Glauben zu sterben.[62] Trotzdem schreibt
er begeistert an Spalatin: «Gratia Christo, qui tandem cepit fructum

Der Bapſteſel zu Rom

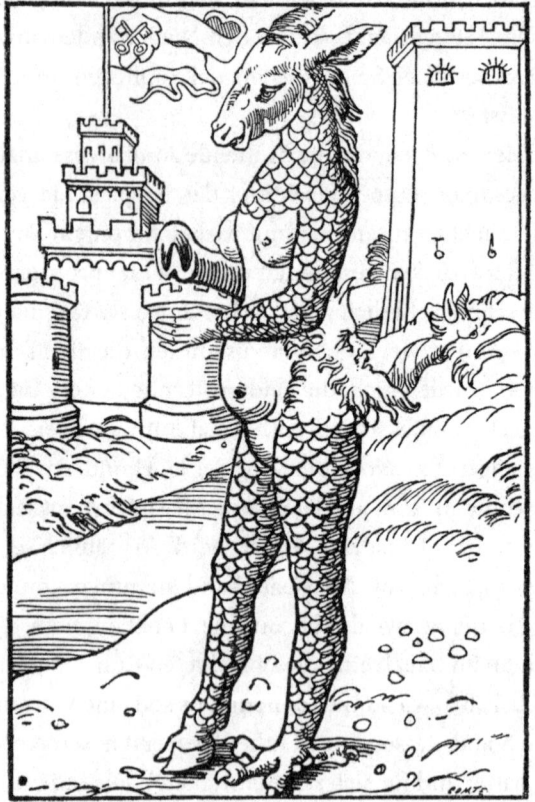

Wenn es sein muss, exzelliert Luther auch als Polemiker. «Der Bapstesel zu Rom» (1523) wird seine erfolgreichste Schmähschrift.

aliquem verbi nostri, imo sui ostendere»[63], Dank sei Jesus Christus, der endlich zulässt, dass unsere Worte, also seine, endlich Früchte tragen. Luther ist ganz und gar ernst mit dem Dank an Gott, der für dieses Opfer gesorgt habe, denn er ergänzt mit missionarischem Stolz «novos martyres, forte primos in ista regione, creare» – Gott war so gütig, für die ersten Märtyrer des neuen Glaubens zu sorgen.

Aus Freude mehr als aus Trauer über dieses Opfer schreibt Luther für die beiden jungen Männer, die standhaft geblieben sind und lieber in den Tod gingen, als abzuschwören, «eyn hubsch Lyed von denn zcweyen Marteren Christi, zu Brussel von den Sophisten zcu Louen verbrandt». Es ist sein erstes Lied und wird eine lehrhafte Erzählung. Anlass ist zwar ein grauenhaftes Martyrium, doch das «hubsch Lyed» ist kein Klagelied, sondern ein großer Freudengesang, der mit den Zeilen endet: «Wir sollen dancken Got daryn / seyn wort yst widderkommen / der Sommer yst hart fur der thur / der winter yst vergangen / die zarten blumen gehn erfur / der das hat angefangen. / der wirt es wol volenden.»

Gott hat es angefangen, aber Luther, der seine Botschaft nicht weniger eifrig verkündet als die beiden Märtyrer, will es vollenden.

SIEBZEHNTES KAPITEL

Bauernkrieg und Eheschließung

Als sie zwei Jahrzehnte später auf das ereignisreiche Jahr zurückblickten, konnten sich Luther und sein Herzensfreund Melanchthon nicht einmal mehr darüber einigen, ob es nass oder trocken gewesen war. Für 1524 war der Welt jedenfalls wieder einmal der Untergang prophezeit worden, diesmal durch eine «grosse wesserung», wie der brandenburgische Hofastrologe Johannes Clarion – auch ihn hat Lucas Cranach gemalt – drei Jahre vorher in seiner «Prognosticatio» angedroht hatte. Nachdem es Feuer vom Himmel geregnet hat und ein Komet dort oben erschienen ist, so kündigte es der krude Holzschnitt auf dem Titel an, wird dem Papst das Haupt abgehauen, während der Kaiser machtlos die Hand vors Gesicht schlägt.

Georg Tannstetter brachte sein «Libellus consolatorius» heraus, ein Trostbüchlein für dieses Jahr des Unheils. Über den Menschen, die als Bauern dem Landbau nachgehen und deshalb am meisten die Unbill des Wetters zu fürchten haben, findet sich eine allegorische Darstellung der Planeten, garniert mit einigen Fischen, denn im Februar, im Sternbild der Fische, sollte sich die große Katastrophe ereignen. Noch mal darüber ragt, mit einem Zepter bewehrt, eine Hand aus den Wolken. Es ist die regierende Hand Gottes, die, wenn es dem Allmächtigen gefällt, den Lauf der Gestirne ändern und folglich auch das drohende und so vielfältig angekündigte Unheil abwenden kann. Die dazugehörige Inschrift soll beruhigen: «A Signis coeli nolite metuere», fürchtet nicht die Zeichen des Himmels.

Tannstetter, der seine bei Kaiser Maximilian begonnene Laufbahn

Das Ende der Welt schien nie näher als im Jahr 1524, für das die Propheten alle möglichen Katastrophen vorhergesagt hatten. Was wirklich geschehen sollte, sahen sie nicht voraus: «Das folgende 25. Jahr», spottete Martin Luther, «stunden die Bauern auf, und wurden aufrührisch. Davon sagte kein Astrologus nicht ein Wort.»

als Hofastrologe in Wien fortsetzen konnte, widmet sein Buch Erzherzog Ferdinand, dem Mitregenten des Kaisers, und will damit die «vorsagung von ainem kunfftigen Synfluß / vnd andern greulichen vällen auffs. xx iiii Jar gefast», abwenden. Trotzdem war mit der Sintflut oder einem anderen Weltuntergang jederzeit zu rechnen. Das Christentum des 15. und 16. Jahrhunderts lebte recht gut von der unmittelbar bevorstehenden Apokalypse, die Offenbarung des Heils und

Untergang zugleich sein musste. Luthers Reformation brachte keine Aufklärung, vielmehr bestätigte sie die irrationale Heilssehnsucht. Der ohnehin erwartete Untergang der Welt lässt jede dieser fatalen Prophezeiungen realistisch erscheinen. Luther kann sich gegen die Ausdeutung zufälliger Sternbilder wehren, weil er das Übel von allen am besten zu erklären vermag: Es sind unvermeidlich die «Nachstellungen des Teufels»[1], die jetzt, nachdem der Mönch gegen den Kaiser triumphiert und den Papst besiegt hatte, nicht mehr die Kirche, sondern den einzelnen Gläubigen treffen.

Die Zeitungen sind noch gar nicht erfunden, da ist es bereits das Kerngeschäft der Druckerpressen, jede Form von Unheil zu verbreiten. Auf dem Reichstag zu Worms 1521 hatte Alexander Seitz, zeitweilig der Leibarzt des bayerischen Herzogs, Flugblätter mit Bildern der drohenden Flut verkauft. Sechsundfünfzig Autoren in einhundertdreiunddreißig Druckschriften hatten vor der großen Überschwemmung, dem alles vernichtenden Unglück gewarnt,[2] «das doch nicht geschach», wie Luther dann über die «Sternkücker» herzog, «sondern das folgende 25. Jahr stunden die Bauern auf, und wurden aufrührisch. Davon sagte kein Astrologus nicht ein Wort.»[3]

Selbst ohne Sternguckerei wäre es möglich gewesen, die Zeichen zu erkennen. Die Angst vor dem «gemeinen Mann» oder doch davor, dass er aufstehen und sich nicht mehr gefallen lassen könnte, was ihm die heilige Ordnung zugedacht hatte, war mit den Jahren nicht geringer geworden. Es war außerdem die Belastung durch Abgaben, Zölle, Umlagen und immer neue Steuern stetig gewachsen. Grundbesitzer und freie Bauern profitierten vom anhaltenden Aufschwung, den Leibeigene oder Fronbauern mit mehr Arbeit und mehr Herrendienst bezahlen mussten.

Für Luther wurde der Bauernaufstand die größte anzunehmende Katastrophe, schlimmer als jede «Synfluß», der schlimmste unheilsame Schrecken, nämlich «verstorung» und «auffrur». Er meint damit mehr als Zerstörung, er meint tatsächlich die Störung des erlangten Friedens. «Denn auffrur ist nicht eyn schlechter [schlichter] mord,

sondern wie eyn gros feur, das eyn land anzundet und verwustet, also
bringt auffrur mit sich eyn land vol mords, blutvergissen, und macht
widwen und weysen, und verstoret alles.»[4]

Der Grund für seine Beunruhigung ist offensichtlich: Im Moment,
da sich die neue Religionspraxis zu etablieren beginnt, gefährden die
Bauern, wie Luther richtig erkennt, durch ihr Aufstehen den evangelischen Erfolg. Kaum hatte er seine eigene Unruhe gebändigt, dringt
sie von außen wieder auf ihn ein. Bis dahin war dieser Erfolg nicht zu
bestreiten gewesen – die Klöster leerten sich, die Mönche und Nonnen heirateten, die Macht des Papstes war gebrochen, die weltliche
Macht begann, sich der geistigen Macht, der evangelischen Weltsicht,
zu fügen. Zu groß ist die Angst, das Erkämpfte könnte verlorengehen
und den Radikalen würde ein billiger Sieg zufallen. An Herzog Johann Friedrich von Sachsen, der ihn wegen Thomas Müntzer um Rat
gebeten hatte, schreibt Luther im Juni 1524: «Es ist ja nicht fein, daß er
unsers Schattens, unsers Sieges und alle unsers Vorteils, ohn ihr Zutun erstritten durch uns, wider uns braucht; sitzen auf unser Misten
und uns anbellen; ist ein schlechter Geist; er fahr hin einmal, wie ich
getan hab und wage es außer diesem Fürstentumb fur andern Fürsten,
und laß da sehen, wo sein Geist ist»[5], dieser «Satan zu Allstedt»[6] solle
es ihm doch einmal nachmachen, ihm, Luther, der den Schutz seines
Landes verlassen und sich auswärts gegen Fürsten gewagt habe. Luther verabschiedet sich sehr ironisch «am Sonnabend nach des heiligen neuen Benno Martertag». Zur Heiligsprechung des Bischofs war
auch Luthers Landesherr Friedrich geladen worden. Der sollte die
feierliche Aktion mit einem Anschlag in seinen Städten bekannt machen, aber gleichzeitig dafür sorgen, dass «schimpfliche schmehe ad-
der lesterunge (wie dann czw dieser czeit leider gewönlich geschiedt)
nicht czwgefügt» werden, dass die Ankündigung also vor Spott und
Hohn, wie er mittlerweile üblich geworden, bewahrt bleibe. Für Luther ist das eher ein Ansporn, aber auch ein neuer Beweis dafür, dass
die evangelische Sache noch längst nicht durchgesetzt war.

In Nürnberg hatte der Rat der Stadt gerade beschlossen, den reformierten Gottesdienst einzuführen, als die drei «gottlosen Maler» den Frieden störten. Im Januar 1525 wurden deshalb Barthel und Sebald Beham sowie Georg Pencz eingesperrt und in der Haft einem Verhör unterzogen. Folter wurde offenbar nicht gebraucht, die Angeschuldigten gaben auch so freimütig Auskunft. Auf die Frage, was er von Christus halte, antwortete Barthel Beham: «Halt nichts von Cristo.» Und von der Heiligen Schrift? «Wiß nit, obs heilig sey.»[7] Als man wissen wollte, ob er an weltliche Obrigkeit glaube, erwiderte Barthel Beham kühn: «Neyn.» Der Mann stellte zweifellos eine Gefahr für die öffentliche Ordnung dar, und Pencz war auch nicht viel besser – «Wiß von keynem hern dann allein von got.»[8]

Die mit der Vernehmung beauftragten Beamten konnten sich denken, dass die jungen Männer aus dem Umkreis Albrecht Dürers – sie waren erst Anfang zwanzig – ihre Frechheiten nicht in der Schule oder in der Kirche gelernt hatten. Der Anstifter musste der Wanderprediger Thomas Müntzer gewesen sein. Der Reformator Müntzer war Ende 1524 nach Nürnberg gekommen, wo er einen Drucker für seine «Außgetrückte emplössung» (Ausdrückliche Bloßstellung) fand. Im Sächsischen, also im Einflussbereich Luthers, war ihm die Erlaubnis versagt geblieben. Auf dem Titelblatt hatte er sich als «Thomas Muntzer mit dem hammer» vorgestellt, der es auf «vnser grosse Hansen» abgesehen habe, jene Reichen, die «Got also lesterlich zum gemalten mendlen gemacht haben», zu einem Bild ohne Inhalt. Der Pfarrer von St. Sebald, um ein Gutachten gebeten, fand das Traktat «etlicher massen irrig und uncristenlich» mit einer Neigung zum «aufrur». Fünfhundert Exemplare wurden gedruckt, von denen der Nürnberger Rat vierhundert konfiszierte; das erste Hundert war schon nach Augsburg geschickt worden.

Müntzer, der radikalste Schüler Luthers – er war Zeuge der Leipziger Disputation gewesen –, ergreift Partei für die «armen, elenden, traurigen, hertzbetrübten menschen»[9]. Doch die soziale Frage interessiert ihn ebenso wenig wie Luther, beiden geht es um den direkten Weg zu Gott. Die Priester jeder Konfession hinderten die Gläubigen

Thomas Müntzer, den Ernst Bloch als «Rebell in Christo» gefeiert hat, forderte gegen die «großen Hansen» eine christlich-kommunistische Gemeinschaft. Hier sieht man ihn auf einem Kupferstich von 1608.

daran, in ein unmittelbares Verhältnis zu Gott zu gelangen. Müntzer wettert deshalb gegen die Schriftgelehrten, insbesondere gegen Luther, diesen «münchischen abgott»[10], denn für ihn, für Müntzer, bildet die Bibel durch die Monopolisierung der Schriftauslegung nur mehr ein Hindernis zur wahren Gotteserkenntnis. «Da wöllen sie vil erger mit irem lestern aller leüt maul verstopffen; denn der tölpel, der babst, mit seinen butterbüben»[11]; sie sind für ihn schlimmer als der Papst und all seine Höflinge. Müntzer fordert eine bedingungslose Umkehr im Sinne von Johannes dem Täufer, der Jesus voranging: «Der mensch nach allen creaturischen lüsten müß sich zů Gott keren, es künd anderst seyn natürlichs wesen nicht bestehen.»[12] Als armselige Kreatur auf der Suche nach Gott versteht er den Menschen, und er will Prophet der armen Gläubigen sein, will sie aus allen irdischen Verstrickungen herausführen in das Reich Gottes. Zeitgemäß und noch weit begeisterter als Luther predigt Müntzer die Apokalypse. «So anderst die christenheyt sol recht auffgerichtet werden, so müß man die wůchersüchtigen bößwichter wegthůn und sie zů hundtknechten machen, da sie denn kaum zů dienen und sollen prelaten der christlichen kirchen seyn. Das arm, gemeyne volck müß des geysts erinnerung pflegen und also lernen seüfftzen»[13], weg also mit allen Priestern und Bischöfen, weg mit der Bibel, weg mit den Schriftgelehrten. Der mystische Geist muss unmittelbar erfahren werden, wenn das arme Christenvolk erlöst werden soll.

Die «gottlosen Maler» gingen aber noch weiter als Müntzer, sie zweifelten sogar am rechten Gott. Die reformierte Stadt Nürnberg sah keinen Grund, die drei länger in der Stadt zu dulden. «Erstlich darum, das diese maler nit allein den ersten, sondern andern und dritten tag uber alle stattliche warnung und undterrichtung sich so ganz gotlos und haidnisch erzaigt als von keinem hiervor nit erhört sey, und das mit ainem trutz vnd mit verachtvng aller prediger und irer weltlichen oberkait.»[14] Da Gefahr bestand, dass sie auch andere ansteckten mit ihrem «pösen gift»[15], wurden sie aus Nürnberg verbannt.

Das Gift war aber bereits in der Welt. Die Gefahr drohte diesmal keiner geistlichen, sondern der weltlichen «oberkait» oder Obrigkeit. Die Reformation hatte vielen die Zunge gelöst und nicht nur nach Erkenntnis und Seelsorge dürstende Christen wie Albrecht Dürer befreit. Der neue, der reformierte Christ war frei, weil er sich dazu erklärt hatte. In der neuen Zeit konnte jemand mit der Berufung auf sein Gewissen sogar vor dem Kaiser bestehen, Luther hatte es stellvertretend für alle bewiesen. Trotzdem war das nicht die Botschaft, die Martin Luther verkündet haben wollte.

Seit seiner Rückkehr von der Wartburg im Frühjahr 1522 arbeitet Luther an der Etablierung seines Gottesstaates, doch braucht er dafür genau diese Obrigkeit, deren Legitimität inzwischen nicht nur von Müntzer angezweifelt wurde. Dabei hatte die Zweifel niemand deutlicher formuliert als Luther selber. Er hatte die Freiheit des Christenmenschen propagiert und dabei ein Grundgesetz der Menschenrechtsmoderne formuliert, als er den Satz niederschrieb: «Eyn Christen mensch ist eyn freyer herr vber alle ding / vnd nymandt vntterthan.»[16] Dass das jemand als Aufforderung verstehen könnte, an den bestehenden Verhältnissen zu rütteln, wäre diesem Christenmenschen allerdings nie in den Sinn gekommen.

Dann kam es aber, veranlasst teilweise durch Missernten, manchmal auch durch ungewisse Machtverhältnisse, also keineswegs aus religiösen oder konfessionellen Gründen in ganz Europa zu Unruhen. Obwohl mehr als achtzig Prozent der Bevölkerung Bauern waren oder jedenfalls im Landbau beschäftigt, verfügten sie nicht über annähernd angemessene Rechte. Leibeigene wurden nach Ertragswert taxiert: Beim Tausch der Herrschaften Rotenfels und Kempten wurden einhundertneunundreißig Menschen wie Vieh mit dem Bestand verkauft, vier Gulden das Stück, insgesamt also für fünfhundertsechsundfünfzig Gulden.[17]

Es rumorte schon seit langem. 1502 gab es einen Aufstand in Speyer, der bald niedergeschlagen war; 1509 einen weiteren in Erfurt, 1513 in Köln. Im gleichen Jahr rebellierten die Bauern in Württemberg zum ersten Mal gegen ihre Fürsten. Franz von Sickingens Ritterkrieg ist bereits legendär. Die Anführer sind populär geworden und in die Literatur eingegangen. Götz von Berlichingen schwankt zwischen den Parteien. Aus Italien strömten die Landsknechte, die im Februar 1525 unter Karl V. in der Schlacht bei Pavia den französischen König besiegt haben, und vereinigten sich mit den Bauern oder schlossen sich den adeligen Heerführern wie Georg von Frundsberg an, die die Aufständischen bekämpften. Der Reichsritter Florian Geyer lässt sich zum Anführer der Bauern im Taubertal erheben und wird schändlich

Die aufrührerischen Bauern gaben sich der Illusion hin, es könnte endlich Gerechtigkeit auf Erden herrschen – wie in dieser allegorischen Darstellung, bei der die gejagten Hasen über Jäger und Mönche richten.

ermordet. Horst Mahler, der Gründer der RAF, wollte die Baader-Meinhof-Bande erst «Des Geyers schwarzer Haufen» nennen.

Anlass für den großen Bauernaufstand im deutschen Südwesten, der 1524 losgebrochen ist und sich bald vom Bodenseegebiet ins Elsass und nach Schwaben, in große Teile Frankens, schließlich bis nach Mitteldeutschland erstreckt, soll die verstiegene Idee einer Clementia von Montfort, der Frau des Grafen von Lupfen, gewesen sein. Im Hochsommer hatte sie von den Bauern verlangt, dass sie neben dem Frondienst bei der Ernte auch noch Schneckenhäuser sammelten, damit die gräflichen Mägde ihr Garn damit aufrollen könnten.[18]

Die verschiedenen Gruppen stehen wenig miteinander in Verbindung, es fehlt an Disziplin ebenso wie an ausreichender Bewaffnung, es gibt keine Anführer und keine rechten Ziele jenseits der Empörung über die unzumutbaren Verhältnisse. In mehreren Regionen werden Manifeste verfasst, in denen in erstaunlich untertänigen Formulierungen eine Linderung der Lasten gefordert wird.

Am bekanntesten werden die Zwölf Artikel, die unbekannte Autoren nach einem mehrtägigen Konvent im Februar 1525 in der Reichsstadt Memmingen formulieren. «Dye Grundtlichen Vnd rechten haupt Artickel, aller Baurschafft vnnd Hyndersessen der Gaistlichen vnd Weltlichen oberkayten, von wölchen sy sich beschwert vermainen» kommen in Augsburg heraus und werden innerhalb von zwei Monaten mindestens siebenundzwanzigmal nachgedruckt.[19] Die Bauern und Hintersassen hatten kein Gewissen, das sie beschwerte, sondern ganz und gar weltliche Anliegen. In ihrer sorgfältig formulierten Programmschrift wandten sie sich zunächst gegen die umlaufenden Gerüchte, sie nähmen das neue Evangelium zum Anlass, «Nyemant gehorsam [zu] seyn, an allen orten sich empor [zu] heben und auff pömen [aufzubäumen], mit grossem gewalt zů hauff [zu] lauffen und sich [zu] rotten, gaistlich unnd weltliche oberkaiten zů reformieren, außzůreytten, ja villeücht gar zů erschlagen»[20].

Nichts von diesen Unterstellungen sei wahr, gottlose, frevelhafte Urteile seien es, aber das stieß bei Martin Luther in Wittenberg auf taube Ohren. Die Bauern wollten auf ihre berechtigten Forderungen verweisen, sie wollten Gewalt unbedingt vermeiden und stattdessen eine Diskussion. Obwohl er längst mit Empfehlungen für eine neue Liturgie, mit Visitationen und Regeln für ein neues evangelisches Leben beschäftigt war, wollte Luther nicht damit behelligt werden, dass die Bauern sich ihren Pfarrer in der Gemeinde jeweils selber wählen und auch wieder absetzen wollten (was fünf Jahre zuvor noch zu Luthers Forderungen gehört hatte); auch nicht damit, dass sie bereit waren, weiterhin den Zehnt an die Grundherren abzuliefern, die Last aber inzwischen als unerträglich empfanden, die ihnen zusätzlich aufgebürdet wurde, weil die Herren immer mehr verlangten. Am wenigsten aber wollte Luther von der Leibeigenschaft wissen, über die sich die Bauern beklagten.

Die tatsächlich revolutionäre Forderung nach Abschaffung der Leibeigenschaft findet sich im dritten Artikel: «Zům dritten ist der brauch byßher gewesen, das man uns für ir aigen leüt gehalten haben, wölchs zů erbarmen ist, angesehen das uns Christus all mitt seynem kostparlichen plůtvergüssen erlößt unnd erkaufft hat, den hyrtten gleych alls wol alls den höchsten, kain außgenommen. Darumb erfindt sich mit der geschr**fft, das wir frey seyen und wöllen sein.»²¹ Es sei unerträglich, erklären die Bauern, dass sie wie Eigentum, also wie Vieh gehalten würden, obwohl Christus mit seinem Blutvergießen doch alle gleichermaßen erlöst und freigekauft habe, alle ohne Ausnahme, von den Hirten bis zu den obersten Herren. Mit Bibelstellen aus den Propheten, aus den Evangelisten, aus der Apostelgeschichte und Paulus' Brief an die Römer belegen sie, dass die Leibeigenschaft kein legitimes Recht sein könne. Die Schrift soll die Forderung der Bauern bekräftigen, ihr Recht auf Freiheit. Sie wenden sich damit an angesehene Männer, darunter vor allem Martin Luther, mit der Bitte um Prüfung. Wenn sich doch Punkte fänden, «so dem wort Gotes nit gemeß weren», heißt es im zwölften Artikel, «wolt wyr darvon abston, wann mans uns mit grundt der Schrifft erklert»²², wenn sie durch die Schrift überwunden und widerlegt würden, dann wären sie auch bereit, davon abzulassen.

Das ist, mit nicht vielen anderen Worten, die Selbstbehauptungslehre nach dem Zeugnis, das Martin Luther vier Jahre zuvor in Worms abgelegt hat, aber genau diesen Schriftsinn erkennt ihnen der Reformator ab. Für ihn ist das kein Aufschrei, er ist fühllos bei der Ungerechtigkeit, die da beklagt wird, er fürchtet um die evangelische Sache. Bereits 1522 hatte er seine Zuhörer in einer Predigt daran erinnert, dass er natürlich in Worms hätte Unruhe stiften können, er nennt es «rumor»²³, es aber aus guten Gründen unterlassen habe. «Ich hab nichts gethan, das wort hatt es alles gehandelt und außgericht. Wann ich hett wöllen mit ungemach faren, ich wolt Teützsch lanndt in ein groß plůt vergiessen gebracht haben, ja ich wolt woll zů Wurmbß ein spil angericht haben, das der keyser nit sicher wer gewesen.» Er hatte es in der Hand, behauptet er, und hätte – mit Sickingens Hilfe, mit den verbalen Aufrührereien Ulrich von Huttens – sogar die kaiserliche Macht ins Wanken bringen können. Doch nichts von diesem

«narren spill» habe er unternommen und Deutschland damit seinerseits großes Blutvergießen erspart. «Ich hab nichts gemacht, ich hab
das wort lassen handeln.»[24]

Auch hier geht es um das Wort, aber Luther erkennt es nicht wieder
oder vielmehr: Er kennt es viel zu gut. Hinter dem ganzen «auffrur»
steckt für ihn der Teufel. Der Teufel verführt die Menschen zu unrech-
tem Tun, und er verwirrt auch die anderen, die glauben, die Aufrührer
seien im Recht. Die verstörten Wittenberger hatte er rechtzeitig vor
diesem Feind gewarnt: «Er sitzt hinder der hellen und gedenckt: O,
wie sollen nůn die narren so ein feyns spil machen»[25], hinter dem Ofen
hockt er und lauert auf das, was die Narren so aushecken.

Es braucht nicht seine theologische Nemesis, den unsäglichen
Johannes Cochläus, der ihm seit Worms bei jeder Gelegenheit Ver-
drehungen, Widersprüche und Lügen vorwirft, um in Luther den
geistigen Anstifter der Unruhen zu sehen. Hatte er nicht erst fünf
Jahre zuvor von der Freiheit eines Christenmenschen gesprochen?
Die Bauern oder jedenfalls die schriftkundigen Autoren der Zwölf
Artikel wissen nicht nur von Luthers heldenhaftem Auftreten vor
dem Kaiser, sondern sie haben auch die Traktate gelesen, die er seit
dem Wormser Reichstag herausgebracht hat. «Sie haben sich auch nie
hören lassen, das sie es von mir hetten»[26], aber natürlich kannten die
Bauern Luthers Befreiungserklärungen. Für sie war er mehr als ein
Liturgiereformer, sprach er doch von der Freiheit. Als Luther es mit
der Angst bekam, weil ihm allzu schnell bewusst wurde, dass sie eine
ganze andere Freiheit meinten als er, verstanden die Bauern das nicht.
Darum konnte ein hemmungsloser Romantiker wie Karl Marx später
bemerken, dass «die radikalste Tatsache der deutschen Geschichte»,
als die er den Bauernkrieg begreifen wollte, «an der Theologie» ge-
scheitert sei.[27]

Der Religionskritiker Marx, der nicht nur Hegel studiert hatte,
sondern auch Jurist von nicht geringem Verstande war, hatte nämlich
bemerkt, wie fremd sich die Vertreter der später sogenannten «frühbürgerlichen Revolution» und der scholastische Mystiker Luther

gewesen sein mussten. Luther zeigte nie auch nur das geringste Interesse an sozialen Fragen, denn es gab sie auch in der Heiligen Schrift nicht. Der Gottesbeweis nach Thomas von Aquin beschäftigte ihn mehr als eine mögliche Teuerung. An einem längeren Nachdenken über gesellschaftliche Verhältnisse hätte ihn schon sein alles durchdringender Pessimismus gehindert. Als Argument gegen die Wallfahrten fiel ihm sogar ein, dass sie die Pilger von der Arbeit abhielten. Man könnte doch die vielen Feiertage streichen, schlug er in seiner Botschaft «An den Christlichen Adel teutscher Nation» vor, und aus dem «heyligen tag, ein werckel tag»[28] machen; der Sonntag genüge vollauf. Das ist beste Protestantische Ethik; mit dieser Argumentation konnten Ende des 19. Jahrhunderts noch die Temperenzler in den USA die Prohibition durchsetzen: Der «gemeyn mann» nehme bei der vielen Freizeit eh bloß Schaden an Leib und Seele. «Das er an seyner erbeyt vorseumpt wirt, datzu mehr vortzeret dann sonst. Ja auch seinenn leyp schwächt unnd ungeschickt macht»[29]; er arbeite dann zu wenig, verzehre aber dafür mehr, womit er seinen Körper schwäche, was wiederum seine Arbeitskraft beeinträchtige. Als die gut fünfzig Feiertage der alten Kirche wegfallen, gilt endlich die weit effizientere Sechs-Tage-Woche.

Nichts ist deshalb leichter, als in Luther den Fürstenknecht zu sehen, verstand er sich doch selber als jedermanns und vor allem als Gottes Knecht. In den Tagen, als die Bauern abgeschlachtet und besiegt wurden, meldete er seinem Freund Nikolaus von Amsdorf, inzwischen Superintendent in Magdeburg und einer seiner erbittertsten Mitstreiter im wahren Glauben, fast schon sündenstolz, dass er neuerdings als «adulator Principum»[30], als «Fürstenschmeichler» gelte. Ganz so einfach war es aber nicht: Der Reformator brauchte die Fürsten, deshalb konnte die Obrigkeit keinen besseren Anwalt als ihn finden. Dennoch gelang es ihm mit der Lehre der zwei Reiche, die Oberhand zu behalten und sogar die Obrigkeit zu regieren.

An sie, die Herren, und auch an die Bauern ergeht am Ende seiner Antwort auf die Zwölf Artikel ein «trwer rad»[31]: «Das yhr herren ewrn steyffen mut herünter liesset, wilchen yhr doch musset zu letzt lassen, yhr wollet odder wollet nicht, vnd wichet eyn wenig von ewr tyranney vnd vnterdruckunge, das der arme man auch lufft vnd raüm gewünne zu leben», ihren Hochmut sollten die Herren aufgeben, von dem sie doch einmal, ob sie es wollten oder nicht, lassen müssten. Sogar von Tyrannei und Unterdrückung spricht er, und dass sie dem armen Mann Luft und Raum gewähren sollten. Den Bauern empfiehlt er, dass sie «ettlich artickel, die zu viel vnd zu hoch greyffen, vber geben und faren liessen», dass sie auf einige viel zu anspruchsvolle Artikel verzichteten, sodass man sich wenn nicht in christlicher Weise, so nach Recht und Gesetz einigen könnte.[32] Sie sollten, wenn sie seine Antwort auf die Zwölf Artikel läsen, nicht gleich schreien: «Der Luther heuchlet den fursten. Er redt widder das Euangelion, Leßet zuvor vnd sehet meynen grund aus der schrifft, denn es gillt euch, Ich byn endschuldiget fur gott vnd der wellt»[33], dass er den Fürsten nach dem Munde rede, sondern sie sollten erst lesen, was er zu sagen hat. Aber was er sagt, steht so ähnlich auch in der Bibel – er wäscht seine Hände in Unschuld.

Der bibelgelehrte Mönch ist dabei, sich vom Ketzer zum Politiker fortzubilden. Denn wie sich zeigt, kann Luther die Obrigkeit nur mit Unterstützung der Obrigkeit in die Schranken weisen. Friedrichs Bruder und Mitregent bat ihn schriftlich um Aufklärung über das rechte Verständnis des Evangeliums. Luther versprach eine eigene Schrift über das «weltliche Schwert», über die Frage, die er dann einem Teil des Sermons als Überschrift gibt: «Wie weytt sich welltlich uberkeytt strecke». Es wird seine Unabhängigkeitserklärung, gleichzeitig und bei einem solchen unerhörten Unternehmen unvermeidlich, führt er seine neue Kirche damit in eine neue babylonische Gefangenschaft.

Nur so kann er sich am Anfang seiner für die Zukunft des Protestantismus allentscheidenden Schrift «Von weltlicher Obrigkeit, wie weit man ihr Gehorsam schuldig sei»[34] mit einem staunenswerten Gottvertrauen über den Vetter Herzog Georg, seinen erbittertsten Gegner, der Luther und seine Bücher noch immer brennen sehen will, lustig machen, wenn er davon spricht, dass der Herrgott die Fürsten «toll» gemacht habe. Denn «toll», verrückt, seien sie offensichtlich, weil sie anfingen, «den leutten zů gebpieten, bücher von sich zu geben», also verlangten, dass sie ihre Bücher wieder abzuliefern hätten, und so vermessen seien, sich «ynn Gottis stuel zů setzen und die gewissen und glawben zů meystern und nach yhrem tollen gehyrn den heyligen geyst zur schůlen furen»[35], sich damit selber auf Gottes Richterstuhl setzten, sich als Herren über Gewissen und Glauben aufspielten und sich sogar zutrauten – was nun wirklich geistlicher Bereich und die Arbeitsplatzbeschreibung des Wittenberger Bibelauslegers ist –, noch den Heiligen Geist schulmeistern zu können.

Luther fühlt sich, obwohl in Worms in Acht getan, vor dem Richterstuhl Gottes freigesprochen. Georg nimmt ihm die Freiheit, indem er seine Worte, die nur göttlichen Ursprungs sein können, konfiszieren lässt. Luther geht aber noch weiter und greift die Fürsten direkt an, wirft ihnen vor, dass sie sich als Exekutoren kaiserlichen Befehls ausgeben und damit doch nur ihre eigenen Interessen verfolgen würden. Ganz anders sähe es doch aus, wenn der Kaiser unrechtmäßig eine Stadt oder eine Burg beanspruche, dann gelte die Obrigkeit, auf die sie sich berufen, nichts mehr. «Nu es aber gillt, den armen man schinden und yhren mutwillen an Gottis wort büssen, muß es keyßerlichs gepots gehorsam heyssen.»[36]

Der Reformator inszeniert sich als Opfer fürstlicher Willkür und zeigt damit den kleinen deutschen Politikern, dass sie genau das sind, Politiker, Taktierer, die sich auf höhere, auf geistige Belange hinausreden, während es ihnen doch ausschließlich um ihre eigenen Interessen geht, denen sie bei einem abwesenden Kaiser glauben, erst recht ungehindert nachgehen zu können. «Das welltlich regiment», erklärt er den ehrgeizigen Landesfürsten, den Junkern und Bischöfen, «hatt gesetz, die sich nicht weytter strecken denn über den leyb und gůtt und was eußerlich ist auff erden. Denn uber die seele kan und will Gott niemant lassen regirn denn sich selbs alleyne.»[37] Das weltliche Regiment kann sich mit seinen Gesetzen nicht weiter als auf Leib und

Hab und Gut und alles, was äußerlich ist auf Erden, erstrecken. Über die Seele will Gott aber niemanden außer sich herrschen lassen, die Seele gehört ihm allein.

Mit diesem Satz, mit dem Verweis auf die von der Welt unabhängigen Seele, kann Luther sich von den Verhältnissen in der Welt freimachen und sein eigenes Reich aufrichten. Was Gott tut, das ist wohlgetan, es weiß auch niemand, was er tut, wann er eingreift, ob ihn die Seele der Menschen überhaupt interessiert. Doch der Mensch, sündhaft oder nicht, gehört Gott, und er gehört ihm auch, wenn er leibeigen ist, denn der Mensch ist weder Herr seiner selbst noch ist seine Seele Knecht eines weltlichen Herrn. Was Luther ermächtigt, ist sein Amt als kurfürstlich bestallter Ausleger der Schrift – etwas, wozu ihn seine Lateinkenntnisse und seine jahrelange Beschäftigung mit der allseits als Gottes Wort anerkannten Bibel berechtigen, die ihn gleichzeitig von den Fürsten, die er angreift, abheben. Kraft seines Amtes kann Luther tatsächlich der Obrigkeit, der er den Gehorsam keineswegs verweigern will, hemmungslos die Leviten lesen. «Darumb wo welltlich gewallt sich vermisset, der seelen gesetz zů geben, do greyfft sie Gott ynn seyn regiment und verfuret und verderbet nur die seelen», wo die weltliche Gewalt so vermessen ist, der Seele Vorschriften zu machen, mischt sie sich in Gottes Herrschaftsbereich und verführt und verdirbt nur die Seelen. «Das wollen wyr so klar machen, das mans greyffen solle», sagt der Prediger jetzt wie von der Kanzel herab, «auff das unser iunckern, die fursten und bischoffe sehen, was sie fur narren sind, wenn sie die leutt mit yhren gesetzen und gepotten zwingen wollen, sonst oder so zů glewben.»[38]

Die Juncker, die Fürsten und Bischöfe sind also Narren, jedenfalls wenn sie sich in geistige Belange mischen. Der gekränkte Autor Luther erfindet in seinem persönlichen Abwehrkampf gegen Georg und das gesamte Reichsregiment die Autonomie nicht nur des Schriftstellers, sondern des Individuums, wenn auch vorläufig noch unter Schutz und Schirm der göttlichen Gewalt und Obrigkeit, des himmlischen Schwertes.

Mit der Scheidung der Sphären beendet er die mittelalterliche Einheit von römischem Papsttum und dem von dort belehnten Kaisertum, das wiederum im göttlichen Auftrag wirkt. Die beiden Reiche gehörten noch nie zusammen. «Darumb hatt Gott die zwey regiment verordnet, das geystliche, wilchs Christen unnd frum leutt macht durch den heyligen geyst unter Christo, unnd das welltliche, wilchs den unchristen und bößen weret, daß sie eußerlich müssen frid hallten und still seyn on yhren danck»[39], das himmlische ist fürs Seelenheil zuständig, das irdische, um Heiden und andere Böse abzuwehren, sodass sie gegen ihren Willen Ruhe geben müssen. Doch weder die Bischöfe, die die Seelen regieren sollen, aber über Burgen und Städte herrschen, halten sich an diese klare Scheidung, noch die Fürsten, die ein maßvolles Regiment führen sollen. Stattdessen könnten sie gar «nicht mehr denn schinden und schaben, eyn zoll auff den andern, eyn zinße [Zins] uber die andern setzen, da eyn bern, hie eyn wolff auß lassen»[40].

Herzog Georg bekam die Obrigkeitsschrift bald zu lesen, tobte erwartungsgemäß, beschwerte sich bei Friedrich und forderte Sanktionen. Denn «der Luther» verschone nicht «babstliche hayligkeyt, ksl. mt. [kaiserliche Majestät], churfursten und fursten, und sonderlich uns namhaftig ader ye mit deutlichen und vormerklichen worten antastet und schmehet»; er glaubt sich direkt angesprochen, fühlt sich in seiner Ehre angetastet und geschmäht und erkennt sehr genau, dass Luther «mit hochstem fleyß daruf dringet und arbeyt, das dye underthan zu ungehorsam, und die oberkeyt zu vorachten und zu schmehen, merklichen geursacht und gerayzet»[41], dass Luther die Untertanen dazu aufstachelt, die Obrigkeit zu verachten und zu schmähen.

Der Herzog hat für den Kurfürsten sogar die Stellen markiert, die ihn besonders ärgern. Einmal wagt es «der Luther» sogar zu behaupten, «solcher narren wueten langet zů vertilgung Christlich glawbens, verleuckung gottlichs wortt und zů lesterung gottlicher maiestet» und dass er nicht mehr länger zusehen wolle, sondern «muß yhn zum wenigsten mitt wortten widderstehen»[42]. Luther habe den Papst nicht ge-

fürchtet, der ihm die Seele und den Himmel zu nehmen drohte, drum
werde er auch seine «schupen und wasserblaßen» nicht fürchten, die
ihm den Leib und die Erde zu nehmen drohen. Mit den Schuppen
und Wasserblasen ist Herzog Georg persönlich gemeint.

Seinen Widerstand treibt Luther noch weiter mit einer Aufforderung zum zivilen Ungehorsam. Er kommt auf das ihn besonders
kränkende Konfiskationsgebot Georgs zurück, das auch in Brandenburg und Bayern ergangen ist. Luther spricht eine deutliche Empfehlung aus: «Hie sollen yhr unterthan alßo thun: Nicht eyn blettlin,
nicht eyn buchstaben sollen sie uberanttwortten bey verlust yhrer
seligkeyt», kein einziges Blatt, keinen Buchstaben sollen die Untertanen hergeben, sonst drohe ihnen der Verlust der ewigen Seligkeit.
Das ist keineswegs ironisch gemeint, Luther ist es bitterernst damit.
Seit dem Verbrennen der Bannandrohungsbulle versteht er sich als
eine Art Gegenpapst und hat Gefallen an apodiktischen Urteilen und
Verdammungssprüchen wie diesem gefunden: «Denn wer es thutt»
– und er spricht wirklich nur vom fürstlichen Befehl, seine Bücher
abzuliefern –, «der ubergibt Christum dem Herodes ynn die hende,
Denn sie handeln als Christmörder wie Herodes.» Gemäß seiner Aufteilung der Welt in ein himmlisches und ein irdisches Reich setzt Luther dann immerhin nach, dass der wahre Christ den fürstlichen Frevel dennoch leiden müsse, wie Christus es geboten habe, aber er und
die äußere Welt seien geschiedene Leute: «Die wellt aber ist Gottis
feyndt, darumb müssen sie [die Fürsten] auch thun was Gott widder,
der wellt eben ist, das sie ja nicht ehrloß werden, sondern welltliche
fursten bleyben. Darumb laß dichs nicht wundern, ob sie wider das
Euangelion toben und narren, Sie müssen yhrem tittel unnd namen
genüg thun.»[43] Man muss sie gewähren lassen, sie treiben es so, weil
sie an ihrem weltlichen Status hängen, die Narrentröpfe!

Friedrich weist das Ansinnen Georgs, Luther zu maßregeln, zurück und behauptet in einem rasch aufgesetzten Antwortschreiben
so diplomatisch wie wahrheitswidrig, «das wir uns doctor Martinus
sach bis daher nit angenomen [...] und das wir sein sachn bey seiner

selbs verantwortung ließen und uns der alwegn entschlagn»⁴⁴. Und
im Übrigen sei der liebe Vetter ja gar nicht mit Namen erwähnt.
Wie Luther glauben auch die Bauern an das Wort – und zwar an
seines. Luther hatte vom Schinden des armen Mannes geschrieben.
Sie beklagen doch genau das Gleiche, dass sich die Herren auf Gott
berufen, wenn sie ihre Untertanen unterdrücken, während Christus
– und dann auch Luther – sie befreit hat. Aber Luther kennt Luther
nicht mehr. Als müsste er das Klischee vom Fürstenknecht bestätigen,
schreibt er seine «Ermahnung auf die Zwölf Artikel der Bauerschaft in
Schwaben»⁴⁵ auf Einladung des Grafen Mansfeld in dessen Garten bei
Eisleben. Vorher hat er versucht, in verschiedenen Harzgemeinden gegen den Aufruhr zu predigen, und ist auf überraschenden Widerstand
gestoßen. Offenbar nimmt sein Ruhm als christlicher Widerstands-
kämpfer bereits ab. Schutz scheint ihm nur mehr die Verteidigung der
Obrigkeit zu bieten, die er dabei sehr wohl kritisieren kann: «Denn
die oberkeyt thut vnrecht, das ist war, das sie das Eüangelion weren,
vnd beschweren eüch ym zeytlichg(ut).» Dennoch sind für ihn die
Bauern schlimmer, die sich gegen dieses weltliche Regime auflehnen,
denn da auch die Obrigkeit Gottes Werk ist, kann allein er über sie
verfügen: «Aber viel mehr thut yhr vnrecht, das yhr gottes wort nicht
alleyne weret, sondern auch mit fussen trett, vnd greufft yhm ynn
seyne gewallt vnd recht, vnd faret auch vber gott.» Sie würden damit
in einen Bereich eindringen, in dem sie nichts verloren hätten, sagt er
den Bauern und entwickelt beiläufig eine messerscharfe Staatstheorie.
«Dazu nemet der oberkeyt yhre gewallt vnd recht auch. Ja alles was
sie hatt, Denn was behellt sie, wenn sie die gewallt verloren hat?»⁴⁶
Ohne Autorität, ohne Amtsgewalt, ohne rechtliche Absicherung wären die Herren nicht mehr zum Herrschen legitimiert. Luther belässt
der Obrigkeit gegen den Willen der Aufrührer diese Gewalt und begründet im Deutschen Reich mit bislang römischer Aufsicht etwas,
das es bis dahin nicht gab: eine Staatsreligion. Sämtliche Gewalt geht
von Gott und der von ihm nicht bloß geduldeten, sondern wie alles
andere geschaffenen Obrigkeit aus, lautet der erste Glaubensartikel

dieser neuen Religion, der erst vierhundert Jahre später im Grundgesetz umgedreht wird: Alle Gewalt geht vom Volke aus.

Auch Philipp Melanchthon, von Kurfürst Ludwig V. von der Pfalz um ein Gutachten zu den Zwölf Artikeln gebeten, fordert mit Verweis auf den Römerbrief den Gehorsam vor der Obrigkeit und rechtfertigt die Leibeigenschaft als gottgefällig. Das himmlische Reich habe das weltliche zur Voraussetzung, aber alles weltliche sei nur ein Durchgangsstadium. In der Frage «Seid Ihr mit uns oder gegen uns?» entscheiden sich die Wittenberger Reformer dafür, die Revolution als Reformation zu institutionalisieren.

Die Bauern stören dabei, doch ihr so gründlich scheiternder Aufstand wird dem Protestantismus zum Sieg verhelfen. An Interesse, wahrscheinlich auch an irgendeiner Sympathie für die Anliegen der Bauern fehlt es Luther ohnehin. Die Zwölf Artikel dienen ihm nur dazu, seine Position zu erklären und sein Weltbild an der Wirklichkeit zu schärfen. Kleinigkeiten wie die üblichen Beschwerden über die Fisch-, Weide- und Jagdprivilegien der Herrschaften interessieren ihn nicht, die überlässt er den dafür zuständigen Juristen. Nein, ihn beschäftigt, ihn erzürnt vor allem der dritte Artikel, weil er bei den Bauern das, was ihm in seinem mystischen Denken stets das Wichtigste war, die Frage der möglichen oder verweigerten Erlösung, ins Irdische trivialisiert sieht, in Politik, schlimmer noch – in ein weltliches Recht. Obwohl er doch inzwischen unzweifelhaft selber ein politisch denkender Mensch geworden ist, möchte er nichts davon hören. «Es soll keyn leybeygener seyn. Weyl vns Christus hatt alle befreyet, Was ist das?», fragt er die Bauern und gibt ihnen deutlichen Bescheid: «das heysst Christliche freyheyt, gantz fleysschlich machen». Das Wort ist allerdings Fleisch geworden, nicht zuletzt seines, denn es ist nicht bloß wörtlich zu nehmen, sondern buchstäblich. Luther aber tut alles dafür, dass es nur ein Wort bleibt, für die Bauern jedenfalls.

Dass die Bauern ihr Untertanendasein gar nicht bestreiten, dass sie die überlieferte Ordnung ausdrücklich anerkennen wollen, inter-

essiert Luther nicht, ihm geht es allein darum, dass das Fleisch wieder
Wort werde, seine Worte also folgenlos bleiben in der irdischen Welt.
Beim Wort will er aber auch nicht genommen werden. Er habe es nicht
so gemeint, sagt er und verfällt dabei auf ein allerdings fleischliches
Argument: «Hat nicht Abraham vnd ander Patriachen vnd Propheten
auch leybeygen gehabt? Leset S. Paulon, was er von den knechten,
wilche zu der zeyt alle leybeygen waren, leret. Drumb ist dißer artickel
stracks widder das Euangelion vnd Reübisch.» Räuberisch und gegen
das Evangelium sei dieser dritte Artikel, weil doch auch Abraham und
die Propheten über Leibeigene verfügt hätten. Wäre es anders, könnte
jeder «seynen leyb, so eigen worden», seinem Herrn wegnehmen.

Damit kommt Luther zum Kern seines Begriffs vom freigesetzten
Christenmenschen: «Denn eyn leybeygener kan wol Christen seyn
vnd Christliche freyheyt haben, gleich wie ein gefangener odder kran-
cker Christen ist, vnd doch nicht frey ist.» Der Christ sei frei, auch
wenn er durch äußere Umstände gefangen oder eben leibeigen ist
und damit – Luther sagt es ausdrücklich – nicht frei ist. Denn die
Verkündung der menschlichen Freiheit hat bei Luther immer nur die
eine, die theologische Seite: «Eyn Christen mensch ist eyn freyer herr
vber alle ding / vnd nymandt vntterthan. Eyn Christen mensch ist eyn
dienstpar knecht aller ding / vnd yderman vnttherthan.»[47] Die Freiheit des Christenmenschen ist eben keine äußerliche, keine Freiheit in
dieser Welt, sondern nur im Verhältnis zu Gott möglich und lässt die
weltlichen Verbindlichkeiten unangetastet. Jesus Christus hat durch
seine Selbstopferung die Christen von der Sünde befreit, nicht vom
wie immer gearteten weltlichen Joch.

Und dann donnert dieser Mystiker, der sich zu Unrecht als Revolutionär verstanden sieht: «Es will dißer artickel alle Menschen
gleich machen, vnd aus dem geystlichen reich Christs eyn weltlich eusserlich reich machen, wilchs vn muglich ist. Denn welltlich
reich kan nicht stehen, wo nicht vngleicheyt ist, ynn personen, das
ettliche frey, ettliche gefangen, ettliche herrn, ettliche vnterthan etc
Wie SPaulus sagt Gal. 5. Das ynn Christo, herr vnd knecht eyn ding

sey.»[48] Der Reformationshistoriker Peter Blickle hat darauf hingewiesen, mit welcher philologischen Infamie Luther hier vorgeht. Die Stelle in Paulus' Brief an die Korinther, auf die sich Luther beruft, lautet in seiner eigenen Übersetzung von 1545: «Ein jglicher bleibe in dem ruff [für Beruf oder vielmehr Stand] / darinnen er beruffen ist. 21: Bistu ein Knecht beruffen / sorge dir nicht / Doch kanstu Frey werden / so brauche des viel lieber.»[49] Für den Tagesgebrauch, nämlich gegen die fleischlichen Ansprüche der Bauern, lässt er den letzten Satz einfach weg. Die Freiheit, die hier sogar sein so geschätzter Lehrmeister Paulus ganz weltlich meint, will Luther auf keinen Fall fleischlich-weltlich verstanden wissen. Dabei bleibt er selber in seiner Auslegung des Korintherbriefs von 1523 noch beim integralen Text: «Da mit will er dyr nicht weren, das du frey werdist, so du kanst mit gunst deyns herrn, also das deynem gewissen gleich soll gelten, du werdest frey odder leyb eygen, wo du mit Gott und mit ehren kanst.» Wenn dein Herr und dein Gewissen dich freisprechen, dann darfst du frei sein.

Paulus, so interpretiert Luther zwei Jahre vor seiner Antwort auf die Zwölf Artikel ganz richtig, hat nichts dagegen, wenn sich einer um seine irdische Freiheit bemüht; Luther aber gilt die Leibeigenschaft schon 1523 als ein Synonym für Eigentum, das einem anderen rechtmäßig gehört und ihm deshalb auch nicht weggenommen werden darf: «Denn das leret der Christlich glaube nicht, eym andern das seyne zu nehmen, sondern viel mehr alle pflicht leysten, auch denen, den man nichts schuldig ist, noch recht an uns haben.»[50] Weil vor Gott alle Menschen gleich sind, aber eben nur vor Gott, wird aus der Lehre der zwei Reiche die schlichte Lehre, dass die irdische Ungleichheit nicht nur belanglos ist vor dem Auge Gottes, sondern letztlich sogar heilstiftend. Luther ist der Luther von Worms nicht mehr, aber er kann nicht anders.

Auf Worms kommt er aber immer wieder zurück, und auf das Wort. Das Wort allein hat es getan. «Das hat, wenn ich geschlafen han, wenn ich wittenbergisch bier mit meynem Philipo und Amßdorff getruncken hab, also vil gethan, das das Bapstum also schwach worden ist, das jm noch nye keyn Fürst noch Keyser so vil abgebrochen hat. Ich hab nichts gethan, das wort hatt es alles gehandelt und außgericht»[51], erklärt er seinen Zuhörern 1522. Bier habe er getrunken mit seinen Freunden, geschlafen, nichts unternommen, dabei das Papsttum aber mehr als jeder Kaiser oder Fürst geschwächt. Das Wort hat es vermocht.

Im südlichen Sachsen und dann in Thüringen ist ein Mann aufgestanden, ein Linkslutheraner, der nicht bloß an die Bibel als das Wort Gottes glaubt, sondern auch ihren eloquentesten Ausleger beim Wort nimmt. «Da werden denn die armen dürfftigen leüt also hoch betrogen, das es kein zung genûg erzelen mag. Mit allen worten und wercken machen sie es ya also, das der arm man nicht lesen lerne vorm bekümmernuß der narung, und sie predigen unverschempt, der arm man soll sich von den tyrannen lassen schinden und schaben»[52], schreibt er in der «Außgetrückten emplössung», und Luther, der das mit dem «schinden und schaben» keineswegs rechtfertigen wollte, darf sich als Vertreter jenes «falschen Glaubens» fühlen, den Thomas Müntzer bekämpft.

Müntzer war kurzfristig in kursächsischen Diensten, predigte in Allstedt, wurde aber entlassen. Sein zeitweiliger Mitstreiter Hans Hut berichtet später, Müntzer habe von der Kanzel gepredigt, dass «sy, die unnderthanen, sollen alle oberkait alle zu tod schlagen, dann die recht zeit sei hie, sy habenn das schwerdt jetzo in der hanndt»[53]. Ob das stimmt, weiß keiner. Jedenfalls hat der Aufrührer Verbindung zu den Täufern in Zürich, er weiß vom Bauernaufstand im Südwesten, das Ende ist nahe für ihn, Zeit für den Aufstand.

Müntzer geht nach Mühlhausen, aber Luther verfolgt ihn mit seinem Wort. Im August 1524 schreibt er an Bürgermeister, Rat und Gemeinde der Stadt Mühlhausen: «Ich bitte deshalb: wollet Euch vor diesem falschen Geist und Propheten, der in Schafskleidern dahergeht und inwendig ein reißender Wolf ist (Mt. 7,15), gar fleißig vorsehen.»[54] Müntzer will eine öffentliche Disputation mit Luther, der allenfalls einer im «Winkel», im kleinen Kreis, zustimmen mag mit dem Verweis darauf, er habe seinen Mut ja bereits bewiesen. Da schreibt Müntzer einen weiteren wütenden Angriff auf den Mann, den er einmal verehrte und den er inzwischen nur mehr als Verräter am evangelischen Glauben sehen kann, die «Hoch verursachte Schutzrede vnd antwwort wider das Gaistloße Sanfft lebende fleysch zů Wittenberg», für ihn «der aller eergeytzigster schrifftgelerter, Doctor Lügner, ye lenger ye weyter zum hochfertigen narren wirt»[55]. Nicht einmal das moralische Hochamt von Worms, auf das Luther so stolz ist, gönnt er seinem Gegner mehr: «Daß du zů Worms vorm reich gestanden pist, danck hab der teütsch adel, dem du daz maul also wol bestrichen hast und hönig gegeben, dann er wenethe nit annderst, du würdest mit deinem predigen beheymische geschenk geben, clöster und stifft, welche du ytzt den fürsten verheyssest. So du zů Worms hettest gewanckt, werest du ee erstochen vom adel worden dann loß gegeben, weyß doch ein yeder. Du darffst warlich dir nit zůschreiben, du woltest dann noch ein mal dein edels blůt, wie du dich rhümest, darumb wagen.»[56] Dass er in Worms so habe brillieren können, habe er den deutschen Adeligen zu verdanken, denen er Honig ums Maul gestrichen und vorgemacht habe, er bekäme «böhmische Geschenke», also die aufgelassenen Klöster und Stifte, die er jetzt den Fürsten verspreche. Wenn er in Worms gewankt hätte, dann wäre er, wie jedermann wisse, vom gleichen Adel erstochen worden. Deshalb solle er sich nicht seines kühnen Mutes rühmen.

Das Pamphlet endet im gleichen Ton: «O Doctor Lügner, du tückischer fuchs, du hast durch deine lügen das hertz des gerechten traurig gemacht, den Gott nit betrübt hatt, darmit du gestercket hast dye gewalt der gotloßen pößwichtter, auff daß sy ye ja auff irem alten wege bleyben. Darumb wirt dirs geen wie eynem gefangen fuchs, das volck wirdt frey werden und Got will allayn der herr dar uber sein.»[57] Luther, so meint sein Widersacher, habe die gottlosen Bösewichte gestärkt und nichts dafür getan, sie von ihrem Irrweg abzubringen. Müntzer nimmt Luthers Autonomieerklärung auf, formuliert sie aber so um,

dass sie auch als Angebot ans Kirchvolk verstanden werden kann: Das
Volk wird frei sein, und Gott allein wird sein Herr sein.

Zur Freiheit, die Müntzer verspricht, gehört auch die irdische Freiheit, weil jede Bindung den unmittelbaren Kontakt zu Gott verhindert.
In seinem utopischen Drang spricht er nicht nur die Armen im Geiste
an, sondern die tatsächlich Armen, die Hungrigen, die Nackten, die
Geschundenen, die Gemaßregelten. In seiner Protestation von Anfang
1524 hat er noch mal die öffentliche Disputation gefordert und versprochen, «der evangelischen prediger lere in ein besser weßen [zu]
furen und unser hinderstellige [rückständigen], langsame Römischen
brudere [die altgläubigen Katholiken] auch nicht [zu] verachten. [...]
Dofur setze ich mein leib und leben ane allen hinterlistigen vortey-
dunck [Verteidigung] der menschen durch Jesum Cristum, den war-
hafftigen Gotisson [Gottessohn], der euch alle ewig beware. Amen.»[58]

Der gottbegnadete Thomas Müntzer, der «Rebell in Christo»[59], wie
ihn der Schwärmer Ernst Bloch nannte, wollte die Apokalypse her-
beizwingen, vor der Luther dann doch zurückschreckte. Der «liebe
Jüngste Tag»[60] sollte sich am 15. Mai 1525 auf dem Hausberg bei Frankenhausen ereignen.

Obwohl er sich gern als «Sohn eines Bauern» bezeichnet hat und sie
zuzeiten, nämlich wenn er damit die moderne Welt der Kaufleute,
Zinseinnehmer, Ablassprediger und päpstlichen Legaten verdammen
wollte, zu idealisieren wusste, hasste Luther die Bauern. Ihren Aufstand
versteht er nicht nur nicht, er findet ihn gotteslästerlich. Die Aufrührer
haben deshalb nicht nur «den todt verdienet», sondern, wie er es ihnen
immer wieder aufsagt, gleich «an leybe und seele manichfeltiglich»[61].
Nach der sogenannten Bluttat von Weinsberg, als hohenlohische Bauern den Grafen Helfenstein und seine Begleiter zum Tode verurteilten
und hinrichteten, schrieb Luther das Traktat «Wider die Mordischen
vnd Reubischen Rotten der Bawren» (auch unter dem Titel: «Widder
die reubischen vnd mördisschen rotten der andern bawren»).

«Steche, schlahe, würge hie, wer da kann», verlangt er, abstechen,

erschlagen, erdrosseln, alle Mittel sind recht, Hauptsache, der Gegner
wird ausgerottet. Luther hat die *Iustitia Dei* entdeckt, die himmlische
Gerechtigkeit, und die wird es schon richten. Der fromme Mann
steigert sich in einen Gewaltrausch; katholischer geht es nimmer.
«Drumb sol hie zuschmeyssen, wurgen und stechen, heymlich odder
offentlich, wer da kan, und gedencken, das nicht gifftigers, schedli-
chers, teuffelischers seyn kan denn eyn auffruricher mensch, gleich
als wenn man eynen tollen hund todschlahen mus, schlegstu nicht,
so schlegt er dich und eyn gantz land mit dyr»[62]; erschlagen soll sie,
erwürgen, abstechen, im Verborgenen oder öffentlich, wer nur eben
kann und dabei nicht vergessen, dass es nichts Giftigeres, Schädliche-
res, Teuflischeres gibt als einen Aufrührer. Wie gehetzt stolpert er in
den nächsten Satz, dass die Aufrührer auch nichts Besseres seien als
tollwütige Hunde, die man umbringen müsse, ehe sie einen selber
und damit auch gleich das ganze Land umbringen.

Der Bauernaufstand, der erst nachträglich und auch nur für einen
Teil der Historiker zur Revolution wurde (sonst hätte Deutschland
gar keine vorweisen können), ist von vornherein zum Scheitern verurteilt. Selbst wenn sich zusammengerechnet etliche Hunderttausend
erheben, so vereinigen sie sich doch nie, haben keine erkennbare
Führung und sind zum größten Teil nur mit dem bewaffnet, was eben
zur Hand ist: Sicheln, Sensen, Dreschflegel, Stöcke, vielleicht die eine
oder andere Axt. Luther ist nicht von christlicher Nächstenliebe angekränkelt, das Verständnis geht ihm aus der erwähnten politischen
Räson ab, er schlägt sich also gleich auf die stärkere Seite und firmt die
«lieben herren», die da erschlagen, stechen und würgen sollen, sogar
noch eilends zu heiligen Kriegern: «Bleybstu drüber tod, wol dyr, se-
liglichern tod kanstu nymer mehr uberkomen, denn du stirbst ynn gehorsam göttlichs worts und befelhs, Ro am 13, und ym dienst der liebe,
deynen nehisten zu retten aus der hellen und teuffels banden.»[63] Das
ist mehr Politische Theologie, als sie selbst Carl Schmitt zusammen-
dichten konnte: Stirbst du in diesem Kampf, sei froh, denn einen
seligern Tod wirst du nicht finden, du stirbst getreu dem göttlichen

Wort und Befehl und im Dienst der Liebe und um deinen Nächsten aus der Hölle und den Fesseln des Teufels zu befreien. Endlich hat Luther Gelegenheit, zum Schwert zu greifen oder jedenfalls seine Lehre von den zwei Schwertern zu demonstrieren. Das Schwert zu führen ist die weltliche Obrigkeit durch Paulus, genauer, durch dessen angeführten Brief an die Römer berechtigt und legitimiert: «Jederman sey vnterthan der Oberkeit / die gewalt vber jn hat. Denn es ist keine Oberkeit / on von Gott»[64], denn jede Obrigkeit kommt von Gott, wie auch immer sie sich gebärdet.

Mit diesem dialektischen Sprung gewinnt Luther die Fürsten und setzt die Knechtschaft der Bauern fort. Die Gewalt – das Böse – ist nun einmal in der Welt. Aber diese Welt ist nicht unsere, nicht die für Christen, aber von Gott geschaffen, also der Weg zum Heil. Das Morden gehört dazu. Die Obrigkeit ist noch darin Gottes Dienerin, schreibt Paulus weiter, und der solle man nicht nur aus Furcht vor der Strafe untertan sein, «sondern auch vmb des Gewissens willen».

Luther endet mit der bewährten Mahnung: «Dunckt das yemand zu hart, der dencke, das unerträglich ist auffruhr und alle stünde der wellt verstörung zu warten sey»[65], wem das zu hart vorkommt, sagt er im Schlusssatz, der möchte bitte bedenken, dass jede Art von Aufruhr unerträglich und der Untergang der Welt jeden Augenblick zu erwarten sei.

Luthers Mordaufruf ist nur eine Flugschrift unter vielen – in den sechs Jahren zwischen 1520 und 1526 sind elftausend deutsche und lateinische Flugschriften mit einer Gesamtauflage von elf Millionen im Umlauf und werden von einem Teil der vielleicht zwei Millionen Menschen gelesen, die überhaupt lesen können, zehn Prozent der Bevölkerung. Nach den Zwölf Artikeln der Bauern ist sie aber sicher die wirkungsvollste. Nie hat Luther jemanden mit einem solchen Hass verfolgt, nicht einmal den großen Satan, den Anti- und Endchrist zu Rom, auch nicht den fetten Tetzel, der den Anlass für seinen Thesenanschlag gab, oder den «scheisbisschoff» von Mainz und Halle, wie jetzt die «Rotten der Bauern».

Widder die Mordischen
vnd Reubischen Rotten der
Bawren.

Pfalm. vij.
Seyne tück werden jn selbs treffen/
Vnd seyn mutwill/ wirdt vber jn außgeen.
1525.
Martinus Luther. Wittemberg.

Luther wendet sich in seiner Schrift «Wider die mör-
derischen und räuberischen Rotten der Bauern» mit
voller Wortgewalt gegen den Aufstand.

Luthers Toben hat womöglich einen ganz anderen Grund. Es sei
nicht auszuschließen, meint der Arzt Hans-Joachim Neumann, «daß
die Art und Weise seines Eingreifens [in den Bauernkrieg], die selbst
seine Freunde abstieß, durchaus etwas mit seiner Krankheit zu tun
haben konnte»[66]. Es ist aber viel einfacher: Luther exekutierte den
Willen Gottes.

Schon im Januar 1525 hatte er seinen Freund Amsdorf gedrängt,
ausgerechnet auf den Magdeburger Kardinal – tatsächlich ist Albrecht
von Brandenburg gemeint – einzuwirken, dass der einen Aufstand unterdrücken solle.[67] Anfang Mai 1525 schreibt er an Johann Rühel, den

Rat des Grafen Albrecht von Mansfeld: «Haltet an, daß Seine Gnade nur frisch fortfahre.» Was mit dem frisch Fortfahren gemeint ist, verrät nur der Kommentar der historisch-kritischen Luther-Ausgabe. Mansfeld hatte «mit 60 Reisigen und Fußvolk» das Dorf Osterhausen überfallen, in dem sich Aufständische befanden. Er «zündete es an allen Ecken an und erstach gegen 20 Bauern; die übrigen wurden teils gefangen genommen, teils entkamen sie nach Frankenhausen»[68].

«Ich bin der Meinung», schreibt Luther an seinen Freund Amsdorf, «es ist besser, daß alle Bauern erschlagen werden als die Fürsten und Obrigkeiten, und zwar deshalb, weil die Bauern ohne Gewalt von Gott das Schwert nehmen. Auf diese Bosheit des Satans kann nichts anderes als lauter satanische Verwüstung des Reiches Gottes und der Welt folgen. Wenn auch die Fürsten sündigen, so führen sie dennoch aus Gottes Gewalt das Schwert. Dabei kann beiderlei Reich bestehen. Deshalb gebührt den Bauern keine Barmherzigkeit, keine Geduld, sondern Zorn und der Unwille Gottes und der Menschen, nämlich denen, die auf Ermahnungen nicht Ruhe geben, welche auch die angemessensten ihnen angebotenen Bedingungen nicht annehmen, sondern allein durch das Wüten des Satans fortfahren, alles in Verwirrung zu bringen wie diese Thüringer und Franken. Diese [die Bauern] nun rechtfertigen, sich dieser erbarmen, diesen Gunst erweisen, das heißt Gott verleugnen, lästern und vom Himmel stoßen wollen.»[69]

In seiner Schriftgläubigkeit, die er mit einem erworbenen legalistischen Pragmatismus zu verbinden gelernt hat, kann Luther tatsächlich nicht anders, als den Mord an den Bauernrotten zu fordern. Dadurch wird er endgültig zu einem der – wie Heinrich Kleist über seinen Michel Kohlhaas sagt – «rechtschaffensten zugleich und entsetzlichsten Menschen seiner Zeit». Wie in Worms beruft sich Luther auf sein Gewissen. «Nostra conscientia tuta est, rectum esse coram Deo, quod egressum est ex labiis meis in hac parte.»[70] Unser Gewissen ist sicher, garantiert er Amsdorf, denn Gott würde für richtig halten, was in dieser Sache aus seinem Mund gekommen sei. Wie so oft bedient er sich des Leidens Christi und hat die Kreuzigung vor sich, wenn er fortfährt: auch wenn sie das Gewissen kreuzigen und es jenen missfällt, die sich über unsere Studien und den Namen der Schrift erhöht haben, um uns zu schänden und damit den Dank abzustatten, zu dem dieses ehebrecherische Geschlecht in der Lage ist. Aber so, wie sie sich erhoben haben, prophezeit er ihnen nach alter Weise, werden sie auch wieder hinabgestoßen, und ihr Ende wird die Verstörung sein.

Luther hat persönlich keinen Bauern erschlagen, gerädert oder sonst malerisch umgebracht, er hat nur dazu aufgerufen. Das Schlimmste ist sein gutes Gewissen dabei. Im Brief an den Rat Rühel erteilt er sich auch noch selber die Absolution: «Gebe Gott die Sachen heim und tue seinem göttlichen Befehl, das Schwert zu führen, gnug, solange er immer kann; das Gewissen ist doch hie sicher, obgleich man muß druber zu Boden gehen.»[71] Aus dem Aufstand in Worms, nur vier Jahre zuvor mit allem Mut durchgestanden, ist eine Rechtfertigung des Mordens geworden, mit der angepappten *reservatio*, dass ihn die Entscheidung, das Morden gutzuheißen, niederdrückt.

In der Schrift «Ob kriegsleutte auch ynn seligem stande seyn künden», erschienen im Jahr nach dem kriegerischen Erfolg gegen die Aufständischen, nachdem Tausende massakriert und die Überlebenden mit drastischen Strafgebühren belegt worden sind, schwingt er erneut das Schwert Gottes und deutet den Aufstand als Mahnung, als Beweis auch dafür, dass der Frieden gegen die «Verstorung» notfalls erzwungen werden muss. Es würden die geschlagen, die den Krieg «on not», ohne Not, angefangen haben. «Denn sie konnen zu letzt doch Gottes gericht, das ist, seym schwerd nicht entgegen [entgehen]. Er findet vnd trifft sie zu letzt, wie den Baurn itzt ym auffrur auch geschehen ist.»[72] Es geschieht den Bauern also nichts anderes als Recht, wenn sie für ihre Unbotmäßigkeit umgebracht werden. Luther entlastet den irdischen Richter ebenso wie den Soldaten in diesem ungleichen Kampf. Sie handeln beide im höheren Auftrag. Was der Soldat tut, ist Gottes Werk und damit wohlgetan: «Denn die hand die solch schwerd füret vnd würget, ist auch als denn nicht mehr menschen hand, sondern Gottes hand, vnd nicht der mensch, sondern Got henget, redert, entheubt, würget vnd krieget.»[73]

Deshalb konnten auch 1940, im zweiten Kriegsjahr, im Verlag des Evangelischen Bundes unter dem Titel «Kriegsmann und Christ» drei Auflagen mit Zitaten aus dieser Schrift erscheinen. Ausgewählt hatte sie der hoch angesehene Theologe Heinrich Bornkamm, der Hitler 1939 als «Geschenk an unser Geschlecht» bezeichnet hatte. Gott ist mehr als alles andere der Rachegott, das kann Luther niemals vergessen. «Es sind alles seine werck vnd seine gerichte.»[74]

Die Ursünde, die die Kirche auf dem Konstanzer Konzil an Jan Hus begangen hatte, um sich zu stabilisieren – das Schisma war damit beendet, die Gegenpäpste hatten abgedankt –, wiederholt Luther in den Bauernkriegen und sieht sich, nicht überraschend, wieder einmal als Werkzeug der Geschichte. Mit seinen Schriften, dessen versichert er sich im Jahr darauf noch einmal, als die altgläubigen Fürsten sich gegen die reformierten verbünden, habe er mehr Widerstand gegen die Bauern geleistet als die anderen mit ganzen Heeren. «Und wer stund stercker wider die bauren mit schrifften und predigen den ich? Mitten under in Bin ich gewesen und durch sie gezogen, mit farhe leibs und lebens»[75], unter Gefahr für Leib und Leben sei er gegen sie aufgestanden, behauptet er. «Ich wiste noch nicht, wer die bauren am ersten und merhe geschlagen hette.»[76]

Der Bauernkrieg währte nur wenige Monate, aber er kostete mehr als siebzigtausend Menschen das Leben. Die Ermutigung zu ihrem so rasch niedergeschlagenen Aufstand kam nicht nur aus der Heiligen Schrift, sondern auch von dem, der wie ein fünfter Evangelist verkündet hatte, dass «uber die seele kan und will Gott niemant lassen regirn denn sich selbs alleyne»[77]. Für die Aufständischen endete es tödlich. Nach dieser Probe kann Luther sich als Sieger nicht nur in der Glaubensfrage, sondern als Sieger in beiden Welten betrachten. Er hat beide Schwerter geführt und gewonnen.

Als Michael Kohlhaas in Kleists gleichnamiger Novelle das Plakat bemerkt, mit dem der literarische Luther ihm jedes Recht abspricht und seinen Rachefeldzug als «Wahnsinn stockblinder Leidenschaft» verurteilt, nimmt der Pferdehändler den Helm ab, um die Worte des «teuersten und verehrungswürdigsten Namens» zu lesen. Aber dieser Luther zeigt keinerlei Verständnis für Kohlhaas' Gerechtigkeitsbedürfnis: «Das Schwert, wisse, das du führst, ist das Schwert des Raubes und der Mordlust, ein Rebell bist du und kein Krieger des gerechten Gottes, und dein Ziel auf Erden ist Rad und Galgen, und jenseits die Verdammnis, die über die Missetat und die Gottlosigkeit verhängt ist.» Das ist zwar erst Jahrhunderte nach den Vorfällen geschrieben, auf denen Kleists Erzählung beruht, aber es ist ganz und gar jener Luther, dem auch zum Bauernkrieg nur theologische Argumente der Legalität und des Verstoßes gegen sie einfallen. Der reale Luther hat tatsächlich mit dem realen Pferdehändler korrespondiert und ihm ebenfalls mit dem Recht zur Rache einen Anspruch auf Gerechtigkeit abgesprochen.[78] Es «wäre wohl zuerst besser gewesen, die Rache nicht furzunehmen, dieweil dieselbe ohne Beschwerung des Gewissens nicht furgenomen werden mag, weil sie ein selbs eigen Rache ist, welche von Gott verboten ist», schreibt Luther 1534 Hans Kohlhase, und wie bei den Bauern sagt er, es sei «kein ander Rat da, denn Unrecht leiden»[79]. Der echte wie der Kohlhaas Kleists kann sein Recht am Ende durchsetzen, um den Preis allerdings, dass er für seine aus Rache begangenen Untaten hingerichtet wird. Eine für den sächsischen Kurfürsten wichtige Weissagung verschweigt er indes und nimmt sie mit in den Tod. Das Schwert der göttlichen und irdischen Gerechtigkeit hat wenigstens in der Literatur nicht vollends triumphieren können.

Die DDR hatte Pech mit der Reformationsgeschichte. 1974, als es unter dem neuen Staatsratsvorsitzenden Erich Honecker bereits gewaltig tauwetterte, wurde die «Errichtung eines Panoramas auf dem Schlachtberg bei Bad Frankenhausen, Bezirk Halle, das dem deutschen Bauernkrieg und dem revolutionären Wirken von Thomas Müntzer gewidmet ist» beschlossen. Der auch im nichtsozialistischen Ausland geschätzte Akademiemaler Werner Tübke wurde damit beauftragt, dieses Riesengemälde anzufertigen. Ein Kombinat in der befreundeten Sowjetunion webte eine vierzehn Meter hohe und einhundertdreiundzwanzig Meter lange Leinwand, die mit Stahlseilen gezurrt werden musste. Angeblich wurde sie nach einem russischen Geheimrezept grundiert, ehe Tübke, unterstützt von mehreren Gehilfen, mit der Arbeit in dem Rundbau in Sichtweite des geschichtspolitisch heiklen Kyffhäusers beginnen konnte. Die DDR hielt es für erforderlich, «den Bürgern des Landes zu helfen, ihre eigene nationale Identität zu finden und zu formen»[80], und so entstand auf der Riesenleinwand das Denkmal der «Frühbürgerlichen Revolution in Deutschland». «Frühbürgerlich» war ein für die Bauernkriege völlig unpassender und so marxistischer Begriff, dass er nach dem Ende der DDR stillschweigend einkassiert wurde (ebenso wie der Beiname «Thomas-Müntzer-Stadt» für Mühlhausen). Als noch verhängnisvoller für die Revolution erwies sich die Entdeckung des «Nationalen Erbes»: Nicht nur bewährte Reaktionäre wie Friedrich II. und Bismarck wurden zur posthumen Identitätsgewinnung genutzt, sondern auch der Reformator, der es nach bisheriger Lehre nicht mit der Revolution, sondern mit den Fürsten gehalten hatte. Im Bemühen um internationale Anerkennung feierte die DDR deshalb 1983 den mutmaßlichen 500. Geburtstag Martin Luthers mit Gästen aus dem protestantischen Ausland. Müntzer, der sich über das «Sanfft lebende fleysch zů Wittenberg» lustig gemacht hatte, musste in den Hintergrund treten, sein revolutionäres Wirken war plötzlich nicht mehr auf der Höhe der Zeit, das Heldenepos mit Müntzer als Mittelpunkt aber immer noch nicht fertig. Als die Gedenkstätte mit dem Panoramabild im September 1989 endlich eröffnet werden konnte, wollte schon niemand mehr damit in Verbindung gebracht werden; dann brach auch noch die DDR zusammen. Von Revolution war lieber keine Rede mehr, die begab sich auf den Straßen, das Gemälde wurde jetzt als Bauernkriegspanorama bezeichnet oder noch unverfänglicher als Panorama.

Tübkes Bilderbogen ist eine kunstvolle (wenn auch gelegentlich erstaunlich schlecht gemalte) spätmittelalterliche Weltuntergangs-

Werner Tübke malte zum höheren Ruhme der DDR das Bauernkriegspanorama «Frühbürgerliche Revolution» (1983–1987).

allegorie, inspiriert von Malern wie Cranach, Dürer, Raffael, Brueghel und Baldung Grien und der Bildsprache der zeitgenössischen Flugschriften. Thomas Müntzer steht tatsächlich im Mittelpunkt des Rundgemäldes. Es zeigt ihn am Tag der Schlacht, die er soeben ver-

loren gibt. Über ihm erhebt sich ein Regenbogen. Der Prediger hat die Fahne gesenkt und erwartet die Erledigung durch die Truppen Philipps von Hessen. Das war also die nachgelieferte tragische Staatsräson der DDR.

Luthers Brandbrief an die Stadtführung von Mühlhausen hatte gewirkt, Müntzer wurde vertrieben, doch Anfang 1525 kehrte er zurück
und übernahm das geistliche und zugleich das weltliche Regiment in
der Reichsstadt. In Mühlhausen war Müntzer zwar vor dem Zugriff
der reformationsfreundlichen Justiz im Kurfürstentum Sachsen sicher,
aber Luther galt er nun erst recht als Feind, denn Müntzer wollte die
Gotteserfahrung noch fundamentalistischer verstanden haben als er.

Dem unmittelbaren Weg zu Gott steht für Müntzer nicht nur die
Welt entgegen, sondern sogar die Schrift. Der Glaube darf nicht «ge-
tichtet», nicht aufgeschrieben sein, er kann nur erlebt werden. Die
Schriftgelehrten, verkündet Müntzer in der «Schutzschrift», «warn
darinnen geleret wie die affen, wöllen dem schůster schůch nachmachen und verderben das leder». Gelehrt wie die Affen waren sie,
wollten bessere Schuhe als die Schuster machen und verdarben nur
das Leder. «Sy wöllen des heyligen geysts trost vernemen und sein ir
leben langk durch traurigkeyt des hertzens auff iren grund nye kommen, wie sichs doch gebüret, soll anderst das recht liecht leüchten im
finsternuß und uns durch das gewalt geben, kynder Gottes zů sein».[81]
Sie glauben, den Trost des Heiligen Geistes zu spüren, sind wegen der
Traurigkeit des Herzens aber nie bis zu ihrem Innersten gelangt, was
die Voraussetzung dafür wäre, dass das wahre Licht in der Finsternis
leuchtet und uns die Kraft gibt, Kinder Gottes zu sein.

Der entflammte Prediger hat eine ganz andere Gewalt im Sinn als
sein Konkurrent Luther. Luther hat sich, statt die himmlischen zu
suchen, mit den irdischen Mächten verbunden. Die Müntzer'sche Gewalt wird durch die Überwindung der Welt hervorgebracht, in der
Luther seiner Ansicht nach verharrt. Die Bibel sei für den Wittenberger ein neuer Papst geworden, der Glaube bleibe erdgebunden,
die Botschaft verkümmert zu historischer Überlieferung. Müntzer
fordert die unmittelbare Gegenwart des Gotteserlebens, die Nachfolge des jetzt in diesem Augenblick erlebten Leidens Christi. Deshalb
kann Müntzer gar nicht der schlichte Sozialrevolutionär sein, den
sich die marxistische Geschichtsschreibung zusammengeträumt hat.

Er sieht eine arme Menschheit, die unter anderem durch die Obrigkeit an einer näheren Verbindung zu Gott gehindert wird. Aus Glaubensverzweiflung und nicht etwa aus Kummer über die sozialen Verhältnisse, wegen der die Bauern sich zusammenrotten, wird Müntzer zum Revolutionär.

Nicht zuletzt durch seinen Opfergang ist er der bekannteste Prediger in der Luther-Nachfolge geworden. Dabei ist er nur einer von vielen, die in der neuen, von Luther inspirierten Gewissensfreiheit aufstehen. In Zürich wirkt Huldrych Zwingli, der durch Selbststudium und im Briefverkehr mit den Gelehrten seiner Zeit zu ähnlichen Erkenntnissen wie der fast gleichaltrige Luther gelangt ist. So wie Luther seinen Kurfürsten von der Erneuerung der Liturgie durch die Abkehr von Rom überzeugen kann, setzt Zwingli seine Reformen in Zürich mit Unterstützung des Magistrats durch. Auf der deutschen Rheinseite, in Waldshut, bildet sich eine rasch wachsende Gemeinde, die den Glauben noch radikaler leben will. Sie erklärt die Säuglingstaufe für ungültig und lehnt den Kriegsdienst sowie den Eid ab. Die sogenannten Wiedertäufer werden wegen ihrer Radikalität als die eigentlichen Ketzer verdammt und sowohl in altgläubigen wie in neuprotestantischen Gemeinden verfolgt, zumal sie im Zusammenhang mit dem Bauernaufstand auch noch als Aufrührer betrachtet werden.

Das mörderische Treiben um die Religion hat begonnen. Es werden Kreuzzüge sein, aber diesmal nicht gegen Sarazenen, Muselmanen, Türken oder Hunnen, sondern gegen Landsleute, die den Glauben etwas anders verstehen wollen. Weltliche und geistliche Unruhe verbinden sich und werden mit doppelter Wut unterdrückt und niedergeschlagen. Die Protestanten haben sich, von Luther angeleitet, für die schützende Hand der Obrigkeit entschieden, weitere Abweichler werden gejagt, gefoltert, massakriert. Bis Ende 1527 gelangten tausend versprengte Wiedertäufer nach Augsburg, wo sie auf Schutz hofften. Sie waren dort aber bald ebenso wenig sicher wie an anderen Orten des Deutschen Reiches. Der Rat der Stadt ließ am Ostertag 1528 eine Versammlung ausheben und sperrte achtundachtzig

Gläubige ein. Unter Mitwirkung des vielseitigen Konrad Peutinger, der über alles Buch führte und «umb sein vilfaltig muhe und arbait»[82] ein Extra-Honorar von hundert Gulden erhielt, wurden sie peinlichen Verhören unterzogen, also gefoltert. Um kein weiteres Aufsehen zu erregen, wurde nur ihr Anführer Hans Leupold hingerichtet, «aus Gnaden» mit dem Schwert enthauptet und nicht wie für Ketzer üblich verbrannt. Damit sie die schlimme Lehre von der Erwachsenentaufe nicht weiterverbreiten konnten, oder wie Luther meinte, damit «eine furcht vnd schew ynn die leute bracht werde»[83], wurde zwei Frauen die Zunge herausgeschnitten, und «5 schön frauen durch die backen prindt»[84] – wie Rinder erhielten sie ein Brandzeichen.

Mit ähnlicher Wut werden die Bauern verfolgt, die sich gegen die Zumutungen der Herrschaft stellen. Müntzer wird nie ihr Anführer, aber er sticht durch seine Radikalität, die aus einer mystischen Inbrunst und Gottesverzweiflung herrührt, aus allen hervor. Obwohl er in Braunschweig, in Halle und in Zwickau gepredigt hatte und sich eine Zeitlang in Böhmen aufhielt, ist Müntzer weit weniger in der Welt als Luther, sondern womöglich noch bibelgläubiger und frömmer als er. Müntzer war von Anfang an auf eine Pilgerfahrt ins Jenseits aus und hoffte auf eine «gewendete Zeit», die unweigerlich auf eine immer näher heranrückende Endzeit hinauslaufen musste.

Nicht als Mystiker war er gefährlich, sondern weil er sich jedem staatlichen Prinzip verweigerte. In der «Fürstenpredigt», die Müntzer im Sommer 1524 im Schloss von Allstedt hielt, erkannte er die Bedeutung der Obrigkeit zwar an, verwies aber darauf, dass die Fürsten «das lant nicht durch das schwerdt gewonnen [haben], sonder durch die krafft Gottis». Das Schwert sei ein Lebensmittel und nötig, um die Gottlosen zu vernichten. Das sei die Aufgabe der Fürsten, und sie verrichten sie im Dienst der Christen. Wenn sie es nicht in angemessener Weise tun, droht er vor Friedrichs Koregenten Johann und dem Kronprinzen Johann Friedrich, «so wirt yhn das schwerdt genommen werden»[85]. Nach seiner Vertreibung aus Sachsen setzt er in Mühlhausen die weltliche Ordnung vollends außer Kraft.

Luther wäre es nie in den Sinn gekommen, wie Müntzer «Omnia simul communia»[86] zu fordern, dass alles allen gehöre. «Alle ding sollen gemeyn seyn, und sollen yedem nach notturft außgeteylet werden nach gelegenheyt», alles für alle, und jedem werde nach seinem Bedarf zugeteilt, so wollte es Müntzer. Es ist das erste kommunistische Manifest und trotzdem nicht so kommunistisch, wie es Jahrhunderte später verstanden wurde. Vielmehr war es der Versuch, die Brüdergemeinschaft des Urchristentums, von der die Apostelgeschichte berichtet, wiederzubeleben. In der Müntzer'schen Christengemeinde sollten, anders als draußen in der weltlichen Welt, alle gleich sein, und wer sich dem nicht anzuschließen bereit wäre, der sollte «vertrieben und todtgeschlagen werden»[87]. Hier äußert sich eine gnadenlose Frömmigkeit, die ihrerseits keine Abweichung duldet. Trotzdem dreht sich alles um Gott und wie man näher zu ihm gelangen könnte. Eine klassenlose Gesellschaft war keineswegs vorgesehen, es wurde sogar überlegt, wie viele Pferde einem in der kommenden Brüdergemeinde bei welchem Rang zustehen sollten; Herzöge hätten dann natürlich mehr bekommen als einfache Grafen. «Unnd welcher furst, graff odder herr das nicht thun wurde und des erstlich erynnert, den sol man die köpf abschlahen odder hengen»[88], und wenn die Fürsten da nicht mittun wollten, dann würde man ihnen den Kopf abschlagen oder sie aufhängen.

Das ist religiöser Totalitarismus, der bei aller Jenseitserwartung dennoch auf Erden stattfindet. Trotzdem will das Mühlhäuser Programm nicht von dieser Welt sein. Müntzer lässt in seinen Predigten und Sendschreiben Feuer und Schwefel regnen, und er wird verstanden, weil er nicht der Einzige ist, der sein Heil im Jenseits sieht. 1522 hatte Friedrich der Weise die Kleider seiner Bediensteten mit dem Spruch «Verbum domini manet in aeternum» besticken und das Akronym V D M I A E auf seine Münzen prägen lassen, Gottes Wort bleibt in Ewigkeit. Luther verwendete den Satz gern als Motto für seine Schriften. Müntzer übernimmt den Wahlspruch und verwandelt den Indikativ in einen Jussiv, eine Aufforderung – aus *manet* wird *maneat*, es soll bleiben[89] – und macht seine Anhänger damit zu

Gotteskriegern. «Verbum domini maneat in aeternum» (sie schreiben «etternum») wird der Schlachtruf der Mühlhauser Revolutionäre.

In seinen letzten Tagen schreibt Müntzer an die umliegenden Städte um Hilfe, beschwört sie bei ihrer Christlichkeit, droht mit der Apokalypse, bettelt und verdammt gleichzeitig. Auch an Albrecht von Mansfeld, den Bauernschlächter von Osterhausen, wendet er sich, «zur bekerunge». Müntzer schimpft über die «lutherische grutz», die «Wittenbergische suppen» und über den «Martinischen baurendreck» und weissagt mit Lukas: «Die gewaltigen hat er vom stuel gestossen und die niddrigen (die du verachst) erhaben.» Er erinnert auch an die Offenbarung des Johannes, dass Gott die Vögel des Himmels aufforderte, «das sie sollen fressen das fleysch der fursten und die unvernunftige thier sollen saufen das blut der grossen hansen»[90]. Der Prophet unterschreibt sich als «Thomas Muntzer mit dem schwert Gedeonis». Dem Richter Gideon war es im Alten Testament gelungen, die übermächtigen Midianiter mit einer kleinen Streitmacht von dreihundert Mann zu besiegen. Gott hatte es Gideon im Traum eingegeben, denn er wollte seine Allmacht beweisen. Müntzers Schwert gehört keinem der beiden Reiche an, er ist es inzwischen selber, der das rächende Schwert schwingt.

Obwohl in den Jahrzehnten und Jahrhunderten zuvor genug Ekstatiker und im religiösen Wahn redende Künder aufgetreten waren, verbreitet noch die Erinnerung an Thomas Müntzer einen apokalyptischen Schrecken. Zwei Jahre nach seinem Tod verhört Konrad Peutinger in Augsburg Müntzers Mitstreiter Hans Hut. Die Bauernrevolte ist inzwischen erfolgreich niedergeschlagen. Ende 1525 ist Jakob Fugger gestorben, hatte aber noch die Genugtuung erleben dürfen, dass die von ihm finanzierten Heere die Bauern so gründlich niedermachen konnten.[91] Städte und Länder sind mit drastischen Entschädigungszahlungen für die Fürsten belegt worden. Hut wird im Gefängnis sterben, womöglich wird er auch umgebracht, vorher jedoch kann er noch berichten, wie es in den letzten Tagen der gottesfürchtigen Kommune am Kyffhäuser zuging.

Die gegnerischen Heere waren schon unterwegs, es kam zu Zusammenstößen, die Bauern mussten nicht immer unterliegen, aber es gelang nicht, sich zu einem eigenen Heer zu vereinigen. Am 10. Mai 1525 verließ Müntzer Mühlhausen und zog mit seinen Getreuen harzwärts. Am Sonntag vor der letzten Schlacht habe Müntzer noch einmal in Frankenhausen gepredigt und seine Anhänger auf den Endkampf eingestimmt, erzählte Hut. «Got der allmechtig wolte jetzo die welt rainigen und hette der oberkait den gewalt genomen und den underthanen geben. Da wurden sy schwach werden, wie sy denn schwach wern. Und sy, die oberkaiten, wurden bitten, aber sy sollten inen kainen gelauben geben, dann sy wurden inen kain glauben halten.» Gott wolle jetzt die Welt säubern, behauptete Müntzer, und er habe deshalb der Obrigkeit alle Macht genommen und sie den bisherigen Untertanen übergeben. Die Angehörigen der Obrigkeit würden dann betteln und alles Mögliche versprechen, aber man solle ihnen bloß keinen Glauben schenken. «Got were mit inen», Gott sei mit ihnen.

Dem apokalyptischen Furor kann nur noch der Untergang folgen. Es ist das bekannte Bild, das apokalyptische Sekten seit je bieten. Antônio Maciel, der *Conselheiro*, Ratgeber, genannt wurde, verschmähte alle irdischen Güter, richtete den Blick nach innen und ins Jenseits und sammelte seine Anhänger am Ende des 19. Jahrhunderts im brasilianischen Sertão, wo sie von der Armee umgebracht wurden. Charles Manson fürchtete die Machtübernahme durch die Schwarzen und schickte seine drogensüchtigen Anhänger zum Morden nach Los Angeles. Oder die Selbstmördersekte, die sich in den Siebzigern des vorigen Jahrhunderts um Jim Jones sammelte, die Davidianer in Waco. Weil sie sich Gott so nahe wähnen, wollen sie ihm noch näher kommen und sind deshalb auch bereit zu sterben.

Auf Müntzers Vorschlag malten die Soldaten der Heilsarmee als Zeichen für den Bund Gottes einen Regenbogen auf ihre Fahnen. Es soll die Erinnerung an den Bund sein, den Gott nach der Sintflut mit den Überlebenden schloss und ihnen versprach, sie künftig vor solchen Katastrophen zu bewahren und ihnen die Bündnistreue zu halten. Es half nur nichts mehr, die Sache der Bauern wie die der politisierten Mystik war längst verloren.

Mit seinen dreihundert Getreuen, seiner kleinen Gideons-Armee aus thüringischen Bürgern, und begleitet von achttausend Bauern zog Müntzer am 15. Mai von Frankenhausen hinaus auf den Hausberg und erwartete das letzte Gericht. Ob er an einen Sieg glaubte? Offensichtlich war er davon überzeugt, siegen zu können, weil er mit Gott im Bunde war, während sich um ihn seine Gegner versammelten, die er nur als gottlose Krieger betrachten konnte, als Feinde eines neuen auserwählten Volkes und des wahren Glaubens. Philipp von Hessen führte ein mit den Braunschweigern vereinigtes Heer, aus dem Norden kamen die Truppen seines Schwiegervaters Georg von Sachsen hinzu. Während Philipp bereits für den neuen Glauben gewonnen war, hielt Georg am alten eisern fest, doch die aufständischen Bauern waren der gemeinsame Feind, erst recht, wenn sie sich unter einem erleuchteten Prediger aus der Peutinger'schen Welt der gottgewollten Ungleichheit entfernen wollten.

In einer «Histori» hat Philipp Melanchthon die Ereignisse, die schnell zur Legende wurden, wie ein Märchen aufgeschrieben. Die letzte Rede Müntzers hat dieser wahrscheinlich so nie gehalten. Der Griechischprofessor Melanchthon (kurfürstliches Jahresgehalt: zweihundert Gulden) verfertigte sie zu Lehrzwecken in geradezu klassischer Manier: «Es mußt sich ehe himel und erden endern, dann wir verlassen sollten werden, wie sich das mehrs natur endert auff das hilff den Israelischen geschach, do yhn Pharao nacheylet.» Wir werden nicht verlassen sein, versichert Müntzer seinen Anhängern und erinnert mit einem weiteren Verweis auf Gottes Wirken für sein Volk daran, wie Gott zugunsten der Israeliten eingriff, als der Pharao sie durch das Rote Meer verfolgte. «Laßt euch nicht erschrecken das schwach fleisch und greyfft die feynd kunlich an», habt keine Angst, sondern greift den Feind mutig an, befahl er und gab ein Versprechen, das zur Wandersage geworden ist. «Dorfft das geschutz nicht forchten, dann yhr solt sehen, das ich alle buchsenstein yn ermel fassen will, die sie gegen uns schiessen»[92], die Kugeln, die aus den Musketen der Feinde auf sie abgefeuert würden, werde er in seinen Predigerärmeln auffangen. «Ja yhr sehent das Got uff unser seytten ist, denn er gibt uns yetzund ein zeichen, sehet yhr nicht den regenbogen am himel, der bedeut das Got uns die wir den regenbogen ym panir furen, helffen will, und trewt den mordrischen fursten gericht und straffe», dass Gott auf ihrer Seite ist, könne man schon an dem Regenbogen erkennen, der am Himmel erschienen ist, ein Abbild der Fahne, mit der sie ins Gefecht gezogen sind. «Darumb seyt unerschrocken unnd trostet euch gotlicher hilff und stelt euch zur were», sagte er, habt keine Angst, seid bereit zu kämpfen, ihr könnt gewiss sein, dass Gott euch beisteht. Die berühmten letzten Worte enden mit einem markigen Wahlspruch: «Es will Got nicht das yhr frid mit den gotlosen fursten machet.»[93]

Schwer zu sagen, was Gott wollte, der Gott Luthers hatte eindeutig andere Prioritäten. Gott sandte aber ein Zeichen (wenn es nicht doch der Satan war, der die Menschen so gern betrügt): Hans Hut schwörte, dass er diesen Regenbogen, der Müntzers Ermutigungsrede so eindrücklich zu bestätigen schien, mit eigenen Augen gesehen habe. Die Astronomen haben herausgefunden, dass am 15. Mai 1525 tatsächlich ein Halo um die Sonne zu sehen war, der unter besseren Umständen den im Kanonenfieber entflammten Gotteskriegern neuen Mut hätte machen können. «Sy solten nur herzlich streiten und keck sein»[94], habe Müntzer gesagt. Danach wurden sie fast alle umgebracht.

Das Himmelszeichen hatte wieder einmal getrogen, Gott war womöglich doch nicht auf der Seite der Bauern und der leidensbereiten Müntzer-Leute, sondern auf jener der Obrigkeit. Jedenfalls verfügte die über die bessere Ausrüstung und die stärkere Streitmacht. Die Geschichte mit den magischen Kugeln ist eher ein Hinweis auf die elende Bewaffnung der Stadtbürger und Bauern. Sie sind tatsächlich mit Sensen und Dreschflegeln auf den Berg gezogen. Die acht Karrenbüchsen, die sie von Mühlhausen hergeschleppt haben, kamen gar nicht mehr zum Einsatz. Die Bauern versuchten, sich in der

Wagenburg einzuschließen. Noch während sie mit Abgesandten des Landgrafen Philipp von Hessen darüber verhandelten, ob sie Müntzer und weitere Anführer gegen freies Geleit ausliefern sollten, schlugen die ersten Kanonenkugeln ein, und natürlich fing Müntzer sie nicht auf und schoss sie auch nicht zurück. Das zahlenmäßig stärkere Bauernheer floh den Berg hinab, wurde aber von den Angreifern fast Mann für Mann abgestochen, zerhauen, verstümmelt, zerfetzt, zerschmettert. Das Blut floss den Hang hinunter, der Berg heißt seither Schlachtberg. Allein an diesem Tag sind wohl sechstausend Bauern gestorben, während die Hessen und die Sachsen zusammen einen Verlust von acht Mann zu beklagen hatten. Es war also ohne Zweifel ein christliches Werk gewesen.

Müntzer wurde gefangen genommen und verhört. Johann Rühel kann Luther von einer unwahrscheinlichen Blitzkonversion berichten. Müntzer habe im Gefängnis «ohne Zweifel des Gottlosen Tyrannen damit zu heucheln, alle seine irthümer zu wiederrufen, sich mit dem Sacrament einer gestalt zu berichten laßen und den glauben, den die Kirche itzt und zuvor gehalten, bekannt und sich also ganz Papistisch in seinem Ende gezeiget»[95], er habe sich unterworfen, sei zum altgläubigen Empfang des Sakraments zurückgekehrt. Luther ist ganz begierig, noch mehr über den Gefangenen zu erfahren, «denn es nutzlich ist, zu wissen, wie der hohmütige geyst sich habe gehallten»[96].

Es geht ihm wieder einmal um die «treulosen, meineidigen Gotteslästerer und Räuber»[97], die über uns herrschen wollen. Gott würde es zulassen, aber offensichtlich lässt er es nur zu, um die Menschen zu prüfen. Luther macht aus dem Bauernaufstand eine weitere Prüfung, die vor allem ihm gilt. Ist er bereit, Gott trotz aller Widrigkeiten die Treue zu halten? Der Aufstand war mit Sicherheit ein Werk des Satans. «Wohlan, wer den Münzer gesehen hat, der mag sagen, er habe den Teufel leibhaftig gesehen in seinem höchsten Grimm», schreibt Luther an Rühel. Und weil es der Teufel ist, dessen Treiben für den Aufruhr gesorgt hat, müssen seine Anhänger ausgerottet werden. «O Herr Gott, wo solcher Geist in den Bauren auch ist, wie hoche Zeit ists, daß sie erwürget werden wie die tollen Hunde! Denn der Teufel fühlet vielleicht den jungsten Tag, darumb denkt er die Grundsuppe zu rühren und alle höllische Macht auf einmal zu beweisen.»[98] Natürlich tut es Luther leid, dass so viele Menschen sterben mussten. «Das man mit den armen leutten so grewlich feret, ist ia erbermlich. Aber wie soll man tun?» Doch schon bricht wieder der rächende Prophet in ihm durch: Es sei nun einmal notwendig, dass Angst und Furcht unter die Leute gebracht werde, «vnd Gott wills auch haben», wie er ganz genau weiß. Sie brauchen es, und mit dieser Arbeit ist die weltliche Obrigkeit betraut. Gäbe es dieses irdische Schreckensregime nicht, fährt er mit bezwingender Logik fort, «so thet der Satan viel ergers. Eyn vngluck ist besser denn das ander.»[99] Gott hatte morden lassen, um zu verhindern, dass der Satan noch schlimmer wütet – das ist die Wittenberger Theodizee.

Müntzer, der glaubensselige Proto-Kommunist, wurde gefoltert, zum Widerruf gezwungen und am 27. Mai 1525 vor der Stadt Mühlhausen enthauptet, sein Kopf auf einen Pfahl gespießt, sein Leib öffentlich präsentiert. Der Henker erhält vom Magistrat der Stadt «vi g. vom Alsteder widderumb uff zu richten»[100], sechs Groschen dafür, dass er Kopf und Rumpf Müntzers ausstellt. Das soll andern eine Lehre sein.

Bei Tische plaudert Luther später gemütlich über den Leichnam Müntzers, den die Mühlhausener eifrig begaffen kamen. Der Tote wurde zu einer Attraktion, die Leute trampelten sogar einen eigenen Weg zur Schaustelle frei. Wenn der Magistrat nichts unternehme, werde Müntzer bald als Heiliger verehrt, klagt Luther. «Pro sancto eum colant»[101], das ist die größte Schreckensvorstellung für ihn, dass Müntzer, der tatsächlich den Märtyrertod gefunden hat, den er selber immer anstrebte, vom gläubigen Volk wie ein Heiliger verehrt werden könnte. Damit es nicht so weit kommt, erzählt Luther noch schnell die Anekdote über den Prediger Müntzer, der bei seiner Ankunft in Zwickau «zu einem schönen Maidlin» gesagt habe: «Er wäre durch eine göttliche Stimm zu ihr gesandt, bey ihr zu schlafen, denn wenns nicht geschehe, so könne er Gottes Wort nicht lehren. Solches hat die Jungfrau bekannt in der Beichte ihrem Pfarrherrn, da sie todtkrank lag.»[102] Das ist eine so schamlose Erfindung, dass die Absicht dahinter auch mit bloßem Auge erkennbar wird. Das «schöne Maidlin» geht offenbar nicht nur gut katholisch beichten, sondern der erwähnte Pfarrherr hat auch nichts Bessres zu tun, als weiterzutratschen, was er doch als Beichtgeheimnis für sich behalten müsste. Ausgerechnet Luther, der der alten Lehre mit ihren Riten längst den Abschied gegeben hat, will davon erfahren haben. So verfolgt er den Konkurrenten noch im Tod mit einem verräterischen Sexualneid, ganz so als müsste er fürchten, es könnte die Botschaft Müntzers im Bunde mit dem Heiligen Geist befruchtend wirken.

Den Lehrbrief, den Luther dann nach Müntzers Tod herausbrachte, habe er nicht geschrieben und drucken lassen, wie er vorsichtshalber versichert, weil «ich mich frewe seyns und der seynen unglück, denn was ist myr damit beholffen? Der ich nicht weys, was Got uber mich noch auch beschlossen hat»[103], er weiß ja nicht, was Gott ihm selber vorherbestimmt hat. Es kann schon sein, dass Luther sich innerlich bekreuzigte, wenn er an die öffentliche Schaustellung des Rebellen dachte, weil es ihm als verurteiltem Ketzer ja ähnlich hätte ergehen können. Nicht nur der sächsische Herzog Georg hatte es auf ihn abgesehen, die in Worms ausgesprochene Reichsacht galt für das ganze Reich, wenn auch mit Ausnahme des kleinen Kurfürstentums Sachsen. Das vorsichtige Bedauern, das sich bei seiner Veröffentlichungspolitik meldet, kann nicht verdecken, dass es Luther in seinem Streit mit Müntzer um die religiöse Meinungsführerschaft geht. Müntzer ist einer der «mordpropheten», die «gerne wollten herren ynn der wellt werden»[104], und damit die reine evangelische Lehre beflecken, er muss deshalb von der Macht weggebissen werden. Niemand darf Luther das Recht bestreiten, der einzige Revolutionär auf weiter deutscher Flur zu sein, wo er doch Gott auf seiner Seite hat. Drum kann er dem Toten auch nachhöhnen: «Wer ist nu der gott, der solche verheyssunge durch den mund Müntzers fast eyn jar lang geschrien hat?»[105]

Immerhin ein Konkurrent weniger im gnadenlosen Kampf um diesen
Gott – und der Luthers war zweifellos stärker.

Luther hat den Bauernkrieg gewonnen, der mit seiner neuen Lehre
entstand und ihr Ende hätte bedeuten können. Den Preis dafür kennt
er auch. «Die Freiheit des Christenmenschen», schließt der Historiker
Richard von Dülmen, «wurde so mit einer neuen Hörigkeit gegenüber
dem weltlichen Staat erkauft.»[106] Luther rettet die Reformation, indem
er mithilft, die Revolution abzustechen. In seiner Not, auch in seinem
Entsetzen über das, was er mit seiner Lehre angerichtet hatte, die
doch um alles in der Welt nicht in dieser Form umstürzlerisch sein
sollte, rettete sich Luther in den Schutz der Obrigkeit, nicht ohne ihr
zugleich die Rechtfertigung für ihre gottgewollte Herrschaft zu liefern.
Der Revolutionär kündigte die Revolution auf der Stelle und konnte
es auch noch aus der Schrift begründen, dass der Mensch gefälligst
dort zu bleiben habe, wo ihn das Schicksal, das Unglück, Gott also
hingestellt hatte.

Luther triumphiert über den so wenig kompromissfähigen heilsmes-
sianischen Müntzer und beginnt, sich selber in den protestantischen
Pfarrherrn zu verwandeln, als der er in die evangelische Haussage
eingegangen ist. Anfang 1524 hatte der Reformator mit seiner «gewalt», mit seiner neuen Autorität, an Albrecht von Brandenburg geschrieben und ihm wegen dessen bekanntem Konkubinat mit einer
Frau Vorwürfe gemacht. Wenn er bei ihm, dem Ketzer Luther, Ver-
fehlungen erkenne, solle er sich doch erst um seine eigenen kümmern.
So rein sei der Bischof nämlich nicht, dass er zu jenen gehören würde,
die die Ehebrecherin, die bei Jesus Schutz sucht, steinigen könnten.
Wie es der Zufall wollte, entstand gerade zu dieser Zeit in der Wittenberger Cranach-Werkstatt, die immer noch nur siebenhundert Meter
von Luthers Schreibtisch entfernt liegt, ein Bild, das genau jene biblische Szene darstellt, in der Jesus sagt: Wer unter euch ohne Sünde ist,
der werfe den ersten Stein. Unter den Zuschauern befindet sich der
zölibatsvergessene Albrecht von Brandenburg, der das Gemälde bei

Cranach, mit dem er trotz der Reformation in bester Geschäftsbeziehung verblieb, in Auftrag gegeben hatte. Albrecht tut auf dem Bild nichts, er kann keinen Stein werfen, er weiß, dass er ein Sünder ist. Der Reformator Luther will es besser anfangen als die alte papistische Kirche. Das Kloster gibt es nicht mehr, auch keine Ordensregeln, er hat die Kutte abgelegt und predigt seit dem Herbst 1524 in der Schaube. Nur gegen die Ehe, die er doch allen als segensreich, gesundheitsfördernd und naturnotwendig empfiehlt, sträubt er sich lange. Ende November 1524 versichert er seinem Freund Spalatin, es werde nicht so weit kommen, dass er auch noch heirate. «Nicht daß ich mein Fleisch und mein Geschlecht nicht spüre – ich bin weder Holz noch Stein –, aber mein Sinn steht der Ehe fern, da ich täglich den Tod und die verdiente Strafe für einen Ketzer erwarte.»[107] Er schreibt wirklich in einem Atemzug, «sed animus alienus est a coniugio, cum expectem quotidie mortem, et meritum haeretici supplicium»[108], dass er wegen des kommenden Gerichts ohnehin kein Interesse am Heiraten haben könne. Im Übrigen hege er die Hoffnung, dass Gott ihn nicht mehr lange leben lasse.

Der beginnende Tumult hellt seine Stimmung nicht auf. Kirchenpolitik beschäftigt ihn, die intellektuelle Auseinandersetzung um seine Lehre. Er schreibt an Erasmus und empfiehlt ihm, «wenn du nichts anderes tun kannst, nur ein Zuschauer unserer Tragödie zu sein. Nur rede nicht unseren Widersachern nach dem Munde und mache nicht gemeinschaftliche Sache mit ihnen. Vor allen Dingen veröffentliche keine Schriften gegen mich, wie auch ich nichts gegen Dich veröffentlichen will.»[109] Was wie eine Bitte gehalten ist, das ist auch als handfeste Drohung gemeint, denn Luther weist dem Älteren auch gleich seinen Platz zu. Worum es ihm, Luther, gehe, das sei längst über seine Begriffe hinausgewachsen, vor allem so weit fortgeschritten, dass auch er, der berühmte Erasmus, es nicht mehr aufhalten könnte, selbst wenn er es wollte. Wenn Luther Erasmus wirklich davon abhalten wollte, seine bekannte und gefragte Stimme öffentlich gegen ihn zu erheben, hätte er es ungeschickter nicht anstellen können. Erasmus widmet sich Luthers reformatorischer Lehre, an der ihn besonders stört, dass sie an das Volk gerichtet ist und es auch erreicht, statt im kleinen Kreis der Humanisten und am besten als reines Gedankenspiel abgehandelt zu werden. Luthers pessimistische Auffassung vom Menschen barg Gefahren für den gemeinen Mann, da war sich Erasmus sicher und unternahm das Seine, um den Schaden zu begrenzen. Erasmus darf sich von Rom, vom englischen König und vom sächsischen Herzog unterstützt fühlen, als er sein Traktat «De libero arbitrio» (Über den freien Willen) veröffentlicht. Er handelt das Thema mit Blick auf das Alte und das Neue Testament gründlich ab, vergisst die Kirchenväter nicht und kommt zu dem Schluss, dass die Austeilung der göttlichen Gnade einer Willensentscheidung bedarf; es reicht nicht, dass Gott sich dem Menschen zuneigt. Der Mensch muss diese Zuneigung wollen, und er muss dafür auch etwas tun.

Luther kann das nicht gutheißen, er war darüber tatsächlich hinausgewachsen und das ebenfalls durch Rückgriff auf einen Kirchenvater: Schon Augustinus hatte dem grundsündhaften Menschen den freien Willen abgesprochen. Erasmus' Vorstoß beschäftigt Luther das ganze Jahr 1525 über, aber er kommt einfach nicht dazu, darauf zu antworten, obwohl die Drucker nach einem Manuskript von ihm schreien und die Leser dem Skandal entgegenfiebern. In seinen Briefen äußert er sich immer wieder verärgert über diese Schrift, denn Erasmus hatte empfindlich genau den Punkt angesprochen, an dem alles hing. Luther, der zur Suche nach einem barmherzigen Gott aufgebrochen war und dabei zunächst nur das eigene Gewissen fand, hatte sich damit nämlich ein gewaltiges Problem eingehandelt. Mochte sich das Gewissen auch in der Auseinandersetzung mit Papst und Kaiser als schlagkräftig erwiesen und bewährt haben, auf der Suche nach Gottes Gnade mussten sich notwendig Zweifel melden, ob hier nicht vielleicht doch nur bloßer Eigensinn am Werk war. Wie immer, wenn Luther mit Legitimationsproblemen kämpft, sind die anderen schuld, auch wenn es diesmal nicht der Teufel höchstpersönlich ist, der ihm in die Quere kommt. Erasmus scheint ihm plötzlich ein Reaktionär zu sein, ein Verräter an der gemeinsamen Sache und jedenfalls nicht auf dem Weg der Gnadenerkenntnis, den Luther inzwischen eingeschlagen hat. Die Erwiderung «De servo arbitrio» (Vom unfreien Willen) erscheint erst im Dezember. Luther liefert darin die einzig mögliche Lösung seines Dilemmas mit dem Gewissen: Da der Mensch allein in Gottes Gnade lebt, erwidert Luther auf Erasmus, kann es nur falsch sein, ihm Willensfreiheit zuzuerkennen. Lange bevor der Mensch sich für Gott entscheiden kann, hat Gott bereits seine Wahl getroffen, nämlich ob er einem seine Gnade der Erlösung zuteilwerden lassen will oder nicht. Der Gerechte hat keinen eigenen Willen. Er steht da und kann nicht anders, weil Gott es will.

Obwohl Luther «De servo arbitrio» später als einen seiner wichtigsten Texte sieht, beschäftigen ihn in diesem Jahr des großen Unheils sehr viel weltlichere Dinge. Im April 1525, als er sich noch mit dem Bauernaufruhr auseinandersetzt, versichert er Spalatin ein weiteres Mal, dass ihm «nichts fremder» sei als die Ehe.[110] Drei Wochen später ist er plötzlich ganz andern Sinnes, und daran sind womöglich auch die Bauern schuld. «Wohlan, komm ich heim, so will ich mich mit Gottes Hilfe zum Tode schicken und meiner neuen Herrn, der Mörder und Räuber, warten», schreibt er an Johann Rühel, der zusammen mit seinem Herrn Albrecht von Mansfeld gerade mit Bauernabschlachten beschäftigt ist. Den Aufrührern zum Trotz «will ich meine Käte noch zur Ehe nehmen, ehe denn ich sterbe [welche Frau hört das nicht gern?] wo ich höre, daß [die Müntzer'schen Bauern] fortfahren»[111].

Er habe seinem Vater, der auf Enkel hoffe, «in der kurzen Zeit, die ihm noch zu leben vergönnt» sei, die Bitte einfach nicht abschlagen können, erklärt er Nikolaus von Amsdorf seinen Sinneswandel. Mit dem Verweis auf die Lebenserwartung meinte er nicht etwa Hans Luder, sondern sich selber. Luther ist nicht ganz zweiundvierzig und noch längst nicht so ungesund aufgequollen wie in seinen letzten Jahren. Nicht weil das Fleisch, das Geschlecht ihn drängte, will er heiraten, auch nicht, weil ein evangelischer Geist ihn triebe, sondern aus Verantwortung, sieht er sich doch auch hier als Werkzeug der Geschichte: «Zugleich wollte ich auch das mit der Tat bekräftigen, was ich gelehrt habe, denn so viele Kleinmütige finde ich bei so großem Lichte des Evangeliums.»[112] Und so führt er am 23. Juni 1525 die ehemalige Nonne Katharina von Bora heim, nämlich in das Augustinerkloster, das der Kurfürst dem ehemaligen Mönch als Wohnung überlassen hat. Zum Fest schickt Albrecht von Brandenburg seinem schärfsten Kritiker zwanzig Gulden als Hochzeitsgeschenk. Der aufrechte Luther möchte das Geld zurückweisen, Frau Katharina behält es, weil sie vernünftigerweise an die Haushaltskasse denkt. Albrecht sanktioniert damit als Vertreter der Altkirche die Aufhebung des Zölibats durch die neue. Seinem Freund Spalatin kann Luther diese Umkehr *in coniugiis* ohne weiteres erklären: «Necdum mundus & sapientes agnoscunt opus Dei pium & sacrum, Et in me vno faciunt id impium & diabolicum.»[113] Die Weisen der Welt begreifen nicht, dass es hier um ein frommes, heiliges Werk Gottes geht, und weil ich es bin, schimpfen sie es gottlos und teuflisch. Auch schön.

Weil der Bauernkrieg, der in einem großen Schlachten endete, nicht zuletzt durch Luthers Beteiligung zu einer großen Tragödie wurde, gehört an den Schluss dieses Kapitels womöglich eine Farce.

In den letzten Tagen der Rebellion war Friedrich «mit sanfftem mut, frischer vernunfft vnd verstand, verschieden»[114], wie Luther melden kann. Auf dem Sterbebett hatte der Kurfürst die Sakramente in beiderlei Gestalt empfangen und nach der neuen Lehre auf die Letzte Ölung verzichtet. «Ist auch on messen vnd vigilien von vns, vnd doch feyn herlich bestattet.»[115] Als geübter Zeichendeuter hat Luther es kommen sehen, dass der gut Sechzigjährige bald sterben würde: «Das zeichen seynes tods war eyn Regenbogen, den wyr, Philipps vnd ich, sahen, ynn der Nacht ym nehesten Winter, uber der Lochaw, vnd eyn Kind alhie zu Wittemberg on heubt geborn vnd noch eynes mit vmbgekereten Füßen.»[116] Wie bei Müntzers heiligem Selbstmordunternehmen musste ein Regenbogen den nahen Tod anzeigen, zu-

Als das Bauernschlachten vorbei war, bekehrte sich der einstige Mönch zur Ehe. 1525 heiratete Luther die ehemalige Nonne Katharina von Bora, hier gemalt von Lucas Cranach.

sätzlich kam ein Kind ohne Kopf zur Welt und ein weiteres mit verdrehten Füßen.

Bis zuletzt hatte Friedrich an seinem «münch» festgehalten, gleichzeitig aber den Anschein gegeben, Luther treibe das Reformationsgeschäft fast ohne kurfürstliches Wissen und auf eigene Rechnung. Sein eigenes, das mit den Reliquien, hatte ihm der Mönch seit dem Herbst 1517 gründlich verdorben. Die Reliquien waren wertlos geworden, sie spendeten keine Gnade mehr, und der hochmögende Sammler konnte sie jetzt auch nicht mehr beaufsichtigen. Nach Friedrichs Tod drückte die Finanznot des Kurfürstentums mehr als das fromme Angedenken an den verstorbenen Bruder, dem das Heiltum das Allerheiligste gewesen war. Sachsen hatte durch die aufwendige Hofhaltung mehr Schulden angehäuft, als sich je begleichen ließen. Die Unruhen im Land, insbesondere durch die nicht mehr ganz unbegründete Furcht vor einem Aufstand des «gemeinen Mannes», hatten erhöhte Personalkosten zur Folge, es waren aber auch diverse Altlasten und weiterbestehende Verpflichtungen zu regulieren. Bereits 1522, noch zu Lebzeiten Friedrichs des Weisen, waren deshalb Schulden in Höhe von einhundertfünfundachtzigtausend Gulden aufgelaufen, die einen Schuldendienst von neuntausendzweihundertvierzig Gulden allein in Zinsen erforderten.[117]

Es wurden aber immer mehr. Die Beteiligung an der Strafexpedition gegen die Bauern von Mai bis Juli 1525 kostete vierzigtausend Gulden, die durch das von der Stadt- und Landbevölkerung erhobene Strafgeld von gut einhunderttausend Gulden allerdings wieder kompensiert werden konnten. Eine aufwendige Hofhaltung war bei der Konkurrenz mit den anderen Fürsten für den sächsischen Träger der Kurwürde unerlässlich. Dreißigtausend Gulden hatte 1527 allein die Hochzeit des Kronprinzen Johann Friedrichs mit Sibylle von Cleve gekostet, von der Lucas Cranach einige seiner schönsten Porträts malte; neunundzwanzigtausend Gulden der Besuch zweier Reichstage zu Speyer, vierzigtausend Gulden der Aufenthalt auf dem Reichstag 1530 in Augsburg, vergleichsweise bescheidene dreitausend Gulden gingen drauf, als Johann Friedrich im folgenden Jahr in Köln an der Wahl Ferdinands zum deutschen König teilnahm, die er selber verweigerte. Einunddreißigtausend Gulden mussten allein in Wittenberg für den Festungsbau ausgegeben werden. Diesen ungeheuren Ausgaben standen im Jahr 1531 nur Einnahmen in Höhe von 48 615 Gulden und fünfzehn Groschen aus Ämtern, Bergwerken, Zöllen und Vorräten gegenüber, womit jährliche Ausgaben in Höhe von 71 508 Gulden und zehn Groschen kaum zu bestreiten waren.[118]

Wie von Müntzer prophezeit, hatte sich auch das reformierte
Kurfürstentum Sachsen bei der Auflösung der Klöster und Stifte
bereichern können, doch mussten die Kirchenschätze erst kapitali-
siert werden. Friedrichs berühmte Heiltümer, die «silbern ouch ver-
gulten bildern, kelchen, kreuzen, edelgesteynen, berlen»[119], ließ sein
Bruder Johann, der bisher Koregent gewesen war und ihm 1525 als
Kurfürst nachfolgte, unter allergrößter Geheimhaltung nach Torgau
verbringen. Die Beteiligten mussten schwören, dass sie über die Sä-
kularisierung nichts würden verlauten lassen. Über den Verbleib der
Reliquien ist nichts bekannt, sie werden – ekelhaft, wie sie ohne die
prunkvolle Umkleidung sein mussten – auf dem Misthaufen gelandet
sein. Die Edelsteine wurden aus den Fassungen herausgebrochen, die
kostbaren Gefäße ließ Johann einschmelzen. Ein kleinerer Teil des
gewonnenen Edelmetalls wurde in Besteck und Ketten umgearbeitet,
der größere heimlich in Fässern nach Coburg und dann nach Nürnberg geschafft, wo viele der Fassungen einst beim Goldschmied Paul
Möller entstanden waren. Der Edelmetallwert erbrachte beim Ver-
kauf immerhin 24 739 Gulden. Die Silbereinschmelzung trug dem
notleidenden Kurfürsten im April 1529 27 000 Goldgulden und einen
Groschen ein, im Jahr darauf waren es noch mal 14 346 Gulden und
acht Groschen für Gold und Silber.[120]

Luther erhielt aus der aufgelösten Reliquiensammlung Friedrichs
ein Glas, das angeblich aus dem Besitz der Hl. Elisabeth von Thüringen stammte und bei Schaustellungen vierzehn Partikel der Heiligen
enthielt. Elisabeth war für ihn eine Art Stammesheilige, da die Familie
aus Thüringen kam, wo er sich auf der Wartburg versteckt hielt. Das
Glas sollte dem Vernehmen nach in Kindsnöten helfen. Auch nach
seinem Schisma von der *Una Sancta* glaubte Luther an die wunder-
tätige Wirkung der Reliquien, aber er profanierte das Glas nach seiner
Weise und pflegte daraus sein Bier zu trinken. Natürlich wurde auch
dieses Glas später zu einer Luther-Reliquie.

ACHTZEHNTES KAPITEL

Der unbewaffnete Prophet

Im Mai 1527 wird Martin Luther in Rom zum Papst ausgerufen. Er selber weiß nichts davon, denn er ist wie immer mit Visitationen beschäftigt, mit Vorlesungen, mit Predigten. Er schreibt und freut sich seines Eheglücks. Katharina von Bora, «domina et hera mea Ketha»[1], seine Herrin und Haushälterin, hat ihm einen Sohn geschenkt, Johannes, der ihm viel Freude bereitet. Aber Luther ist krank. Schon zu Beginn des Jahres hat er Spalatin von einem Anfall berichtet, bei dem es sich offenbar um Angina Pectoris, eine Durchblutungsstörung des Herzens handelte; er hatte das Gefühl, bald sterben zu müssen. Luther ist dreiundvierzig Jahre alt. Im April muss er eine Predigt abbrechen, weil ihm schwindlig wird. Anfang Juli leidet er unter Drehschwindel und lästigen Geräuschen in den Ohren; wieder muss er sich hinlegen. Seine Briefe werden knapper. Die Nachrichten aus Rom haben ihn mit größerer Verspätung als üblich erreicht, inzwischen sind bereits Flugschriften über den *Sacco di Roma* im Umlauf. Von einer Zerstörung, die schlimmer sei als jene der Stadt Jerusalem, ist die Rede und dass es die gerechte Strafe, göttlicher Wille also sei, der zur grausamen Plünderung der Stadt Rom geführt habe. In Kürzeln meldet Luther seinem Freund Nikolaus Hausmann den Erfolg seiner inzwischen zehnjährigen Arbeit: «Roma vastata est cum papa miserabiliter, Sic regnante Christo, vt Caesar pro papa Lutherum persequens, pro Luthero papam cogatur vastare. Omnia scilicet seruiunt Christo pro suis & contra aduersarios»[2], Rom sei zusammen mit dem Papst aufs jämmerlichste verheert worden. Durch die Macht Christi sei der Kaiser, der im Auftrag des Papstes den Luther verfolge, genötigt worden, für Luther den Papst zu vernichten. Luther ist sich sicher: Das alles dient Christus, um die Seinen zu stärken und die Widersacher zu überwinden.

Sonst habe er wenig Neues zu berichten, schreibt er an Hausmann und fügt wie ein Postskriptum hinzu, dass er einen Ohnmachtsanfall erlitten habe und deshalb möglichst nichts schreiben und lesen soll. Umso größer ist die Sorge der Freunde. Wieder wird Luther vom Schwindel gequält, es braust und saust nur so in seinen Ohren. «Da er über die Schwelle der Schlaffkammer trat», so berichtet es sein engster Freund, der Wittenberger Propst Justus Jonas, «gieng ihm eine Ohnmacht zu, spricht hastig zu mir, O Herr Doct. Jona, mir wird übel, Wasser her, oder was ihr habt, oder ich vergehe. [...] Indes fähet er an zu beten: Mein allerliebster Gott, wenn du es so wilt haben, daß diß die Stunde sey, die du mir versehen hast, so geschehe dein gnädiger Wille ...»[3] Man fürchtet um sein Leben, Luther ist wie immer bereit, vor seinen Schöpfer zu treten, aber es ist noch lang nicht so weit.

Er verbringt seine letzten zwei Jahrzehnte mit wechselnden Beschwerden, ein Wunder, dass er sie überhaupt durchhält und nebenbei ein ungeheures schriftliches Werk entstehen kann: Briefe, Postillen, Vorlesungen und ein steter Strom von Sendschreiben und Büchlein, in denen er sich zu allen Fragen von der Seelsorge bis zum Vordringen der Türken äußert. Nebenbei überarbeitet er seine erste Bibelübersetzung, erweitert sie dann um das Alte Testament, hält regelmäßig Redaktionskonferenzen mit seinen Freunden und Kollegen, schreibt Kommentare und Einleitungen. Dieses ungeheure Werk ist aber einem bei zunehmender Fülle doch sehr empfindlichen Körper abgerungen, der ihm wiederholt den Dienst versagt. Neben der Verdauung quälen ihn bald die durch übermäßiges Essen entstandenen Gallensteine, die Gicht kommt dazu, ein Beinleiden, nicht zuletzt das Übergewicht, das ihn schließlich so stattlich und denkmalfest wirken lässt.

Einmal hat sich Luther in seiner Kammer eingeschlossen und

**Lucas Cranach begleitete die Durchsetzung der Reformation. Philipp Me-
lanchthon, hier zu sehen auf einem Gemälde des Jahres 1543, wurde zum
großen Freund und Weggefährten des Reformators.**

kommt tagelang nicht zum Vorschein. Schließlich sorgt man sich
sogar von kurfürstlicher Seite, schaut durch ein Loch in der Tür und
sieht den Reformator ausgestreckt am Boden liegen. Man macht, wo
gar nichts mehr hilft, Musik für ihn, und Luther erholt sich rasch
und hat dabei gelernt, dass seine Beschwerden, vor allem die unvermeidlichen *tentationes*, nachlassen oder sogar aufhören, wenn sie mit
Musik besänftigt werden. Philipp Melanchthon, sein Mitarbeiter und
Freund über Jahrzehnte, erlebt bei Luther immer wieder «subito tanti
terrores», plötzliche Schreckensausbrüche. Die Menière'sche Krankheit, die der Arzt Hans-Joachim Neumann bei Luther als grundlie-
gendes Symptom für sehr wahrscheinlich hält, lässt den Patienten in
ständiger Angst vor dem nächsten Anfall leben. «Sie treibt selbst psy-
chisch robuste Personen in einen Zustand der Verzweiflung, der Resi-
gnation und Depression. Alles das finden wir bei Luther in geradezu
klassischer Weise.»[4]

Vielleicht reicht das als Erklärung, aber es kann nur ansatzweise eine Vorstellung davon vermitteln, wie sich der Mann gefühlt haben muss, der plötzlich eingesperrt war. Selbst wenn er noch zu Fuß gegangen wäre, hätte er in vier Tagen das kleine zersplitterte Kurfürstentum durchquert. Es war sein Kirchenstaat geworden, aber durch die Reichsacht auch sein Gefängnis. Als Melanchthon 1530 auf dem Augsburger Reichstag über die Zukunft der evangelischen Lehre verhandelte, gab ihm Luther aus der Ferne Anweisungen, von der Veste Coburg aus. Das war die südlichste Besitzung seines Kurfürsten, einen Schritt weiter ins Land, und er wäre Beute des anderen Sachsen oder auch des bayerischen Herzogs geworden. Die Apokalypse hätte ihn gewisslich aus seiner Melancholie befreit, aber so sehr sich Luther auch danach sehnte, der Herr erschien einfach nicht, das Jüngste Gericht blieb aus. Bis zu seinem Tod 1546 bleibt Luther, die größte Erscheinung der frühen Neuzeit, ein Gefangener, der anderen zumindest eine spirituelle Freiheit gebracht hat.

Im Frühsommer 1527 vollendet sich sein revolutionäres Lebenswerk im *Sacco di Roma*. Luther verfolgt die Nachrichten davon begierig wie ein Zeitungsleser; Zuträger hat er genug. Diesmal muss auch ihn die Weltpolitik interessieren, es geht nicht zuletzt um ihn, um das Schicksal der evangelischen Lehre. So fatalistisch Luther sonst dem Jüngsten Tag entgegenfieberte, er hofft doch darauf, dass sich die evangelische Lehre jetzt durchsetzt. Die Unternehmungen des Kaisers interessieren ihn daher ebenso wie alles, was über den Papst zu erfahren ist. Für den Kaiser stünden die Dinge gegenwärtig günstig in Italien, schreibt er Hausmann Anfang des Jahres 1527. Weniger gut steht es für den Papst: «Papa vbique visitatur, vt destruatur; venit enim finis & hora eius, licet passim saeuiat persecutio & multi exurantur»[5], es würden zwar viele Gläubige verfolgt und sogar verbrannt, aber heimgesucht werde vor allem der Papst, dem der Sturz bevorstehe. Bald werden auch der Tag und die Stunde kommen, an dem es mit ihm vorbei sei.

Im Ringen um die Vorherrschaft in Europa hatte Karl V. im Fe-

Auch in weltlichen Darstellungen wurde mit Androhungen von Gewalt bei
Unbotmäßigkeit nicht gespart. Hans Burgkmairs Holzschnitt aus Kaiser
Maximilians «Weisskunig» (1516) zeigt die Hinrichtung von Hochverrätern.

bruar 1525 seinen Rivalen Franz I. in der Schlacht bei Pavia besiegen
können. Der französische König wurde gefangen genommen, musste
die Kapitulation unterschreiben und versprach, sich jeder kriegerischen Handlung gegen den Kaiser zu enthalten. Gegen Ehrenwort
wurde er im Jahr darauf in die Freiheit entlassen, doch das Mittelalter war vorbei, Rittertugenden gab es nur mehr im «Weisskunig»,
der märchenhaften Erzählung Kaiser Maximilians. Stattdessen gab es

einen Papst, der bereit war, den König von seinem Versprechen zu entbinden. Kaum in Freiheit, sammelte Franz wieder ein Heer gegen Karl V., und wieder wurde Oberitalien zum Schauplatz der Kämpfe. Als Mitglied der Medici-Familie war Papst Clemens VII. eher an einer Zusammenarbeit mit Frankreich gelegen, hoffte er doch wie sein Vetter Leo X., den *Catholico*, den spanischen König und deutschen Kaiser, von den Grenzen des Kirchenstaates fernzuhalten und gleichzeitig den eigenen Einflussbereich nach Norden zu erweitern. Karl musste den Papst, der der von Frankreich geführten Heiligen Liga beigetreten war, als neuen Feind betrachten, erwartete von ihm aber nach wie vor die Krönung zum römischen Kaiser. Gleichzeitig wurde das Reich im Osten von den Türken bedroht, denen im Sommer 1526 bei Mohács ein vernichtender Sieg gegen das ungarische Heer gelungen war, bei dem Ludwig II. starb, der König von Böhmen und Ungarn.

Für die kommende Auseinandersetzung mit Franz ließ der Kaiser Georg von Frundsberg, der eben den Aufstand der Bauern brutal niedergeschlagen hatte, ein weiteres Heer anwerben. Frundsberg vereinigte seine Truppen mit denen des französischen Herzogs Charles von Bourbon, der sich nach Erbauseinandersetzungen mit seinem königlichen Verwandten zerstritten hatte und jetzt das kaiserliche Heer anführte. Die Soldaten waren seit Monaten ohne Sold und hofften auf umso reichere Beute in Rom. Einhundertfünfzigtausend Dukaten bot der Papst, wenn sie seine Hauptstadt verschonen, und verhandelte gleichzeitig mit den Franzosen, jederzeit bereit, das Angebot wieder fallenzulassen, sollten sie ihn rechtzeitig entsetzen und vor den Landsknechten bewahren. Unterwegs erlitt Frundsberg einen Schlaganfall, der ihn aus dem Gefecht nahm. Bourbon wurde in den ersten Stunden des Angriffs auf Rom von einer Kugel getroffen und tödlich verletzt. Der Goldschmied und Bildhauer Benvenuto Cellini – Goethe hat ihn bewundert und seine Memoiren übersetzt – war als Kanonier bei der Verteidigung der Stadt dabei. Er will den Anführer der Landsknechte, den Prinzen von Bourbon, mit einem Schuss aus seiner Büchse erledigt haben. Anschließend floh er zusammen mit dem Papst in die Engelsburg, der ihn für seine Taten nach bewährter Weise lobt und in der Art Tetzels von allen Sünden freispricht: «Ich kniete nieder und bat ihn, er möchte mir diesen Totschlag und die übrigen, die ich, von hier aus, im Dienste der Kirche begangen hatte, vergeben. Darauf erhub er die Hand, und machte mir ein gewaltiges Kreuz über meine ganze Figur, segnete mich und verzieh mir alle Mordtaten, die ich jemals im Dienste der Apostolischen Kirche verübt hatte und noch verüben würde.»[6] Das Morden ist aber zuallererst eine Angelegenheit der Angreifer. Sie führen das Schwert gegen die Ungläubigen, wie es Luther im Jahr davor in seiner Schrift «Ob kriegsleutte auch ynn seligem stande seyn künden» angekündigt hatte. «Denn wo das schwerd nicht werete vnd fride hielte / so müste es alles durch vnfride verderben / was ynn der welt ist»[7], wenn es das Schwert nicht gäbe, das für Frieden sorgte, ginge die ganze Welt am Unfrieden zugrunde. Nur die Berufung auf Johannes den Täufer – «Last euch begnügen an ewren solde / vnd thut niemand gewalt noch vnrecht»[8], begnügt euch mit euerm Sold, tut niemand Gewalt oder Unrecht – blieb bei den Anhängern Luthers ohne Gehör. Sie waren nicht nur hungrig und ohne den vielfach versprochenen Sold, sie wüteten in Gottes Auftrag.

Der *Sacco* ist ein Fest für die Schlachtenbummler unter den Historikern geworden. «Im Jahr 1527 wäre ich auch in Rom geblieben», schrieb die Publizistin Margret Boveri, um zu begründen, warum sie kurz vorm Ende des Zweiten Weltkriegs nach Deutschland zurückkehrte, «einen Sacco gibt es nur alle halbe Jahrtausend.»[9] Vergleichsweise kurz fasst sich einer der Beteiligten, der schwäbische Landsknechtführer Sebastian Schertlin: «Den 6. tag May haben wir Rom mit dem sturmp gewunnen [im Sturm erobert], ob [mehr als] 6000 man darin zu todt gschlagenn, die gantze statt geplündert, in allen Kirchen vnd ob der erd genomen was wir gefunden, ain guten tail der statt abgeprant, vnd seltzam haussgehalten, alle copistereien, vnd alle register, brife, cortisaney zerrissen, zerschlagen»[10]; in den Kanzleien, der päpstlichen Hofhaltung und den Amtsstuben haben sie nach Landsknechtart alle Dokumente vernichtet und zerrissen. Rom war ohne richtige Verteidigung, die Schweizergarde bestand aus weniger als zweihundert Mann, von denen die meisten beim ersten Ansturm der schätzungsweise vierundzwanzigtausend Söldner fielen. Von da an wurde nur geplündert, geschlachtet, vergewaltigt, verbrannt, acht Tage lang. Die Trümmer rauchten, die heiligen Geräte wurden dem alltäglichen Gebrauch zugeführt, die Klöster geleert, die Bürger erpresst, die Kirchen zu Pferdeställen umfunktioniert. Der Papst verschanzte sich «seufzend und klagend»[11] in der Engelsburg, ein Gefangener in seiner eigenen Stadt. Die Pest brach aus, weil niemand die Leichen bestatten konnte oder wollte. «Die Hölle ist nichts im Vergleich zu dem Anblick, den gegenwärtig Rom darbietet»[12], heißt es in einem Bericht, der am 10. Mai 1527 nach Venedig ging.

Die Nachricht vom Horror, den der katholische Kirchenhistoriker Ludwig von Pastor beschreibt, lief in den nächsten Monaten durch ganz Europa: «Da ein großer Teil der Landsknechte Lutheraner waren, ließen sie sich die Gelegenheit nicht entgehen, das verhaßte Papsttum mit Hohn und Spott zu überhäufen. Mit dem roten Kardinalshut geschmückt, mit den langen Gewändern der Kirchenfürsten bekleidet, ritten sie auf Eseln durch die Straßen und trieben allen erdenklichen Spott. Ein bayrischer Hauptmann, Wilhelm von Sandizell, hatte sich sogar als Papst verkleidet und ließ sich von den als Kardinäle vermummten Kriegsknechten die Füße und Hände küssen; mit einem Glas Wein erteilte er den Segen, worauf seine Begleiter durch Zutrinken erwiderten.»[13] Die zeitgenössischen Flugschriften waren voll mit diesen Gräueln. In den Zwölf Artikeln hatten die Bauern politische Forderungen erhoben, vor allem die nach Aufhebung der Leibeigenschaft, und sich dabei zum Ärger Martin Luthers auch auf die Heilige Schrift berufen. Die Plünderung und Verwüstung Roms hatte nichts mit einem Verlangen nach Freiheit und nur wenig mit Politik zu tun. Doch die fünfzehnhundert Kilometer entfernt entwickelte neue Religion, die sich eben in der Hinrichtung Thomas Müntzers und der

Landsknechte ahmen zum Spott einen päpstlichen Umzug nach. Kupferstich aus Johann Ludwig Gottfrieds «Historischer Chronika» von 1630.

Verfolgung der Wiedertäufer zu etablieren begann, konnte zum ersten Mal nicht nur ihre Macht, sondern auch ihre Gewalt vorführen. Die beginnende Konfessionalisierung hatte auch schlichtere Gemüter erfasst wie jenen Landsknecht, der als lutherisch Reformierter meinte, die Eucharistie nach dem Vorbild seines Meisters als Aberglauben entlarven zu müssen. «Er wölle gern ein stuck auß des Bapsts leib fressen», schrie er Clemens VII. in dessen Festung hinüber, «damit er sollichs dem Luther sagen mög / die weyl der Bapst bißher das Gottes wort gewaltig verhindert hat.»[14] Er würde Luther gern ausrichten können, dass er, der deutsche Landsknecht, ein Stück Fleisch aus dem Leib des Papstes gefressen habe, der der Ausbreitung des Evangeliums entgegenstand.

Selbst wenn man die üblichen Übertreibungen abrechnet und ergänzt, dass neben möglicherweise vom lutherischen Feuer angesteckten Kriegsburschen aus Tirol und Süddeutschland auch einige tausend Erzkatholiken aus Spanien mitzogen und sich außerdem genug Italiener beteiligten, die ebenfalls auf Beute in einer der reichsten Städte der Welt hofften, muss es in Rom im Namen Luthers grauenhaft zugegangen sein. «Es wird überliefert, daß Söldner einen Esel, als Bischof verkleidet, in die Kirche führten und einen Priester zu zwingen suchten, dem Tiere mit Weihrauch zu huldigen, ja demselben die heilige Hostie zu reichen. Da der Geistliche sich weigerte, hieb man ihn in Stücke.»[15]

Während Kurfürst Johann in Wittenberg noch überlegte, was er mit dem Reliquienschatz anfangen soll, den sein verehrter Bruder über die Jahre angehäuft hatte, weil die Sammlung inzwischen durch Martin Luthers Anschläge und Predigten wertlos geworden war, machten die vom nämlichen Martin Luther aufgeklärten Landsknechte in der Heiligen Stadt auch damit kurzen Prozess. Nach dem Vorbild des Bildersturms in Deutschland räumen die bewaffneten Wallfahrer die römischen Schatzkammern leer. Der Kopf des Hl. Andreas landete auf der Erde, die Lanzenspitze, mit der angeblich Jesus am Kreuz durchbohrt worden war, steckte jemand auf eine Pike (ein weiteres, genauso heiliges Exemplar befand sich allerdings in Nürnberg), das hochheilige Schweißtuch der Veronika, das wahre Abbild des leidenden Christus, die wertvollste Reliquie der Christenheit, wurde aus dem Petersdom geraubt und in den römischen Tavernen von Säufern und Huren betastet. Der Anführer Schertlin brachte den offenbar recht gut erhaltenen Strick, an dem sich Judas aufgehängt haben soll, als Souvenir mit nach Hause. Etliche Jahre hing er in der Pfarrkirche von Schertlins Geburtsort Schorndorf, bevor er auf das Schloss Ambras bei Innsbruck gelangte. Der Sage nach äußerte der aufgeklärte österreichische Kaiser Joseph II. bei einem Besuch in den achtziger Jahren des 18. Jahrhunderts sein Missfallen über das gute Stück, und es verschwand.

Sie hätten Gott versprochen, alle Pfaffen zu ermorden, erklärten die Landsknechte, «und sie handelten danach»[16], schreibt der Historiker Pastor, für den unter dem Ansturm der Barbaren nicht nur die Pracht der päpstlichen Renaissance, sondern auch eine allerheiligste Kultur begraben wurde. Noch lieber als zu morden, erpressten die Landsknechte Lösegeld. Tommaso de Vio, der Luther in Augsburg als Kardinal Cajetan verhört hatte, ereilte eine Strafe, die sich nur das Weltgericht ausdenken konnte: Die Landsknechte, die vermutlich nichts wussten von der Auseinandersetzung, die der päpstliche Legat neun Jahre zuvor geführt hatte, setzten diesem scharfsinnigen Intellektuellen eine Sackträgermütze auf, trieben ihn mit Fußtritten durch die Straßen und begleiteten ihn zu Freunden und Bekannten, die ihm helfen sollten, das geforderte Lösegeld aufzutreiben. Weinend soll der Papst die Landsknechte angefleht haben, «das Licht der Kirche nicht auszulöschen»[17]. Aber dazu waren sie doch nach Rom gekommen, jedenfalls veredelt die Legende ihr Mordbrennen zu dieser Aufgabe.

Was Luther als göttlichen Auftrag erkannt hatte, *cogatur vastare*, ist tatsächlich ein Auftrag zur Vernichtung. Die Landsknechte wüten namens ihrer kaiserlichen Majestät, aber nebenbei auch im Namen Luthers. Ob der eingeritzte buchstabengetreue Schriftzug LVTHER unter dem Fresco *La disputa del sacramento*, das Raffael für die Gemächer von Julius II. gemalt hatte, tatsächlich aus dem Jahr 1527 und von einem schriftkundigen Landsknecht stammt, wird man bezweifeln dürfen, aber desto gewisser ist, dass die deutschen Landsknechte in Rom exekutierten, was in all den Pasquillen, Pamphleten und Flugschriften, vor allem in Luthers beständigen Schilderungen der römischen Verderbnis herbeigeschrieben worden war. Auch sie nahmen alles wörtlich, so «fleischlich», dass es nicht einmal dem Anstifter Luther gefallen konnte. Aber anders als die Bauern hatten die Landsknechte Luthers Segen.

Der Kampf gegen Rom, gegen den «Bapstesel», den Papst als Antichrist, als Satan, als den großen Menschheitsverderber, wurde nicht mehr über die Druckerpresse, sondern mit dem Schwert geführt. Die Männer der Tat machten Ernst mit dem, worüber Luther nur theoretisiert oder in Bildern gesprochen hatte. Die heiligen Krieger verstanden sich nicht nur aus seinen Gedanken, sondern folgten auch

seinem unbändigen Furor im tätlichen Hass. Von der ersten Aufleh-
nung gegen Gott, vielleicht auch schon gegen den Vater, bis zum Aufruf, die Bauern mit allen Mitteln niederzumetzeln – «Steche, schlahe,
würge hie, wer da kann» –, gehörte zu Luthers Glaubensweg immer
auch seine unkontrollierbare Lust, wild um sich zu schlagen. Im
Unterschied zum eingesperrten Kirchengelehrten hatten die Landsknechte die Möglichkeit, es nicht nur mit der Feder in der Hand und
von der Kanzel herab zu tun. Wie es Ulrich von Hutten, wie es Johann
Faber gefordert hatte, war endlich ein deutsches Heer nach Rom gezogen, um dort gründlich aufzuräumen. «Was (war) ain grosser jamer
vnter jnen, weinten ser, wurden wir alle reich»[18], schreibt der Raubritter Schertlin in soldatischer Lakonie. Der Traum, den die Fürsten
sechs Jahre zuvor in Worms geträumt hatten, war wahr geworden, die
Reichtümer Italiens, all das Geld, das aus Deutschland nach Rom geflossen war, alles gehörte ihnen.

Philipp Melanchthon verfasst eine «Declamatio» über den Untergang Roms, die er seinen Studenten als Muster antikischer Redekunst
vorträgt, doch ist seine Trauer um die Stadt aufrichtig. Melanchthon
war nie in Rom, aber er ist Humanist, und deshalb erfüllt ihn bei diesem idiotischen Zerstörungswerk keine Genugtuung. Dass die Ver-
wüstungsorgie dem Luther so verhassten Gegner, dem Papst, gelten
soll, kann er nicht glauben. Er weiß vom Menschen genug, dass er
ihm alles zutraut, sogar rohe Begierden wie Habgier und Mordlust.
Für seinen Freund Luther liegt der Fall einfacher: «Denn auch Rom
darumb hat mussen geplundert, vnd durch jren eigen schutz herrn
gesturmet werden, zum anfang der endlichen verstörung»[19]; Rom
habe geplündert und durch seinen eigenen Schutzherrn (er meint den
Kaiser und dessen Truppen) erstürmt werden müssen, urteilt der Prophet Luther, weil damit die letzte Zerstörung eingeleitet werde, und er
spricht ein weiteres Mal vom Jüngsten Tag, auf den Roms Untergang
im göttlichen Heilsplan unweigerlich zulaufe.

Luther fällt dieses Gottesurteil in der Einleitung zu seiner Übersetzung der Offenbarung des Johannes, die 1530 herauskommt. Der *Sacco*

di Roma ist darin ein Zeichen, das die Prophezeiungen des Johannes
für ein bevorstehendes Weltende bestätigt. Auch dass die Türken nach
der Schlacht bei Mohács bis vor die Tore von Wien dringen, ist ein
solches Zeichen. Dabei weiß Luther natürlich nicht, dass ihr Anführer
Süleyman sich mit Franz I. zu diesem Entlastungsangriff verabredet
hat, um auf diese Weise die gefürchtete Umklammerung Frankreichs
durch die spanische und deutsche Majestät zu lockern. Der Papst ist
der altböse Feind, der Satan, aber seine Gegenwart, seine nur vorübergehend gebrochene Herrschaft ist bloß eins von mehreren Zeichen
dafür, dass es mit der Welt genauso zu Ende geht, wie die Offenbarung
es schildert. «Dort gegen morgen, das ander Wehe, Mahometh vnd
die Saracener, Hie gegen abend, Bapstum vnd Keiserthum mit dem
dritten Weh, zu welchen als zur zugabe der Türcke, Gog vnd Magog
auch kompt.»[20] Mohammed und die Sarazenen drohten als Übel im
Osten, im Westen Papst und Kaisertum mitsamt dem Türken. Gog
und Magog, die im Alten Testament angekündigten, mit dem Teufel
verbündeten Unheilsvölker, bedrängten die Christenheit.

Luther kommt in den folgenden Jahren mehrmals auf den *Sacco* zurück. Schaut euch an, wie oft Rom zerstört worden ist, empfiehlt er
seinen Gästen. So wie – nur ein Vergleich in der Wortbildung, kein
ideologischer – Joseph Goebbels nach der Bombardierung der Stadt
Coventry drohte, auch andere Städte zu «coventrieren», erfindet Luther sogar ein neues Verb für das, was sich da nicht ganz ohne sein
Zutun ereignet hat. Rom sei in seiner Geschichte bereits «sieben mal
saccusirt»[21] worden, die Plünderung von 1527 war freilich die ärgste.
Es ist keine Schadenfreude, die sich da äußert, aber doch Genugtuung,
denn es hatte ja nicht anders kommen können.

Wenn die Landsknechte also Rom verheeren, bereinigen sie nur
einen Missstand, den Luther längst erkannt und angeprangert hat. Ein
weitverbreiteter «Warhafftige vnnd kurtze bericht» weiß zu melden,
dass sich in Rom einer der Landsknechte eine dreifache Krone aufgesetzt und in liturgische Gewänder gehüllt hat, um mit einem Ge-

Sieben köpffe Martini Luthers
Vom Hochwirdigen Sacrament des Altars / Durch
Doctor Jo. Cocleus.

Luther wurde selber häufig zum Opfer wüster Polemik. Im Holzschnitt vom «Martinus Luther Sieben-
kopff» (1529) werden ihm Opportunismus und mangelnde Verlässlichkeit vorgeworfen.

folge von Kumpanen, die als Bischöfe und Kardinäle kostümiert sind,
durch Rom zu reiten. «Darnach schryen der lantzknechtisch Bapst
mitt seinen Cardinälen laut / dem Luther dem wöllen sie das Bapst-
humb schenken / wem solches gefal sol mit dem lantzknechtischen
Bapst ain hand auff heben / vnd also ire hend auff vnnd schryen / Luther Bapst. Luther Bapst»[22], es kam zu einer regelrechten Abstimmung,
in der Luther durch Handaufheben und Akklamation zum neuen
Papst ernannt wurde. Luther ist davon weder beeindruckt noch geschmeichelt, er sieht nur seine Kirchenkritik bestätigt. Es ist in Rom ja

nichts anderes geschehen als das, was er schon immer gewusst hatte: «Es war eine sonderliche Strafe von Gutt uber die Stadt.»[23]

Zu diesem Schluss kommt überraschenderweise auch sein erster Gegner, der gelehrte Thomist Cajetan. In seinen Kommentaren zu den Evangelien erlaubt er sich bei seinen Ausführungen zu der berühmten Stelle in Mt 5,13, wo Jesus die Jünger auffordert, das «Salz der Erde» zu sein, eine Fußnote, nein, eine Rechtfertigung für das römische Straf- als Gottesgericht, wie sie auch von seinem Disputationsgegner Luther hätte kommen können. «Wo nu das Saltz thum [dumm und unbrauchbar] wird», heißt es bei Matthäus, «wo mit sol man saltzen? Es ist zu nicht hin furt nütze / denn das man es hin aus schütte / vnd las die Leute zutretten»[24], es taugt zu nichts anderem mehr, als dass man es wegschüttet und von den Leuten zertreten lässt.

«Das erleben wir», schreibt Cajetan, «und besonders wir Prälaten der römischen Kirche, die wir Kriegsbeute und der Plünderung und Gefangennahme ausgeliefert waren, nicht durch Heiden, sondern durch Christen und nach einem sehr gerechten Urteil, das Gott gesprochen hat: wir, die wir als Salz der Erde auserwählt wurden, sind unbrauchbar geworden und waren zu nichts anderem mehr nütze als zu äußerlichen Zeremonien und zu äußerlichem Besitz und Wohlstand. Dafür wurden wir am 6. Mai des Jahres 1527 bei der Plünderung und Gefangennahme der Stadt Rom mit körperlicher Gefangenschaft bestraft.»[25]

Cajetan spricht wirklich vom *iustissimo dei iudicio*, vom überaus gerechten Urteil Gottes, und er spricht es über sich und über die Kirche, die selber nicht in der Lage ist, ihre Fehler zu erkennen. Diese Bemerkung ist in einem Buch versteckt, aber sie gehört zusammen mit Hadrians Schuldbekenntnis, das auf dem Reichstag 1523 in Nürnberg vorgetragen wurde, zu den wenigen, aber umso wichtigeren Belegen dafür, dass die Kirche gelegentlich doch zur Einsicht in der Lage war. Geholfen hat es natürlich nichts mehr, das Schisma nahm seinen Lauf. Luther war Papst nicht der alten, sondern einer neuen Kirche geworden.

In diesem Jahr 1527, als die Deutschen Rom erobern und verwüsten, bricht in Wittenberg wieder einmal die Pest aus. So sehr die Melancholie Luther sonst lähmt, bei der Seuche bleibt er vergleichsweise gelassen und ist weiter damit beschäftigt, «des Satans Macht und List [zu] überwinden», wie er seinem Freund Amsdorf am 1. November berichtet. Es gibt auch Anlass zur Freude, denn den Brief schreibt er an Allerheiligen, «im zehnten Jahre, nachdem der Ablaß zu Boden getreten ist, zu dessen Andenken wir zu dieser Stunde trinken, nach beiden Seiten hin getröstet»[26]. An Rom, an die Verheerung, die seine Leute dort angerichtet haben, denkt er nicht, aber mit seiner Lehre hat er mehr als nur den Ablass zu Boden getreten.

Clemens VII. behauptete später, die Soldateska hätte mit ihrem Wüten einen Schaden von zehn Millionen Dukaten angerichtet, und dabei hatte er den Schaden, den er mit seinem Taktieren selber verursacht hatte, noch gar nicht eingerechnet. Dass er als Geistlicher den französischen König aus politischen Gründen von seinem hochheiligen Versprechen, nicht kriegerisch gegen den Kaiser vorzugehen, entbunden hatte, bestätigte nicht nur Luthers immerwährende Vorwürfe, dass Rom bis ins Mark verkommen und ohnehin des Teufels sei. Nach der Gefangenschaft in der eigenen Hauptstadt war die Kurie so geschwächt wie seit dem Konzil von Konstanz nicht mehr. Erst in dieser Schwäche wurde es möglich, die Kritik als berechtigt anzuerkennen, sodass 1545, im Jahr von Luthers Tod, endlich ein Reformkonzil einberufen werden konnte. Mit der Allmacht, die Luther dem Papst vorwarf, «das der bapst beide geistlich vnd weltlich schwerd jnn seiner macht habe»[27], wird es dann aber schon vorbei sein.

Den Landsknechten musste sich Clemens VII. geschlagen geben, und auch dem Kaiser, der das Treiben seiner Söldner mit kaum mehr als einer förmlichen Geste entschuldigte. Er hatte sie nicht bezahlt, doch sie arbeiteten ihm in die Hände. Gegen Lösegeld kam der Papst frei und verließ fürs Erste Rom. Eine Geopolitik zusammen mit Frankreich war jetzt nicht mehr möglich, und so musste sich Clemens schließlich dem dringenden Wunsch Karls fügen und ihn zum Kaiser krönen. An seinem 30. Geburtstag hatte Karl erreicht, was sein Großvater über Jahrzehnte vergeblich angestrebt hatte. Karl V. war der letzte Kaiser, der von einem Papst und damit zum römischen Kaiser gekrönt wurde.

1539 war über Löwen, wo sich die Universität von Anfang an gegen Luther gewandt hatte, ein Komet erschienen. Im Jahr darauf kam es in ganz Europa zu einer verheerenden Dürre, zunächst nur eine meteorologische Singularität, in der sich aber tatsächlich eine kleine Eiszeit ankündigte. Es wuchs nicht mehr genug Gras, um das Vieh zu weiden, die Kühe gaben weniger Milch, das Ende schien wieder nahe. In Wittenberg wurde eine Prista Frühbottin verhaftet, die sich nach allen Anzeichen dem Teufel ergeben und auf seine Einflüsterungen hin mit Pulver und Zauberei das ohnehin leidende Vieh ganz irre gemacht hatte.

Die Frühbottin, «ein alt Weib vber .50. jar», habe, wie eine Flugschrift bekannt machte, «mit dem Teufel gebulet» und mit ihm zusammen für das schlimme Wetter gesorgt und überhaupt großen Schaden angerichtet. Unterstützt von ihren Söhnen und weiteren Helfern, darunter einem Scharfrichter, soll sie den Akten zufolge die Rinder und Schweine mit einem Schadenzauber zu Tode geschlagen haben. Die Kadaver erwarb sie für ein Geringes und verkaufte sie dem Abdecker. Sie habe «dadurch jren boshafftigen / verzweiffelten geitz vmb eines kleinen nutz willen gesettiget». Deshalb musste sie nicht bloß hingerichtet, sondern an den Pfahl gebunden und verbrannt werden. Die drastische Strafe deutet darauf hin, dass jemand gefunden worden war, der für alles Unerklärliche verantwortlich gemacht werden konnte.

Als alleinstehende ältere Frau erfüllte Prista Frühbottin alle Voraussetzungen für eine Hexe. Dass sie sich auch noch mit Kadavern abgab, beim Abdecker verkehrte und offensichtlich auch eine Verbindung zum kaum besser beleumdeten städtischen Henker hatte, bestätigte den Verdacht. Für Hexen und Zauberer konnte es nur Folter und Todesstrafe geben. In seiner Schrift «Von den Conciliis vnd Kirchen»,

1539, im Jahr vor dem Prozess, erschienen, nennt Luther die Hexen ganz zeitgemäß «Teuffelshuren» und weiß, was mit ihnen zu tun ist: «Wo man sie kriegt / mit feur verbrennet / wie recht ist / nicht vmb des milchdiebstals / sondern vmb der lesterung willen / das sie wider Christum den Teuffel mit seinen Sacramenten vnd Kirchen stercket.»[28] Es war aber gar keine Hexerei, sondern schlicht ein Wirtschaftsvergehen, wie der lehrhafte Hinweis auf «geitz» und «nutz» zeigte.

Doch die wirtschaftliche Seite interessiert Luther nicht, dass die Geschäfte der Frühbottin, wie der Einblattdruck von der ungewöhnlichen Hinrichtung wusste, «vieler armer Leut schaden» waren, lag jenseits seiner Wahrnehmung. Luther glaubte nicht an Hexerei, aber dafür an den Teufel und dessen unablässige Versuche, christliche Seelen zu korrumpieren und sie um ihre ewige Seligkeit zu bringen. Hexen werden also nicht bloß, wie es Luther seit seinen Jahren im Kloster immer wieder geschieht, den Versuchungen des Teufels ausgesetzt, sie ergeben sich dem Versucher in vollem Bewusstsein und schlagen sich auf die gegnerische Seite, die Luther hier sogar als eine eigene Kirche bezeichnet. Nicht irgendwelche Zaubereien, sondern dieser vorsätzliche Verrat ist für Luther die eigentliche «lesterung» und unbedingt strafwürdig. Die «reformatorische Wende» bedeutete nicht, dass sich Luther sogleich von Ressentiment, Aberglauben und Intoleranz hätte befreien können.

Im Jahr 1540 waltete der Maler Lucas Cranach turnusgemäß als Bürgermeister von Wittenberg und verurteilte in seiner zweiten Eigenschaft als Richter einen jungen Mann namens Peter Groß wegen eines im Gefängnis begangenen Mordes zum Tode. Am Urteil gegen die Hexe Frühbottin war Cranach offenbar nicht beteiligt, dafür gestaltete sein Sohn in der gemeinsamen Werkstatt ein Blatt, das die ungewöhnliche Hinrichtung in aller Drastik darstellte.

Der Einblattdruck führt wie in einem gedruckten Urteilsspruch die Verbrechen auf, die die Frühbottin und ihre angeblichen Komplizen an den Pfahl gebracht haben. Die Hinrichtung muss gerechtfertigt werden, noch wichtiger aber ist ihre Darstellung. Sie muss weitum

Aufsehen erregt haben, denn Johannes Mathesius berichtet davon in seinen «Historien», die auf Gespräche am geselligen Tisch im ehemaligen Augustinerkloster zurückgehen. «Zu Wittenberg schmeucht man auch vier person / die an eichen pfeylen empor gesetzt / angeschmidt vnd mit fewer / wie die ziegel jemmerlich geschmeucht vnd abgedörret wurden.»[29]

Cranachs Holzschnitt zeigt die vier Personen nach dieser «Schmäuchung» immer noch angeschmiedet, wie sie geschwärzt, mit angesengten Beinen, die Arme im Todeskampf weggestreckt, an ihren Pfählen erstarrt sind. Der Vergleich mit Ziegeln, die im Brennverfahren hergestellt werden, ist ebenso drastisch wie zutreffend: Die Delinquenten sind bei diesem Vorgang geräuchert, ausgetrocknet und dabei erstickt worden. Die Monstrosität der Strafe wie der Darstellung versucht der Autor des Flugblatts – mutmaßlich ebenfalls der jüngere Lucas Cranach, der die Werkstatt seines Vaters übernehmen sollte – abzuschwächen und ins Pädagogische zu wenden, indem er betont, beides sei «zu abschew» geschehen, zur Abschreckung. «Dieweil der selbigen schedlichen Rotten noch viel vnd mehr im Land / als etliche von bettlern / schindern / Henckersknechten / auch Hirten / umblauffen», es treibe sich ja genug ähnliches Gelichter durch die Lande, und das sei hiermit gewarnt.

Die Hinrichtung fand am 29. Juni 1540 statt, am Feiertag Peter und Paul, und war vermutlich ein richtiges Volksfest. Luther befand sich an jenem Tag nachweislich nicht in Wittenberg, er war auf Reisen, aber er hat seinen Anteil an dieser grausamen Vollstreckung des Hexenwahns, dem man in den Jahren nach der Reformation nicht nur in Wittenberg erlag. Im Bauernkrieg hatte er, mit Berufung vor allem auf Paulus und dessen Brief an die Römer, die Obrigkeit nicht bloß legitimiert, sondern damit beauftragt, das Schwert gegen die Sünder zu schwingen. Die Reformation ist fünfzehn Jahre später in Mitteldeutschland keine flüchtige Erscheinung mehr, vielmehr ist sie eine geistige Großmacht, die ihre Stärke aus dem Schutz der Fürsten bezieht. Es ist ein Geschäft auf Gegenseitigkeit: Landgraf Philipp von

Paul. zun Rom. XIII. Die Gewaltigen oder Oberkeiten
sind nicht den die gutes/sunder den die böses thun/zufürchten/Denn sie
tregt das Schwert nicht vmb sonst/Sie ist Gottes Diene-
rin/eine Racherin vber den der böses thut.

Vnb viele vnd mancherlei böse aussethaten willen/sind diese vier Personen/wie abgemalt/am tage Petri Pauli mit feuer gerecht-
fertiget worden zu Wittenberg/Anno.1.5.4c. Als neinlich ein alt Weib vber. so. jar/mit irem Son/der sich etwan dem Teufel er-
geben/In sonderheit aber das Weib/welchs wie dem Teufel gebulet/mit im zugehalten/etliche jar/Zauberey getrieben/Wetter ge-
macht/vnd auffgehalten/vnd zu merckluchen vieler armer Leute schaden vergifft Pulver gemacht/auch dasselbige andere zumachen
geleret/damit allerlei Vichiweide/durch sie vnd ire drey nachheffer vergifft/daburch ein ezliche menge Viehes von Ochsen/Küen/
Schweinen etc. an vielen orten vbergesetzt/welche sie darnach geschunden vnd abgedeckt/daburch iren boshafftigen/verzweiffelten
geiz vnb eines kleinen nuß willen gesertiget/Vnd ist diese abkunter seinig alleine darumb geschehen/Dieweil der selbigen schedlichen
Rotten noch viel vnd mehr im Land/als etliche von Bettlern/Schindern/Henckers knechten/auch Hirten/vmblauffen/zu abschew/
vnd das ein ziliche Oberkeit fleissiges auffsehen bestelle/daburch armer Leute schaden vorhut werden müge/Gott der allmechtige
behüte alle Christliche hertzen/vor des Teufels listigen anschlegen vnd anfechtungen/Amen.

Psal. LXXXIII. Sie machen listige anschlege wider
dein volck/Vnd ratschlagen wider deine verborgene.

Angeblich waren es Hexen, die die Verantwortung für Missernten und
schlechtes Wetter trugen. Dieser Holzschnitt von Lucas Cranach dem Jüngeren aus dem Jahr 1540 fand weite Verbreitung, weil er die Grausamkeit der
Hinrichtungen besonders drastisch vorführte.

Hessen, der 1525 Luthers Befehl folgte, die Bauern zu massakrieren, weil sie seiner Meinung nach zu Unrecht aufbegehrt hatten, kam, weil er als Verbündeter für die neue Kirche unverzichtbar war, durch den gleichen Luther in den Genuss eines allerhöchsten Dispenses für seine Doppelehe. Geistliches Recht wurde Landesrecht, die evangelische Kirche wurde zur Staatskirche. In England hingegen erhob sich der ehemalige Luther-Gegner und Papst-Verteidiger Heinrich VIII. zum Oberhaupt der anglikanischen Kirche.

Die Institutionalisierung der Revolution, die Luther durch wachsames Taktieren gelungen war, bedurfte gewisser Ordnungsmaßnahmen, und zu ihrer Ausführung brauchte sie die Obrigkeit, die wiederum, in Luthers unschlagbarem Syllogismus, vom Himmel kam: «Denn es ist keine Oberkeit / on von Gott»[30], wenn die Obrigkeit von Gott eingesetzt ist, ist ihre Herrschaft auch gerechtfertigt, sind ihre Entscheidungen in jedem Fall rechtens. 1540 können nach wie vor nur die wenigsten lesen, aber das Bild von der Hinrichtung wird jeder verstanden haben. Für die Schriftkundigen stand die Moral dazu darübergeschrieben, und sie war so knapp formuliert, dass sie den Analphabeten schnell vorgelesen war: «Die Gewaltigen oder Oberkeiten», hieß es da in einer erklärenden Ausdeutung von Röm 13,3–4, «sind nicht den die gutes / sunder den die böses thun / zufürchten», diese mächtige Obrigkeit habe nur zu fürchten, wer Böses tue, die, die Gutes tun, müssten sich nicht sorgen. «Denn sie», die Obrigkeit, geht es überdeutlich weiter, «tregt das Schwert nicht umb sonst / Sie ist Gottes dienerin / eine Racherin vber den der böses thut.»

In seiner Vorrede auf den Römerbrief bezeichnet Luther diese Epistel als das «rechte hewbtstuckt [eigentliche Hauptstück] des newen testaments, vnd das aller lauterst Euangelion»[31], deshalb ist sie auch zum Hauptstück der lutherischen Lehre von der Gewaltenteilung geworden. Wie die synoptische Wiedergabe seiner verschiedenen Übersetzungen des Römerbriefs belegt, hat sich Luthers Sprachgebrauch im Verlauf der langen Arbeit daran verändert. In der Übertragung von 1522 heißt es noch, die Obrigkeit trage das Schwert

«nicht vergeblich», in jener, die 1546, nach seinem Tod erschien, ist es
wie auf der Flugschrift «nicht umb sonst»[32], also nicht ohne Grund.
Dass die Obrigkeit das Schwert nicht ohne Berechtigung trägt und
ihre Machtausübung von oben legitimiert ist, wie weiter aus dem
Paulusbrief zitiert wird, hat sie Luther zu verdanken, der die Reformation auf diese Gewaltenteilung zwischen geistlicher und weltlicher
Macht stützt. Die Gewalten vereinigen sich hier im Kampf gegen
etwas, das in der Luther-Theologie, die so stark von seinem eigenen
Aberglauben bestimmt ist, Teil der bösen Kraft ist, also des Teufels.
Die weltliche Macht rächt sich als Obrigkeit im höheren Auftrag an
den Übeltätern. Darum endet die ausführliche Beschreibung dieser mit Paulus und dem Schwert gerechtfertigten Hinrichtung mit
einem Gebet und dem abschließenden Amen. Gott der Allmächtige
möge alle christlichen Herzen «vor des Teufels listigen anschlegen
vnd anfechtungen» behüten.

Die Stadt Wittenberg hat 2013 am Vorabend des Reformationstages
eine «sozialethische Rehabilitation» für die vier im allerhöchsten Namen und mit lutherischer Rechtfertigung umgebrachten Missetäter
ausgesprochen. Der evangelischen Kirche wird es schwerer fallen, den
Antijudaismus ihres Gründers zu exorzisieren. Die Judenfeindschaft
ist Teil der Geschichte des Christentums, und die Erzählung einfach:
Als Christus auftrat und predigte, waren die Juden nicht bereit, ihn als
Messias anzuerkennen, sondern sorgten dafür, dass er wegen Gotteslästerung hingerichtet wurde. Die Kreuzigung ist die ewige Schuld,
die den Juden angerechnet wird, während der Opfertod Christi den
Christen die Erlösung ermöglicht.
    Zu Anfang des vierten Jahrhunderts reiste Helena, die Mutter Kon-
stantins, auf Wunsch ihres Sohnes, des ersten christlichen Kaisers, in
das Heilige Land. Ein Vorgänger Konstantins, der spätere Kaiser Titus,
hatte Jerusalem im Jahr 70 nach Christus zerstört und die Juden in
die Diaspora vertrieben. Wenige nur waren zurückgeblieben. Nach
der Überlieferung fragte Helena die Juden nach dem Kreuz, an dem

Jesus gestorben war, denn wer sonst sollte über dessen Verbleib Bescheid wissen, wer, wenn nicht die Juden, die Christus doch verkannt, gemartert und dann getötet hatten? Aber wie in der Passionsgeschichte zeigten sich die Juden auch jetzt verstockt und wollten keine Auskunft geben. «Da gebot sie», erzählt die «Legenda aurea», die mittelalterliche Sammlung von Heiligenlegenden, «die Juden alle mit Feuer zu verbrennen.»[33] Die Drohung wirkte, Helena wurde an den Leviten Judas Cyriacus verwiesen, der aber auch nicht bereit war, den Ort preiszugeben, an dem das Kreuz lag. Als Judas schwieg, drohte Helena wieder: «‹Ich schwöre dir bei dem Gekreuzigten, daß ich dich durch Hunger werde umbringen, du sagtest mir denn die Wahrheit.› Also hieß sie ihn in einen trockenen Brunnen werfen, daß er darin Hunger litte. Da lag er sechs Tage ohne Speise, am siebenten aber bat er, daß man ihn herauszöge, so wollte er die Statt des Kreuzes zeigen.»[34]

Der Renaissancekünstler Piero della Francesca nahm um 1460 auch diese Szene in den Zyklus zur Geschichte und Auffindung des Kreuzes auf, den er für die Kirche der Franziskaner in Arezzo gemalt hat. Die fromme Helena fand schließlich das Heilige Kreuz, sie fand sogar die golden glänzenden Nägel, mit denen Christus ans Kreuz geschlagen worden war. Sie begründete damit den Reliquienkult, der sich um diese Überreste von Jesu Erdenwandeln und vor allem von dessen Leiden ranken wird.

Folter, Mord und jede Form von Gewalt gegen Juden gehören um das Jahr 1500 nicht bloß zur Ikonographie, sondern sind Bestandteil des täglichen Lebens der Christen. Die Juden werden aus den Städten vertrieben, in denen sie sich vorsichtig hatten ansiedeln dürfen – es sei denn, sie genießen den Schutz des Kaisers, der sie dafür als sein persönliches Eigentum und als exklusive Einnahmequelle betrachtet. 1510 werden in der Markgrafenschaft Brandenburg dreißig Juden zum Tod auf dem Scheiterhaufen verurteilt.

Martin Luther ist in seinem Leben nur ganz selten einem Juden begegnet; mehr als achtzig Jahre ehe er nach Wittenberg kam, waren die Juden von dort vertrieben worden. Luther hasst sie trotzdem; seine

bedingungslose Liebe zu Christus verbindet sich für ihn wie für seine
Zeitgenossen mit einem Hass auf dessen vermeintliche Mörder. Luther
allerdings geht noch weiter. Wie er es beim Papst macht, bezeichnet er
auch die Juden als Dreck, eine Ausgeburt des Teufels, eine ewige Versuchung. Es ist mehr als nur seine Neigung zu allem Analen, die ihn
die Juden mit Ausscheidungen verbinden lässt. «Es ist hie zu Wittemberg an unser Pfarrkirchen eine Saw jnn stein gehawen», berichtet er
seinen Lesern und schwelgt dann genießerisch im Detail, «da ligen
junge ferckel und Jüden unter, die saugen, Hinder der Saw stehet ein
Rabin, der hebt der Saw das rechte bein empor, und mit seiner lincken
hand zeucht er den pirtzel [Hinterteil] uber sich, bückt und kuckt mit
grossem vleis der Saw unter dem pirtzel jnn den Thalmud hinein, als
wolt er etwas scharffes [mühsam zu Lesendes] und sonderlichs lesen
und ersehen. Daselbsher haben sie gewislich jr Schem Hamphoras.»[35]
SchemHamphoras ist der ebenso heilige wie unaussprechliche Name
Gottes, und der Schriftgelehrte, der Rabbi, sucht danach ausgerechnet
am Hintern einer Sau, als wäre dort der Talmud. Tatsächlich gibt es an
der Marienkirche in Wittenberg ein Sandsteinrelief, das genau diese
Szene zeigt; ähnliche Darstellungen finden sich bis heute in vielen
deutschen Städten und vorzugsweise an Kirchen. Seit dem Hochmit-
telalter werden sie angebracht, um den vermeintlichen jüdischen Einfluss abzuwehren. Das Wittenberger Relief ist 2016 nach gründlicher
Reinigung an seinen Platz an der Marienkirche zurückgekehrt und
soll dort auch bleiben.[36]

Mit seinem Judenhass oder vielmehr seinem Abscheu vor ihnen
steht Luther nicht allein. Das Altarbild in der Marienkirche – auch das
stammt von Lucas Cranach – zeigt den Verräter Judas als Juden. Gelb
ist er gekleidet und hält einen Geldsack in der Hand. Für Ulrich Zasius, einen der bedeutendsten Rechtslehrer der deutschen frühen Neuzeit, sollte eine religiöse Minderheit in der christlichen Gemeinschaft
nur vorübergehend geduldet werden. Auf die Juden wollte er deshalb
die Grundsätze des römischen Sklavenrechts angewandt haben, denn
sie dürsteten angeblich nach Christenblut, seien «grimmige Bestien»,

die es auszustoßen und auszutreiben gelte, ein «ekelhafter Auswurf».
Der große Humanist Erasmus war ein mindestens ebenso großer
Judenhasser. Obwohl er sich nie dazu durchringen konnte, Luther
zur Seite zu springen und damit die Pfründen der alten Kirche aufs
Spiel zu setzen, denunzierte er den päpstlichen Legaten Aleander bei
jeder Gelegenheit. Luthers Widersacher auf dem Reichstag in Worms
habe, «wie die öffentliche Wahrnehmung, sein Aussehen, seine Sprache, sein Glaube verrieten, als Jude zu gelten». Käuflich sei er auch,
eben ein «gebürtiger Jude», und der würde die evangelische Sache für
«drei Drachmen verraten».[37] Selbst seinen Verbündeten Johannes Eck
muss Aleander darauf hinweisen, dass er aus vornehmster, teilweise
adeliger und vor allem christlicher Familie stamme und nicht, wie
seine Widersacher behaupten, «ein Jude oder eben erst getauft»[38] sei.
Manchmal ist nicht evangelisch oder katholisch das Scheidekriteri-
um, sondern die echte oder unterstellte Nähe zu den Juden. Zwanzig
Jahre später veröffentlicht der nämliche Eck, der wie Aleander und
Erasmus der Altkirche treu bleibt, eine außerordentlich bösartige
Polemik gegen den Humanisten Andreas Osiander, der Zweifel an der
Behauptung geäußert hatte, dass die Juden regelmäßig Ritualmorde
begingen: «Ains Juden büechlins verlegung [Widerlegung]: darin ain
Christ / gantzer Christenhait zů schmach / will es geschehe den Juden
vnrecht in bezichtigung der christen kinder mordt.»[39]
    Unter Humanisten wird regelmäßig der Vorwurf, jemand sei Jude
und deshalb als Gegner nicht ernst zu nehmen, als Argument gebraucht. Die kurze Zeit, da in der Hinwendung zur Antike und ihren
überlieferten Texten die *libertas* auch für Juden gelten sollte, endet
bald mit der Etablierung einer neuen Kirche. Deshalb kann Luther Johann Böschenstein, der als Professor für Hebraistik nach Wittenberg
berufen wird, als «noster Bossenstein, nomine Chistianus, re vera iu-
daeissimus»[40] bezeichnen, ein Christ angeblich, aber in Wirklichkeit
Erzjude. Böschenstein, der gar kein Jude war, konnte seine Tätigkeit
in Wittenberg dann auch nur mit mäßigem Erfolg ausüben, und Luther war froh, ihn bald schon wieder los zu sein. Jude funktionierte

als Schimpfwort und effektive Methode der Ausgrenzung. Luthers eigene Hebräisch-Kenntnisse waren bescheiden, doch konnte er die hebräische Sprache wie ein Dichter preisen: «Die ebräische Sprache ist die allerbeste und reichste in Worten, und rein, bettelt nicht, hat ihr eigene Farbe.»[41]

Der junge Luther allerdings galt so sehr als Judenfreund, dass er sich (wie die Wiedertäufer) des Vorwurfs erwehren musste, er hielte es wie angeblich die Juden mit den Türken, die das Reich von Osten her bedrohten. 1517 gehörte er zum Kreis der Humanisten, die sich durch ihre Liberalität von obrigkeitlichen Zumutungen absetzen wollten.[42] Freies Denken galt vorübergehend als Adelsprädikat. Doch dieser intellektuelle Bund hielt nicht lang, sondern zerfiel schon aus Konkurrenz-, auch aus Versorgungsgründen.

Niemand ist schriftkundiger in Deutschland als die Juden, das weiß Luther, umso mehr empört ihn, dass die Eingeweihten ihm nicht folgen können, wenn er sich auf die Heilige Schrift, die *sola scriptura*, beruft. Die Juden von Regensburg hatten sich nicht ohne Grund an ihn gewandt, aber sie erlagen dem Missverständnis, dass der Ketzer ein großes Herz auch für andere Außenseiter haben müsste. Doch der Ketzer versteht sich selber gar nicht als Ketzer, sondern als Hüter des wahren Glaubens, und der verträgt sich nicht mit dem der Juden. Die Juden sind für Luther das unerlöste, vor allem das unbekehrte und, was sich im Lauf der Jahre für ihn als noch größerer Makel erweist, das bekehrungsunwillige Volk. Er schreibt, um «unserm glauben zu ehren und den Teuffels lügen der Jüden zu wider»[43]. Die Juden zu bekehren sei ebenso unmöglich, «als den Teuffel zu bekeren»[44].

Mit seiner eigenen Liebe zur Heiligen Schrift hätte Luther ein Vermittler werden können, aber in seinem manischen Freund/Feind-Denken konnten die Juden für ihn nur Glaubensfeinde sein. Vom «Sermon von dem Wucher» (1519), der den eigentlichen Makel noch im Zinsgeschäft sieht, steigert sich Luther zunehmend in einen völkischen Antijudaismus, der schließlich beim Aufruf zum Mord anlangt. Von der Barmherzigkeit der frühen Schrift «Daß Jesus Christ ein geborener Jude sei» (1523) ist in den späten Schriften nichts mehr zu spüren. 1543, da ist er schon ziemlich krank, kennt Luther kein Halten mehr. Er sorgt sich um den Volkskörper: «UNSern Ober Herrn, so Jüden unter sich haben, wündsche ich und bitte, das sie eine scharffe barmhertzigkeit wolten gegen diese elende Leute uben, wie droben gesagt, obs doch etwas (wiewol es mislich ist) helffen wolte, Wie die trewen Ertzte thun, wenn das heilige Fewr [Wundbrand] in die bein [Knochen natürlich] komen ist, Faren sie mit unbarmhertzigkeit und schneiten, segen, brennen fleisch, adern, bein und marck abe. Also thu man hie auch.»[45]

Es ist nicht anders als im Bauernkrieg. Luthers Mordlust ist ungebrochen, die tollen Hunde, die es zu jagen und zu erschlagen gilt, sind diesmal die Juden. «Verbrenne jr Synagogen, Verbiete alles, was ich droben erzelet habe, Zwinge sie zur erbeit, Und gehe mit jnen umb nach aller unbarmhertzigkeit, wie Moses thet in der Wüsten und schlug drey tausent tod, das nicht der gantze hauffe verderben muste. Sie wissen warlich nicht, was sie thun, Wollens dazu, wie die besessen Leute, nicht wissen, hören noch lernen. Darumb kan man keine barmhertzigkeit uben, sie in jrem wesen zu stercken. Wil das nicht helffen, So müssen wir sie, wie die tollen hunde aus jagen, damit wir nicht, jrer greulichen lesterung und aller laster teilhafftig, mit jnen Gotttes zorn verdienen und verdampt werden. Ich habe das meine gethan, Ein jglicher sehe, wie er das seine thu. Ich bin entschüldigt [ohne Schuld].»[46]

Das Merkwürdigste an diesem Gewaltausbruch ist Luthers dringendes Bedürfnis, selber frei von Schuld zu sein.[47] Es ist diese Unschuldssehnsucht, die auch den Wandsbecker Boten plagt, wenn Matthias Claudius sein «Kriegslied» anstimmt von den schlimmen Zeiten und sich in den Refrain rettet: «'s ist leider Krieg – und ich begehre / Nicht schuld daran zu sein.» Sie erinnert an die Abwehr des Pilatus, der es geschehen lässt, dass Christus zum Tod verurteilt und hingerichtet wird, obwohl der römische Landpfleger gar nicht versteht, was dem Gefangenen eigentlich vorgeworfen wird. Luther scheint auf abgründigste Weise zu fürchten, dass die Juden, die ihm als Bibelkundler so nah sein sollten und ihm doch immer ferner rücken, ansteckend wären und er am Ende einer von ihnen werden könnte.

Im Jahr 1525, mitten in einem Hassausbruch, zu dem ihn der Aufstand der Bauern gereizt hat, fürchtet er plötzlich den «Iudaeus Polonus», den jüdischen Attentäter, der von Luther-Gegnern gegen naturgemäß sehr viel Geld gedungen wurde, damit er ihn umbringe. Luther, der so mutig nach Worms gezogen war, bangte gern um sein Leben. Matthäus Ratzeberger, der Leibarzt des Kurfürsten, weiß noch von einem besonders raffinierten Anschlag, der auf den Reformator unternommen worden sei. Der Attentäter habe eine Apfelhälfte mit Gift präpariert und sie Luther gereicht. Der sei gewarnt gewesen und habe sich durch die Einnahme von «ettwas eingeschabeten einhorn»[48] aus der tödlichen Gefahr retten können. Die Brüder Grimm gingen mit solchen Zutaten sparsamer um.

Die Etablierung der evangelischen Religion bereitete Luther wenig Triumphgefühl, erstaunlicherweise verstärkte sie sein apokalyptisches und zunehmend paranoides Denken. Während das Reich sich im Süden und Osten von den Türken bedroht sah, bestätigten diese seine Katastrophenlogik, galten sie ihm doch als Bestätigung dafür, dass die Christen es am Glauben fehlen ließen. 1593 will ein Professor in Luthers Studierstube von dessen Hand die Kreideschrift «Millesimo Sexcentesimo veniet Turcus Totam Germaniam devastaturus» entdeckt haben, im Jahr 1600 werde der Türke ganz Deutschland verheert haben. Das war die Weissagung eines Franziskaners, aber sie fügte sich genau in Luthers Weltbild. Die türkische Gefahr war eine weitere Strafe Gottes.

Dass in Rom der Teufel und Endchrist hockte, musste er nicht bloß dreimal, sondern hundert- und tausendfach sagen, und es wurde fast sein letztes Wort, nämlich dass das «Papsttum zu Rom, vom Teufel gestiftet» sei. Es ist auch ein Wort, das in engster Absprache mit der «Oberkait» entstand. Auf dem Reichstag von Speyer hatte der Kaiser

am 10. Juni 1544 erreicht, dass die Stände ihm sowohl gegen Frankreich wie gegen die Türken beistehen wollten. Der Preis dafür war,
dass Karl V. den Protestanten weitreichende Zugeständnisse machte. Sie wurden fürs Erste außer Verfolgung gesetzt, die enteigneten
Kirchengüter sollten bei den neuen Besitzern bleiben; sogar eine
«christliche Reformation» versprach er. Die Kurie in Rom reagierte
mit einem scharfen Tadel. Sie erinnerte Karl an seine christlichen Vorläufer Konstantin und Karl den Großen. Er wolle doch nicht etwa dem
Beispiel der gottlosen Kaiser wie Nero, Heinrich IV. oder Friedrich II.
folgen? «Sonst werde es ihm und seinen Reichen gehen, wie den Juden
und Griechen, über die Gottes Strafgericht hereingebrochen sei.»[49]

Und so kam es, dass Martin Luther zum glühenden Verteidiger
jenes Kaisers wurde, der ihn einst in Acht und Bann getan hatte. Das
fällt ihm nicht schwer, ergibt sich dadurch doch die schönste Gelegenheit, den Papst anzugreifen. Der sächsische Kanzler Gregor Brück
sieht sogleich den politischen Nutzen einer Auftragsarbeit. Es könnte
«von nöthen seyn», schreibt Brück am 20. Januar 1545 an seinen Kurfürsten Johann Friedrich, «daß er mit der Baum-Axt weidlich zuhaue,
darzu er denn durch die Gnade Gottes einen höhern Geist hat denn
andere Menschen».[50]

Es entsteht ein Text, ein Wutausbruch, eine verbale Gewaltorgie,
die selbst für Luthers Verhältnisse so ungewöhnlich ist, dass der
Theologe Kurt Aland, der Luthers Schriften aus dem Lateinischen und
Frühneuhochdeutschen übersetzt und eine bis heute gültige Auswahl
herausgebracht hat, die schlimmsten Stellen schamhaft weglässt. In
Rom beim Papst, das weiß Luther, ist «jr blutdürstiger, mördischer,
boshafftiger wille» am Werk, lauter «verzweifelte, durchtrieben Ertz-
spitzbuben, Mörder, Verrheter, Lügener und die rechte grundsuppe
aller bösesten Menschen auff Erden» wirken dort, «schmücken sich
darnach mit dem Namen Christi, S. Petri, und der Kirchen, so sie
doch vol sind aller ergesten Teufel in der Helle, vol, vol, und so vol,
das sie nichts denn eitel Teufel ausspeien, schmeissen und schneutzen
können».[51]

Wider das Bapstum zu

Rom vom Teuffel gestifft/
Mart. Luther D.

Bis zuletzt führte Luther seinen Kampf gegen Rom, wo seiner Meinung nach der Antichrist saß. Titelholzschnitt von Luthers Kampfschrift «Wider das Bapstum zu Rom, vom Teuffel gestifft» (1545).

Das ist der vertraute Polemiker Luther, Urvater des deutschen Grobianismus, doch diesmal findet er keine Ruhe, ehe er dem Papst nicht alles nachgesagt hat, und das mit den übelsten Beschimpfungen. Am liebsten, schreibt Luther, würde er den Papst mitsamt seinen Schlüsseln und dem päpstlichen Wappen «auffs heimlich gemach [die vertraute Cloaca] füren und zur unternotdurfft brauchen, darnach ins fewr werfen (besser wer es, den Bapst selbst)»[52]. Wenn die

Hexen brennen, warum dann nicht gleich der Papst, da er doch der personifizierte Satan ist?

Bis zuletzt will Luther recht behalten. Das Titelblatt der antijüdischen Schrift «Von den Letzten Worten Davids» (Wittenberg 1543) zeigt noch einmal Cranachs Gemälde vom heldenhaften Streiter Simson mit dem Junker-Jörg-Bart. Wieder reißt der biblische Held dem Löwen das Maul auseinander. Es ist, als würde Luther den Juden und dem Papst das Wort der Schrift entreißen wollen. «Wer Gott wil hören reden, der lese die heilige Schrifft. Wer den Teufel wil hören reden, der lese des Bapsts Drecket [wenig subtiles Wortspiel mit Dekret] und Bullen»[53], verkündet er in seinem antipäpstlichen Sendschreiben. Das Ganze war staatspolitisch so wertvoll, dass Kurfürst Friedrich einen Teil der Auflage für zwanzig Gulden aufkaufte und im Volk verteilen ließ. Diese weltliche Anteilnahme war nicht völlig unberechtigt, denn das Pamphlet war nicht nur so unflätig wie die beigefügten Holzschnitte von Lucas Cranach, es fasste auch die manichäische Weltsicht Luthers zusammen, die ihm zum Erfolg verholfen und seinen Anhängern politische Macht gebracht hatte: «Judas hat den HErrn verraten und umbbracht, Aber der Bapst verret und verderbt die Christliche Kirchen, welche der HErr lieber und thewrer, weder sich selbs oder sein Blut, geachtet. Denn er sich selbs für sie geopffert hat. Weh dir, Bapst!»[54]

Mit Gewalt gelinge die Machtergreifung «fast immer», behauptet Niccolò Machiavelli in seiner politischen Lehrschrift vom «Fürsten» (1513 geschrieben, offiziell aber erst 1532 erschienen). «Daher haben alle bewaffneten Propheten gesiegt, während die unbewaffneten zugrunde gingen.» Als Beispiel aus der Gegenwart führt der Florentiner Stadtschreiber den Mönch Savonarola an: «Er fiel, weil es ihm an Macht fehlte, seine Anhänger in dem Glauben an sich zu erhalten, und die Zweifler hierzu zu zwingen.»[55]

Luther brauchte die Waffen nicht, es genügte das geschriebene Wort. Er konnte auf den Schutz seines Landesherrn vertrauen, der seine Macht ebenso ohne jede Gewalt, allein mit taktischer Politik wahrte und mehrte. Von Friedrich und seinen Nachfolgern beschirmt, konnte die lutherische Machtergreifung als geistliches Unternehmen gelingen. Luther starb allerdings, ehe ein Krieg um die rechte Religion ausbrach, an dessen Ende, 1648 im Frieden von Münster und Osnabrück besiegelt, Deutschland endgültig geteilt war. Daran sollte sich lange Zeit nichts ändern.

NEUNZEHNTES KAPITEL

Luthers letzte Tage

Der berühmte, aber keineswegs verlorene Sohn kehrte in seine Heimat zurück, er wusste es nicht, aber siech war er bis auf den Tod. Zweiundsechzig Jahre war er alt, schwer wie sein Widersacher, der kaiserliche Karl, war er geworden, die Gicht quälte ihn jedes Jahr mehr, die Gallensteine drückten. Das Überleben der protestantischen Lehre war keineswegs gesichert. In Regensburg sollte ein Religionsgespräch stattfinden, der Kaiser hatte ihn immerhin eingeladen, aber er sah keinen Grund, sich noch mal, wie 1521 in Worms, in den Kampf mit der weltlichen Obrigkeit zu stürzen. Die Altgläubigen waren in Trient zum Konzil versammelt, von dem wieder nur Bannsprüche zu erwarten waren. Die Wiedertäufer bestanden auf ihrem Ritus, den er als Teufelswerk verdammen musste. Im Osten drohten die Türken, im Reich gelang nur mühsam die Sammlung der Fürsten, die sich zur neuen Lehre bekannten; der Schmalkaldische Bund, zu dem sich die protestantischen Fürsten gegen die katholischen und gegen den Kaiser zusammengeschlossen hatten, war nie einig und durfte seine vernichtende Niederlage erwarten.

Luther bezeichnete sich lang schon als bereits «Erstorbenen»[1]. Mehr als ein Jahr sei er immer gestorben, wird Michael Coelius der Trauergemeinde in der Eislebener Andreaskirche berichten, Luther sei «mit gedancken vom tod umbangen, von tode geprediget, vom tode geredt, vom tode geschrieben»[2]. Aber wieder musste er reisen, es ging nicht ohne ihn; sie brauchten ihn einfach. Im vorigen Herbst war er bereits einmal gerufen worden, um weltliche Erbstreitigkeiten zu schlichten.

Die Grafen von Mansfeld, seine Herren, Beschützer der väterlichen
Familie und jetzt der neuen evangelischen Kirche, verlangten nach
dem Doktor Martinus, «als der aus ihrer Gnaden herrschaft, nemlich
von Eisleben burtig»[3], und warteten auf seinen Schiedsspruch. Er
verspürte wenig Lust dazu, derlei Geschäfte waren ihm zu weltlich, zu
fern der Schrift, der er obliegen wollte im Lesen und Schreiben und
Beten. «Und doch», schrieb er an Jakob Probst in Bremen, «werde ich
nun mit Schriften, Reden, Arbeiten und Händeln nur so überschüttet,
als hätte ich nie nichts gearbeitet, geschrieben, geredet und getan.»[4]

Und so bricht er am 23. Januar 1546 und selbstverständlich «in dem
namen des allmechtigen»[5] von Wittenberg auf. In der letzten Predigt
dort musste er die Seinen ein weiteres Mal vor dem Teufel warnen,
denn der werde «das Licht der Vernunft anzünden und euch bringen
vom Glauben»[6]. Nie ist ihm die Scholastik geheuer gewesen, die Philosophie bleibt ihm fremd, die Vernunft – kommt sie nicht direkten
Wegs vom Teufel? Er bleibt Mystiker bis zuletzt, ein einsamer Zweifler
in der Zwiesprache mit seinem Gott.

Als Religionsstifter, erst recht als Diplomat, steht ihm eine Kutsche
zu, eine geringe Erleichterung zumindest bei den schlimmen Wegen,
besonders im späten Januar. Seine Frau Katharina sorgt sich um ihn,
sie will ihn nicht fortlassen, aber er reist dennoch und standesgemäß
mit Gefolge – die drei Söhne sind dabei und der Famulus Ambros
Rudtfeld, ein weiterer Diener. Bei Halle bleibt der Tross bereits stecken, die Saale, die «grosse Wiederteufferin»[7], führt Hochwasser,
große Eisschollen treiben darin. Der Teufel, wie könnt es anders sein,
«ist uns gram und wonet ym wasser»[8]. Wasser ist heilig, mit dem Wasser des Jordan hat Johannes den Erlöser getauft, aber das hier ist gar
zu arg. «Nicht daß uns danach dürstet zu trinken», schreibt er der
«lieben Käthen Lutherein» dann schon wieder aufgeheitert nach Wittenberg, es gibt Besseres. «Wir nehmen gut Torgisch bier und guten
Rheinischen wein.»[9]

Halle ist die Residenz Albrechts von Brandenburg gewesen, an
den Luther 1517 seine Thesen zum Ablass geschickt hatte, mit der

Bitte um allerdurchlauchigste Würdigung. Vor fünf Jahren hatten die bekehrten Bürger den Kardinal endlich vertrieben, diesen prunksüchtigen Renaissancefürsten, der nicht wusste, wie ihm geschah, als Luther ausgerechnet mit ihm den Streit um den Ablass begann. Seine weltberühmte Reliquiensammlung hatte er mitgenommen, selbst das Grabmal, das er sich bereits hatte errichten lassen. Vor wenigen Monaten ist der «scheisbisschoff»[10] in Mainz gestorben. Arm wie eine Kirchenmaus war der kunstliebende Fürst- und Kurbischof zuletzt, so heruntergekommen, dass er bei seinem Bistum Geld erbetteln und sogar sein Testament ändern musste, um halbwegs christlich beerdigt werden zu können.

Luther nutzt die lästige Wartezeit, zu der ihn das Wetter zwingt, um in der jetzt protestantischen Frauenkirche erneut gegen den Reliquienkult zu predigen. Aus der Apostelgeschichte (9,1–19) liest er die Geschichte von der Bekehrung des Christenverfolgers Saulus, der Missionar Paulus wird, sein Vorbild.

Am Donnerstag, dem 28. Januar, können sie endlich ihre beschwerliche Reise fortsetzen, ein Boot bringt sie über die noch immer gefährliche Saale, und der Doktor beliebt, mit seinem Mit-Reformator Justus Jonas zu melancholisieren: «Lieber *D.* Jonas, wer das dem teufel nicht ein fein wolgefallen, wenn ich *D.* Martinus mit dreien sönen und Euch in dem Wasser ersöff?»[11] Doch schon auf der anderen Seite, wo das mansfeldische Gebiet beginnt, ist alles wieder gut, wird Luther als der Staatsgast empfangen, der er längst ist. Bei der Priesterweihe, fast vierzig Jahre zuvor, war sein Vater mit zwanzig Reitern erschienen, um den Aufstieg zu demonstrieren, der der Familie in so kurzer Zeit gelungen war. Jetzt sind es einhundertdreizehn Reiter, die ihn erwarten, um ihn nach Eisleben zu geleiten. Ein Triumph, aber er kann ihn nicht auskosten. Es geht ihm nicht gut, er atmet schwer und hat Beklemmungen.

Luther laborierte offenbar schon länger an einer Angina Pectoris, aber wer hätte das damals schon gewusst? Hilflos die Berichte über den Verlauf seiner letzten und jetzt tödlichen Krankheit. Um sich zu erleichtern, geht er eine Strecke zu Fuß neben der Kutsche, er beginnt zu schwitzen und zieht sich in der Januarfrische sogleich eine Erkältung zu. Sollte man ihn zur Ader lassen? Warm einpacken? Heiß ist ihm und kalt dann wieder – «Wo Luther fror» heißt heute eine Gedenkstätte in Unterrißdorf. Ein kalter Wind fährt ihn an, «als wolt mirs das Hirn zu eis machen»[12]. So kurz vor dem Ziel erleidet er plötzlich einen Ohnmachtsanfall; man fürchtet um sein Leben.

Seine Begleiter schaffen ihn hinein nach Eisleben, und erstaunlich genug, er erholt sich rasch wieder. Wahrscheinlich war die Ohnmacht bereits ein Herzanfall, noch ein Werk des Teufels, seines alten Spielgefährten. Der Leibhaftige wirkt nicht allein, dahinter mussten, ohnfehlbar für ihn der Schluss, die Juden stecken, die sich in Eisleben, ausgerechnet in seinem Geburtsort, so unmäßig breitmachen. «Aber wenn du werest da gewest», schreibt er der Komplizin, seiner lieben Käthe, «so hettestu gesagt, Es were der Juden oder ires Gottes schuld gewest.»[13] Wenn er mit dem Auftrag in Mansfeld durch sei, das verspricht er ihr, will er sich an das ungleich wichtigere Geschäft machen, «die Juden zuvertreiben». Der regierende Graf sei ihnen zwar angemessen feindlich gesinnt, «aber niemand thuet jnen noch ichts». Viel zu milde alles für seinen Alterszorn. Doch auch Erfreulicheres hat er der lieben Gattin zu melden, und zwar schon im folgenden Satz, nämlich dass ihm das Bier wieder schmeckt. Die Gräfin wird Forellen schicken.

Er wohnt beim Stadtschreiber Dr. Johann Albrecht Drachstädt und sitzt täglich den Verhandlungen der Mansfelder vor. Die Arbeit wird anstrengend, und wieder ist es Satanas, der den erfolgreichen Abschluss verhindert. Luther langweilt sich bald. Am 6. Februar schreibt er an Melanchthon und bittet ihn, beim Kanzler Gregor Brück ein Schreiben des Kurfürsten auszuwirken, mit dem er wegen dringender anderer politischer Geschäfte sofort abberufen werde und wieder heimkehren könne. Den Juden hat er in der Predigt noch mal gesagt, «was meine meinung sey, groblich gnug, wens sonst helffen solt»[14], wie Frau Katharina wiederum getreulich informiert wird, auch darüber, dass es mit dem Stuhlgang, dem alten Leiden, wieder besser sei – drei Entleerungen in drei Stunden. Er entschuldigt sich für seine Impotenz, denn «das ich dich gern lieb hette, wenn ich kondte, wie du weissest»[15].

In diesen Briefen zeigt er sich bei all den alters- und arbeitsbedingten Malaisen und Beschwernissen bestens gelaunt: «Meiner gnedigen fra-wenn Zu handen und fussen», schreibt er und macht sich über ihre Sorgen lustig, die sie, wie sie ihm mitgeteilt hat, nicht schlafen lassen. Ja, beinah hätte das Feuer die Herberge verschlungen, und beinah wäre ihm ein mordgroßer Stein auf den Kopf gefallen, so kitzelt er die ferne Betreuerin, aber doch alles nur wegen ihrer kleinmütigen Sorgen, wo es sich doch empfiehlt – und er empfiehlt es ihr auch – einem «bessern sorger»[16] zu vertrauen, dem Herrn da droben. Es ist wie eine ferne Assonanz an den Brief ein Vierteljahrhundert zuvor, als er seinem Kurfürsten, dem Reliquienhorter Friedrich, als Ersatz für seine vieltausend kostbaren Partikel den mystischen Empfang des ganzen Kreuzes angekündigt hatte. Nein, er sei «frissch und gesund», versichert er ihr wieder und unterschreibt sich als Ehetrottel, nämlich «Ewer heiligkeit williger diener M. L.».[17]

Eisleben hielt ihn fest. Vier Mal noch predigte er in der Andreas-kirche, das Baldachingrab für Graf Hoyer VI. von Mansfeld vor Augen, dem letzten, sechs Jahre zuvor verstorbenen, altgläubigen Mit-glied der Familie. Das Mal war jenem nachgebildet, das sich Albrecht von Brandenburg noch zu Lebzeiten hatte errichten lassen.[18] Zweimal erlangte er selber die Absolution, kommunizierte, weihte am letzten Sonntag sogar noch zwei Priester.

Die Sorge um die Zukunft seiner Kirche quälte ihn, «dann das concilium zu Trient und der bapst sind seer zornig auff ine»[19]. Druck auf der Brust spürte er, Atemnot, sterbensmüde war er, aber das po-litische Geschäft war wichtiger. Am 17. Februar wurde endlich ein vor-läufiger Frieden geschlossen in der Familie Mansfeld oder, wie er nach Hause meldete, der «verdrewsliche handel» doch noch erledigt. Nach seiner leutseligen Art scherzte Luther über Leben und Sterben. Sollte Eisleben sein Ende sein, wie es sein Anfang war?, fragte er, schicksalsgläubig und nicht ohne Blick auf sein Nachleben. Seine Zeit auf Erden soll die Geschichte eines Mannes gewesen sein, der den guten Kampf gekämpft, den Lauf vollendet, der das Rechte getan hat.

Daheim in Wittenberg wollte er sich «in die sarck schlaffen legen und den würmern einen guten feisten doctor zu verzeren geben»[20], wie er der Gesellschaft, die sich um ihn sammelte, versicherte. Justus Jonas, in seinem Amt als Erster Zensor des edlen Dahingeschiedenen, wird den «feisten doctor» wieder aus dem Bericht streichen, den er dem Schreiber des Grafen über den Verstorbenen diktiert, wird ihn ersetzen durch einen neutralen «leib»[21], den «Leib» nur sollen die Würmer haben, und was Luther betrifft, recht bald.

Das Essen schmeckte ihm nicht mehr recht, er blieb in seiner Kammer, betete am offenen Fenster, zog dann doch um in die Wirtsstube, weil er nicht allein sein mochte. Das Herz drückte. «Sterkküchlein»[22] wurden ihm gereicht, mit Wasser und Aquavit versuchte man, ihm Linderung zu verschaffen; so war er es auch von zu Hause gewohnt. (Frau Käthe hatte ihm vorsorglich Nachschub geschickt.) Dazu verpasste ihm der Diener, um die Schmerzen zu lindern, regelmäßig Abreibungen mit heißen Tüchern. Luther retirierte wieder in seine Kammer, die Kissen ebenfalls gewärmt. Das Herz hörte nicht auf zu drücken, man versuchte es weiter mit Einreibungen, von Hausmitteln wie Lavendelwasser, Rosenessig und Schnaps wurde eifrig Gebrauch gemacht. Graf Albrecht schickte zermahlenen Narwalzahn, sonst als Aphrodisiakum unter dem Namen «Einhorn» geschätzt, der Arzt flößte es ihm, mit Wein versetzt, löffelweis ein.

Er legte sich schlafen in der Kammer, aber nicht allein, sondern in Gesellschaft der Söhne, der Diener; Jonas lag im Vorraum. Von elf Uhr abends an habe er «mit natürlichem schnauben»[23] geruht, wie der Hallenser Superintendent dem Wittenberger Kurfürsten und «gnedigsten herrn» versichern wird. Um eins ist er aber doch wieder aufgewacht, ihn fror, wieder musste der Diener einheizen, aber Luther sah seine letzten Stunden gekommen. Er ließ sich zurück in die Stube bringen, Jonas holte die zwei Ärzte im Ort, bestellte auch den

Grafen Albrecht, denn jetzt drohte doch ein unerfreuliches Staatsauf-
sehen. Eine ungeheure Betriebsamkeit entspann sich um den Leidenden: Der Graf kam, begleitet von seiner Gemahlin, wieder gab es Einreibungen und Aquavit. Sein Schwitzen wurde als günstiges Zeichen
genommen, Luther selber wusste es besser, «ich werde sterben, ich
werde dahin fahren!»[24] Es half doch alles nichts mehr, und mit den
Worten des sterbenden Jesus legte er seine Seele in die Hände Gottes.
Sie rüttelten und schüttelten ihn, verzweifelt, die Gräfin massierte ihn
noch immer mit Aquavit. Jonas forderte für die Nachwelt ein Glaubensbekenntnis des Sterbenden, flehte, drängte: «Allerliebster vatter,
ir bekent ja Christum den sohn Gottes, unsern heilandt und erlöser.»
Keine Frage war es, sondern ein Befehl und in Sorge um die Gläubi-
genschar, die ihren Luther doch um Himmels willen nicht als Sünder
bewahren sollte. Der Sterbende sprach, «dass mans hören kunth»,
das abgeforderte «Ja». Auf weiteres Anrufen reagierte er nicht mehr,
schnaufte und seufzte, legte die Hände ineinander und verschied. Es
war gegen drei Uhr morgens und nach allem ein guter Tod.

Eine Stunde später hatte Jonas seinen Bericht an den Kurfürsten
fertig, dem Schreiber diktiert, «do wir fur betrübnis selb nit alles haben schreiben konnen»[25]. Graf Albrecht setzt ein paar Zeilen für den
Kollegen in Wittenberg auf, kann aber auch nur melden, dass der Allmächtige den «doctor Leuter», sie wussten noch immer nicht, wie sie
ihn schreiben sollten, «von disem jammertal» erlöst habe.[26]

Das Jammertal ließ sich bei dem so plötzlich Verschiedenen nicht
lumpen. Sie hoben ihn auf ein anderes Bett, betteten ihn auf ein
frisches Kissen, legten ihm einen weißen Sterbekittel an. Ein Maler
zeichnete rasch, und fast noch rascher wurde aus Halle Lukas Furtenagel herbeigeholt, ein Schüler Burgkmairs, der ihn als Erlösten zeigte: ein dickes Kindlein, wohlgenährt, ausgekämpft und wie schlafend.
Vorsorglich, ein Denkmal für den protestantischen Heros war nicht
auszuschließen, wurde ein Wachsabdruck vom Gesicht und auch von
den Händen genommen, jedenfalls gibt es Berichte dazu. In Briefen,
die aus Eisleben in den nächsten Tagen in die Welt gingen, vermehr-

te sich die Gesellschaft, die diesem christlichen Sterben in frommer Jüngerschaft beiwohnte: der lokale Adel selbstverständlich mitsamt den Ehefrauen, all die Doktoren und Magister. Seltsamerweise wurden seine Kinder in keinem Bericht erwähnt. Niemand hatte gesehen, dass er sich von ihnen verabschiedet, dass er ihnen vielleicht nach Altväter Art die Hand aufgelegt, sie gesegnet hätte. Er war für sich allein gestorben.

Als der Zinnsarg am nächsten Tag fertig gegossen war, wurde der Verewigte in der Andreaskirche aufgebahrt. Die Ausschmückung zur Heiligenlegende begann sofort. Der Eislebener Ratsherr Andreas Friedrich weiß, dass Luthers letzte Worte kirchenliedfromm lauteten: «Wolan ich fare, Got segne Euch alle…»²⁷ Ein letzter Zettel von seiner Hand fand sich, darauf ruft er in bestem Latein Vergil in zweierlei Gestalt an, den Dichter der «Bucolica» wie der «Georgica» – Doktor, Gelehrter will er sein bis an sein selig Ende und so der Nachwelt überliefert werden. Er beruft sich auf Cicero, den nur verstehen könne, wer selber in Staatsgeschäften tätig gewesen sei. Sein Staatsgeschäft: «Die Heilige Schrift meine niemand genugsam geschmeckt zu haben, er habe denn hundert Jahre lang mit Propheten wie Elias und Elisa, Johannes dem Täufer, Christus und den Aposteln die Gemeinden regiert. Versuche nicht diese göttliche [nämlich Vergils] Äneis, sondern neige dich tief anbetend vor ihren Spuren!» Und setzt in seinem Deutsch voller Demut hinzu: «Wir sein pettler: hoc est verum.»²⁸

Das ist wahr.

Der unparteiische Richter, der Kirchenobere, der Religionsgründer wurde zuletzt, wie vor ihm Maximilian, wie nach ihm Karl V., ganz und gar demütig. Es kann gut sein, dass die protestantische Legendenbildung schon hier ansetzt und ihm den friedlichsten aller Tode zuschreibt, Luther wusste doch, dass der Tod eine Sache war zwischen ihm und seinem Gott, auf dessen Gnade er nur hoffen konnte. Für die Welt aber starb am frühen Morgen des 18. Februar 1546 kein Bettler, sondern ein Fürst. Ein Weltumstürzer wie Alexander, wie Dschingis Khan, ein Eroberer, wie es später Napoleon gern gewesen wäre. Lu-

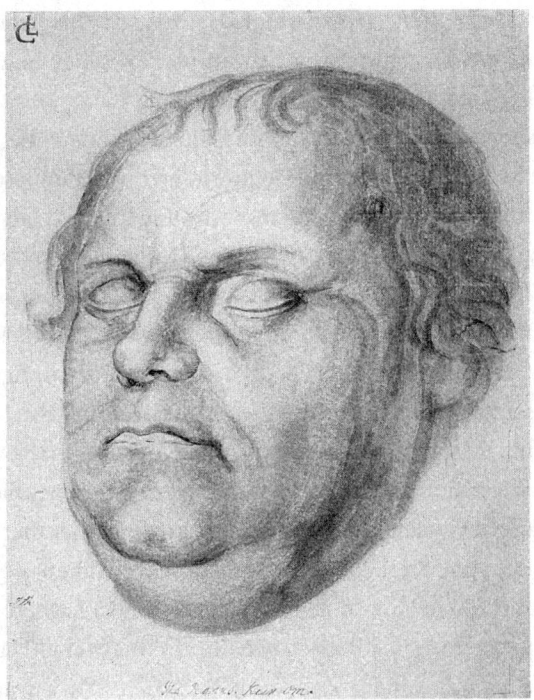

Luther war in seine Heimat zurückgekehrt, um einen Erbstreit zu schlichten. Dort ereilte ihn der Tod. Zeichnung von Lukas Furtenagel vom 18. oder 19. Februar 1546.

ther war bestimmt kein Feldherr, aber Krieg führte der Mönch aus Wittenberg doch – gegen eine Welt, die ihm oft genug bereits des Teufels schien, beschützt und geschirmt von einem erstaunlich lernfähigen und geschickten Landesherrn, ein vom Beten und Fasten ausgezehrter Intellektueller, der vor der Hölle zitterte, ein abergläubischer Maniker, dem es binnen weniger Jahre gelang, allein durch die Kraft seiner Worte Kaiser und Papst auf ewig zu entmachten. Als er an diesem kalten Februartag in den protestantischen Himmel auffuhr, ohne den Segen der bewährten katholischen Sakramente, ohne Beichte und Letzte Ölung, aber in der Sicherheit, trotzdem seinen gnädigen

Gott zu finden, hatte Martin Luther das deutsche Selbstbewusstsein geweckt und das Land gleichzeitig für immer zwischen Nord und Süd, zwischen Protestanten und Katholiken geteilt.

Am nächsten Tag, die schnellsten Pferde hatten die schlimme Nachricht ins gut hundert Kilometer entfernte Wittenberg gebracht, begann Philipp Melanchthon seine Vorlesung an der Universität mit der kummervollen Botschaft, dass der «Wagenlenker Israels» verstorben sei. Zu gern wären seine verwaisten Jünger wenigstens seiner Aura teilhaftig geworden. Nicht anders als heutige Luther-Philologen, die seinem Erdenwallen mit paläographischen Forschungen auf die Spur zu kommen hoffen und Bücher daraufhin untersuchen, ob sie originalechte Marginalien in welcher Tinte von Seiner Hand enthalten, suchten sie, Reliquien zu erhaschen. Unvermeidlich setzten bald Wallfahrten nach Eisleben ein, fromme Lutheraner schnitten sich Spreißel vom Sterbebett, als Zahnstocher sollten sie gegen allfällige Schmerzen helfen. In Apolda zeigten sie ein Lutherbildnis, das manchmal regelrecht katholisch weinte. Lutherbecher, Lutherringe, Lutherlöffel kamen sonder Zahl zum Vorschein. So wurde er heilig, Stammvater einer neuen Lehre, Kirchenvater nicht nur, sondern Märtyrer ganz wie bei den Alten. Halbwegs vernünftige Sachwalter verbrannten 1707 immerhin das angenagte Sterbebett, dem ein Schicksal wie dem unerschöpflichen «ächten Kreuz» drohte, nämlich endlos und noch drei Tage länger in Reliquien über alle christlichen Länder verteilt zu werden. Auf wundersame Weise neu erstand das Sterbezimmer zum Ende des 19. Jahrhunderts in bester altfränkischer Manier, wie es auch der luthertreue Kaiser Wilhelm schätzte: ganz viel Holz, das Bett schwer vor Würde. Das originale Bahrtuch hat sich immerhin erhalten und lässt sich bei Bedarf küssen.

Von der anderen Seite setzte sofort die katholische Gegenpropaganda ein, denn ihr Feind musste unweigerlich vom Teufel geholt worden sein. War er etwa korrekt mit den Sterbesakramenten versehen gestorben? Nein, im Stande der Sünde war er dahingeschieden, exkommuniziert, ein Ketzer, ein gelübdevergessener Hurenbock,

**Der sogenannte Lutherbecher, den sich der Reforma-
tor aus dem Reliquienschatz seines Kurfürsten erbat,
um dann Bier daraus zu trinken.**

schlimmer noch, er habe sich – größte denkbare Todsünde – am Bett-
pfosten erhängt und wäre damit der ewigen Seligkeit aus eigenem
Entschluss oder weil er eben mit dem Teufel im Bunde gewesen, verlustig gegangen auf immerdar. Auch das war nur ein Schritt mehr auf
dem Weg zu seinem unendlich wachsenden Ruhm.

Kurz währte das diplomatische Gezänk um den rechten Ort für
den Verblichenen. Die Mansfelder hatten ihn als Landeskind, als
einen der Ihren, nur kurz beanspruchen können, er gehörte in die
kursächsische Residenzstadt, die er zum «Rom des Nordens» gemacht
hatte. Nach den Abschiedspredigten in der Andreaskirche ging es

mit großem Gefolge zurück nach Wittenberg. Der Kondukt wurde ein Triumphzug, noch größer als der, zu dem sich 1521 seine Reise zum Wormser Reichstag entwickelt hatte. In den Dörfern ließen die Pfarrer, einig mit ihm im neuen Glauben, für Luther alle Glocken läuten. Die Saale sperrte sich diesmal nicht, sicher gelangte der Zug nach Halle. In der Nacht vom 20. auf den 21. Februar bahrten sie ihn im Mariendom auf,[29] der nun endgültig seine Kirche war und nicht mehr die Albrechts.

Wittenberg erwartete ihn am 22. Februar vor dem westlichen Elstertor, um ihn in die Stadt zu geleiten. Schüler und Geistliche gingen voran, es folgten die mansfeldischen Grafen und der Vertreter Kursachsens, begleitet immerhin von sechsundfünfzig Reitern. Vier Pferde zogen den Wagen mit dem Sarg, eingeschlagen in ein schwarzes Tuch mit weißem Kreuz. Die nächsten Angehörigen folgten in einem weiteren Wagen: Katharina, die Tochter Margarete; die Söhne gingen zu Fuß. Dann kam Augustin Schurff, Rektor der Universität, Freund und häufig konsultierter Leibarzt Luthers, und Gregor Brück, Kanzler sowie oberster Diplomat des verstorbenen Friedrich, führte die Professoren an, die bedeutendsten vorweg: Philipp Melanchthon, Justus Jonas, Johannes Bugenhagen, Caspar Cruciger. Zu diesem Zug gehörten endlich auch die Ratsherren, die Studenten und die bedeutendsten Bürger und Steuerzahler; Frauen und Kinder bildeten die Nachhut. In der Schlosskirche, in der einst der katholische «Abgott» regierte und das Seelenheil von bezahlten Schreikräften verscherbelt wurde, hatten sie ihm nicht weit von der Kanzel ein Grab ausgehoben. Wieder sprach Melanchthon, sprach von dem Freund, den er verloren hatte, dem Schriftgelehrten, dem Lehrer der Christenheit. «Im Leben, Papst, war ich dir die Pest. Im Sterben werde ich dein Tod sein», schrieb er neben eine Federzeichnung, die den sterbensmüden Luther zeigte. «Und mag er tot sein», setzte er hinzu, «er lebt!»

ZWANZIGSTES KAPITEL

Eine Begebenheit
aus dem Schmalkaldischen Kriege

Tizian hat den Sieger der Schlacht bei Mühlberg als Ritter und Heerführer gemalt, ein Kämpfer zu Pferd, wie es der Hl. Georg war, dessen Namenstag auf den 24. April fällt, die Lanze angelegt, der Helmbusch weht, die Stirn des angreifenden Pferdes ist geschmückt in diesem einmaligen Rot. Mühlberg wurde ein Triumph, wie Karl V. in seiner langen Regierungszeit sonst keiner beschieden war.

Selten war eine Schlacht schneller gewonnen als jene des Jahres 1547. Kurfürst Johann Friedrich von Sachsen führte das protestantische Heer mit seinen wenig mehr als sechstausend ungeübten Soldaten an, ihnen gegenüber mehr als zwanzigtausend mit dem vielfach erprobten Herzog von Alba an der Spitze. Die im Schmalkaldischen Bund vereinigten protestantischen Fürsten, eins nur im starken Glauben an ihre gerechte Sache, uneins in allem andern, außerdem unzureichend bewaffnet und noch voller Furcht, ihre neu errungene Macht ausgerechnet gegen den Souverän, den Kaiser persönlich auszuüben, verloren wenig überraschend gleich die erste Bataille.

Die Sachsen hatten die Elbe im Rücken und glaubten sich deshalb sicher vor einem frühzeitigen Angriff. Um die Gegner aufzuhalten, setzten sie die Brücke in Brand. Aber die Spanier hatten das Kriegsglück, dass Bauern ihnen die Furt durch die Elbe zeigten, mit der es ein Leichtes war, den Fluss zu Pferd zu überqueren. Das Mittelalter war längst vorbei, Bogenschützen hatten hier nichts mehr zu gewinnen, die Radschlosspistole, eine Schusswaffe von bescheidener Reichweite, ideal für die Reiter, konnte erstmals gründlich erprobt werden.

Aus der Schlacht von Mühlberg im April 1547 ging Karl V. als Sieger hervor. Gegen den ein Jahr zuvor verstorbenen Luther aber blieb er machtlos. Gemälde von Tizian.

Der Büchsenmacher hatte der Einfachheit halber beide Seiten beliefert; die Ausrüstung der Kaiserlichen finanzierte in bewährter Weise das Handelshaus der Fugger in Augsburg.

In wilder Flucht verletzten und töteten die Protestanten sich gegenseitig, der Kurfürst kämpfte heldenhaft und trug eine später viel gerühmte Narbe im Gesicht davon, die ihn zum Märtyrer für die heilige Sache erhöhte. Am Abend der Schlacht musste er sich nichtsdestoweniger dem Kaiser ergeben. Und vielleicht erfüllte sich da die Botschaft der Zigeunerin, die dem Kurfürsten zugedacht war, über die aber der in seiner Ehre und seinem Besitz gekränkte Rosshändler Michael Kohlhaas nach seiner Weise verfügen durfte. Als Rechtsbrecher, ja, «als eine fremde, in das Land gefallene Macht» will Heinrich von Kleists Luther den Rebellen sehen, und entsprechend muss er bekämpft werden. Damit dem Gesetz Genüge getan ist, wird er zum Tode verurteilt und hingerichtet. Doch ehe er dem Henker seinen Hals darbietet, liest er den Zettel, den er von der Zigeunerin erhalten hat (der Chronist Kleist gibt sie selber nicht preis), sieht hinüber zum Kurfürsten, der der Botschaft entgegenfiebert, und verspeist den Zettel. Der Henker enthauptet ihn, der Kurfürst kehrt, «zerrissen an Leib und Seele», nach Dresden zurück. Die Zigeunerin wusste, jedenfalls will es Kleist so haben, dass Johann Friedrich seine Kurwürde verlieren würde. Die Prophezeiung galt ihm und dem nahen Ende seiner Herrschaft. Karl V. nahm Johann Friedrich die Kurwürde und gab sie dem Katholiken Moritz von Sachsen. Herrschaft ist an das Recht und die Gerechtigkeit gebunden. Kohlhaas musste sterben, weil er zum Mordbrenner geworden war, und der Kurfürst musste seine Würde verlieren, weil er sich am Naturrecht vergangen hatte.

Karl V. war bei der Schlacht von Mühlberg schon recht krank und gebrechlicher, als es sich für seine siebenundvierzig Jahre gehörte. Auf den politischen Missionsreisen durch sein europäisches Reich hatte er sich regelmäßig überfressen und musste sich, des Bauches und der Gicht wegen, in der Sänfte befördern lassen. Ob er seinen Kopf tatsächlich noch in die Schwäbische Sturmhaube quetschen konnte, die ihm ein Plattner in Augsburg gefertigt hatte, ist bei seiner zunehmenden Leibesfülle fraglich. Schlachten sind in der Geschichtsschreibung Kulissenmalerei. Nicht der Sieger formuliert die Geschichte, der Maler malt sie, der Kupferstecher ätzt sie, der Drucker druckt den wie immer «wahrhafftigen Berichtt». So entstand Tizians Gemälde, das den Sieg über die deutschen Aufrührer dokumentieren sollte.

Anders als seinem Großvater Maximilian war es Karl gelungen, sich vom Papst zum Kaiser krönen zu lassen, 1530 in Bologna (auch da hat ihn Tizian gemalt). Über Jahre hatte er mit den Franzosen gerungen, die sich sogar mit den Türken verbündet hatten, um Habsburgs Macht, die Vorherrschaft auf dem europäischen Kontinent, zu untergraben. In seinem Reich, in dem, wie es hieß, die Sonne nicht unterging, waren die deutschen Provinzen nur ein besonders dunkler Teil. In der offiziellen Beschreibung der Schlacht von Mühlberg ist denn auch vom Nebel die Rede: «Diese Nebel verfolgen uns stets, sobald wir in die Nähe des Feindes kommen»[1], klagt der Kaiser. Andere Schauplätze, andere Länder, andere Kriege waren wichtiger, und so hatte sich die Irrlehre, die von einer winzigen Universität in Mitteldeutschland ausging, nicht bloß ausbreiten, sondern verfestigen können. Die deutschen Fürsten wollten ihn nicht mehr als ihren Kaiser anerkennen, nannten ihn «Karl von Gent» und bestanden auf ihrer Religionsfreiheit, die er ihrem obersten Ketzer auf päpstliche Anordnung schon 1521 auf dem Reichstag in Worms untersagt hatte.

Den Sieger drängte es ins nahe Wittenberg, an den Ort, wo dreißig Jahre zuvor alles begonnen hatte. Der Triumph vom Schlachtfeld würde erst vollständig sein, wenn der Sieger seinem Erzgegner den Fuß in den Nacken stellen könnte. 1528, ehe er nach Italien aufbrach, um sich zum Kaiser krönen zu lassen, hatte Karl V. vor seinen Räten das Glaubensbekenntnis abgelegt, wonach er es verdienen würde, geschmäht und verdammt zu werden, wenn er nicht alles unternähme, um «die Kirche zu reformieren und die verfluchte Ketzerei zu vernichten»[2].

Mit der Vernichtung seiner Gegner war es Karl kaum weniger ernst als dem Ketzer, der ihm in Worms widerstanden hatte. Das Kirchen- wie das daraus abgeleitete Strafrecht sah die Hinrichtung dieser Abweichler schon aus pädagogischen Gründen vor. In der Vergangenheit hatte sich die Kirche vor allem dann voller Einfallsreichtum gezeigt, wenn es um Ketzerei ging oder was dazu erklärt wurde.

Auch Höhergestellte konnte es treffen wie Formosus, der Ende des 9. Jahrhunderts gegen das kanonische Recht, das einen Bischof von der Wahl in dieses Amt ausschloss, Papst geworden war. Sein Nachfolger Stephan IV. ließ Formosus 896 exhumieren, mit den usurpierten päpstlichen Gewändern bekleiden und hielt auf einer Synode Gerichtstag über ihn mit dem Ergebnis, dass dem Toten drei Finger der Hand, mit der er den Eid auf das Papstamt geleistet, abgetrennt und die restliche Leiche in den Tiber geworfen wurde. Nachdem ihn ein weiterer Nachfolger rehabilitiert und im Petersdom hatte begraben lassen, wiederholte sich das Schauspiel unter Sergius III., der Formosus um die restlichen Finger brachte und ein weiteres Mal in den Tiber werfen ließ.

Der englische Häretiker John Wyclif hatte das Glück, rechtzeitig zu sterben, ehe ihm wegen seiner papstkritischen Schriften zu Leibe gerückt werden konnte. 1415, dreißig Jahre nach seinem Tod, erklärte ihn das Konstanzer Konzil zum Ketzer und ließ seine Schriften verbrennen. Auch der Autor sollte nicht ungeschoren davonkommen, und so grub man seine Gebeine aus und verbrannte sie, um den Mann doch noch von seinen Sünden zu läutern. Ebenso erging es Martin Bucer. Luthers Mitstreiter war 1549 nach dem von Karl V. verfügten Interim von Straßburg nach England emigriert und hatte in Cambridge eine Professur angenommen. Bald nach seinem Tod zwei Jahre später wurde die katholische Konfession wieder zur Staatsreligion. Unter Mary Tudor wurden Bucers Schriften verbannt, seine Leiche wurde exhumiert und ebenfalls verbrannt.

Karl V. trug in Mühlberg den Sieg davon, aber gegen Martin Luther unterlag er am Ende doch. Sein Schwur von 1528 war vergebens gewesen, die Ketzerei Luthers hatte sich in Deutschland ausgebreitet, und sie würde auch durch eine Niederlage, wie er sie den Protestanten eben beigebracht hatte, nicht wieder aus der Welt zu schaffen sein. Wittenberg, die heilige Stadt, Zentrum der protestantischen Revolution, ergab sich getreu der Zwei-Schwerter-Lehre ihres Kirchengründers kampflos. Der Kaiser beugte das Haupt vor dem Kruzifix der Stadtkirche. In der Schlosskirche führte er den von Luther abgeschafften traditionellen Ritus wieder ein. Dann, so die lokale Legende, führte man ihn an die Stelle, wo Luther im Jahr zuvor begraben worden war.

Auf einem riesenhaften Ölgemälde von Adolf Friedrich Teichs (1845) steht Karl sinnend am geöffneten Grab Luthers. Seine nächsten Berater sollen ihm tatsächlich empfohlen haben, den Erzfeind, der sich dem päpstlichen und kaiserlichen Befehl nicht fügen wollte, den Reichszerstörer und Gotteslästerer, nun, da er endgültig geschlagen war, der gerechten Strafe zuzuführen, ihn also auszugraben und in bewährter Weise als Ketzer zu verbrennen. Ob es sich um eine historische Szene handelt, ist nicht zu beweisen und auch nicht zu widerlegen, aber sie ist wichtig für den kaiserlichen Feldherrn Karl, der gleichzeitig das Recht der Kirche schützt. Noch nach seiner Abdankung und kurz vor seinem Tod elf Jahre später würde sich Karl darum sorgen, dass alle Ketzer verfolgt wurden. «Man kann gegen sie vorgehen wie gegen Aufständische, Aufwiegler, Empörer, Unruhestifter des Staates [...], so daß sie kein Mitleid beanspruchen können»[3], schrieb er seinem Sohn Philipp, der ihm in Spanien nachfolgte.

Der Kaiser, der nach seinem großen Sieg bei Mühlberg mehr als je zuvor von einem Weltreich träumte, hatte es allein in der Hand, ob im Namen des einzig wahren Glaubens, den zu verteidigen der Kaiser geschworen hatte, der Kampf auch gegen den Toten fortgesetzt werden sollte. Karl winkte ab. Am Grab seines Gegners glaubte er sich als Sieger. Er wollte Großmut zeigen und seinen Gegner nicht auch noch entehrt haben. Und so kam es, dass Martin Luther den Kaiser doch überlebte.

NACHWORT

In diesem Buch wird der Transsubstantiationsstreit ebenso vernachlässigt wie Max Webers «Protestantische Ethik», die Gravamina des französischen Klerus finden nicht die gebührende Beachtung und auch nicht die Wiedertäufer in Münster, ganz zu schweigen von Jean Calvin und den skandinavischen, polnischen oder schottischen Weiterungen der deutschen Reformation. Obwohl Martin Luther der berühmteste Schüler Thomas von Aquins ist, ging es mir nicht um scholastische Glasperlenspiele, auch nicht um die Feinheiten der Auslegung des Hl. Augustinus oder Wilhelm von Ockhams, sondern um einen Mann, der, ohne dass er es wusste und gar wollte, das Mittelalter beendete, indem er eine modifizierte Version der katholischen Kirche gründete.

Er selber betrachtete sich als schlechten und faulen Autor, dabei beschäftigt er mit seinem ungeheuren Wortausstoß die Hermeneutiker aller Zeiten und Völker. Dem geneigten Leser wird ein Luther in seinen eigenen frühneuhochdeutschen Worten präsentiert, ein Luther, der sich als Lateiner das analytische Denken und Schreiben in deutscher Sprache erst beibringen musste. Schnell entwickelte er sich zum Deutschmeister, auch zu einem der übelsten Polemiker deutscher Zunge. «Ich bin stille gesessen und habe das Wort lassen handeln», erzählte er seinem Kirchvolk. So konnte er allein und allein in der Berufung auf seine Gewissensqualen eine Welt umstürzen, wie es sonst nur Kopernikus gelang. Mit seiner gottesfürchtigen Revolution nicht am Himmel, sondern auf Erden hat Luther das Abendland, und zwar auch den Teil, der es vorzog, bei der alten Kirche zu bleiben, von einer bis dahin schier unheilbaren Religionsneurose befreit, indem er die Angst hinwegfegte und so Gläubige und weniger Gläubige über die unvermeidliche Sterblichkeit trösten konnte.

Das Gewissen, Luthers Gewissen, konnte jedoch noch so entzün-

det, sein Geist noch so erleuchtet sein: Ohne die politischen und wirtschaftlichen Umstände, in denen sich die reformatorische Wendung
ereignete, wäre Luther nur ein Ketzer unter vielen gewesen, womöglich sang- und recht klanglos auf dem Scheiterhaufen geendet wie
Balthasar Hubmaier, geköpft wie sein Gegner Thomas Müntzer, exhumiert und nachträglich hingerichtet wie Martin Bucer. Luther mag
der Begründer der protestantischen Gesinnungsethik sein, der große
Reformator – er ist aber ebenso sehr ein Produkt der frühkapitalistischen Geldwirtschaft wie der weltfremden Mystik, die Zuflucht vor
den Zumutungen dieser modernen Welt bot. Abergläubisch wie alle
seine Zeitgenossen war der Akademiker Luther, und in seiner «Teufelsfürchtigkeit» (Aby Warburg) ist er einem sogar noch fremder, als
es die zeitliche Entfernung eines halben Jahrtausends ohnehin schon
nahelegt.

So folgenreich seine Rechtfertigungslehre sicherlich war, Luthers
Bedeutung reicht weit über den evangelischen oder theologischen
oder spirituellen Bereich hinaus. Er war nicht bloß ein großer Hasser,
sondern auch – kein Wunder bei diesem konservativen Revolutionär –
ein großer Zerstörer. Walter Benjamin, um einen weiteren heiligen
Namen zu bemühen, hat, ebenfalls ohne es zu wollen, Luthers Auftreten in der Zeitenwende nach 1500 in seinen Thesen «Über den Begriff der Geschichte» beschrieben: «Es gibt ein Bild von [Paul] Klee,
das Angelus Novus heißt. Ein Engel ist darauf dargestellt, der aussieht, als wäre er im Begriff, sich von etwas zu entfernen, worauf er
starrt. Seine Augen sind aufgerissen, sein Mund steht offen und seine
Flügel sind ausgespannt. Der Engel der Geschichte muß so aussehen.
Er hat das Antlitz der Vergangenheit zugewendet. Wo eine Kette von
Begebenheiten vor *uns* erscheint, da sieht *er* eine einzige Katastrophe,
die unablässig Trümmer auf Trümmer häuft und sie ihm vor die Füße
schleudert. Er möchte wohl verweilen, die Toten wecken und das
Zerschlagene zusammenfügen. Aber ein Sturm weht vom Paradiese
her, der sich in seinen Flügeln verfangen hat und so stark ist, daß der
Engel sie nicht mehr schließen kann. Dieser Sturm treibt ihn unauf-

haltsam in die Zukunft, der er den Rücken kehrt, während der Trümmerhaufen vor ihm zum Himmel wächst.»

Das ist doch der ganze Luther: mit dem Rücken zur Zukunft, die er fürchtet, der Blick in die Vergangenheit, die er am liebsten wieder zusammenfügen würde und von der er sich nur höchst unwillig löst. Der Gedanke an einen Umsturz war ihm so fremd wie die sogenannte soziale Frage. Die überkommenen Verhältnisse wollte er bewahrt haben und nutzte sie zu seinem Vorteil, zum Vorteil seiner neuen Lehre. Luther wollte wirken durch das Wort. «Das hat […] viel getan, daß das Bapsttum also schwach worden ist, daß ihm noch nie kein Fürst noch Kaiser so viel abgebrochen hat.» Dass ihm sein Platz in der Geschichte sicher war, wurde ihm früh bewusst, denn er sah sich – schon «meinen Papisten und Eseln zur lust» – als «der Deudschen Prophet». Aber die Revolution, die er dann doch angezettelt hat, wollte er nicht. In seiner «göttlichen Brutalität», die ihm Heinrich Heine andichtete, hat er parzivalnaiv und zugleich zum Äußersten entschlossen gegen eine Welt von Feinden auf seinem Recht bestanden, das heißt auf seinem Gewissen. Er war alles andere als ein Aufrührer, aber sicherlich mutiger als sämtliche Intellektuellen seiner Zeit. Atemberaubend schnell bildete er sich zu einem Diplomaten, der Monarchen in seine Gewalt zwingen konnte, und verlor trotzdem nie seine abergläubische Furcht vor Gott und dem Teufel. Ob ihm die «grosse Sache», in die er damit geraten war, je ganz bewusst wurde, ist eine Frage, die sich auch frommere Autoren stellen können: Wie es nämlich möglich war, dass die Welt sich eine Zeitlang allein um ihn drehte und in diesem Wirbel die protestantische Rebellion die damals einflussreichste Macht auf Erden überwinden konnte.

Martin Luther ist beim besten Willen kein Zeitgenosse, sondern bleibt ein Fremder. Zum Klimawandel oder zum Islamismus hat er nichts zu sagen, obwohl ihm der Fundamentalismus vielleicht sogar imponiert hätte. Er ist eine Jahrtausendfigur, an deren Rang auch Hitlers Chef-Antisemit Julius Streicher nichts ändern kann, der Luther beim Nürnberger Prozess am liebsten neben sich auf der Anklagebank gehabt hätte. Das ist, das war unbegreiflich und dabei unbegreiflich normal, der chronische Judenfeind Luther. So schwer erträglich ihn das auch macht, er ist Teil seiner Geschichte und Teil der deutschen Geschichte.

Trotzdem ist er nicht unrettbar in der Vergangenheit verschwunden, sondern wirkt über seine Millionen Jünger bis heute. Wäre es deshalb nicht an der Zeit für die römisch-katholische Kirche, den Dr. Martinus heiligzusprechen, als Kirchengelehrten nicht nur, sondern vor allem als den Mann, der dank seiner teutonischen Widerborstigkeit den naturwissenschaftlichen, medizinischen, intellektuellen Fortschritt aufgehalten, die Aufklärung verhindert, die Macht der Kirche fast bis in unsere Tage verstetigt hat? Jener Kirche, die er für Teufelswerk erklärte, die aber nach einer gewissen Verzögerung in der Lage war, sich zu erneuern und fünfhundert Jahre nach den fünfundneunzig Thesen besser dasteht als je zuvor? Luther hat eine durch und durch korrupte, vollkommen verweltlichte Kirche zur Reform gezwungen und ihre Lebensdauer bis heute verlängert. Wenn nicht die himmlische, so verlangte doch die irdische Gerechtigkeit dieses kleine *sacrificium intellectus*: Papst Franziskus sollte Luther den schuldigen Dank abstatten und ihn am 31. Oktober 2017 zur Ehre der Altäre erheben.

Der Mensch lebt, auch wenn Luther das nie gesagt hat, nicht vom Wort allein, darum ist dieses Buch in großer Dankbarkeit den drei Frauen gewidmet, ohne die es nicht fertiggeworden wäre: der Kunsthistorikerin Annette Meyer-Prien, der Mediävistin Claudia Tieschky und vor allem der Philosophin Bettina Stangneth.

ANMERKUNGEN

Martin Luthers Werke werden, wenn nicht anders angegeben, nach der historisch-kritischen Weimarer Ausgabe zitiert als «WA». Die Tischreden erscheinen als «WA Tr» und die Briefe als «WA Br», jeweils mit Bandnummer, Seitenzahl und wo möglich mit der Nummerierung.

Prolog

1 Zitiert nach: Hans Rupprich (Hg.), Dürer. Schriftlicher Nachlass. Band 1: Autobiographische Schriften / Briefwechsel / Dichtungen. Beischriften, Notizen und Gutachten. Zeugnisse zum persönlichen Leben. Berlin 1956, S. 170. Tagebuch der Reise in die Niederlande, Eintrag vom 17. Mai 1521.

2 Rede Luthers vor den Reichsständen am 18. April 1521 in Worms, übersetzt von Georg Spalatin. Zitiert nach: Die gantz handlung so mit dem hochgelerten Doctor Martino Luther taeglichen dwyl er uff dem Keiserlichen Rychstag z Wormbs geweßt / ergangen ist / uffs kürtzest begriffen. [Hagenau 1521]. Nach der Vorlage der Bayerischen Staatsbibliothek München: http://daten.digitale-sammlungen.de/bsb00025248/image_1, Bildnr. 13 (15. September 2015).

3 Ebd.

4 Die Angaben nach: Bernd Moeller, Das Berühmtwerden Luthers. In: Zeitschrift für historische Forschung. Band 15 (1988), S. 65–92.

5 Ulrich von Hutten, Die verdeutschte Klage an Friedrich von Sachsen. In: Adolf Laube (Hg.), Flugschriften der frühen Reformationsbewegung (1518–1524). Band 2. Vaduz 1983, S. 699.

6 Zitiert nach: Moeller, Das Berühmtwerden Luthers, S. 81.

7 Ebd., S. 84.

8 Zitiert nach: Rupprich (Hg.), Dürer. Schriftlicher Nachlass. Band 1, S. 171.

9 Das schreibt Luther am 28. April 1521 aus Frankfurt an Cranach. WA Br 2, S. 305, Nr. 400.

10 Ebd.

11 Ebd., S. 315.

12 Ebd.

13 Ebd., S. 305.

14 Zitiert nach: Heinrich Heine, Zur Geschichte der Religion und Philosophie in Deutschland. Erstes Buch. In: Heinrich Heine. Historisch-kritische Gesamtausgabe der Werke, herausgegeben von Manfred Windfuhr. Band 8,I: Zur Geschichte der Religion und Philosophie in Deutschland / Die romantische Schule. Text. Hamburg 1979, S. 34.

Erstes Kapitel: Der Kaiser will auch noch Papst werden

1 WA 31/1, S. 226. Auslegung des 117. Psalms, 1530.

2 Vgl. Hartmut Kühne, Ablassfrömmigkeit und Ablassstreit um 1500. In: Harald Meller (Hg.), Fundsache Luther. Archäologen auf den Spuren des Reformators. Begleitband zur Landesausstellung «Fundsache Luther» im Landesmuseum für Vorgeschichte Halle (Saale) 2009. Stuttgart 2008, S. 45.

3 Vgl. Hermann Wiesflecker, Kaiser Maximilian I. Das Reich, Österreich und Europa an der Wende zur Neuzeit. Band III. München 1977, S. 54.

4 Correspondance de L'Empereur Maximilien Ier et de Marguerite d'Autriche, / sa fille, Gouvernante des Pays-Bas, / de 1507 à 1519, / Publiée d'après les Manuscrits originaux / Par M. Le Glay, Archiviste Général de Département du Nord, Correspondant de l'Institut. Band 2. Paris 1839, S. 37–39. Meine Übersetzung.

5 Götz Freiherr von Pölnitz, Die Fugger. Tübingen ⁵1990, S. 106.

6 Ferdinand Gregorovius, Geschichte der Stadt Rom im Mittelalter vom V. bis zum XVI. Jahrhundert. Herausgegeben von Waldemar Kampf. Band III,2, Vierzehntes Buch. Darmstadt 1978 [ursprünglich 1859–1872], S. 471.

7 Hermann Wiesflecker, Neue Beiträge zur Frage des Kaiser-Papstplans Maximilians I. im Jahre 1511. In: Mitteilungen des Instituts für österreichische Geschichtsforschung, Band LXXI (1963), S. 316.

8 Ebd., S. 330.

9 Die Rechnung nach: ebd., S. 311–332, hier S. 318.

Zweites Kapitel: Martin Luther reist nach Rom

1 WA Tr 3, S. 347, Nr. 3478. Ende 1536. Geäußert in Gegenwart Spalatins.

2 Ebd.

3 Hans Schneider, Martin Luthers Reise nach Rom – neu datiert und neu gedeutet. In: Studien zur Wissenschafts- und zur Religionsgeschichte (= Abhandlungen der Akademie der Wissenschaften zu Göttingen, Neue Folge, Band 10, Sammelband 2). Berlin / New York 2011, S. 1–157, hier S. 115.

Die Thesen seiner Untersuchung hat Schneider in der Akademiesitzung am 17. Juli 2009 vorgelegt.

4 WA Tr 3, S. 432, Nr. 3582a.

5 Ebd., S. 347, Nr. 3478. Ende 1536.

6 Armin Kohnle (Hg.), Martin Luther, An den Christlichen Adel teutscher Nation: von des Christlichen standes besserung. Studienausgabe. Ditzingen 2015, S. 58.

7 Ebd., S. 33.

8 Ebd., S. 8.

9 Gregorovius, Geschichte der Stadt Rom im Mittelalter vom V. bis zum XVI. Jahrhundert. Band III,2, S. 61.

10 Ebd., S. 67.

11 Ludwig Pastor, Geschichte der Päpste seit dem Ausgang des Mittelalters. Band 1: Geschichte der Päpste im Zeitalter der Renaissance. Freiburg im Breisgau 1901, S. 496 f.

12 WA 31/1, S. 226.

13 WA Tr 3, S. 347, Nr. 3478. Ende 1536.

14 WA Tr 5, S. 518 f.

15 Vgl. Christina Lutter, Überwachen und Inszenieren: Gesandtschaftsempfänge in Venedig um 1500. In: Peter Johanek / Angelika Lampen (Hg.), Adventus. Studien zum herrscherlichen Einzug in die Stadt. Köln / Weimar / Wien 2009, S. 123, 125.

16 Vgl. Johannes Burkhardt, 24. April 1523. Ein «merkwürdiger» Brief Jakob Fuggers an Kaiser Karl V. Ringvorlesung in München 2007. In: Johannes Burkhardt, Zwölf Fuggervorträge. Augsburg 2014, S. 131.

17 Götz Freiherr von Pölnitz, Jakob Fugger und der Streit um den Nachlass des Kardinals Melchior von Brixen (1496–1515). In: Quellen und Forschungen aus italienischen Archiven und Bibliotheken, Jg. XXX (1940), S. 223–294, hier S. 234.

18 Vgl. Pölnitz, Die Fugger, S. 103.

19 Gisbert Knopp / Wilfried Hansmann, S. Maria dell'Anima. Die deutsche Nationalkirche in Rom. Mönchengladbach 1979, S. 14.

20 Lawrence G. Duggan, Melchior von Meckau: A Missing Link in the Eck Zins-Disputes of 1514–1516? In: Archiv der Reformationsgeschichte, Jg. 74 (1983), S. 31.

21 Vgl. WA Tr 5, S. 518, Nr. 6163.

22 WA 31/1, S. 226. Auslegung des 117. Psalms, 1530.

23 Predigt am 24. Sonntag nach Trinitatis, 15. November 1545. WA 51, S. 89.

Drittes Kapitel: Die doppelte Anna

1 WA Tr 3, S. 650, Nr. 3838.

2 Ebd., S. 51, Nr. 2888a. Januar 1533.

3 WA Tr 5, S. 557, Nr. 6250.

4 Georg Agricola, Zwölf Bücher vom Berg- und Hüttenwesen. Vollständige Ausgabe nach dem lateinischen Original von 1556. München 1994, S. 3.

5 Manfred Straube, Wirtschaftliche Verhältnisse in Mitteldeutschland zur Lutherzeit. In: Meller (Hg.), Fundsache Luther, S. 27.

6 WA Tr 3, S. 415 f., Nr. 3566a.

7 WA Tr 5, S. 255, Nr. 5573.

8 Zuletzt aufs Schönste zusammengestoppelt in: Gerhard Schuder, Martin Luther. Wechselbalg des Teufels und Vorreiter des Antichrists? Luthers Geburt in zeitgenössischen Polemiken und apokalyptischen Deutungen. Traunstein 2004.

9 Von den Jüden vnd jren Lügen. Wittenberg 1543. WA 53, S. 511.

10 Zitiert nach: Berndt Hamm, Religiosität im späten Mittelalter. Spannungspole, Neuaufbrüche, Normierungen. Herausgegeben von Reinhold Friedrich und Wolfgang Simon. Tübingen 2011, S. 318.

11 Johann von Paltz, Das buchelein wirt genant die himelische funtgrube. Leipzig 1490. Nach dem Digitalisat der Bayerischen Staatsbibliothek: http://daten.digitale-sammlungen.de/bsb00014890/image_5 (16. August 2015).

12 WA Tr 4, S. 580, Nr. 4919. Aufzeichnung von 1540.

13 WA 47, S. 590. Predigt über Mt 24. 1539.

14 WA Tr 4, S. 10 f., Nr. 4707.

15 Vgl. auch Angelika Dörfler-Dierken, Luther und die heilige Anna. Zum Gelübde von Stotternheim. In: Lutherjahrbuch 64 (1997), S. 19–46.

16 WA Tr 4, S. 306, Nr. 4422. 1539.

17 Zitiert nach: Jean Paul, Werke in zwölf Bänden. Band 12: Späte erzählende Schriften (II). München 1975, S. 1061.

18 Andreas Lindner, Was geschah in Stotternheim? In: Christoph Bultmann / Volker Leppin / Andreas Lindner (Hg.), Luther und das monastische Erbe. Tübingen 2007, S. 106.

19 WA Tr 4, S. 10 f., Nr. 4707.

20 Brief an seinen Vater Hans Luder. 21. November 1521. (WA 8, 574). Hier zitiert nach: Kurt Aland (Hg.), Luther Deutsch. Die Werke Martin Luthers

in neuer Auswahl für die Gegenwart. Band 2: Der Reformator. Stuttgart /
Göttingen 1962, S. 324.

21 Ebd., S. 323.

22 WA 8, S. 573.

23 Brief an seinen Vater Hans Luder. 21. November 1521, in: Aland (Hg.), Luther Deutsch. Band 2, S. 324.

24 Ebd.

25 Ebd., S. 323.

26 Ebd., S. 325.

27 Aby Warburg, Gesammelte Schriften. Abteilung 1, Band I.2: Die Erneuerung
der heidnischen Antike. Kulturwissenschaftliche Beiträge zur Geschichte
der europäischen Renaissance. Reprint der Ausgabe von 1932. Neu herausgegeben von Horst Bredekamp und Michael Diers. Berlin 1998, S. 520.

28 WA Br 3, S. 481, Nr. 860. Brief an Johann Rühel vom 4. oder 5. Mai 1525.

29 Brief an seinen Vater Hans Luder. 21. November 1521. In: Aland (Hg.), Luther Deutsch: Band 2, S. 325.

30 Ebd., S. 324.

31 Ebd., S. 325.

32 WA Tr 1, S. 95, Nr. 223.

33 Brief an seinen Vater Hans Luder. 21. November 1521 (WA 8, S. 574). Hier
zitiert nach: Aland (Hg.), Luther Deutsch. Band 2, S. 325.

34 WA Tr 3, S. 41, Nr. 3566a.

35 Vgl. Der Prophet Jona / ausgelegt durch Mart. Luth. Wittenberg 1526.

36 Jean-Paul Sartre, Der Idiot der Familie. Elbehnon oder Die letzte Spirale.
Reinbek 1978, S. 186.

37 WA Tr 4, S. 440, Nr. 4707. Im Jahr 1539.

38 Im Brief an Cranach kündigt er mit ähnlichen Worten seine Entrückung
aus der Welt auf die Wartburg an.

39 WA Tr 4, S. 440, Nr. 4707.

40 WA Tr 5, S. 95, Nr. 5363. WA Tr 4, S. 306, Nr. 4422.

41 WA 10/1, S. 104.

42 WA Tr 6, S. 320, Nr. 7005. Es ist in der Gesamtausgabe der letzte überlieferte Spruch Luthers.

43 Zitiert nach: Peter Dintzelbacher, Körper und Frömmigkeit in der mittelalterlichen Mentalitätsgeschichte. Paderborn 2007, S. 291.

44 Zitiert nach: Luitpold Brunner, Kaiser Maximilian I. und die Reichsstadt
Augsburg. Augsburg 1877, S. 31.

45 «Cronica newer geschichten» von Wilhelm Rem 1512–1527. In: Die Chroniken der deutschen Städte vom 14. bis 16. Jahrhundert. Band 25 (Band 5:
Die Chroniken der schwäbischen Städte: Augsburg). Auf Veranlassung Seiner Majestät des Königs von Bayern herausgegeben durch die historische
Commission bei der Königlichen Akademie der Wissenschaften. Leipzig
1896, S. 20.

46 Ebd., S. 85.

47 WA Tr 6, S. 320, Nr. 7005.

48 Ebd.

49 Ebd.

50 WA Tr 4, S. 582 f., Nr. 4925. Mai 1540.

51 Vgl. Benjamin Scheller, Memoria an der Zeitenwende. Die Stiftungen Jakob Fuggers des Reichen vor und während der Reformation (ca. 1505–1555).
Berlin 2004, S. 64.

Viertes Kapitel: Die Geißel Gottes

1 Hartmann Schedel, weltchronik. Kolorierte Gesamtausgabe von 1493. Einleitung und Kommentar von Stephan Füssel. Köln u. a. 2001. Blatt CCLXII.

2 Opera VI/1, De diversis 42,5. 259. Siehe Peter Dintzelbacher, Das Fegefeu-
er in der schriftlichen und bildlichen Katechese des Mittelalters. In: ders.,
Von der Welt durch die Hölle zum Paradies – das mittelalterliche Jenseits.
Paderborn 2007, S. 101.

3 D. Martin Luther, Biblia. Das ist: Die gantze Heilige Schrifft / Deudsch / Auffs
new zugericht. Wittenberg 1545. Herausgegeben von Hans Volz unter Mitarbeit von Heinz Blanke. Band 3. München 1974, S. 775. (1 Chr 21,14 und
16.)

4 Vgl. Paul A. Russell, Syphilis, God's Scourge or Nature's Vengeance? The
German Printed Response to a Public Problem in the Early Sixteenth Century. In: Archiv für Reformationsgeschichte, Jg. 80 (1989), S. 290.

5 Vgl. Götz Freiherr von Pölnitz, Jakob Fugger. Quellen und Erläuterungen.
Tübingen 1951, S. 489.

6 Willibald Pirckheimers Briefwechsel. Band 1. In Verbindung mit Dr. Arnold Reimann gesammelt, herausgegeben und erläutert von Dr. Emil Reicke. München 1940, S. 387. Brief vom 18. August 1506, Nr. 118.

7 Vgl. Michael Weichenhan, Luther und die Zeichen des Himmels. In: Bultmann / Leppin / Lindner (Hg.), Luther und das monastische Erbe, S. 59.

8 David Friedrich Strauß, Ulrich von Hutten. Erster Theil. Leipzig 1858, S. 336.

9 De Gvaiaci medicina et morbo gallico. Mogutiae 1519. Alle Zitate daraus nach dem Exemplar der Sammlung Oettingen-Wallerstein in der Augsburger Universitätsbibliothek.

10 Zitiert nach: Winfried Trillitzsch, Der Brief Ulrich von Huttens an Willibald Pirckheimer. In: Ulrich von Hutten. Ritter. Humanist, Publizist 1488–1523. Katalog zur Ausstellung des Landes Hessen anläßlich des 500. Geburtstages, bearbeitet von Peter Laub, Ludwig Steinfeld. Melsungen 1988, S. 226.

11 Zitiert nach: Ingetraut Ludolphy, Luther und die Astrologie. In: Paola Zambelli (Hg.), «Astrologi hallucinati». Stars and the End of the World in Luther's Time. Berlin / New York 1986, S. 107.

12 WA Tr 2, S. 637, Nr. 2756b.

13 Deuttung des Munchkalbs Zu Freyberg Martin Luthers. In: WA 11, S. 380.

14 WA Tr 6, S. 87, Nr. 6628. Ohne Jahresangabe.

15 WA 47, S. 109 f.

16 Otto Scheel, Martin Luther. Vom Katholizismus zur Reformation. Band 1: Auf der Schule und Universität. Tübingen 1916, S. 96. Allerdings sagt Scheel auch: «Wir wissen freilich nicht, ob Luther diese Schrift kennen gelernt hat.»

17 Vermanung an die geistlichen / versamlet auff dem Reichstag zu Augsburg. (1530) WA 30/2, S. 297.

18 Zitiert nach: Reinhard Seyboth, Politik und religiöse Propaganda. Die Erhebung des Heiligen Rockes durch Kaiser Maximilian I. im Rahmen des Trierer Reichstags 1512. In: Eike Wolgast (Hg.), «Nit wenig verwunderns und nachgedenkens». Die «Reichstagsakten – Mittlere Reihe» in Edition und Forschung. Göttingen 2015, S. 108.

Fünftes Kapitel: Erlösungskapitalismus

1 Pölnitz, Die Fugger, S. 85.

2 Immanuel Wallerstein, Karl V. und die Entstehung der kapitalistischen Weltwirtschaft. In: Hugo Soly (Hg.), Karl V. 1500–1558 und seine Zeit, Köln 2000, S. 371.

3 Vgl. Natalja V. Savina, Die Handelsgesellschaften und die gesellschaftliche Bewegung in Deutschland während des ersten Drittels des 16. Jahrhunderts. In: Jahrbuch für Geschichte des Feudalismus 5 (1981), S. 162.

4 Zitiert nach: Pölnitz, Die Fugger, S. 110.

5 Willibald Pirckheimer, Eckius dedolatus / Der enteckte Eck. Übersetzt und herausgegeben von Niklas Holzberg. Stuttgart 1983, S. 15.

6 Eyn Sermon von dem Wucher, WA 6, S. 3.

7 Ebd., S. 5.

8 Ebd.

9 Ebd., S. 6.

10 Vgl. Götz Freiherr von Pölnitz, Die Beziehungen des Johannes Eck zum Augsburger Kapital. In: Historisches Jahrbuch LX (1940), S. 685–706, hier S. 690.

11 Pölnitz, Die Fugger, S. 114.

12 Vgl. ebd., S. 116.

13 Pölnitz, Die Beziehungen des Johannes Eck zum Augsburger Kapital, S. 697.

14 Pölnitz, Die Fugger, S. 114.

15 Pirckheimer, Eckius dedolatus / Der enteckte Eck, S. 49.

16 Aloys Schulte, Die Fugger in Rom 1495–1523. Mit Studien zur Geschichte des kirchlichen Finanzwesens jener Zeit. Band 1: Darstellung. Leipzig 1904, S. 280.

17 Ebd.

18 Ebd., S. 286.

19 Ebd., S. 31.

20 Willibald Pirckheimers Briefwechsel. Band 2. In Verbindung mit Dr. Arnold Reimann gesammelt, herausgegeben und erläutert von Dr. Emil Reicke. München 1956, S. 598 f., Nr. 378. Brief vermutlich Ende 1515.

21 Bilibaldus Pirckheymer, De vitanda usura ex Greco in Latinum traductus. Nürnberg 1515. Digitalisat: http://daten.digitale-sammlungen.de/bsb00002096/image_3 (16. Juni 2016).

22 Vgl. Willibald Pirckheimers Briefwechsel. Band 2, S. 517, Nr. 350. Brief vom 26. Januar 1515.

23 Zitiert nach: Heinrich Lutz, Conrad Peutinger. Beiträge zu einer politischen Biographie. Augsburg o. J. [1958] (= Abhandlungen zur Geschichte der Stadt Augsburg. Schriftenreihe des Stadtarchivs Augsburg, Heft 9), S. 41.

24 Zitiert nach: Bruno Bushart, Die Fuggerkapelle bei St. Anna in Augsburg. München 1994, S. 426.

25 Ebd.

26 Ebd., S. 427.

27 Pölnitz, Die Fugger, S. 299.

28 Vgl. Scheller, Memoria an der Zeitenwende, S. 129.

29 Francis Rapp, La prière dans les monastères de dominicaines observantes

en Alsace au XVe siècle. In: Jean Dagens, La mystique Rhénane. Paris 1963, S. 212. Meine Übersetzung.

30 Vgl. ebd., S. 215.

31 Vgl. Werner Williams-Krapp, Frauenmystik und Ordensreform im 15. Jahrhundert. In: ders., Geistliche Literatur des späten Mittelalters. Kleine Schriften. Herausgegeben von Kristina Freienhagen-Baumgardt und Katrin Stegherr. Tübingen 2012, S. 163.

32 Sendbrief von wahrer Andacht (1422) des Nürnberger Dominikaners Eberhard Mardach. Zitiert nach: Werner Williams-Krapp, Diese ding sint dennoch nit ware zeichen der heiligkeit. Zur Bewertung mystischer Erfahrungen im 15. Jahrhundert. In: ders., Geistliche Literatur des späten Mittelalters. Kleine Schriften. Herausgegeben von Kristina Freienhagen-Baumgardt und Katrin Stegherr. Tübingen 2012, S. 100.

33 Zitiert nach: Elizabeth Clémentz, Le culte de St. Antoine en Alsace. In: Auf den Spuren des heiligen Antonius. Festschrift für Adalbert Mischlewski zum 75. Geburtstag. Herausgegeben von Peter Frieß. Memmingen 1994, S. 225.

34 Vgl. Diarmaid MacCulloch, Die Reformation 1490–1700. München 2008, S. 50 f.

35 Vgl. R[egnerus] R[ichardus] Post, Kerkelijke verhoudingen in Nederland vóór de reformatie van 1500 tot 1580. Utrecht / Antwerpen 1954, S. 460.

36 Am Rand korrigiert: Mt 24,22.

37 WA Tr 2, S. 636 f., Nr. 2756b. Der Historiker Reinhart Koselleck benutzte diese Rechenaufgabe später, um seine Theorie der «Vergangenen Zukunft» zu belegen. Vgl. Reinhart Koselleck, Vergangene Zukunft in der frühen Neuzeit. In: ders., Vergangene Zukunft. Zur Semantik geschichtlicher Zeiten. Frankfurt 1989 [1979], S. 17–37.

38 Vgl. auch Ludolphy, Luther und die Astrologie, S. 106 f.

39 Vgl. MacCulloch, Die Reformation 1490–1700, S. 131.

40 Zitiert nach dem Faksimile von Schedel, weltchronik, Blatt CCLXI.

41 Zitiert nach: Kaiser Maximilians I. Weisskunig. In Lichtdruck-Faksimiles nach Frühdrucken mit Hilfe der Max-Kade-Foundation Inc. New York für den Stuttgarter Galerieverein herausgegeben von H. Th. Musper in Verbindung mit Rudolf Buchner, Heinz-Otto Burger und Erwin Petermann. Band I: Textband. Stuttgart 1956, S. 225. Handschrift A 1514 von Marx Treitzsaurwein.

42 Ebd., S. 226.

Sechstes Kapitel: Das Geld des lieben Gottes

1 Zitiert nach Dintzelbacher, Das Fegefeuer in der schriftlichen und bild-lichen Katechese des Mittelalters, S. 102.

2 Siehe vor allem Bernd Moeller, Die letzten Ablaßkampagnen. Luthers Widerspruch gegen den Ablaß in seinem geschichtlichen Zusammen-hang. In: Bernd Moeller, Die Reformation und das Mittelalter. Kirchenhis-torische Aufsätze. Herausgegeben von Johannes Schilling. Göttingen 1991, S. 53–72.

3 Hamm, Religiosität im späten Mittelalter, S. 310.

4 Jacques Le Goff, Die Geburt des Fegefeuers. Stuttgart 1984, S. 344.

5 Opera VI/1, De diversis 42,5. 259. Zitiert nach Dintzelbacher, Das Fege-feuer in der schriftlichen und bildlichen Katechese des Mittelalters, S. 101.

6 Jacques Le Goff, Wucherzins und Höllenqualen. Ökonomie und Religion im Mittelalter. 2., völlig überarbeitete und um eine Einführung von Jo-hannes Fried erweiterte Auflage. Stuttgart 2008. Das Zitat stammt aus der Einführung, S. 173 f.

7 Hinweis in: Dintzelbacher, Von der Welt durch die Hölle zum Paradies, S. 99.

8 Giovanni Boccaccio, Das Dekameron. Band III,8. Frankfurt 2008, S. 287.

9 Ebd., S. 293.

10 Ebd., S. 295.

11 Ebd., S. 297.

12 Ebd.

13 James Joyce, Ein Porträt des Künstlers als junger Mann. In: James Joyce, Frankfurter Ausgabe Werke 2. Frankfurt 1972, S. 396.

14 Ebd., S. 302.

15 Ebd.

16 Ebd., S. 304.

17 Von dem kremer Cristi was er guttes zuuorkauffen hat. Nach dem Digitali-sat der Bayerischen Staatsbibliothek: http://daten.digitale-sammlungen.de/bsb00005060/image_1 (17. Januar 2016).

18 Vgl. Johann Peter Wurm, Johannes Eck und der oberdeutsche Zinsstreit 1513–1515 (= Reformationsgeschichtliche Studien und Texte, Band 137). Münster 1997, S. 42.

19 Zitiert nach Hamm, Religiosität im späten Mittelalter, S. 322.

20 Von dem kremer Cristi was er guttes zuuorkauffen hat.

21 Zitiert nach: Luther, Biblia. Band 3, S. 2140.

22 Am andernn sontag ym Advent Epistel, Adventpostille 1522. WA 10/1, S. 119.

23 Zitiert nach: Lutz, Conrad Peutinger, S. 140.

24 Aus dem Gegengutachten Peutingers. Zitiert nach: Savina, Die Handelsgesellschaften und die gesellschaftliche Bewegung in Deutschland während
des ersten Drittels des 16. Jahrhunderts, S. 163.

25 Vgl. Kühne, Ablassfrömmigkeit und Ablassstreit um 1500, S. 39.

26 Paradiso, XXXI, S. 103–108. Übersetzung von Karl Witte.

27 Kühne, Ablassfrömmigkeit und Ablassstreit um 1500, S. 41.

28 Vgl. Schulte, Die Fugger in Rom 1495–1523, S. 67.

29 Vgl. Kühne, Ablassfrömmigkeit und Ablassstreit um 1500, S. 45.

30 New zeitung vom Rein. WA 53, S. 404.

31 Ebd., S. 405.

32 Vgl. Kerstin Merkel, Jenseits-Sicherung. Kardinal Albrecht von Brandenburg und seine Grabdenkmäler. Regensburg 2004, S. 47.

33 Ebd., S. 51.

34 Ebd., S. 47.

35 Vgl. Kerstin Merkel, Die Reliquien von Halle und Wittenberg. Ihre Heiltumsbücher und Inszenierung. In: Andreas Tacke (Hg.), Cranach. Meisterwerke auf Vorrat. Die Erlanger Handzeichnungen der Universitätsbibliothek. Katalog. München 1994, S. 39 f.

36 Zitiert nach: Stefan Laube, Zwischen Hybris und Hybridität. Kurfürst Friedrich der Weise und seine Reliquiensammlung. In: Andreas Tacke (Hg.), «Ich
armer sundiger mensch.» Heiligen- und Reliquienkult am Übergang zum
konfessionellen Zeitalter. Göttingen 2006, S. 172.

37 Ebd.

38 Vgl. Merkel, Die Reliquien von Halle und Wittenberg, S. 50.

39 Ebd., S. 179.

40 Vgl. ebd., S. 176.

41 Vgl. ebd., S. 172.

42 Nikolaus Paulus, Der Ablaß im Mittelalter als Kulturfaktor. In: Jahrbuch
der Görres-Gesellschaft (1920), S. 57.

43 Götz Freiherr von Pölnitz, Jakob Fugger. Kaiser, Kirche und Kapital in der
oberdeutschen Renaissance. Tübingen 1949, S. 195.

44 Pölnitz, Jakob Fugger. Quellen und Erläuterungen, S. 177.

45 Von der Freyheit eynis Christen menschen. Wittenberg 1521. Zitiert nach
dem Digitalisat der bayerischen Staatsbibliothek: http://daten.digitale-
sammlungen.de/bsb00103200/image_1 (2. Januar 2016).

46 Von der Freiheit eines Christenmenschen, WA 7, S. 25. Hier zitiert nach: Aland (Hg.), Luther Deutsch. Band 2, S. 257.

47 Von der Freiheit eines Christenmenschen. Hier zitiert nach: Aland (Hg.), Luther Deutsch. Band 2, S. 258.

48 WA Br 2, Nr. 401, S. 306. 28. April 1521.

49 E. L. Doctorow, Ragtime. New York 1976 [1975], S. 159. Meine Übersetzung.

50 Ebd., S. 162.

Siebtes Kapitel: Der Pakt mit dem Teufel

1 In epistolam S. Pauli ad Galatas Commentarius ex praelectione D. Martini Lutheri collectus. Wittenberg 1535. WA 40/1, S. 685. Vgl. Berndt Hamm, Naher Zorn und nahe Gnade: Luthers frühe Klosterjahre als Beginn seiner reformatorischen Neuorientierung. In: Bultmann / Leppin / Lindner (Hg.), Luther und das monastische Erbe, S. 128.

2 WA Tr 5, S. 100, Nr. 5375. Sommer 1540.

3 Aus den Nachschriften Georg Rörers. In: Archiv für Reformationsge-schichte, Jg. 5 (1908), S. 34.

4 WA Br 1, S. 11, Nr. 3. Brief an Johannes Braun vom 22. April 1507.

5 WA Tr 2, S. 133, Nr. 1558. 20. Mai 1532.

6 WA Tr 5, S. 86, Nr. 5357. Sommer 1540.

7 WA Tr 2, S. 134, Nr. 1558. 20. Mai 1532.

8 Ebd.

9 WA Tr 1, S. 59, Nr. 137. 30. November bis 14. Dezember 1531.

10 Mk 5,1–20.

11 Vorrede zum ersten Bande der Gesamtausgaben seiner lateinischen Schriften. Wittenberg 1545. Hier zitiert nach: Aland (Hg.), Luther Deutsch. Band 2, S. 19.

12 Matth. 18–24 in Predigten ausgelegt. 1537–1540. 1539. WA 47, S. 590.

13 WA Tr 1, S. 240, Nr. 518. Frühjahr 1533.

14 Ebd.

15 Ebd.

16 WA Br 1, Nr. 5. Brief an Johannes Braun vom 17. März 1509.

17 Die kleine antwort auff H. Georgen nehestes buch. Wittenberg 1533. WA 38, S. 143.

18 Matth. 18–24 in Predigten ausgelegt. 1537–1540. 1939. WA 47, S. 590.

19 WA Br 1, S. 72, Nr. 28. Brief an Johannes Lang vom 26. Oktober 1516.

20 Ebd.

21 Vgl. Heinrich Bornkamm, Luthers Bericht über seine Entdeckung der iustitia dei. In: Archiv für Reformationsgeschichte, Jg. 37 (1940), S. 127.

22 WA Tr 2, S. 177, Nr. 1681.

23 WA Tr 3, S. 228, Nr. 3232b. 9. Juni bis 12. Juli 1532.

24 WA Tr 2, S. 133, Nr. 1557. 20. Mai 1532.

25 Vorrede zum ersten Bande der Gesamtausgaben seiner lateinischen Schriften. Hier zitiert nach: Aland (Hg.), Luther Deutsch. Band 2, S. 19.

26 Vorrede zum ersten Bande der Gesamtausgaben seiner lateinischen Schriften. Wittenberg 1545. WA 54, S. 185.

27 WA Tr 3, S. 658, Nr. 3849.

28 WA Tr 2, S. 177, Nr. 1681. 12. Juni bis 12. Juli 1532.

29 Zitiert nach: Luther, Biblia. Band 2, S. 1632.

30 WA Tr 2, S. 177, Nr. 1681. 12. Juni bis 12. Juli 1532.

31 Berliner Abendblätter. 64tes Blatt. Den 13ten Dezember 1810. Über das
Marionettentheater (Fortsetzung.) In: Heinrich von Kleist, Sämtliche
Werke. Brandenburger Ausgabe. Herausgegeben von Roland Reuß und
Peter Staengle. Band II,7: Berliner Abendblätter I. Basel / Frankfurt 1997,
S. 322 f.

32 Berliner Abendblätter. 66tes Blatt. Den 15ten Dezember 1810. Über das
Marionettentheater (Beschluß.) In: Kleist, Sämtliche Werke, S. 331.

33 Vorrede zum ersten Bande der Gesamtausgaben seiner lateinischen Schriften. Hier zitiert nach: Aland (Hg.), Luther Deutsch. Band 2, S. 19 f.

34 WA Br 1, S. 35, Nr. 11. 8. April 1516.

35 Zitiert nach Kurt Aland (Hg.), Luther Deutsch. Band 10: Die Briefe. Stuttgart 1959, S. 14 f.

36 WA Tr 3, S. 445, Nr. 3601. 18. Juni bis 28. Juli 1537.

37 Zur Farbenlehre. von Goethe. Zweyter Band. Tübingen 1810, S. 159 f. Zitiert
nach dem Digitalisat des Deutschen Textarchivs: http://www.deutsches-
textarchiv.de/book/view/goethe_farbenlehre02_1810?p=7 (2. November
2015).

38 Es geht um ein Argument wider das Abendmahl, an das Luther fest glaubt.
WA Tr 1, S. 241, immer noch Nr. 518, aber hier die deutsche Version.

39 WA Tr 1, S. 238 f., Nr. 518. Frühjahr 1533.

40 Ebd., S. 146, Nr. 352. Herbst 1532.

41 WA Tr 2, S. 133, Nr. 1557. 20. Mai 1532.

Achtes Kapitel: Der Thesenanschlag – Luther geht an die Öffentlichkeit

1 Martinus Luther pio lectori s. Zitiert nach: WA 51, S. 180.

2 Vorrede zu Band I der lateinischen Schriften 1545. In: Aland (Hg.), Luther Deutsch. Band 2, S. 13.

3 Luther, Biblia. Band 3, S. 2066.

4 Die deutsche Fassung der fünfundneunzig Thesen wird nach der Übersetzung von Johannes Schilling und Reinhard Schwarz zitiert.

5 Zitiert nach: Melanchthons Briefwechsel. Kritische und kommentierte Gesamtausgabe. Band T 15, Texte 4110–4529a (1546). Stuttgart-Bad Cannstatt 2014, S. 304, Nr. 4277.

6 Ebd.

7 Johannes Mathesius, Historien/Von des Ehrwirdigen in/Gott Seligen thewren Manns Gottes/Doctoris Martini Luthers/anfang/lehr/leben vnd sterben. Nürnberg 1566, S. 17. Nach dem Digitalisat der Bayerischen Staatsbibliothek: http://reader.digitale-sammlungen.de/de/fs1/object/display/bsb10986772_00001.html (16. Januar 2016).

8 Ebd., S. 42.

9 Ebd.

10 Ebd.

11 http://archive.thulb.uni-jena.de/hisbest/rsc/viewer/HisBest_derivate_00001623/RN_0039_0413tif_re.tif (16. Januar 2016).

12 Heinrich Heine, Die romantische Schule. Erstes Buch. Zitiert nach: Heinrich Heine. Historisch-kritische Gesamtausgabe der Werke. Band 8/I, S. 134.

13 Ad subscriptas conclusiones respondebit Magister Franciscus Guntherus Nordhusensis pro Biblia, Praesidente reverendo patre Martino Luthero Augustiniano, Sacrae Theologiae Vuittenberg. Decano, loco et tempore statuendis. WA 1, S. 226.

14 Wider Hans Worst, WA 51, S. 539.

15 Ebd., S. 538.

16 Ebd.

17 Johannes Mathesius, Historien/Von des Ehrwirdigen in/Gott Seligen thewren Manns Gottes/Doctoris Martini Luthers, S. 42.

18 Iuramentum ern Johann Tetzels subcommissarien, zitiert nach: Dokumente zur Causa Lutheri (1517–1521). Teil 1: Das Gutachten des Prierias und weitere Schriften gegen Luthers Ablaßthesen (1517–1518). Herausgegeben und kommentiert von Peter Fabisch und Erwin Iserloh. Münster 1988, S. 251.

19 Wider Hans Worst, WA 51, S. 539.

20 Ebd., S. 538 f.

21 Halbamtliche Übersetzung von Johannes Schilling und Reinhard Schwarz.

22 Erasmus von Rotterdam, Ausgewählte Schriften. Ausgabe in acht Bänden
lateinisch und deutsch. Band 1. Epistola ad Paulum Volzium / Brief an
Paul Volz. Enchiridion Militis Christiani / Handbüchlein eines christlichen
Streiters. Übersetzt, eingeleitet und mit Anmerkungen versehen von Werner Welzig. Darmstadt 1968, S. 56.

23 Vgl. Marc Venard (Hg.), Die Geschichte des Christentums. Band 7: Von der
Reform zur Reformation (1450–1530). Deutsche Ausgabe bearbeitet und
herausgegeben von Heribert Smolinsky. Freiburg / Basel / Wien 2010 [1995],
S. 111.

24 Gregorovius, Geschichte der Stadt Rom im Mittelalter vom V. bis zum XVI.
Jahrhundert. Band III,2, S. 467.

25 Vgl. Götz-Rüdiger Tewes, Die Kurie unter dem Medici-Papst Leo X. und
die Phase der beginnenden Reformation Luthers: familiäre Interessen statt
universaler Pflichten. In: Heinz Schilling (Hg.), Der Reformator Martin
Luther 2017. Eine wissenschaftliche und gedenkpolitische Bestandsaufnahme. Berlin / München / Boston 2014, S. 11.

26 Vgl. Bernd Moeller, Die deutschen Humanisten und die Anfänge der Reformation. In: ders., Die Reformation und das Mittelalter, S. 104 f.

27 Zitiert nach der Übersetzung in: Dokumente zur Causa Lutheri (1517–1521).
Teil 1, S. 209.

28 Nach der Übersetzung von Johann Erhard Kapp, Sammlung einiger zum
Päpstlichen Ablaß überhaupt besonders aber zu der im Anfang der Re-
formation zwischen Luther und Tetzel geführten Streitigkeiten gehörigen
Schriften. Leipzig 1721. Zitiert nach: Winfried Wilhelmy (Hg.), Schrei
nach Gerechtigkeit. Leben am Mittelrhein am Vorabend der Reformation.
Mainz 2015, S. 222.

29 Ebd.

30 Zitiert nach der Übersetzung in: Dokumente zur Causa Lutheri (1517–1521).
Teil 1, S. 269.

31 Wider Hans Worst, WA 51, S. 539.

32 Nach der Übersetzung von Aland (Hg.), Luther Deutsch. Band 2, S. 12.

33 Martinus Luther pio lectori s., zitiert nach: WA 51, S. 179.

34 Paul Kalkoff, Ablass und Reliquienverehrung an der Schlosskirche zu Wittenberg unter Friedrich dem Weisen. Gotha 1907, S. 22.

35 Luther, Biblia. Band 3, S. 2207.

36 Zitiert nach Rolf Decot, Theologie – Frömmigkeit – Kirche. Albrecht von Brandenburg vor der Herausforderung der Reformation. In: Andreas Tacke (Hg.), Der Kardinal. Albrecht von Brandenburg, Renaissancefürst und Mäzen. Band 2, Essays. Regensburg 2006, S. 62.

37 Zitiert nach: Pölnitz, Jakob Fugger. Kaiser, Kirche und Kapital, S. 307.

38 Vgl. Tewes, Die Kurie unter dem Medici-Papst Leo X. und die Phase der beginnenden Reformation Luthers, S. 7.

39 Zitiert nach Aland (Hg.), Luther Deutsch. Band 10, S. 26. Luther an Albrecht von Brandenburg am 31. Oktober 1517.

40 Wider Hans Worst, WA 51, S. 538.

41 Ebd.

42 Zitiert nach Aland (Hg.), Luther Deutsch. Band 10, S. 27. Luther an Albrecht von Brandenburg am 31. Oktober 1517.

43 Ebd., S. 28.

44 Wider Hans Worst, WA 51, S. 540.

45 Zitiert nach: Schulte, Die Fugger in Rom 1495–1523. Band 1, S. 184.

46 Wider Hans Worst, WA 51, S. 540.

47 Zitiert nach: Aland (Hg.), Luther Deutsch. Band 10, S. 35 f. Luther an Spalatin am 15. Februar 1518.

48 WA 10/3, S. 235. Predigt am Jakobstage. Ain Sermon von sant Jacob dem meereren und hailigen zwolffpotten. 25. Juli 1522.

49 Vgl. Kühne, Ablassfrömmigkeit und Ablassstreit um 1500, S. 45. Maximilians Konfiskation: S. 46.

50 Heinz Lüdecke (Hg.), Lucas Cranach der Ältere im Spiegel seiner Zeit. Aus Urkunden, Chroniken, Briefen, Reden und Gedichten. Berlin 1953, S. 58.

51 Wider Hans Worst, WA 51, S. 539.

52 WA Br 1, S. 120, Nr. 51.

53 Wider Hans Worst, WA 51, S. 540.

54 Zitiert nach: Katalog der Ausstellung «Martin Luther 1483 bis 1546» in der Staatlichen Lutherhalle Wittenberg. Wittenberg o. J. [1984], S. 82.

55 Antonius Musae, zitiert nach: ebd., S. 72 f.

56 Gregorovius, Geschichte der Stadt Rom im Mittelalter vom V. bis zum XVI. Jahrhundert. Band III,2, S. 467.

57 Wider Hans Worst, WA 51, S. 540.

58 Vgl. ebd.

59 Willibald Pirckheimers Briefwechsel. Band 3, S. 275, Nr. 515. Brief vom 11. Januar 1518.

60 Ebd.

61 Vgl. Volker Leppin, «Nicht seine Person, sondern die Warheit zu verteidigen.» Die Legende vom Thesenanschlag in lutherischer Historiographie und Memoria. In: Schilling (Hg.), Der Reformator Martin Luther 2017, S. 91.

62 Vgl. Dokumente zur Causa Lutheri (1517–1521). Teil 2: Vom Augsburger Reichstag 1518 bis zum Wormser Edikt 1521. Herausgegeben und kommentiert von Peter Fabisch und Erwin Iserloh. Münster 1991, S. 136.

63 WA Br 1, S. 152, Nr. 62. Meine Übersetzung.

64 Wider Hans Worst, WA 51, S. 541.

65 Ebd.

66 Ebd., S. 539.

Neuntes Kapitel: Der Kaiser sucht einen Nachfolger, Luther findet einen Gegner

1 Zitiert nach: Deutsche Reichstagsakten unter Kaiser Karl V. Band 1, bearbeitet von August Kluckhohn. Gotha 1893, S. 199. Brief von Franz I. vom 7. Februar 1519 an seine Gesandten Guillaume Gouffier de Bonnivet und Charles Guillart. Meine Übersetzung.

2 Heine, Die romantische Schule. Erstes Buch, S. 133 f.

3 Vgl. Götz-Rüdiger Tewes, Die Medici und Frankreich im Pontifikat Leos X. Ursachen, Formen und Folgen einer Europa polarisierenden Allianz. In: Götz-Rüdiger Tewes / Michael Bohlmann (Hg.), Der Medici-Papst Leo X. und Frankreich. Politik, Kultur und Familiengeschäfte in der europäischen Renaissance. Tübingen 2002, S. 108.

4 Zitiert nach: Seyboth, Politik und religiöse Propaganda, S. 94.

5 Vgl. Tewes, Die Kurie unter dem Medici-Papst Leo X. und die Phase der beginnenden Reformation Luthers, S. 10.

6 Vgl. Bernhard Schimmelpfennig, Das Papsttum. Von der Antike bis zur Renaissance. Darmstadt ³1988 [1984], S. 184.

7 Vgl. ebd., S. 278.

8 Zitiert nach: Strauß, Ulrich von Hutten. Erster Theil, S. 291.

9 Ebd., S. 291 f.

10 Paul Kalkoff, Forschungen zu Luthers Römischem Prozess. Rom 1905 (= Bibliothek des Kgl. Preussischen Historischen Instituts in Rom, Band II), S. 149.

11 Wiesflecker, Kaiser Maximilian I. Das Reich, Österreich und Europa an der Wende zur Neuzeit. Band IV: Gründung des habsburgischen Weltreiches, Lebensabend und Tod 1508–1519. München 1981, S. 389.

12 WA Tr 5, S. 74, Nr. 5343. Sommer 1540.

13 Angaben nach: Bernhard Alfred R. Felmberg, Die Ablasstheologie Kardinal Cajetans (1469–1534). Leiden / Boston / Köln 1998, S. 190 f.

14 WA Br 1, S. 282, Nr. 125. Brief an Spalatin vom 21. Dezember 1518. Meine Übersetzung.

15 Zitiert nach: Luther, Biblia. Band 3, S. 2387. Der Übersetzer schreibt erläuternd an den Rand: «Das sitzen / ist das Regiment in der Christenheit des Widerchrists.»

16 WA Br 1, S. 270, Nr. 121. Brief an Wenzeslaus Linck vom 18. Dezember 1518. Meine Übersetzung.

17 Übersetzung nach: Arnold Becker, Ulrich von Huttens polemische Dialoge im Spannungsfeld von Humanismus und Politik. Göttingen 2013, S. 190.

18 Ebd., S. 191.

19 Zitiert nach: Luthers Acta Augustana 1518 deutsch. Dokumente vom letzten Gespräch Roms mit Luther in Augsburg vor seiner Exkommunikation. Ausgewählt und eingeleitet von Klaus-Peter Schmid. Augsburg 1982, S. 52. WA Br 1, S. 188, Nr. 85. Brief an Spalatin vom 8. August 1518.

20 Zitiert nach: Luthers Acta Augustana 1518 deutsch, S. 53.

21 Zitiert nach: Dokumente zur Causa Lutheri (1517–1521). Teil 2, S. 42.

22 Zitiert nach: Luthers Acta Augustana 1518 deutsch, S. 48.

23 Ebd., S. 48, 50.

24 Kalkoff, Forschungen zu Luthers Römischem Prozess, S. 149.

25 Zitiert nach: Luthers Acta Augustana 1518 deutsch, S. 50.

26 Ebd.

27 Zitiert nach: Tewes, Die Kurie unter dem Medici-Papst Leo X. und die Phase der beginnenden Reformation Luthers, S. 24.

28 Zitiert nach: Manuel Fernandez Alvarez, Karl V. Herrscher eines Weltreichs. München 1977, S. 32.

29 Zitiert nach: Deutsche Reichstagsakten unter Kaiser Karl V. Band 1, S. 560. Brief von Franz I. vom 16. April 1519 an seine Gesandten Jean d'Albret Orval, Guillaume Gouffier de Bonnivet und Charles Guillart. Meine Übersetzung.

30 Ebd., S. 49.

31 Vgl. Pölnitz, Jakob Fugger. Quellen und Erläuterungen, S. 397.

32 Zitiert nach: Deutsche Reichstagsakten unter Kaiser Karl V. Band 1, S. 52.

33 Georg Kirchmair's Denkwürdigkeiten seiner Zeit. 1519–1553. In: Theodor Georg von Karajan (Hg.), Fontes rerum austriacarum. Oesterreichische Geschichts-Quellen. Abteilung 1, Band 1. Wien 1855, S. 440. Zitiert nach dem Digitalisat: https://archive.org/details/fontesrerumausto3unkngoog (21. Januar 2016).

34 Ebd., S. 441.

35 Ebd.

36 Vgl. Pölnitz, Jakob Fugger. Quellen und Erläuterungen, S. 455.

37 Vgl. Wiesflecker, Kaiser Maximilian I. Band IV: Gründung des habsburgischen Weltreiches, Lebensabend und Tod 1508–1519. München 1981, S. 410.

38 Vgl. Richard Ehrenburg, Das Zeitalter der Fugger. Geldkapital und Creditverkehr im 16. Jahrhundert. Band 1: Die Geldmächte des 16. Jahrhunderts. Jena 1896. Reprografischer Nachdruck Hildesheim 1963, S. 101.

39 Vgl. Tewes, Die Medici und Frankreich im Pontifikat Leos X., S. 113. Breve vom 7. Oktober 1518.

40 WA Br 1, S. 210, Nr. 97. Brief an Spalatin vom 10. Oktober 1518.

41 Vgl. WA Br 1, S. 207, Nr. 95. Brief von Veit Bild an Luther vom 21. September 1518.

42 Vgl. Hartmut Kühne / Enno Bünz / Thomas T. Müller (Hg.), Alltag und Frömmigkeit am Vorabend der Reformation in Mitteldeutschland. Katalog zur Ausstellung «Umsonst ist der Tod». Petersberg 2013, S. 210 f.

43 Zitiert nach: Luthers Acta Augustana 1518 deutsch, S. 51. Breve Leos X. an Friedrich den Weisen vom 23. August 1518.

44 Ebd.

45 Nach der Übersetzung in: ebd.

46 Ebd., S. 122.

47 Ebd., S. 123.

48 Ebd., S. 125.

49 Ebd., S. 123.

50 Zitiert nach: Ludwig von Pastor, Geschichte der Päpste im Zeitalter der Renaissance und der Glaubensspaltung von der Wahl Leos X. bis zum Tode Klemens' VII. (1513–1534). Band 4, Abteilung 1. 8. und 9., unveränderte Auflage. Freiburg im Breisgau 1925, S. 170.

51 WA Br 1, S. 196, Nr. 90. Brief an Spalatin vom 2. September 1518.

52 Zitiert nach: Luthers Acta Augustana 1518 deutsch, S. 62. Brief Spalatins vom 5. September 1518.

53 Ebd., S. 64.

54 WA Tr 2, S. 595, Nr. 2668a, 10. bis 28. September 1532.

55 Zitiert nach: Luthers Acta Augustana 1518 deutsch, S. 71.

56 Ebd., S. 73. Brief an Philipp Melanchthon vom 11. Oktober 1518.

57 WA Tr 2, S. 596, Nr. 2668a, 10. bis 28. September 1532.

58 Die Thesen wie immer in der Übersetzung von Johannes Schilling und Reinhard Schwarz.

59 Schimmelpfennig, Das Papsttum, S. 233.

60 Nach der Übersetzung in: Luthers Acta Augustana 1518 deutsch, S. 18.

61 Ebd., S. 74.

62 WA Br 1, S. 216.

63 Ebd.

64 Ebd., S. 217.

65 Zitiert nach: Luthers Acta Augustana 1518 deutsch, S. 98.

66 Ebd., S. 82. Luthers Brief an Cajetan vom 17. Oktober 1518.

67 Ebd., S. 64. Brief Spalatins vom 5. September 1518.

68 Des Sokrates Verteidigung. In: Platon, Sämtliche Werke in drei Bänden. Band I. Herausgegeben von Erich Loewenthal. Darmstadt 2004, S. 24.

69 Zitiert nach: Luthers Acta Augustana 1518 deutsch, S. 112.

70 Ebd., S. 83. Brief Martin Luthers an Cajetan am 18. Oktober 1518.

71 WA Tr 2, S. 596, Nr. 2668a, 10. bis 28. September 1532.

72 Zitiert nach: Luthers Acta Augustana 1518 deutsch, S. 136. Brief Cajetans vom 25. Oktober 1518.

73 Ebd., S. 137. Brief Cajetans vom 25. Oktober 1518.

74 WA Tr 5, S. 80, Nr. 5349. Sommer 1540.

Zehntes Kapitel: Der Mönch wird zum Ketzer

1 Willibald Pirckheimers Briefwechsel. Band 3, S. 422. Augsburg, 25. Oktober 1518.

2 Der Brief Ulrich von Huttens an Willibald Pirckheimer. In: Ulrich von Hutten. Ritter. Humanist, Publizist 1488–1523, S. 229.

3 Willibald Pirckheimers Briefwechsel. Band 3, S. 421. Augsburg, 25. Oktober 1518.

4 Zitiert nach: Strauß, Ulrich von Hutten. Erster Theil, S. 292.

5 Vgl. das Breve Leos X. an Georg von Sachsen vom 24. Oktober 1518. In: Felician Gess (Hg.), Akten und Briefe zur Kirchenpolitik Herzog Georgs von Sachsen. Erster Band 1517–1524. Leipzig 1905, S. 45.

6 WA Br 1, S. 93 f., Nr. 38. 6. Mai 1518.

7 Brief vom 24. November 1518, http://ivv7srv15.uni-muenster.de/mnkg/
   pfnuer/Eckbriefe/N067.html (2. Januar 2016).

8 Zitiert nach: Luthers Acta Augustana 1518 deutsch, S. 96. WA Br 1, S. 225,
   Nr. 105. Brief an Spalatin vom 31. Oktober 1518.

9 Zitiert nach: Aland (Hg.), Luther Deutsch. Band 10, S. 51. Brief vom 25. November 1518.

10 Zitiert nach: Gess (Hg.), Akten und Briefe zur Kirchenpolitik Herzog
   Georgs von Sachsen. Band 1, S. 51 f.

11 Zitiert nach: Luthers Acta Augustana 1518 deutsch, S. 162.

12 Ebd.

13 WA Br 1, S. 268, Nr. 120. Brief an Johannes Reuchlin vom 14. Dezember 1518.

14 Ebd., S. 267, Nr. 119. Brief von Johann Staupitz vom Dezember 1518.

15 Zitiert nach: James D. Tracy, Erasmus of the Low Countries. Berkeley 1996,
   S. 241.

16 Brief vom 1. Juli 1519 an Georg Hauer und Franz Burkhart. Zitiert nach:
   http://ivv7srv15.uni-muenster.de/mnkg/pfnuer/Eckbriefe/N087.html
   (2. Januar 2016).

17 Ebd.

18 Petrus Mosellanus an Julius Pflug am 6. Dezember 1519. Zitiert nach: Katalog der Ausstellung «Martin Luther 1483 bis 1546», S. 80.

19 Ebd.

20 Disputatio Iohannis Eccii et Martini Lutheri Lipsiae habita. 1519. WA 2,
   S. 279.

21 Petrus Mosellanus an Julius Pflug am 6. Dezember 1519. Zitiert nach: Katalog der Ausstellung «Martin Luther 1483 bis 1546», S. 81.

22 Zitiert nach: Gess (Hg.), Akten und Briefe zur Kirchenpolitik Herzog
   Georgs von Sachsen. Band 1, S. 111. Brief vom 27. Dezember 1519.

23 Ebd.

24 WA 2, S. 240.

25 WA Br 1, S. 160, Nr. 66. Brief vom 31. März 1518 an Staupitz.

26 Aland (Hg.), Luther Deutsch. Band 10, S. 63. Brief Nr. 45 an Staupitz vom
   3. Oktober 1519.

27 Zitiert nach: Irmgard Höss, Georg Spalatin 1484–1545. Ein Leben in der
   Zeit des Humanismus und der Reformation. Weimar 1989, S. 73.

28 Die sei schon 1517, vor dem Thesenanschlag, herausgekommen und mit
   einer ironischen Widmung an Leo X. versehen, behauptet Gregorovius,
   aber das kann nicht stimmen, da Hutten Vallas Schrift erst im Sommer 1517

in Bologna entdeckt. Er lässt sie abschreiben und gibt sie, mit einem auf den 1. Dezember datierten Nachwort, nach seiner Rückkehr nach Deutschland frühestens 1518 heraus. Vgl. Gregorovius, Geschichte der Stadt Rom im Mittelalter vom V. bis zum XVI. Jahrhundert. Band III,2, S. 470. Vgl. Becker, Ulrich von Huttens polemische Dialoge im Spannungsfeld von Humanismus und Politik, S. 175.

29 WA Br 2, S. 48f., Nr. 257. 24. Februar 1520.

30 WA Br 1, S. 420, Nr. 186.

31 Aland (Hg.), Luther Deutsch. Band 10, S. 68. Brief Nr. 45 an Staupitz, 3. Oktober 1519.

32 http://ivv7srv15.uni-muenster.de/mnkg/pfnuer/Eckbriefe/N091.html (2. Januar 2016).

33 «Cronica newer geschichten» von Wilhelm Rem 1512–1527. In: Die Chroniken deutscher Städte vom 14. bis ins 16. Jahrhundert. Band 25 (Band 5: Die Chroniken der schwäbischen Städte: Augsburg). 2., unveränderte Auflage. Augsburg 1966 (photomechanischer Nachdruck der ersten Auflage von Salomon Hirzel, Leipzig 1896), S. 136.

34 Der Briefwechsel des Conradus Mutianus. Gesammelt und bearbeitet von Dr. Karl Gillert. Zweite Hälfte, Halle 1890, S. 256, Nr. 587. Ulrich Zasius an Mutian, Freiburg, 1. Dezember 1519.

35 Zitiert nach: Aland (Hg.), Luther Deutsch. Band 10, S. 73. Brief an Spalatin, Mitte Februar 1520.

36 Zitiert nach: Gess (Hg.), Akten und Briefe zur Kirchenpolitik Herzog Georgs von Sachsen. Band 1, S. 111. Brief vom 27. Dezember 1519.

37 Zitiert nach: http://ivv7srv15.uni-muenster.de/mnkg/pfnuer/Eckbriefe/N097.html (2. Januar 2016).

38 Zitiert nach: Pirckheimer, Eckius dedolatus / Der enteckte Eck, S. 68 f.

39 Zitiert nach: Moeller, Das Berühmtwerden Luthers, S. 81.

40 WA Br 2, S. 120, Nr. 297.

41 Zitiert nach: Dokumente zur Causa Lutheri (1517–1521). Teil 1, S. 130 f.

42 Vgl. Peter Fabisch, Johannes Eck und die Publikationen der Bullen «Exsurge Domine» und «Decet Romanum Pontificem». In: Erwin Iserloh (Hg.), Johannes Eck (1486–1543) im Streit der Jahrhunderte. Internationales Symposium der Gesellschaft zur Herausgabe des Corpus Catholicorum aus Anlaß des 500. Geburtstages des Johannes Eck vom 13. bis 16. November 1986 in Ingolstadt und Eichstätt, S. 81.

43 Ebd., S. 75.

44 Ebd., S. 76.

45 WA Br 2, S. 117, Nr. 295.

46 Zitiert nach Ingetraut Ludolphy, Friedrich der Weise. Kurfürst von Sachsen 1463–1525. Göttingen 1984, S. 420.

47 Vgl. Thomas Kaufmann (Hg.), An den christlichen Adel deutscher Nation von des christlichen Standes Besserung. Tübingen 2014, S. 8.

48 WA 6, S. 598. Ende Oktober 1520 gedruckt.

49 Ebd., S. 612.

50 Prierias, Dialogus de potestate Papae, S. 75.

51 Vgl. WA 6, S. 327.

52 Benutzte Ausgabe: Von der Babylonischen gefengknuß der Kirchen / Doctor Martin Luthers. Straßburg 1520. Digitalisat der Badischen Landesbibliothek in Karlruhe: http://digital.blb-karlsruhe.de/blbihd/content/pageview/1533981 (28. Oktober 2015).

53 Von der freyheyt eynes Christen menschen. Wittenberg 1520. Benutzte Ausgabe: http://daten.digitale-sammlungen.de/bsb00006312/image_1 (18. Dezember 2015).

54 Zitiert nach: Kohnle (Hg.), Martin Luther, «An den Christlichen Adel teutscher Nation: von des Christlichen standes besserung», S. 110.

55 Ebd.

56 Ebd., S. 43.

57 Ebd., S. 110 f.

58 Ebd., S. 111.

59 «Cronica newer geschichten» von Wilhelm Rem 1512–1527 (photomechanischer Nachdruck), S. 137.

60 Ebd.

61 Götz-Rüdiger Tewes, Luthergegner der ersten Stunde. Motive und Verflechtungen. In: Quellen und Forschungen aus italienischen Archiven und Bibliotheken, Jg. 75 (1995), S. 256–365, hier besonders S. 340.

62 Vgl. ebd., S. 330.

63 «Cronica newer geschichten» von Wilhelm Rem 1512–1527 (photomechanischer Nachdruck), S. 139.

64 Brief vom 29. Oktober 1520. Zitiert nach: http://ivv7srv15.uni-muenster.de/mnkg/pfnuer/Eckbriefe/N116.html#N_4_ (2. Januar 2016).

65 WA Br 2, S. 167, Nr. 327.

66 Zitiert nach: 1521–1971. Luther in Worms. Ein Quellenbuch herausgegeben von Joachim Rogge. Witten 1971, S. 17.

67 Vgl. Fabisch, Johannes Eck und die Publikationen der Bullen «Exsurge Domine» und «Decet Romanum Pontificem», S. 103.

68 Vgl. ebd., S. 88.

69 Vgl. Lutz, Conrad Peutinger, S. 165 f.

70 Vgl. Vinzenz Pfnür, Johannes Ecks Verständnis der Religionsgespräche, sein theologischer Beitrag in ihnen und seine Sicht der Konfessionsgegensätze. In: Iserloh (Hg.), Johannes Eck (1486–1543) im Streit der Jahrhunderte, S. 231.

71 Er schreibt zunächst lateinisch, aber es wird zeitgenössisch übersetzt: Laube (Hg.), Flugschriften der frühen Reformationsbewegung (1518–1524). Band 2, S. 695.

72 Vgl. Paul Kalkoff, Aleander gegen Luther. Studien zu ungedruckten Aktenstücken aus Aleanders Nachlass. Leipzig / New York 1908, S. 48.

73 Zitiert nach: Rupprich (Hg.), Dürer. Schriftlicher Nachlass. Band 1, S. 159. Tagebuch der Reise in die Niederlande.

74 Zitiert nach: Ludolphy, Friedrich der Weise, S. 436.

75 Deutsche Reichstagsakten unter Kaiser Karl V. Band 1, S. 465.

76 Vgl. Theodor Straub, Erinnerungen an den eher unbekannten Eck. In: Jürgen Bärsch / Konstantin Maier (Hg.), Johannes Eck (1486–1543). Scholastiker – Humanist – Kontroverstheologe. Regensburg 2014, S. 60.

77 Zitiert nach: Strauß, Ulrich von Hutten. Erster Theil, S. 100.

78 Ebd., S. 101.

79 Zitiert nach: Rupprich (Hg.), Dürer. Schriftlicher Nachlass. Band 1, S. 171. Tagebuch der Reise in die Niederlande.

80 Zitiert nach: Ludolphy, Friedrich der Weise, S. 428.

81 WA Br 2 , S. 230, Nr. 360.

82 Zitiert nach: Johannes Schilling, Hutten und Luther. In: Johannes Schilling / Ernst Giese (Hg.), Ulrich von Hutten in seiner Zeit. Schlüchterner Vorträge zu seinem 500. Geburtstag. Kassel 1988, S. 93.

83 WA Br 2, S. 234, Nr. 361. Brief vom 10. Dezember 1520.

84 Ebd.

85 Ebd.

86 Ebd., Nr. 366. Brief vom 14. Januar 1521.

87 Ebd.

88 Ebd.

89 Zitiert nach: Aland (Hg.), Luther Deutsch. Band 10, S. 81. Brief vom 10. Dezember 1520.

90 WA Br 2, S. 246, Nr. 366. Brief vom 14. Januar 1521.

91 Zitiert nach Ludolphy, Friedrich der Weise, S. 428.

92 Ebd., S. 429.

93 Zitiert nach: Niccolò Machiavelli, Politische Schriften. Herausgegeben von Herfried Münkler. Frankfurt 1990, S. 162. Es ist das 12. Kapitel im Ersten Buch der «Discorsi», das den Titel trägt: «Von welcher Wichtigkeit es ist, auf die Religionen achtzuhaben, und wie Italien in Verfall geriet, weil es durch die Schuld der römischen Kirche keine Religion hat».

94 Zitiert nach: Machiavelli, Politische Schriften. Der Fürst (Il principe), S. 121.

95 An den Christlichen Adel deutscher Nation von des Christlichen Standes Besserung. WA 6, S. 405.

96 WA Br 2, S. 254 f., Nr. 371. Brief an Friedrich den Weisen vom 25. Januar 1521.

Elftes Kapitel: Exkurs: Die Juden von Regensburg

1 Die Judengemeinde Regensburg im ausgehenden Mittelalter. Auf Grund der Quellen kritisch untersucht und neu dargestellt von Raphael Straus. Heidelberg 1932, S. 5.

2 Zitiert nach: Urkunden und Aktenstücke zur Geschichte der Juden in Regensburg 1453–1738. Mit einem Geleitwort von Friedrich Baethgen. München 1960, S. 281.

3 Straus, Die Judengemeinde Regensburg im ausgehenden Mittelalter, S. 94.

4 Zitiert nach: Urkunden und Aktenstücke zur Geschichte der Juden in Regensburg 1453–1738, S. 428.

5 Ebd., S. 392.

6 WA Tr 4, S. 620, Nr. 5026.

7 Carl Theodor Gemeiner, Reichsstadt Regensburgische Chronik. Band I V. Regensburg 1824, S. 383. Zitiert nach: Volkmar Greiselmayer, Albrecht Altdorfers «Schöne Madonna» in der Kritik Martin Luthers und Albrecht Dürers. In: Karl Möseneder (Hg.), Streit um Bilder. Von Byzanz bis Duchamp. Berlin 1997, S. 80.

8 An den Christlichen Adel teutscher Nation, WA 6, S. 447.

9 Ebd.

10 Zitiert nach: Rupprich (Hg.), Dürer. Schriftlicher Nachlass. Band 1, S. 210.

11 Peter Herde, Gestaltung und Krisis des christlich-jüdischen Verhältnisses in Regensburg am Ende des Mittelalters. In: Zeitschrift für bayerische Landesgeschichte, Jg. 22 (1959), S. 371.

12 Zitiert nach: Greiselmayer, Albrecht Altdorfers «Schöne Madonna», S. 77.

13 Angaben nach: Gerhard B. Winkler, Die Regensburger Wallfahrt zur Schönen Madonna (1519) als reformatorisches Problem. In: Dieter Henrich (Hg.), Albrecht Altdorfer und seine Zeit. Vortragsreihe der Universität Regensburg. Regensburg 1981 (= Schriftenreihe der Universität Regensburg Band 5), S. 108.

14 Die Angaben nach: Greiselmayer, Albrecht Altdorfers «Schöne Madonna», S. 82.

15 WA Br 1, S. 573, Nr. 229.

16 Ebd., S. 599, Nr. 233.

17 Ebd.

18 An den Christlichen Adel teutscher Nation, WA 6, S. 447.

19 Das Magnificat Vorteutschet und außgelegt, 1521. WA 7, S. 573 f.

20 Ebd., S. 574.

21 Zitiert nach: Rupprich (Hg.), Dürer. Schriftlicher Nachlass. Band 1, S. 210. Damit hat Dürer 1523 den Holzschnitt Ostendorfers beschriftet, den er gekauft hatte.

22 Zitiert nach: Urkunden und Aktenstücke zur Geschichte der Juden in Regensburg 1453–1738, S. 417.

23 «Cronica newer geschichten» von Wilhelm Rem 1512–1527 (photomechanischer Nachdruck), S. 161.

24 WA Br 3, S. 141, Nr. 652. 26. August 1523.

25 Ebd., S. 141 f.

26 Ebd., S. 142.

27 Carl Sachsse, D. Balthasar Hubmaier als Theologe. Aalen 1973 [Berlin 1914], S. 127.

28 Ebd., S. 135.

29 WA 26, S. 145.

30 Vgl. Eduard Isphording, Gottfried Bernhard Göz 1708–1774. Ölgemälde und Zeichnungen. Textband. Weißenhorn 1982, S. 86.

Zwölftes Kapitel: Deutschland braucht einen Kaiser

1 Vgl. Wiesflecker, Kaiser Maximilian I. Band IV: Gründung des habsburgischen Weltreiches, Lebensabend und Tod 1508–1519. München 1981, S. 421.

2 Vgl. ebd., S. 422.

3 Vgl. ebd., S. 446.

4 Zitiert nach: Machiavelli, Politische Schriften. Der Fürst (Il principe), S. 116.

5 Vgl. Wiesflecker, Kaiser Maximilian I. Band IV, S. 632.

6 Vgl. ebd., S. 430, 432.

7 Zitiert nach: Ludolphy, Friedrich der Weise, S. 372.

8 Vgl. Pastor, Geschichte der Päpste im Zeitalter der Renaissance und der Glaubensspaltung von der Wahl Leos X. bis zum Tode Klemens' VII. (1513–1534). Band 4, Abteilung 1, S. 184.

9 Zitiert nach: Tewes, Die Kurie unter dem Medici. Papst Leo X. und die Phase der beginnenden Reformation Luthers, S. 25.

10 Zitiert nach: Deutsche Reichstagsakten unter Kaiser Karl V. Band 1, S. 465.

11 Ebd., S. 823.

12 Zitiert nach: Alfred Kohler, Karl V. 1500–1558. München 1999, S. 68.

13 Ebd.

14 Pölnitz, Die Fugger, S. 121.

15 Zitiert nach: Max Jansen, Jakob Fugger der Reiche. Studien und Quellen I. Leipzig 1910, S. 250.

16 Ebd.

17 Pölnitz, Jakob Fugger. Quellen und Erläuterungen, S. 441.

18 Vgl. Jansen, Jakob Fugger der Reiche, S. 247.

19 Vgl. «Cronica newer geschichten» von Wilhelm Rem 1512–1527 (photomechanischer Nachdruck), S. 137.

20 Pölnitz, Jakob Fugger. Quellen und Erläuterungen, S. 441.

21 Zitiert nach: Jansen, Jakob Fugger der Reiche, S. 248.

Dreizehntes Kapitel: Luther kommt ins Bild

1 19. Oktober 1519. Johannes Eck an den (nicht mit ihm verwandten) bayrischen Hofrat Leonhard von Eck.

2 Zitiert nach: Rupprich (Hg.), Dürer. Schriftlicher Nachlass. Band 2: Lehrbuch der Malerei. Berlin 1966, S. 109.

3 Zitiert nach: Rupprich (Hg.), Dürer. Schriftlicher Nachlass. Band 1, S. 86. Anfang des Jahres 1520.

4 Ebd.

5 Andreas Tacke, «ich het euch vil zuschreiben, hab aber vil zuschaffen». Cranach der Ältere als «Parallel Entrepreneur». Auftragslage und Marktstrategien im Kontext des Schneeberger Altares von 1539. In: Thomas Pöpper / Susanne Wegmann (Hg.), Das Bild des neuen Glaubens. Das Cranach-Retabel in der Schneeberger St. Wolfgangskirche. Regensburg 2011, S. 71–84.

6 Ruth Slenczka, Dürers, Holbeins und Cranachs Melanchthon: Künstlerischer Austausch und innovative Medien in der Porträtkunst um 1530. In: Pirckheimer-Jahrbuch für Renaissance- und Humanismusforschung. Band 25: Der frühe Melanchthon und der Humanismus. Akten des gemeinsam mit dem Melanchthonhaus Bretten am 6./7. November 2009 veranstalteten Symposiums in Bretten. Herausgegeben von Franz Fuchs. Wiesbaden 2011, S. 128.

7 Nach der Übersetzung im Katalog der Hamburger Ausstellung: Werner Hofmann (Hg.), Köpfe der Lutherzeit. München 1983, S. 110.

8 Martin Warnke, Cranachs Luther. Entwürfe für ein Image. Frankfurt 1984, S. 27 f.

9 Benutzte Ausgabe: Von der Babylonischen gefengknuß der Kirchen / Doctor Martin Luthers. Straßburg 1520. Digitalisat der Badischen Landesbibliothek in Karlsruhe: http://digital.blb-karlsruhe.de/blbihd/content/pageview/1533981 (28. Oktober 2015).

10 Digitalisat der bayerischen Staatsbibliothek: http://daten.digitale-samm lungen.de/bsb00027453/image_6 (28. Oktober 2015).

11 Peter-Klaus Schuster, Abstraktion, Agitation und Einfühlung. Formen protestantischer Kunst im 16. Jahrhundert. In: Werner Hofmann (Hg.), Luther und die Folgen für die Kunst. München 1983, S. 154.

12 Zitiert nach: Die Depeschen des Nuntius Aleander vom Wormser Reichstage 1521. Übersetzt und erläutert von Dr. P. Kalkoff. Halle 1886, S. 34 f. Kalkoff datiert den Brief auf «etwa 18. Dez. 1520».

13 Zitiert nach: Rupprich (Hg.), Dürer. Schriftlicher Nachlass. Band 1, S. 96. Brief vom 4. September 1523.

Vierzehntes Kapitel: Die Luft der Freiheit weht

1 Zitiert nach: Lutz, Conrad Peutinger, S. 187.

2 Zitiert nach: J. S. Brewer (Hg.), Letters and Papers, Foreign and Domestic, of the Reign of Henry VIII., preserved in the Public Record Office, the British Museum, and elsewhere in England. Band 3, Teil 1, S. ccccxxxix. http://www.british-history.ac.uk/letters-papers-hen8/vol3/cdxxxvi-cdxlv (6. Januar 2016). Meine Übersetzung.

3 Zitiert nach: Lutz, Conrad Peutinger, S. 187.

4 Zitiert nach: Die Depeschen des Nuntius Aleander vom Wormser Reichstage 1521, S. 35. Kalkoff datiert den Brief auf «etwa 18. Dez. 1520».

5 Vgl. Kalkoff, Aleander gegen Luther, S. 143 f.

6 Zitiert nach: Die Depeschen des Nuntius Aleander vom Wormser Reichstage 1521, S. 125.

7 Vgl. Kalkoff, Aleander gegen Luther, S. 143.

8 Zitiert nach: Die Depeschen des Nuntius Aleander vom Wormser Reichstage 1521, S. 114.

9 WA Br 2, S. 283, Nr. 385. Brief an Spalatin vom 7. März 1521.

10 Zitiert nach: Strauß, Ulrich von Hutten. Zweiter Theil, S. 176.

11 Ebd.

12 Ebd., S. 176 f.

13 Ebd., S. 177.

14 Zitiert nach: Ulrich von Hutten. Schriften herausgegeben von Eduard Böcking. Band 2: Briefe von 1521 bis 1525. Leipzig 1859, S. 47. Brief vom 8. April 1521.

15 Zitiert nach: Schilling, Hutten und Luther, S. 93.

16 Zitiert nach: Fritz Reuter, Worms um 1521. In: ders. (Hg.), Der Reichstag zu Worms von 1521. Reichspolitik und Luthersache. Im Auftrag der Stadt Worms zum 450-Jahrgedenken. Köln / Wien 1981, S. 44.

17 Vgl. Rainer Wohlfeil, Der Wormser Reichstag von 1521. In: Reuter (Hg.), Der Reichstag zu Worms von 1521. Reichspolitik und Luthersache, S. 77.

18 Zitiert nach: Kohler, Karl V. 1500–1558, S. 155.

19 Zitiert nach: Bernd Moeller, Luthers Bücher auf dem Wormser Reichstag von 1521. In: Hubert Mordek (Hg.), Aus Archiven und Bibliotheken. Festschrift für Raymund Kottje. Frankfurt 1992, S. 532.

20 Zitiert nach: Die Depeschen des Nuntius Aleander vom Wormser Reichstage 1521, S. 52.

21 Ebd., S. 47.

22 Ebd., S. 37.

23 Ebd., S. 178.

24 Zitiert nach: Strauß, Ulrich von Hutten. Zweiter Theil, S. 174.

25 Zitiert nach: 1521–1971. Luther in Worms, S. 51.

26 Zitiert nach: Schilling, Hutten und Luther, S. 91.

27 WA Br 2, S. 249, Nr. 368. Brief an Spalatin vom 16. Januar 1521.

28 Zitiert nach: Schilling, Hutten und Luther, S. 95.

29 WA Br 2, S. 289, Nr. 389. 19. März 1521.

30 WA Br 2, S. 249, Nr. 368. Brief an Spalatin vom 16. Januar 1521. Meine Übersetzung nach Joh 5,4 f.

31 Vgl. Franz Rueb, Der hinkende Schmiedgott Vulkan: Ulrich von Hutten, 1488–1523. Zürich 1988, S. 268.

32 Von der Babylonischen Gefangenschaft der Kirche. Ein Vorspiel Martin Luthers. In: Aland (Hg.), Luther Deutsch. Band 2, S. 171.

33 Zitiert nach: Ludolphy, Friedrich der Weise, S. 431.

34 Vgl. ebd., S. 432.

35 Zitiert nach: Brewer (Hg.), Letters and Papers, Foreign and Domestic, of the Reign of Henry VIII. Band 3, Teil 1, S. ccccxxxix.

36 WA Br 2, S. 280, Nr. 383. Brief Karls V. vom 6. März 1521.

37 Zitiert nach: Ludolphy, Friedrich der Weise, S. 434.

38 Hus in Konstanz. Der Bericht des Peter von Mladoniowitz. Übersetzt, eingeleitet und erklärt von Josef Bujnoch (= Slavische Geschichtsschreiber III. Herausgegeben von Günther Stökl). Graz / Wien / Köln 1963, S. 257.

39 Vgl. WA Br 2, S. 305 f., Nr. 400.

40 Johann Theodor Lingke, D. Martin Luthers merkwürdige Reisegeschichte, zu Ergänzung seiner Lebensumstände und Erläuterung der Reformationsgeschichte aus bewährten Schriften und zum Theil ungedruckten Nachrichten beschrieben, und nach dem Jubiläo des Reformationsfestes in Sachsen herausgegeben. Leipzig 1769, S. 86.

41 WA 7, S. 812.

42 Ebd., S. 812 f.

43 Vgl. http://www.db-thueringen.de/servlets/DerivateServlet/Derivate-21865/Luther-Erfurt-Erbe.pdf (16. Juni 2016).

44 Hans-Joachim Neumann, Luthers Leiden. Die Krankheitsgeschichte des Reformators. Berlin 1995, S. 76 f.

45 WA TR 4, S. 305, Nr. 4422. 20. März 1539.

46 Zitiert nach: Neumann, Luthers Leiden, S. 77.

47 Vgl. ebd., S. 78.

48 Zitiert nach: Die Depeschen des Nuntius Aleander vom Wormser Reichstage 1521, S. 130.

49 Vgl. Kalkoff, Aleander gegen Luther, S. 77.

50 Vgl. Die Depeschen des Nuntius Aleander vom Wormser Reichstage 1521, S. 34.

51 «Cronica newer geschichten» von Wilhelm Rem 1512–1527 (photomechanischer Nachdruck), S. 137.

Fünfzehntes Kapitel: Im Gewissen gefangen

1 WA Tr 5, S. 101, Nr. 5375b. 1540.

2 Hieronymus Aleander am 17. Februar 1521 an Johannes Eck. Zitiert nach der von Vinzenz Pfnür herausgegebenen Internet-Edition des Briefwechsels von Johannes Eck: http://ivv7srv15.uni-muenster.de/mnkg/pfnuer/ Eckbriefe/N137.html (23. September 2015).

3 Zitiert nach: Die Depeschen des Nuntius Aleander vom Wormser Reichstage 1521, S. 133.

4 Gisela Möncke (Hg.), Hernach volgt wie doctor Martinus Luther zu Wurms einzogen ist vnd was man mit im gehandlt hat daselbst auf dem reychstag aygentlichen begryffen etc. In: Archiv für Reformationsgeschichte, Jg. 80 (1989), S. 41.

5 Zitiert nach: Die Depeschen des Nuntius Aleander vom Wormser Reichstage 1521, S. 133.

6 Vgl. Höss, Georg Spalatin, S. 195.

7 Theodor Kolde (Hg.), Analecta Lutherana. Briefe und Aktenstücke zur Geschichte Luthers. Gotha 1883, S. 31. Aufzeichnung Peutingers vom 21. April 1521.

8 Zitiert nach: Wurm, Johannes Eck und der oberdeutsche Zinsstreit 1513–1515, S. 66.

9 Laube (Hg.), Flugschriften der frühen Reformationsbewegung (1518–1524). Band 2, S. 701.

10 Ebd., S. 699.

11 Zitiert nach: Strauß, Ulrich von Hutten. Erster Theil, S. 344.

12 Zitiert nach: Lutz, Conrad Peutinger, S. 185.

13 Egon Friedell, Kulturgeschichte der Neuzeit. Die Krisis der europäischen Seele von der schwarzen Pest bis zum Ersten Weltkrieg. Band 1. München ²1976 [1927], S. 273.

14 WA Br 2, S. 305, Nr. 400. 28. April 1521.

15 Zitiert nach: Die Depeschen des Nuntius Aleander vom Wormser Reichstage 1521, S. 138.

16 Ebd., S. 136.

17 Zitiert nach: Moeller, Luthers Bücher auf dem Wormser Reichstag von 1521, S. 527.

18 Zitiert nach: Ludolphy, Friedrich der Weise, S. 435.

19 Doctor Martini Luthers offentliche verhör zü Worms imm Reychstag / Red vnnd widerred / am 17.tag Aprilis / imm jar. 1521 beschehen. Nach dem Fak-

simile in: Martin Luther auf dem Reichstag zu Worms. 12 Flugschriften. Zusammengestellt und mit einem Nachwort von Eva-Maria Stelzer. Leipzig / Köln 1983, unpag.

20 Zitiert nach: Die Depeschen des Nuntius Aleander vom Wormser Reichstage 1521, S. 138.

21 Ebd., S. 139.

22 WA 7, S. 815.

23 WA Br 2, S. 300, Nr. 397. 17. April 1521.

24 Zitiert nach der Übersetzung von Kurt-Victor Selge: Capta conscientia in verbis Dei. Luthers Widerrufsverweigerung in Worms. In: Reuter (Hg.), Der Reichstag zu Worms von 1521, S. 184.

25 Ebd., S. 185.

26 Möncke (Hg.), Hernach volgt wie doctor Martinus Luther zu Wurms einzogen ist vnd was man mit im gehandlt hat daselbst auf dem reychstag aygentlichen begryffen etc., S. 44.

27 Zitiert nach der Übersetzung von Selge: Capta conscientia in verbis Dei. Luthers Widerrufsverweigerung in Worms, S. 185.

28 Ebd.

29 Möncke (Hg.), Hernach volgt wie doctor Martinus Luther zu Wurms einzogen ist vnd was man mit im gehandlt hat daselbst auf dem reychstag aygentlichen begryffen etc., S. 44.

30 Zitiert nach der Übersetzung von Selge: Capta conscientia in verbis Dei. Luthers Widerrufsverweigerung in Worms, S. 188.

31 Ebd., S. 180.

32 Möncke (Hg.), Hernach volgt wie doctor Martinus Luther zu Wurms einzogen ist vnd was man mit im gehandlt hat daselbst auf dem reychstag aygentlichen begryffen etc., S. 44.

33 Ebd., S. 42.

34 Zitiert nach der Übersetzung von Selge: Capta conscientia in verbis Dei. Luthers Widerrufsverweigerung in Worms, S. 181.

35 Möncke (Hg.), Hernach volgt wie doctor Martinus Luther zu Wurms einzogen ist vnd was man mit im gehandlt hat daselbst auf dem reychstag aygentlichen begryffen etc., S. 45.

36 Kolde (Hg.), Analecta Lutherana. Briefe und Aktenstücke zur Geschichte Luthers, S. 30. Aufzeichnung Peutingers vom 21. April 1521.

37 Zitiert nach: Die Depeschen des Nuntius Aleander vom Wormser Reichstage 1521, S. 143.

38 Zitiert nach: Ludolphy, Friedrich der Weise, S. 436.

39 WA Br 2, S. 388, Nr. 429. 9. September 1521. «Et ego timeo valde & vexor conscientia, quod tuo & amicorum consilio caedens Vormacie remisi spiritum meum & Idolis illis non exhibuerim Elias quendam.»

40 Zitiert nach: Alfred Kohler (Hg.), Quellen zur Geschichte Karls V. Darmstadt 1990, S. 466.

41 Ebd., S. 138.

42 Vgl. Die Depeschen des Nuntius Aleander vom Wormser Reichstage 1521, S. 167.

43 Zitiert nach Hans Wolter, Das Bekenntnis des Kaisers. In: Reuter (Hg.), Der Reichstag zu Worms von 1521, S. 226.

44 Ebd., S. 227 f.

45 Ebd., S. 227.

46 Zitiert nach: Kohler (Hg.), Quellen zur Geschichte Karls V., S. 138.

47 Gregorovius, Geschichte der Stadt Rom im Mittelalter vom V. bis zum XVI. Jahrhundert, S. 478.

48 Zitiert nach: Moeller, Luthers Bücher auf dem Wormser Reichstag von 1521, S. 543.

49 Ebd.

50 Zitiert nach: Wohlfeil, Der Wormser Reichstag von 1521, S. 121.

51 Zitiert nach: Ludolphy, Friedrich der Weise, S. 438.

52 Zitiert nach: Wohlfeil, Der Wormser Reichstag von 1521, S. 149.

53 Ebd., S. 150.

54 Vgl. Ludolphy, Friedrich der Weise, S. 59.

55 Ein Missive an Hartmut v. Cronberg. Zitiert nach WA Br 10/2, S. 59.

56 Vgl. Dr. Philipp Marheineke, Geschichte der teutschen Reformation, Erster Theil. Zweite, verbesserte und vermehrte Auflage, Band I. Berlin 1831, S. 273. Zitiert nach dem Digitalisat der Bayerischen Staatsbibliothek: http://reader. digitale-sammlungen.de/de/fs1/object/display/bsb10449934_00001.html (10. Januar 2016).

Sechzehntes Kapitel: Auf der Wartburg

1 Vgl. Mirko Gutjahr, «Non cultus est, sed memoriae gratia». Hinterlassenschaften Luthers zwischen Reliquien und Relikten. In: Meller (Hg.), Fundsache Luther, S. 105.

2 WA Br 2, S. 397, Nr. 435. Brief an Nikolaus Gerbel vom 1. November 1521.

3 Zitiert nach: Ludolphy, Friedrich der Weise, S. 437.

4 Ebd.

5 Zitiert nach: Rupprich (Hg.), Dürer. Schriftlicher Nachlass. Band 1, S. 171. Tagebuch der Reise in die Niederlande, Eintrag vom 17. Mai 1521.

6 Vgl. WA Br 2, S. 347, Nr. 413. Brief an Melanchthon vom 26. Mai 1521.

7 Ebd., S. 338, Nr. 410. Brief an Spalatin vom 14. Mai 1521.

8 Zitiert nach Aland (Hg.), Luther Deutsch. Band 10, S. 91. Luther an Spalatin am 14. Mai 1521.

9 Zitiert nach: Ludolphy, Friedrich der Weise, S. 505.

10 Zitiert nach: Rupprich (Hg.), Dürer. Schriftlicher Nachlass. Band 1, S. 171. Tagebuch der Reise in die Niederlande, Eintrag vom 17. Mai 1521.

11 Zitiert nach: Joachim Ufer, «Passion D. Martins Luthers». Eine Flugschrift von 1521. In: Reuter (Hg.), Der Reichstag zu Worms von 1521, S. 458.

12 Zitiert nach Aland (Hg.), Luther Deutsch. Band 10, S. 99. Brief an Spalatin vom 15. August 1521.

13 Ebd.

14 Neumann, Luthers Leiden, S. 84.

15 Martin Luther an Georg Spalatin am 9. September 1521. Zitiert nach: Neumann, Luthers Leiden, S. 82.

16 WA Br 2, S. 397, Nr. 435. Brief an Nikolaus Gerbel vom 1. November 1521.

17 Ebd., S. 399, Nr. 436. Brief an Spalatin vom 1. November 1521.

18 Zitiert nach: Bernd Moeller, Eine Reliquie Luthers. In: ders., Die Reformation und das Mittelalter, S. 258.

19 Uom miszbrauch der Messen. WA 8, S. 561.

20 Ebd.

21 WA Br 2, S. 405, Nr. 441. Brief vom 22. November 1521 an Spalatin.

22 Ebd., S. 406 f., Nr. 442. Brief an Albrecht von Brandenburg vom 1. Dezember 1521.

23 Ebd., S. 402, Nr. 438. Brief an Spalatin vom 11. November 1521.

24 Zitiert nach Aland (Hg.), Luther Deutsch. Band 10, S. 104 f. Luther an Spalatin am 11. November 1521.

25 WA Br 2, S. 402, Nr. 438. Brief an Spalatin vom 11. November 1521.

26 Zitiert nach Ute Mennecke, Luther als Junker Jörg. In: Lutherjahrbuch 79 (2012), S. 70.

27 WA Br 2, S. 413, Nr. 445. Brief an Johann Lang vom 18. Dezember 1521.

28 Vgl. Pastor, Geschichte der Päpste im Zeitalter der Renaissance und der Glaubensspaltung von der Wahl Leos X. bis zum Tode Klemens' VII. (1513–1534). Band 4, Abteilung 2, S. 7.

29 Ebd., S. 93.

30 WA 10/2, S. 60. Missive an Hartmut v. Cronberg von Anfang März 1522.

31 Gedrucktes Mandat Georgs, Dresden, 7. November 1522. Zitiert nach: Gess (Hg.), Akten und Briefe zur Kirchenpolitik Herzog Georgs von Sachsen. Band 1, S. 386.

32 Heinz Bluhm, Bedeutung und Eigenart von Luthers Septembertestament. Eine Analyse von Römer 3,19–31. In: Lutherjahrbuch 39 (1972) S. 55–79.

33 Hermann Dibbelt, Hatte Luthers Verdeutschung des Neuen Testaments den griechischen Text zur Grundlage? In: Archiv für Reformationsgeschichte, Jg. 38 (1941), S. 300–330. Es gab Widerspruch, wenn auch nicht sehr überzeugend: Heinrich Bornkamm, Luthers geistige Welt. Gütersloh ⁴1960 [1953], S. 282. Hans Volz hat umso heftiger widersprochen, vgl. Luther, Biblia. Band 3, S. 52*.

34 WA Tr 2, S. 639, Nr. 2758b. 28. September bis 23. November 1532.

35 Ein sendbrieff D. M. Luthers. Von Dolmetzschen vnd Fürbit der heiligenn. Nürnberg 1530. Zitiert nach: Luther, Biblia. Band 3, S. 246*.

36 WA Tr 2, S. 639, Nr. 2758a. 28. September bis 23. November 1532.

37 Zitiert nach: Hans Volz, Zu dieser Ausgabe. In: Luther, Biblia. Band 3, S. 132*.

38 Ein sendbrieff D. M.Luthers. Von Dolmetzschen vnd Fürbit der heiligenn, S. 242*.

39 WA Tr 1, S. 524 f., Nr. 1040. Erste Hälfte der dreißiger Jahre.

40 WA Br 2, S. 421, Nr. 448. Albrecht von Brandenburg am 21. Dezember 1521 an Luther.

41 Gedrucktes Mandat Georgs, Dresden, 7. November 1522. Zitiert nach: Gess (Hg.), Akten und Briefe zur Kirchenpolitik Herzog Georgs von Sachsen. Band 1, S. 386.

42 WA Br 2, S. 448, Nr. 454. Brief an Kurfürst Friedrich, ca. 24. Februar 1522.

43 Ebd.

44 Zitiert nach: Thomas Kaufmann, Ewiges Wort und zeitliches Bild. Das Bild in der frühen Reformation. In: Franziska Bomski / Hellmut Th. Seemann / Thorsten Valk (Hg.), Bild und Bekenntnis. Die Cranach-Werkstatt in Weimar (= Klassik Stiftung Weimar Jahrbuch 2015), S. 25.

45 Wochenpredigt über Joh 17,5–6. 29. August 1528. WA 28, S. 113.

46 WA Br 2, S. 451, Nr. 454. Konzept des Fürsten für den Amtmann Johann Oswald in Eisenach.

47 Ebd.

48 Ebd., S. 454, Nr. 455. Luther an Friedrich den Weisen am 5. März 1522.
49 Moeller, Eine Reliquie Luthers, S. 260.
50 WA Br 2, S. 455, Nr. 455. Luther an Friedrich den Weisen am 5. März 1522.
51 Ebd., S. 455 f.
52 Ebd., S. 456.
53 WA 10/2, S. 60. Missive an Hartmut v. Cronberg von Anfang März 1522.
54 Dominica Invocavit. WA 10/3, S. 1–4.
55 Zitiert nach: Pastor, Geschichte der Päpste im Zeitalter der Renaissance und der Glaubensspaltung von der Wahl Leos X. bis zum Tode Klemens' VII. (1513–1534). Band 4, Abteilung 2, S. 93.
56 Ebd.
57 WA Br 3, S. 91, Nr. 624. Brief an Jhan von Schleinitz zu Jhanshausen vom 18. Juni 1523.
58 Philippus Melanchthon / D. Martinus Luther, Deuttung der zwo grewlichen Figuren Bapstesels zu Rom vnd Munchkalbs zu freyberg jn Meyssen funden. Wittenberg 1523. In: WA 11, S. 380.
59 WA Br 2, S. 559 f., Nr. 509. Brief an Paul Speratus in Iglau vom 13. Juni 1522.
60 WA Br 2, S. 559, Nr. 508. Brief an Johann Lang vom 11. Juni 1522.
61 Dominica Invocavit. WA 10/3, S. 4.
62 Vgl. Robert J. Christman, «For he is coming». Revisiting Martin Luther's reaction to the Reformation's First Executions. In: Lutherjahrbuch 82 (2015), S. 12.
63 WA Br 3, S. 115, Nr. 635. Brief an Spalatin vom 22. oder 23. Juli 1523.

Siebzehntes Kapitel: Bauernkrieg und Eheschließung

1 WA Tr 5, S. 486, Nr. 6095. Meine Übersetzung.
2 Die Angaben nach: Aby Warburg, Gesammelte Schriften. Abteilung 1, Band I,2, S. 509.
3 WA Tr 1, S. 323, Nr. 678. Erste Hälfte der dreißiger Jahre.
4 Ermanunge zum fride auff die zwelff artikel der Bawrschafft ynn Schwaben. WA 18, S. 358.
5 WA Br 3, S. 308, Nr. 753. Brief an Herzog Johann Friedrich von Sachsen vom 18. Juni 1524.
6 Ebd., S. 307.
7 Zitiert nach: Kurt Löcher, Barthel Beham. Ein Maler aus dem Dürerkreis. München / Berlin 1999, S. 257.

8 Ebd., S. 256.

9 Außgetrückte emplössung des falschen Glaubens der ungetrewen welt durchs gezeügnis des Euangelions Luce vorgetragen der elenden erbermlichen Christenheyt zur innerung jhres irsals. Mühlhausen 1523. In: Thomas Müntzer, Schriften und Briefe. Kritische Gesamtausgabe. Unter Mitarbeit von Paul Kirn herausgegeben von Günther Franz. Gütersloh 1968, S. 280.

10 Ebd., S. 313.

11 Ebd., S. 275.

12 Ebd., S. 302.

13 Ebd., S. 296.

14 Zitiert nach: Löcher, Barthel Beham, S. 257.

15 Ebd.

16 Von der freyheyt eynes Christen menschen. Wittenberg 1520.

17 Vgl. Peter Blickle, Die Zwölf Artikel der oberschwäbischen Bauern. Das Scharnier zwischen Bauernkrieg und Reformation. In: Görge K. Hasselhoff/David von Mayenburg (Hg.), Die Zwölf Artikel von 1525 und das «Göttliche Recht» der Bauern – rechtshistorische und theologische Dimensionen. Würzburg 2012, S. 25.

18 Ungläubig zum ersten Mal gelesen bei Rolf Michaelis, Geschichte vom Verlorenen Haufen. In: Die Zeit, 13. Mai 1988. Auch in: Peter Blickle, Die Revolution von 1525. 4., durchgesehene und erweiterte Auflage. München 2004, S. 2.

19 Fakten entnommen aus Blickle, Die Zwölf Artikel der oberschwäbischen Bauern, S. 19–42.

20 Zitiert nach: Dye Grundtlichen Vnd rechten haupt Artickel, aller Baurschafft vnnd Hyndersessen der Gaistlichen vnd Weltlichen oberkayten, von wölchen sy sich beschwert vermainen. Augsburg 1525. Zitiert nach: Adolf Laube/Hans Werner Seiffert (Hg.), Flugschriften der Bauernkriegszeit. Berlin (Ost) 1975, S. 26.

21 Ebd., S. 28.

22 Ebd., S. 31.

23 Ein ander Sermon D. M. Luthers/Am Montag nach Invocavit. WA 10/3, S. 19.

24 Ebd., S. 18 f.

25 Ebd., S. 19.

26 Widder den rechten auffrürischen, verretherschen vnd mordischen Rad-

schlag der gantzen Meintzischen pfafferey, Vnterricht vnd warnunge Martini Luther. Wittenberg 1526. WA 19, S. 278.

27 Karl Marx, Zur Kritik der Hegelschen Rechtsphilosophie (Einleitung), erschienen 1844 in den Deutsch-Französischen Jahrbüchern, hier zitiert nach: Karl Marx / Friedrich Engels, Werke. Band 1. Berlin (Ost) 1961, S. 386.

28 Kohnle (Hg.), Martin Luther, An den Christlichen Adel teutscher Nation, S. 74.

29 Ebd., S. 75.

30 WA Br 3, S. 517, Nr. 878. Brief an Amsdorf vom 30. Mai 1525.

31 WA 18, S. 332.

32 Ebd., S. 333.

33 Ebd., S. 328.

34 Uon welltlicher vberkeytt wie weytt man yhr gehorsam schuldig sey. Wittemberg 1523. WA 11, S. 229–282.

35 Ebd., S. 261.

36 Ebd., S. 247.

37 Ebd., S. 262.

38 Ebd.

39 Ebd., S. 251.

40 Ebd., S. 265.

41 Zitiert nach: Gess (Hg.), Akten und Briefe zur Kirchenpolitik Herzog Georgs von Sachsen. Band 1, S. 487. Brief Georgs an Friedrich vom 21. März 1523.

42 WA 11, S. 247.

43 Ebd., S. 267.

44 In: Gess (Hg.), Akten und Briefe zur Kirchenpolitik Herzog Georgs von Sachsen. Band 1, S. 489. Brief Friedrichs an Georg vom 24. März 1523.

45 WA 18, S. 279–334.

46 Ebd., S. 305.

47 Von der freyheyt eynes Christen menschen.

48 Ermanunge zum fride auff die zwelff artikel der Bawrschafft ynn Schwaben. WA 18, S. 326 f.

49 Zitiert nach: Luther, Biblia. Band 3, S. 2309.

50 Das siebente Kapitel S. Pauli zu den Corinthern ausgelegt. 1523. WA 12, S. 129.

51 Ein ander Sermon D. M. Luthers / Am Montag nach Invocavit. WA 10/3, S. 18 f.

52 Außgetrückte emplössung des falschen Glaubens der ungetrewen welt durchs gezeügnis des Euangelions Luce vorgetragen der elenden erbermlichen Christenheyt zur innerung jhres irsals, S. 275.

53 Zitiert nach: Wieland Held/ Siegfried Hoyer (Hg.), Quellen zu Thomas Müntzer. Kritische Gesamtausgabe. Band 3. Leipzig 2004, S. 239 f.

54 Zitiert nach: Aland (Hg.), Luther Deutsch. Band 10, S. 144. Brief vom 21. August 1524.

55 Hoch verursachte Schutzrede vnd antwwort wider das Gaistloße Sanfft lebende fleysch zů Wittenberg welches mit verkärter weyße durch den Diepstal der heiligen Schrift die erbermdliche Christenheit also gantz jämerlichen besudelt hat. Zitiert nach: Laube/ Seiffert (Hg.), Flugschriften der Bauernkriegszeit, S. 83.

56 Ebd., S. 97.

57 Ebd., S. 98.

58 Protestation odder empietung. In: Müntzer, Schriften und Briefe, S. 240.

59 Ernst Bloch, Thomas Münzer als Theologe der Revolution. Werkausgabe Band 2. Frankfurt 1985, S. 14 f. Die Schrift ist zuerst 1921 erschienen.

60 Zitiert nach: Ludolphy, Luther und die Astrologie, S. 107.

61 Widder die reubischen/ vnd mördisschen rotten/ der andern bawren. Zitiert nach: Laube/ Seiffert (Hg.), Flugschriften der Bauernkriegszeit, S. 328.

62 Ebd., S. 329.

63 Ebd., S. 332.

64 Zitiert nach: Luther, Biblia. Band 3, S. 2290.

65 Widder die reubischen/ vnd mördisschen rotten/ der andern bawren, S. 332.

66 Neumann, Luthers Leiden, S. 160.

67 WA Br 3, S. 428, Nr. 821. Brief an Amsdorf vom 23. Januar 1525.

68 Ebd., S. 479. Brief an Johann Rühel vom 4. oder 5. Mai 1525.

69 Zitiert nach: Aland (Hg.), Luther Deutsch. Band 10, S. 154. Brief an Nikolaus von Amsdorf vom 30. Mai 1525.

70 WA Br 3, S. 517, Nr. 878. Brief an Amsdorf vom 30. Mai 1525.

71 Ebd., S. 482, Nr. 860. Brief an Johann Rühel vom 4. oder 5. Mai 1525.

72 Ob kriegsleutte auch ynn seligem stande seyn künden. Wittenberg 1526. Der Satz fehlt in der WA, die sich vermutlich auf eine spätere Fassung stützt. Digitalisat: http://reader.digitale-sammlungen.de/de/fs1/object/display/bsb10204271_00005.html (16. Juni 2016).

73 WA 19, S. 626. Hier zitiert nach: http://reader.digitale-sammlungen.de/de/fs1/object/display/bsb10204271_00005.html (16. Juni 2016).

74 Ebd.

75 Widder den rechten auffrürischen, verretherschen vnd mordischen Rad-
schlag der gantzen Meintzischen pfafferey, Vnterricht vnd warnunge Martini Luther, S. 278.

76 Ebd., S. 279.

77 WA 11, S. 262.

78 WA Br 7, S. 124 f., Nr. 2151. Brief an Hans Kohlhase vom 8. Dezember 1534.

79 Ebd., S. 125.

80 Karl Max Kober in: Reformation – Revolution. Panorama Frankenhausen.
Monumentalbild von Werner Tübke. Dresden 1988, S. 8.

81 Hoch verursachte Schutzrede vnd antwwort wider das Gaistloße Sanfft
lebende fleysch zů Wittenberg welches mit verkärter weyße durch den
Diepstal der heiligen Schrift die erbermdliche Christenheit also gantz jämerlichen besudelt hat, S. 324 f.

82 Lutz, Conrad Peutinger, S. 280.

83 WA Br 3, S. 507, Nr. 874. Brief an Johann Rühel vom 23. Mai 1525.

84 Lutz, Conrad Peutinger, S. 281.

85 Außlegung des andern vnterschyds Danielis deß propheten gepredigt
auffm schlos zu Alstet vor den tetigen thewren Herzcogen und vorstehern
zu Sachssen durch Thomas Müntzer diener des wordt gottes. Alstedt 1524.
In: Müntzer, Schriften und Briefe, S. 261.

86 Bekentnus Thomas Muntzers etwa Pfarner zw Alstedt von ytze in dem Auffrurischen hauffen zu Franckenhausen befunden. In: Laube / Seiffert (Hg.),
Flugschriften der Bauernkriegszeit, S. 508.

87 Ebd.

88 Ebd.

89 Vgl. Held / Hoyer (Hg.), Quellen zu Thomas Müntzer. Band 3, S. 215 f.

90 Brief an Albrecht von Mansfeld vom 12. Mai 1525. In: Müntzer, Schriften
und Briefe, S. 469 f.

91 Vgl. Pölnitz, Jakob Fugger. Quellen und Erläuterungen, S. 580–588.

92 Luther greift die wundersame Geschichte in seiner Moritat auf: «Wo ist nu
Můntzers ermel, darynn er wollt alle büchsen steyn fahen, die widder seyn
volck geschossen würden? Wer ist nu der Gott, der solche verheyssunge
durch den mund Müntzers fast eyn iar lang geschrien hat?» Zitiert nach:
Eyn Schrecklich geschicht vnd gericht Gotes vber Thomas Můntzer darynn
Gott offentlich desselbigen geyst lůgenstrafft vnd verdamnet. Wittenberg
1525. WA 18, S. 373.

93 Die Histori Thome Muntzers des anfengers der Döringischen vffrur seer nutzlich zulesen. Hagenau 1525. In: Laube / Seiffert (Hg.), Flugschriften der Bauernkriegszeit, S. 538.

94 Zitiert nach: Held / Hoyer (Hg.), Quellen zu Thomas Müntzer. Band 3, S. 240.

95 Johann Rühel an Luther am 21. Mai 1525, als Müntzer noch lebt. WA Br 3, S. 505, Nr. 873.

96 WA Br 3, S. 507, Nr. 874. Brief an Johann Rühel vom 23. Mai 1525.

97 Ebd., S. 481, Nr. 860. Brief an Johann Rühel vom 4. oder 5. Mai 1525.

98 Ebd., S. 516, Nr. 877. Brief an Johann Rühel vom 30. Mai 1525.

99 Ebd., S. 507, Nr. 874. Brief an Johann Rühel vom 23. Mai 1525.

100 Vgl. Held / Hoyer (Hg.), Quellen zu Thomas Müntzer. Band 3, S. 263.

101 WA Tr 1, S. 38, Nr. 99. 9. November 1531.

102 Ebd.

103 Eyn Schrecklich geschicht vnd gericht Gotes vber Thomas Müntzer darynn Gott offentlich desselbigen geyst lügenstrafft vnd verdamnet. In: Laube / Seiffert (Hg.), Flugschriften der Bauernkriegszeit, S. 504.

104 WA 18, S. 308.

105 Eyn Schrecklich geschicht vnd gericht Gotes vber Thomas Müntzer darynn Gott offentlich desselbigen geyst lügenstrafft vnd verdamnet. In: Laube / Seiffert (Hg.), Flugschriften der Bauernkriegszeit, S. 504.

106 Richard van Dülmen, Luther und die Reformation. In: Margit Ketterle (Hg.), Geschichte lesen. Ein historisches Brevier. Mit einem Vorwort von Wolfram Göbel und einem Nachwort von Heinz Friedrich. München 1994, S. 156.

107 Zitiert nach: Aland (Hg.), Luther Deutsch. Band 10, S. 146 f. Brief vom 30. November 1524.

108 WA Br 3, S. 394, Nr. 800. Brief Spalatins vom 30. November 1524 an Luther.

109 Zitiert nach: Aland (Hg.), Luther Deutsch. Band 10, S. 143. Brief an Erasmus vom 18. April 1524.

110 WA Br 3, S. 475, Nr. 857. Brief an Spalatin vom 16. April 1525.

111 Ebd., S. 482, Nr. 860. Brief an Johann Rühel vom 4. oder 5. Mai 1525.

112 Zitiert nach: Aland (Hg.), Luther Deutsch. Band 10, S. 159. Brief an Nikolaus von Amsdorf vom 21. Juni 1525.

113 WA Br 3, S. 533, Nr. 892. Brief an Spalatin vom 16. Juni 1525.

114 Ebd., S. 508, Nr. 874. Brief an Johann Rühel vom 23. Mai 1525.

115 Ebd.

116 Ebd.

117 Vgl. Ernst Müller, Die Entlassung des ernestinischen Kämmerers Johann Rietesel im Jahre 1532 und die Auflösung des Wittenberger Heiligtums. Ein Beitrag zur Biographie des Kurfürsten Johann des Beständigen von Sachsen. In: Archiv für Reformationsgeschichte 80 (1989), S. 217.

118 Vgl. ebd., S. 216f.

119 Vgl. ebd., S. 231.

120 Vgl. ebd., S. 229f.

Achtzehntes Kapitel: Der unbewaffnete Prophet

1 WA Br 4, S. 149, Nr. 1066. Brief an Johann Agricola vom 1. Januar 1527.

2 Ebd., S. 222, Nr. 1122. Brief an Nikolaus Hausmann vom 13. Juli 1527.

3 Zitiert nach: Neumann, Luthers Leiden, S. 93.

4 Ebd., S. 92f.

5 WA Br 4, S. 159, Nr. 1072. Brief an Nikolaus Hausmann vom 10. Januar 1527.

6 Johann Wolfgang Goethe, Leben des Benvenuto Cellini, Florentinischen Goldschmieds und Bildhauers, von ihm selbst geschrieben. Übersetzt und mit einem Anhange herausgegeben von Goethe. Buchausgabe 1803. Herausgegeben von Norbert Miller und John Neubauer. München 1991, S. 80.

7 Ob kriegsleutte auch ynn seligem stande seyn künden. Wittenberg 1526.

8 Ebd.

9 Margret Boveri an den späteren Botschafter Hans D. Schmidt-Horix, 7. April 1946. NL Boveri SBB PK 2718. Zitiert nach: Heike B. Görtemaker, Ein deutsches Leben. Die Geschichte der Margret Boveri 1900–1975. München 2005, S. 210.

10 Leben und Thaten des weiland hochedlen und gestrengen Herrn Sebastian Schertlin von Burtenbach durch ihn selbst deutsch beschrieben. Nach der eigenen Handschrift des Ritters urkundlichtreu herausgegeben von Ottmar F. H. Schönhuth. Münster 1858, S. 7. Zitiert nach dem Digitalisat der Bayerischen Staatsbibliothek: http://reader.digitale-sammlungen.de/resolve/display/bsb10066579.html (21. Februar 2016).

11 Vgl. Pastor, Geschichte der Päpste im Zeitalter der Renaissance und der Glaubensspaltung von der Wahl Leos X. bis zum Tode Klemens' VII. (1513–1534). Band 4, Abteilung 2, S. 272.

12 Ebd., S. 276.

13 Vgl. ebd., S. 278.

14 Warhafftige vnnd kurtze bericht Inn der Summa / wie es ietzo im Tausent

Funff hundert von Siben vnd zwayntzigsten Jar Den vj. tag May/durch
Römischer Kayserlicher/vnd Hispanischer Küniglicher Mayestet kriegs
volck/In eroberunng der Stat Rom ergangen ist/biß auff den xxj. tage
Junij. Augsburg 1527. Zitiert nach dem Digitalisat der Bayerischen Staatsbibliothek: http://reader.digitale-sammlungen.de/de/fs1/object/display/
bsb11211609_00001.html (21. Februar 2016).

15 Vgl. Pastor, Geschichte der Päpste im Zeitalter der Renaissance und der
Glaubensspaltung von der Wahl Leos X. bis zum Tode Klemens' VII.
(1513–1534). Band 4, Abteilung 2, S. 279.

16 Ebd., S. 280.

17 Gregorovius, Geschichte der Stadt Rom im Mittelalter vom V. bis zum XVI.
Jahrhundert, S. 615.

18 Leben und Thaten des weiland hochedlen und gestrengen Herrn Sebastian
Schertlin von Burtenbach durch ihn selbst deutsch beschrieben, S. 7.

19 Vorrede auff die offenbarung Sanct Johannis. 1530. WA DB 7, S. 416. Hinweis von Peter Martin, Martin Luther und die Bilder zur Apokalypse. Die
Ikonographie der Illustrationen zur Offenbarung des Johannes in der Lutherbibel 1522 bis 1546. Hamburg 1983 (= Vestigia Bibliae, Band 5).

20 Vorrede auff die offenbarung Sanct Johannis. 1530. WA DB 7, S. 414.

21 WA Tr 3, S. 559, Nr. 3717. 21. und 29. Januar 1538.

22 Warhafftige vnnd kurtze bericht Inn der Summa/wie es ietzo im Tausent
Funff hundert von Siben vnd zwayntzigsten Jar Den vj. tag May/durch
Römischer Kayserlicher/vnd Hispanischer Küniglicher Mayestet kriegs
volck/In eroberunng der Stat Rom ergangen ist/biß auff den xxj. tage Junij.

23 WA Tr 3, S. 347, Nr. 3478. 27. Oktober bis 4. Dezember 1534.

24 Luther, Biblia. Band 3, S. 1973.

25 Evangelia Cvm Commentarii, Reurendissimo domini domini Thomae de
Vio. Paris 1532, S. 61. Nach dem Digitalisat der Bayerischen Staatsbibliothek:
http://reader.digitale-sammlungen.de/resolve/display/bsb10143004.html
(21. Februar 2016).

26 Zitiert nach: Aland (Hg.), Luther Deutsch. Band 10, S. 186. Brief an Nikolaus Amsdorf vom 1. November 1527.

27 WA DB 7, S. 414.

28 Von den Conciliis vnd Kirchen. Wittenberg 1539. Nach dem Digitalisat der
Bayerischen Staatsbibliothek: http://reader.digitale-sammlungen.de/resol-
ve/display/bsb10204161.html (12. Dezember 2015).

29 Johannes Mathesius, Historien/Von des Ehrwirdigen in/Gott Seligen

thewren Manns Gottes/Doctoris Martini Luthers/anfang/lehr/leben vnd sterben. Nürnberg 1566, S. 17. Nach dem Digitalisat der Bayerischen Staatsbibliothek: http://reader.digitale-sammlungen.de/resolve/display/ bsb10986772.html (16. Juni 2016).

30 Zitiert nach: Luther, Biblia. Band 3, S. 2290.

31 Vorrhede auff die Epistel Sanct Paulus zu den Romern. WA DB 7, S. 2.

32 Die Epistel sanct Pauli zu den Romern. WA DB 7, S. 68 und 69.

33 Von des heiligen Kreuzes Findung. In: Die Legenda aurea des Jacobus de Voragine. Heidelberg ^{8}1975, S. 355.

34 Ebd.

35 Vom SchemHamphoras: und vom Geschlecht Christi. Wittenberg 1523. WA 53, S. 600.

36 Auskunft der Stadtkirchengemeinde Wittenberg vom 19. April 2016.

37 Hieronymus Aleander am 17. Februar 1521 an Johannes Eck. Zitiert nach der von Vinzenz Pfnür herausgegebenen Internet-Edition des Briefwechsels von Johannes Eck: http://ivv7srv15.uni-muenster.de/mnkg/pfnuer/ Eckbriefe/N137.html (23. September 2015).

38 Ebd.

39 Ains Juden büechlins verlegung: darin ain Christ/gantzer Christenhait zů schmach/will es geschehe den Juden vnrecht in bezichtigung der christen kinder mordt. Zitiert nach: http://daten.digitale-sammlungen.de/ bsb00024243/images/ (15. April 2016).

40 WA Br 1, S. 368, Nr. 167. Brief an Johannes Lang vom 13. April 1519.

41 WA Tr 1, S. 524, Nr. 1040. Erste Hälfte der dreißiger Jahre. Mit «betteln» meint er, dass das Griechische, Lateinische und Deutsche aus vielen zusammengesetzten Wörtern bestehen würden.

42 Willibald Pirckheimers Briefwechsel. Band 3, S. 162, Nr. 464. Brief vom 30. August 1517.

43 Vom SchemHamphoras: und vom Geschlecht Christi, S. 579.

44 Ebd.

45 Von den Jüden vnd jren Lügen, S. 541.

46 Ebd., S. 541 f.

47 Siehe auch: Thomas Kaufmann, Luthers «Judenschriften». Ein Beitrag zu ihrer historischen Kontextualisierung. Tübingen 2011, S. 130–133.

48 Die handschriftliche Geschichte Ratzeberger's über Luther und seine Zeit mit literarischen, kritischen und historischen Anmerkungen zum ersten Male herausgegeben von D. Chr. Gotth. Neudecker. Jena 1850, S. 72. Digi-

talisat: https://babel.hathitrust.org/cgi/pt?id=hvd.ah4f3g;view=1up;seq=7
(2. Februar 2016).

49 Zitiert nach: Kohler, Karl V. 1500–1558, S. 286.

50 Zitiert nach: Otto Clemen, Einleitung zu: «Wider das Bapstum zu Rom
vom Teuffel gestifft». Wittenberg 1545. WA 54, S. 199.

51 Wider das Bapstum zu Rom vom Teuffel gestifft, S. 218.

52 Ebd., S. 242.

53 Ebd., S. 263.

54 Ebd.

55 Zitiert nach der Ausgabe: Machiavelli, Politische Schriften. Der Fürst (Il
principe), S. 64.

Neunzehntes Kapitel: Luthers letzte Tage

1 Luther's letzte Lebenstage, Tod und Begräbniß. Aus den Quellen erzählt
von Moritz Meurer, Pfarrer. Dresden 1846, S. 17.

2 Authentische Berichte über Luthers letzte Lebensstunden. Herausgegeben
von Dr. J. Strieder. Bonn 1912, S. 16.

3 Ebd., S. 24.

4 Luther's letzte Lebenstage, Tod und Begräbniß, S. 17. Vgl. WA Br 11, S. 263 f.,
Nr. 4188. Brief vom 17. Januar 1546.

5 Authentische Berichte über Luthers letzte Lebensstunden, S. 25.

6 Luther's letzte Lebenstage, Tod und Begräbniß, S. 18.

7 WA Br 11, S. 269, Nr. 4191. Brief vom 25. Januar 1546.

8 Luther's letzte Lebenstage, Tod und Begräbniß, S. 20.

9 WA Br 11, S. 269, Nr. 4191. Brief vom 25. Januar 1546.

10 WA 50, S. 348–351, vor allem S. 351.

11 Authentische Berichte über Luthers letzte Lebensstunden, S. 25.

12 WA Br 11, S. 276, Nr. 4195. Brief vom 1. Februar 1546.

13 Ebd., S. 275.

14 Ebd., S. 287, Nr. 4201. Brief vom 7. Februar 1546.

15 Ebd.

16 Ebd., S. 286.

17 Ebd., S. 291, Nr. 4203. Brief vom 10. Februar 1546.

18 Vgl. Merkel, Jenseits-Sicherung, S. 202 f.

19 Authentische Berichte über Luthers letzte Lebensstunden, S. 13.

20 Ebd., S. 4.

21 Ebd.

22 Wie ist Luther gestorben? Eine kritische Untersuchung von Bruno Grabinski, Redakteur. Paderborn 1913, S. 2.

23 Ebd., S. 3.

24 Authentische Berichte über Luthers letzte Lebensstunden, S. 17.

25 Wie ist Luther gestorben?, S. 5.

26 Ebd., S. 6.

27 Ebd., S. 10.

28 WA Tr 5, S. 317 f., Nr. 5677 bzw. WA 48, S. 421.

29 Vgl. Andreas Tacke, Luther und der «Scheissbischof» Albrecht von
Brandenburg. Zu Rollenportraits eines geistlichen Fürsten. In: Dirk Syndram / Yvonne Wirth / Doreen Zerbe (Hg.), Luther und die Fürsten. Selbstdarstellung und Selbstverständnis des Herrschers im Zeitalter der Reformation, S. 124.

Zwanzigstes Kapitel: Eine Begebenheit aus dem Schmalkaldischen Kriege

1 Don Luis de Avila y Zúñiga, Comentario de la guerra de Alemaña. Zitiert
nach: Kohler, Karl V. 1500–1558, S. 311.

2 Zitiert nach: Kohler (Hg.), Quellen zur Geschichte Karls V., S. 138.

3 Zitiert nach: Kohler, Karl V. 1500–1558, S. 362.

LITERATURHINWEISE

Die historisch-kritische Weimarer Ausgabe enthält sämtliche Schriften Martin Luthers sowie seine von anderen aufgezeichneten mündlichen Äußerungen in lateinischer oder deutscher Sprache: D. Martin Luthers Werke. 120 Bände. Weimar 1883–2009.

Agricola, Georg: Zwölf Bücher vom Berg- und Hüttenwesen. Vollständige Ausgabe nach dem lateinischen Original von 1556. München 1994.

Aland, Kurt (Hg.): Luther Deutsch. Die Werke Martin Luthers in neuer Auswahl für die Gegenwart. Band 2: Der Reformator. Stuttgart / Göttingen 1962.

Alvarez, Fernandez: Karl V. Herrscher eines Weltreichs. München 1977.

Aus den Nachschriften Georg Rörers. In: Archiv für Reformationsgeschichte, Jg. 5 (1908).

Becker, Arnold: Ulrich von Huttens polemische Dialoge im Spannungsfeld von Humanismus und Politik. Göttingen 2013.

Blickle, Peter: Die Revolution von 1525. 4., durchgesehene und erweiterte Auflage. München 2004.

Ders.: Die Zwölf Artikel der oberschwäbischen Bauern. Das Scharnier zwischen Bauernkrieg und Reformation. In: Görge K. Hasselhoff / David von Mayenburg (Hg.): Die Zwölf Artikel von 1525 und das «Göttliche Recht» der Bauern – rechtshistorische und theologische Dimensionen. Würzburg 2012.

Bloch, Ernst: Thomas Münzer als Theologe der Revolution. Werkausgabe Band 2. Frankfurt 1985.

Bluhm, Heinz: Bedeutung und Eigenart von Luthers Septembertestament. Eine Analyse von Römer 3,19–31. In: Lutherjahrbuch 39 (1972).

Boccaccio, Giovanni: Das Dekameron. Frankfurt 2008.

Böcking, Eduard (Hg.): Ulrich von Hutten. Schriften. Band 2: Briefe von 1521 bis 1525. Leipzig 1859.

Bornkamm, Heinrich: Luthers Bericht über seine Entdeckung der iustitia dei. In: Archiv für Reformationsgeschichte, Jg. 37 (1940).

Ders.: Luthers geistige Welt. Gütersloh ⁴1960 [1953].

Brewer, J. S. (Hg.): Letters and Papers, Foreign and Domestic, of the Reign of

Henry VIII., preserved in the Public Record Office, the British Museum, and elsewhere in England. Band 3, Teil 1.

Brunner, Luitpold: Kaiser Maximilian I. und die Reichsstadt Augsburg. Augsburg 1877.

Bultmann, Christoph/Leppin, Volker/Lindner, Andreas (Hg.): Luther und das monastische Erbe. Tübingen 2007.

Burkhardt, Johannes: 24. April 1523. Ein «merkwürdiger» Brief Jakob Fuggers an Kaiser Karl V. Ringvorlesung in München 2007. In: ders., Zwölf Fugger-vorträge. Augsburg 2014.

Bushart, Bruno: Die Fuggerkapelle bei St. Anna in Augsburg. München 1994.

Cajetan, Thomas: Evangelia Cvm Commentariis. Reurendissimi Domini Domini Thomae de Vio. Paris 1532. Nach dem Digitalisat der Bayerischen Staatsbibliothek: http://reader.digitale-sammlungen.de/resolve/display/bsb 10143004.html (21. Februar 2016).

Christman, Robert J.: «For he is coming». Revisiting Martin Luther's reaction to the Reformation's First Executions. In: Lutherjahrbuch 82 (2015).

Clémentz, Elizabeth: Le culte de St. Antoine en Alsace. In: Auf den Spuren des heiligen Antonius. Festschrift für Adalbert Mischlewski zum 75. Geburtstag. Herausgegeben von Peter Frieß. Memmingen 1994.

Correspondance de L'Empereur Maximilien Ier et de Marguerite d'Autriche,/sa fille, Gouvernante des Pays-Bas,/de 1507 à 1519,/Publiée d'après les Manuscrits originaux/Par M. Le Glay, Archiviste Général de Département du Nord, Correspondant de l'Institut. Band 2. Paris 1839.

«Cronica newer geschichten» von Wilhelm Rem 1512–1527. Die Chroniken der deutschen Städte vom 14. bis 16. Jahrhundert. Band 25 (Band 5: Die Chroniken der schwäbischen Städte: Augsburg). Auf Veranlassung Seiner Majestät des Königs von Bayern herausgegeben durch die historische Commission bei der Königlichen Akademie der Wissenschaften. 2. Auflage. Augsburg 1966. (Nachdruck der 1. Auflage von Salomon Hirzel, Leipzig 1896.)

Decot, Rolf: Theologie – Frömmigkeit – Kirche. Albrecht von Brandenburg vor der Herausforderung der Reformation. In: Andreas Tacke (Hg.): Der Kardinal. Albrecht von Brandenburg, Renaissancefürst und Mäzen. Band 2: Essays. Regensburg 2006.

Der Briefwechsel des Conradus Mutianus. Gesammelt und bearbeitet von Dr. Karl Gillert. Zweite Hälfte, Halle 1890.

Deutsche Reichstagsakten unter Kaiser Karl V. Erster Band, bearbeitet von August Kluckhohn. Gotha 1893.

Dibbelt, Hermann: Hatte Luthers Verdeutschung des Neuen Testaments den griechischen Text zur Grundlage? In: Archiv für Reformationsgeschichte, Jg. 38 (1941).

Die Depeschen des Nuntius Aleander vom Wormser Reichstage 1521. Übersetzt und erläutert von Dr. P. Kalkoff. Halle 1886.

Die handschriftliche Geschichte Ratzeberger's über Luther und seine Zeit mit literarischen, kritischen und historischen Anmerkungen zum ersten Male herausgegeben von D. Chr. Gotth. Neudecker. Jena 1850.

Dintzelbacher, Peter: Das Fegefeuer in der schriftlichen und bildlichen Katechese des Mittelalters. In: ders., Von der Welt durch die Hölle zum Paradies – das mittelalterliche Jenseits. Paderborn 2007.

Ders.: Körper und Frömmigkeit in der mittelalterlichen Mentalitätsgeschichte. Paderborn 2007.

Doctor Martini Luthers offentliche verhör zü Worms imm Reychstag / Red vnnd widerred / am 17. tag Aprilis / imm jar. 1521 beschehen. Nach dem Faksimile in: Martin Luther auf dem Reichstag zu Worms. 12 Flugschriften. Zusammengestellt und mit einem Nachwort von Eva-Maria Stelzer. Leipzig / Köln 1983, unpag.

Dörfler-Dierken, Angelika: Luther und die heilige Anna. Zum Gelübde von Stotternheim. In: Lutherjahrbuch 64 (1997).

Duggan, Lawrence G.: Melchior von Meckau: A Missing Link in the Eck Zins-Disputes of 1514–1516? In: Archiv der Reformationsgeschichte, Jg. 74 (1983).

Dye Grundtlichen Vnd rechten haupt Artickel, aller Baurschafft vnnd Hyndersessen der Gaistlichen vnd Weltlichen oberkayten, von wölchen sy sich beschwert vermainen. Augsburg 1525. In: Laube / Seiffert (Hg.), Flugschriften der Bauernkriegszeit.

Eck, Johannes: Ains Juden büechlins verlegung: darin ain Christ / gantzer Christenhait zü schmach / will es geschehe den Juden vnrecht in bezichtigung der christen kinder mordt. 1541. Zitiert nach: http://daten.digitalesammlungen.de/bsb00024243/image_1 (15. April 2016).

Ehrenburg, Richard: Das Zeitalter der Fugger. Geldkapital und Creditverkehr im 16. Jahrhundert. Band 1: Die Geldmächte des 16. Jahrhunderts. Jena 1896. Reprographischer Nachdruck Hildesheim 1963.

Erasmus von Rotterdam: Ausgewählte Schriften. Ausgabe in acht Bänden lateinisch und deutsch. Band 1: Epistola ad Paulum Volzium / Brief an Paul Volz. Enchiridion Militis Christiani / Handbüchlein eines christlichen Streiters.

Übersetzt, eingeleitet und mit Anmerkungen versehen von Werner Welzig. Darmstadt 1968.

Fabisch, Peter / Iserloh, Erwin (Hg.): Dokumente zur Causa Lutheri (1517–1521). Teil 2: Vom Augsburger Reichstag 1518 bis zum Wormser Edikt 1521. Münster 1991.

Fabisch, Peter: Johannes Eck und die Publikationen der Bullen «Exsurge Domine» und «Decet Romanum Pontificem». In: Erwin Iserloh (Hg.): Johannes Eck (1486–1543) im Streit der Jahrhunderte. Internationales Symposium der Gesellschaft zur Herausgabe des Corpus Catholicorum aus Anlaß des 500. Geburtstages des Johannes Eck vom 13. bis 16. November 1986 in Ingolstadt und Eichstätt.

Felmberg, Bernhard Alfred R.: Die Ablasstheologie Kardinal Cajetans (1469–1534). Leiden / Boston / Köln 1998.

Friedell, Egon: Kulturgeschichte der Neuzeit. Die Krisis der europäischen Seele von der schwarzen Pest bis zum Ersten Weltkrieg. Band 1. München ²1976 [1927].

Gemeiner, Carl Theodor: Reichsstadt Regensburgische Chronik. Band IV. Regensburg 1824.

Georg Kirchmair's Denkwürdigkeiten seiner Zeit. 1519–1553. In: Theodor Georg von Karajan (Hg.): Fontes rerum austriacarum. Oesterreichische Geschichts-Quellen. Abteilung 1, Band 1. Wien 1855.

Gess, Felician (Hg.): Akten und Briefe zur Kirchenpolitik Herzog Georgs von Sachsen. Erster Band 1517–1524. Leipzig 1905.

Goethe, Johann Wolfgang: Leben des Benvenuto Cellini, Florentinischen Goldschmieds und Bildhauers, von ihm selbst geschrieben. Übersetzt und mit einem Anhange herausgegeben von Goethe. Buchausgabe 1803. Herausgegeben von Norbert Miller und John Neubauer. München 1991.

Ders.: Zur Farbenlehre. Zweyter Band. Tübingen 1810.

Gregorovius, Ferdinand: Geschichte der Stadt Rom im Mittelalter vom V. bis zum XVI. Jahrhundert. Herausgegeben von Waldemar Kampf. Band III,2, Vierzehntes Buch. Darmstadt 1978 [1859–1872].

Greiselmayer, Volkmar: Albrecht Altdorfers «Schöne Madonna» in der Kritik Martin Luthers und Albrecht Dürers. In: Karl Möseneder (Hg.): Streit um Bilder. Von Byzanz bis Duchamp. Berlin 1997.

Gutjahr, Mirko: «Non cultus est, sed memoriae gratia». Hinterlassenschaften Luthers zwischen Reliquien und Relikten. In: Meller (Hg.), Fundsache Luther.

Hamm, Berndt: Naher Zorn und nahe Gnade: Luthers frühe Klosterjahre als Beginn seiner reformatorischen Neuorientierung. In: Bultmann / Leppin / Lindner (Hg.), Luther und das monastische Erbe.

Ders.: Religiosität im späten Mittelalter. Spannungspole, Neuaufbrüche, Normierungen. Herausgegeben von Reinhold Friedrich und Wolfgang Simon. Tübingen 2011.

Heine, Heinrich: Die romantische Schule. Erstes Buch. Zitiert nach: Heinrich Heine. Historisch-kritische Gesamtausgabe der Werke, herausgegeben von Manfred Windfuhr. Band 8 / I: Zur Geschichte der Religion und Philosophie in Deutschland / Die romantische Schule. Text. Hamburg 1979.

Ders.: Zur Geschichte der Religion und Philosophie in Deutschland. Erstes Buch. In: Heinrich Heine. Historisch-kritische Gesamtausgabe der Werke. Band 8,I.

Held, Wieland / Hoyer, Siegfried (Hg.): Quellen zu Thomas Müntzer. Kritische Gesamtausgabe. Band 3. Leipzig 2004.

Henrich, Dieter (Hg.): Albrecht Altdorfer und seine Zeit. Vortragsreihe der Universität Regensburg. Regensburg 1981 (= Schriftenreihe der Universität Regensburg, Band 5).

Herde, Peter: Gestaltung und Krisis des christlich-jüdischen Verhältnisses in Regensburg am Ende des Mittelalters. In: Zeitschrift für bayerische Landesgeschichte, Jg. 22 (1959).

Hofmann, Werner (Hg.): Köpfe der Lutherzeit. München 1983.

Höss, Irmgard: Georg Spalatin 1484–1545. Ein Leben in der Zeit des Humanismus und der Reformation. Weimar 1989.

Hus in Konstanz. Der Bericht des Peter von Mladoniowitz. Übersetzt, eingeleitet und erklärt von Josef Bujnoch (= Slavische Geschichtsschreiber III. Herausgegeben von Günther Stökl). Graz / Wien / Köln 1963.

Hutten, Ulrich von: De Gvaiaci medicina et morbo gallico. Mogutiae 1519.

Ders.: Die verdeutschte Klage an Friedrich von Sachsen. Coburg 1522. In: Laube (Hg.), Flugschriften der frühen Reformationsbewegung.

Isphording, Eduard: Gottfried Bernhard Göz 1708–1774. Ölgemälde und Zeichnungen. Textband. Weißenhorn 1982.

Jansen, Max: Jakob Fugger der Reiche. Studien und Quellen I. Leipzig 1910.

Kaiser Maximilians I. Weisskunig. In Lichtdruck-Faksimiles nach Frühdrucken mit Hilfe der Max-Kade-Foundation Inc. New York für den Stuttgarter Galerieverein herausgegeben von H. Th. Musper in Verbindung mit Rudolf Buchner, Heinz-Otto Burger und Erwin Petermann. Band I: Textband. Stuttgart 1956.

Kalkoff, Paul: Ablass und Reliquienverehrung an der Schlosskirche zu Wittenberg unter Friedrich dem Weisen. Gotha 1907.

Ders.: Forschungen zu Luthers Römischem Prozess. Rom 1905 (= Bibliothek
des Kgl. Preussischen Historischen Instituts in Rom, Band II).

Ders.: Aleander gegen Luther. Studien zu ungedruckten Aktenstücken aus
Aleanders Nachlass. Leipzig / New York 1908.

Kapp, Johann Erhard: Sammlung einiger zum Päpstlichen Ablaß überhaupt besonders aber zu der im Anfang der Reformation zwischen Luther und Tetzel
geführten Streitigkeiten gehörigen Schriften. Leipzig 1721. Zitert nach: Winfried Wilhelmy (Hg.): Schrei nach Gerechtigkeit. Leben am Mittelrhein am
Vorabend der Reformation. Mainz 2015.

Katalog der Ausstellung «Martin Luther 1483 bis 1546» in der Staatlichen Lutherhalle Wittenberg. Wittenberg o. J. [1984].

Kaufmann, Thomas: Luthers «Judenschriften». Ein Beitrag zu ihrer historischen Kontextualisierung. Tübingen 2011.

Ders. (Hg.): An den christlichen Adel deutscher Nation von des christlichen
Standes Besserung. Tübingen 2014.

Ders.: Ewiges Wort und zeitliches Bild. Das Bild in der frühen Reformation.
In: Franziska Bomski / Hellmut Th. Seemann / Thorsten Valk (Hg.): Bild und
Bekenntnis. Die Cranach-Werkstatt in Weimar (= Klassik Stiftung Weimar
Jahrbuch 2015).

Kleist, Heinrich von: Sämtliche Werke. Brandenburger Ausgabe. Herausgegeben von Roland Reuß und Peter Staengle. Band II,7: Berliner Abendblätter I.
Basel / Frankfurt 1997.

Knopp, Gisbert / Hansmann, Wilfried: S. Maria dell'Anima. Die deutsche Nationalkirche in Rom. Mönchengladbach 1979.

Kohler, Alfred (Hg.): Quellen zur Geschichte Karls V. Darmstadt 1990.

Ders.: Karl V. 1500–1558. München 1999.

Kohnle, Armin (Hg.): Martin Luther, An den Christlichen Adel teutscher
Nation: von des Christlichen standes besserung. Studienausgabe. Ditzingen
2015.

Kolde, Theodor (Hg.): Analecta Lutherana. Briefe und Aktenstücke zur Geschichte Luthers. Gotha 1883.

Koselleck, Reinhart: Vergangene Zukunft in der frühen Neuzeit. In: ders.:
Vergangene Zukunft. Zur Semantik geschichtlicher Zeiten. Frankfurt 1989
[1979].

Kühne, Hartmut / Bünz, Enno / Müller, Thomas T. (Hg.): Alltag und Frömmigkeit am Vorabend der Reformation in Mitteldeutschland. Katalog zur Ausstellung «Umsonst ist der Tod». Petersberg 2013.

Ders.: Ablassfrömmigkeit und Ablassstreit um 1500. In: Meller (Hg.), Fundsache Luther.

Laube, Adolf (Hg.): Flugschriften der frühen Reformationsbewegung (1518–1524). Band 2. Vaduz 1983.

Ders./Seiffert, Hans Werner (Hg.): Flugschriften der Bauernkriegszeit. Berlin (Ost) 1975.

Laube, Stefan: Zwischen Hybris und Hybridität. Kurfürst Friedrich der Weise und seine Reliquiensammlung. In: Andreas Tacke (Hg.): «Ich armer sundiger mensch.» Heiligen- und Reliquienkult am Übergang zum konfessionellen Zeitalter. Göttingen 2006.

Leben und Thaten des weiland hochedlen und gestrengen Herrn Sebastian Schertlin von Burtenbach durch ihn selbst deutsch beschrieben. Nach der eigenen Handschrift des Ritters urkundlichtreu herausgegeben von Ottmar F. H. Schönhuth. Münster 1858.

Le Goff, Jacques: Die Geburt des Fegefeuers. Stuttgart 1984.

Ders.: Wucherzins und Höllenqualen. Ökonomie und Religion im Mittelalter. 2., völlig überarbeitete und um eine Einführung von Johannes Fried erweiterte Auflage. Stuttgart 2008.

Leppin, Volker: «Nicht seine Person, sondern die Warheit zu verteidigen.» Die Legende vom Thesenanschlag in lutherischer Historiographie und Memoria. In: Schilling (Hg.), Der Reformator Martin Luther 2017.

Lindner, Andreas: Was geschah in Stotternheim? In: Bultmann/Leppin/Lindner (Hg.), Luther und das monastische Erbe.

Lingke, Johann Theodor: D. Martin Luthers merkwürdige Reisegeschichte, zu Ergänzung seiner Lebensumstände und Erläuterung der Reformationsgeschichte aus bewährten Schriften und zum Theil ungedruckten Nachrichten beschrieben, und nach dem Jubiläo des Reformationsfestes in Sachsen herausgegeben. Leipzig 1769.

Löcher, Kurt: Barthel Beham. Ein Maler aus dem Dürerkreis. München/Berlin 1999.

Lüdecke, Heinz (Hg.): Lucas Cranach der Ältere im Spiegel seiner Zeit. Aus Urkunden, Chroniken, Briefen, Reden und Gedichten. Berlin 1953.

Ludolphy, Ingetraut: Friedrich der Weise. Kurfürst von Sachsen 1463–1525. Göttingen 1984.

Dies.: Luther und die Astrologie. In: Paola Zambelli (Hg.): «Astrologi hallucinati». Stars and the End of the World in Luther's Time. Berlin / New York 1986.

Luthers Acta Augustana 1518 deutsch. Dokumente vom letzten Gespräch Roms mit Luther in Augsburg vor seiner Exkommunikation. Ausgewählt und eingeleitet von Klaus-Peter Schmid. Augsburg 1982.

Luther's letzte Lebenstage, Tod und Begräbniß. Aus den Quellen erzählt von Moritz Meurer, Pfarrer. Dresden 1846.

Luther, Martin: Biblia. Das ist: Die gantze Heilige Schrifft / Deudsch / Auffs new zugericht. Wittenberg 1545. Herausgegeben von Hans Volz unter Mitarbeit von Heinz Blanke. München 1974.

Lutter, Christina: Überwachen und Inszenieren: Gesandtschaftsempfänge in Venedig um 1500. In: Peter Johanek / Angelika Lampen (Hg.): Adventus. Studien zum herrscherlichen Einzug in die Stadt. Köln / Weimar / Wien 2009.

Lutz, Heinrich: Conrad Peutinger. Beiträge zu einer politischen Biographie. Augsburg o. J. [1958] (= Abhandlungen zur Geschichte der Stadt Augsburg. Schriftenreihe des Stadtarchivs Augsburg, Heft 9).

MacCulloch, Diarmaid: Die Reformation 1490–1700. München 2008.

Machiavelli, Niccolò: Politische Schriften. Herausgegeben von Herfried Münkler. Frankfurt 1990.

Mardach, Eberhard: Sendbrief von wahrer Andacht. 1422. Zitiert nach: Werner Williams-Krapp: Diese ding sint dennoch nit ware zeichen der heiligkeit. Zur Bewertung mystischer Erfahrungen im 15. Jahrhundert. In: ders.: Geistliche Literatur des späten Mittelalters.

Marheineke, Dr. Philipp: Geschichte der teutschen Reformation, Erster Theil. Zweite, verbesserte und vermehrte Auflage, Band I. Berlin 1831.

Martin, Peter: Martin Luther und die Bilder zur Apokalypse. Die Ikonographie der Illustrationen zur Offenbarung des Johannes in der Lutherbibel 1522 bis 1546. Hamburg 1983.

Marx, Karl / Engels, Friedrich: Werke. Band 1. Berlin (Ost) 1961.

Mathesius, Johannes: Historien / Von des Ehrwirdigen in / Gott Seligen thewren Manns Gottes / Doctoris Martini Luthers / anfang / lehr / leben vnd sterben. Nürnberg 1566.

Melanchthon, Philipp: Die Histori Thome Muntzers des anfengers der Döringischen vffrur seer nutzlich zulesen. Hagenau 1525. In: Laube / Seiffert (Hg.), Flugschriften der Bauernkriegszeit.

Meller, Harald (Hg.): Fundsache Luther. Archäologen auf den Spuren des

Reformators. Begleitband zur Landesausstellung «Fundsache Luther» im Landesmuseum für Vorgeschichte Halle (Saale) 2009. Stuttgart 2008.

Mennecke, Ute: Luther als Junker Jörg. In: Lutherjahrbuch 79 (2012).

Merkel, Kerstin: Die Reliquien von Halle und Wittenberg. Ihre Heiltumsbücher und Inszenierung. In: Andreas Tacke (Hg.): Cranach. Meisterwerke auf Vorrat. Die Erlanger Handzeichnungen der Universitätsbibliothek. Katalog. München 1994.

Dies.: Jenseits-Sicherung. Kardinal Albrecht von Brandenburg und seine Grabdenkmäler. Regensburg 2004.

Moeller, Bernd: Das Berühmtwerden Luthers. In: Zeitschrift für historische Forschung, Band 15 (1988).

Ders.: Die Reformation und das Mittelalter. Kirchenhistorische Aufsätze. Herausgegeben von Johannes Schilling. Göttingen 1991.

Ders.: Eine Reliquie Luthers. In: ders., Die Reformation und das Mittelalter.

Ders.: Luthers Bücher auf dem Wormser Reichstag von 1521. In: Hubert Mordek (Hg.): Aus Archiven und Bibliotheken. Festschrift für Raymund Kottje. Frankfurt 1992.

Möncke, Gisela (Hg.): Hernach volgt wie doctor Martinus Luther zu Wurms einzogen ist vnd was man mit im gehandlt hat daselbst auf dem reychstag aygentlichen begryffen etc. In: Archiv für Reformationsgeschichte, Jg. 80 (1989).

Müller, Ernst: Die Entlassung des ernestinischen Kämmerers Johann Rietesel im Jahre 1532 und die Auflösung des Wittenberger Heiligtums. Ein Beitrag zur Biographie des Kurfürsten Johann des Beständigen von Sachsen. In: Archiv für Reformationsgeschichte, Jg. 80 (1989).

Müntzer, Thomas: Außgetrückte emplössung des falschen Glaubens der ungetrewen welt durchs gezeügnis des Euangelions Luce vorgetragen der elenden erbermlichen Christenheyt zur innerung jhres irsals. Mühlhausen 1523. In: Müntzer, Schriften und Briefe.

Ders.: Außlegung des andern vnterschyds Danielis deß propheten gepredigt auffm schlos zu Alstet vor den tetigen thewren Herzcogen und vorstehern zu Sachsen durch Thomas Müntzer diener des wordt gottes. Alstedt 1524. In: Müntzer, Schriften und Briefe

Ders.: Protestation odder empietung. [Eilenburg] 1524. In: Müntzer, Schriften und Briefe.

Ders.: Hoch verursachte Schutzrede vnd antwwort wider das Gaistloße Sanfft lebende fleysch zů Wittenberg welches mit verkärter weyße durch den Diepstal der heiligen Schrift die ebermdliche Christenheit also gantz jämmerlichen besudelt hat. 1524. In: Laube / Seiffert (Hg.), Flugschriften der Bauernkriegszeit.

Ders.: Bekentnus Thomas Muntzers etwa Pfarner zw Alstedt von ytze in dem Auffrurischen hauffen zu Franckenhausen befunden. Leipzig 1525. In: Laube / Seiffert (Hg.), Flugschriften der Bauernkriegszeit.

Ders.: Schriften und Briefe. Kritische Gesamtausgabe. Unter Mitarbeit von Paul Kirn herausgegeben von Günther Franz. Gütersloh 1968.

Neumann, Hans-Joachim: Luthers Leiden. Die Krankheitsgeschichte des Reformators. Berlin 1995.

Paltz, Johann von: Das buchelein wirt genant die himelische funtgrube. Leipzig 1490. Nach dem Digitalisat der bayerischen Staatsbibliothek: http://daten. digitale-sammlungen.de/bsb00014890/image_5 (16. August 2015).

Pastor, Ludwig von: Geschichte der Päpste seit dem Ausgang des Mittelalters. 16 Bände. Freiburg im Breisgau 1868–1933.

Paulus, Nikolaus: Der Ablaß im Mittelalter als Kulturfaktor. In: Jahrbuch der Görres-Gesellschaft (1920).

Pfnür, Vinzenz: Johannes Ecks Verständnis der Religionsgespräche, sein theologischer Beitrag in ihnen und seine Sicht der Konfessionsgegensätze. In: Iserloh (Hg.), Johannes Eck (1486–1543) im Streit der Jahrhunderte.

Pirckheimer, Willibald: Eckius dedolatus / Der enteckte Eck. Übersetzt und herausgegeben von Niklas Holzberg. Stuttgart 1983.

Ders.: De vitanda usura ex Greco in Latinum traductus. Nürnberg 1515.

Pölnitz, Götz Freiherr von: Die Beziehungen des Johannes Eck zum Augsburger Kapital. In: Historisches Jahrbuch LX (1940).

Ders.: Jakob Fugger und der Streit um den Nachlass des Kardinals Melchior von Brixen (1496–1515). In: Quellen und Forschungen aus italienischen Archiven und Bibliotheken, Jg. XXX (1940).

Ders.: Jakob Fugger. Kaiser, Kirche und Kapital in der oberdeutschen Renaissance. Tübingen 1949.

Ders.: Jakob Fugger. Quellen und Erläuterungen. Tübingen 1951.

Ders.: Die Fugger. Tübingen ⁵1990.

Post, R[egnerus] R[ichardus]: Kerkelijke verhoudingen in Nederland vóór de reformatie van 1500 tot 1580. Utrecht / Antwerpen 1954.

Prierias, Silvester: Dialogus de potestate Papae. 1518.

Rapp, Francis: La prière dans les monastères de dominicaines observantes en Alsace au XVe siècle. In: Jean Dagens: La mystique Rhénane. Paris 1963.

Reformation – Revolution. Panorama Frankenhausen. Monumentalbild von Werner Tübke. Dresden 1988.

Reuter, Fritz: Der Reichstag zu Worms von 1521. Reichspolitik und Luthersache. Im Auftrag der Stadt Worms zum 450-Jahrgedenken. Köln / Wien 1981.

Rogge, Joachim (Hg.): 1521–1971. Luther in Worms. Ein Quellenbuch. Witten 1971.

Rueb, Franz: Der hinkende Schmiedgott Vulkan: Ulrich von Hutten, 1488–1523. Zürich 1988.

Rupprich, Hans (Hg.): Dürer. Schriftlicher Nachlass. 3 Bände. München 1956–1969.

Russell, Paul A.: Syphilis, God's Scourge or Nature's Vengeance? The German Printed Response to a Public Problem in the Early Sixteenth Century. In: Archiv für Reformationsgeschichte, Jg. 80 (1989).

Sachsse, Carl: D. Balthasar Hubmaier als Theologe. Aalen 1973 [Berlin 1914].

Savina, Natalja V.: Die Handelsgesellschaften und die gesellschaftliche Bewegung in Deutschland während des ersten Drittels des 16. Jahrhunderts. In: Jahrbuch für Geschichte des Feudalismus 5 (1981).

Schedel, Hartmann: weltchronik. Kolorierte Gesamtausgabe von 1493. Einleitung und Kommentar von Stephan Füssel. Köln u. a. 2001.

Scheel, Otto: Martin Luther. Vom Katholizismus zur Reformation. Band 1: Auf der Schule und Universität. Tübingen 1916.

Scheible, Heinz: Melanchthons Briefwechsel. Kritische und kommentierte Gesamtausgabe. Band T 15, Texte 4110–4529a (1546). Stuttgart-Bad Cannstatt 2014.

Scheller, Benjamin: Memoria an der Zeitenwende. Die Stiftungen Jakob Fuggers des Reichen vor und während der Reformation (ca. 1505–1555). Berlin 2004.

Schilling, Heinz: Martin Luther. Rebell in einer Zeit des Umbruchs. München 2013.

Ders. (Hg.): Der Reformator Martin Luther 2017. Eine wissenschaftliche und gedenkpolitische Bestandsaufnahme. Berlin / München / Boston 2014.

Schilling, Johannes: Hutten und Luther. In: ders. / Ernst Giese (Hg.): Ulrich von Hutten in seiner Zeit. Schlüchterner Vorträge zu seinem 500. Geburtstag. Kassel 1988.

Schimmelpfennig, Bernhard: Das Papsttum. Von der Antike bis zur Renaissance. Darmstadt ³1988 [1984].

Schneider, Hans: Martin Luthers Reise nach Rom – neu datiert und neu gedeutet. In: Studien zur Wissenschafts- und zur Religionsgeschichte (= Abhandlungen der Akademie der Wissenschaften zu Göttingen, Neue Folge, Band 10, Sammelband 2). Berlin / New York 2011.

Schuder, Gerhard: Martin Luther. Wechselbalg des Teufels und Vorreiter des Antichrists? Luthers Geburt in zeitgenössischen Polemiken und apokalyptischen Deutungen. Traunstein 2004.

Schulte, Aloys: Die Fugger in Rom 1495–1523. Mit Studien zur Geschichte des kirchlichen Finanzwesens jener Zeit. Band 1: Darstellung. Leipzig 1904.

Schuster, Peter-Klaus: Abstraktion, Agitation und Einfühlung. Formen protestantischer Kunst im 16. Jahrhundert. In: Werner Hofmann (Hg.): Luther und die Folgen für die Kunst. München 1983

Selge, Kurt-Victor: Capta conscientia in verbis Dei, Luthers Widerrufsverweigerung in Worms. In: Reuter (Hg.), Der Reichstag zu Worms von 1521.

Seyboth, Reinhard: Politik und religiöse Propaganda. Die Erhebung des Heiligen Rockes durch Kaiser Maximilian I. im Rahmen des Trierer Reichstags 1512. In: Eike Wolgast (Hg.): «Nit wenig verwunderns und nachgedenkens». Die «Reichstagsakten – Mittlere Reihe» in Edition und Forschung. Göttingen 2015.

Slenczka, Ruth: Dürers, Holbeins und Cranachs Melanchthon: Künstlerischer Austausch und innovative Medien in der Porträtkunst um 1530. In: Pirckheimer-Jahrbuch für Renaissance- und Humanismusforschung. Band 25: Der frühe Melanchthon und der Humanismus. Akten des gemeinsam mit dem Melanchthonhaus Bretten am 6./7. November 2009 veranstalteten Symposiums in Bretten. Herausgegeben von Franz Fuchs. Wiesbaden 2011.

Straub, Theodor: Erinnerungen an den eher unbekannten Eck. In: Jürgen Bärsch / Konstantin Maier (Hg.): Johannes Eck (1486–1543). Scholastiker – Humanist – Kontroverstheologe. Regensburg 2014.

Straube, Manfred: Wirtschaftliche Verhältnisse in Mitteldeutschland zur Lutherzeit. In: Meller (Hg.), Fundsache Luther.

Straus, Raphael: Die Judengemeinde Regensburg im ausgehenden Mittelalter. Auf Grund der Quellen kritisch untersucht und neu dargestellt von Raphael Straus. Heidelberg 1932.

Strauß, David Friedrich: Ulrich von Hutten. Erster Theil. Leipzig 1858.

Strieder, J. (Hg.): Authentische Berichte über Luthers letzte Lebensstunden. Bonn 1912.

Tacke, Andreas: «ich het euch vil zuschreiben, hab aber vil zuschaffen». Cranach der Ältere als «Parallel Entrepreneur». Auftragslage und Marktstrategien im Kontext des Schneeberger Altares von 1539. In: Thomas Pöpper / Susanne Wegmann (Hg.): Das Bild des neuen Glaubens. Das Cranach-Retabel in der Schneeberger St. Wolfgangskirche. Regensburg 2011.

Ders.: Luther und der «Scheissbischof» Albrecht von Brandenburg. Zu Rollenportraits eines geistlichen Fürsten. In: Dirk Syndram / Yvonne Wirth / Doreen Zerbe (Hg.): Luther und die Fürsten. Selbstdarstellung und Selbstverständnis des Herrschers im Zeitalter der Reformation. Beiträge zur wissenschaftlichen Tagung vom 29. bis 31. Mai 2014 auf Schloss Hartenfels in Torgau und im Residenzschloss Dresden.

Tewes, Götz-Rüdiger: Luthergegner der ersten Stunde. Motive und Verflechtungen. In: Quellen und Forschungen aus italienischen Archiven und Bibliotheken, Jg. 75 (1995).

Ders.: Die Medici und Frankreich im Pontifikat Leos X. Ursachen, Formen und Folgen einer Europa polarisierenden Allianz. In: ders. / Michael Bohlmann (Hg.): Der Medici-Papst Leo X. und Frankreich. Politik, Kultur und Familiengeschäfte in der europäischen Renaissance. Tübingen 2002.

Ders.: Die Kurie unter dem Medici-Papst Leo X. und die Phase der beginnenden Reformation Luthers: familiäre Interessen statt universaler Pflichten. In: Schilling (Hg.), Der Reformator Martin Luther 2017.

Tracy, James D.: Erasmus of the Low Countries. Berkeley 1996.

Trillitzsch, Winfried: Der Brief Ulrich von Huttens an Willibald Pirckheimer. In: Ulrich von Hutten. Ritter. Humanist, Publizist 1488–1523. Katalog zur Ausstellung des Landes Hessen anläßlich des 500. Geburtstages, bearbeitet von Peter Laub, Ludwig Steinfeld. Melsungen 1988.

Ufer, Joachim: «Passion D. Martins Luthers». Eine Flugschrift von 1521. In: Reuter (Hg.), Der Reichstag zu Worms von 1521.

Urkunden und Aktenstücke zur Geschichte der Juden in Regensburg 1453–1738. Mit einem Geleitwort von Friedrich Baethgen. München 1960.

Von dem kremer Cristi was er guttes zuuorkauffen hat. Gedückt zü Nürnberg durch Adam Büchdrucker. Nach dem Digitalisat der Bayerischen Staatsbibliothek: http://daten.digitale-sammlungen.de/bsb00005060/image_1 (17. Januar 2016).

Voragine, Jacobus de: Die Legenda aurea des Jacobus de Voragine. Heidelberg [8]1975.

Wallerstein, Immanuel: Karl V. und die Entstehung der kapitalistischen Weltwirtschaft. In: Hugo Soly (Hg.): Karl V. 1500–1558 und seine Zeit. Köln 2000.

Warburg, Aby: Gesammelte Schriften. Abteilung 1, Band I.2: Die Erneuerung der heidnischen Antike. Kulturwissenschaftliche Beiträge zur Geschichte der europäischen Renaissance. Reprint der Ausgabe von 1932. Neu herausgegeben von Horst Bredekamp und Michael Diers. Berlin 1998.

Warhafftige vnnd kurtze bericht Inn der Summa/wie es ietzo im Tausent Funff hundert von Siben vnd zwayntzigsten Jar Den vj. tag May/durch Römischer Kayserlicher/vnd Hispanischer Küniglicher Mayestet kriegs volck/In eroberunng der Stat Rom ergangen ist/biß auff den xxj. tage Junij. Augsburg 1527. Nach dem Digitalisat der Bayerischen Staatsbibliothek: http://reader. digitale-sammlungen.de/de/fs1/object/display/bsb11211609_00001.html (Februar 2016).

Warnke, Martin: Cranachs Luther. Entwürfe für ein Image. Frankfurt 1984.

Weichenhan, Michael: Luther und die Zeichen des Himmels. In: Bultmann/Leppin/Lindner (Hg.), Luther und das monastische Erbe.

Wie ist Luther gestorben? Eine kritische Untersuchung von Bruno Grabinski, Redakteur. Paderborn 1913.

Wiesflecker, Hermann: Kaiser Maximilian I. Das Reich, Österreich und Europa an der Wende zur Neuzeit. 5 Bände. München u. a. 1971–1986.

Ders.: Neue Beiträge zur Frage des Kaiser-Papstplans Maximilians I. im Jahre 1511. In: Mitteilungen des Instituts für österreichische Geschichtsforschung, Band LXXI (1963).

Williams-Krapp, Werner: Frauenmystik und Ordensreform im 15. Jahrhundert. In: ders., Geistliche Literatur des späten Mittelalters.

Ders.: Geistliche Literatur des späten Mittelalters. Kleine Schriften. Herausgeben von Kristina Freienhagen-Baumgardt und Katrin Stegherr. Tübingen 2012.

Willibald Pirckheimers Briefwechsel. Gesammelt, herausgegeben und erläutert von Emil Reicke (Band 1–5) und Helga Scheible (Band 6–7). München 1940–2009.

Wohlfeil, Rainer: Der Wormser Reichstag von 1521. In: Reuter (Hg.), Der Reichstag zu Worms von 1521. Reichspolitik und Luthersache.

Wurm, Johann Peter: Johannes Eck und der oberdeutsche Zinsstreit 1513–1515 (= Reformationsgeschichtliche Studien und Texte, Band 137). Münster 1997.

ZEITTAFEL

1414–1418 Konzil von Konstanz. Das große abendländische Schisma wird beendet, Martin V. ist alleiniger Papst.

1415 Am 6. Juli wird der böhmische Priester Jan Hus bei lebendigem Leibe als Ketzer verbrannt.

1452 Johannes Gutenberg beginnt in Mainz mit dem Druck seiner ersten Bibel.

1453 Am 29. Mai erobern die Türken Konstantinopel; das Oströmische Reich endet.

1455 Papst Nikolaus V. hält seine Abschiedsrede.

1459 Am 6. März wird Jakob Fugger geboren.

1476 In Würzburg wird am 19. Juli der Pfeiferhannes hingerichtet.

1483 Martin Luther wird in Eisleben geboren. Über das genaue Geburtsdatum besteht keine Einigkeit, wahrscheinlich ist es der 10. November.

1484 Georg Spalatin wird geboren.

1485 In Leipzig teilt man Sachsen in ein ernestinisch-thüringisches und ein albertinisch-meißnisches Gebiet. Die Kurwürde geht bereits im folgenden Jahr an Friedrich III. über, der das kleine Wittenberg zu seiner Residenzstadt ausbauen wird.

1486 Johannes Eck wird geboren.

1489 Es wird vermutet, dass Thomas Müntzer in diesem Jahr geboren wurde; das Geburtsjahr steht allerdings nicht fest.

1488 Ulrich von Hutten wird geboren.

1492 In der Reconquista werden die Araber endgültig von der spanischen Halbinsel verdrängt. Die Juden, die sich nicht taufen lassen, werden ebenfalls vertrieben.

Am 11. August wird der Spanier Rodrigo Borgia als Alexander VI. Papst.

Christoph Kolumbus erreicht am 12. Oktober die Neue Welt und nimmt sie im Namen der spanischen Krone in Besitz.

1493 Maximilian wird deutscher Kaiser.

1494 Die Medici werden aus Florenz vertrieben.

In Straßburg erscheint Sebastian Brants Satire «Das Narrenschiff».

1495 Auf dem Reichstag in Worms wird der «Ewige Landfriede» verkündet; damit soll es mit den Fehden vorbei sein.

Die Syphilis breitet sich in Europa aus.

1497 Am 7. Februar veranstaltet der Mönch Girolamo Savonarola in Florenz ein Fegefeuer der Eitelkeiten – neben heidnischen Schriften und als unanständig empfundenen Bildern werden vor allem «Luxusgegenstände» verbrannt – und etabliert einen Gottesstaat. Im Jahr darauf wird er hingerichtet.

Luther besucht die Lateinschule in Magdeburg und wechselt im folgenden Jahr nach Eisenach.

1498 Vasco da Gama kehrt von der Umsegelung Afrikas zurück – er hat den Seeweg nach Indien entdeckt.

1500 Am 24. Februar wird in Gent der spätere Kaiser Karl geboren, der Sohn Philipps des Schönen und Maria der Wahnsinnigen, der Enkel Maximilians.

1501 Luther wird an der Universität Erfurt immatrikuliert.

1502 Am 1. Oktober wird die Universität von Wittenberg gegründet.

1503 Giuliano della Rovere wird am 31. Oktober als Julius II. Papst.

1505 Am 5. Juli hat der Jurastudent Martin Luther bei Stotternheim das angebliche Bekehrungserlebnis, am 17. Juli tritt er ins Augustinerkloster in Erfurt ein.

Leonardo da Vinci arbeitet an einem Fluggerät.

1506 Am 18. April wird der Grundstein für den neuen Petersdom gelegt.

1507 Luther erhält am 3. April die Priesterweihe.

1508 Am 4. Februar lässt sich Maximilian in Trient zum Kaiser proklamieren, mit Einverständnis des Papstes darf er den Titel «Erwählter Römischer Kaiser» führen.

1509 Kardinal Melchior von Meckau, der Haupteinleger des Handelsunternehmens der Fugger, stirbt am 3. März in Rom.

Erasmus von Rotterdams «Lob der Torheit» erscheint.

1511 Im August erkrankt Papst Julius II. schwer.

Am 18. September kündigt Maximilian seiner Tochter Margarethe an, dass er Papst werden will.

Im Oktober bricht Luther von Wittenberg nach Rom auf.

1512 Im Januar tritt Luther die Rückreise von Rom an.

Die Medici kehren nach Florenz zurück.

Im Oktober wird Luther zum *Doctor Theologiae* promoviert und tritt die Professur für Bibelauslegung an der Wittenberger Universität an.

1512/13 Raffael malt im Auftrag von Julius II. die Sixtinische Madonna.

1513 Am 11. März wird Giovanni de' Medici als Leo X. Papst.

1514 Der Reichsritter Ulrich von Hutten tritt in die Dienste Albrechts von Brandenburg.

Albrecht Dürer sticht «Melencolia I» mit dem Magischen Quadrat.

1515 Im Januar wird Franz I. König von Frankreich.

Im Juli verteidigt der Ingolstädter Professor Johannes Eck bei einer Disputation in Bologna das Zinsnehmen. Die Fugger finanzieren die Reise.

1516 «Utopia» von Thomas Morus erscheint, Erasmus bringt seine kritische Edition des Neuen Testaments in griechischer Sprache heraus.

1516 Am 30. November verkündet Albrecht von Brandenburg, der neue Erzbischof von Mainz, den Petersablass, mit dem er die Kosten für seine Ämterhäufung wieder hereinzuholen hofft.

1517 Im Januar beginnt Johann Tetzel, den Ablass zu predigen.

Am 15. März findet die Schlusssitzung des Laterankonzils statt, es bleibt folgenlos.

Maximilian krönt Ulrich von Hutten am 12. Juli zum *poeta laureatus*.

Am 31. Oktober, am Vorabend des Allerheiligenfestes, macht Luther seine fünfundneunzig Thesen bekannt.

Im Dezember reist Hutten im Auftrag Albrechts von Brandenburg nach Paris, um dort zu sondieren, wie viel Franz I. für die Stimme Albrechts bei der Kaiserwahl zu bezahlen bereit ist.

1518 Anfang 1518 veröffentlicht Ulrich von Hutten seine Schrift «De donatione Constantini», in der er nachweist, dass die weltliche Macht des Papstes auf einer Fälschung beruht.

Im April vertritt Luther seine Thesen auf dem Ordenskapitel in Heidelberg.

Der vatikanische Cheftheologe Silvester Prierias widerlegt im Auftrag des Papstes Luthers Thesen und erklärt sie für ketzerisch.

Von Juli bis September findet der Reichstag in Augsburg statt. Es wird über die Nachfolge Maximilians verhandelt.

Im August wird Philipp Melanchthon als Professor für Griechisch nach Wittenberg berufen.

Luther wird nach Augsburg befohlen, wo er sich vom 12. bis 14. Oktober vor dem päpstlichen Kardinallegaten verantworten muss. Luther lässt sich nicht von seinen Thesen abbringen.

Ulrich von Hutten unterzieht sich gleichzeitig in Augsburg einer Kur gegen die Syphilis. Am Ende des Monats veröffentlicht er sein Manifest für einen deutschen Humanismus.

Am Ende des Jahres 1518 gelangt Luther zu der Erkenntnis, dass in Rom der Antichrist residiert.

1519 Am 12. Januar stirbt Maximilian in Wels. Die Kurie drängt erst Franz I., dann Friedrich den Weisen zur Kandidatur um die Nachfolge als Kaiser.

Im Januar bietet Hutten Luther über Philipp Melanchthon seine Hilfe an.

Im Februar 1519 liest Luther innerhalb weniger Tage die Schriften des Jan Hus und die Hutten'sche Edition von «De donatione Constantini».

Am 21. Februar beginnt die Vertreibung der Juden aus Regensburg und die Wallfahrt zur «Schönen Madonna».

Im April veröffentlicht Hutten antirömische Dialoge.

Am 28. Juni wird in Frankfurt Maximilians Enkel, der spanische König Carlos I., in Abwesenheit als Karl V. zum deutschen Kaiser gewählt. 850 000 Gulden Bestechungsgeld für die Kurfürsten werden von den Fuggern beschafft.

Anfang Juli disputiert Luther mit Johannes Eck an der Universität Leipzig.

1520 Am 4. Juni schreibt Hutten an Luther: «Kämpfen wir gemeinsam für die Freiheit! Befreien wir das so lange unterdrückte Vaterland!»

Im Laufe des Jahres erscheinen Luthers reformatorische Hauptschriften: «Von der Freiheit eines Christenmenschen», «An den christlichen Adel deutscher Nation» und «Von der babylonischen Gefangenschaft der Kirche». In Rom wird unter Führung von Johannes Eck seine Exkommunikation vorbereitet.

In Augsburg gehen Jakob Fugger und Konrad Peutinger gegen Luthers Schriften vor.

Nachdem Luthers Schriften mehrfach verbrannt worden sind, wirft er am 10. Dezember in Wittenberg die Bannandrohungsbulle zusammen mit kanonischen Büchern ins Feuer.

1521 Am 3. Januar wird die Bulle wirksam; Luther ist exkommuniziert.

Während sich der Reichstag in Worms zusammenfindet, bringt Ulrich von Hutten sein Pamphlet «Eyn Klag über den Luterischen Brandt zu Mentz» heraus.

Luther distanziert sich von Hutten: «Ich möchte nicht, daß mit Gewalt und Blutvergießen für das Evangelium gestritten wird.»

Am 30. Januar 1521 ruft der Dominikanerprior Johann Faber in Worms die anwesenden Fürsten zum Zug nach Rom auf.

Nach langen Verhandlungen wird Luther auf den Reichstag in Worms geladen, wo er am 18. April dem Kaiser widersteht, indem er sich auf sein Gewissen beruft.

Am 4. Mai wird Luther zum Schein gefangen genommen, auf Anweisung des Kurfürsten Friedrich wird er auf der Wartburg in Schutzhaft gehalten. Am gleichen Tag einigt sich der Kaiser mit den Fuggern über die Modalitäten der Schuldentilgung.

Nachdem der Kaiser die Reichsacht über ihn verhängt hat, werden am 29. Mai Luthers Bücher in Worms verbrannt.

Am 1. Dezember stirbt Papst Leo X. Nachfolger wird Hadrian VI., der sein Amt allerdings erst im August 1522 antreten kann.

Im Dezember beginnt Luther mit der Übersetzung des Neuen Testaments.

1522 In Wittenberg kommt es zum Bildersturm. Am 1. März verlässt Luther gegen den Befehl des Kurfürsten die Wartburg, um nach dem Rechten zu sehen.

Im September erscheint Luthers Übersetzung des Neuen Testaments.

1523 Am 1. Januar müssen sich die Johanniter auf Rhodos ergeben und die Insel den Türken überlassen.

Kardinallegat Francesco Chieregati hält am 3. Januar auf dem Nürnberger Reichstag eine Rede, in der er die Kirche und das Papsttum zur Ursache für Luthers Reformation erklärt.

Am 24. April erhält Karl V. in Valladolid den Brief Jakob Fuggers, der darin erzählt, dass der Kaiser seine Krone ohne das Geld des Augsburger Kaufmanns nicht hätte erlangen können.

Am 31. Mai wird Benno von Meißen heiliggesprochen.

In Brüssel werden am 1. Juli zwei Luther-Anhänger verbrannt.

Am 29. August stirbt Ulrich von Hutten auf der Insel Ufenau im Zürichsee.

Hadrian VI. stirbt am 14. September, sein Cousin Leo X., Giulio de' Medici, tritt als Clemens VII. die Nachfolge an.

Am 16. September predigt Luther vormittags in der Kutte und nachmittags in der Schaube.

Erasmus veröffentlicht seine gegen Luther gerichtete Schrift «De libero arbitrio».

1525 Im Februar formulieren die Bauern in den Zwölf Artikeln ihre Forderungen. Luther, der um fachlichen Rat gebeten wird, weist die Anliegen der Bauern schroff zurück.

In der Schlacht bei Pavia wird am 24. Februar das französische Heer besiegt. Der Anführer, Franz I., wird ein Gefangener Karls V.

Am 5. Mai stirbt Friedrich der Weise.

Am 15. Mai schlachten die vereinten Heere von Georg von Sachsen und Philipp von Hessen bei Frankenhausen sechstausend Bauern ab, die sich kaum bewaffnet unter die Führung des Erweckungspredigers Thomas Müntzer begeben haben.

Am 27. Mai wird Thomas Müntzer enthauptet.

Luther heiratet am 13. Juni die ehemalige Nonne Katharina von Bora.

Am 30. Dezember stirbt Jakob Fugger.

1526 Am 29. August unterliegt ein ungarisches Heer bei Mohács dem türkischen Heer unter Süleyman I.; der ungarische König Ludwig II. wird getötet.

Im Oktober schlägt Karl V. die Monopolklage gegen die Fugger nieder und stellt das Haus unter seinen besonderen Schutz.

1527 Am 6. Mai beginnt der *Sacco di Roma*, die Plünderung Roms, begangen überwiegend durch deutsche Landsknechte. «Es war eine sonderliche Strafe von Gott uber die Stadt», wie Luther weiß. Papst Clemens VII. muss in die Engelsburg fliehen und bleibt monatelang dort gefangen. Luther wird zum Papst ausgerufen.

Am 21. Juni stirbt Niccolò Machiavelli in Florenz. Aus dem Nachlass werden «Il Principe» und die «Discorsi» veröffentlicht, die Machiavelli in den zehner Jahren des 16. Jahrhunderts verfasst hat, als er nach der Wiederkehr der Medici nach Florenz sein Amt als Stadtschreiber und faktischer Kanzler verlor.

1529 Anfang Oktober misslingt das Marburger Religionsgespräch zwischen Luther und Huldrych Zwingli.

1530 Papst Clemens VII. muss Karl V. an dessen dreißigstem Geburtstag in Bologna zum Kaiser krönen.

Auf dem Reichstag in Augsburg soll Melanchthon im Auftrag Luthers mit der katholischen Kirche vermittelnde Gespräche führen, die jedoch scheitern. Die Protestanten verfassen ihre «Confessio Augustana». Luther kann wegen der Reichsacht nicht dabei sein, hält aber von der Veste Coburg aus, dem südlichsten Punkt im Kurfürstentum Sachsen, ständigen Kontakt mit Melanchthon.

1531 Die protestantischen Stände verbinden sich zum Schmalkaldischen Bund.

1532 Auf dem Reichstag in Regensburg werden weitere Zugeständnisse an die Protestanten gemacht, da ihre Hilfe beim bevorstehenden Feldzug gegen die Türken benötigt wird.

1534 Am 3. November erklärt sich Heinrich VIII. zum Oberhaupt der englischen Kirche und sagt sich von Rom los.

1535 Am 24. Juni findet das Täuferreich von Münster sein Ende, die Stadt wird gewaltsam eingenommen.

Am 6. Juli lässt Heinrich VIII. seinen ehemaligen Lordkanzler Thomas Morus hinrichten. Er hatte sich der Ablösung von Rom widersetzt.

1536 Am 12. Juli stirbt Erasmus in Basel.

1537 Ignatius von Loyola stellt sich mit seinen Gefährten als antireformatorische Kampfgruppe Papst Paul III. zur Verfügung; drei Jahre später werden die Jesuiten als Orden anerkannt.

1540 Am 29. Juni werden in Wittenberg vier Menschen wegen angeblicher Hexerei hingerichtet.

1543 In Nürnberg erscheint «De revolutionibus orbium coelestium» von Nikolaus Kopernikus, der auf einem heliozentrischen Weltbild besteht.

1545 Georg Spalatin stirbt.

Das Reformkonzil von Trient wird eröffnet.

«Wider das Papsttum zu Rom, vom Teufel gestiftet» erscheint, einer der letzten Texte Luthers.

1546 Luther reist nach Eisleben, um bei dem Grafen Mansfeld eine Erbschaftssache zu klären. Er stirbt am 18. Februar.

1547 Am 31. März stirbt Franz I.

Am 24. April unterliegt der Schmalkaldische Bund in der Schlacht bei Mühlberg dem katholischen Heer von Karl V.

1555 Am 25. August wird der Augsburger Religionsfriede beschlossen.

Am 2. Oktober dankt Karl V. in Brüssel ab und zieht sich in ein spanisches Kloster zurück. 1558 stirbt er.

1571 Am 7. Oktober besiegt Juan de Austria, der illegitime Sohn Karls V., die türkische Flotte bei Lepanto.

PERSONENREGISTER

Abraham (Altes Testament) 475
Adalbert von Preußen 134
Adam (Altes Testament) 106, 382
Adelmann von Adelmannsfelden,
   Bernhard 97, 170, 198, 284 f.
Adler, Friedrich 161
Adolf von Anhalt-Zerbst 198
Adrian von Utrecht 203, 273, 405,
   432 f., 446–450, 523
Aegidius von Viterbo 25
Agricola, Georg 39
Agricola, Johann 294
Aland, Kurt 537
Albrecht IV. von Bayern 229
Albrecht VII. von Mansfeld 483, 494,
   504, 546 f.
Albrecht von Brandenburg 38 f., 74, 84,
   109 f., 126–130, 141, 177 f., 181–186,
   188 f., 192, 194 f., 198, 214, 225, 228 f.,
   259, 266, 270, 275, 286, 290, 294, 319,
   324 f., 329, 333, 335–338, 340–342,
   345, 351, 374, 389 f., 409, 411, 413 f.,
   421, 427–429, 438 f., 441, 481 f., 501 f.,
   505, 542 f., 552
Aleander, Hieronymus (Girolamo)
   273, 288–290, 292, 294, 296, 351,
   357 f., 364–367, 378, 380, 382 f., 391 f.,
   394, 396, 402 f., 410, 412, 414, 419,
   533
Alexander VI. 15–17, 28, 74, 203–205,
   208 f.
Alexander der Große 548
Alexius von Edessa 47
Altdorfer, Albrecht 302, 304, 307, 312

Amadeus VIII. (siehe Felix V.)
Amsdorf, Nikolaus von 467, 482 f.,
   504, 524
Andreas (Apostel) 446, 518
Anna (Heilige) 39, 47–49, 54, 58–60
Anna von Ungarn 202
Antonius von Padua 101, 157 f.
Ariosto, Ludovico 204
Aristophanes 205
Aristoteles 44, 144 f., 169 f.
Armstorf, Paul von (Armstorffer) 379
Augustinus 169, 188, 268, 357, 503, 559
Augustus 31, 106

Bacon, Roger 159
Baldung Grien, Hans 274, 291,
   349–351, 488
Barbara von Nikomedien 80, 122
Bartholomäus (Apostel) 130, 132
Bataille, Georges 82
Beham, Barthel 459
Beham, Sebald 459
Benedikt XVI. 209
Benedikt von Nursia 117
Benjamin, Walter 560
Bernhard II. (Sachsen-Meiningen) 415
Bernhard, Thomas 445
Bernhard von Clairvaux 67, 115
Bethmann Hollweg, Theobald von 134
Bild, Veit 230
Bismarck, Otto von 298, 487
Blickle, Paul 476
Bloch, Ernst 460, 479
Bluhm, Heinz 435

Boccaccio, Giovanni 116 f., 205
Bodenstein, Andreas («Karlstadt»)
    166, 169, 195, 243, 250, 260 f., 269,
    420 , 422, 425, 441–442
Boeiens, Adriaen Floriszoon (siehe
    Adrian von Utrecht)
Böhm, Hans 70
Böhme, Jakob 48
Bonhoeffer, Dietrich 163
Bonifatius 162
Booth, Charles von Hereford 421
Bora, Katharina von 505 f., 509, 542,
    544–546, 552
Borgia, Cesare 74
Borgia, Lucretia 74
Bornkamm, Heinrich 485
Bosch, Hieronymus 116 f., 158
Böschenstein, Johann 533
Botticelli, Sandro 205
Bourbon, Charles von 514
Boveri, Margret 515
Bramante, Donato 176
Brant, Sebastian 69
Braun, Johannes 138
Brecht, Bert 436
Breu, Jörg 63
Brück, Gregor 363, 372, 537, 544, 552
Brueghel, Pieter der Ältere 488
Bubenheimer, Ulrich 155
Bucer, Martin 379, 557, 560
Bugenhagen, Johannes 168, 552
Buntz, Hieronimus 45, 49
Bunyan, John 140
Burgkmair, Hans 58, 63, 330, 513, 547

Cajetan 73, 104, 198, 211 f., 214–220,
    228, 230, 232, 234–248, 250–254,
    256, 258, 321, 325, 335, 370, 386, 519,
    523
Calvin, Jean 559

Campeggi, Lorenzo 213
Capito, Wolfgang 259, 427
Caracciolo, Marino 414
Carvajal, Bernardino 132
Cäsar, Julius 106 f.
Catilina, Lucius Sergius 359
Cavour, Camillo Benso di 298
Cellini, Benvenuto 514 f.
Celtis, Konrad 71, 106, 343
Chieregati, Francesco 446 f.
Cicero, Marcus Tullius 359, 548
Clarion, Johannes 455
Claudius, Matthias 535
Clemens III. 208
Clemens VI. 241, 243
Clemens VII. (siehe Medici, Giulio
    de')
Clementia von Montfort 463
Cleve, Sibylle von 507
Cochläus, Johannes 42, 142, 378, 383,
    409 f., 419 f., 436, 466
Coelius, Michael 541
Cortés, Hernán 354
Cottalambergius, Joannes Franciscus
    (siehe Pirckheimer, Willibald)
Cranach, Anna 341
Cranach, Hans 331
Cranach, Lucas 11–13, 51, 79–82, 103,
    113, 129, 132, 141, 148, 161, 171 f.,184,
    222, 276, 280, 331 f., 337–349,
    358–361, 376 f., 430 f., 455, 488, 502,
    506 f., 511, 526, 532, 539
Cranach, Lucas der Jüngere 349, 395,
    527, 529
Cronberg, Hartmut von 414, 444
Croy, Wilhelm (Guillaume) de 356
Cruciger, Caspar 552
Cruz, Santa 404
Cuspinian, Johannes 202, 395 f., 398

Dalberg, Johann von 353
Dante Alighieri 67, 116, 124
David (Altes Testament) 68
Dibbelt, Hermann 435
Diokletian 407
Doctorow, E. L. 135
Drachstädt, Johann Albrecht 544
Dschingis Khan 548
Dülmen, Richard von 501
Dürer, Albrecht 9, 12, 63, 71, 106 f., 125,
    129, 148, 289, 291, 304, 309, 325 f.,
    335–341, 349–351, 417 f., 420, 433,
    459, 461, 488

Eberhard von der Mark 184
Eck, Johannes 37, 89 f., 93–97, 167,
    169 f., 190, 198, 250, 253 f., 260–263,
    267–271, 273, 284–288, 293, 301, 311,
    334, 356, 364, 382, 420, 533
Ecken, Johannes von der 392 f., 396,
    400, 402
Elias (Prophet) 403 f., 548
Elisa (Prophetin) 548
Elisabeth von Thüringen 415, 508
Emser, Hieronymus 287, 293
Enckenvoirt, Willem van 96
Erasmus von Antiochia 184, 341
Erasmus von Rotterdam 11, 14, 80,
    167 f., 173, 177, 184, 186, 209, 214, 216,
    250, 256–259, 267, 289–291, 311, 343,
    358, 365, 369, 377, 380, 390, 420, 432,
    435, 502–504, 533
Etzlaub, Erhard 26
Eva (Altes Testament) 106, 382

Faber, Johannes 94, 356 f., 364, 398,
    520
Farnese, Alessandro 212
Faust, Johann 156 f.
Felix V. 19

Ferdinand I. (Heiliges Römisches
    Reich) 202, 420, 456, 507
Ferdinand II. (Aragón) 405
Flaubert, Gustave 57, 378
Formosus 557
Forster, Johannes 168
Francesca, Pierro della 531
Franck, Simon 109
Franz I. (Frankreich) 201 f., 213,
    223–226, 260, 320, 322–324, 327 f.,
    390, 513 f., 521, 524
Franz von Assisi 26
Franziskus 562
Freud, Sigmund 82
Friedell, Egon 390
Friedrich I. (Barbarossa) 79
Friedrich II. (Preußen) 487, 537
Friedrich III. (HRR) 203, 395
Friedrich III. von Sachsen («der
    Weise») 11 f., 39, 45, 53, 79, 83, 126,
    128–132, 168 f., 171 f., 186, 192–198,
    212, 214, 217 f., 221 f., 225–227,
    229–233, 236–240, 248, 252,
    254–256, 263, 266, 269 f., 276, 287 f.,
    290, 292, 294–298, 319, 322–325, 327,
    329, 337 f., 340, 343–346, 363, 365 f.,
    368, 372, 380, 383, 389, 393 f., 396,
    403, 411–414, 417, 421, 423–429, 431,
    439–444, 446, 458, 468, 471–473,
    491, 493, 505–508, 518, 539, 545, 551
Friedrich Wilhelm IV. 161
Friedrich, Andreas 548
Froben, Johann 259, 267
Frosch, Johann 238
Frühbottin, Prista 525 f.
Frundsberg, Georg von 462, 514
Fuchs, Thomas 308
Fugger, Anton 69
Fugger, Georg 63, 100
Fugger, Hans 84–86

Fugger, Jakob 21, 31, 33 f., 63, 69, 84,
  86–90, 94–100, 185, 282 f., 287, 291,
  325–330, 387 f., 494
Fugger, Jakob der Ältere 86
Fugger, Ulrich 63, 100
Fürstenberg, Philipp 393
Furtenagel, Lukas 349, 547, 549

Gabriel (Erzengel) 126
Gama, Vasco da 93
Garibaldi, Giuseppe 298
Georg (Heiliger) 553
Georg von Sachsen («der Bärtige»)
  126, 131, 145, 255, 260, 263, 269, 283,
  328, 419, 430 f., 435, 439, 444, 446,
  449, 468 f., 471–473, 496, 500, 503
Gerbel, Nikolaus 423
Geyer, Florian 462
Gideon (Altes Testament) 494, 496
Glapion, Jean 363 f., 369, 379, 409
Goebbels, Joseph 521
Goethe, Johann Wolfgang von 156, 159,
  362, 435, 514
Gottfried, Johann Ludwig 295, 517
Götz, Johann Anton 313
Göz, Gottfried Bernhard 313
Gregor der Große 140 f.
Gregorovius, Ferdinand 19, 29, 176,
  197, 408
Grimm, Jacob 536
Grimm, Wilhelm 536
Grissin, Elisabeth 101
Groß, Peter 526
Grünewald, Matthias 103 f.
Grünpeck, Joseph 69
Günther, Franz 169

Habakuk (Prophet) 153
Hadrian VI. (siehe Adrian von
  Utrecht)

Hamm, Berndt 113, 119
Hausmann, Nikolaus 509 f.
Hegel, Georg Wilhelm Friedrich 466
Heine, Heinrich 14, 166, 204
Heinrich IV. (HRR) 13, 449, 537
Heinrich VIII. (England) 11, 22, 34,
  175, 213, 224, 226, 279, 371, 390 f.,
  503, 529
Helena von Konstantinopel 530 f.
Hermann von Köln 229
Herodes 472
Herzog von Alba (Fernando Álvarez
  de Toledo) 553
Hesse, Hans 40
Hessus, Eobanus 377
Hieber, Hans 312
Hieronymus 184, 341, 416, 432–434
Hildegard von Bingen 101
Hill, David Jayne 134
Hiob (alttestamentliche Gestalt) 54,
  173
Hitler, Adolf 485
Holbein, Hans der Jüngere 11
Honecker, Erich 486
Hoogstraten, Jakob von 256, 267
Hoyer VI. von Mansfeld 545
Hubmaier, Balthasar 301–303,
  306–308, 311 f., 560
Hügline, Elsbeth 312
Hus, Jan 13, 111, 197, 262–264, 266–269,
  279, 304, 373–375, 400, 403, 406,
  414, 417, 484
Hut, Hans 477, 494, 497
Hutten, Hans von 323
Hutten, Ulrich von 11, 58, 63, 73–77,
  186, 207, 209–211, 217, 235, 249 f., 257,
  264 f., 274 f., 284, 286–288, 290–292,
  324, 330, 343, 358 f., 361 f., 366–369,
  376, 379, 383, 386, 390, 398 f., 409,
  420 f., 465, 520

Innozenz III. 93
Innozenz IV. 114
Innozenz VIII. 131
Isabella I. 405
Iserloh, Erwin 163
Iwan IV. («der Schreckliche») 20

Jakobus (Heiliger) 193, 196
Jean Paul 47 f.
Jesaja (Prophet) 238
Joachim I. Kurfürst von Brandenburg 183, 225, 229, 340, 389 f.
Johann VII. von Schleinitz 449
Johann der Beständige 276, 419, 468, 492, 508, 518
Johann Friedrich I. 437, 458, 492, 507, 537, 553–555
Johanna die Wahnsinnige 202 f.
Johannes XXIII. 13, 373
Johannes (Apostel) 72, 182, 421, 494, 520 f.
Johannes (Kardinalsdiakon) 208
Johannes der Täufer 65, 78, 80, 461, 515, 542, 548
Johannes von Paltz 44 f., 98
Jona (Prophet) 56
Jonas, Justus 168, 375, 392 f., 510, 543, 546 f., 552
Jones, Jim 495
Joseph II. 518
Joyce, James 118
Judas (Jünger Jesu) 127, 518, 532, 539
Judas Cyriacus 531
Julius II. 15–17, 19, 21 f., 27 f., 30, 34 f., 74, 86 f., 104, 131, 133, 175 f., 203, 205–207, 209, 213, 351, 519

Kafka, Franz 55, 378
Kaiphas 244, 420
Kalkoff, Paul 181, 212, 219, 351, 392

Karl V. (HRR) 9–13, 14, 20, 53, 56, 87, 135, 150, 201–203, 208, 218, 221, 223–225, 227, 229, 236, 260, 273, 288 f., 292, 297 f., 307, 310, 316, 319–323, 327–330, 350, 354 f., 358, 361 f., 364–367, 370 f., 374, 381, 386–389, 391–394, 396, 399–409, 411–413, 417, 419 f., 428, 432, 450, 462, 503, 512–514, 524 f., 536 f., 541, 548, 553–558
Karl der Große 78 f., 201 f., 223, 275, 537
Kasimir von Brandenburg 229
Katharina von Brandenburg-Küstrin 225
Kautsky, Karl 272
Keil, T. G. 135
Kern, Jacob 306
Kirchmair, Georg 228
Klee, Paul 560
Kleist, Heinrich 154, 400, 483, 485 f., 555
Kohlhase, Hans 486
Kolumbus, Christoph 67, 93, 202, 208
Konstantin der Große 208, 210, 530, 537
Kues, Nikolaus von 304
Kunheim, Margarete von 552
Kunigunde von Österreich 60, 301

Laminit, Anna 59–62
Lamparter, Gregor 94
Lang, Johannes 146 f., 155 f., 167, 169, 333, 423, 432
Lang, Matthäus 18, 22, 73, 167, 183, 202, 212 f., 219, 301, 322, 325
Langenmantel (Patrizierfamilie) 387
Laube, Stefan 130
Laurentius (Diakon) 111
Le Goff, Jacques 115
Lemp, Jakob 287

Leo III. (Papst) 223
Leo X. 9 f., 53, 84, 87, 94–96, 131,
  150, 173–175, 177, 179–182, 189, 191,
  194–196, 203–207, 209–211, 215 f.,
  218 f., 221–223, 226, 228, 230–234,
  239, 242–244, 247, 251, 253–255, 257,
  273, 275, 277–279, 286–290, 294,
  297, 308, 320–323, 331, 335, 350 f.,
  355–357, 369 f., 380, 392, 396, 399,
  404, 429–432, 435, 450, 503, 512, 514
Leupold, Hans 492
Liechtenstein, Paul von 19
Linck, Wenzeslaus 167, 216
Lombardus, Petrus 145
Lotter, Melchior 258, 280
Louise (Tochter von Franz I.) 202
Luder, Hans 16, 37 f., 41–44, 50–52,
  54–57, 83, 111, 139, 282, 425, 504, 520
Luder, Heine 35, 191
Luder, Margarethe 16, 38, 42
Ludwig II. (Böhmen und Ungarn)
  202, 229, 514
Ludwig V. von der Pfalz 229, 474
Ludwig IX. von Frankreich 129
Ludwig XII. 34
Ludwig von Helfenstein 479
Lukas (Evangelist) 124, 307, 494
Lukian von Samosata 291
Luther, Johannes 509
Lyskircher, Wolfgang 300

Machiavelli, Niccolò 18, 133, 297 f., 316,
  539
Maciel, Antônio 495
Magellan, Ferdinand 93, 354
Magus, Simon 182
Mahler, Horst 463
Manson, Charles 495
Mantuanus, Baptista 155
Margareta von Antiochia 155

Margarethe von Österreich 18, 21, 202,
  322, 432
Maria (Mutter Jesu) 47, 65, 70, 78,
  104 f., 172, 186, 301–304, 306 f., 309,
  313
Maria I. (Mary Tudor) 390, 557
Maria von Ungarn 202
Marlowe, Christopher 156
Martin von Tours 109 f., 184, 341
Marx, Karl 282, 466
Mathesius, Johannes 164 f., 197, 303, 527
Matthäus (Evangelist) 102, 523
Maximilian I. 11, 15–22, 24, 27, 32–34,
  45 f., 59 f., 62, 70, 73, 78 f., 86,
  89, 96 f., 105–108, 133, 171, 183 f.,
  202 f., 206–208, 212–216, 218–224,
  226–230, 232, 234, 242, 257, 276,
  299–302, 307, 310, 315–322, 324–330,
  333, 335 f., 338 f., 357, 367, 389, 395 f.,
  420, 455, 513, 525, 548, 556
Mecheln, Johann von 24 f.
Mechthild von Magdeburg 100
Medici, Giovanni de' (siehe Leo X.)
Medici, Giulio de' 112, 209, 321, 330,
  333, 364, 367, 432, 450, 514–517, 519,
  526
Medici, Lorenzo de' («der Prächtige»)
  87, 204, 233, 298
Medici, Lorenzo di Piero de' 320
Medici, Lucrezia di Lorenzo de' 430
Meißen, Benno von 449, 458
Meister Eckhart 48, 101
Melanchthon, Philipp 14, 41, 71, 102,
  164, 166, 168, 235, 238, 256, 336, 345,
  359, 368, 412, 419, 423, 427, 435, 450 f.,
  455, 474, 496, 511 f., 520, 544, 550, 552
Melchior von Meckau 17, 31–34, 119,
  133
Michelangelo 176, 204, 333, 351
Mirandola, Giovanni Pico della 211

Moeller, Bernd 392, 443
Mohammed (Prophet) 446, 521
Morgan, John Pierpont 134 f.
Morinis (Florentiner Bürger) 135
Moritz von Sachsen 555
Morus, Thomas 11, 89, 279
Mosellanus, Petrus 261–263, 334, 345
Moses (alttestamentliche Gestalt) 126, 351, 445
Mülich, Hektor 85
Müller, Ludwig 163
Müntzer, Thomas 53, 150, 152, 333, 458–462, 477–479, 487 f., 490–501, 504 f., 508, 516, 560
Murner, Thomas 167, 287
Musil, Robert 378

Napoleon I. 201, 548
Nero 30, 407, 537
Neuenahr, Hermann 209
Neumann, Hans-Joachim 378, 423, 482, 511
Niemöller, Martin 163
Nietzsche, Friedrich 162
Nikolaus V. 29 f., 176, 297

Ockham, Wilhelm von 44, 559
Osiander, Andreas 533
Ostendorfer, Michael 304–305, 312 f.
Otto I. («der Große») 84 f., 99
Ovid 205

Pace, Richard 391
Pastor, Ludwig von 320, 518
Paulus (Apostel) 35, 48, 80, 150, 152 f., 155, 188, 216, 246, 263 f., 268, 282, 465, 475 f., 481, 527, 530, 543
Pencz, Georg 459
Penni, Giovanni Francesco 209
Peraudi, Raimund 16 f., 37, 44, 126

Petrarca, Francesco 205
Petrus (Apostel) 30, 35, 65, 114, 174, 178 f., 182, 208, 263 f., 272, 285, 421, 433, 446
Peutinger, Konrad 89 f., 94, 96–98, 122 f., 207, 238, 283, 376, 383, 387 f., 390, 402, 492, 494, 496
Peutinger, Konstanze 207
Pfefferkorn, Johannes 256
Pfeffinger, Degenhart 214
Pflug, Julius 334
Philipp I. («der Schöne») 202
Philipp I. von Hessen («der Großmütige») 130, 383, 489, 496, 498, 527, 529
Philipp II. (Spanien) 558
Piketty, Thomas 282
Pilatus, Pontius 35, 248, 421, 535
Piombo, Sebastiano del 333
Pirckheimer, Caritas 119
Pirckheimer, Willibald 71, 75, 89, 96 f., 167 f., 170, 198, 249, 271, 284 f., 362, 419
Platon 245
Plautus 43
Plutarch 97
Pölnitz, Götz Freiherr von 94
Prierias, Silvester 271 f., 277 f., 293
Probst, Jakob 542

Rabus, Ludwig 243, 402
Raffael 28, 176, 209, 223, 333, 488, 519
Ranke, Leopold von 443
Ratzeberger, Matthäus 536
Rehlinger (Patrizierfamilie) 387
Reinicke, Hans 43
Rem, Wilhelm 60, 267, 282, 284, 380
Rembrandt 135
Reuchlin, Johannes 168, 220, 256 f., 292

Riario, Raffaele 275

Richard von Greiffenklau zu Vollrads 225, 229, 322, 408

Richental, Ulrich von 374

Romano, Giulio 204

Rörer, Georg 165 f.

Rossi, Luigi de' 333

Rovere, Giuliano della (siehe Julius II.)

Rubianus, Crotus 376

Rudtfeld, Ambros 542

Rühel, Johann 482–484, 504

Rüppur, Reinhard von 353

Sachs, Hans 229

Saint-Cher, Hugo von 112

Sandizell, Wilhelm von 516

Sanseverino, Frederico 184

Sartre, Jean-Paul 57

Savonarola, Girolamo 28, 164, 204 f., 214, 376, 539

Schadow, Johann Gottfried 331 f.

Schedel, Hartmann 65–67, 104

Schertlin, Sebastian 515, 518

Scheurl, Christoph 97, 169, 198, 253 f., 271

Schiller, Friedrich 400

Schmaller (Schultheiß) 306

Schmitt, Carl 480

Schneider, Hans 25

Schön, Erhard 410

Schott, Johannes 291

Schulte, Aloys 95

Schurff, Augustin 552

Schurff, Hieronymus 376, 391, 394 f.

Schuster, Peter-Klaus 350

Scultetus, Hieronymus 189

Seitz, Alexander 457

Sergius III. 557

Sforza, Bianca Maria 18, 32, 59 f.

Sforza, Ludovico 27, 63

Shakespeare, William 157, 381

Shelley, Percy Bysshe 144

Sickingen, Franz von 257, 275, 362, 366, 379, 383, 386, 409, 462, 465

Sigismund (HRR) 373

Sigismund II. von Lupfen 463

Sigismund der Münzreiche 32, 86

Silvester I. 209 f.

Simon der Zelot 80 f.

Simson (Altes Testament) 430 f., 539

Sixtus IV. 124, 233

Slenczka, Ruth 341

Sokrates 157, 245 f., 255 f.

Spalatin, Georg 37, 135, 167 f., 181, 191, 194, 197, 216–218, 230 f., 235 f., 242, 245, 251–254, 264 f., 268, 272, 287, 289 f., 293–296, 319, 337 f., 343 f., 346, 359, 368–370, 372, 377, 381, 395, 402–404, 410, 417, 419, 421–423, 427, 429, 431, 443, 451, 502, 505

Spengler, Lazarus 11, 271, 284, 401, 419

Spenlein, Georg 156

Staupitz, Johann von 23 f., 26, 58, 119, 142–146, 167 f., 244, 247, 255, 257 f., 264, 268, 296, 333, 380

Stephan IV. (Papst) 557

Stoecker, Adolf 291

Stoß, Veit 107

Straus, Raphael 299

Strauß, David Friedrich 74, 361, 379

Streicher, Julius 561

Stuber, Wolfgang 433

Sturm, Kaspar 374, 410

Süleyman der Prächtige 20

Susanna von Bayern 229

Sylvester von Schaumberg 275

Tacitus 75, 386

Tacke, Andreas 340

Tannstetter, Georg 315, 455 f.
Tauler, Johannes 101, 264
Teichs, Adolf Friedrich 558
Terenz 43
Tetleben, Valentin von 275
Tetzel, Johann 58, 164 f., 171–173, 176,
    179, 185–190, 192, 195 f., 198, 236, 243,
    269, 427, 515
Thoma, Ludwig 149
Thomas von Aquin 44, 93, 104, 168 f.,
    211, 220, 244–246, 467, 559
Till, Eric 161
Titus 530
Tizian 204, 553 f., 556
Tongern, Arnold von 290
Tübke, Werner 331, 486–488
Tucher, Sixtus 119
Tunstall, Cuthbert 357, 371, 391

Ulrich von Augsburg 84, 99
Ulrich von Württemberg 322, 362
Ursula von Köln 127

Valerian 111
Valla, Lorenzo [Laurentius] 29, 207,
    210, 265, 295

Vergil 76, 548
Veronika (Heilige) 35, 124 f., 175, 518
Vespasian 31
Vio, Tommaso Giacomo de (siehe
    Cajetan)
Vischer, Peter 107
Voragine, Jacobus de 293

Wagner, Johannes 430
Warburg, Aby 53, 560
Warnke, Martin 346
Weber, Max 559
Weigand, Konrad 384
Welser, Anton 60
Wiesflecker, Hermann 19
Wilhelm II. 134 f., 149, 161 f., 550
Wilhelm IV. (Bayern) 284
Wilhelm von Braunschweig 383
Wilhelm von Henneberg 383
Wolsey, Thomas 213, 357, 391, 421, 432
Wyclif, John 268, 285, 400, 557

Zasius, Ulrich 267, 532
Zink, Johannes 95
Zwingli, Huldrych 152, 311, 491

BILDNACHWEIS

Archiv für Kunst und Geschichte: 24, 40, 51, 66, 69, 73, 81, 85, 88, 104, 110, 113, 117, 125, 141, 148, 158, 168, 175, 187, 199, 210, 222, 243, 257, 287, 295, 330, 339, 342, 344, 347, 355, 360, 375, 384 f., 401, 410, 418, 431, 434, 437, 452, 456, 460, 463, 482, 488 f., 506, 511, 513, 517, 522, 538, 549, 551, 554
Bildagentur für Kunst, Kultur und Geschichte: 132, 231, 274
Picture Alliance: 332